Kulturelle Vielfalt und Urheberrecht

Dresdner Schriften zu Recht und Politik der Vereinten Nationen
Dresden Papers on Law and Policy of the United Nations

Herausgegeben von / edited by
Sabine von Schorlemer

Zentrum für Internationale Studien/
School of International Studies,
Technische Universität Dresden/
University of Dresden

Band 18

PL ACADEMIC RESEARCH

Heidrun Groß

Kulturelle Vielfalt und Urheberrecht

Urheberrecht als Instrument im Rahmen des UNESCO-Übereinkommens zum Schutz und zur Förderung der Vielfalt kultureller Ausdrucksformen

PL ACADEMIC RESEARCH

Bibliografische Information der Deutschen Nationalbibliothek
Die Deutsche Nationalbibliothek verzeichnet diese Publikation in der Deutschen Nationalbibliografie; detaillierte bibliografische Daten sind im Internet über http://dnb.d-nb.de abrufbar.

Zugl.: Dresden, Techn. Univ., Diss. 2013

88
ISSN 1862-443X
ISBN 978-3-631-64413-3 (Print)
E-ISBN 978-3-653-02978-9 (E-Book)
DOI 10.3726/978-3-653-02978-9

PL Academic Research ist ein Imprint der Peter Lang GmbH.

Peter Lang – Frankfurt am Main · Bern · Bruxelles · New York · Oxford · Warszawa · Wien

www.peterlang.de

Meinen Eltern

Vorwort

Diese Arbeit wurde im Sommersemester 2012 bei der Juristischen Fakultät der Technischen Universität Dresden als Dissertation eingereicht und im Februar 2013 erfolgreich verteidigt. Schrifttum und Quellen sind in der Arbeit grundsätzlich bis zum Frühjahr 2012 berücksichtigt. Eine Aktualisierung erfolgte im Juni 2013 vor der Veröffentlichung durch die Einarbeitung der im Dezember 2012 veröffentlichten Umsetzungsberichte der Vertragsparteien des UNESCO-Übereinkommens.

Mein besonders herzlicher Dank gilt meiner Doktormutter, Frau Prof. Dr. iur. habil. Dr. rer. pol. habil. Sabine von Schorlemer, die mir mit der Einladung, die Verhandlungen zum UNESCO-Übereinkommen in Paris 2005 zu begleiten, erst das Aufspüren dieses spannenden Dissertationsthemas ermöglicht hat. Darüber hinaus betreute sie meine Arbeit nicht nur in der Sache, sondern begleitete mich während der Promotionszeit stets mit Fachkompetenz, Freundlichkeit und Verständnis. Herzlich danke ich ebenso meinem Zweitgutachter, Herrn Prof. Dr. Horst-Peter Götting für seine Unterstützung während des Entstehungsprozesses der Arbeit und die wertvollen Anregungen in seinem Gutachten. Ebenso gebührt Prof. Dr. Thilo Rensmann Dank dafür, dass er mich in den letzten Wochen vor der Abgabe der Arbeit weitgehend von der Arbeit an seinem Lehrstuhl entbunden und mir so den nötigen Freiraum für die „heiße Phase" gewährt hat.

Viele Kollegen und Freunde, vor allem aber meine Kollegen an der Technischen Universität Dresden haben mich während der Arbeit an der Dissertation begleitet und dafür gesorgt, dass ich meine Promotionszeit in schöner Erinnerung behalten werde. Jeder hat auf seine Weise zum Gelingen dieser Arbeit beigetragen und mich mit Korrekturen, Anregungen, Geduld und Motivation in vielfältiger Weise unterstützt. Ihnen sei an dieser Stelle sehr herzlich gedankt.

Den größten Anteil am schlussendlichen Entstehen dieser Arbeit hat jedoch meine Familie. Ohne ihre jahrelange beständige Unterstützung in Form von Zuversicht, Verständnis und Geduld wäre ich nie an diesem Punkt angelangt. Ein besonderer Dank gilt meinen Eltern, die mich in meinem Vorhaben stets bestärkt und liebevoll durch die Höhen und Tiefen meiner Ausbildung begleitet haben. Ihnen ist diese Arbeit gewidmet.

Dresden, im Juni 2013 Heidrun Groß

Inhaltsverzeichnis

Abkürzungsverzeichnis

A

a. A.	andere Ansicht
A2K	Access to Knowledge
Abs.	Absatz
ADAC	Allgemeiner Deutscher Automobil-Club e.V.
AEVK	Allgemeine Erklärung zur kulturellen Vielfalt
AEMR	Allgemeine Erklärung der Menschenrechte
AER	The American Economic Review
AFRI	Annuaire Français de Relations Internationales
AJIL	American Journal of International Law
AMARC	World Association of Community Radio Broadcasters
ARIEL	Austrian Review of International and European Law
Anh.	Anhang
Ariz. St. L.J.	Arizona State Law Journal
Art.	Artikel
Asian J. WTO & Int'l Health L. & Pol'y	Asian Journal of WTO & International Health Law and Policy
Aufl.	Auflage

B

Beitr.	Beitrag
BGBl.	Bundesgesetzblätter
BGE	Entscheidungen des Schweizerischen Bundesgerichts
BGH	Bundesgerichtshof
BGHZ	Entscheidungen des Bundesgerichtshofs in Zivilsachen
bspw.	beispielsweise
BVerfGE	Entscheidungen des Bundesverfassungsgerichts
BYIL	British Yearbook of International Law

bzw.	beziehungsweise
C	
C.P.R.	Canadian Patent Reporter
CAC	Comunidad Autónoma de Cataluña
Cardozo Arts & Ent. L.J.	Cardozo Arts & Entertainment Law Journal
CBD	Convention on Biological Diversity, Übereinkommen über die biologische Vielfalt
Chi.-Kent L. Rev.	Chicago-Kent Law Review
Colum. J.L. & Arts	Columbia Journal of Law & Arts
Colum.- VLA J. of Law & Arts	Columbia Journal of Law and the Arts
CR	Computer und Recht
D	
d. h.	dass heißt
DevNat	Developing Nations
DRM	Digital Rights Management
DSB	Dispute Settlement Body, Streitbeilegungsorgan
DSU	Dispute Settlement Understanding, Vereinbarung über Regeln und Verfahren zur Beilegung von Streitigkeiten
dt.	deutsches, deutsche
DUK	Deutsche UNESCO-Kommission e. V.
Duke L.J.	Duke Law Journal
E	
E.C.D.R.	European Copyright and Design Reports
EHRR	European Human Rights Reports
E.I.P.R.	European Intellectual Property Review
EG	Europäische Gemeinschaft
EGV	Vertrag zur Gründung der Europäischen Gemeinschaft, seit 01.12.2009 Vertrag über die Arbeitsweise der Europäischen Union

EJIL	European Journal of International Law
Emory L.J.	Emory Law Journal
endg.	endgültig
Ent. L. Rev.	Entertainment Law Review
ER	Economic Record
ES	European Security
et al.	und andere, und weitere,
etc.	et cetera
ETMP	Ethical Theory and Moral Practice
EU	Europäische Union
EuGH	Europäischer Gerichtshof
Eur. J. Soc. Psychol.	European Journal of Social Psychology
EuZW	Europäische Zeitschrift für Wirtschaftsrecht
e. V.	eingetragener Verei

F

FAO	Food and Agriculture Organization, Ernährungs- und Landwirtschaftsorganisation
f.	folgende
ff.	fortfogende, fortfolgenden
Fn.	Fußnote
Fordham Int'l L.J.	Fordham International Law Journal

G

G 20	Gruppe der Zwanzig
G 8	Gruppe der Acht
GATS	General Agreement on Trade in Services, Allgemeines Abkommen über den Handel mit Dienstleistungen
GATT	General Agreement on Tariffs and Trade, Allgemeines Zoll- und Handelsabkommen
Geo. L.J.	The Georgetown Law Journal

Geo. Wash. Int'l L. Rev.	George Washington International Law Review
GG	Grundgesetz
GIELR	Georgetown International Environmental Law Review
GRUR	Gewerblicher Rechtschutz und Urheberrecht
GRUR Int.	Gewerblicher Rechtschutz und Urheberrecht, Internationaler Teil
GYIL	German Yearbook of International Law
H	
Harv. J. L. & Tech	Harvard Journal of Law & Technology
Harv. L. Rev.	Harvard Law Review
Hastings L.J.	Hastings Law Journal
Hous. L. Rev.	Houston Law Review
HRQ	Human Rights Quarterly
Hrsg.	Herausgeber
I	
i. E.	im Erscheinen
IP	Intellectual Property, geistiges Eigentum
i.V.m.	in Verbindung mit
ICJ, IGH	International Court of Justice, Internationaler, Gerichtshof
ICLQ	International & Comparative Law Quarterly
ICTSD	International Centre for Trade and Sustainable Development
IFCCD	International Federation of Coalitions for Cultural Diversity
IFPI	International Federation of the Phonographic Industry
IGC	WIPO Intergovernmental Committee on Intellectual Property and Genetic Resources, Traditional Knowledge and Folklore
IGH, ICJ	Internationaler Gerichtshof, International Court of Justice
IIC	International Review of Intellectual Property and Competition Law
ILC	International Law Commission

ILC CCD	International Liaison Committees of Coalitions for Cultural Diversity
ILCY	Yearbook of the ILC
ILM	International Legal Materials
IMC	International Music Council
INCD	International Network on Cultural Diversity
INCP-RIPC	International Network on Cultural Policy, Réseau International sur la Politique Culturelle
Intell. Prop. L. & Pol'y J.	Intellectual Property Law and Policy Journal
Intell. Prop. Q.	Intellectual Property Quarterly
Int'l Hum. Rts. Rep.	International Human Rights Reports
Int'l & Comp. L. Q.	International & Comparative Law Quarterly
IO	Internationale Organisation, International Organization
IPA	International Publishers Association
IPWSKR	Internationaler Pakt über wirtschaftliche, soziale und kulturelle Rechte
ITC	International Trade Centre
ITI	International Theater Institute

J

J. Copyright Soc'y U.S.A.	Journal of the Copyright Society of the USA
J. Cult. Econ.	Journal of Cultural Economics
J. Int'l Bus. & L.	Journal of International Business and Law
J. Legal Stud.	Journal of Legal Studies
J.L. & Econ.	Journal of Law and Economics
JASIST	Journal of the American Society for Information Science and Technology
JEP	Journal of Political Economy
JEPP	Journal of European Public Policy
JIEL	Journal of International Economic Law

jipitec	Journal of Intellectual Property, Information Technology and E-Commerce Law
JWT	Journal of World Trade
JZ	JuristenZeitung
L	
L. & Prac. Int'l Ct(s) & Trib.	The Law and Practice of International Courts and Tribunals
LCLR	Lewis & Clark Law Review
LDCs	least developed countries, die am wenigsten entwickelten Länder
LG	Landgericht
LIEI	Legal Issues of Economic Integration
lit.	littera, Buchstabe
LJN	Landelijk Jurispr Nr
M	
MAI	Multilateral Agreement on Investment, Multilaterales Abkommen zum Investitionsschutz
Marq. Intell. Prop. L. Rev.	Marquette Intellectual Property Law Review
Media & Arts L. Rev.	Media & Arts Law Review
Melb. J. lnt'l L.	Melbourne Journal of International Law
Min.	Minute
Minn. Intell. Prop. Rev.	Minnesota Intellectual Property Review
MMR	MultiMedia und Recht
MPAA	Motion Picture Association of Americ
N	
N.C. L. Rev.	North Carolina Law Review
N.Y.U. L. Rev.	New York University Law Review
NGO	Non-Governmental Organization, Nichtregierungsorganisation
NYIL	Netherlands Yearbook of International Law

NYUJILP	New York University Journal of International Law and Politics

O

o. ä.	oder ähnliche
OECD	Organisation for Economic Cooperation and Development, Organisation für wirtschaftliche Zusammenarbeit und Entwicklung
OJLS	Oxford Journal of Legal Studies
OS	Obersatz

P

PAMRA	Performing Artists' Media Rights Association
Para.	Paragraph
Phil. & Pub. Aff.	Philosophy and Public Affairs
pma	post mortem auctoris
Pol'y Sci	Policy Sciences
Pol'y Stud.	Policy Studies
PPA	Public Policy and Administration
Publ.	Publikation
puk	politik und kultur

R

RabelsZ	Rabels Zeitschrift für ausländisches und internationales Privatrecht
RBÜ	Revidierte Berner Übereinkunft zum Schutz von Werken der Literatur und Kunst (Pariser Fassung)
RdC	Recueil des Cours
Rdnr.	Randnummer
Res. L. & Econ.	Research in Law and Economics
resp.	respektive
Rev. Econ. Res. Copyright Issues	Review of Economic Research of Copyright Issues

Rev. Int'l Stud.	Review of International Studies
RGDIP	Revue Générale de Droit International Public
RGZ	Entscheidungen des Reichsgericht in Zivilsachen
RIDA	Revue Internationale du Droit d'Auteur
S	
S.	Seite, Satz
S. Cal. L. Rev.	Southern California Law Review
SAGIT	Cultural Industries Sectoral Advisory Group on International Trade
SCCR	Standing Committee on Copyright and Related Rights
schw.	schweizer
SCR	Supreme Court Reports
sic	so, wirklich so
Sing. J. Int'l & Comp. L.	Singapore Journal of International and Comparative Law
Slg.	Sammlung
sog.	sogenannte, sogenannten
SPP	Science and Public Policy
SPS Agreement	Agreement on the Application of Sanitary and Phytosanitary Mearsures, Übereinkommen über die Anwendung gesundheitspolizeilicher und pflanzenschutzrechtlicher Maßnahmen
SSRN	Social Science Research Network
Stanford L. Rev.	Stanford Law Review
T	
Tex. L. Rev.	Texas Law Review
TRIPS Agreement/ TRIPS-Abkommen	Agreement on Trade-related Aspects of Intellectual Property Rights, Übereinkommen über handelsbezogene Aspekte der Rechte des geistigen Eigentums
TS	Teilsatz
Tulane L. Rev.	Tulane Law Review
TWQ	Third World Quarterly

U

u. a.	unter anderem
U. Pitt. J. Tech. L. & Pol'y	University of Pittsburgh Journal of Technology Law and Policy
U. Pitt. L. Rev.	University of Pittsburgh Law Review
U.S.	United States
UFITA	Archiv für Urheber- und Medienrecht, UFITA Archiv für Urheber-, Film-, Funk- und Theaterrecht
UN	United Nations, Vereinte Nationen
UNCTAD	United Nations Conference on Trade and Development, Konferenz der Vereinten Nationen für Handel und Entwicklung
UNEP	United Nations Environment Programm, Umweltprogramm der Vereinten Nationen
UNESCO	United Nations Educational, Science and Cultural Organization, Organisation der Vereinten Nationen für Bildung, Wissenschaft und Kultur
UNIDO	United Nations Industrial Development Organization, Organisation der Vereinten Nationen für industrielle Entwicklung
Univ.	Universität, University
UrhG, URG	Urheberrechtsgesetz
ÜVKA	Übereinkommen zum Schutz und zur Förderung der Vielfalt kultureller Ausdrucksformen, Convention on the Protection and Promotion of the Diversity of Cultural Expressions

V

v.	von, vom; bei Urteilen: versus
v. Chr.	vor Christus
Vand. J. Ent. & Tech. L.	Vanderbilt Journal of Entertainment and Technology Law
Vand. L. Rev.	Vanderbilt Law Review
Verl.	Verlag
Vgl.	vergleiche
VN	Vereinte Nationen

W

Wash. U. Global Stud. L. Rev.	Washington University Global Studies Law Review
WCT	WIPO Copyright Treaty, WIPO Urheberrechtsvertrag
WEP	West European Politics
WHO	World Health Organization, Weltgesundheitsorganisation
WIPO	World Intellectual Property Organization, Weltorganisation für geistiges Eigentum
WIPO J.	WIPO Journal
WLR	Weekly Law Reports
WPPT	WIPO Performances and Phonograms Treaty, WIPO Vertrag über Darbietungen und Tonträger
WTO	World Trade Organization, Welthandelsorganisation
WTOA	Abkommen über die Errichtung der Welthandelsorganisation, Agreement Establishing the World Trade Organization
WVK	Wiener Übereinkommen über das Recht der Verträge
WVKIO	Wiener Übereinkommen über das Recht der Verträge zwischen Staaten und internationalen Organisationen oder zwischen internationalen Organisationen
WZB Mitteilungen	Mitteilungen des Wissenschaftszentrums Berlin für Sozialforschung

Y

Yale Hum. Rts. & Dev. L.J.	Yale Human Rights and Development Law Journal
Yale L.J.	Yale Law Journal
YIEL	Yearbook of International Environmental Law

Z

z. T.	zum Teil
ZaöRV	Zeitschrift für ausländisches öffentliches Recht und Völkerrecht
ZEuP	Zeitschrift für Europäisches Privatrecht

ZGE / IPJ	Zeitschrift für Geistiges Eigentum/ Intellectual Property Journal
Ziff.	Ziffer
ZUM	Zeitschrift für Urheber- und Medienrecht
ZUM RD	Zeitschrift für Urheber- und Medienrecht, Rechtsprechungsdienst
ZUR	Zeitschrift für Umweltrecht
ZWP	Zeitschrift für Wirtschaftspolitik

Einleitung

> „The promotion of culture in its various aspects without looking carefully at the Copyright issue is like trying to walk without the fundamental references of orientation, since these are the rights which determine the legal, institutional, commercial and economic boundaries for production, circulation and consumption of cultural goods and services."[1]

A. Anlass und Kontext der Arbeit

Paris zu Beginn des Jahres 2005: Ein allumfassendes Dachabkommen zur Kulturpolitik wird im Rahmen der UNESCO verhandelt – und kaum eine substantielle Erwähnung der kulturellen Funktion der Urheberrechte? Eine solche Konstellation muss verwundern. Zumal die Teilnehmer während der Verhandlungen sämtliche in den Entwürfen stehende Referenzen zum Urheberrecht nach und nach aus dem Verhandlungstext strichen, ohne dass es zu einer offenen Diskussion über die Bedeutung des Urheberrechts für die Vielfalt kultureller Ausdrucksformen kam. Von wenigen Wortmeldungen im Plenum abgesehen, schien das Schicksal der Urheberrechte im Rahmen des Übereinkommens zum Schutz und zur Förderung der Vielfalt kultureller Ausdrucksformen (ÜVKA)[2] bereits in informellen Verhandlungen auf den Gängen des UNESCO-Hauptquartiers ohne viel Aufhebens besiegelt worden zu sein. Auch die Vertreter der Urheberrechtsabteilung der UNESCO blieben den Vertragsverhandlungen fern.[3] Von Wortmeldungen einiger NGO-Vertreter abgesehen, schien das Thema Urheberrechte auf großes Schweigen zu stoßen. Woher stammt diese vermeintliche Gleichgültigkeit? Warum haben sich die Verhandlungspartner für den Wegfall eines doch so wichtigen Instruments der Kulturpolitik entschieden? Sind die Urheberrechte

---

1 BRAZILIAN MINISTRY OF CULTURE, A Study on Copyrights, Access to Culture and New Technologies: Evolving Challenges to Cultural Diversity. Presented at the Ninth Annual Ministerial Meeting, Rio de Janeiro, Brazil, 22-25 November 2006 (2006), <http://www.incp-ripc.org/images/stories/documents/meetings/2006/session1_e.pdf> (zuletzt geprüft am: 10.03.2013), S. 31.

2 Übereinkommen zum Schutz und zur Förderung der Vielfalt kultureller Ausdrucksformen, Convention on the Protection and Promotion of the Diversity of Cultural Expressions, (ÜVKA), v. 20.10.2005, in Kraft getreten am 18.03.2007, BGBl. II 2007, 235 ff., ABl. der EU Nr. L 201 v. 25.07.2006, 17. Im Folgenden ÜVKA oder UNESCO-Übereinkommen genannt.

3 Anfrage der Autorin während der zweiten Verhandlungsrunde der Regierungsexperten bei der Urheberrechtsabteilung im Hauptquartier der UNESCO, 03.02.2005, Paris.

im Rahmen der Kulturpolitik etwa doch nicht oder nicht mehr von Bedeutung? Die Situation schien paradox. Ein Grund für die Autorin, diesen Fragen im Rahmen der hier vorliegenden Arbeit nachzugehen.

Dem UNESCO-Übereinkommen kommt eine große Bedeutung für das Kulturvölkerrecht zu. So gilt es als Magna Charta des Kulturvölkerrechts.[4] Die Vertragsparteien bestärken in diesem Übereinkommen ihr souveränes Recht auf die Gestaltung einer eigenständigen Kulturpolitik (Art. 2 Abs. 2 ÜVKA). Gleichzeitig erkennen sie die besondere Natur kultureller Aktivitäten, Güter und Dienstleistungen an, die neben ihrer wirtschaftlichen Funktion auch Träger von Identitäten, Werten und Sinn darstellen (Art. 1 lit. g ÜVKA). Mit dem UNESCO-Übereinkommen verwahren sich die Vertragsparteien vor einem einseitig an wirtschaftlichen Interessen ausgerichteten Umgang mit kulturellen Aktivitäten, Gütern und Dienstleistungen, wie sie im Rahmen der WTO-Liberalisierungsverhandlungen, insbesondere im audiovisuellen und bildungspolitischen Bereich, zu Tage treten. Eine ähnliche, die kulturelle Vielfalt bedrohende Entwicklung vollzogen auch die Rechte des geistigen Eigentums. Dieser Tendenz wurde jedoch bislang weitaus weniger Beachtung geschenkt.

Das Urheberrecht erfuhr in den letzten Jahrzehnten eine kontinuierliche Ausweitung – sowohl hinsichtlich der Dauer[5] als auch hinsichtlich des sachlichen und inhaltlichen Umfangs.[6] So stieg die urheberrechtliche Schutzdauer in vielen Staaten von den Mindestanforderungen der völkerrechtlichen Verträge von 50 Jahren nach Tod des Autors (post mortem auctoris, pma) auf häufig 70 Jahre pma oder sogar auf 95 Jahre pma. [7] Auch die vom Urheberrecht umfassten Anwendungsbereiche haben sich diversifiziert. Seit etwa 20 Jahren fallen nicht mehr nur Werke der Literatur und Kunst unter Urheberrechtsschutz, sondern auch so gar nicht zu dem klassischen Bereich der Kultur passende Werke, wie Computerprogramme und Datenbanken.

Die mit dem technologischen Fortschritt und dem Internet einhergehenden neuen Nutzungsarten führten schließlich zu einer Ausdehnung der Schutzrechte.

---

4 DEUTSCHE UNESCO-KOMMISSION, Übereinkommen über Schutz und Förderung der Vielfalt kultureller Ausdrucksformen. Magna Charta der Internationalen Kulturpolitik. Bonn (2006), passim; METZE-MANGOLD, Verena/ MERKEL, Christine M., Magna Charta der internationalen Kulturpolitik, in: *MEDIA PERSPKTIVEN (*2006), S. 362 ff.

5 GOLDSTEIN, Paul/ HUGENHOLTZ, P. B., International Copyright. Principles, Law, and Practice. Oxford et al. (2010), S. 278.

6 Statt vieler am Beispiel Ungarns GYERTYÁNFY, Péter, Expansion des Urheberrechts – und kein Ende?, in: *GRUR Int. (*2002), S. 557 ff.

7 KILBEY, Ian, Copyright Duration? Too Long!, in: *E.I.P.R. (*2003), S. 105 ff.

So kamen die Urheber und Rechteinhaber mit dem Abkommen zu den handelsbezogenen Aspekten des geistigen Eigentums[8] (TRIPS-Abkommen) und dem WIPO-Urheberrechtsvertrag[9] (WCT) auch in den Genuss von Vermiet- und Verleihrechten für Werke, die auf körperlichen Trägern festgelegt sind, von Verbreitungsrechten für nicht-körperlich festgelegte Werke sowie eines Rechts der öffentlichen Zugänglichmachung von Werken im Internet. Diese zusätzlichen Rechte dienen vor allem der Ausschöpfung sämtlicher neuer Verwertungsmöglichkeiten, insbesondere im digitalen Bereich, und liegen vorrangig im Interesse der Verwerter begründet.

Die Interessen der Urheber und zweifelsohne der Nutzer kultureller Werke treten angesichts der aktuellen Urheberrechtsregelungen in den Hintergrund. Gerade im digitalen Bereich eröffnen die neuen Technologien umfangreiche Nutzungsarten, die jedoch vielfach nicht mit den urheberrechtlichen Regelungen aus dem Gutenberg-Zeitalter vereinbar sind. Während sich die Verwerter auch im digitalen Bereich neue Verwertungsrechte sichern konnten, wurde den Interessen der Nutzer an angemessenen Schrankenbestimmungen im digitalen Bereich kaum Beachtung geschenkt. In weiten Kreisen galt die Überzeugung, dass ein möglichst hoher Urheberrechtsschutz per definitionem der Kultur zuträglich sei. Der Erwägungsgrund 22 der Info-Richtlinie des Europäischen Parlaments verdeutlicht dieses Ansinnen:

> „Die Verwirklichung des Ziels, die Verbreitung der Kultur zu fördern, darf nicht durch Verzicht auf einen rigorosen Schutz der Urheberrechte (...) erfolgen."[10]

Die stetige Ausweitung der ausschließlichen Rechte ohne Berücksichtigung der Schranken muss fast zwangsläufig zu einer Legitimationskrise des Urheberrechts führen. Diese Krise wurde in den letzten Jahren durch die unzähligen Urheberrechtsverletzungen im Rahmen des Peer-to-peer Filesharings zu-

---

8 Abkommen zu den handelsbezogenen Aspekten des geistigen Eigentums, Agreement on Trade-related Aspects of Intellectual Property Rights (TRIPS), v. 15.04.1994, in Kraft getreten am 01.01.1995, ABl. 2007 Nr. L 311 S. 37. Im Folgenden TRIPS-Abkommen oder TRIPS genannt.

9 WIPO-Urheberrechtsvertrag, WIPO Copyright Treaty (WCT) vom 20.12.1996, in Kraft getreten am 06.03.2002, BGBl. 2003 II, 755. Im Folgenden WCT genannt.

10 Erwägungsgrund 22 Richtlinie 2001/29/EG des Europäischen Parlaments und des Rates zur Harmonisierung bestimmter Aspekte des Urheberrechts und der verwandten Schutzrechte in der Informationsgesellschaft (Info-RL) v. 22.05.2001, ABl. Nr. L 167, 10 ff., ber. ABl. Nr. L 6, 2002, 71 ff.

nehmend sichtbar. Selbst vereinzelte Rufe nach einer gänzlichen Abschaffung des Urheberrechts wurden laut.[11]

Aber auch in gemäßigter Form nimmt die Kritik an dem bestehenden Urheberrechtsschutz zu. So fordern einige Wissenschaftler, weitgehend im Rahmen des bestehenden Rechts, eine angemessene Berücksichtigung der Interessen der Allgemeinheit, um den Ausgleich der Interessen aller Beteiligter im Urheberrecht wiederherzustellen.[12]

Die im Zuge einer neoliberalen Wirtschaftspolitik gänzlich in den Hintergrund tretenden kulturellen Bedürfnisse der Gesellschaft, beispielsweise auf Anerkennung der besonderen identitätsstiftenden Funktion kultureller Aktivitäten, Güter und Dienstleistungen, provozierte eine Gegenbewegung, die ihren vorläufigen Höhepunkt im Abschluss des UNESCO-Übereinkommens fand. Unter anderem als Gegengewicht zur Handelspolitik der Welthandelsorganisation (WTO) geschaffen, gewannen kulturpolitische Erwägungen in anderen internationalen Foren durch das UNESCO-Übereinkommen Momentum.

Auch wenn im Rahmen des UNESCO-Übereinkommens die Bedeutung der Urheberrechte nicht auf den ersten Blick sichtbar wird, gibt es Spill-over-Effekte in den Bereich der geistigen Eigentumsrechte. Die kulturpolitische Legitimation und Aufgabe des Urheberrechts rückt zunehmend in den Fokus der aktuellen Diskussion um ein angemessenes Schutzniveau geistiger Güter. Das UNESCO-Übereinkommen kann dazu beitragen, dass das Urheberrecht als Instrument der Kulturpolitik neu entdeckt wird.

B. Fragestellung und Ziel der Arbeit

Die vorliegende Arbeit knüpft an diese ersten Ansätze der Renaissance der kulturellen Dimension des Urheberrechts an. Sie diskutiert das Potential des Urheberrechts als ein wichtiges Instrument zur Umsetzung des UNESCO-Übereinkommens. Zu diesem Zweck widmet sich diese Arbeit der Frage, welchen Beitrag das Urheberrecht zur Erfüllung der Ziele des UNESCO-Übereinkommens leisten kann. Auch wenn die kulturelle Dimension des Urheber-

11 SMIERS, Joost, Arts under Pressure. Promoting Cultural Diversity in the Age of Globalization. London et al. (2003), S. 207 ff.

12 GEIGER, Christophe/ GRIFFITHS, Jonathan/ HILTY, Reto M., Declaration on a Balanced Interpretation of the 'Three-Step Test' in Copyright Law, SCHOOL OF LAW, QUEEN MARY UNIVERSITY, LONDON (08.07.2008), <http://www.law.qmul.ac.uk/events/archive/declaration_three_steps%5B1%5D.pdf> (zuletzt geprüft am: 10.03.2013).

rechts lange vernachlässigt wurde, steht ihre Existenz außer Frage. Weniger ersichtlich ist jedoch die vielfaltsfördernde Wirkung des urheberrechtlichen Schutzes. Diese Arbeit verfolgt deshalb das rechtspolitische Ziel, das kulturelle Potential des Urheberrechts sichtbar zu machen und als wirksames Instrument im Rahmen der Umsetzung des UNESCO-Übereinkommens anzuerkennen. Vor diesem Hintergrund wird auch die Frage nach einem möglichen Einfluss des Übereinkommens auf die völkerrechtlichen Verträge zum Urheberrecht diskutiert. Hier interessiert vor allem, ob das UNESCO-Übereinkommen korrigierend auf die Bevorzugung der Verwerterinteressen[13] im Urheberrecht wirken kann. Ferner soll geprüft werden, welche Initiativen die Vertragsparteien unternehmen, um das Instrument Urheberrecht im Rahmen des Übereinkommens nutzbar zu machen. Den Vertragsparteien des ÜVKA soll auf diese Weise Handlungsbedarf im Bereich des Urheberrechts verdeutlicht werden.

C. Forschungsstand

Angesichts des noch jungen UNESCO-Übereinkommens – es trat am 18.03.2007 in Kraft – ist der Umfang der vorliegenden Publikationen beachtlich.[14] Allerdings konzentrieren sich die Autoren hauptsächlich auf das konfliktbeladene Verhältnis des Übereinkommens zu den Verträgen der WTO im Bereich des Handels mit Gütern[15] (GATT) und mit Dienstleistungen[16] (GATS).[17]

---

13 VAIDHYANATHAN, Siva, Copyrights and Copywrongs. The Rise of Intellectual Property and How it Threatens Creativity. New York (2003), S. 2; LESSIG, Lawrence, Free Culture. How Big Media uses Technology and the Law to Lock Down Culture and Control Creativity. New York (2004), S. 147 ff.; KUHLEN, Rainer, Erfolgreiches Scheitern – eine Götterdämmerung des Urheberrechts? Boizenburg (2008), S. 97.

14 Siehe insbesondere den ÜVKA-Kommentar von SCHORLEMER, Sabine von/ STOLL, Peter-Tobias, The UNESCO Convention on the Protection and Promotion of the Diversity of Cultural Expressions. Explanatory Notes. Berlin et al. (2012).

15 Allgemeines Zoll- und Handelsabkommen, General Agreement on Tariffs and Trade (GATT), vom 15.04.1994, in Kraft getreten am 01.01.1995, ABl. 1994 L 336/11.

16 Allgemeines Abkommen über den Handel mit Dienstleistungen, General Agreement on Trade in Services (GATS), vom 15.04.1994, in Kraft getreten am 01.01.1995, BGBl. 1994 II 1473 bzw. 1643.

17 HAHN, Michael, A Clash of Cultures?, in: *JIEL* 9 (2006), S. 515 ff.; HAHN, Michael, The Convention on Cultural Diversity and International Economic Law, in: *Asian J. WTO & Int'l Health L. & Pol'y* 2 (2007), S. 229 ff.; BERNIER, Ivan, The Relationship Between the UNESCO Convention on the Protection and Promotion of the Diversity of Cultural Expressions and Other International Instruments. The Emergence of a New Balance in the Interface Between Commerce and Culture (ohne Datum), <http://

Die Bedeutung geistiger Eigentumsrechte, insbesondere des Urheberrechts, spielte kaum eine Rolle. Ein wesentlicher Grund dafür liegt zum einen darin, dass das Urheberrecht bzw. die geistigen Eigentumsrechte nicht explizit im Übereinkommenstext benannt werden. Zum anderen gehört das Urheberrecht

---

www.cdc-ccd.org/Les-relations-entre-la-Convention?lang=en> (zuletzt geprüft am: 10.03.2013); RUIZ FABRI, Hélène, Reflections on Possible Future Legal Implications of the Convention (S. 73-87), in: Nina Obuljen (Hrsg.), *UNESCO's Convention on the Protection and Promotion of the Diversity of Cultural Expressions: Making it Work,* Zagreb (2006), S. 73 ff.; RUIZ FABRI, Hélène, Games with Fragmentation (S. 191-220), in: Sarah Joseph, et al. (Hrsg.), *The World Trade Organization and Human Rights,* Cheltenham et al. (2009), S. 191 ff.; SCHORLEMER, Sabine von, Kulturpolitik im Völkerrecht verankert, in: *VN* 53 (2005b), S. 217 ff.; SCHORLEMER, Sabine von, Promoting International North-South Cooperation in the Framework of the UNESCO Convention on the Protection and Promotion of the Diversity of Cultural Expressions (S. 163-172), in: Deutsche UNESCO-Kommission (Hrsg.), *Kulturelle Vielfalt – Unser gemeinsamer Reichtum,* Bonn (2007), S. 163 ff.; SCHORLEMER, Sabine von, Die Harmonisierung von GATS und dem UNESCO-Übereinkommen zur kulturellen Vielfalt als völkerrechtliche Herausforderung, in: *UNESCO heute* 52 (2005a), S. 49 ff.; NEUWIRTH, Rostam J., The 'Culture and Trade Debate' Continues: The UNESCO Convention in Light of the WTO Reports in China - Publications and Audiovisual Products: Between Amnesia or Déjà Vu?, in: *JWT* 44 (2010), S. 1333 ff.; NEUWIRTH, Rostam J., "United in Divergency": A Commentary on the UNESCO Convention on the Protection and Promotion of the Diversity of Cultural Expressions, in: *ZaöRV* 66 (2006), S. 819 ff.; GRABER, Christoph B., The New UNESCO Convention on Cultural Diversity, in: *JIEL* 9 (2006), S. 553 ff.; GRABER, Christoph B., Substantive Rights and Obligations under the UNESCO Convention on Cultural Diversity (S. 141-161), in: Hildegard Schneider/ Peter van den Bossche (Hrsg.), *Protection of Cultural Diversity from a European and International Perspective,* Antwerpen (2008), S. 141 ff.; BURRI-NENOVA, Mira/ GRABER, Christoph B./ STEINER, Thomas, The Protection and Promotion of Cultural Diversity in a Digital Networked Environment (S. 359-393), in: Thomas Cottier/ Panagiotis Delimatsis (Hrsg.), *The Prospects of International Trade Regulation,* Cambridge et al. (2011), S. 359 ff.; VOON, Tania, UNESCO and the WTO, in: *Int'l & Comp. L. Q.* 55 (2006), S. 635 ff.; RICHIERI HANANIA, Lilian, Diversité Culturelle et Droit International du Commerce. Aix-en-Provence et al. (2009), passim; VAN DEN BOSSCHE, Peter, Free Trade and Culture. A Study of Relevant WTO Rules and Constraints on National Cultural Policy Measures, MAASTRICHT UNIVERSITY (2007), <http://papers.ssrn.com/sol3/papers.cfm?abstract_id=979530> (zuletzt geprüft am: 10.03.2013), passim; SCHNEIDER, Hildegard/ VAN DEN BOSSCHE, Peter, Protection of Cultural Diversity from a European and International Perspective. Antwerpen (2008), passim; DAHRENDORF, Anke, Free Trade Meets Cultural Diversity (S. 31-83), in: Hildegard Schneider/ Peter van den Bossche (Hrsg.), *Protection of Cultural Diversity from a European and International Perspective,* Antwerpen (2008), S. 31 ff.

zum Rechtsgebiet des Zivilrechts, während das UNESCO-Übereinkommen als völkerrechtlicher Vertrag dem öffentlichen Recht zugeordnet wird. Die Formulierung intradisziplinärer Forschungsansätze, wie sie die vorliegende Arbeit aufgreift, stellt schon aufgrund der institutionellen Trennung der beiden Forschungsbereiche eine Herausforderung dar.[18]

Das UNESCO-Übereinkommen wurde auch im Bereich des geistigen Eigentums kaum wahrgenommen.[19] Im deutschen Sprachraum gibt es dafür strukturelle, wie auch rechtsdogmatische Gründe. Da Urheberrechte immer noch dem Territorialitätsprinzip unterliegen, folgt die Harmonisierung dieser Regelungen einem Bottom-up-Ansatz, bei dem die einzelnen umfangreichen nationalen Urheberrechtssysteme auf internationaler Ebene auf dem kleinsten gemeinsamen Nenner im Konsensusverfahren harmonisiert werden.[20] Wesentliche Impulse für die Ausgestaltung der Urheberrechte auf völkerrechtlicher Ebene kamen damit bisher weniger aus dem völkerrechtlichen Bereich, sondern hatten ihren Ursprung in den nationalen Rechtsordnungen der einzelnen Staaten. Diese Prozesse ändern sich jedoch zunehmend angesichts der Harmonisierung des Urheberrechts im europäischen Rahmen durch die Richtlinien der EU-Kommission sowie auf internationaler Ebene durch bilaterale Investitionsschutzabkommen. Dennoch liegt der Fokus urheberrechtlicher Forschung häufig noch eher im Bereich einzelner nationalstaatlicher urheberrechtlicher Regelungen bzw. des Rechtsvergleichs. Ferner behindert auch die traditionelle deutsche Urheberrechtsdogmatik die freie Sicht auf das vorliegende Problem. Das rechtstheoretische Fundament des deutschen Urheberrechts bildet in erster Linie das Naturrecht. Nach naturrechtlicher Auffassung entsteht ein Urheberrecht mit dem Akt der Schöpfung. Da sich die Würde und Persönlichkeit des Urhebers durch seine

---

18 Sowohl in den Universitäten als auch im Rahmen der öffentlichen Forschungsinstitutionen, wie dem *Max-Planck-Institut*, wird in beiden Rechtsgebieten unabhängig voneinander gelehrt und geforscht. Vgl. *Max-Planck-Institut für Immaterialgüter- und Wettbewerbsrecht* in München und das *Max-Planck-Institut für ausländisches öffentliches Recht und Völkerrecht* in Heidelberg.

19 So auch DIETZ, Adolf, Verfassungsklauseln und Quasi-Verfassungsklauseln zur Rechtfertigung des Urheberrechts – gestern, heute und morgen, in: *GRUR Int.* 55 (2006), S. 7; Ausnahme: GEIGER, Christophe, Promoting Creativity through Copyright Limitations, in: *Vand. J. Ent. & Tech. L.* 12 (2010), S. 515 ff.

20 Für eine umfassende Darstellung der historischen Entwicklung der Berner Übereinkunft siehe RICKETSON, Sam/ GINSBURG, Jane C., International Copyright and Neighbouring Rights. The Berne Convention and Beyond. Oxford et al. (2006a), Rdnr. 2.02 ff.

kreative Arbeit auf sein Werk übertragen hat, kommt ihm ein Schutzrecht zu.[21] Dieses Schutzrecht bedarf keiner Anerkennung oder Verleihung durch den Gesetzgeber, sondern entsteht bereits mit dem geschaffenen Werk. Aus diesem Grund kann ein Urheberrecht auch keine, über den Schutz des persönlichen Bandes des Urhebers zu seinem Werk, hinausgehende Funktion übernehmen. Eine Instrumentalisierung des Urheberrechts, wie es beispielsweise nach angelsächsischer (utilitaristischer) Urheberrechtsdogmatik üblich ist, kann in einem naturrechtlich begründeten Urheberrechtssystem, wie es in vielen kontinentaleuropäischen Ländern vorherrscht, eigentlich nicht erfolgen. Allerdings muss an dieser Stelle eingeschränkt werden, dass eine Reinform naturrechtlicher oder auch utilitaristischer Urheberrechtslegitimation nicht existiert. Folglich spielen auch in naturrechtlich fundierten Urheberrechtssystemen Zweckmäßigkeitserwägungen eine Rolle. So erkennt auch der deutsche Gesetzgeber mittlerweile die gesellschaftspolitische Bedeutung des Urheberrechts an, die sich beispielsweise in der Notwendigkeit eines ausgeglichenen Verhältnisses zwischen den Ausschließlichkeitsrechten der Urheber und den Schranken dieser Rechte spiegelt.

Das dieser Arbeit zugrundeliegende Problem ist folglich im hiesigen Urheberrechtsdenken neu und spielt deshalb auch in der deutschsprachigen Literatur, sowohl zur kulturellen Vielfalt als auch im urheberrechtlichen Bereich, kaum eine Rolle. Selbst wenn die kulturelle Bedeutung des derzeitigen Urheberrechts angesprochen wurde, dann häufig allein in einer affirmativen Form.[22] Die Arbeit fußt deshalb zu großen Teilen auf englischsprachigen Quellen, die aufgrund der utilitaristischen Urheberrechtstradition dem Thema der kulturellen Funktion des Urheberrechts aufgeschlossener gegenüber stehen. Aber auch dort beschränkt sich die Diskussion der Bedeutung des Urheberrechts im Rahmen des UNESCO-Übereinkommens auf die Beiträge einiger weniger Autoren.[23]

---

21 Vgl. dazu STERLING, J. A., World Copyright Law. Protection of Author's Works, Performances, Phonograms, Films, Video, Broadcasts and Published Editions in National, International and Regional Law. London (2008), Rdnr. 2.27 ff.

22 DESURMONT, Thierry, Réflecions sur les Rapports entre la Convention sur la Protection et la Promotion de la Diversité des Expressions Culturelles et la Protection du Droit d'Auteur., in: *RIDA* 208 (2006), S. 3 ff.; DIETZ, Adolf, Kulturelle Vielfalt und internationales Urheberrecht, in: *puk (*2005), S. 22.

23 Zu nennen sind in diesem Zusammenhang vor allem die Beiträge von *Fiona Macmillan*, insbesondere in ihrer eigenen Reihe *New Directions of International Copyright Law*; *Hannu Wager*; *Mira Burri-Nenonva*; *Lilian Richieri Hanania*, *Christophe Germann*: MACMILLAN, Fiona, The UNESCO Convention as a New Incentive to Protect Cultural Diversity (S. 163-192), in: Hildegard Schneider/ Peter van den Bossche

Die internationale Harmonisierung des Urheberrechts sowohl auf völkerrechtlicher Ebene als auch im Rahmen der Europäischen Union hat dazu geführt, dass im deutschen Rechtsraum utilitaristische Schutzlegitimationen einen höheren Stellenwert in der Urheberrechtsdogmatik gefunden haben.[24] Zudem hat die zunehmende Kritik am derzeitigen Umfang urheberrechtlicher Regelungen[25] dazu geführt, dass nach anderen Legitimationsquellen des Urheberrechts, beispielsweise im Bereich der Menschenrechte oder im kulturellen Bereich, gesucht wurde. Auf diese Weise erfuhr auch das Thema der Förderung kultureller Vielfalt größere Aufmerksamkeit in der urheberrechtlichen Forschung.[26] Eine umfassende Analyse des Urheberrechts als Instrument zur Förderung kultureller Vielfalt, wie in dieser Arbeit vorgenommen, stand jedoch bisher noch aus.

(Hrsg.), *Protection of Cultural Diversity from a European and International Perspective,* Antwerpen (2008), S. 163 ff.; MACMILLAN, Fiona, Cultural Diversity in an Era of Corporate Dominance. A Clash of Rights? (05.2007), <http://www.dime-eu.org/files /active/0/IPR-WORKING-PAPER-29_Macmillan.pdf> (zuletzt geprüft am: 10.03.2013); MACMILLAN, Fiona, New Directions in Copyright Law 6. Cheltenham et al. (2007), passim; MACMILLAN, Fiona, New Directions in Copyright Law 5. Cheltenham et al. (2007), passim; MACMILLAN, Fiona, The Cruel ©, in: *E.I.P.R.* (2002), S. 483 ff.; WAGER, Hannu, Copyright and the Promotion of Cultural Diversity (S. 193-218), in: Hildegard Schneider/ Peter van den Bossche (Hrsg.), *Protection of Cultural Diversity from a European and International Perspective,* Antwerpen (2008), S. 193 ff.; BURRI, Mira, Cultural Diversity as a Concept of Global Law: Origins, Evolution and Prospects, in: *Diversity* 2 (2010), S. 1059 ff.; RICHIERI HANANIA, Fn. 17 (2009), passim; GERMANN, Christophe, Die Umsetzung der UNESCO-Konvention von 2005 über die Vielfalt kultureller Ausdrucksformen in der Europäischen Union. Studie, IP/B/CULT/IC/2009_057 v. 05.2010, passim.

24 STROWEL, Alain, Droit d'Auteur and Copyright (S. 235-253), in: Brad Sherman (Hrsg.), *Of Authors and Origins,* Oxford (1994), S. 235 ff.; STROWEL, Alain, Droit d'Auteur et Copyright. Divergences et Convergences. Bruxelles (1993), passim.

25 HANSEN, Gerd, Warum Urheberrecht? Die Rechtfertigung des Urheberrechts unter besonderer Berücksichtigung des Nutzerschutzes. Baden-Baden et al. (2009), passim; LEISTNER, Matthias/ HANSEN, Gerd, Die Begründung des Urheberrechts im digitalen Zeitalter, in: *GRUR* (2008), S. 479 ff.

26 SCHRICKER/LOEWENHEIM/VOGEL, Einleitung, in: Loewenheim/Dietz/Schricker (Hrsg.), Urheberrecht. Kommentar, 4. Aufl., München (2010), S. 49 ff.; LOEWENHEIM, Ulrich, § 1 Gegenstand, Zweck und Bedeutung des Urheberrechts (S. 1-5), in: Ulrich Loewenheim (Hrsg.), *Handbuch des Urheberrechts,* München (2010), S. 1 ff.; GEIGER, Christophe, Copyright and the Freedom to Create – A Fragile Balance, in: *IIC* 6 (2007), S. 707 ff.; GEIGER, Fn. 19 (2010), S. 515 ff.

D. Struktur der Arbeit

Die vorliegende Arbeit umfasst sowohl intra- als auch interdisziplinäre Fragestellungen. So ist schon die grundlegende Forschungsfrage nach der Bedeutung des Urheberrechts als Instrument im Rahmen des UNESCO-Übereinkommens eine intradisziplinäre Frage, die neben der völkerrechtlichen auch eine zivilrechtliche Dimension umfasst. Die interdisziplinäre Dimension erstreckt sich auf die Frage nach dem Handlungsspielraum und -willen der Vertragsparteien, kulturfördernde urheberrechtliche Maßnahmen zur Umsetzung des Übereinkommens zu ergreifen. Dazu wird unter Rückgriff auf das politikwissenschaftliche Konzept der epistemischen Gemeinschaften geprüft, welchen Einfluss Experten auf die Formulierung und Wahrnehmung von Problemen haben, um auf diese Weise Impulse für politische Entscheidungsträger zur Anpassung urheberrechtlicher Verträge im Sinne des UNESCO-Übereinkommens zu geben.

Der erste Teil dieser Arbeit dient einer kurzen Einführung in die Grundlagen des Übereinkommens zur Vielfalt kultureller Ausdrucksformen und des Urheberrechts. Ziel ist die Beantwortung der Frage, worin der Zusammenhang zwischen der kulturellen Vielfalt und dem Urheberrecht liegt. Während der Zusammenhang zwischen Kultur und Urheberrecht schon aufgrund der kulturellen Anreizfunktion des Urheberrechts als selbstverständlich wahrgenommen wird, liegt die vielfaltsfördernde Wirkung nicht direkt auf der Hand. Teil I analysiert deshalb die unmittelbare und mittelbare vielfaltsfördernde Wirkung des Urheberrechts.

Im zweiten Teil steht der Stellenwert, den die Vertragsparteien dem Instrument Urheberrecht im Rahmen der Verhandlungen des UNESCO-Übereinkommens und dessen Umsetzungsbemühungen einräumen, im Mittelpunkt der Analyse. Zu diesem Zweck werden die einzelnen Übereinkommensentwürfe der unterschiedlichen Verhandlungsstufen ausgelegt. Hierbei werden sowohl explizite Nennungen von Rechten des geistigen Eigentums als auch implizite Bezüge zu urheberrechtlichen Ansatzpunkten analysiert. Da die geschriebenen Regeln jedoch nur eine Seite der Rechtswirklichkeit wiedergeben, muss auch die Bedeutung der Urheberrechte im Rahmen der Umsetzung des Übereinkommens betrachtet werden. Vor diesem Hintergrund gilt es zu prüfen, ob und wenn ja, inwieweit die Vertragsparteien im Rahmen ihrer Umsetzungsaktivitäten urheberrechtliche Maßnahmen ergreifen. Dementsprechend schließt eine Bewertung der Umsetzungsaktivitäten der Vertragsparteien den zweiten Teil dieser Arbeit ab. Neben den Ansichten der Verhandlungspartner und der Vertragsparteien spielen auch die Anmerkungen der nichtstaatlichen Organisationen (NGO) sowie der als Beobachter teilnehmenden internationalen Organisationen (IO) eine

Rolle. Auf dieser Grundlage kann dann die Forschungsfrage dieses Kapitels nach dem tatsächlichen Stellenwert des Instruments Urheberrecht im Rahmen des UNESCO-Übereinkommens beantwortet werden.

Der dritte Teil dieser Arbeit wechselt die Perspektive, indem dann die völkerrechtlichen Verträge zum Urheberrecht, konkret die Revidierte Berner Übereinkunft zum Schutz der Werke der Literatur und Kunst[27] (RBÜ), der WCT sowie die urheberrechtlichen Bestimmungen des TRIPS-Abkommens der Welthandelsorganisation zu handelsbezogenen Aspekten des geistigen Eigentums analysiert werden. Ziel der Analyse ist die Erkenntnis, ob die bestehenden urheberrechtlichen Regelungen tatsächlich zur Förderung der kulturellen Vielfalt geeignet sind. Zu diesem Zweck werden vier grundlegende kulturelle Kriterien aus dem UNESCO-Übereinkommen extrahiert. Sie dienen als Gradmesser für die Eignung urheberrechtlicher Regelungen. Diese kulturellen Kriterien werden anschließend durch jeweils geeignete urheberrechtliche Indikatoren operationalisiert. Der dritte Teil dieser Arbeit schließt mit einer zusammenfassenden Bewertung der Eignung der aktuellen urheberrechtlichen Regelungen zur Förderung der Vielfalt kultureller Ausdrucksformen ab.

Für den vierten Teil ergibt sich, angesichts der im dritten Teil aufgedeckten Spannungen zwischen den aktuellen völkerrechtlichen Verträgen zum Urheberrecht und dem UNESCO-Übereinkommen, folgende Forschungsfrage: In welchem rechtlichen Verhältnis steht das UNESCO-Übereinkommen gegenüber den völkerrechtlichen Verträgen zum Urheberrecht und welchen Handlungsspielraum bietet das UNESCO-Übereinkommen den Vertragsparteien, um auf die völkerrechtlichen Verträge zum Urheberrecht im Sinne der Förderung kultureller Vielfalt Einfluss zu nehmen? Angesichts der aufgezeigten Spannungen muss zunächst geprüft werden, ob zwischen dem UNESCO-Übereinkommen und den völkerrechtlichen Verträgen zum Urheberrecht Vertragskonflikte bestehen. Das Ergebnis dieser Prüfung hängt maßgeblich vom gewählten Wortlaut der Verträge ab. Anschließend steht das rechtliche Verhältnis des UNESCO-Übereinkommens zu den Urheberrechtsverträgen im Mittelpunkt der Analyse. Die Möglichkeiten der ÜVKA-Vertragsparteien, auf die urheberrechtlichen Verträge im Sinne des UNESCO-Übereinkommens Einfluss zu nehmen, richten sich nach den Bestimmungen der Vereinbarkeitsklausel des Art. 20 ÜVKA. Sie regelt die wechselseitige Unterstützung, Komplementarität und Nicht-Unterordnung des UNESCO-Übereinkommens und anderer völkerrechtlicher Instru-

27 Revidierte Berner Übereinkunft zum Schutz der Werke der Literatur und Kunst (RBÜ), vom 09.09.1886, in Kraft getreten am 05.12.1887, zuletzt geändert am 24.07.1971 (Pariser Fassung), BGBl. 2008 II, 965. Im Folgenden (Revidierte) Berner Übereinkunft oder RBÜ genannt.

mente mit der Folge, dass sich der Handlungsspielraum der Vertragsparteien reduziert. Das einzige zulässige Instrument, um auf die urheberrechtlichen Regelungen Einfluss zu nehmen, stellt demnach die harmonisierende Auslegung dar. Fraglich ist folglich, ob die harmonisierende Auslegung der urheberrechtlichen Verträge aus der Perspektive des UNESCO-Übereinkommens – hier an den bereits im dritten Teil dieser Arbeit herausgearbeiteten Beispielen geprüft – eine kulturfördernde Wirkung auf das Urheberrechtsregime zeitigen kann.

Nach Ausschöpfung der völkerrechtlichen Instrumente zur Regelung des Verhältnisses zwischen dem UNESCO-Übereinkommen und den urheberrechtlichen Verträgen bestehen noch politisch-institutionelle Handlungsoptionen für die ÜVKA-Vertragsparteien, auf eine kulturfreundliche Ausgestaltung der völkerrechtlichen Urheberrechtsregeln hinzuwirken. Nach Art. 21 ÜVKA sind die Vertragsparteien dazu aufgefordert, die Ziele und Prinzipien des UNESCO-Übereinkommens durch koordiniertes Auftreten in anderen internationalen Foren zu fördern. In diesem Sinne werden die Umsetzungsaktivitäten der Vertragsparteien vor dem Hintergrund des Art. 21 ÜVKA analysiert. Aus politikwissenschaftlicher Sicht stellen die Vertragsparteien jedoch nicht die einzigen relevanten Akteure dar. Auch nichtstaatliche Akteure der Zivilgesellschaft können Einfluss auf Politikentscheidungen nehmen. So erkennt auch das UNESCO-Übereinkommen in Art. 11 ÜVKA den Beitrag der Zivilgesellschaft zur Umsetzung des Übereinkommens an.

Ein Rückgriff auf das politikwissenschaftliche Konzept der epistemischen Gemeinschaften ermöglicht es, den Einfluss von Experten im Bereich der Urheberrechtsregulierung zu analysieren und ihren Erfolg in dem hier vorliegenden Fall zu bewerten. Dafür muss jedoch zunächst das Konzept epistemischer Gemeinschaften von *Peter* und *Ernst Haas* für eine Anwendung im rechtswissenschaftlichen Bereich operationalisiert werden. Problematisch ist in diesem Zusammenhang, dass *Haas* und *Haas* das Konzept epistemischer Gemeinschaften allein auf den naturwissenschaftlichen Bereich angewandt sehen wollten. Nach einer Vorstellung der Grundannahmen und der Einflussmöglichkeiten wird das Konzept auf die im Bereich des Urheberrechts aktive *Münchner Gruppe* europäischer Wissenschaftler um *Reto M. Hilty* und *Christophe Geiger* angewandt. Sie haben sich mit ihrer *„Erklärung für eine ausgewogene Auslegung des Drei-Stufen-Tests im Urheberrecht“*[28] dafür eingesetzt, den im Urheberrecht immanenten Interessenausgleich wiederherzustellen und damit das Urheberrecht wie-

28 GEIGER, Christophe/ GRIFFITHS, Jonathan/ HILTY, Reto M., Erklärung für eine ausgewogene Auslegung des Drei-Stufen-Tests im Urheberrecht, in: *GRUR Int. (*2008), S. 822 ff.

der als Instrument der Kulturpolitik zu etablieren. Unter Anwendung der von *Haas* und *Haas* entwickelten Kriterien für eine erfolgreiche Einflussnahme von Wissenschaftlern auf politische Entscheidungsträger wird bewertet, welche Impulse nichtstaatliche Akteure für eine übereinkommenskonforme Anpassung urheberrechtlicher Regelungen geben können. Von besonderer Bedeutung ist hier die Fähigkeit epistemischer Gemeinschaften, bisher nicht bekannte Probleme zu identifizieren und für die Entscheidungsträger sichtbar zu machen.

In einer abschließenden Zusammenfassung der Arbeit werden die wichtigsten Forschungsergebnisse noch einmal aufgearbeitet.

E. Abgrenzung der Arbeit

Die Forschungsfragen der hier vorliegenden Arbeit umfassen neben urheberrechtlichen, kulturvölkerrechtlichen sowie völkervertragsrechtlichen Fragen auch Fragestellungen aus dem politikwissenschaftlichen Bereich. Aufgrund dieses umfangreichen Ansatzes ist eine Abgrenzung zu naheliegenden, aber nicht direkt einschlägigen Forschungsfragen geboten.

Die rechtliche Stellung der Verwerter, beispielsweise der ausübenden Künstler, der Tonträgerhersteller oder der Rundfunkunternehmen hat einen großen Einfluss auf das Angebot kultureller Werke. Für ihre organisatorisch-technischen Leistungen erhalten sie kein Urheberrecht, sondern Leistungsschutzrechte.[29] Diese Rechte unterlagen in den letzten Jahrzehnten einer kontinuierlichen Ausweitung. Da diese Personengruppe jedoch keine eigenen kulturellen Werke schafft und so nicht direkt kulturelle Vielfalt erweitert, ist es fraglich, ob die hier gefundenen Ergebnisse auf die doch ansonsten ähnlich ausgestalteten Leistungsschutzrechte übertragbar sind. Eine eigene Analyse des Einflusses dieser Rechte auf die Förderung kultureller Vielfalt wäre lohnend.

Ferner berücksichtigt diese Arbeit nicht die Wirkungen des Schutzes traditioneller kultureller Ausdrucksformen auf den Schutz und die Förderung kultureller Vielfalt. Indigene Gemeinschaften verfügen über einen reichen Schatz

29 Die Vergabe von Leistungsschutzrechten beschränkt sich auf den kontinentaleuropäischen Raum und liegt in der naturrechtlichen Tradition dieser Urheberrechtsordnungen begründet. Demnach können Urheberrechte nur für natürliche Personen entstehen. Um die Regelungslücke für juristische Personen zu füllen, wird ihnen ein Leistungsschutzrecht verliehen. Anders verhält es sich in den von utilitaristischen Ansätzen geprägten angelsächsischen Ländern. Dort erhalten sowohl natürliche als auch juristische Personen ein Copyright.

kultureller Ausdrucksformen,[30] die sich sowohl untereinander wie auch von den kulturellen Ausdrucksformen der westlichen Gesellschaften unterscheiden. Traditionelle Musik,[31] überlieferte Erzählungen,[32] Tanz[33] und vor allem das Kunsthandwerk[34] spielen eine große Rolle. Allerdings herrscht inzwischen die Überzeugung, dass das Urheberrecht aufgrund seiner Schutzvoraussetzungen und Wirkung kein geeignetes Mittel zum Schutz traditioneller kultureller Ausdrucksformen darstellt.[35] Entsprechend gehören die meisten traditionellen kulturellen Ausdrucksformen aus urheberrechtlicher Perspektive zur Public Domain und können damit von jedermann ohne Einschränkungen genutzt werden.[36] Der derzeit bestehenden Schutzlosigkeit dieser für die kulturelle Vielfalt wichtigen Güter soll durch sui generis-Rechte entgegengewirkt werden. Diese Rechte sind schon seit geraumer Zeit Gegenstand von Verhandlungen im Rahmen

30 Vgl. für die Bedeutung der kulturellen Ausdrucksformen indigener Völker im Rahmen des UNESCO-Übereinkommens: Präambelabs. 8, Art. 2 Abs. 3 und Art. 7 Abs. 1 lit. a ÜVKA.

31 Beispielsweise der georgische Chakrulo-Gesang (Polyphongesang), die traditionelle Musikform „Mugham" in Aserbaidschan (Gesangs- und Instrumentalmusik mit hohem Improvisationsanteil), die Kunqu-Oper oder die Kunst der Guqin-Musik (Solo-Aufführung mit Zither) aus China. Vgl. UNESCO, Intangible Heritage List (2012), <http://www.unesco.org/culture/ich/index.php?lg=EN&pg=00107> (zuletzt geprüft am: 10.03.2013).

32 Wie das mündlich überlieferte Erbe des Zápara-Volkes im amazonischen Regenwald von Ecuador und Peru oder das Epos „al-Sira al-Hilaliya" (musikalische Beschreibung der Migration des Hilal-Stammes von der arabischen Halbinsel nach Nordafrika). Vgl. UNESCO, Fn. 31 (2012).

33 Beispielsweise die Tänze der Garifunas in Belize, die Gelede-Rituale (Maskentänze) des Yoruba-Nago-Volkes in Benin oder das königliche Ballett (klassischer Tanz der Khmer) in Kambodscha. Vgl. UNESCO, Fn. 31 (2012).

34 Beispielsweise das Kunsthandwerk des Yoruba-Nago-Volkes in Benin oder das Kunsthandwerk der Kihnu in Estland. Vgl. UNESCO, Fn. 31 (2012).

35 Probleme entstehen bei Fragen der Urheberschaft, der Schutzdauer, der Frage der Notwendigkeit der Festlegung traditioneller kultureller Ausdrucksformen, den unterschiedlichen Konzepten der Eigentümerschaft und schließlich der Frage nach der Originalität des Werkes. Am Beispiel des traditionellen Wissens der Maori: ZOGRAFOS, Daphne, New Perspectives for the Protection of Traditional Cultural Expressions in New Zealand, in: *IIC (*2005), S. 934; RAMSAUER, Thomas, Geistiges Eigentum und kulturelle Identität. Eine Untersuchung zum immaterialgüterrechtlichen Schutz autochthoner Schöpfungen. München (2005), S. 61; MACMILLAN, Fiona, Copyright and Culture, in: *Media & Arts L. Rev. (*1998), S. 75.

36 RICKETSON/GINSBURG, Fn. 20 (2006a), S. 513.

der WIPO,[37] derzeit jedoch mit mäßigem Erfolg. Das UNESCO-Übereinkommen könnte auch hier Impulse geben. Eine nähere Analyse dieser Überschneidung zwischen der UNESCO und der WIPO bedarf jedoch einer eigenen Arbeit.

Schließlich betrachtet diese Arbeit auch nicht eingehend die Auswirkungen der Piraterie auf die kulturelle Vielfalt. Das Problem der Piraterie, d.h. der nichtautorisierten Vervielfältigung urheberrechtlich geschützter Werke zu kommerziellen Zwecken, steht zwar in einem engen Zusammenhang mit dem Urheberrecht, muss aber von dem vorliegenden Forschungsinteresse abgegrenzt werden. Im Rahmen dieser Arbeit interessiert die Wirkung des Urheberrechts auf eine Förderung der Vielfalt kultureller Ausdrucksformen. Demgegenüber betrifft die Piraterie nicht das Urheberrecht selbst, sondern dessen mangelhafte Durchsetzung.[38] Die Instrumente der Durchsetzung sind jedoch nicht urheberrechtlicher Natur, sondern werden dem zivil-, straf-, prozess- und öffentlich-rechtlichen Bereich zugeordnet.[39] Hier spielen Fragen der einstweiligen Maßnahmen, der Zollbestimmungen, des Wettbewerbsrechts und des Strafrechts eine Rolle, die in diesem Rahmen nicht näher betrachtet werden können.

37 WIPO IGC, The Protection of Traditional Cultural Expressions. Draft Articles, WIPO/GRTKF/IC/19/4 v. 17.05.2011.

38 Vgl. hierzu die aktuellen Entwicklungen im Rahmen des Anti-Counterfeiting Trade Agreements (ACTA). Vgl. Anti-Counterfeiting Trade Agreement (ACTA) v. 01.10.2011. Siehe auch BLAKENEY, Michael, Criminal Enforcement of IPRs (S. 15-28), in: Horst-Peter Götting/ Claudia Schlüter (Hrsg.), *Nurriture de l'Esprit,* Baden-Baden (2011), S. 15 ff.

39 GOLDSTEIN/HUGENHOLTZ, Fn. 5 (2010), S. 396 ff.

Teil I: Zusammenhang zwischen kultureller Vielfalt und Urheberrecht

A. Grundlagen zum Schutz kultureller Vielfalt

I. Begriffsbestimmung

1. Kulturelle Vielfalt

Über die Bedeutung des Begriffs kulturelle Vielfalt besteht keine Einigkeit.[40] Im allgemeinen Sprachgebrauch existieren unzählig Variationen, wie zum Beispiel Multikulturalismus, kultureller Pluralismus, Interkulturalismus, Interkulturalität oder kulturelle Vermischung.[41]

Die UNESCO verwendet den Begriff kulturelle Vielfalt sowohl in ihrer Allgemeinen Erklärung zur kulturellen Vielfalt[42] als auch an zahlreichen Stellen im Übereinkommen zum Schutz und zur Förderung der Vielfalt kultureller Ausdrucksformen.[43] Während die Erklärung den Begriff ohne nähere Erläuterung verwendet, enthält das UNESCO-Übereinkommen eine Legaldefinition. Nach Art. 4 Abs. 1 ÜVKA bezieht sich die kulturelle Vielfalt

---

40 Vergleiche beispielsweise die unterschiedlichen Ansätze in folgenden Dokumenten: PÉREZ CUÉLLAR, Javier de, Our Creative Diversity. Report of the World Commission on Culture and Development. Summary Version, CLT-96/WS-6 v. July 1996; UN GENERAL ASSEMBLY, Resolution on Human Rights and Cultural Diversity, A/RES/54/160 v. 22.02.2000; COUNCIL OF EUROPE, Declaration on Cultural Diversity. Adopted by the Committee of Ministers on 7 December 2000 at the 733rd Meeting of the Ministers' Deputies (2000), <https://wcd.coe.int/wcd/ViewDoc.jsp?id=389843> (zuletzt geprüft am: 10.03.2013); UNESCO-GENERALKONFERENZ, Allgemeine Erklärung zur kulturellen Vielfalt. Verabschiedet während der 31. UNESCO-Generalkonferenz in Paris (November 2001), <http://www.unesco.de/443.html> (zuletzt geprüft am: 10.03.2013). Für einen umfassenden Überblick siehe SCHORLEMER, Sabine von, Cultural Diversity, MAX-PLANCK-INSTITUT FÜR AUSLÄNDISCHES ÖFFENTLICHES RECHT UND VÖLKERRECHT (2009), <http://www.mpepil.com/> (zuletzt geprüft am: 10.03.2013).

41 OBULJEN, Article 4, in: Schorlemer/Stoll (Hrsg.), The UNESCO Convention on the Protection and Promotion of the Diversity of Cultural Expressions. Explanatory Notes, Berlin et al. (2012), S. 135.

42 UNESCO-GENERALKONFERENZ, Fn. 40 (November 2001).

43 Vgl. auch SCHORLEMER, Fn. 40 (2009), Rdnr. 20 ff.

„auf die mannigfaltige Weise, in der die Kulturen von Gruppen und Gesellschaften zum Ausdruck kommen. Diese Ausdrucksformen werden innerhalb von Gruppen und Gesellschaften sowie zwischen ihnen weitergegeben. Die kulturelle Vielfalt zeigt sich nicht nur in der unterschiedlichen Weise, in der das Kulturerbe der Menschheit durch eine Vielzahl kultureller Ausdrucksformen zum Ausdruck gebracht, bereichert und weitergegeben wird, sondern auch in den vielfältigen Arten des künstlerischen Schaffens, der Herstellung, der Verbreitung, des Vertriebs und des Genusses von kulturellen Ausdrucksformen, unabhängig davon, welche Mittel und Technologien verwendet werden."[44]

Der Begriff umfasst dabei unterschiedliche Dimensionen und Aspekte der kulturellen Vielfalt. Kulturelle Vielfalt schließt sowohl körperliche kulturelle Ausdrucksformen, wie Monumente, Kunstgegenstände und Gebäude, als auch immaterielle kulturelle Ausdrucksformen, wie Musik, Tanz, Theater oder religiöse bzw. rituelle Praktiken ein. Neben diesen Ergebnissen kulturellen Schaffens umfasst die kulturelle Vielfalt auch die Art und Weise der Entstehung, der Kommunikation und issdes Genusses der kulturellen Ausdrucksformen. Damit beinhaltet der Begriff gleichzeitig eine prozess- sowie eine ergebnisbezogene Dimension. Im Rahmen der ergebnisbezogenen Dimension des Begriffs kulturelle Vielfalt spielen sowohl quantitative als auch qualitative Aspekte eine Rolle. Um kulturelle Vielfalt weiten gesellschaftlichen Kreisen erlebbar zu machen, bedarf es einer großen Menge, qualitativ deutlich unterschiedlicher kultureller Ausdrucksformen.

Kulturelle Vielfalt bedarf ferner der Kommunikation. Diese Kommunikation findet sowohl in Gruppen und Gesellschaften als auch zwischen ihnen statt. Zudem kommt, dass kulturelle Vielfalt sowohl innerhalb einer Generation als auch zwischen Generationen kommuniziert wird. Schließlich enthält der Begriff eine zeitlose Dimension, indem er nicht auf die Anwendung bestimmter Technologien abstellt, sondern technologieneutral formuliert wurde.[45] Im Rahmen der Legaldefinition des Art. 4 Abs. 1 ÜVKA verzichteten die Verhandlungspartner auf jeglichen Bezug zu nationalstaatlichen Grenzen. Obwohl in einem Staatenvertrag geregelt, erkennen die Verhandlungspartner damit an, dass kulturelle Vielfalt staatliche Grenzen transzendiert und damit seitens der Vertragspartner auch nur bedingt normiert werden kann.

---

44 Art. 4 Abs. 1 ÜVKA.

45 Zur Bedeutung der Technologieneutralität vor dem Hintergrund welthandelspolitischer Fragen siehe OBULJEN, Article 4, in: Schorlemer/Stoll (Hrsg.), Fn. 41 (2012), S. 21; SCHORLEMER, Fn. 40 (2009), Rdnr. 6.

Der Begriff ‚kulturelle Vielfalt' dient vorrangig als politisches Konzept,[46] welches je nach Blickwinkel unterschiedliche Bedeutungen und Nuancen vorweist. Mit einem derart flexiblen Konzept öffnet sich das UNESCO-Übereinkommen einem großen Kreis an potentiellen Unterstützern.

2. Kulturelle Ausdrucksformen

Der Begriff kulturelle Ausdrucksformen entstand im Laufe der Arbeiten am Expertenentwurf zum UNESCO-Übereinkommen als Synthese der beiden Aspekte kulturelle Inhalte und künstlerische Ausdrucksformen.[47] Nach Art. 4 Abs. 3 ÜVKA sind kulturelle Ausdrucksformen

> „die Ausdrucksformen, die durch die Kreativität von Einzelpersonen, Gruppen und Gesellschaften entstehen und einen kulturellen Inhalt haben."[48]

Die wesentlichen Elemente dieser Definition bilden damit die Entstehung durch Kreativität und das Vorliegen eines kulturellen Inhalts. Ein kultureller Inhalt liegt nach Art. 4 Abs. 2 ÜVKA darüber hinaus dann vor, wenn die Ausdrucksform vor dem Hintergrund der kulturellen Identität ihres Schöpfers symbolische Bedeutung, künstlerische Dimensionen und kulturelle Werte übermittelt.

Die Definition rekurriert ferner nicht allein auf die Einzelperson als Schöpfer, sondern führt daneben auch Gruppen oder sogar ganze Gesellschaften als Schöpfer kultureller Ausdrucksformen an. Neben der individuellen haben kulturelle Ausdrucksformen damit auch eine kollektive Basis.

---

46 OBULJEN, Nina, From Our Creative Diversity to the Convention on Cultural Diversity: Introduction to the Debate (S. 19-35), in: Nina Obuljen (Hrsg.), *UNESCO's Convention on the Protection and Promotion of the Diversity of Cultural Expressions: Making it Work,* Zagreb (2006), S. 21; OBULJEN, Article 4, in: Schorlemer/Stoll (Hrsg.), Fn. 41 (2012), S. 151.

47 UNESCO DIRECTOR-GENERAL, Preliminary Report of the Director-General Containing Two Preliminary Drafts of a Convention on the Protection of the Diversity of Cultural Contents and Artistic Expressions, CLT/CPD/2005/CONF.203/6 v. 23.03.2005, S. 2.

48 Art. 4 Abs. 3 ÜVKA.

3. Kulturelle Aktivitäten, Güter und Dienstleistungen

Kulturelle Aktivitäten, Güter und Dienstleistungen verkörpern bzw. übermitteln kulturelle Ausdrucksformen. Sie sind nach Art. 4 Abs. 4 ÜVKA, solche Aktivitäten, Güter und Dienstleistungen,

> „(...) die zu dem Zeitpunkt, zu dem sie hinsichtlich eines besonderen Merkmals, einer besonderen Verwendung oder eines besonderen Zwecks betrachtet werden, kulturelle Ausdrucksformen verkörpern oder übermitteln, und zwar unabhängig vom kommerziellen Wert, den sie möglicherweise haben."[49]

Ferner trifft das ÜVKA eine Unterscheidung zwischen Aktivitäten auf der einen Seite und Gütern und Dienstleistungen auf der anderen Seite. Es betont, dass Aktivitäten sowohl ein Zweck an sich sind als auch einen Beitrag zur Herstellung von kulturellen Gütern und Dienstleistungen leisten. Die Aufnahme von Aktivitäten in die Begriffsdefinition diente im Rahmen der Verhandlungen als besonderes Merkmal zur Abgrenzung kultureller Werke von gewöhnlichen, kommerziellen Produkten. Insbesondere die USA befürchteten, dass die Übernahme handelstechnischer Begriffe, wie Güter und Dienstleistungen, in das UNESCO-Übereinkommen die Grenzen zwischen dem Welthandelsregime der WTO und dem Regime zum Schutz kultureller Vielfalt der UNESCO verwischen würden. Aus diesem Grund sprachen sie sich für eine Löschung der Begriffe kulturelle Güter und Dienstleistungen aus, um an ihrer statt den Begriff „kulturelle Aktivitäten" zu etablieren. Als Kompromisslösung einigten sich die Verhandlungspartner darauf, den Begriff Aktivitäten zu ergänzen.[50]

Die kulturelle Dimension ergibt sich aus dem besonderen sozialen, historischen, technischen oder wissenschaftlichen Interesse, das mit diesen Aktivitäten, Gütern und Dienstleistungen verbunden ist. Im Rahmen des UNESCO-Übereinkommens weist die Definition des Begriffs ‚kulturelle Inhalte' auf drei wesentliche Aspekte hin. Der kulturelle Inhalt ergibt sich aus der symbolischen Bedeutung, der künstlerischen Dimension sowie durch die kulturellen Werte, die aus kulturellen Identitäten des oder der Schöpfer entstehen.

Im Unterschied zur sonst im Rahmen der UNESCO gebrauchten Definition kultureller Güter und Dienstleistungen[51] verzichteten die Verhandlungspart-

---

49 Art. 4 Abs. 4 ÜVKA.

50 So auch OBULJEN, Article 4, in: Schorlemer/Stoll (Hrsg.), Fn. 41 (2012), S. 154.

51 UNESCO/ GLOBAL ALLIANCE FOR CULTURAL DIVERSITY, Understanding Creative Industries. Cultural Statistics for Public-Policy Making (2006), <http: //portal.unesco.org/culture/en/files/30297/11942616973cultural_stat_EN.pdf/cultural_stat_EN.pdf> (zuletzt geprüft am: 10.03.2013), S. 3.

ner auf das Kriterium des Urheberrechtsschutzes als wesentliches Merkmal. Ziel war es, einen wesentlich weiteren Kreis an kulturellen Gütern und Dienstleistungen zu erfassen. Durch den Wegfall des konstitutiven Kriteriums des Urheberrechtsschutzes für kulturelle Güter und Dienstleistungen umfasst das Übereinkommen auch Werke, deren Schöpfungshöhe nicht für einen urheberrechtlichen Schutz ausreicht. Darunter fallen beispielsweise Gegenstände, die eine individuelle, neuartige, aber dennoch alltägliche, handwerksmäßige Gestaltung aufweisen, wie Möbelstücke, oder auch gewöhnliche Gebrauchsgegenstände, wie Geschirr oder Konfektionsmode.[52] Ferner erstreckt sich der Anwendungsbereich des Übereinkommens dann auch auf solche kulturellen Aktivitäten, Güter und Dienstleistungen, die aufgrund der Umstände ihrer Entstehung keinen Urheberrechtsschutz genießen. Dazu zählen vor allem kulturelle Aktivitäten, Güter und Dienstleistungen indigener Gruppen.[53] Durch die traditionelle Überlieferung ihrer Ausdrucksformen von einer Generation zur nächsten kann kein individueller Autor identifiziert werden. Ein Urheberrechtsschutz traditioneller kultureller Ausdrucksformen scheitert demnach schon am Nichtvorhandensein eines Urhebers. Hätten die Vertragsparteien darauf bestanden, den Urheberrechtsschutz als konstitutives Element kultureller Aktivitäten, Güter und Dienstleistungen vorzusehen, dann wären nicht allein kulturell wertvolle Alltagsgegenstände, sondern auch traditionelle kulturelle Ausdrucksformen nicht vom Übereinkommen umfasst gewesen. Ein solches Vorgehen stünde jedoch im offensichtlichen Widerspruch zum Ziel des Schutzes und der Förderung der Vielfalt kultureller Ausdrucksformen. Ein Wegfall des Kriteriums des Urheberrechtsschutzes als konstitutives Merkmal für kulturelle Aktivitäten, Güter und Dienstleistungen ist deshalb nur folgerichtig.

Gemein ist allen kulturellen Aktivitäten, Gütern und Dienstleistungen, dass sie aufgrund ihres spezifischen Charakters nicht wie gewöhnliche Güter und Dienstleistungen zu betrachten sind.[54] Stattdessen verleiht ihnen die kulturelle Dimension eine bedeutendere Stellung für die Entwicklung des Individuums, der Gesellschaft als auch der Menschheit im Ganzen. Kulturelle Aktivitäten, Güter und Dienstleistungen sind Träger von Werten, Glaubensvorstellungen

---

52 SCHACK, Haimo, Kunst und Recht. Bildende Kunst, Architektur, Design und Fotografie im deutschen und internationalen Recht. Tübingen (2009), Rdnr. 831.

53 Satt vieler LUCAS-SCHLOETTER, Angès, Folklore (S. 259-377), in: Silke von Lewinski/Anja von Hahn (Hrsg.), *Indigenous Heritage and Intellectual Property,* The Hague et al. (2004), S. 259 ff.

54 OBULJEN, Article 4, in: Schorlemer/Stoll (Hrsg.), Fn. 41 (2012), S. 155; RICHIERI HANANIA, Fn. 17 (2009), S. 29 f.

und Identitäten. Sie werden u. a. von Einzelpersonen, Gruppen oder aber auch von der Kulturwirtschaft entwickelt, produziert und verbreitet.

4. Urheber – Künstler

Der Begriff Künstler wird zwar oft im UNESCO-Übereinkommen verwendet, der Vertrag enthält jedoch keine Definition. In Art. 6 Abs. 2 lit. e ÜVKA ist beispielsweise von Künstlern und Kulturschaffenden die Rede. Die Unterscheidung zwischen Künstlern und Kulturschaffenden lässt darauf schließen, dass beide Gruppen in unterschiedlicher Weise an der Entstehung und Verbreitung kultureller Ausdrucksformen beteiligt sind. Nach dem allgemeinen Wortsinn ist ein Künstler eine natürliche Person, die durch Kreativität Kunstwerke hervorbringt bzw. darstellend oder aufführend interpretiert. Vor einem urheberrechtlichen Hintergrund sind damit sowohl die Urheber als auch ausübende Künstler umfasst.

Eine internationale gültige Definition des Urhebers existiert nicht. Sowohl die RBÜ als auch das TRIPS-Abkommen und der WCT enthalten keine Definition. Allerdings lässt die Art und Weise der Berechnung der Schutzfrist in Art. 7 RBÜ den Schluss zu, dass es sich bei dem Urheber um ein Individuum handeln muss.[55] Dagegen ist der Begriff ausübender Künstler international normiert. Artikel 3 lit. a des Rom-Abkommens[56] und in leicht erweiterter Form Art. 2 lit. a WPPT[57] definieren ausübende Künstler als

> „Schauspieler, Sänger, Musiker, Tänzer und andere Personen, die Werke der Literatur und Kunst und Ausdrucksformen der Volkskunst aufführen, singen, vortragen, vorlesen, spielen, interpretieren oder auf andere Weise darbieten".[58]

Während der Urheber Kunstwerke hervorbringt und dafür ein Urheberrecht erhält, interpretiert der ausübende Künstler ein urheberrechtsfähiges Werk. Da letzterer dabei kein eigenständiges Werk schafft, stattdessen einen wesentlichen Beitrag zur Verbreitung eines Werkes leistet, kommt ihm lediglich ein dem

---

55 Dazu STERLING, Fn. 21 (2008), Rdnr. 5.02.

56 Internationale Abkommen über den Schutz der ausübenden Künstler, der Hersteller von Tonträgern und der Sendeunternehmen (Rom-Abkommen) v. 26.10.1961, in Kraft getreten am 21.10.1966, BGBl. 1965 II, 1245 ff., 1966 II, 1473 ff.

57 WIPO-Vertrag über Darbietungen und Tonträger, WIPO Performances and Phonograms Treaty (WPPT) v. 20.12.1996, in Kraft getreten am 20.05.2002, BGBl. 2003 II, 754 ff.

58 Art. 2 lit. a WPPT.

Urheberrecht verwandtes Leistungsschutzrecht für seine Darbietung zu. Der Begriff Künstler umfasst somit im Rahmen der ÜVKA sowohl Personen, die urheberrechtsfähige Werke hervorbringen, als auch Personen, die solche Werke interpretieren bzw. verbreiten. Da Leistungsschutzrechte jedoch nicht im Rahmen dieser Arbeit diskutiert werden, wird der Begriff Künstler zum Zwecke dieser Arbeit mit kreativ schöpferischen Personen gleichgesetzt. Und damit auf denjenigen Personenkreis beschränkt, der Urheberrechte in Anspruch nehmen könnte.

Neben den Künstlern ist im UNESCO-Übereinkommen auch von Kulturschaffenden die Rede. Der Begriff Kulturschaffende, wie er in Art. 6 Abs. 2 lit. e ÜVKA oder Art. 16 ÜVKA genannt wird, umfasst einen weiten Kreis von Personen. Einen näheren Hinweis auf den Umfang des Begriffs findet sich in der englischen Version des UNESCO-Übereinkommenstextes. Hier ist von „other cultural professionals" die Rede. Diese werden somit von den Künstlern explizit abgegrenzt. Es handelt sich dabei um andere Personen, die im Kulturbereich tätig sind. Damit sind all jene umfasst, die mit Kunstwerken kreativ arbeiten, ohne dabei jedoch selbst ein eigenständiges künstlerisches Werk zu schaffen. In einer engen Sichtweise zählen dazu u. a. Choreographen, Dirigenten, Tonmeister, Regisseure und Fotografen. In einer weiten Sichtweise könnten darunter auch Personen gefasst werden, die im Bereich der Kulturwirtschaft organisatorisch-technische Aufgaben wahrnehmen, die in Zusammenhang mit der Verwertung des künstlerischen Werkes stehen. Dazu zählen beispielsweise Hersteller von Tonträgern, Sendeunternehmen und Veranstalter. Aus urheberrechtlicher Perspektive kommt den Kulturschaffenden im engeren Sinne in der Regel auch ein Urheberrecht zu. Die Kulturschaffenden im weiteren Sinne erhalten in Ländern mit kontinental-europäischer Urheberrechtstradition jedoch meist nur ein Leistungsschutzrecht. Im Rahmen dieser Arbeit sind dementsprechend nur die Kulturschaffenden nach enger Auslegung relevant.

An anderer Stelle benennt das UNESCO-Übereinkommen lediglich Künstler und „andere Personen, die an der Schaffung kultureller Ausdrucksformen beteiligt sind" (Art. 6 Abs. 2 lit. g ÜVKA) oder „andere am kreativen Prozess Beteiligte" (Art. 7 Abs. 2 ÜVKA). Diese Formulierungsvielfalt zeigt, dass sich kein einheitliches Verständnis der kulturellen Akteure herauskristallisiert hat. Zudem fällt auf, dass die Verhandlungspartner die Begrifflichkeiten Künstler und Kulturschaffende nicht vor dem Hintergrund der Kategorisierung des geistigen Eigentums gewählt haben. Sowohl Künstler als auch Kulturschaffende können Urheberrechte, wie auch Leistungsschutzrechte für ihr kulturelles Schaffen innehaben. Da das UNESCO-Übereinkommen hinsichtlich des von ihm berührten Personenkreises keine urheberrechtlichen Maßstäbe ansetzt, ist davon auszugehen, dass der Begriff Künstler auch solche Personen umfasst, die aus verschiedensten Gründen weder in den Genuss von Urheber- noch von Leistungsschutzrechten gelangen, wie beispielsweise Angehörige indigener Völker.

II. Hintergrund der Debatte

Das internationale Bewusstsein dafür, dass kulturelle Güter und Dienstleistungen der aktiven Förderung durch geeignete Regelwerke und Förderinstrumente bedürfen, entstand bereits während der Weltdekade für kulturelle Entwicklung (1988-1997). Das zentrale Dokument dieser Dekade, der UNESCO-Bericht *Our Creative Diversity*[59], wurde 1995 von der *World Commission on Culture and Development* vorgelegt. Er spiegelt den Paradigmenwechsel von dem alleinigen Schutz hin zu einer auch auf die Förderung der Vielfalt ausgerichteten Kulturpolitik wider.

> "Most cultural policies remain relatively narrow. However, as a first step, the Commission suggests that broader and more open frameworks for arts and heritage policies be pursued squarely in terms of promoting cultural development."[60]

Der Bericht stellt einen Meilenstein in der Diskussion um die Rolle der Kultur in unserer Gesellschaft und den Schutz und die Förderung einer vielfältigen Kulturlandschaft dar.[61] Die die Weltdekade abschließende Stockholmer UNESCO-Weltkulturkonferenz von 1998 rief die Mitgliedstaaten der UNESCO dazu auf:

> „Promote the idea that cultural goods and services should be fully recognized and treated as being not like other forms of merchandise".[62]

Auch damals galt schon die Überzeugung, dass kulturelle Güter und Dienstleistungen zwei Dimensionen in sich vereinen. Sie sind einerseits wirtschaftliche Güter, die handelbar sind und zur Befriedigung von Bedürfnissen der Nutzer dienen. Andererseits sind sie jedoch auch Träger von Moral- und Wertvorstellungen und tragen erheblich zur Herausbildung von Identitäten bei. Damit

---

59 PÉREZ CUÉLLAR, Fn. 40 (July 1996).

60 PÉREZ CUÉLLAR, Fn. 40 (July 1996), Chapter 9.

61 OBULJEN, Fn. 46 (2006), S. 25.

62 Ziel 3 Abs. 12 INTERGOVERNMENTAL CONFERENCE ON CULTURAL POLICIES FOR DEVELOPMENT, Action Plan on Cultural Policies for Development. Adopted by the Intergovernmental Conference on Cultural Policies for Development; Stockholm, Sweden, 2 April 1998 (1998), <http://www.unesco.org/cpp/uk/declarations/cultural.pdf> (zuletzt geprüft am: 10.03.2013).

erlangen sie nicht nur Bedeutung für das Individuum, sondern auch für die Gesellschaft als Ganzes. Aus dieser Doppelnatur resultiert die Einsicht, dass kulturelle Produkte der Förderung – auch mittels staatlicher Eingriffe in den Markt – bedürfen. Diese Einsicht barg jedoch erhebliche Sprengkraft in sich. Wurde sie doch vor dem Hintergrund einer Welthandelspolitik formuliert, die die neoliberalen Prämissen der Liberalisierung und Deregulierung internationaler Märkte propagierte.

Deutlich wurden die Spannungen zwischen markt- und kulturorientierten Standpunkten bereits während der Verhandlungen der Uruguay-Runde (1986-1994) des GATT. Einige Verhandlungspartner sorgten sich um die besonderen Eigenheiten kultureller Produkte[63], sollten sie, wie alle sonstigen Güter und Dienstleistungen, den Handelsprinzipien des GATT unterworfen werden. Ähnliche Befürchtungen gab es auch im Rahmen der Verhandlungen zu den Abkommen über den Handel mit Dienstleistungen (GATS) und über handelsbezogenen geistige Eigentumsrechte (TRIPS).

Insbesondere die Verhandlungen zur Liberalisierung des Dienstleistungshandels führten zu hitzigen Diskussionen um den Stellenwert und die Charakteristika kultureller Dienstleistungen. Fraglich war in diesem Zusammenhang, ob kulturelle Produkte aufgrund ihrer identitätsstiftenden Wirkung eine besondere Behandlung zukommen sollte oder ob sie wie andere kommerzielle Produkte zu behandeln sind.[64] Hinsichtlich dieser Frage standen und stehen sich auch heute noch zwei Blöcke gegenüber.[65] Nach *Moghadam* und *Elveren* kristallisierten sich eine liberale und eine kulturelle Position heraus.[66] Auf der liberalen markt-

---

63 Vgl. KLAMER, Arjo, Cultural Goods Are Good for More Than Their Economic Value (S. 138-162), in: Vijayendra Rao/ Michael Walton (Hrsg.), *Culture and Public Action,* Stanford, CA (2004), S. 147 ff.

64 DONDERS, Yvonne, The History of the UNESCO Convention on the Protection and Promotion of the Diversity of Cultural Expressions (S. 1-29), in: Hildegard Schneider/ Peter van den Bossche (Hrsg.), *Protection of Cultural Diversity from a European and International Perspective,* Antwerpen (2008), S. 11; OBULJEN, Fn. 46 (2006), S. 19.

65 GALT, Frederick S., The Life, Death and Rebirth of the "Cultural Exception" in the Multilateral Trading System, in: *Wash. U. Global Stud. L. Rev.* 3 (2004), S. 910.

66 MOGHADAM, Valentine M./ ELVEREN, Dilek, The Making of an International Convention: Culture and Free Trade in a Global Era, in: *Rev. Int'l Stud.* 34 (2008), S. 744 ff. Zwar analysieren die Autoren diese Positionen allein im Rahmen der UNESCO-Verhandlungen zum ÜVKA. Allerdings lässt sich diese Einteilung auch bereits auf die Verhandlungen im Rahmen der WTO zu audiovisuellen Gütern und Dienstleistungen übertragen. Siehe auch GÓMEZ BUSTOS, Laura/ SAUVÉ, Paul, A Tale of Two Solitudes?

orientierten Seite standen die USA, welche kulturelle Produkte anderen Produkten gleichstellen und sie damit der Liberalisierung preisgeben.[67] Auf der kulturellen Seite befanden sich die europäischen Staaten und Kanada, die eine aktive staatliche Kulturpolitik betrieben.[68] Sie fürchteten bei einer Gleichstellung kultureller Produkte mit anderen Produkten um ein Verbot ihrer staatlichen Subventionen für die Filmförderung oder den öffentlich-rechtlichen Rundfunk.[69] Staaten, die kulturelle Positionen vertraten, sprachen sich deshalb für eine „exception culturelle"[70] im WTO-Recht aus.[71] Diese kulturelle Ausnahme sollte dafür sorgen, dass kulturelle Produkte von vornherein nicht Gegenstand von Liberalisierungsverhandlungen werden und auf diese Weise den Handlungsspielraum der Staaten im Bereich ihrer Kulturpolitik nicht einschränken.

Zwar liegt es im Rahmen der GATS-Verhandlungen an den Mitgliedstaaten, die Sektoren zu benennen, welche zur Verhandlung stehen. Nichtsdestotrotz sind alle Staaten in ihren horizontalen Verpflichtungen auf die allmähliche Liberalisierung aller Dienstleistungen eingegangen.[72] Solang es im Rahmen des

---

Assessing the Effects of the UNESCO Convention on Cultural Diversity on WTO Law (2007), <obreal.org/file.php?idfile=908> (zuletzt geprüft am: 10.03.2013), S. 11.

67 DONDERS, Fn. 64 (2008), S. 12; RUIZ FABRI, Hélène, Culture Seized by Globalization (S. 325-344), in: August Reinisch/ Ursula Kriebaum (Hrsg.), *The Law of International Relations,* Utrecht (2007), S. 48; GALT, Fn. 65 (2004), S. 909 ff.

68 GRABER, Fn. 17 (2006), S. 554.

69 Während in den USA der Mediensektor vorrangig marktwirtschaftlich geregelt ist, haben europäische Staaten im Rahmen ihrer Kulturpolitik durch die Finanzierung eines öffentlich-rechtlichen Rundfunkprogramms einen großen Einfluss auf die Medienlandschaft ihrer Länder. Aus französischer Perspektive kommt hinzu, dass staatlich verordnete Quoten für die Ausstrahlung von Filmen europäischer bzw. französischer Herkunft oder Musik von europäischen resp. französischen Künstlern in französischen Medien bei einer Gleichstellung von kulturellen mit anderen Produkten im Rahmen der WTO-Verhandlungen nicht zulässig wären. Mit einem Wegfall dieser Subventionen und Quoten befürchten viele europäische Staaten von amerikanischen kulturellen Produkten, wie Hollywood-Blockbustern, und kommerziell erfolgreichen TV-Serien wie auch amerikanischer Musik überschwemmt zu werden und damit ihre eigene kulturelle Identität zu verlieren.

70 REGOURD, Serge, L' Exception Culturelle. Paris (2004), passim.

71 EUROPÄISCHE KOMMISSION, Cultural Diversity at the International Level (2006), <http://ec.europa.eu/culture/portal/action/diversity/internat_level_en.htm> (zuletzt geprüft am: 10.03.2013).

72 Vgl. Art. XIX Abs. 1 S. 1 GATS. „In pursuance of the objectives of this Agreement, Members shall enter into successive rounds of negotiations, beginning not later than five years from the date of entry into force of the WTO Agreement and periodically thereafter, with a view to achieving a progressively higher level of liberalization."

GATS keine explizite, anerkannte Ausnahme für kulturelle Dienste gibt, unterfallen sie dem Gebot der fortschreitenden Liberalisierung des Art. XIX Abs. 1 GATS. Darüber hinaus kommt es im Rahmen der Verhandlung zu Trade-offs[73] zu Lasten kultureller Produkte. Vor diesem Hintergrund wurden zunehmend Befürchtungen laut, dass die rechtlich nicht verankerte „exception culturelle" nicht mehr ausreicht und kulturelle Sektoren zukünftig auf den Verhandlungstisch gelangen.

Hinsichtlich dieser Befürchtungen reagierten die Mitgliedstaaten der UNESCO, in der die USA zu diesem Zeitpunkt nicht vertreten war,[74] und beriefen Treffen und Konferenzen in anderen Foren zur Klärung dringender Fragen, wie dem Charakter von kulturellen Gütern oder dem Schutz der Kreativität, ein.[75] Anfangs dienten diese Veranstaltungen dazu, erstmals allen Beteiligten, sowohl den Regierungen als auch den Künstlern, Intellektuellen, Wissenschaftlern und Persönlichkeiten aus den Medien, ein Diskussionsforum für eine Debatte über Schlüsselfragen der Kulturpolitik und deren Zusammenhang mit Entwicklungspolitik zu bieten.[76] Zunehmend kristallisierte sich die Auffassung heraus, dass kulturelle Produkte aus den Liberalisierungsverhandlungen herausge-

---

73 Dabei machen Länder in einem Bereich Zugeständnisse, um in einem anderen Bereich ihre Interessen durchzusetzen zu können.

74 Vgl. zur Rolle der USA in der UNESCO: ELVEREN, Dilek, Le Retour des Etats-Unis à l'UNESCO. Négocier Entre Unilatéralisme et Multilatéralisme. Paris (2004), passim; FRAU-MEIGS, Divina, Le Retour des Etats-Unis au Sein de l'UNESCO, in: *AFRI* 5 (2004), S. 860 ff.

75 Beispielsweise AGENCE INTERGOUVERNEMENTAL DE LA FRANCOPHONIE, Document de Réflextion sur le Traitement des Produits et Services Culturels dans les Accords Commerciaux. Paris, v. 12.12.2000 (2000), <http://www.francophonie.org/IMG/pdf/Traitement_des_produits_et_services_cult_-_accords_commerciaux.pdf> (zuletzt geprüft am: 10.03.2013); INCP-RIPC, Lucerne Statement. Fourth Annual Ministerial Meeting, Luzern, 24-26 September 2001, <http://www.incp-ripc.org/en/ministerial-meetings/215-lucerne-statement.html> (zuletzt geprüft am: 10.03.2013).

76 UNESCO-Konferenz von Stockholm 1998 oder Konferenzen von anderen staatlichen und nichtstaatlichen Organisationen: a) Coalition on Cultural Diversity: 1st International Meeting of Professional Associations from the Cultural Milieu, Montreal, 10-13 September 2001; b) Organisation Internationale de la Francophonie, 3rd Ministerial Conference of Francophonie on Culture, Cotonou, 15 June 2001 (Cotonou Declaration); c) International Network on Cultural Policy, Opatija Statement 6th Annual Ministerial Meeting: Opatija/Kroatien Oktober 2003; International Network on Cultural Policy, Cape Town Statement. Kapstadt/Südafrika Oktober 2002; International Network on Cultural Policy: Lucern Statement, 4th Annual Ministerial Meeting, Luzern 24 – 26 September 2001.

nommen werden sollten. Eine Einigung wurde darüber jedoch nicht erzielt. Die Frage über die Ausnahme kultureller Produkte stellte einen Grund dar, an dem gleich zwei ehrgeizige Liberalisierungsprojekte scheiterten. Im Jahre 1998 scheiterten die Bemühungen der *Organisation for Economic Co-operation and Development (OECD)* zu einem *Multilateral Agreement on Investment (MAI)*[77] sowie 1999 die Verhandlungen zur Millenniumsrunde der WTO in Seattle[78] unter anderem an dieser Frage. Diese Situationen zeigen, dass im Rahmen von internationalen Organisationen mit Wirtschaftsbezug eine Ausnahmeregelung für kulturelle Produkte kaum umzusetzen ist. Aus diesem Grund konzentrierte sich die Diskussion um einen Schutz kultureller Vielfalt nach dem Jahrtausendwechsel auf kulturelle Foren, wie die UNESCO.

Im Jahr 2000 sprachen sich eine Reihe von Staaten, unter der Führung Kanadas, zunächst in einem informellen Netzwerk, später dann im *International Network on Cultural Policies (INCP)*[79] für die Aushandlung eines internationalen Instruments zum Schutz der kulturellen Vielfalt aus.[80] Die Tagesordnung des formlosen Netzwerkes wurde von einer kleinen Gruppe an Mitgliedern bestimmt. Diese sogenannte ‚contact group' besteht aus Vertretern Kanadas, Kroatiens, Frankreichs, Griechenlands, Mexikos, Senegals, Südafrikas, Schwedens und der Schweiz. INCP umfasst heute die Kulturminister von 74 Mitgliedslän-

---

77 Ziel dieses Abkommens war es, allen Investoren für ihre Investitionen gleiche Rechte im Gebiet eines Vertragspartners einzuräumen. Ausnahmen für Investitionen in sensiblen Sektoren, wie im Bereich der Kultur, waren nicht vorgesehen. Als die klandestinen Verhandlungen publik wurden, organisierte sich schnell zivilgesellschaftlicher Widerstand, der letztlich zum Scheitern dieses Projekts führte. BERNECKER, Roland, The Genesis of a Convention under International Law, in: *UNESCO today (*2005), S. 12 f.

78 In Seattle lagen im Bereich der Liberalisierungsverhandlungen zum GATS auch kulturelle Dienste, wie die nationale Filmförderung oder die staatlichen Subventionen für den öffentlich-rechtlichen Rundfunk, Quotenregelungen für einheimische Produktionen, Vorschriften hinsichtlich des Besitzes von Kulturunternehmen, Urheberrechte sowie steuerliche Maßnahmen, auf dem Verhandlungstisch. All diese staatlichen Interventionen zum Schutz der kulturellen Vielfalt werden aus wirtschaftlichen Gesichtspunkten als handelspolitisch unerwünschte Diskriminierungen eingestuft.

79 Vgl. INCP-RIPC (2011), <www.incp-ripc.org> (zuletzt geprüft am: 10.03.2013).

80 INCP-RIPC, Santorini Statement. Third Annual Ministerial Meeting, Santorini v. 27-29 September 2000.

dern.[81] Das Netzwerk trug maßgeblich zum Abschluss des UNESCO-Übereinkommens bei.[82]

Parallel dazu formierte sich aus der Initiative des *Canadian Heritage Departements* der kanadischen Regierung das *International Network for Cultural Diversity (INCD)*. Diese internationale Nichtregierungsorganisation versammelt Vertreter von kulturellen Nichtregierungsorganisationen, Künstler, Produzenten, deren Berufsverbände sowie Wissenschaftler. INCD wurde mit dem Ziel gegründet, die zwischenstaatlichen Aktivitäten des INCP durch zivilgesellschaftliche Anregungen zu ergänzen.

> „Whereas the INCP represents a politically disciplined perspective on cultural diversity, the INCD looks at the same issue with a broad and more unpredictable 'civic' and 'participatory' view. The official side has kept a tight rein on the 'grass-root' input through funding its liaison office and various research initiatives, holding the INCD meetings concurrently with its own, and providing consultants or staff that develop themes, suggest speakers, write background papers and summary reports and proselytize. The intention is to release controlled 'soft power' to further the political agenda of the INCP."[83]

Neben INCP sprach sich folglich auch INCD für die Ausarbeitung des Entwurfs eines Instruments zum Schutz der kulturellen Vielfalt aus.[84] Obwohl beide Organisationen an eigenen Entwürfen arbeiteten fand ein reger Austausch statt.[85]

Zudem engagierte sich auch der Europarat, unter dessen Ägide bereits eine *Europäische Kulturkonvention*[86] ausgehandelt wurde, zum Schutz der kulturellen Vielfalt. Am 7. Dezember 2000 verabschiedete er eine rechtlich nichtbindende *Erklärung zur kulturellen Vielfalt.*[87] Darin unterstreichen die Mitgliedstaaten des Europarats die Notwendigkeit, Handelspolitik durch Kulturpolitik zu ergänzen und die Bedeutung des öffentlich-rechtlichen Rundfunks für ein kultu-

---

81 INCP-RIPC, List of INCP Member Countries, INCP-RIPC (2011), <http://www.incp-ripc.org/en/member-countries.html> (zuletzt geprüft am: 10.03.2013).

82 Vgl. SCHORLEMER, Sabine von, Kulturpolitik im Völkerrecht verankert (S. 40-61), in: Deutsche UNESCO-Kommission (Hrsg.), *Übereinkommen über Schutz und Förderung der Vielfalt kultureller Ausdrucksformen,* Bonn (2006), S. 43.

83 ACHESON, Keith/ MAULE, Christopher, Convention on Cultural Diversity, in: *J. Cult. Econ.* 28 (2004), S. 246.

84 INCP-RIPC, Fn. 80 (27-29 September 2000); INCP-RIPC, Fn. 75.

85 OBULJEN, Fn. 46 (2006), S. 25.

86 European Cultural Convention (ECC) v. 19.12.1954, in Kraft getreten am 05.05.1955. Ziel der Vertragsparteien ist der Schutz und die Förderung der Entwicklung der nationalen Beiträge zu dem gemeinsamen kulturellen Erbe Europas (Art. 1).

87 COUNCIL OF EUROPE, Fn. 40 (2000).

rell vielfältiges Angebot anzuerkennen. Allerdings fruchtete die Initiative des Europarates nicht, die Diskussion um den Schutz kultureller Vielfalt an sich zu binden, so dass diese Erklärung im Laufe der Zeit immer weniger Beachtung fand.[88]

Daneben engagierte sich die im September 2001 in Montreal gegründete *Coalition for Cultural Diversity* – neben dem INCD eine weitere Nichtregierungsorganisation – für ein internationales Instrument zum Schutz der kulturellen Vielfalt. Auf ihrem zweiten Treffen im Februar 2003 in Paris wiederholte der französische Präsident *Jaques Chirac* seine bereits auf dem Johannisburg-Gipfel für nachhaltige Entwicklung 2002 geäußerte Forderung nach einem international verbindlichen Instrument zum Schutz der kulturellen Vielfalt unter der Ägide der UNESCO.[89]

Die UNESCO hatte sich bereits im Juni 1999 auf einem Symposium zum Thema: *‚Culture – a form of merchandise like no other?'* mit der zunehmenden Bedrohung kultureller Güter und Dienstleistungen durch die Globalisierung beschäftigt und sich damit als mögliches Forum zur Ausarbeitung eines internationalen Instruments zum Schutz der kulturellen Vielfalt empfohlen. So folgte während des *Second Roundtables of Ministers of Culture on Cultural Diversity: Challenges of the Marketplace* im Dezember 2000 in Paris die Empfehlung an den Exekutivrat der UNESCO, der Organisation eine stärkere Rolle im Bereich der Förderung der kulturellen Vielfalt vor dem Hintergrund der Globalisierung einzuräumen.

Die Motivation zum Abschluss eines internationalen Instruments zum Schutz der kulturellen Vielfalt nährte sich aus zwei verschiedenen Wurzeln. Zum einen spielten die Sicherung und Gewährleistung kultureller Rechte eine Rolle, wie sie in der Resolution der Generalversammlung der Vereinten Nationen *Human Rights and Cultural Diversity*[90] festgehalten wurden. Vor diesem Hintergrund galt es vor allem, kulturelle Entwicklung und einen ausgeglichenen kulturellen Dialog zu fördern.[91] In der Resolution ruft die Generalversammlung die Mitgliedstaaten, internationale Organisationen, die Vereinten Nationen sowie nichtstaatliche Akteure dazu auf,

---

88 Vgl. BERNECKER, Fn. 77 (2005), S. 15.

89 OBULJEN, Fn. 46 (2006), S. 26.

90 UN GENERAL ASSEMBLY, Fn. 40 (22.02.2000).

91 OBULJEN, Fn. 46 (2006), S. 19.

„(...) for the purpose of advancing the objective of peace, development and universally accepted human rights, to recognize and respect cultural diversity."[92]

Damit stellten die Vereinten Nationen eine Verbindung zwischen den Menschenrechten und der Achtung der kulturellen Vielfalt her.

„Although it was not cited often, this resolution was particularly important during negotiations on the Convention as some countries expressed their concerns that, if adopted, the Convention could be used as a pretext for abuses of human rights in the name of preserving cultural diversity, or cultural specificities of particular cultures and societies."[93]

Demgegenüber speiste sich die andere Wurzel aus der Furcht vor indifferenter Liberalisierung des Welthandels, in dessen Rahmen der besondere Charakter kultureller Güter und Dienstleistungen nicht respektiert wird.[94] Vor dem Hintergrund der fortlaufenden Liberalisierung des Welthandels forcierten einige Staaten unter Führung frankophoner Länder, wie Kanada und Frankreich, den Abschluss eines verbindlichen internationalen Instruments zum Schutz der kulturellen Vielfalt, welches dem WTO-Recht gleichwertig gegenüberstehen sollte.[95] Diesem Ansatz folgend bezieht sich der Schutz kultureller Vielfalt eher auf die Legitimation der nationalen Kulturpolitiken und wendet sich damit gegen die Klassifizierung nationaler Kulturpolitik als unerlaubte Subventionen.[96]

Diese Dichotomie der Motivation der Verhandlungspartner zum Abschluss eines internationalen Instruments zum Schutz der kulturellen Vielfalt zieht sich durch den Verlauf der Verhandlungen. Sie bilden den Hintergrund vieler Streitpunkte die während der Verhandlung zu scheinbar unüberwindbaren Hürden wurden und somit den Verhandlungsverlauf erschwerten.[97]

---

92 UN GENERAL ASSEMBLY, Fn. 40 (22.02.2000), Ziff. 4.

93 OBULJEN, Fn. 46 (2006), S. 27.

94 RUIZ FABRI, Hélène, Jeux dans la Fragmentation: la Convention sur la Protection et la Promotion de la Diversité des Expressions Culturelles, in: *RGDIP* 7 (2007), S. 47; GRABER, Fn. 17 (2006), S. 553 ff.

95 NEIL, Garry, WTO's New Round of Trade Negotiations: Doha Development Agenda Threatens Cultural Diversity, INCD (2001), <http://www.incd.net/paper02.html> (zuletzt geprüft am: 10.03.2013), S. 3; RUIZ FABRI, Fn. 94 (2007), S. 47; MOGHADAM/ ELVEREN, Fn. 66 (2008), S. 735.

96 SCHORLEMER, Fn. 82 (2006), S. 40.

97 OBULJEN, Fn. 46 (2006), S. 19.

III. Die Allgemeine Erklärung zum Schutz der kulturellen Vielfalt und ihr Aktionsplan

Am 2. November 2001 verabschiedeten die 188 Mitgliedstaaten der UNESCO während der 31. Generalkonferenz in Paris einstimmig die *Allgemeine Erklärung zur kulturellen Vielfalt*[98] und den dazugehörigen Aktionsplan. Dem Abschluss ging eine lange Diskussion um eine solche Erklärung voraus.

Die Erklärung zur kulturellen Vielfalt strebt ein neues Verständnis der Beziehung zwischen Vielfalt, Dialog und Entwicklung an. Zur Wahrung der kulturellen Vielfalt stellt die Erklärung auf eine entsprechende Gestaltung der nationalen und internationalen Kulturpolitiken der Mitgliedstaaten ab. Besondere Aspekte sind dabei die Förderung und der Schutz der gesellschaftlichen Pluralität und der Respekt der Menschenrechte, insbesondere der kulturellen Rechte. Daneben soll die Kreativität durch den Schutz von Autorenrechten gefördert und gleichzeitig der Aufbau von wettbewerbsfähigen kulturellen Industrien unterstützt werden. Aus der Perspektive der Entwicklungsländer erhalten vor allem Bestimmungen hinsichtlich der internationalen Solidarität und Kooperation mit dem Ziel des diskriminierungsfreien Zugangs zu kultureller Vielfalt für alle kulturellen Gruppen und Gesellschaften eine besondere Bedeutung.

Die Erklärung besteht aus einer Präambel und 12 Artikeln. Dabei sind die einzelnen Artikel unter vier Schwerpunkten zusammengefasst: Identity, Diversity and Pluralism; Cultural Diversity and Human Rights; Cultural Diversity and Creativity; sowie Cultural Diversity and International Solidarity.

Die Erklärung enthält Prinzipien und Handlungsanweisungen, die jedoch durch den rein deklaratorischen Charakter für die Adressaten nicht rechtsverbindlich wirken. Damit bereichert die Erklärung zur kulturellen Vielfalt lediglich das „soft law“ in diesem Bereich. Sie dient als Argumentationsverstärkung für international anerkannten Rechte, wie beispielsweise das Recht der Meinungs-[99], Gewissens- oder Religionsfreiheit (Art. 18 und 19 AEMR, Art. 18 und 19 IPBPR) oder dem Recht auf Teilhabe am kulturellen Leben[100] sowie auf

98 UNESCO-GENERALKONFERENZ, Fn. 40 (November 2001).

99 HUMAN RIGHTS COMMITTEE, General Comment No. 34 (2011). Article 19: Freedoms of Opinion and Expression, CCPR/C/GC/34 v. 12.09.2011.

100 COMMITTEE ON ECONOMIC SOCIAL AND CULTURAL RIGHTS, General Comment No. 21 (2009). Right of Everyone to Take Part in Cultural Life (Art. 15, Para. 1 (a) of the International Covenant on Economic, Social and Cultural Rights), E/C.12/GC/21 v. 21.12.2009.

Schutz der materiellen und ideellen Interessen der Künstler[101] (Art. 27 AEMR; Art. 15 IPWSKR).

Der Erklärung ist ein ebenfalls unverbindlicher Aktionsplan[102] zur Umsetzung der Ziele der Erklärung beigefügt. Die Mitgliedstaaten verpflichten sich darin, entsprechende Schritte zur Verbreitung der *Allgemeinen Erklärung zur kulturellen Vielfalt* zu unternehmen und ihre effektive Anwendung zu unterstützen. Der Plan besteht aus 20 langfristig umzusetzenden Zielen, die allesamt dem Erhalt, der Stärkung und der Bereicherung – häufig auch der Wiedereinführung – kultureller Vielfalt auf lokaler, nationaler sowie auf internationaler Ebene dienen.

Zur Umsetzung dieser Ziele hat die UNESCO eine sogenannte „*tool box*" aufgestellt, die unter Mitwirkung verschiedenster Akteure, Vorschläge zur konkreten Umsetzung einzelner Ziele geben soll.[103] Die Umsetzungsvorschläge sind unterschiedlicher Natur. Einige wurden bereits durch das Arbeitsprogramm der UNESCO aufgegriffen, während die Umsetzung von anderen heute noch in weiter Ferne liegt. Zu den langfristigen Vorhaben gehört die Verwirklichung von Ziel Nr. 11[104]. Die Überwindung des "*digital gap*"[105] liegt angesichts der immer

---

101 COMMITTEE ON ECONOMIC SOCIAL AND CULTURAL RIGHTS, General Comment No. 17 (2005). The Right of Everyone to Benefit from the Protection of the Moral and Material Interests Resulting from any Scientific, Literary or Artistic Production of which He or She is the Author (Article 15 Paragraph 1 (c), of the Convenant), E/C.12/GC/17 v. 12.01.2006.

102 UNESCO-GENERALKONFERENZ, Leitlinien für einen Aktionsplan zur Umsetzung der Erklärung der UNESCO über kulturelle Vielfalt. Verabschiedet während der 31. UNESCO-Generalkonferenz in Paris (November 2001), <http://www.unesco.de/443.html> (zuletzt geprüft am: 10.03.2013).

103 Für eine Übersicht dieser ca. 100 Ideen siehe: UNESCO, Universal Declaration on Cultural Diversity. A Vision. A Conceptual Platform. A Pool of Ideas for Implementation. A New Paradigm v. 2002, S. 17 ff.

104 Ziel 11: „Überbrückung der digitalen Kluft in Zusammenarbeit mit den entsprechenden Organisationen der Vereinten Nationen, durch Förderung des Zugangs der Entwicklungsländer zu neuen Technologien, indem ihnen geholfen wird, die Informationstechnologien zu beherrschen und die digitale Verbreitung von endogenen Kulturprodukten erleichtert wird, sowie Zugang dieser Länder zu den digitalen pädagogischen, kulturellen und wissenschaftlichen Ressourcen, die weltweit zur Verfügung stehen." (nicht-offizielle, deutsche Übersetzung). Für den Text des Aktionsplans siehe unter: UNESCO-GENERALKONFERENZ, Fn. 40 (November 2001).

105 Der ‚digital gap' bezeichnet die digitale Spaltung der Gesellschaft – sowohl innerhalb eines Landes vor allem aber zwischen den Industrienationen und den Entwicklungsländern. Zu den Merkmalen der digitalen Spaltung zählen unzureichende Infrastruktur,

noch ausstehenden Umsetzung der Milleniumsentwicklungsziele zur Armutsbekämpfung in weiter Ferne. Andere Ziele, wie beispielsweise Ziel Nr. 1[106], sind schon in Angriff genommen. Die Mitgliedstaaten debattieren umfangreich die kulturelle Vielfalt auf höchster politischer Ebene.[107] Zudem haben sie im Oktober 2005 während der 33. Generalkonferenz der UNESCO mit der Unterzeichnung des Übereinkommens zum Schutz und zur Förderung der Vielfalt kultureller Ausdrucksformen bereits Ziel 1 des Aktionsplans – die Ausarbeitung eines internationalen Instruments – realisiert.

IV. Das UNESCO-Übereinkommen zum Schutz und zur Förderung kultureller Ausdrucksformen und das Urheberrecht

Die Ausarbeitung eines internationalen Instruments zum Schutz der kulturellen Vielfalt im Rahmen der UNESCO basiert auf der im November 2001 verabschiedeten *Allgemeinen Erklärung zur Kulturellen Vielfalt* (Art. 12 c) in Verbindung mit dem dazugehörigen Aktionsplan (Punkt 1). Darin heißt es, dass die Organisation ihre Aktivitäten der Normen- und Bewusstseinsbildung sowie der

---

hohe Zugangskosten, unpassende bzw. schwache Regulierung, das Fehlen lokalen Inhalts sowie die ungleiche Verteilung der ökonomischen und sozialen Vorteile aus informationsintensiven Aktivitäten. Vor allem die Menschen in den Entwicklungsländern drohen, von der Informationsgesellschaft abgekoppelt und bedeutender Entwicklungschancen beraubt zu werden. Diese Thematik war u. a. Schwerpunkt des von den UN initiierten *Weltgipfels zu Informationsgesellschaft (WSIS)*. Vgl. die Abschlussdokumente der beiden Teilgipfel in Genf und Tunis: WSIS, Declaration of Principles. Building the Information Society: a Global Challenge in the New Millennium, WSIS-03/GENEVA/DOC/4-E v. 12.12.2003; WSIS, Tunis Commitment, WSIS-05/TUNIS /DOC/7 -E v. 18.11.2005. Siehe auch: SCHORLEMER, Sabine von, Telecommunications, International Regulation, MAX-PLANCK-INSTITUT FÜR AUSLÄNDISCHES ÖFFENTLICHES RECHT UND VÖLKERRECHT (2009), <http://www.mpepil.com/> (zuletzt geprüft am: 10.03.2013), Rdnr. 56; SUN, Haochen, Copyright Law under Siege, in: *IIC (*2005), S. 192 ff.

106 Ziel 1: „Vertiefung der internationalen Debatte über Fragen zur kulturellen Vielfalt, insbesondere im Hinblick auf ihre Verbindungen zur Entwicklung und ihre Auswirkungen auf die politische Entscheidungsfindung sowohl auf nationaler als auf internationaler Ebene; besonders Befassung mit der Zweckmäßigkeit eines internationalen juristischen Instruments zur kulturellen Vielfalt;“ (nicht-offizielle deutsche Übersetzung). UNESCO-GENERALKONFERENZ, Fn. 40 (November 2001).

107 MOGHADAM/ELVEREN, Fn. 66 (2008), S. 751.

Unterstützung bei der Entwicklung institutioneller Ressourcen in den Bereichen fortsetzt, die sich im Rahmen ihrer Zuständigkeit auf die vorliegende Erklärung beziehen. In Ziel 1 des Aktionsplanes verpflichtet sich die UNESCO weiterhin, die Vertiefung der Debatte über Fragen der kulturellen Vielfalt sowohl auf nationaler als auch auf internationaler Ebene zu fördern und zu diesem Zweck, geeignete Maßnahmen zur Ausarbeitung eines internationalen, juristischen Instruments zur kulturellen Vielfalt zu ergreifen.

V. Bewertung

Die Debatten im Vorfeld der Ausarbeitung des UNESCO-Übereinkommens weisen auf einen wesentlichen, die Analyse der vorliegenden Arbeit bestimmenden Aspekt hin. Befürchtungen über die Auswirkungen eines liberalisierten Dienstleistungshandels auf die kulturelle Vielfalt und eine eigenständige, nationale Kulturpolitik bestimmten maßgeblich die Motivation der Verhandlungspartner zur Erarbeitung eines solchen Instruments. Urheberrechtliche Fragen spielten in diesem Zusammenhang keine ausschlaggebende Rolle.

Das UNESCO-Übereinkommen enthält lediglich an einer Stelle einen direkten Verweis auf geistige Eigentumsrechte. Die Mitgliedstaaten anerkannten in der Präambel die

> „(...) Bedeutung der Rechte des geistigen Eigentums zur Unterstützung derer, die an der kulturellen Kreativität beteiligt sind“.[108]

Durch die Nähe des Regelungsgegenstandes des UNESCO-Übereinkommens – kulturellen Güter und Dienstleistungen – mit dem Regelungsgegenstand des Urheberrechts - wie Werken der Literatur und Kunst - ergibt sich die besondere Bedeutung der Urheberrechte für den Schutz und die Förderung der kulturellen Vielfalt. Obwohl das Urheberrecht mit Ausnahme der Präambel selbst keine direkte Erwähnung findet, ergeben sich dennoch zahlreiche Ansatzpunkte für urheberrechtliche Regelungen als Instrument zum Schutz und zur Förderung der Vielfalt kultureller Ausdrucksformen aus dem Übereinkommenstext.

---

108 Präambelabs. 17 ÜVKA.

B. Grundlagen zum Urheberrecht

I. Begriffsbestimmung

1. Copyright – Autorenrechte

Die historische Entwicklung des Urheberrechts erfolgte nicht linear.[109] Auf den britischen Inseln wurde mit dem *Statute of Anne* 1710 das erste Urheberrechtsgesetz geschaffen. Von da an setzte sich der Gedanke der Schutzwürdigkeit des Autors allmählich auch an anderen Orten durch.[110] Allerdings beeinflussten die Aufklärung und der Liberalismus und damit verbundene historische Ereignisse, wie die Französische Revolution, maßgeblich die Ausgestaltung der urheberrechtlichen Regelungen. Während im Zuge der Französischen Revolution eine stark naturrechtliche Prägung des Autorenrechts erfolgte,[111] brachten die ersten amerikanischen Urheberrechtsgesetze eine utilitaristische Legitimation des sog. Copyrights hervor. Allerdings wird der Einfluss der historischen Entwicklung des Urheberrechts auf die Begründungsansätze oft überbetont.[112] Dennoch folgt die kontinental-europäische Tradition des Autorenrechts eher einer naturrechtlichen Begründung[113], während die angelsächsische Tradition des Copyrights auf positivistische, utilitaristische Ansätze[114] abstellt.[115]

Die unterschiedliche Wortwahl impliziert auch grundlegende Divergenzen in der inhaltlichen Ausgestaltung des Rechts.[116] Der wesentliche Unterschied

---

109 Vgl. grundlegend dazu BAPPERT, Wolfgang, Wege zum Urheberrecht. Die geschichtliche Entwicklung des Urheberrechtsgedankens. Frankfurt a. M. (1962), passim; für die internationale historische Entwicklung siehe LÖHR, Isabella, Zum Schutze der Geistesschöpfungen auf der ganzen Welt, in: *ZGE / IPJ* 1 (2009), S. 292 ff.

110 Vgl. für die unterschiedliche theoretische Fundierung: OBERNDÖRFER, Pascal, Die philosophische Grundlage des Urheberrechts. Baden-Baden et al. (2005), S. 81 ff.

111 ULMER, Eugen, Urheber- und Verlagsrecht; 3., neubearb. Aufl. (Enzyklopädie der Rechts- und Staatswissenschaft). Berlin (1980), S. 105.

112 Vgl. DAVIES, Gillian, The Convergence of Copyright and Authors' Rights, in: *IIC* 26 (1995), S. 964 ff.; GINSBURG, Jane C., A Tale of Two Copyrights, in: *Tulane L. Rev.* 64 (1990), S. 991 ff.

113 Vgl. STROWEL, Fn. 24 (1994), S. 241 f.

114 Vgl. STROWEL, Fn. 24 (1994), S. 241 f.

115 Vgl. Teil I B, I, 1 dieser Arbeit.

116 Vgl. dazu grundlegend STROWEL, Fn. 24 (1993), passim; siehe auch WANDTKE, Artur-Axel, Copyright oder Droit d'auteur im technologischen Zeitalter (S. 389-404), in: Jürgen Becker, et al. (Hrsg.), *Recht im Wandel seines sozialen und technologischen Umfeldes,* München (2002), S. 389 ff.

basiert auf dem unterschiedlichen personellen Anwendungsbereich. Während im kontinental-europäischen Autorenrecht der Schutz an der Person des Schöpfers und seiner Verbindung zum Werk ansetzt, fokussiert das anglo-amerikanische Copyright auf den Schutz der entstandenen Werke. Der Investitionsschutz steht hier im Vordergrund.[117] Dies führt dazu, dass nach der Copyright-Tradition auch der Werkverwerter, also eine juristische Person, als Rechtsträger in Frage kommt. Auch hinsichtlich des sachlichen Anwendungsbereichs ergeben sich Unterschiede. So ist die Anforderung an die Schöpfungshöhe, sprich der individuellen, kreativen Leistung des Urhebers, im kontinental-europäischen Autorenrecht ob des persönlich-individuellen Schutzansatzes, höher als im anglo-amerikanischen Copyright. Im kontinental-europäischen Bereich ist ein Mindestmaß an individueller Prägung des Werkes erforderlich. Unterhalb dieser Schöpfungsschwelle kann ein Schutz durch das Geschmacksmuster- oder Lauterkeitsrecht zuerkannt werden, insoweit dem keine urheberrechtlichen Regeln entgegenstehen. Die ökonomische Ausrichtung des Copyrightansatzes ermöglicht es demgegenüber, allein schon eine eigenständige Leistung durch ein Copyright zu honorieren. Auf diesem Wege gelangen auch technisch-organisatorische Leistungen, die im kontinental-europäischen Rechtsraum mit einem verwandten Schutzrecht[118] bedacht werden, zu einem Copyright.[119] Die persönlich-individuelle Ausrichtung des Autorenrechts führt ferner dazu, dass die immateriellen Interessen des Urhebers in Form von Urheberpersönlichkeitsrechten, wie dem Recht auf Namensnennung und der Werkintegrität, geschützt sind. Demgegenüber misst das angloamerikanische Copyright diesen Rechten geringere Bedeutung zu. Erste Ansätze eines Urheberpersönlichkeitsrechts[120] wurden zwar zu Beginn der 1990er Jahre in den USA eingeführt. Die Verzichtbarkeit dieser Rechte führt allerdings dazu, dass sie in der alltäglichen Rechtsanwendung kaum Bedeutung erlangen.

Auf die Harmonisierung der urheberrechtlichen Regeln abzielend, müssen die völkerrechtlichen Verträge zum Urheberrecht diese grundlegenden Divergenzen überbrücken.[121] Aus diesem Grund bilden die völkerrechtlichen Rege-

---

117 BREYER, Stephen, The Uneasy Case for Copyright, in: *Harv. L. Rev.* 84 (1970), S. 285f.

118 Auch Leistungsschutzrecht genannt.

119 Für Großbritannien: § 1 Abs. 1 brit. CDPA (1988); für die USA: § 102 (a) (7) CA (1976).

120 Der *Visual Artists Rights Act* räumt dem Autor einen begrenzten Rechtsschutz vor Entstellung und grob fahrlässiger Zerstörung ein. Vgl. dazu GINSBURG, Jane C./ KERNOCHAN, John M., One Hundred and Two Years Later, in: *Colum.- VLA J. of Law & Arts* 13 (1988-1989), S. 1 ff.

121 DAVIES, Fn. 112 (1995), S. 965.

lungen zum Urheberrecht nur den kleinsten gemeinsamen Nenner der nationalen Urheberrechtsregelungen ab. Umstrittene Aspekte, wie bspw. der Schutz der Urheberpersönlichkeitsrechte, hinderten lange Zeit die USA an einem Beitritt zur *Revidierten Berner Übereinkunft*, dem grundlegenden völkerrechtlichen Vertrag zum Schutz der Werke der Literatur und Kunst.[122] Die verstärkte Verflechtung des internationalen Handels hat dazu geführt, dass die Rufe nach einer zunehmenden Harmonisierung urheberrechtlicher Regelungen auf internationaler Ebene immer stärker wurden und sich auch vermeintlich unüberbrückbare Gegensätze nivellieren.[123] Die Divergenzen zwischen dem kontinental-europäischen Autorenrecht und dem anglo-amerikanischen Copyright stellen in der Praxis keine unüberwindbaren Hemmnisse mehr dar.[124]

Terminologisch verzichtet diese Arbeit weitestgehend auf eine Unterscheidung des Autorenrechts und des Copyright. Stattdessen wird der Begriff Urheberrecht als Oberbegriff für beide Arten des Urheberrechtsschutzes verwandt. Zum einen liegt dies darin begründet, dass die Rechtspraxis Wege gefunden hat, diese Divergenzen auszugleichen, zum anderen fokussiert sich diese Arbeit auf die Analyse der völkerrechtlichen Verträge zum Urheberrecht. Die Begriffe Copyright und Autorenrecht werden demzufolge nur dann verwendet, wenn die Unterscheidung der Urheberrechtstradition für die Argumentation notwendig ist.

2. Verwertungs- und Urheberpersönlichkeitsrechte

Das Urheberrecht umfasst ein ganzes Bündel an unterschiedlichen Rechten. Unterteilt wird dabei in Verwertungsrechte und Urheberpersönlichkeitsrechte. Während die Verwertungsrechte die materiellen Interessen schützen, stellen die Urheberpersönlichkeitsrechte auf den Schutz der ideellen Interessen des Urhebers ab. Die Verwertungsrechte beinhalten die vermögensrechtlichen Befugnisse des Urhebers in Bezug auf die Bearbeitung, Vervielfältigung, Übersetzung, die Verbreitung, die öffentliche Zugänglichmachung von Werken, etc. Demgegenüber schützen die Urheberpersönlichkeitsrechte die persönlichkeitsrechtliche Beziehung des Urhebers zu seinem Werk.[125] Die Urheberpersönlichkeitsrechte

122 GINSBURG/KERNOCHAN, Fn. 120 (1988-1989), S. 1 ff.

123 GOLDSTEIN/HUGENHOLTZ, Fn. 5 (2010), S. 6.

124 STROWEL, Fn. 24 (1994), S. 235.

125 SCHACK, Haimo, Urheber- und Urhebervertragsrecht. Tübingen (2010), Rdnr. 339; LOEWENHEIM, Fn. 26 (2010), Rdnr. 5.

umfassen dabei u. a. das Recht auf Namensnennung (Paternitätsrecht) sowie das Recht auf Werkintegrität (Integritätsrecht).

Die Unterscheidung zwischen der vermögens- und der persönlichkeitsrechtlichen Dimension ist in der Realität doch häufig nicht trennscharf. Das dem Urheberpersönlichkeitsrecht zugeordnete Recht auf Namensnennung kann auch vermögensrechtliche Vorteile bringen. Dies ist dann der Fall, wenn der Name des Urhebers im Sinne des Marketings als besonderes Qualitätsmerkmal angesehen wird und die Kaufentscheidung beeinflussen kann. Auch das den Vermögensrechten zugeordnete Bearbeiterurheberrecht kann für den Urheber nicht nur kommerziellen, sondern auch ideellen Nutzen stiften. So kann beispielsweise die Erlaubnis, ein Musikstück durch einen anderen Künstler neu aufzunehmen, die Reputation des Originalwerks und seines Urhebers steigern. Die Gewährung von Verwertungsrechten und Urheberpersönlichkeitsrechten ermöglichen dem Urheber ein selbstbestimmtes Schaffen.[126]

3. Schranken und Ausnahmen

Die Schranken und Ausnahmen[127] aus dem Urheberrecht entwickelten sich gleichzeitig mit dem Urheberrecht. Sie sind Ausdruck der Sozialbindung des Urheberrechts. Dies bedeutet, dass die ausschließlichen Rechte des Urhebers an dem von ihm geschaffenen Werk im Interesse der Allgemeinheit eingeschränkt werden können.[128] Typische Beispiele sind hier die beschränkten Rechte für den Unterrichtsgebrauch[129] oder das Zitatrecht[130].

126 Dieses steht im scharfen Gegensatz zu dem fremdbestimmten Schaffen der Künstler in der Antike und im Mittelalter, die noch im Wesentlichen von einem Mäzen abhängig waren. Mit der Einführung des Urheberrechts demokratisierte sich gleichzeitig das kulturelle Schaffen. Siehe dazu auch Teil I, B, II, 4, a dieser Arbeit.

127 Im Englischen ist von "limitations and exceptions", im Französischem von "limites et exceptions" die Rede.

128 Vgl. RICKETSON, Sam/ GINSBURG, Jane C., International Copyright and Neighbouring Rights. The Berne Convention and Beyond. Oxford et al. (2006b), Rdnr. 13.01; BVerfG, Urteil v. 07.07.1971 (1 BvR 765/66), *Schulbuch-Entscheidung,* in: *BVerfGE* 31, 229. Daraus eine funktionale Auslegung der Schranken ableitend: HILTY, Reto M., Verbotsrecht vs. Vergütungsanspruch (S. 325-352), in: Ansgar Ohly/ Gerhard Schrikker (Hrsg.), *Perspektiven des geistigen Eigentums und Wettbewerbsrechts,* München (2005), S. 327.

129 Art. 10 Abs. 2 RBÜ.

130 Art. 10 Abs. 1 RBÜ.

Die Terminologie in den einzelnen nationalen Rechtsordnungen ist jedoch nicht einheitlich und vage.[131] Dies ist auch ein äußeres Indiz für die unterschiedliche Ausprägung der einzelnen Beschränkungen und Ausnahmen. Aus diesem Grund hat sich auf internationaler Ebene die Wendung „Schranken und Ausnahmen“ durchgesetzt, die sozusagen als Oberbegriff für sämtliche, teils stark divergierende nationale Regelungen gilt.

Der Begriff ‚Schranke‘ weist auf die äußeren Begrenzungen der ausschließlichen Rechte hin. Er differenziert die Situationen, in denen der Urheber ausschließliche Rechte gegenüber Dritten geltend machen kann, gegenüber den Situationen, in denen er keine Rechte ausüben kann. Mit der Schranke wird die freie von der unfreien Nutzung getrennt.[132] Im Falle einer Schranke, wie der Schranke zum Vervielfältigungsrecht für Unterrichtszwecke, bleibt dem Urheber das ausschließliche Vervielfältigungsrecht in anderen Situationen erhalten. Sein ausschließliches Vervielfältigungsrecht unterliegt damit einer Schranke. Der Begriff ‚Ausnahme‘ wiederum beschreibt die inneren Begrenzungen der Ausschließlichkeitsrechte des Urhebers. Hierbei handelt es sich um Situationen in denen dem Urheber keinerlei Rechte für sein Werk entstehen.[133] Dies ist beispielsweise für Tagesneuigkeiten, vermischte Nachrichten oder einfache Zeitungsmitteilungen der Fall. Dieser Unterscheidung wird zwar zuweilen ein bedeutender Einfluss auf die theoretische Fundierung des Urheberrechts zugesprochen.[134] So impliziere der Begriff ‚Ausnahme‘ ein Rangverhältnis, welches dem

---

131 So werden in den einzelnen nationalen Urheberrechtsgesetzen unterschiedliche Begriffe benutzt. Während in Deutschland, der Schweiz und Spanien von Schranken gesprochen wird, nutzt das Vereinigte Königreich den Begriff „authorized acts“. Das französische Urheberrecht kommt demgegenüber sogar ohne konkrete Benennung aus und nutzt stattdessen in Art. 122-5 Code de la Propriété Intellectuelle die Umschreibung: „Lorsque l'oeuvre a été divulguée, l'auteur ne peut interdire (…)“. SIRINELLI, Pierre, Exceptions and Limits to Copyright and Neighboring Rights. Workshop on Implementation Issues of the WIPO Copyright Treaty (WCT) and the WIPO Performances and Phonograms Treaty (WPPT), Geneva, 6-7 December 1999, WCT-WPPT/IMP/1 v. 03.12.1999, S. 2.

132 SIRINELLI, Fn. 131 (03.12.1999), S. 2.

133 FÜLLER, Article 13, in: Stoll/Busche/Arend (Hrsg.), WTO – Trade-related Aspects of Intellectual Property Rights, Leiden (2009), S. 279.

134 GEIGER, Christophe, Der urheberrechtliche Interessenausgleich in der Informationsgesellschaft, in: *GRUR Int.* (2004), S. 815 ff.; HUGENHOLTZ, P. B., Copyright and Freedom of Expression in Europe (S. 343-364), in: Rochelle C. Dreyfuss/ Diane L. Zimmerman/ Harry First (Hrsg.), *Expanding the Boundaries of Intellectual Property,* Oxford et al. (2001), S. 434 ff.; DUSOLLIER, Séverine, Exceptions and Technological

Ausschließlichkeitsrecht als Normalfall und die freie Nutzung als Sonderfall/Ausnahme darstellt.[135] Der Begriff ‚Schranke' wiederum begrenze das Ausschließlichkeitsrecht. In dieser Konstellation sind das Ausschließlichkeitsrecht und die Schranke gleichwertig.[136]

Im Rahmen der in dieser Arbeit untersuchten völkerrechtlichen Verträge ist grundsätzlich von Ausnahmen und Schranken kumulativ die Rede. Eine Unterscheidung wird nicht getroffen. Entsprechend wirken sich die unterschiedlichen Ansichten über die Natur des Urheberrechts nicht auf die Auslegung völkerrechtlicher Verträge aus.

II. Geltungsgründe des Urheberrechts

Die Geltungsgründe des Urheberrechts lassen sich zunächst zwei unterschiedlichen Ansätzen zuordnen. Es stehen sich dabei individualistisch-naturrechtliche und kollektivistisch-utilitaristische Ansätze gegenüber.[137] Während die individualistisch-naturrechtlichen Ansätze an der Person des Urhebers und seiner Beziehung zum Werk als Geltungsgrund anknüpfen, orientieren sich die kollektivistisch-utilitaristischen Ansätze an der Beziehung zwischen der Gesellschaft und dem Werk, konkret am wirtschaftlichen und kulturellen Fortschritt im Interesse

---

Measures in the European Copyright Directive of 2001 – An Empty Promise, in: *IIC* (2003), S. 62 ff.; a. A. HILTY, Fn. 128 (2005), S. 327.

135 Bildhaft gesprochen, stellt die Ausnahme hier eine Insel im Meer der Exklusivität dar. Vgl. GEIGER, Fn. 134 (2004), S. 818 f.

136 Geiger spricht hier anschaulich von einer Insel der Exklusivität in einem Meer der Freiheit. Vgl. GEIGER, Fn. 134 (2004), S. 818 f.

137 STALLBERG, Christian G., Urheberrecht und moralische Rechtfertigung. Berlin (2006), S. 48. In dieser Unterteilung ist zu beachten, dass sich kollektive Geltungsgründe auch auf einen individuellen Urheberrechtsschutz beziehen können. Ein gesellschaftliches Ziel kann auf diese Weise dann erreicht werden, wenn jedem Individuum ein Vorteil durch eine bestimmte Regel verschafft wird. Ferner beziehen sich die utilitaristischen Ansätze auf einen weiteren Begriff des Utilitarismus, als ihn klassischerweise *Jeremy Bentham* geprägt hat. Nach *Jeremy Bentham* richtet sich der (hedonistische) Utilitarismus auf das „größte Glück der größten Zahl". Vgl. BENTHAM, Jeremy, Der klassische Utilitarismus (S. 55-83), in: Otfried Höffe (Hrsg.), *Einführung in die utilitaristische Ethik,* Bern (1992), S. 55. Stattdessen wird eine Begründung als utilitaristisch bezeichnet, wenn der moralische Wert einer Norm durch ihren gesellschaftlichen Nutzen entsteht. Vgl. STALLBERG, Fn. 137 (2006), S. 204.

der Allgemeinheit.[138] Eine absolut trennscharfe Unterteilung zwischen individualistisch-naturrechtlichen und kollektivistisch-utilitaristischen Ansätzen ist jedoch nicht möglich. So kann beispielsweise der Geltungsgrund des Urheberrechts als Entlohnung für das kreative Schaffen des Urhebers aus individualistisch-naturrechtlicher Perspektive eine „von Natur aus bestehende Vorzugsstellung des Urhebers zu seinem Werk“[139] implizieren oder aber als im Allgemeinwohl liegender Anreiz zu kreativem Schaffen dienen.

Die individualistisch-naturrechtlichen Ansätze lassen sich wiederum in naturrechtliche und menschenrechtliche Ansätze zur Begründung der Vergabe von Urheberrechten unterteilen. Der kollektivistisch-utilitaristische Ansatz umfasst schließlich ökonomische, kulturelle, soziale und politisch-demokratische Elemente.

Obgleich die Legitimationsansätze der unterschiedlichen nationalen Urheberrechtsgesetze vielfältig sind, lässt sich doch eine gewisse Struktur erkennen:

> „[I]n the development of modern copyright laws, the economic and social arguments are given more weight in the Anglo-American laws whereas in Continental law countries, the natural law argument is to the fore.“[140]

Allerdings verschwimmen die Grenzen dieser Klassifizierungen, so dass auch im Bereich der Geltungsgründe[141] nicht lediglich ein Grund, sondern gleichzeitig mehrere Geltungsgründe für den Schutz der Urheberrechte angeführt werden.

1. Naturrechtliche Ansätze

Das Naturrecht gilt als ein überpositives, den Gesetzgeber bindendes Recht. Dieses Recht folgt einer vorgegebenen Ordnung, die ihre Basis je nach Ausrichtung in der göttlichen Schöpfung[142], der menschlichen Natur oder der Ver-

---

138 SCHRICKER/LOEWENHEIM/VOGEL, Einleitung, in: Loewenheim/Dietz/Schricker (Hrsg.), Fn. 26 (2010), Rdnr. 9.

139 STALLBERG, Fn. 137 (2006), S. 49.

140 DAVIES, Gillian, Copyright and the Public Interest. Weinheim (1994), S. 13.

141 SCHRICKER/LOEWENHEIM/VOGEL, Einleitung, in: Loewenheim/Dietz/Schricker (Hrsg.), Fn. 26 (2010), Rdnr. 10.

142 LOCKE, John, Second Treaties of Government, DAS GUTENBERG PROJEKT (1690), <http://www.gutenberg.org/files/7370/7370-h/7370-h.htm> (zuletzt geprüft am: 10.03.2013).

nunft[143] findet. Ausgangspunkt naturrechtlicher Ansätze des Urheberrechts[144] bildet die kreative Persönlichkeit des Urhebers, die sich in dem von ihm geschaffenen Werk spiegelt.[145]

> „Das Recht, das dem lebendigen, schaffenden Geist gewährt wird, ist nicht etwa ein willkürlich verliehenes und willkürlich beschränkbares, es ist vielmehr ein ursprüngliches Recht an seinem eigenen Wesen, an seiner eigenen Seins- und Wirkungsweise, das seine innere Begründung und seine Grenzen aus einer vorgegebenen Ordnung erhält."[146]

Zum Schutz der engen persönlichen Bindung zwischen Schöpfer und Werk muss der Urheber die Kontrolle über die Verwertung seines Werkes innehaben. Auf diese Weise kann der Urheber jeder nichtautorisierten Nutzung des Werkes entgegentreten und dadurch entstehenden Schaden abwenden.

Nach weit geteilter Auffassung[147] stand die naturrechtliche Begründung des Schutzes geistiger Leistungen in engem Zusammenhang mit der Arbeitstheorie[148] von *John Locke.*[149] So besitze der Urheber ein natürliches Recht, die

---

143 HUBMANN, Heinrich, Das Recht des schöpferischen Geistes. Berlin (1954), S. 70.

144 So auch vom BGH anerkannt. Vgl. BGH, Urteil v. 18.05.1955 (I ZR 8/54), *Grundig-Reporter,* in: *BGHZ* 17, 266; LOEWENHEIM, Fn. 26 (2010), Rdnr. 4.

145 SCHRICKER/LOEWENHEIM/VOGEL, Einleitung, in: Loewenheim/Dietz/Schricker (Hrsg.), Fn. 26 (2010), Rdnr. 8.

146 HUBMANN, Fn. 143 (1954), S. 5.

147 Vgl. dazu OBERNDÖRFER, Fn. 110 (2005), S. 114 ff.

148 LOCKE, Fn. 142 (1690).

149 SCHRICKER/LOEWENHEIM/VOGEL, Einleitung, in: Loewenheim/Dietz/Schricker (Hrsg.), Fn. 26 (2010), Rdnr. 8; HUBMANN, Fn. 143 (1954), S. 70; SCHACK, Fn. 125 (2010), S. 112; BAPPERT, Fn. 109 (1962), S. 254; ULMER, Fn. 111 (1980), S. 54 ff.; GIESEKE, Ludwig, Vom Privileg zum Urheberrecht. Die Entwicklung des Urheberrechts in Deutschland bis 1845. Baden-Baden et al. (1995), S. 139; LUF, Gerhard, Philosophische Strömungen in der Aufklärung und ihr Einfluß auf das Urheberrecht (S. 9-19), in: Robert Dittrich (Hrsg.), *Woher kommt das Urheberrecht und wohin geht es?,* Wien (1988), S. 11 f; DONATI, Alberto, Natural Law and Intellectual Property, in: *UFITA* 137 (1998), S. 65 ff.; DECKER, Günter, Urheberrecht und Naturrecht – Grundfragen zum UrhG 1965 (S. 13-28), in: Ernst H. Reichardt/ Andreas Scheuermann/ Angelika Strittmatter (Hrsg.), *Urheberrechtliche Probleme der Gegenwart,* Baden-Baden (1990), S. 21; HUGHES, Jerald, The Philosophy of Intellectual Property, in: *Geo. L. J.* 77 (1988), S. 287 f.; SPECTOR, H. M., An Outline of a Theory Justifying Intellectual and Industrial Property Rights, in: *E.I.P.R.* 8 (1989), S. 270; HETTINGER, Edwin C., Justifying Intellectual Property, in: *Phil. & Pub. Aff.* 18 (1989), S. 31.

Früchte seiner Arbeit zu genießen.[150] *John Locke* selbst hat diese Arbeitstheorie jedoch allein auf Sacheigentum bezogen.[151] Stattdessen scheint eher die Individualitätstheorie von *William Wollaston*, die er in seinem Werk *A Religion of Nature Delineated*[152] herausarbeitete, der Ausgangspunkt für die naturrechtliche Argumentation des geistigen Eigentums zu sein.

2. Persönlichkeitsrechtliche Ansätze

Die Grundlage für die persönlichkeitsrechtliche Begründung der Urheberrechte lieferte *Kant* mit seiner Unterscheidung des Buches als opus mechanicum von dem geistigen Inhalt des Buches. Während an dem Buch ein Sacheigentum besteht, hat der Autor persönlichkeitsrechtliche Schutzbedürfnisse hinsichtlich des Buchinhalts. Nach *Kant* gibt der Inhalt eines Buches die Rede des Verfassers an die Nation wieder, die ein persönliches Recht des Urhebers begründet.[153] Allerdings bedurfte es erst der Arbeiten von *Neustetel* und *Bluntschli*, um die Theorie der Persönlichkeitsrechte für das Urheberrecht fruchtbar zu machen. So wurde der Schutz der Urheberinteressen dadurch begründet, dass sich der Geist des Autors in seinem Werk spiegelt und aus diesem Grund die Verbindung des Autors

---

150 So rezipiert von KOHLER, Josef, Das Autorenrecht. Eine zivilistische Abhandlung; zugleich ein Beitrag zur Lehre vom Eigenthum, vom Miteigenthum, vom Rechtsgeschäft und vom Individualrecht. Jena (1880); OSTERRIEHT, Albert, Die Geschichte des Urheberrechts in England mit einer Darstellung des geltenden englischen Urheberrechts, in: *UFITA* 132 (1996), S. 123; GIESEKE, Fn. 149 (1995), S. 137; BREYER, Fn. 117 (1970), S. 284; HUBMANN, Heinrich, Die Idee vom geistigen Eigentum, in: *ZUM (*1988), S. 5. Allein *Kant* kritisierte den naturrechtlichen Automatismus, wonach aus Arbeit Eigentum entstehen sollte. Eine Auseinandersetzung mit seiner Kritik fand allerdings nicht statt. Siehe KANT, Immanuel, Kritik der reinen Vernunft. Prolegomena - Grundlegung zur Metaphysik der Sitten, Metaphysische Anfangsgründe der Naturwissenschaft (1783), S. 260.

151 Hinsichtlich des immateriellen Eigentums vertrat *Locke* allerdings einen von Nützlichkeitserwägungen getragenen, positivrechtlichen Ansatz. Vgl. OBERNDÖRFER, Fn. 110 (2005), S. 38; DRAHOS, Peter, A Philosophy of Intellectual Property. Applied Legal Philosphy. Aldershot (1996), S. 47. A. A. mit Verweis auf Kritik in der Fußnote, aber ohne Auseinandersetzung mit den Thesen: SCHRICKER/LOEWENHEIM/VOGEL, Einleitung, in: Loewenheim/Dietz/Schricker (Hrsg.), Fn. 26 (2010), Rdnr. 8.

152 WOLLASTON, William, A Religion of Nature Delineated. London (1722).

153 KANT, Immanuel, Zur Unrechtmäßigkeit des Büchernachdrucks, in: *UFITA* 106 (1987), S. 137 ff.

zu seinem Werk zu schützen sei.[154] Doch greifen sie in ihrer Begründung auch noch auf eine naturrechtliche Basis dieses Schutzes zurück. Erst *Carl Gareis*[155] löst sich von der naturrechtlichen Bindung und setzt die positiv-rechtliche Normierung des Persönlichkeitsschutzes des Urhebers durch. Obwohl *John Locke* als Begründer der Arbeitstheorie im geistigen Eigentum inzwischen nicht mehr herangezogen wird, so hielt der Gedanke der schöpferischen Arbeit als begründendes Schutzelement im Rahmen der Theorie der Persönlichkeitsrechte Einzug;[156] jedoch mittlerweile losgelöst von seinem naturrechtlichen Fundament.[157]

Mit der Theorie des Urheberrechts als Persönlichkeitsrecht werden auch heute noch die urheberpersönlichkeitsrechtlichen Regelungen begründet.[158] Mit dem persönlichkeitsrechtlichen Verständnis des Urheberrechts wurde die Person des Urhebers in den Mittelpunkt gestellt. Das urheberzentristische Paradigma des kontinental-europäischen Urheberrechtsansatzes hat hier seinen Ursprung.[159]

3. Menschenrechtliche Ansätze

Die menschenrechtlichen Ansätze zum Urheberrecht bauen auf den naturrechtlichen Ansätzen auf.[160] So stehen jedem Menschen die Menschenrechte allein aufgrund seines Menschseins zu.[161] Wie das Naturrecht bedürfen die Menschen-

154 REHBINDER, Manfred, Johann Caspar Bluntschlis Beitrag zur Theorie des Urheberrechts, in: *UFITA* 123 (1993), S. 29 ff.

155 Vgl REHBINDER, Manfred, Felix Dahn und Karl Gareis zur Theorie des Urheberrechts, in: *UFITA* 129 (1995), S. 69 ff.

156 So auch GIERKE, Otto von, Urheberrechte, in: *UFITA* 125 (1994), S. 116.

157 OBERNDÖRFER, Fn. 110 (2005), S. 111.

158 GÖTTING, Horst-Peter, Urheberrecht und Verfassungsrecht (S. 20-23), in: Ulrich Loewenheim (Hrsg.), *Handbuch des Urheberrechts,* München (2010), Rdnr. 2.

159 Vgl. DIETZ, Adolf, Urheberrecht im Wandel (S. 200-213), in: Robert Dittrich (Hrsg.), *Woher kommt das Urheberrecht und wohin geht es?,* Wien (1988), S. 201.

160 Für eine kritische Diskussion des naturrechtlichen Fundaments der Menschenrechte aus philosophischer Sicht siehe SUKOPP, Thomas, Menschenrechte: Anspruch und Wirklichkeit. Menschenwürde, Naturrecht und die Natur des Menschen. Marburg (2003).

161 COMMITTEE ON ECONOMIC SOCIAL AND CULTURAL RIGHTS, Fn. 101 (12.01.2006), Rdnr. 1.

rechte keiner Anerkennung oder Umsetzung durch nationale Rechtsordnungen, sondern entfalten unabhängig davon ihre Wirkung.[162]

Im Rahmen der allgemein anerkannten Menschenrechte wird auch der urheberrechtliche Schutz berücksichtigt.[163] Aufgrund ihres nahezu universellen Charakters sind hier vor allem die *Allgemeine Erklärung der Menschenrechte (AEMR)*[164] und der *Internationale Pakt über wirtschaftliche, soziale und kulturelle Rechte (IPWSKR)*[165] bedeutsam. Dort heißt es in Art. 27 Abs. 2 AEMR und 15 IPWSKR[166] fast wortgleich, dass jedermann das Recht habe

> „(...) auf Schutz der geistigen und materiellen Interessen, die ihm als Urheber von Werken der Wissenschaft, Literatur oder Kunst erwachsen."[167]

Das Recht auf Schutz der materiellen und immateriellen Interessen des Urhebers bildet jedoch nur einen Teil der in den internationalen Instrumenten festgehaltenen kulturellen Rechte. Die menschenrechtlich fundierten Urheberrechte sind auch eingebettet in andere kulturelle Rechte,[168] so das Recht eines

---

162 TORREMANS, Paul L., Copyright as a Human Right (S. 1-20), in: Paul L. Torremans (Hrsg.), *Copyright and Human Rights,* The Hague et al. (2004), S. 5.

163 COMMITTEE ON ECONOMIC SOCIAL AND CULTURAL RIGHTS, Fn. 101 (12.01.2006), Rdnr. 1; DIETZ, Adolf/ FRANCON, André, Copyright as a Human Right, in: *Copyright Bulletin* XXXII (1998), S. 7 ff.; RICKETSON, Sam, Intellectual Property and Human Rights (S. 187-213), in: Stephen Bottomley/ David Kinley (Hrsg.), *Commercial Law and Human Rights,* Aldershot et al. (2002), S. 189.

164 GENERALVERSAMMLUNG DER VEREINTEN NATIONEN, Allgemeine Erklärung der Menschenrechte, A/RES/217 v. 10.12.1948. Zwar ist die Allgemeine Erklärung der Menschenrechte nicht als rechtsverbindlich zu werten, doch wird sie aufgrund ihrer hohen moralischen Autorität von der Staatengemeinschaft als „soft law" anerkannt. Vgl. NEUHOLD, Hanspeter, The Inadequacy of Law-Making by International Treaties (S. 39-52), in: Rüdiger Wolfrum/ Volker Röben (Hrsg.), *Developments of International Law in Treaty Making,* Berlin et al. (2005), S. 48.

165 Internationaler Pakt über wirtschaftliche, soziale und kulturelle Rechte (IPWSKR) v. 16.12.1966, in Kraft getreten am 03.01.1976, BGBl. 1973 II S. 1569, 993 U.N.T.S. 3.; COMMITTEE ON ECONOMIC SOCIAL AND CULTURAL RIGHTS, Fn. 101 (12.01.2006), Rdnr. 4.

166 Grundsätzlich zu Art. 15 IPWSKR: SCHNEIDER, Jakob, Menschenrechtlicher Schutz geistigen Eigentums. Reichweite und Grenzen des Schutzes geistigen Eigentums gemäß Artikel 15 Absatz 1 lit. c) des Internationalen Paktes über wirtschaftliche, soziale und kulturelle Rechte. Stuttgart et al. (2006), S. 141 ff.

167 Art. 27 Abs. 2 AEMR.

168 KÉVÉRER, André, Authors' Rights are Human Rights, in: *Copyright Bulletin* XXXII (1998), S. 21.

jeden zur Teilhabe am kulturellen Leben,[169] das Recht zur Teilhabe an den Errungenschaften des wissenschaftlichen Fortschritts und deren Anwendung sowie die Freiheit der wissenschaftlichen Forschung[170] und der schöpferischen Tätigkeit[171].

Damit steht das Menschenrecht auf Schutz der materiellen und geistigen Interessen von Urhebern in engem Zusammenhang mit dem Menschenrecht auf Eigentumsschutz, der Rede- und Meinungsfreiheit, des Rechts auf freie Entfaltung der Persönlichkeit und dem Recht auf Teilhabe am kulturellen Leben.[172] Dieser Zusammenhang wirkt sich auch auf eine menschenrechtskonforme Ausgestaltung des Urheberrechtsschutzes aus.[173]

> „[T]he type and level of protection afforded under any intellectual property regime must facilitate and promote cultural participation and scientific progress and do so in a manner that will broadly benefit members of society both on an individual and collective level."[174]

Eine menschenrechtliche Legitimation der Vergabe von Urheberrechten wurde zunächst vielfach vernachlässig.[175] Auch im Bereich der Menschenrechte spielten Überlegungen zu geistigen Eigentumsrechten nur eine untergeordnete Rolle. Beide Rechtsgebiete schienen im Völkerrecht in Isolation voneinander zu existieren. Dass die Einbeziehung von Urheberrechten in einem menschenrechtlichen Kontext wenig Beachtung erhielt,[176] zeigt sich auch darin, dass nicht alle regionalen Menschenrechtsinstrumente Regelungen zum Urheberrecht enthalten. Artikel 13 der *American Declaration of the Rights and Duties of Man*[177] sowie

---

169 COMMITTEE ON ECONOMIC SOCIAL AND CULTURAL RIGHTS, Fn. 100 (21.12.2009).

170 HUMAN RIGHTS COMMITTEE, Fn. 99 (12.09.2011).

171 COMMITTEE ON ECONOMIC SOCIAL AND CULTURAL RIGHTS, Fn. 101 (12.01.2006), Ziff. 4.

172 COMMITTEE ON ECONOMIC SOCIAL AND CULTURAL RIGHTS, Fn. 101 (12.01.2006), Ziff. 4; CHAPMAN, Audrey R., Approaching Intellectual Property as a Human Right, in: *Copyright Bulletin* XXXV (2001), S. 13; TORREMANS, Fn. 162 (2004), S. 9; GOLDSTEIN/HUGENHOLTZ, Fn. 5 (2010), S. 23 f.

173 RICKETSON, Fn. 163 (2002), S. 194 f.

174 CHAPMAN, Fn. 172 (2001), S. 14.

175 TORREMANS, Fn. 162 (2004), S. 1; HELFER, Laurence R., Human Rights and Intellectual Property, in: *Minn. Intell. Prop. Rev.* 5 (2003), S. 49 ff.

176 Für die einzelnen Standpunkte: Vgl. CHAPMAN, Fn. 172 (2001), S. 12 f. Siehe auch TORREMANS, Fn. 162 (2004), S. 9.

177 American Declaration of the Rights and Duties of Man. O.A.S. Res. XXX, Adopted by the Ninth International Conference of American States, Bogotá, Colombia v. 1948, OAS/Ser.L/V/I.4 Rev. 9 (2003).

Art. 14 des *Additional Protocol to the American Convention on Human Rights in the Area of Economic, Social and Cultural Rights (Protocol of San Salvador*[178]*)* enthalten an den IPWSKR angelehnte Regelungen zum Urheberrecht. So heißt es bspw. in Art. 14 Abs. 1 des Zusatzprotokolls:

> "The States Parties to this Protocol recognize the right of everyone: a.) To take part in the cultural and artistic life of the community; (...) c.) To benefit from the protection of moral and material interests deriving from any scientific, literary or artistic production of which he is the author."[179]

Andere regionale Menschenrechtsinstrumente, wie die *European Cultural Convention*[180] (Art. 1-4), die *African Charter on Human Rights and Peoples' Rights*[181] (Art. 17) sowie die *Arab Charter on Human Rights*[182] (Art. 36) enthalten zwar das Recht des einzelnen am kulturellen Leben teilzuhaben, bzw. die Pflicht des Staates Rahmenbedingungen für ein vitales Kulturleben zu schaffen, doch wird der Schutz der Rechte des Urhebers als Menschenrecht nicht explizit erwähnt.

In den letzten Jahren rückte das menschenrechtliche Fundament der Urheberrechte doch mit großer Vehemenz ins Zentrum der Aufmerksamkeit.[183] Die zunehmende Konzentration auf die ökonomischen Aspekte geistigen Schaffens und der Kommerzialisierung von Informationen, gepaart mit den restriktiven Zugangsschranken durch Digital Rights Management (DRM)-Technologie führte zu einer hohen Frustration der Urheber und Nutzer.[184] Sozusagen als Gegen-

---

178 Additional Protocol to the American Convention on Human Rights in the Area of Economic, Social and Cultural Rights (Protocol of San Salvador) v. 17.11.1988, entered into force 16.11.1999, OSA Treaty Series No. 69 (1988), 28 I.L.M. 156 (1989).

179 Art. 14 Ab. 1 Protocol of San Salvador.

180 European Cultural Convention (ECC) v. 19.12.1954, in Kraft getreten am 05.05.1955, CETS No.: 018, 218 UNTS 139.

181 African Charter on Human Rights and Peoples' Rights (Banjul Charter) v. 27.06.1981, entered into force 21.10.1986, OAU Doc. CAB/LEG/67/3 rev. 5, 21 I.L.M. 58 (1982).

182 Arab Charter on Human Rights v. 22.05.2004, entered into force 15.03.2008, in: *Int'l Hum. Rts. Rep.* 12 (2005), S. 893 ff.

183 HELFER, Fn. 175 (2003), S. 52 ff.; CHAPMAN, Fn. 172 (2001), S. 4 ff.; TORREMANS, Fn. 162 (2004), S. 1 ff.; RICKETSON, Fn. 163 (2002), S. 187 ff.; KÉVÉRER, Fn. 168 (1998), S. 18 ff.

184 BENKLER, Yochai, Siren Songs and Amish Children: Autonomy, Information, and Law, in: *N.Y.U. L. Rev.* 76 (2001), S. 57. Sozusagen als Reaktion auf die rein wirtschaftliche Ausrichtung geistiger Eigentumsrechte im Rahmen des TRIPS-Abkommens. Näheres dazu: HELFER, Fn. 175 (2003), S. 54 ff.

strömung wurde das Interesse an der menschenrechtlichen Dimension des Urheberrechts stärker:

> „Referring to human rights while interpreting copyrights and exceptions thereof may be thus perceived as a re-constitutionalisation of the distinction between access and exclusion from information in the digital age."[185]

So griff beispielsweise das *Committee on Economic, Social and Cultural Rights* des Wirtschafts- und Sozialrates der Vereinten Nationen Fragen des geistigen Eigentums in einem General Comment zum ersten Mal im November 2005 auf.[186] Und dies, obwohl es sich bereits seit 1989 über die Auslegung der im IPWSKR niedergelegten Rechte im Rahmen von General Comments äußerte. Im *General Comment No. 17 (2005)* erkennt das *Committee on Economic, Social and Cultural Rights* an, dass

> „The right of everyone to benefit from the protection of the moral and material interests resulting from any scientific, literary or artistic production of which he or she is the author is a human right, which derives from the inherent dignity and worth of all persons."[187]

Das Komitee legt sich allerdings hinsichtlich der Art des Schutzes und der Bedingungen für einen Schutz der materiellen und moralischen Interessen nicht fest.[188]

4. Utilitaristische Ansätze

Nach utilitaristischen Ansätzen dient das Urheberrecht der Förderung des Gemeinwohls. Durch die Vergabe eines zeitlich begrenzten Verwertungsmonopols soll der Einzelne zum kreativen Schaffen angeregt werden und damit einen Dienst für die Allgemeinheit leisten. Die Förderung des Gemeinwohls, als Ausgangspunkt der utilitaristischen Analyse des Urheberrechts, umfasst die Meh-

---

185 GRABER, Christoph B., Copyright and Access – A Human Rights Perspective (S. 71-110), in: Christoph B. Graber (Hrsg.), *Digital Rights Management,* Bern (2005), S. 76.

186 COMMITTEE ON ECONOMIC SOCIAL AND CULTURAL RIGHTS, Fn. 101 (12.01.2006).

187 COMMITTEE ON ECONOMIC SOCIAL AND CULTURAL RIGHTS, Fn. 101 (12.01.2006), Rdnr. 1.

188 Explizit weist es darauf hin, dass „(...) the protection under article 15, paragraph 1 (c), need not necessarily reflect the level and means of protection found in present copyright, patent and other intellectual property regimes, as long as the protection available is suited to secure for authors the moral and material interests resulting from their protection (...)". COMMITTEE ON ECONOMIC SOCIAL AND CULTURAL RIGHTS, Fn. 101 (12.01.2006), Rdnr. 10; siehe auch TORREMANS, Fn. 162 (2004), S. 8.

rung der kulturellen Vielfalt, die Förderung des Lernens wie auch die Stabilisierung demokratischer Strukturen.[189]

> „The premise is accepted that creating is worthwhile and that copyright provides a means of giving creators what is properly due to them, thereby stimulating cultural activity, a result which cannot be other than for the common good."[190]

Die Argumentation nach utilitaristischen Ansätzen erfolgt aus verschiedenen Blickwinkeln. Eine besondere Art des utilitaristischen Ansatzes stellt die wirtschaftliche Theorie des Urheberrechts dar. Daneben spielen aber auch kulturelle, soziale und politische Argumente zur Gewährung eines Urheberrechts eine Rolle.

Da die utilitaristischen Ansätze vor allem im Copyright-System zu verorten sind und im Bereich der kontinental-europäischen Autorenrechte eine nachgeordnete Rolle spielen, wird im Folgenden auch der Terminus Copyright verwendet. Anders als im Urheberrecht kontinental-europäischer Prägung dient das Allgemeinwohl nach utilitaristischen Ansätzen der Begründung der Vergabe von Copyright und nicht als Schranken der Urheberrechte.[191]

a) Ökonomische Theorie des Urheberrechts

Der Gedanke der Effizienz urheberrechtlicher Verwertung steht im Zentrum der ökonomischen Theorie des Urheberrechts.[192] Wirtschaftswissenschaftlicher Hintergrund dieser Argumentation bildet die Allokationseffizienz. Die Tatsache, dass den unbegrenzten menschlichen Bedürfnissen nur eine begrenzte Zahl an Ressourcen zur Verfügung steht, soll durch einen optimalen Einsatz dieser Ressourcen gelöst werden. Die Lösung dieses Problems liegt in der Allokationseffi-

---

189 DAVIES, Fn. 140 (1994), S. 2.

190 DAVIES, Fn. 140 (1994), S. 2 f.

191 "The primary objective of copyright is not to reward the labor of authors, but '(t)o promote the Progress of Science and useful Arts'." U.S. Supreme Court, Urteil v. 27.03.1991 (Case no. 89-1909), *Feist Publications, Inc. v. Rural Telephone Service Company, Inc.*, in: *U.S.* 499 (1991), 340, S. 349.

192 LANDES, William M./ POSNER, Richard A., The Economic Structure of Intellectual Property Law. Cambridge, Mass (2003), passim; STALLBERG, Fn. 137 (2006), S. 231; TOWSE, Ruth/ HANDKE, Christian/ STEPAN, Paul, The Economics of Copyright Law, in: *Rev. Econ. Res. Copyright Issues* 5 (2008), S. 1 ff.; HANSEN, Fn. 25 (2009), S. 123f.

zienz.[193] Die Herstellung von Allokationseffizienz ist im Bereich geistiger Güter besonders schwierig, da sie öffentliche Güter[194] darstellen und dementsprechend hier ein Zustand des Marktversagens herrscht.[195] Sie sind durch eine Nichtrivalität im Konsum und eine mangelnde Ausschließbarkeit gekennzeichnet.[196]

Nichtrivalität im Konsum bedeutet, dass der Genuss eines geistigen Werkes den Genuss des Werkes durch eine andere Person nicht schmälert. So kann ein Buch von vielen Personen gelesen werden, ohne dass dabei die geistige Leistung des Autors beeinträchtigt wird.[197]

Die mangelhafte Ausschließbarkeit (Free-rider-Problem[198]) besagt, dass der Genuss eines geistigen Werkes nach Veröffentlichung nicht allein denen vorbehalten ist, die dafür bezahlt haben, sondern auch Nichtzahler, sogenannte Free-rider, in den Genuss des Werkes kommen. Beispielsweise können in einem Bistro alle Anwesenden die Musik aus der Jukebox genießen, während nur einer dafür tatsächlich bezahlt hat. In der Folge des Free-rider-Problems würde die Zahlungsbereitschaft sich wirtschaftlich rational verhaltende Menschen bei uneingeschränktem Wettbewerb rapide abnehmen, da sie, wie im Beispiel der Jukebox, das geistige Gut auch kostenfrei genießen könnten.[199] Auch die Herstellung und der Handel mit nichtautorisierten Kopien stellt ein Free-rider-Problem dar. Der Hersteller dieser Kopien muss nicht die Fixkosten der Schöpfung des Werkes, beispielsweise das Schreiben und Bearbeiten des Manuskriptes oder die Drucklegung, tragen. Entsprechend vermindert sich der Preis, den der Hersteller für die nichtautorisierten Kopien am Markt verlangen kann um die Fixkosten der Schöpfung des Werkes. Allein die variablen Kosten der Produkti-

---

193 SCHÄFER, Hans-Bernd/ OTT, Claus, Lehrbuch der ökonomischen Analyse des Zivilrechts. Berlin (2005), S. 617 ff.; OTT, Claus, Allokationseffizienz in der Rechtsordnung. Beitrag zum Travemünder Symposium zur ökonomischen Analyse des Zivilrechts, 23. - 26. März 1988. Berlin et al. (1989), passim.

194 DRAHOS, Fn. 151 (1996), S. 121.

195 STALLBERG, Fn. 137 (2006), S. 237; LEISTNER/HANSEN, Fn. 25 (2008), S. 483 f.

196 Vgl. PEUKERT, Alexander, Der Schutzbereich des Urheberrechts und das Werk als öffentliches Gut (S. 11-46), in: Reto M. Hilty/ Alexander Peukert (Hrsg.), *Interessenausgleich im Urheberrecht,* Baden-Baden et al. (2004), S. 11 ff.; GORDON, Wendy J./ BONE, Robert G., Copyright (S. 189-215), in: Boudewijn Bouckaert (Hrsg.), *Encyclopedia of Law and Economics,* Cheltenham et al. (2000), S. 191.

197 Kritisch zur Nichtrivalität im Konsum bei geistigen Gütern: LEISTNER/HANSEN, Fn. 25 (2008), S. 484; LANDES/POSNER, Fn. 192 (2003), S. 13 f.

198 Für verschiedene Ansätze zum Free-Rider-Problem siehe: MCMILLAN, John, The Free-Rider-Problem, in: *ER* 55 (1979), S. 95.

199 DRAHOS, Fn. 151 (1996), S. 122.

on der Kopien spielen für die Preissetzung eine Rolle.[200] Er kann damit die Kopien am Markt erheblich günstiger anbieten als der Originalhersteller. Zudem verschärft sich das Problem dadurch, dass mit Hilfe digitaler Technologie die Qualität der Kopie heutzutage nicht mehr hinter der Qualität des Originals zurückbleibt. Folglich wird der Hersteller der nichtautorisierten Kopien einen Großteil der Nachfrage nach dem Werk abdecken. Die Schöpfer geistiger Leistung könnten auf diese Weise nicht mehr ihre während des Schöpfungsprozesses entstandenen Kosten decken. Der Künstler müsste sich einer anderen Tätigkeit zur Gewährleistung seines Lebensunterhalts zuwenden und im Resultat stehen der Allgemeinheit weniger Werke zur Verfügung.

Eine Lösung in der Überwindung des Free-rider-Problems sehen Vertreter der ökonomischen Theorie des geistigen Eigentums[201] in der Vergabe von rechtlich durchsetzbaren Eigentumsrechten, die andere von der Verwertung des Werkes ausschließen bzw. eine Lizenz für die Nutzung dieser Werke voraussetzen.[202] Nach der Theorie der Eigentumsrechte[203] kann nur ein privates Eigentumsrecht zu einem optimalen Einsatz der Güter in einer Marktwirtschaft füh-

---

200 Vgl. LUNNEY, Glynn S., Reexaming Copyright's Incentive-Access Paradigm, in: *Vand. L. Rev.* 49 (1996), S. 492 f.; LANDES/POSNER, Fn. 192 (2003), S. 40. Sie argumentieren zudem, dass der Preisvorteil des Herstellers nichtautorisierter Kopien durch das von ihm nicht zu tragende Risiko erhöht wird. Der Originalhersteller muss die Fixkosten der Werkschöpfung bereits zu einem Zeitpunkt tragen, an dem nicht klar ist, ob sich das Werk am Markt behaupten kann. Der Hersteller nichtautorisierter Kopien entscheidet sich jedoch erst zu einem Zeitpunkt an dem der Erfolg des Werkes bereits deutlich wird, zur Produktion der Kopien.

201 BESEN, Stanley M./ MANNING, William G., JR./ MITCHELL, Bridger M., Copyright Liability for Cable Television, in: *J.L. & Econ.* 21 (1978), S. 67 ff.; NOVOS, Ian E./ WALDMAN, Michael, The Effects of Increased Copyright Protection, in: *JEP* 82 (1984), S. 236 ff.; JOHNSON, William R., The Economics of Copying, in: *JEP* 93 (1985), S. 158 ff.; LIEBOWITZ, S. J., Copyright Law, Photocopying and Price Discrimination, in: *Res. L. & Econ.* 8 (1986), S. 181 ff.; LANDES/POSNER, Fn. 192 (2003), passim.

202 DRAHOS, Fn. 151 (1996), S. 122 Demgegenüber argumentiert *Breyer*, dass der Verdrängungswettbewerb zwischen den Originalherstellern und den Herstellern von Kopien zwar ein notwendiger aber nicht hinreichender Grund für die Vergabe von Urheberrechten darstellt. Seiner Meinung nach müssen weitere Faktoren, wie die Geschwindigkeit des Wettbewerbs, Subventionen und die Möglichkeit der Käufer, den Kaufpreis Autoren und Originalverleger direkt zukommen zu lassen, beachtet werden. Vgl. BREYER, Fn. 117 (1970), S. 351.

203 Die Theorie kann sowohl auf geistiges als auch auf Sacheigentum angewandt werden. Vgl. TIETZEL, Manfred, Die Ökonomie der Property Rights, in: *ZWP* 30 (1981), S. 207.

ren. Das Urheberrecht als privates geistiges Eigentumsrecht dient damit der effizienten Allokation geistiger Güter.

Kritisiert wird dieser Ansatz vor allem aus kulturpolitischer und sozialethischer Sicht. Die rein ökonomische Argumentation lässt die Aspekte der angemessenen Vergütung kreativer Leistungen, der Mehrung kultureller Vielfalt sowie des bestmöglichen Zugangs zu kulturellen Werken außer Acht.[204]

b) Anreiztheorie zum kulturellen Schaffen

In der Förderung des kreativen Schaffens liegt ein weiterer wichtiger Grund für die Gewährung von Urheberrechten.[205] Da Urheberrecht nur für Originale vergeben und bloßes Kopieren von bereits existierenden Werken nicht honoriert wird, bietet es einen Anreiz zur Mehrung der kulturellen Vielfalt.

Copyright sichert dem Urheber ein Verwertungsmonopol. Das aus der Verwertung der Urheberrechte resultierende Einkommen ermutigt den Urheber neue Werke zu schaffen.[206] Das Urheberrecht stellt somit einen Stimulus für kreatives Schaffen dar.[207] Allerdings sind nicht allein monetäre Anreize ausschlaggebend für künstlerisches Schaffen.[208] Andere Anreize sind mindestens ebenso bedeutsam, wie beispielsweise die persönliche Bedürfnisbefriedigung und Entfaltung des Individuums.[209]

Auf internationaler Ebene erfolgt die Anerkennung der Anreizfunktion des Urheberrechts beispielsweise in der Präambel zum WCT:

---

204 LEISTNER/HANSEN, Fn. 25 (2008), S. 482.

205 DIETZ, Fn. 19 (2006), S. 7; DIETZ, Adolf, Cultural Diversity and Copyright (S. 109-120), in: G. Roussel/ Martin. S. (Hrsg.), *Mélanges Victor Nabhan,* Cowansville et al. (2004), S. 109 ff.; LOEWENHEIM, Fn. 26 (2010), Rdnr. 4; U.S. Supreme Court, Urteil v. 27.03.1991 (Case no. 89-1909), *Feist Publications, Inc. v. Rural Telephone Service Company, Inc.,* in: *U.S.* 499 (1991), 340, S. 349.

206 LANDES/POSNER, Fn. 192 (2003), S. 56.

207 SCHRICKER/LOEWENHEIM/VOGEL, Einleitung, in: Loewenheim/Dietz/Schricker (Hrsg.), Fn. 26 (2010), Rdnr. 9; OHLY, Ansgar, Geistiges Eigentum?, in: *JZ* 58 (2003), S. 548, kritisch dazu – auf die begrenzte Rationalität der Menschen sowie die wohl stärker wirkende nichtmonetäre Anreizwirkung für Urheber verweisend HANSEN, Fn. 25 (2009), S. 150 ff.

208 GIFFORD, Daniel J., Innovation and Creativity in the Fine Arts, in: *Cardozo Arts & Ent. L.J.* 18 (2000), S. 612 f.

209 LUNNEY, Fn. 200 (1996), S. 488, Fn. 10.

> „unter Betonung der herausragenden Bedeutung des Urheberrechtsschutzes als Anreiz für das literarische und künstlerische Schaffen“[210]

Auch die U.S.-amerikanische Verfassung[211] spiegelt die Anreizfunktion besonders deutlich wider. Es heißt dort:

> „Congress shall have the power to promote the progress of science and useful arts, by securing for limited times to authors and inventors the exclusive right to their respective writings and discoveries.“[212]

Der U.S.-amerikanische *Supreme Court* führt dazu aus:

> „The economic philosophy behind the clause empowering Congress to grant patents and copyrights is the conviction that encouragement of individual effort by personal gain is the best way to advance public welfare through the talents of authors and inventors in ‘Science and Arts’.”[213]

Inzwischen spiegeln sich die utilitaristischen Ansätze auch auf europäischer Ebene wider. So sehen die Beweggründe 11 und 12 der *Richtlinie zur Harmonisierung bestimmter Aspekte des Urheberrechts und der verwandten Schutzrechte in der Informationsgesellschaft* das Urheberrecht als

> „eines der wichtigsten Instrumente, um die notwendigen Mittel für das kulturelle Schaffen in Europa zu garantieren“.[214]

Der Aspekt der gegenseitigen Inspiration und des Lernens bezieht sich jedoch nicht nur auf die Gesellschaft im Gesamten, auch der einzelne Urheber erweitert seine kreativen Fähigkeiten, indem er auf den bereits durch andere geschaffenen Werken aufbaut und eigene Werke kreiert.

---

210 Präambelabs. 4 WCT.

211 GELLER, Paul E., Must Copyright Be for Ever Caught Between Marketplace and Authorship Norms? (S. 159-201), in: Brad Sherman (Hrsg.), *Of Authors and Origins,* Oxford (1994), S. 174 ff.

212 Art. 1 Abs. 8 Satz 8 U.S.-amerikanische Verfassung.

213 U.S. Supreme Court, Urteil v. 08.03.1954 (No. 228), *Mazer v. Stein,* in: *U.S.* 347 (1954), 201, S. 219.

214 Richtlinie 2001/29/EG des Europäischen Parlaments und des Rates zur Harmonisierung bestimmter Aspekte des Urheberrechts und der verwandten Schutzrechte in der Informationsgesellschaft (Info-RL) v. 22.05.2001, ABl. Nr. L 167, 10 ff., ber. ABl. Nr. L 6, 2002, 71 ff.

c) Schutz des Urheberrechts aus sozialen Gründen

Im Mittelpunkt dieses Ansatzes steht die Anreizwirkung des Urheberrechts zur Gewährleistung einer Umgebung, in der kreatives Schaffen gefördert wird und damit das Kultur- und Geistesleben erblühen kann. Kreatives Schaffen ist jedoch auch mit Kosten und Aufwand verbunden. Es bindet Zeit sowie Geld und setzt vor allem kreative Fähigkeiten voraus.

> „Such investment should be protected. If it is not protected, the author loses the incentive to undertake the project."[215]

Durch die Vergabe von Urheberrechten wandelt sich das kulturelle Werk von einem öffentlichen in ein vermarktungsfähiges Gut. Auf dieser Grundlage kann der Urheber durch die Vermarktung seiner schöpferischen Tätigkeit die Kosten decken, die durch die Schaffung eines Werkes angefallen sind.[216]

> „The crude logic of copyright is thus that creativity is good for society, that creativity needs encouragement, and that copyright provides this encouragement by securing „a fair return" for creators."[217]

Durch die Gewährung eines Eigentumsrechts an seinem Werk wird der Autor in die Lage versetzt, aus der Verwertung wirtschaftlichen Nutzen zu ziehen. Diese Remunerationsfunktion des Urheberrechts dient der Durchbrechung der historischen, wirtschaftlichen Abhängigkeit der Künstler von ihren Gönnern. Im Gegensatz zum Mäzenatentum ermöglicht das Urheberrecht jedem Künstler, durch seine Leistungen einen Lebensunterhalt ohne die kontrollierende Instanz eines Mäzens zu verdienen.[218] Das Urheberrecht verfolgt damit die soziale

---

215 STERLING, Fn. 21 (2008), Rdnr. 2.33.

216 EuG, Beschluss des Präsidenten des Gerichts Erster Instanz v. 26.10.2001 (T-184/01 R), *IMS Health Inc. v. Kommission der Europäischen Gemeinschaften,* in: *Slg.* II (2001), 3193, Ziff. 125. „Der Grundgedanke des Urheberrechts besteht darin, dass dieses dem Urheber schöpferischer und ursprünglicher Werke das ausschließliche Recht gewährt, diese Werke zu verwerten (...) und dabei die ‚Vergütung der schöpferischen Tätigkeit' sicherstellt."

217 VAN SHAFFER HOUWELING, Molly, Distributive Values in Copyright, in: *Tex. L. Rev.* 83 (2005), S. 1539. So auch der *U.S. Supreme Court* in *Harper & Row* "By establishing a marketable right to the use of one's expression, copyright supplies the economic incentive to create and disseminate ideas." U.S. Supreme Court, Urteil v. 20.05.1985, *Harper & Row v. Nation Enterprises,* in: *471 U.S. 539 (1985)* 1985, 539, S. 558.

218 REINBOTHE, Jörg, Geistiges Eigentum und die Europäische Gemeinschaft, in: *ZEuP,* S. 6; siehe auch VAN SHAFFER HOUWELING, Fn. 217 (2005), S. 1578. Feststellend, dass die Remunerationsfunktion für die meisten Urheber noch nie ihre Funktion erfüllt hat: TUPIKEVICS, Sebastian, Die Konstruktion des Autors in der Goethezeit (S. 53-57), in:

Funktion, die Existenz der Urheber zu sichern und zu ihrem Lebensunterhalt beizutragen.[219] Die tatsächliche Situation der Urheber gestaltet sich jedoch häufig schwierig.[220]

> „Very often a person has to choose between artistic activity and some other means of gaining a livelihood. If the economic proceeds of artistic activity were not assured, the choice would often fall in the other direction."[221]

Die soziale Funktion des Urheberrechts ist vor allem für freischaffende Urheber wichtig. Sie tragen allein das Risiko ihres künstlerischen Schaffens[222] und bedürfen aus diesem Grund besonderen sozialen Schutzes.

d) Politische Ansätze – Informationsfreiheit und Identitätsstiftung

Neuere Forschungen[223] ergänzen die wirtschaftliche Dimension des geistigen Eigentums um eine politische Dimension. Urheberrechte werden dabei als Normen zur Regelung der sozialen Verbindung zwischen Menschen verstanden. So

---

Irmtraud von Götz Olenhusen/ Albrecht von Götz Olenhusen (Hrsg.), *Von Goethe zu Google,* Düsseldorf (2011), S. 55.

219 BGH, Urteil v. 18.05.1955 (I ZR 8/54), *Grundig-Reporter,* in: *BGHZ* 17, 266; SCHRICKER/LOEWENHEIM/VOGEL, Einleitung, in: Loewenheim/Dietz/Schricker (Hrsg.), Fn. 26 (2010), S. 49 ff.; kritisch dazu TUPIKEVICS, Fn. 218 (2011), S. 55; GÖTZ OLENHUSEN, Irmtraud von/ GÖTZ OLENHUSEN, Albrecht von, Geistiges Eigentum (S. 17-30), in: Irmtraud von Götz Olenhusen/ Albrecht von Götz Olenhusen (Hrsg.), *Von Goethe zu Google,* Düsseldorf (2011), S. 23 ff.

220 Statistische Erhebungen der Künstlersozialkasse verdeutlichen, dass ein Großteil der Kulturschaffenden in Deutschland in schwierigen finanziellen Verhältnissen lebt. Das Jahresdurchschnittseinkommen von Künstlern aller Bereiche liegt bei 14.142 Euro. Vgl. KÜNSTLERSOZIALKASSE, Durchschnittseinkommen Versicherte 2012 (2012), <http://www.kuenstlersozialkasse.de/wDeutsch/ksk_in_zahlen/statistik/durchschnittseinkommenversicherte.php> (zuletzt geprüft am: 10.03.2013); Studien aus anderen Ländern zeigen ähnliche Zahlen. Insbesondere für den Bereich der Musik vgl. die Studien von *Towse.* Zwar beschäftigt sie sich vor allem mit Musikern und Sängern und damit in einem rechtstechnischen Sinn mit ausübenden Künstlern. Deren Situation ist jedoch häufig vergleichbar mit der der Urheber. TOWSE, Ruth, Creativity, Incentive, and Reward. An Economic Analysis of Copyright and Culture in the Information Age. Cheltenham et al. (2001), S. 79 ff.

221 LJUNGMAN, Seve, The Function of Copyright in Present Day Society, in: *RIDA* 88 (1976), S. 65.

222 SCHACK, Fn. 125 (2010), Rdnr. 10.

223 SUNDER, Madhavi, IP 3, in: *Stanford L. Rev.* 59 (2006), S. 257 ff.

kann die Einräumung von Rechten für bestimmte Gruppen, Minoritäten oder indigenen Völkern identitätsstiftend und anerkennend wirken.

> „These new claims for intellectual property understand rights not just in the familiar terms of incentives-for-creation, but also as tools for both recognition and redistribution.“[224]

Besondere Bedeutung hat diese Funktion bei Gruppen, die bisher nicht in den Genuss der materiellen Vorteile des Urheberrechts kamen bzw. deren Vorteile durch andere als den Künstler selbst oder seine Gemeinschaft genutzt wurden. Mit der Inanspruchnahme von Urheberrechten können sich marginalisierte Gruppen Aufmerksamkeit und Anerkennung verschaffen.

> „Initially, the insights of identity politics focused on using intellectual property laws defensively, to stop demeaning images of minority cultural groups or the misappropriation of their cultural knowledge for others' economic gain."[225]

Neben dieser identitätsstiftenden Wirkung entfaltet das Urheberrecht eine demokratisierende Wirkung. So demokratisiert das Urheberrecht die Möglichkeit eines jeden Einzelnen zum künstlerischen Schaffen.[226] Der Künstler ist nicht mehr – wie im Mäzenatentum – darauf angewiesen, dass er einen Auftraggeber für seine Werke findet, der sein kreatives Schaffen entlohnt.

> "Das Urheberrecht gewährleistet deshalb die Chancengleichheit aller, ihre künstlerischen Anlagen zu entfalten."[227]

Dies führt auch dazu, dass die Möglichkeit der Zensur künstlerischen Schaffens eingeschränkt ist. Nicht die Meinung oder der Geschmack eines Einzelnen entscheidet über die Verbreitung künstlerischer Werke. Das Urheberrecht dient dem Urheber als Instrument zur Vermarktung seiner Werke. Letztlich entscheiden die Werknutzer als Kollektiv, welche kulturellen Werke honoriert werden. Auf diese Weise leistet das Urheberrecht auch einen unterstützenden Beitrag zum Recht auf freie Meinungsäußerung.[228]

---

224 SUNDER, Fn. 223 (2006), S. 273.

225 SUNDER, Fn. 223 (2006), S. 270.

226 GOLDSTEIN/HUGENHOLTZ, Fn. 5 (2010), S. 7 f.; NETANEL, Neil W., Copyright and a Democratic Civil Society, in: *Yale L. J.* 106 (1996), S. 283 ff.

227 UCHTENHAGEN, Ulrich, Urheberrecht und kulturelle Entwicklung (S. 17-21), in: Manfred Rehbinder (Hrsg.), *Urheberrecht und kulturelle Entwicklung,* Baden-Baden et al. (1987), S. 19.

228 Vgl. dazu insbesondere NETANEL, Neil W., Copyright's Paradox. Oxford et al. (2008), passim.

5. Bewertung

Das Urheberrecht steckt in einer Legitimationskrise.[229] Zuweilen wird es selbst in Frage gestellt und seine Abschaffung gefordert.[230]

Indizien für diese Krise sind vielfältig. Mit dem rasanten technischen Wandel[231] wurde eine Anpassung des Urheberrechtsschutzes notwendig. Allerdings kannte diese Anpassung nur eine Richtung: ein mehr an Schutz, sowohl inhaltlich als auch zeitlich. Mit der Ausweitung des Urheberrechtsschutzes auf immer neue Verwertungsmöglichkeiten und der Erweiterung der urheberrechtlichen Schutzdauer ohne gleichzeitige Berücksichtigung der Schrankenregelungen kam es zu einem Bedeutungswandel im Urheberrecht von einem Instrument der Kultur- hin zur Industriepolitik.[232] Der technische Wandel brachte jedoch nicht nur neue Verwertungsmöglichkeiten, sondern auch technische Schutzinstrumente in Form von Digital Rights Management-Instrumenten[233] hervor. Das ständige mehr an Schutz führte zu einer Aushöhlung der Legitimation des Urheberrechtsschutzes. Breiten Gesellschaftsschichten fällt es zunehmend schwer, den Schutzzweck des Urheberrechts zu erkennen. Selbst in der Urheberrechtslehre beginnen sich erste Zweifel am Umfang und Schutzzweck des derzeitigen Urheberrechts zu rühren.[234] Von derartigen Zweifeln getragen, wird

---

229 SMIERS, Joost, Copyrights: A Choice of no Choice for Artists and Third World Countries. The Public Domain is Loosing Anyway (1999), <http://copycult.constant vzw.org/copyrights.pdf> (zuletzt geprüft am: 10.03.2013), passim; SMIERS, Fn. 11 (2003), passim; HANSEN, Fn. 25 (2009), S. 1; LESSIG, Fn. 13 (2004), passim; STALLBERG, Fn. 137 (2006), S. 25 ff.; VAIDHYANATHAN, Fn. 13 (2003), passim; KUHLEN, Fn. 13 (2008), passim.

230 Vgl. zur Reformdebatte: HILTY, Reto M./ PEUKERT, Alexander, Interessenausgleich im Urheberrecht. Baden-Baden et al. (2004), passim; GEIGER, Christophe, Flexibilising Copyright, in: *IIC* 39 (2008), S. 178 ff.; vgl. zur Abschaffung: SMIERS, Fn. 11 (2003), S. 207 ff.

231 WIESE, Henning, The Justification of the Copyright System in the Digital Age, in: *E.I.P.R.* 24 (2002), S. 387 ff.; GELLER, Paul E., Die Auflösung des geistigen Eigentums, in: *GRUR Int.* 55 (2006), S. 273 ff.; SUN, Fn. 105 (2005), S. 192 ff.

232 DREIER, Thomas, Urheberrecht an der Schwelle des 3. Jahrtausends, in: *CR (*2000), S. 45 ff.; DRAHOS, Fn. 151 (1996), S. 199 ff.; SCHRICKER, Gerhard, Urheberrecht zwischen Industrie- und Kulturpolitik, in: *GRUR (*1992), S. 242 ff.

233 WIESE, Fn. 231 (2002), S. 389.

234 HILTY, Reto M., Eldred vs. Ashcroft, in: *GRUR Int. (*2003), S. 201 ff.; HANSEN, Fn. 25 (2009), passim; GEIGER, Fn. 230 (2008), S. 178 ff.; EPSTEIN, Richard, Liberty Versus Property? Cracks in the Foundations of Copyright Law (2004), <http://culturalpolicy.

versucht die Legitimation des Urheberrechts durch eine stärkere Betonung ihrer grund- und menschenrechtlichen Grundlage wiederherzustellen.[235] In eine ähnliche Richtung weisen die Versuche, die Legitimation des Urheberrechts durch eine stärkere Gewichtung der Interessen der Nutzer kultureller Werke zu sichern.[236]

III. Interessenausgleich im Urheberrecht

Kunst und Kultur entstehen in erster Linie durch kreatives Schaffen des Individuums – des Urhebers. Dennoch sind Künstler, hier in ihrer Funktion als Urheber, nicht die einzigen Akteure im Kultursektor, die zu einer vielfältigen Kulturlandschaft beitragen. Wichtige organisatorisch-technische Leistungen im Rahmen der Verbreitung kultureller Ausdrucksformen werden von den Werkverwertern erbracht. Zusätzlich lebt eine vielfältige Kulturlandschaft letztlich nur durch eine aktive und interessierte Gesellschaft, in der kulturelle Ausdrucksformen entsprechend gewürdigt und nachgefragt werden. Die drei Akteursgruppen[237] (Urheber, Verwerter und Nutzer) haben unterschiedliche Interessen, die zwar oft, aber doch nicht in jedem Fall miteinander vereinbar sind.[238] Eine Analyse dieser Interessentrias bedarf notwendigerweise eines gewissen Grades an Abstraktion. Dennoch soll nicht darüber hinweggesehen werden, dass die einzelnen Akteursgruppen in sich inhomogen sind und damit auch bereits innerhalb einer jeden Gruppe Interessenunterschiede wahrnehmbar sind. Unter die Gruppe der Urheber fallen sowohl der Autor, der nach seiner regulären Arbeit am Feierabend und am Wochenende einen Roman schreibt, genauso wie namhafte Künstler wie *Damien Hirst* oder *Gerhard Richter*. Vergleichbar der Unterschie-

---

uchicago.edu/papers/workingpapers/liberty_vs_property.pdf> (zuletzt geprüft am: 10.03.2013).

235 SCHNEIDER, Fn. 166 (2006), passim.

236 HANSEN, Fn. 25 (2009), passim.

237 HILTY, Fn. 128 (2005), S. 325 ff.; SCHRICKER, Fn. 232 (1992), S. 242 ff.; KUHLEN, Fn. 13 (2008), S. 70.

238 KU, Raymond S., Promoting Diverse Cultural Expression, in: *Asian J. WTO & Int'l Health L. & Pol'y* 2 (2007), S. 393; GEIGER, Christophe, Author's Rights, Copyright and the Public's Right to Information (S. 24-44), in: Fiona Macmillan (Hrsg.), *New Directions in Copyright Law 5,* Cheltenham et al. (2007), S. 24 f.; OHLY, Ansgar, Geistiges Eigentum und Gemeinfreiheit (S. 1-18), in: Ansgar Ohly/ Diethelm Klippel (Hrsg.), *Geistiges Eigentum und Gemeinfreiheit,* Tübingen (2007), S. 6. Auf die festgefahrenen Fronten im Rahmen der Diskussion um die Interessenabwägung verweisend: LITMAN, Jessica, War and Peace, in: *J. Copyright Soc'y U.S.A.* 53 (2006), S. 1 ff.

de in der Lebenssituation dieser beiden Urhebergruppen unterscheidet sich zum Teil auch ihr Handlungsspielraum gegenüber Verwertern und damit ihre Interessen. Ähnlich divers gestalten sich auch die Interessen auf der Verwerterseite. Neben großen Unternehmen, wie Bertelsmann oder Sony/BMG, sind auch kleine und Kleinstunternehmen auf dem Markt für die Verwertung urheberrechtlich geschützter, kultureller Ausdrucksformen aktiv.[239] Trotz dieser Diversität in den einzelnen Akteursgruppen können grundsätzliche Interessensstränge jeder einzelnen Akteursgruppe herausgearbeitet werden.

1. Die Interessen der Urheber

In der Regel wird der Urheber aus ideellen Gründen kreativ tätig. Doch in einem markwirtschaftlichen System muss der Urheber auch von seiner Arbeit leben.[240] Er verbindet folglich mit seinem Werk neben geistigen und persönlichen auch materielle Interessen. Seine persönlich geistigen Interessen, wie die Angabe seines Namens am Werk, die Abwehr von Entstellungen und Veränderungen am Werk und auch die Möglichkeit der Mitbestimmung über die Art und Weise der Präsentation seines Werkes, spielen eine bedeutende Rolle. Heutzutage treten sie aber häufig hinter den wirtschaftlichen Interessen zurück und bedürfen aus diesem Grund besonderen rechtlichen Schutzes.[241]

Hinsichtlich der wirtschaftlichen Verwertung seiner Werke steht der Urheber meist in einer ungünstigen Position.[242] Aufgrund der Eigenverantwortung des Individuums im marktwirtschaftlichen System trägt er das volle Risiko seiner geistigen Schöpfung.[243] Ausnahmen bilden dabei der angestellte Urheber und der Urheber in einem Auftragsverhältnis. Der Künstler muss zunächst die Kosten seiner künstlerischen Tätigkeit vorfinanzieren, ohne dass er sich einer späteren Remuneration seiner Arbeit sicher sein kann. Im Hinblick auf die Verbreitung des Werkes ist der Künstler meist zusätzlich von verschiedenen Verbreitungswegen abhängig, da er sein Werk häufig nicht selbst drucken, aufführen, senden oder ausstellen kann. „Verwerter und Urheber (...) bilden eine natürliche und überwiegend fruchtbare Symbiose."[244]

---

239 WIESAND, Andreas J., Längst Geschwister, in: *Forum Wissenschaft (*2007), S. 17.

240 REHBINDER, Manfred, Urheberrecht. Ein Studienbuch. München (2010), Rdnr. 72.

241 REHBINDER, Fn. 240 (2010), Rdnr. 78.

242 KREILE, Reinhold/ BECKER, Jürgen, Neuordnung des Urheberrechts in der Europäischen Union, in: *GRUR Int. (*1994), S. 901.

243 REHBINDER, Fn. 240 (2010), Rdnr. 72.

244 KREILE/BECKER, Fn. 242 (1994), S. 901.

Seit einigen Jahren hat sich die Beziehung zwischen Verwertern und Urhebern durch den Einfluss digitaler Technologien und des Internets verändert. Urhebern ist es inzwischen vielfach möglich, ihre Werke nahezu kostenneutral selbst oder über eine Plattform im Internet zu vermarkten.[245] Diese Strategie birgt für den Nutzer allerdings die Gefahr, dass er insbesondere im Bereich der Kunst, nicht die Authentizität, die Provenienz und den tatsächlichen Zustand des Werkes prüfen kann. Für finanzstarke Kunstliebhaber stiftet zudem nicht allein der Besitz eines Kunstwerkes, sondern auch das emotionale Erlebnis des Kunsterwerbs, wie beispielsweise bei einer klassischen Auktion, Nutzen. Gerade für hochpreisige Werke ist das Internet durch seine Anonymität kein geeigneter Absatzort.[246] Außerdem nimmt der Urheber dann auch den Aufwand und die Kosten auf sich, um im Internet neben der Vielzahl angebotener Werke auf sich aufmerksam zu machen. All diese Hürden tragen dazu bei, dass in absehbarer Zeit nicht alle Urheber auf den Verwerter zur Vermarktung ihrer Werke verzichten können.

Unternehmen der Kulturwirtschaft oder öffentliche Einrichtungen übernehmen häufig das Erfolgsrisiko für den Urheber bei der Verwertung seines Werkes. Dabei zeigt sich jedoch deutlich die schwächere Position des Urhebers gegenüber dem Verwerter. Da vor Bekanntwerden oder Veröffentlichung des Werkes über dessen Wert noch nicht entschieden werden kann, ist der Erlös, den der Urheber für den Verkauf der Nutzungsrechte des Werkes erhält, oft sehr gering.[247] Berühmte Maler haben ihre Gemälde oft für „einen Apfel und ein Ei“ abgegeben, während das Gemälde mit der Zeit ein Vielfaches des Wertes annahm. Besonders für junge, unbekannte Künstler kann diese Problematik schnell zu einer Existenzfrage werden. Auch spiegelt der Erlös nicht den eigentlichen Wert des Werkes für die Gesellschaft wider. Die Geschichte zeigt, dass gerade wertvolle Werke, die ihrer Zeit voraus waren, häufig auf Unverständnis und geringes Interesse stießen. Die Werke von *Johann Sebastian Bach*[248] wurden beispielsweise erst 100 Jahre nach seinem Tod entsprechend gewürdigt.[249] Die Frage des geringen Erlöses verschärft sich bei vielen künstlerischen Werken, wie

---

245 Für den Kunstmarkt vgl. DORNBRACHT, Andreas, Die Zukunft des Kunstmarktes (S. 95-100), in: Jörn-Axel Meyer/ Ralf Even (Hrsg.), *Die Zukunft des Kunstmarktes,* Köln (2002), S. 99.

246 BOLL, Dirk, Der Kampf um die Kunst. Handel und Auktionen positionieren sich am Kunstmarkt. Halle (2005), S. 296.

247 HUBMANN, Fn. 143 (1954), S. 63.

248 * 21. März (jul. Kalender)/ 31. März 1685 (greg. Kalender) in Eisenach; † 28. Juli 1750 in Leipzig.

249 Mit Verweis auf weitere Beispiele HUBMANN, Fn. 143 (1954), S. 63.

wissenschaftlicher Literatur, ernster Musik und lyrischen Werken, zusätzlich durch den von vornherein eingeschränkten Kreis an Interessierten.

Hinsichtlich der Verhandlungen ist der Urheber häufig in der schwächeren Position.[250] Soll sein Werk den Zweck erfüllen, ist der Künstler gezwungen, es zu veröffentlichen. Dazu ist er jedoch mit einer ständig wachsenden Verwertungsindustrie konfrontiert, auf die er als Einzelner keinen Einfluss besitzt. Aus Sicht der Verwerter stellt der einzelne Künstler einer unter vielen dar. Heutzutage bietet die Verwertungsindustrie eine große Auswahl an Werken von einer ständig steigenden Zahl an Künstlern.[251] Die Konkurrenz von Künstlern untereinander ist groß. Sie buhlen um die Aufmerksamkeit der Verwerter und des Publikums, die ihrerseits jedoch nicht nur aus Werken zeitgenössischer Künstler, sondern auch aus Werken bereits verstorbener Künstler wählen können. Da die Werke bereits verstorbener Künstler nach 70 Jahren gemeinfrei werden, stellt sich dem zeitgenössischen Urheber somit das Problem, dass Werke von Verstorbenen durch den Wegfall des Urheberrechtsschutzes häufig billiger zu erwerben sind als die eigenen.[252] Der Urheber hat jedoch den Vorteil, dass seine Werke die Bedürfnisse des Publikums nach Neuem zu befriedigen vermögen.[253]

Die Interessen des Urhebers sind jedoch nicht einseitig auf ein möglichst hohes Schutzniveau mit einer angemessenen und am Wert des Werkes orientierten Vergütung der Nutzungsrechte ausgerichtet.[254] Bevor der Urheber die Früchte seiner Arbeit erntet, muss er einen kreativen Schöpfungsprozess durchlaufen. Die Schöpfung von Werken baut jedoch zumeist auf den Kenntnissen über und zum Teil die Nutzung von bereits existierenden Werken auf.[255] Die technolo-

---

250 SCHACK, Fn. 125 (2010), Rdnr. 11.

251 Versichertenbestandsentwicklung. Statistiken der Künstlersozialkasse 1991-2010 unter: KÜNSTLERSOZIALKASSE, Entwicklung der Versichertenzahlen – unterteilt nach den Kunstbereichen – ab dem Jahr 1991 (2012), <http://www.kuenstlersozialkasse.de/_in_zahlen/statistik/versichertenbestandsentwicklung.php> (zuletzt geprüft am: 10.03.2013).

252 REHBINDER, Fn. 240 (2010), Rdnr. 76.

253 Vgl. REHBINDER, Fn. 240 (2010), Rdnr. 76.

254 GERMANN, Fn. 23 (05.2010), S. 38; BGH, Urteil v. 18.05.1955 (I ZR 8/54), *Grundig-Reporter,* in: *BGHZ* 17, 266; BGH, Urteil v. 02.10.2008 (I ZR 18/06), *PC,* in: *GRUR (*2009), 53; BGH, Urteil v. 17.07.2008 (I ZR 206/05), *Kopierstationen,* in: *GRUR (*2008), 993.

255 SUN, Fn. 105 (2005), S. 201; WILSON, Stephen R., Rewarding Creativity, in: *U. Pitt. J. Tech. L. & Pol'y* 4 (2003), S. 2 ff.; SCHWABACH, Aaron, The Harry Potter Lexicon and the World of Fandom, in: *U. Pitt. L. Rev.* 70 (2009), S. 387 ff.

gische Entwicklung der vergangenen Jahrzehnte hat die Nutzung bereits existierender Werke erheblich vereinfacht. Im Internet sind unzählige Werke festgehalten, seien es literarische, dramatische, akustische oder visuelle Werke. Die leichte Verbreitung von urheberrechtlich geschützten Werken regt somit die Schöpfung von neuen kreativen Werken an. Andererseits werden bei Nutzung dieser Werke auch häufig Lizenzgebühren fällig, die zum Teil eine prohibitive Wirkung auf künstlerisches Schaffen entfalten.[256]

Für den einzelnen Urheber besteht dabei die Gefahr, dass diese Kosten sein kreatives Schaffen verhindern.[257] Vor diesem Hintergrund haben Urheber auch ein Interesse daran, auf bereits existierende Werke zurückgreifen zu können. Schon allein in der Person des Urhebers/Künstlers widerstreiten die Interessen nach einem möglichst langen Urheberrechtsschutz für die eigenen Werke und einem möglichst niedrigen Urheberrechtsschutz für bereits existierende Werke, die als Inspiration oder als Grundlage für das eigene kreative Schaffen dienen.

> „A fundamental task of copyright law [is] to strike the optimal balance between the effect of copyright protection in encouraging the creation of new works by reducing copying and its effects in discouraging the creation of new works by raising the cost of creating them."[258]

---

256 Urheber in einer wirtschaftlich schlechten Situation können häufig nicht die geforderten Lizenzgebühren zahlen. *Jonathan Caouette*, einem arbeitslosen New Yorker Schauspieler und Türsteher, gelang es 2004 mit seinem Film *Tarnation* das Festivalpublikum von *Cannes* und *Sundance* zu überraschen. Mit einem geborgten Computer bearbeitete *Caouette* Privatvideos, Videoclips und Musik zu einem abendfüllenden Film, der von den Kritikern als neue Art der Dokumentation gelobt wurde. In den Film hat *Caouette* zunächst nur US$ 218,32 investiert. Doch diese Kosten bezogen noch nicht die Lizenzgebühren für die verwendeten Videoclip, Ausschnitte aus TV-Produktionen und Musiktitel ein. Nach Angaben des Autors steigen die Produktionskosten auf diese Weise auf US$ 400.000 an. YOUNGS, Ian, Micro-budget Film Wows Cannes, BBC NEWS (2004), <http://news.bbc.co.uk/2/hi/entertainment/3720455.stm> (zuletzt geprüft am: 10.03.2013).

257 Zu den distributiven Leistungen des Urheberrechts siehe auch: VAN SHAFFER HOUWELING, Fn. 217 (2005), S. 1535 ff.

258 LANDES/POSNER, Fn. 192 (2003), S. 69.

Der Urheber bleibt auf das Urheberrecht angewiesen, um seine persönlichkeitsrechtlichen wie auch seine materiell-rechtlichen Interessen durchzusetzen.[259]

2. Die Interessen der Verwerter

Der Verwerter nimmt eine Mittlerfunktion zwischen dem Urheber und den Nutzern ein.[260] Er verfolgt damit eine kulturvermittelnde Tätigkeit. Kulturvermittler, wie Verlage, Radio- und Fernsehstationen, Konzertagenturen, Fernsehproduktionsunternehmen, die Musikindustrie u. a., ziehen daraus Gewinn, dass sie dem Publikum den Genuss eines Werkes vermitteln. Die Gewinnerzielungsabsicht der Unternehmen der Kulturwirtschaft führt dazu, dass ein Interesse an einem möglichst hohen Preis für die vermittelten kulturellen Produkte erzielt wird. Dieser hohe Preis schränkt aber den Zugang zu kulturellen Werken ein. Preise über dem eigentlichen Marktpreis können allerdings nur dann erreicht werden, wenn der Anbieter eine durch Urheberrechte begründete Monopolstellung innehat. Auf diese Weise bildet das Urheberrecht „(…) eine der wichtigsten Grundlagen ihrer wirtschaftlichen Betätigung."[261]

Durch die Übertragung eines ausschließlichen Nutzungsrechts auf den Verwerter erhält er eine auf den Umfang der Lizenz begrenzte vermögensrechtliche Sachherrschaft.[262] Mit diesem Monopol kann er gegen jegliche nichterlaubte Vervielfältigungen, wie Plagiate, Raubdrucke sowie Video- und Musikpiraterieprodukte, vorgehen. Erst mit der Verteidigung der Monopolstellung ist es dem Verwerter möglich, die Amortisierung seiner Investitionen sicherzustellen.[263] Gelegentlich wird argumentiert, dass auch allein der First-mover-Vorteil, d. h. der Vorteil, den der Inhaber eines neuen Produktes erlangt, bis die Konkurrenz sein Produkt kopiert hat, ausreicht, um das Äquivalent der getätigten Investitionen zu erwirtschaften.[264] Dieses Argument wurde jedoch nur am Beispiel von Büchern entwickelt. Für digitale Produkte, wie Tonträger oder Spielfilme,

---

259 SCHACK, Fn. 125 (2010), Rdnr. 12.

260 Näheres dazu siehe: MELICHAR, Ferdinand, § 45 Verwertungsgesellschaften Allgemeines (S. 787-802), in: Ulrich Loewenheim (Hrsg.), *Handbuch des Urheberrechts,* München (2010), S. 787 ff.

261 KREILE/BECKER, Fn. 242 (1994), S. 901.

262 REHBINDER, Fn. 240 (2010), Rdnr. 82.

263 HILTY, Reto M., Urheberrecht im digitalen Dilemma, in: *Max-Planck-Forschung* (2003), S. 48 ff.

264 BREYER, Fn. 117 (1970), S. 281 ff.

kann diesem Argument angesichts der neuen, schnellen und nahezu qualitätsverlustlosen technologischen Vervielfältigungsmöglichkeiten nicht gefolgt werden. Da die Nachfrage nach kulturellen Werken in hohem Grade von dem subjektiven Geschmack des Einzelnen abhängt, gehen Verwerter ein hohes Investitionsrisiko ein. Die Auswahl ihres Portfolios an kulturellen Werken muss demnach so gestaltet sein, dass einige wenige Bestseller (cash cows) die zahlreichen Vermarktungsflops ausgleichen können.[265] Zudem müssen Verwerter vor dem Hintergrund der Vervielfältigungsmöglichkeiten in einem digitalen Umfeld auch befürchten, dass gut zu verkaufende kulturelle Produkte in das Blickfeld von Produktpiraten gelangen. Der Verkauf von Plagiaten und illegal vervielfältigten kulturellen Produkten substituiert zum Teil den Kauf von Originalen und führt somit zu Einbrüchen in den Verkaufszahlen der Verwerter.[266] Der Gewinn, den Verwerter durch ihre kulturvermittelnde Tätigkeit einfahren, muss dieses hohe Investitionsrisiko angemessen kompensieren, damit das Unternehmen am Markt Bestand haben kann. Dieses hohe Investitionsrisiko führt häufig zu einer Selektion der angebotenen Güter nach dem Kriterium eines möglichst geringen Risikos. Entsprechend werden kulturelle Güter, die den Geschmack der Mehrheit des Publikums treffen, aus ökonomischen Gründen bevorzugt.[267] Ein solches Verhalten führt allerdings zu einer Homogenisierung des Angebots und kann nicht im Interesse der Förderung kultureller Vielfalt liegen. Neuere Studien haben zudem gezeigt, dass sich peer-to-peer Filesharing durchaus fördernd auf die Vielfalt kultureller Ausdrucksformen auswirkt. Seit die FileSharing-Technologie weitläufige Verbreitung gefunden hat, nahm gleichzeitig die Zahl der produzierten Musikalben, wie auch der Filme stark zu.[268]

---

265 RICKETSON/GINSBURG, Fn. 20 (2006a), Rdnr. 9.08.

266 Allerdings sind belastbare Zahlen schwer zu erheben. Meist werden die Verluste allein von Verwerterseite beurteilt und fallen entsprechend hoch aus. Stattdessen haben *Obernholzer-Gee* und *Strumpf* die Auswirkungen des Filesharings auf die Schaffung kultureller Werke untersucht und dabei festgestellt, dass eine Einschränkung der Verwertungsrechte, wie sie beim Filesharing stattfindet, geradezu kulturfördernd wirkt. Im Bereich der Musik haben sie nicht die Zahl der verkauften Alben mit denen vor der Verbreitung des Filesharings verglichen, sondern die Zahl der produzierten Alben. Diese hatte sich im Untersuchungszeitraum ungefähr verdreifacht. Vgl. OBERNHOLZER-GEE, Felix/ STRUMPF, Koleman, File-Sharing and Copyright (2009), <http://www.hbs.edu/research/pdf/09-132.pdf> (zuletzt geprüft am: 10.03.2013).

267 Vgl. zur Skalenökonomie in der Kulturwirtschaft und ihre Folgen: PESSACH, Guy, Copyright Law as a Silencing Restriction on Noninfringing Materials, in: *S. Cal. L. Rev.* 76 (2002-2003), S. 1082 ff.

268 OBERNHOLZER-GEE/STRUMPF, Fn. 266 (2009), S. 1 ff.

Die technischen Neuerungen im Zuge der digitalen Revolution haben zu vielfältigen neuen Verwertungsarten und Nutzungsmöglichkeiten geführt.[269] Die Verwertung urheberrechtlicher Werke, vor allem in den Bereichen Rundfunk, Fernsehen und Internet, sind damit so komplex geworden,[270] dass sich eine gesamte Kulturindustrie darauf spezialisiert hat.[271] Die digitale Technik hat darüber hinaus auch dazu geführt, dass die Grenze zwischen der Schöpfung und der Verwertung eines Werkes fließend ist.[272] Vor diesem Hintergrund übernehmen gerade im digitalen Bereich einige Urheber inzwischen selbst die Funktionen von Verwertern. Die traditionellen Verwerter sehen diese Entwicklung kritisch, da auf diese Weise der Urheber nicht nur als Ressourcenlieferant wegfällt, sondern zudem als zusätzlicher Wettbewerber am Markt auftritt. Auch geraten die Verwerter durch illegales Filesharing zunehmend unter Druck. Um ihre Marktposition zu erhalten, haben die Verwerter auf urheberrechtsexterne Instrumente, wie die Digital Rights Management-Technologien, gesetzt, die die Nutzungseinschränkungen durch technische Lösungen regeln. Dieses Unterfangen ist seitens der Nutzer, aber auch einiger Urheber, vehement kritisiert worden, da diese technischen Schutzmaßnahmen ihr legitimes und auch durch urheberrechtliche Schranken gewährleistetes Interesse am Zugang behindern.[273]

3. Die Interessen der Nutzer

Die Verwertung des Werkes – sei es nun durch den Urheber oder durch den Verwerter – dient der Kommunikation des Urhebers mit den Nutzern. Letztere treten jedoch nicht allein als passive Rezipienten der urheberrechtlich geschützten Werke auf, sondern verfolgen eigene Interessen, die im Rahmen des Urheberrechts berücksichtigt werden müssen. Die Werknutzer verwenden kulturelle Werke zur Information, zur Meinungsbildung, zur Entfaltung ihrer Persönlichkeit und zur Teilnahme am kulturellen Leben.[274]

---

269 Vgl. am Beispiel der Digitalisierung der Musikindustrie: VAIDHYANATHAN, Fn. 13 (2003), S. 149 ff.

270 SCHRICKER/LOEWENHEIM/VOGEL, Einleitung, in: Loewenheim/Dietz/Schricker (Hrsg.), Fn. 26 (2010), Rdnr. 15.

271 LOEWENHEIM, Fn. 26 (2010), Rdnr. 6.

272 NUSS, Sabine, Copyright & Copyriot. Aneignungskonflikte um geistiges Eigentum im informationellen Kapitalismus. Münster (2006), S. 25 ff.

273 KUHLEN, Fn. 13 (2008), S. 151 ff.

274 GEIGER, Fn. 134 (2004), S. 817; REHBINDER, Fn. 240 (2010), Rdnr. 81.

Der Kulturbesitz einer Nation setzt sich zum Großteil aus den Geisteswerken von Individuen zusammen. Im Interesse der Nutzer liegt es, diesen Kulturschatz möglichst ungehindert genießen zu können und damit aktiv am Kulturleben teilzunehmen. Vor diesem Hintergrund sind die Nutzer an einem breiten kulturellen Angebot und an einem ungehinderten Zugang interessiert. Im Rahmen des Urheberrechts werden diese Interessen durch die Schrankenbestimmungen berücksichtigt.[275] Die Frage des Zugangs der Nutzer ist dabei eng verbunden mit dem Interesse des Urhebers am Lohn für sein kreatives Schaffen. Während der Nutzer möglichst geringe Kosten für die Nutzung eines Werkes tragen möchte, bedürfen der Urheber wie auch der Verwerter der Deckung ihres Lebensunterhalts bzw. ihrer Investitionskosten.

Der Nutzer ist jedoch nicht allein am Konsum urheberrechtlicher Werke interessiert, sondern will auch zunehmend – ermöglicht durch technologische Neuerungen – selbst Verwertungshandlungen,[276] wie beispielsweise das Kopieren oder die öffentliche Wiedergabe einer CD, vornehmen. In diesem Punkt decken sich die Interessen der Nutzer wiederum teilweise mit den Interessen der Urheber.[277] Das kulturelle Schaffen ist ein sich ständig wiederholender Prozess des Gebens und Nehmens.[278] Während die Inspiration am Geistesgehalt eines anderen Werkes als freie Benutzung zulässig ist, ist eine Ausbeutung und Aneignung fremder Werke verboten.[279] Gerade im digitalen Umfeld verschwimmen jedoch die Grenzen zwischen der Inspiration und der Aneignung. Viele digitale Verwertungsmöglichkeiten, beispielsweise das Sampling, werden durch eine strenge Auslegung der urheberrechtlichen Verwertungsrechte am Ursprungswerk eingeschränkt. So schließt die freie Teilhabe am kulturellen Leben[280] nicht die Verletzung urheberrechtlicher Normen ein.[281]

---

275 Loewenheim, Fn. 26 (2010), Rdnr. 10; Hilty, Fn. 128 (2005), S. 325 ff.; Schrikker/Loewenheim/Vogel, Einleitung, in: Loewenheim/Dietz/Schricker (Hrsg.), Fn. 26 (2010), Rdnr. 16. Im deutschen Urheberrecht wird die Berücksichtigung der Interessen der Nutzer durch die aus Art. 14 Abs. 2 GG fließende Sozialbindung des Urheberrechts abgeleitet. BGH, Urteil v. 16.01.1997 (I ZR 9/95), *CB – infobank I,* in: *GRUR (*1997), 459, S. 463.

276 Burri-Nenova/Graber/Steiner, Fn. 17 (2011), S. 11.

277 Vgl. Waldron, Jeremy, From Authors to Copiers, in: *Chi.-Kent L. Rev.* 68 (1993), S. 841 ff.

278 Rehbinder, Fn. 240 (2010), Rdnr. 80.

279 Rehbinder, Fn. 240 (2010), Rdnr. 80.

280 Art. 19 AEMR, Art. 5 Abs. 1 GG.

281 Schneider, Fn. 166 (2006), S. 385 ff.; Schack, Fn. 125 (2010), Rdnr. 16; Rehbinder, Fn. 240 (2010), Rdnr. 81.

Dieser so konstruierte Gegensatz zwischen Nutzern und Urhebern relativiert sich jedoch bei genauerer Betrachtung. Bevor der Urheber ein neues Werk schafft, zieht er Inspiration und Wissen aus bestehenden Werken. In diesem Zusammenhang kann eine zu starke Monopolisierung von Werken der Kultur und Kunst nicht in seinem Interesse liegen. Auch der Künstler bedarf des ungehinderten Zugangs zu Kunst und Kultur anderer Künstler. Der Urheber ist jedoch zum Bestreiten seines Lebensunterhalts auf eine angemessene Vergütung für die Veröffentlichung seines Werkes angewiesen. Sein geistiges Schaffen wäre ohne finanzielle Vergütung nicht möglich. Gleichzeitig ist jedoch auch der Nutzer an kultureller Vielfalt interessiert. Auf lange Sicht würde der Nutzer die Schaffung neuer Werke behindern, ist er nicht bereit, die kreative Leistung des Urhebers angemessen zu entlohnen. Aus diesem Grund liegt es auch im Interesse der Nutzer, dass dem Urheber durch die Gewährung einer Vergütung kreatives Schaffen ermöglicht wird.

4. Die Interessen der Allgemeinheit

Neben dem Nutzer als Individuum hat auch die Allgemeinheit als Ganzes Interessen im Bereich des Urheberrechts. Im Interesse der Allgemeinheit soll das Urheberrecht dem Fortschritt des kulturellen Lebens dienen.[282] Verbunden mit dem Ziel eines lebendigen Kultur- und Geisteslebens fördert das Urheberrecht die Herstellung kultureller Güter.[283] Ein Überschuss an urheberrechtlichem Schutz, der den Zugang zu kulturellen Ausdrucksformen ungebührlich einschränkt, liegt außerhalb des Allgemeininteresses.

Die Gewährung von Urheberrechten hat jedoch nicht nur positive Anreizwirkung auf die Förderung des Fortschritts der Wissenschaft und Künste. Paradoxerweise kann das Urheberrecht gleichzeitig die Verbreitung der neu geschaffenen Werke einschränken.

---

282 Vgl. Section 1 Para. 8 Abs. 8 der U.S.-amerikanischen Verfassung: „(…) to promote the progress of science and useful arts, by securing for limited times to authors and inventors the exclusive right to their respective writings and discoveries."

283 Zur grundsätzlichen Wirkung des Urheberrechts: SCHRICKER/LOEWENHEIM/VOGEL, Einleitung, in: Loewenheim/Dietz/Schricker (Hrsg.), Fn. 26 (2010), Rdnr. 17; SCHRIKKER, Fn. 232 (1992), S. 242 ff.; WAGER, Fn. 23 (2008), S. 193 ff.; REHBINDER, Fn. 240 (2010), Rdnr. 79. Kritisch zur aktuellen Wirkung des Urheberrechts auf kulturelle Vielfalt: MACMILLAN, Fn. 23 (2008), S. 163 ff.

„So the very protection which encourages production at the same time thwarts the object of the exercise, namely, the diffusion of knowledge. The rules which stimulate the creation of information do not necessarily help its diffusion."[284]

Urheberrecht kann folglich auch die Schöpfung kreativer Werke erschweren.[285] Im Rahmen ihrer schöpferischen Tätigkeit greifen Urheber meist auf bereits bestehende Werke zurück. Dabei ist es unproblematisch, wenn sie sich an Werken anlehnen, die bereits gemeinfrei geworden sind. Greift der Künstler jedoch auf Werke zurück, an denen ein anderer noch Urheberrechte geltend macht, so entstehen dem Schöpfer Transaktionskosten in Form von Lizenzgebühren oder ihm wird die Nutzung des Werkes aus rechtlichen Gründen unmöglich.[286] Im Interesse der Allgemeinheit an einem lebendigen und vielfältigen Kulturleben muss das Urheberrecht so ausgestaltet werden, dass ein effektiver Zugang zu kulturellen Werken gewährleistet ist.[287] Zu diesem Zweck werden dem Urheberrecht Schranken gesetzt.[288]

5. Ausgleich der Interessen

Das Urheberrecht pendelt demnach zwischen den beiden Polen der Industrie- und Kulturpolitik.[289] Es muss erstens den wirtschaftlichen Interessen der Urheber und Verwerter gerecht werden, um die Schaffung kultureller Güter und deren Verwertung zu verbessern bzw. zu erleichtern. Daneben soll es aber auch die ideellen und persönlichkeitsrechtlichen Interessen sowie das Interesse an einem ungehinderten Zugang der Urheber und Nutzer spiegeln. Drittens muss es zudem das Interesse der Allgemeinheit an einem lebendigen Kulturleben und kultureller Vielfalt sicherstellen.[290] Das Urheberrecht gewährleistet idealerweise eine

---

284 DRAHOS, Fn. 151 (1996), S. 122.

285 LEISTNER/HANSEN, Fn. 25 (2008), S. 484.

286 Vgl. SUTHERSANEN, Uma, Copyright and Educational Policies, in: *OJLS* 23 (2003), S. 587.

287 REHBINDER, Fn. 240 (2010), Rdnr. 79.

288 SCHRICKER/LOEWENHEIM/VOGEL, Einleitung, in: Loewenheim/Dietz/Schricker (Hrsg.), Fn. 26 (2010), Rdnr. 17; LOEWENHEIM, Fn. 26 (2010), Rdnr. 8.

289 Vgl. SCHRICKER, Fn. 232 (1992), S. 242 ff.

290 SCHRICKER/LOEWENHEIM/VOGEL, Einleitung, in: Loewenheim/Dietz/Schricker (Hrsg.), Fn. 26 (2010), Rdnr. 19.

„(...) optimal balance between the effect of copyright protection in encouraging the creation of new works by reducing copying and its effect in discouraging the creation of new works by raising the costs of creating them.“[291]

Dabei spielen die urheberrechtlichen Instrumente der begrenzten Schutzdauer und der Schrankenregelungen eine besondere Rolle.[292] Durch sie werden die Ausschließlichkeitsrechte der Urheber und der derivativen Rechteinhaber im Interesse der Allgemeinheit und des einzelnen Nutzers durchbrochen. Vor diesem Hintergrund ist die konkrete Ausgestaltung des Urheberrechts von besonderer Bedeutung.[293]

IV. Bewertung

Der technische Fortschritt hat die Möglichkeiten des kreativen Umgangs mit Werken und deren Verwertung erheblich erweitert und die effektive Durchsetzung der Urheberrechte erschwert.[294] Aus dem passiven Nutzer kreativer Werke ist ein aktiver, zum Teil selbst schöpferisch tätiger Nutzer geworden. Auch den Urhebern selbst eröffnet das Internet völlig neue Möglichkeiten.[295] Das Urheberrecht musste auf die neuen Herausforderungen durch die digitale Technik reagieren.[296] Der Gesetzgeber beantwortete diese Notwendigkeit mit einer deutlichen Ausweitung des Urheberrechtsschutzes; sowohl hinsichtlich der Dauer als auch des Umfangs.[297] Die optimale Berücksichtigung der Interessen aller Beteiligten ist dadurch allerdings nicht mehr gewährleistet. Die einseitige Ausweitung

---

291 LANDES/POSNER, Fn. 192 (2003), S. 69, VAN SHAFFER HOUWELING, Fn. 217 (2005), S. 1537.

292 SENFTLEBEN, Martin R., Copyright, Limitations and the Three-Step Test. The Hague et al. (2004), passim. Siehe auch Teil III, B dieser Arbeit.

293 REHBINDER, Fn. 240 (2010), Rdnr. 72; GEIGER, Christophe, Copyright and Free Access to Information, in: *E.I.P.R.* (2006), S. 366 ff.; QUAEDVLIEG, Antoon, Copyright's Orbit Round Private, Commercial and Economic Law, in: *IIC* (1998), S. 420 ff.; RIIS, Thomas/ SCHOVSBO, Jens, Users' Rights, in: *E.I.P.R.* (2007), S. 1 ff.; SETTLEMYER, Carl H., Between Thought and Possession: Artists' „Moral Rights“ and Public Access to Creative Works, in: *Geo. L. J.* 81 (1993), S. 2343.

294 GEIGER, Fn. 293 (2006), S. 369.

295 NUSS, Fn. 272 (2006), S. 37 ff.

296 BECKER, Jürgen, et al., Recht im Wandel seines sozialen und technologischen Umfeldes. Festschrift für Manfred Rehbinder. München (2002).

297 LESSIG, Fn. 13 (2004), S. 116 ff.; VAIDHYANATHAN, Fn. 13 (2003), passim; HANSEN, Fn. 25 (2009), S. 40 ff.; HILTY/PEUKERT, Fn. 230 (2004), passim. Zur Kritik an Lessig: SCHIMMEL, Wolfgang, Doppelter Garant, in: *Forum Wissenschaft* (2007), S. 24 ff.

des Urheberrechtsschutzes zugunsten der Urheber und damit letztlich auch der Verwerter erfolgte zulasten des Zugangs zu urheberrechtlich geschützten Werken und somit nicht nur auf Kosten der Nutzer, sondern auch der Urheber selbst. Diese Interessenasymmetrie im Rahmen der aktuellen Regelungen zum Urheberrecht führt zu einer Legitimationskrise des Urheberrechts.[298]

Unter Zuhilfenahme wirtschafts- und sozialwissenschaftlicher Methoden wird nun versucht, die Berücksichtigung der einzelnen Interessen im Rahmen des Urheberrechts neu zu bewerten und daraus Rückschlüsse für eine mögliche Korrektur und eine Wiederherstellung des Interessengleichgewichts im Rahmen des Urheberrechts zu ziehen. Letztlich zielen diese Initiativen darauf ab, die Überbetonung wirtschaftlicher Interessen im Rahmen des Urheberrechts zurückzunehmen und die lange vernachlässigte kulturelle Dimension des Urheberrechts stärker in den Vordergrund zu rücken. Alles zu dem Zweck, die Legitimation urheberrechtlichen Schutzes wiederherzustellen.[299] Damit wird letztlich nicht nur ein lebendiges Kulturleben unter der Beteiligung aller gewährleistet, sondern durch ein Einsehen der Nutzer in die Notwendigkeit des Urheberrechtsschutzes auch Rechtssicherheit zugunsten der Urheber und Verwerter geschaffen. Schließlich gilt es, der Person des Schöpfers eine angemessene Anerkennung zu zollen, schafft sie doch die dem Urheberrecht zugrundeliegenden kulturellen Werke.

C. Zusammenhang zwischen kultureller Vielfalt und Urheberrecht

Der Zusammenhang zwischen Kultur und Urheberrecht wird auch in Zeiten der Ausweitung des Urheberrechtsschutzes auf Computerprogramme und Datenbanken nicht bestritten. Das Urheberrecht ist ohne Zweifel ein Instrument der Kulturpolitik.[300] Weniger bekannt ist jedoch, dass es auch einen Zusammenhang

298 LEISTNER/HANSEN, Fn. 25 (2008), S. 479 ff.; GEIGER, Christophe, Die Schranken des Urheberrechts als Instrumente der Innovationsförderung, in: *GRUR Int.* (2008), S. 459 ff.

299 GEIGER, Fn. 293 (2006), S. 373.

300 GÖTTING, Horst-Peter, Kulturgüterschutz durch das Urheberrecht? (S. 103-111), in: Reto M. Hilty/ Josef Drexl/ Wilhelm Nordemann (Hrsg.), *Schutz von Kreativität und Wettbewerb,* München (2009), S. 103; SCHRICKER, Fn. 232 (1992), S. 242 ff.; REHBINDER, Fn. 240 (2010), Rdnr. 79; SCHRICKER/LOEWENHEIM/VOGEL, Einleitung, in: Loewenheim/Dietz/Schricker (Hrsg.), Fn. 26 (2010), Rdnr. 10; EUROPÄISCHE KOM-

zwischen dem Urheberrecht und der Förderung der kulturellen Vielfalt gibt.[301] Neuere Kommentare führen zwar auch die kulturelle Vielfalt als eine Aufgabe des Urheberrechts an.[302] Allerdings fehlt es bislang an einer eingehenden Analyse der Wirkung des Urheberrechts auf die Vielfalt kultureller Werke. Im Folgenden wird deshalb die unmittelbare und mittelbare vielfaltsfördernde Wirkung des Urheberrechts analysiert.

MISSION, Grünbuch. Urheberrecht und verwandte Schutzrechte in der Informationsgesellschaft, KOM [95] 382 endg. v. 27.07.1995, S. 11.

301 GOLDSTEIN/HUGENHOLTZ, Fn. 5 (2010), S. 7; BURRI-NENOVA/GRABER/STEINER, Fn. 17 (2011), S. 359 ff.; PESSACH, Fn. 267 (2002-2003), S. 1104; BRAZILIAN MINISTRY OF CULTURE, Fn. 1 (2006), S. 31; MACMILLAN, Fn. 23 (2008), S. 163 ff.; MACMILLAN, Fiona, The Dysfunctional Relationship Between Copyright and Cultural Diversity, in: *Quadern del CAC* 27 (2007), S. 108; SUN, Fn. 105 (2005), S. 201; a. A. *Desurmont,* der davon ausgeht, dass sich Urheberrecht neutral gegenüber kulturellen Fragen verhält. Er begründet seine Ansicht damit, dass das Übereinkommen zum Schutz der Vielfalt kultureller Ausdrucksformen nicht im Rahmen der Weltorganisation für geistiges Eigentum (WIPO), sondern der UNESCO ausgearbeitet wurde und dass sich einige Staaten explizit gegen die Aufnahme von Urheberrechten in ein solches Übereinkommen ausgesprochen haben. Dies geschah nach *Desurmont* vor allem aus Furcht davor, dass einige Staaten den Schutz der kulturellen Vielfalt so instrumentalisieren könnten, dass bestehende Urheber- und Leistungsschutzrechte missachtet würden. Er lässt dabei jedoch außer Acht, dass sich auch die UNESCO bereits mit Fragen des Urheberrechts beschäftigt hat. Zudem kann die Zurückhaltung einiger Staaten in Bezug auf die Inkorporation des Urheberrechts in das UNESCO-Übereinkommen nicht allein mit einer grundsätzlichen Ablehnung des Zusammenhangs erklärt werden, sondern auch auf die vermeintlich schwierige Harmonisierung des Urheberrechts auf internationaler Ebene zurückzuführen sein. Eine verhandlungspolitisch motivierte Entscheidung als Argument gegen den grundsätzlichen Zusammenhang zwischen dem Urheberrecht und der Förderung der kulturellen Vielfalt vorzubringen, erscheint nicht überzeugend. Vgl. DESURMONT, Fn. 22 (2006), S. 7 ff.

302 SCHRICKER/LOEWENHEIM/VOGEL, Einleitung, in: Loewenheim/Dietz/Schricker (Hrsg.), Fn. 26 (2010), Rdnr. 17; LOEWENHEIM, Fn. 26 (2010), Rdnr. 8.

I. Unmittelbarer Zusammenhang zwischen kultureller Vielfalt und Urheberrecht

1. Geltungsgründe des Urheberrechts

Wie bereits im Rahmen der Geltungsgründe diskutiert,[303] werden Urheberrechte explizit als Anreiz zur Förderung der kulturellen Entwicklung verliehen.[304] Diese Begründung wurde auch im Rahmen der Präambel zum WCT rezipiert. Die Vertragsparteien regeln das Urheberrecht

> „unter Betonung der herausragenden Bedeutung des Urheberrechtsschutzes als Anreiz für das literarische und künstlerische Schaffen“[305].

Auch international anerkannte Experten weisen in der *Bellagio Declaration*[306] darauf hin, dass geistiges Eigentum tiefreichende Auswirkungen auf den künstlerischen Fortschritt und die kulturelle Entwicklung hat.[307]

Diese Förderung kultureller Vielfalt erfolgt durch die Gewährung eines zeitlich begrenzten Monopols an den Autor für die Verwertung seines Werkes. Durch den damit gewährten Schutz seiner materiellen und ideellen Interessen soll der Urheber zu neuem künstlerischen Schaffen angeregt werden. Mit der Entstehung neuer Werke vervielfältigt sich gleichzeitig der Pool an kulturellen Werken, sowohl quantitativ als auch qualitativ.[308] Kurzfristig würde sich zwar auch die kulturelle Vielfalt durch einen Verzicht auf monopolisierende Urheberrechte erweitern, da dadurch wesentliche Zugangshürden gesenkt werden. Allerdings bestünde dann langfristig kein Anreiz für kreatives Schaffen, da die Werke ungehindert von jedem vervielfältigt werden dürften und der Urheber auf diese Weise kein Einkommen aus der Vermarktung seiner Werke erzielen kann. Muss er seinen Lebensunterhalt mit nichtkünstlerischer Arbeit bestreiten, bleibt weni-

303 Vgl. Teil I, B, II dieser Arbeit.

304 SCHRICKER, Fn. 232 (1992), S. 247.

305 Präambelabs. 4 WCT.

306 Die *Bellagio Declaration* wurde im Rahmen der 1993 Rockefeller Conference „Cultural Agency/Cultural Authority: Politics and Poetics of Intellectual Property in the Post-Colonial Era“ von den Konferenzteilnehmern, wie Anwälten, Anthropologen, Umweltaktivisten, Computerexperten, Literaten und Verlagsvertretern, verabschiedet. BELLAGIO CONFERENCE ON INTELLECTUAL PROPERTY, Bellagio Declaration (1993), <http://www.case.edu/affil/sce/BellagioDec.html> (zuletzt geprüft am: 10.03.2013).

307 BELLAGIO CONFERENCE ON INTELLECTUAL PROPERTY, Fn. 306 (1993), Abs. 7.

308 Vgl. dazu insbesondere die utilitaristischen Geltungsgründe des Urheberrecht Teil I, B, II, 4 dieser Arbeit.

ger Zeit zur Schaffung neuer Werke.[309] Die Kulturlandschaft würde langfristig um viele Werke ärmer werden.

Hinzu kommt, dass das Urheberrecht eine demokratisierende Wirkung auf das künstlerische Schaffen hat. Es ermöglicht jedem Menschen künstlerisch tätig zu sein. Vor der Einführung von Urheberrechten war es nur wenigen Menschen möglich, ihre Kreativität auszuleben. Kulturelles Schaffen beschränkte sich auf die traditionellen Kulturzentren, wie Klöster oder Fürsten- bzw. Königshöfe. Menschen einfacher Herkunft bedurften eines Förderers – eines sogenannten Mäzens – der im Gegenzug für die von ihm beauftragten Werke die Lebenskosten des Urhebers trug. *Gaius Cilnius Maecenas*[310], auf dessen Handeln der Name Mäzen beruht, förderte die Dichter *Vergil*[311], *Properz*[312] und *Horaz*[313]. Auch ohne die Unterstützung der *Medici* im Florenz des 15. Jahrhunderts wäre die Welt wahrscheinlich um die Kunstwerke *Michelangelos* und bedeutende Architektur, wie die der *Uffizien*, die *Forte di Belvedere* sowie die *Basilika di San Lorenzo di Firenze,* ärmer. Kunstwerke wurden folglich auch ohne das Vorhandensein urheberrechtlichen Schutzes geschaffen. Doch die Auswahl der geförderten Künstler und damit letztlich die Entscheidung über die Art der geschaffenen Kunst blieb so einigen wenigen übertragen. Zudem war es nur wenigen Künstlern vergönnt, durch einen Mäzen gefördert zu werden. Großen Teilen der Bevölkerung wurde damit die Partizipation am künstlerischen Schaffen verwehrt.

Mit den ersten Urheberrechtsgesetzen änderte sich diese Situation grundlegend. Autoren wurden mit einem Monopolrecht auf die Verwertung ihrer Werke und zum Schutz ihrer Persönlichkeit ausgestattet. Die Verwertungsrechte ermöglichten es dem Urheber, seine geistige Leistung auf dem Markt anzubieten und bspw. einen Verleger zu finden.

Es ist jedoch einzuwenden, dass allein die Orientierung am Geschmack des Publikums keine zufriedenstellende kulturelle Entwicklung erwirkt. Wie die Geschichte zeigt, waren viele große Künstler und Wissenschaftler ihrer Zeit weit voraus und stießen aus diesem Grund häufig auf Unverständnis und Ablehnung

---

309 Vgl. die volkswirtschaftlichen Studien von Ruth Towse: TOWSE, Fn. 220 (2001), passim.

310 * 13. April um 70 v. Chr. in Arretium, dem heutigen Arezzo; † 8 v. Chr. in Rom.

311 Eigentlicher Name Publius Vergilius Maro, * 15. Oktober 70 v. Chr. in Andes bei Mantua; † 21. September 19 v. Chr. in Brindisi.

312 Eigentlicher Name Sextus Aurelius Propertius, * ca. 48 v. Chr.; † 15 v. Chr.

313 Eigentlicher Name Quintus Horatius Flaccus, * 8. Dezember 65 v. Chr. in Venusia; † 27. November 8 v. Chr.

ihrer Zeitgenossen. So waren beispielsweise der Post-Impressionist *Vincent van Gogh*[314] oder die Expressionistin *Paula Modersohn-Becker*[315] Zeit ihres Lebens auf die Unterstützung der Familie und Freunde angewiesen, während ihre Werke erst nach ihrem Tod Anerkennung und Zuspruch erhielten. Entsprechend kann das Urheberrecht einen bedeutenden und notwendigen Beitrag zur Förderung der kulturellen Vielfalt liefern. Allerdings schließt dies nicht die Förderung der Kulturschaffenden durch Mäzene oder Stiftungen aus. Diese Form der Förderung hat insbesondere für den speziellen Bereich avantgardistischer Ausdrucksformen auch heute noch ihre Berechtigung.

Der Einzelne war somit nicht mehr von der Gunst eines Mäzens abhängig, sondern konnte seine Werke selbst verwerten bzw. Lizenzen für die Verwertung der Werke veräußern. Jeder ist auf diese Weise ein potentieller Urheber. Durch die Einzigartigkeit eines jeden Menschen entstehen auch unterschiedliche kulturelle Werke.[316] Das Instrument des Urheberrechts erreicht Chancengleichheit für alle Kunst- und Kulturschaffenden und damit eine kulturelle Demokratisierung.

> „Wenn ein Land alle Talente und Begabungen zu seiner kulturellen Entwicklung einsetzen will, dann kann es ohne Urheberrecht nicht auskommen."[317]

Entsprechend führt die mit dem Urheberrecht einhergehende Demokratisierung kulturellen Schaffens auch zu einer Vermehrung und Diversifizierung der angebotenen kulturellen Werke. Es kommt zu einem Zuwachs an kultureller Vielfalt, da mehr potentielle Künstler ihre kreativen Anlagen entfalten können und individuell geprägte, neue Werke erschaffen.

2. Schutzgegenstand

Der unmittelbare Zusammenhang zwischen dem Urheberrecht und der kulturellen Vielfalt ergibt sich bereits mit einem Blick auf den Schutzgegenstand der internationalen Instrumente zum Urheberrecht und des Übereinkommens zum Schutz und zur Förderung der Vielfalt kultureller Ausdrucksformen. Der sachliche Anwendungsbereich umfasst jeweils kulturelle Werke. Die internationalen Instrumente zum Urheberrecht schützen Werke der Literatur und Kunst (Art. 1 RBÜ) – ohne näher darauf einzugehen, welche Werke schon als Kunst

314 * 13. März 1853 in Groot-Zundert; † 29. Juli 1890 in Auvers-sur-Oise.

315 * 8. Februar 1886 in Dresden; † 20. November 1907 in Worpswede.

316 REHBINDER, Fn. 240 (2010), Rdnr. 146.

317 UCHTENHAGEN, Fn. 227 (1987), S. 20.

oder noch als Gebrauchsgegenstände anzusehen sind.[318] Das ÜVKA schützt und fördert die Vielfalt kultureller Ausdrucksformen (Art. 1 lit. a ÜVKA). Dazu zählen unstrittig nahezu alle durch Urheberrecht geschützten Werke.[319] Ein Großteil der vom ÜVKA geschützten und geförderten kulturellen Ausdrucksformen ist folglich auch von urheberrechtlichen Regelungen betroffen.[320] Das Urheberrecht hat damit einen großen Einfluss auf die Produktion, Verwertung und Verbreitung von und den Zugang zu kulturellen Ausdrucksformen.

3. Schutzvoraussetzung: Originalität

Die urheberrechtliche Schutzvoraussetzung der Originalität des zu schützenden Werkes trägt auch direkt zu einer vielfältigen Kulturlandschaft bei. So kann urheberechtlicher Schutz nur für die Werke in Anspruch genommen werden, die eine gewisse Schöpfungshöhe erreichen.[321] Die Schöpfungshöhe beschreibt dabei den Grad an Originalität, die dem Werk zugrunde liegen muss; d.h. die individuellen Eigenschaften, die über banales, handwerkliches oder durchschnittliches Können hinausragen. Werke, die diese Schöpfungshöhe nicht erreichen, erhalten keinen urheberrechtlichen Schutz.

Das Kriterium der Originalität wird jedoch in den einzelnen Rechtsräumen unterschiedlich interpretiert. Im Copyright-System Großbritanniens wird die Originalität anhand des „Skill-and-labour"-Tests festgestellt. Demnach gilt ein Werk als original, wenn es nicht abgeschrieben oder kopiert wurde und einen gewissen Grad an Fähigkeiten und Fertigkeiten des Urhebers sowie investierte Arbeit erkennen lässt. Der kreative Aspekt tritt bei dieser Sichtweise in den Hintergrund. Häufig wird nach dem Grundsatz: „What is worth copying is worth protecting"[322] entschieden. Entsprechend können so auch Sammlungen

---

318 REHBINDER, Fn. 240 (2010), Rdnr. 61.

319 Inwieweit urheberrechtlich geschützte Datenbanken und Computerprogramme auch zu den kulturellen Ausdrucksformen zu zählen sind, hängt vom Einzelfall ab. Fraglich ist hierbei, ob ein Telefonbuch, welches zwar Urheberrechtsschutz genießen kann, noch als kulturelle Ausdrucksform zu werten ist. Unstrittig sind jedoch sicherlich Computerprogramme, die als visueller Bestandteil einer Installationskunst dienen. Siehe dazu U.S. Supreme Court, Urteil v. 27.03.1991 (Case no. 89-1909), *Feist Publications, Inc. v. Rural Telephone Service Company, Inc.*, in: *U.S.* 499 (1991), 340.

320 Vgl. DIETZ, Fn. 205 (2004), S. 109 ff.

321 BGH, Urteil v. 10.10.1991 (I ZR 147/89), *Bedienungsanleitung,* in: *ZUM* (1992), 427.

322 Diese Worte gehen auf einen englischen Richter in einer Copyright-Streitigkeit aus dem Jahre 1916 zurück und werden heute als eine Art Bonmot ohne Quellenangaben

von Daten, die nur minimale Anforderungen an die kreative Leistung stellen, geschützt werden. Demgegenüber verlangt das amerikanische Copyright-System, wie auch das Urheberrecht nach kontinental-europäischer Prägung einen gewissen Grad an Kreativität. Originalität wird demnach als der kreative Beitrag verstanden, den der Autor in sein Werk eingebracht hat.[323] Deutlich wird diese Prägung beispielsweise in der Definition des Werkbegriffs im schweizerischen Urheberrecht:

> „Werke sind, unabhängig von ihrem Wert oder Zweck, geistige Schöpfungen der Literatur und Kunst, die individuellen Charakter haben."[324]

Der Urheberrechtsschutz für ein Werk bedarf einer Spiegelung des individuellen Charakters des Urhebers in seinem Werk. Zwar sind die Anforderungen an die individuelle Prägung[325] eines Werkes häufig sehr gering,[326] doch führt diese individuelle, kreative Leistung dazu, dass sich urheberrechtlich geschützte Werke – zumindest in geringem Maße – voneinander unterscheiden. Auf diese Weise trägt auch die urheberrechtliche Schutzvoraussetzung der Originalität zu einer Vielfalt kultureller Ausdrucksformen bei.

4. Inländergleichbehandlung

Schließlich fördert auch das Prinzip der Inländergleichbehandlung ein kulturell vielfältiges Kulturleben. Das Prinzip der Inländergleichbehandlung ist im inter-

---

verwandt. So auch: House of Lords, Judgement v. 21.01.1964, *Ladbroke Football Ltd v William Hill Football Ltd,* in: *WLR* 1 (1964), 273.

323 U.S. Supreme Court, Urteil v. 27.03.1991 (Case no. 89-1909), *Feist Publications, Inc. v. Rural Telephone Service Company, Inc.,* in: *U.S.* 499 (1991), 340.

324 Art. 2 Abs. 1 URG Schweiz.

325 Vgl. dazu: REHBINDER, Manfred, Geistiges Schaffen als Voraussetzung des Urheberrechts (S. 9-24), in: Manfred Rehbinder (Hrsg.), *Die psychologische Dimension des Urheberrechts,* Baden-Baden et al. (2003), S. 22.

326 So genießen auch Sammlungen von Daten in einem Telefonbuch Urheberrechtsschutz: U.S. Supreme Court, Urteil v. 27.03.1991 (Case no. 89-1909), *Feist Publications, Inc. v. Rural Telephone Service Company, Inc.,* in: *U.S.* 499 (1991), 340. Im deutschen Urheberrecht genießen auch sogenannte Werke der kleinen Münze Urheberrechtsschutz. Zu Werken der kleinen Münze zählen alltägliche Gebrauchsgegenstände, die eine ungewöhnliche geistig-ästhetische Wirkung erzielen, bspw. gestalterische Darstellungen in Katalogen, Preislisten oder Kochbüchern. Vgl. STROWEL, Alain, Convergence entre Droit d'Auteur et Copyright dans la Société de l'Information (S. 59-76), in: INTERGU (Hrsg.), *Schutz von Kulturgut und geistigem Eigentum in der Informationsgesellschaft,* Baden-Baden (1998), S. 61; REHBINDER, Fn. 325 (2003), S. 23 f.

nationalen Urheberrecht traditionell fest verankert.[327] Es besagt, dass ein ausländischer Urheber für seine im Inland geschaffenen und veröffentlichten Werke den gleichen Urheberrechtsschutz in Anspruch nehmen kann, wie ein Inländer. Mittels dieses Prinzips sind ausländische Urheber inländischen Urhebern gleichgestellt.

Dieses Prinzip ist für einen regen Austausch von kulturellen Gütern unterschiedlicher nationaler Herkunft von herausragender Bedeutung. Da Urheberrechte nach dem Territorialitätsprinzip nur im Schutzland Gültigkeit haben und sich zunächst nicht auf andere Länder übertragen lassen, müssten ausländische Urheber befürchten, dass ihr in einem Land A geschaffenes und veröffentlichtes Werk in einem Land B schutzlos ist und dort legal vervielfältigt werden könnte. Die materiellen und ideellen Interessen des Urhebers könnten auf diese Weise in Land B verletzt werden, ohne dass der Urheber dagegen vorgehen könnte. Zwar wäre ein solches Vorgehen für die kulturelle Vielfalt in Land B zunächst vorteilhaft, da auf diese Weise die Verbreitung von Werken aus Land A lizenzfrei und damit kostengünstiger erfolgen könnte. Aus der Perspektive der Förderung der Vielfalt kultureller Ausdrucksformen wäre dies allerdings nur ein kurzfristiger Gewinn, denn gleichzeitig würden die urheberrechtlich geschützten Werke des Landes B im Vergleich zu den lizenzfreien Werken des Landes A teurer. Es bestünde die Gefahr, dass dies mittel- und langfristig zu einer Verschlechterung der Verbreitungsmöglichkeiten der einheimischen Künstler in Land B führen würde und damit auch dem Prinzip des Schutzes der eigenen Kultur und der gleichzeitigen Offenheit gegenüber fremden Kulturen zuwiderlaufen würde (Art. 2 Abs. 8 und Art. 6 Abs. 1 ÜVKA). Auf lange Sicht mündet die Verweigerung der Inländergleichbehandlung für ausländische Urheber somit in einen Zustand kultureller Verarmung, anstatt kultureller Vielfalt.

Erst die gegenseitige Gewährung der Inländergleichbehandlung schützt die urheberrechtlichen Interessen des ausländischen Urhebers in Land B sowie

---

327 STERLING, Fn. 21 (2008), Rdnr. 3.32; ELFRING, Article 3, in: Stoll/Busche/Arend (Hrsg.), WTO – Trade-related Aspects of Intellectual Property Rights, Leiden (2009), Rdnr. 1; MASOUYÉ, Claude, Kommentar zur Berner Übereinkunft zum Schutz von Werken der Literatur und Kunst. (Pariser Fassung vom 24. Juli 1971). Genf (1981), Art. 5, Rdnr. 1; NORDEMANN, Wilhelm/ VINCK, Kai/ HERTIN, Paul W., Internationales Urheberrecht und Leistungsschutzrecht der deutschsprachigen Länder unter Berücksichtigung auch der Staaten der Europäischen Gemeinschaft. Kommentar. Düsseldorf (1977), Art. 5, Rdnr. 4; DUGGAL, Raoul, TRIPs-Übereinkommen und internationales Urheberrecht. Neue Entwicklungen im internationalen Urheberrecht unter dem Einfluss multilateraler Übereinkünfte. Köln et al. (2001), S. 65; GERVAIS, Daniel J., The TRIPS Agreement. Drafting History and Analysis. London (1998), S. 48.

die einheimischen Urheber vor billiger Konkurrenz aus dem Ausland. Der ausländische Urheber muss nicht befürchten, dass seine Herrschaftsgewalt über sein Werk durch internationalen Handel mit seinem Werk beeinträchtigt wird. Stattdessen erreicht er auf diese Weise ein neues Publikum und eine größere Verbreitung seines Werkes. Das Prinzip der Inländergleichbehandlung trägt damit zu kulturellem Austausch bei. Urheber werden somit ermuntert bzw. überhaupt in die Lage versetzt, ihre Werke auch im Ausland zu verbreiten und auf diese Weise zu kultureller Vielfalt in anderen Ländern beizutragen.

II. Mittelbarer Zusammenhang zwischen kultureller Vielfalt und Urheberrecht

1. Wahrung der Interessen des Urhebers

Im Zentrum der Förderung kultureller Vielfalt steht der kreative Mensch. Er ist die Quelle jeglicher Kreativität und damit der Ursprung für sämtliche kulturelle Ausdrucksformen. Ein Schutz seiner Interessen ist folglich ein wichtiger Bestandteil einer Kulturpolitik,[328] die vielfältige kulturelle Ausdrucksformen hervorbringen soll. Das Urheberrecht ist ein Instrument zum Schutz wesentlicher materieller wie auch ideeller Interessen des Urhebers. Auch wenn nicht alle Schöpfer kultureller Ausdrucksformen mit einem Urheberrecht bedacht werden,[329] so gilt dies doch für einen Großteil der Kreativen.

Die materiellen Interessen des Urhebers werden durch die ausschließlichen Verwertungsrechte sichergestellt. Mit diesen Rechten ist dem Urheber ein Mittel an die Hand gegeben, das ihm einerseits aus der Veräußerung dieser Rechte bzw. der Nutzungsrechte ein Einkommen ermöglicht,[330] andererseits ihn hinsichtlich des organisatorisch-technischen Aufwands der Verbreitung seines Werkes entlastet. Ohne ein ausschließliches Recht des Urhebers wäre ein Werk

328 GÖTTING, Fn. 300 (2009), S. 103.

329 Beispielsweise erhalten Mitglieder indigener Gemeinschaften für ihre traditionellen kulturellen Ausdrucksformen häufig kein Urheberrecht. Auch erreichen viele künstlerisch gestaltete Gebrauchsgegenständen oft nicht die notwendige Schöpfungshöhe, so dass auch bspw. die Hersteller von Kunsthandwerk zwar die kulturelle Vielfalt bereichern, jedoch kein Urheberrecht für ihre Werke erhalten.

330 EUROPÄISCHE KOMMISSION, Mitteilung der Kommission an das Europäische Parlament, den Rat, den Europäischen Wirtschafts- und Sozialausschuss und den Ausschuss der Regionen über eine europäische Kulturagenda im Zeichen der Globalisierung, KOM(2007) 242 endg. v. 10.05.2007, S. 6.

aufgrund seines Charakters als öffentliches Gut nicht marktfähig.[331] Kein Verwerter würde das finanzielle Risiko der Verbreitung kultureller Güter auf sich nehmen, wenn er befürchten müsste, dass ein anderer Verwerter das gleiche Werk ebenfalls vermarkten darf. Allerdings muss hier eingewendet werden, dass die Verwertung im Internet geringere Kosten birgt, weshalb viele Urheber inzwischen auch die Verwertung und Vermarktung ihrer Werke selbst organisieren. Ein Restrisiko in Form der Produktionskosten bleibt jedoch auch dann bestehen. Da der Urheber an einer möglichst weiten Verbreitung seiner Werke interessiert ist, liegt ihm ebenso wie den Verwertern an einem möglichst großen Maß an Rechtssicherheit. Durch die Veräußerung seiner Verwertungsrechte bzw. der Übertragung von Nutzungsrechten an seinem Werk ist es dem Urheber zudem möglich, ein Einkommen zu erzielen. Auf diese Weise kann der Urheber durch sein kreatives Schaffen zumindest einen Teil[332] seiner Kosten für den Lebensunterhalt und sein künstlerisches Schaffen decken.

Neben den materiellen Interessen kann das Urheberrecht durch Urheberpersönlichkeitsrechte auch die ideellen Interessen des Urhebers sichern. Zu den ideellen Interessen zählen beispielsweise das Interesse an der Integrität seines Werkes oder das Interesse an der Nennung seines Namens[333] in Zusammenhang mit dem Werk. Mit der Veröffentlichung seines Werkes setzt sich der Urheber der Kritik des Publikums aus. Gleichzeitig verliert er de facto einen Teil der Herrschaftsgewalt über sein Werk. Er muss mit dem Zeitpunkt der Veröffentlichung mit der Einflussnahme des Publikums rechnen. Durch die Veröffentlichung tritt der Urheber folglich willentlich in Kommunikation mit dem Publikum. Gleichzeitig hat er für sich bestimmt, dass das Werk, wie es zum Zeitpunkt der Veröffentlichung bestand, in genau dieser Form seinen Vorstellungen entspricht und seinen Ruf als Künstler prägen soll. Veränderungen, die nach der Veröffentlichung vorgenommen werden, können in den Augen des Künstlers die Integrität seines Werkes stören und das Werk in einen Zustand versetzen, mit dem der Urheber nicht mehr assoziiert werden möchte und der seinen Ruf als Künstler schädigt.[334] Das Urheberpersönlichkeitsrecht auf Werkintegrität er-

---

331 KREILE/BECKER, Fn. 242 (1994), S. 901.

332 Für viele Urheber ist dieser Teil des Einkommens allerdings sehr gering. Häufig sind Urheber auf andere nicht-künstlerische Tätigkeiten angewiesen, um ihren Lebensunterhalt zu bestreiten. Vgl. TOWSE, Fn. 220 (2001), S. 47 ff.

333 Einige Urheber haben jedoch auch ein Interesse an der Nennung des Künstlernamens bzw. an dem Verschweigen des eigenen Namens. Relevant ist dies beispielsweise im Fall der Grafittibilder an der Berliner Mauer. Vgl. BGH, Urteil v. 24.05.2007 (I ZR 42/04), *Staatsgeschenk,* in: *GRUR (*2007), 691, Ziff. 12.

334 Vgl. Canada Ontario High Court, Judgement, *Snow v. Eaton Centre Ltd.,* in: *C.P.R.* 70 (1982), 105. Im Streitfall ging es um eine Plastik mit dem Namen „Flight Stop“ des in-

möglicht es den Urhebern, gegen derartige Änderungen vorzugehen. Der Urheber erhält damit ein Instrument zum Schutz seiner ideellen Interessen am veröffentlichten Werk.

Sowohl die Verwertungsrechte als auch die Urheberpersönlichkeitsrechte dienen dem Schutz der materiellen und ideellen Interessen des Urhebers. Auf diese Weise wird für den Urheber ein Umfeld geschaffen, in dem sich der Künstler auf sein künstlerisches Schaffen konzentrieren kann und seine materiellen und ideellen Interessen gewahrt werden. Der Künstler als Quelle der Kreativität und neuer kultureller Ausdrucksformen wird damit angeregt, sich seinem künstlerischen Schaffen zu widmen und die Vielfalt kultureller Ausdrucksformen zu erhöhen. [335]

2. Ausgleich der Interessentrias der Urheber, der Verwerter und der Nutzer

Urheberrechtliche Regelung wirken sich auf alle drei Akteursgruppen aus. Urheberrecht bildet den Kristallisationspunkt, in dem die Interessen der Urheber, der Verwerter und der Nutzer aufeinandertreffen. Im Arbeitsprogramm der Europäischen Kommission auf dem Gebiet des Urheberrechts und der verwandten Schutzrechte heißt es:

> „Das Urheberrecht ist ein Eckpfeiler des geistigen Schöpfungsprozesses. Das Urheberrecht schützen heißt, die Gegenwart und die Zukunft der schöpferischen Tätigkeit im Interesse der Urheber, der Unternehmen des Kultursektors, der Verbraucher und letztlich der ganzen Gesellschaft sichern.“[336]

---

ternational renommierten Künstlers *Michael Snow* in einem Einkaufszentrum in der Innenstadt von Toronto. Die Plastik zeigt aus Glasfaser gefertigte, fliegende Kanadagänse, die von der Decke des Einkaufszentrums herabhängen. In der Weihnachtszeit 1981 hatte das Center Management die Gänse mit roten Schleifen weihnachtlich dekoriert, ohne das Einverständnis des Künstlers einzuholen. *Snow* sah in dieser Änderung einen Ruf schädigenden Eingriff in sein „naturalistisches“ Werk. Der Künstler beklagte diesen Eingriff als eine Verletzung seines Rechts auf Werkintegrität und bekam vor einem kanadischen Gericht Recht. Die Schleifen wurden daraufhin entfernt.

335 U.S. Supreme Court, Urteil v. 08.03.1954 (No. 228), *Mazer v. Stein,* in: *U.S.* 347 (1954), 201, S. 219.

336 EUROPÄISCHE KOMMISSION, Initiativen zum Grünbuch. Arbeitsprogramm der Kommission auf dem Gebiet des Urheberrechts und der verwandten Schutzrechte, in: GRUR Int. 5 (1991), S. 359-370, 359.

Da jeder dieser Akteure auf seine Weise zur Schaffung, Verbreitung und Rezeption kultureller Ausdrucksweisen beiträgt, ist ein Ausgleich dieser zum Teil konträren Interessen für die Förderung kultureller Vielfalt von grundlegender Bedeutung. Eine einseitige Konzentration auf das Schutzinteresse der Urheber kann den Zugang der Nutzer zu kulturellen Werken empfindlich stören und somit die Verbreitung kultureller Werke beeinträchtigen. Kultureller Vielfalt wäre damit genauso wenig gedient, wie mit einer Politik, die den Zugang zu kulturellen Werken überbetont und dabei das Schutz- und Remunerationsinteresse der Urheber missachtet. Auch eine Vernachlässigung der Interessen der Verwerter an der Amortisierung ihrer Investitionskosten und eines Risikoausgleichs für die Verbreitung von kulturellen Werken führt letztendlich zu einem Zusammenbruch des Marktes für kulturelle Werke. Kulturelle Vielfalt bedarf jedoch eines funktionierenden Marktes zur Verbreitung von kulturellen Ausdrucksformen. Gleichzeitig muss auch sichergestellt werden, dass die am Gewinn orientierten Interessen der Verwerter nicht durch prohibitiv hohe Kosten den Zugang der Nutzer zu kulturellen Werken blockieren.

Kulturelle Vielfalt kann demnach nur gefördert werden, wenn es zu einem gleichberechtigten Ausgleich zwischen den Interessen der Urheber, der Verwerter und der Nutzer kommt. Die Schutz-, Remunerations- und Verbreitungsinteressen des Urhebers stehen damit auf Augenhöhe mit dem Interesse des Verwerters auf Vergütung seines Investitionsrisikos und dem Interesse der Nutzer an Zugang zu vielfältigen kulturellen Ausdrucksformen.

> „Urheberrecht ist nicht nur das Recht der geistig Schaffenden, es ist auch das Recht der Werknutzer und auch das Recht der „Kulturverbraucher“.[337]

In diesem Sinne ist es die Aufgabe des Gesetzgebers das Urheberrecht so zu gestalten, dass die Interessen der einzelnen Akteure gegenseitig ausbalanciert werden.

D. Zwischenergebnis

Das Übereinkommen zum Schutz und zur Förderung der Vielfalt kultureller Ausdrucksformen gilt als Magna Charta des Kulturvölkerrechts.[338] Es stellt ei-

---

337 REHBINDER, Manfred, Ulrich Uchtenhagen zum 60. Geburtstag (S. 9-15), in: Manfred Rehbinder (Hrsg.), *Urheberrecht und kulturelle Entwicklung,* Baden-Baden et al. (1987), S. 14.

338 DEUTSCHE UNESCO-KOMMISSION, Fn. 4 (2006), passim; METZE-MANGOLD/MERKEL, Fn. 4 (2006), S. 362 ff.

nen Meilenstein in der Auseinandersetzung zwischen den Vertretern einer umfassenden Handelsliberalisierung im Rahmen der WTO und den Befürwortern einer Ausnahme für kulturelle Güter und Dienstleistungen aufgrund ihres Doppelcharakters als Wirtschaftsgüter einerseits und Trägern von Identität, Werten und Sinn andererseits dar. Mit dem UNESCO-Übereinkommen haben letztere vorerst einen Sieg errungen. Das UNESCO-Übereinkommen anerkennt das souveräne Recht zur Formulierung einer eigenen nationalen Kulturpolitik sowie die Doppelnatur kultureller Güter und Dienstleistungen.

Aus der Perspektive der Förderung kultureller Vielfalt steht der Urheber als Quelle der Kreativität im Mittelpunkt der Betrachtung. Gleichzeitig kann er jedoch nur ein primus inter pares sein. Denn auch er ist nur ein Akteur neben den Verwertern und den Nutzern. In ihrer Gesamtheit tragen sie gemeinschaftlich zu einer vielfältigen, sich stetig erneuernden Kulturlandschaft bei. Durch die demokratisierende Wirkung des Urheberrechts auf das kulturelle Wirken und die Schaffung eines Anreizes für das Individuum, kreativ tätig zu werden, erhöht sich die Zahl der kulturellen Produkte, die vom Publikum aufgenommen und reflektiert werden können.

Von dieser Vielfalt an kulturellen Werken profitiert die Gesellschaft.[339] Das Urheberrecht dient damit der Förderung der Kunst und Kultur und letztlich dem Wohle der Gesellschaft. Urheberrecht kann aber immer nur einen Teil der Förderung kultureller Vielfalt ermöglichen. Es wird jedoch immer von anderen Maßnahmen, wie Subventionen, Quoten, Förderung von Künstlern durch Stipendien o. ä., begleitet werden müssen.[340]

Das Urheberrecht erfüllt verschiedene Funktionen. Es kann ein Instrument der Kultur-, Industrie- und Sozialpolitik sein. Im Sinne der Förderung kultureller Vielfalt spielt die kulturpolitische Funktion des Urheberrechts eine besondere Rolle. Daneben muss jedoch auch die industriepolitische Funktion des Urheberrechts anerkannt werden. Wenn sich die Investitionen des Verwerters in die Verbreitung kultureller Werke nicht rentieren, so hat dies einen einschneidenden Effekt auf den Zugang zu kulturellen Produkten. Zwar hat das Internet und die digitale Technologie die Verwertung von kulturellen Produkten erheblich vereinfacht,[341] doch sind die klassischen, traditionellen Verbreitungswege immer noch von großer Bedeutung im Rahmen des Zugangs zu Kunst und Kultur.

---

339 VAN SHAFFER HOUWELING, Fn. 217 (2005), S. 1539.

340 Vgl. DIETZ, Fn. 205 (2004), S. 109 ff.

341 Siehe hierzu: KU, Fn. 238 (2007), S. 369 ff.

Gleichzeitig dürfen die industriepolitischen Aspekte nicht überbewertet werden. Geistiges Eigentum, insbesondere die Urheberrechte, bilden die Grundlage jeglicher wirtschaftlicher Aktivität im Bereich der kulturellen Ausdrucksformen. Diese zeitlich begrenzten Monopolrechte bergen allerdings auch die Gefahr, dass Verwerter diese herausgehobene Marktposition missbrauchen und durch Marktkonzentrationsprozesse, wie Fusionen und Übernahmen, einen unverhältnismäßig großen Einfluss darüber gewinnen, welche kulturellen Produkte der Allgemeinheit zugänglich sind.[342] Es besteht dann die Gefahr der Homogenisierung des kulturellen Angebots. Dem Wunsch nach Förderung der Vielfalt kultureller Ausdrucksformen steht diese Entwicklung entgegen.

Neben den Urhebern und Verwertern tragen auch die Nutzer zu einer Vielfalt kultureller Ausdrucksformen bei. Durch den Werkgenuss kommunizieren sie mit dem Urheber und stärken auf diese Weise gegenseitiges Verständnis und Toleranz - Grundbedingungen für eine pluralistische, demokratische Gesellschaft. Gleichzeitig ermöglichen die neuen Technologien auch die aktive Teilnahme der Nutzer am kreativen Schaffensprozess. Die Grenze zwischen Urhebern und Nutzern verschwimmt im digitalen Bereich zunehmend. Damit die Werknutzer ihren Beitrag zur Förderung der Vielfalt kultureller Ausdrucksformen leisten können, bedürfen sie des effektiven Zugangs zu kulturellen Werken. Dieser Zugang wird im Rahmen der Sozialbindung des Urheberrechts durch die Schrankenbestimmungen sichergestellt, welche Ausnahmen aus dem Urheberrecht für privilegierte, im öffentlichen Interesse stehende Werknutzung vorsehen.

Das Urheberrecht sollte deshalb nicht allein aus ökonomischer Perspektive betrachtet werden, sondern einen Ausgleich der Interessen aller beteiligten Akteure sicherstellen.

342 KU, Fn. 238 (2007), S. 394; PESSACH, Fn. 267 (2002-2003), S. 1071 ff.

Teil II: Urheberrecht im Verhandlungsverlauf und der Umsetzung des UNESCO-Übereinkommens

Das UNESCO-Übereinkommen wurde innerhalb einer Frist von weniger als zwei Jahren verhandelt. Diese bemerkenswert schnellen Verhandlungen dürfen jedoch nicht darüber hinwegtäuschen, dass der Verhandlungsprozess von harten Grabenkämpfen begleitet wurde. Strittig waren vor allem die unterschiedlichen Vorstellungen zu dem Begriff der Kultur, der nationalen Identität, der Souveränität sowie des Grades an wirtschaftlicher Freiheit.[343]

Gemäß der üblichen Praxis der UNESCO[344] verlief die Ausarbeitung dieses juristischen Instruments in zwei Stufen.[345] Zunächst berief der Generaldirektor der UNESCO, *Koïchiro Matsuura*, eine Gruppe von unabhängigen Experten mit unterschiedlichem kulturellen und fachlichen Hintergrund ein, die Vorschläge für einen ersten Entwurf eines internationalen, juristischen Instruments entwerfen sollten. Nach drei Treffen[346] legten die Experten einen ersten Entwurf vor.[347] Dieser wurde gemäß den Vorgaben der Generalkonferenz[348] der Welthandelsorganisation, der Konferenz der Vereinten Nationen für Handel und Entwicklung[349] (UNCTAD) und der Weltorganisation für geistiges Eigentum[350]

343 BURRI-NENOVA, Mira, The Protection and Promotion of Cultural Diversity at the International Level, SWISS NATIONAL CENTER OF COMPETENCE IN RESEARCH (2009), <http://ssrn.com/abstract=1370440> (zuletzt geprüft am: 10.03.2013), S. 2.

344 YUSUF, Abdulqawi A., UNESCO Practices and Procedures for the Elaboration of Standard-setting Instruments (S. 31-49), in: Abdulqawi A. Yusuf (Hrsg.), *Normative Action in Education, Science and Culture,* Paris (2007), S. 31 ff.

345 Vgl. allgemein zur Rolle von internationalen Organisationen im Rahmen der Ausarbeitung von Verträgen: ALVAREZ, José E., International Organizations as Law-Makers. Oxford et al. (2005), S. 282 f.

346 Erstes Treffen: 17.-20. Dezember 2003; Zweites Treffen: 30. März - 3. April 2004; Drittes Treffen: 28.-31. Mai 2004.

347 UNESCO, Preliminary Draft of a Convention on the Protection of the Diversity of Cultural Contents and Artistic Expressions. Expert Draft, CLT/CPD/2004/CONF-201/2 v. 07.2004.

348 UNESCO GENERAL CONFERENCE, Desirability of Drawing up an International Standard-setting Instrument on Cultural Diversity, 32 C/ Res. 34 v. 17.10.2003.

349 Konferenz der Vereinten Nationen für Handel und Entwicklung, United Nations Conference on Trade and Development (UNCTAD).

350 Weltorganisation für geistiges Eigentum, World Intellectual Property Organization (WIPO).

(WIPO) zur Stellungnahme übergeben.[351] Anschließend forderte der UNESCO Exekutivrat den Generaldirektor dazu auf, Treffen von Regierungsexperten einzuberufen, mit dem Ziel der weiteren Ausarbeitung des Instruments.[352] Der Entwurf der unabhängigen Expertenkommission diente den Regierungsexperten als Verhandlungsvorlage. Nach drei Treffen[353] der Regierungsexperten konnte die zweite Stufe der Verhandlungen erfolgreich abgeschlossen werden.

Begleitet wurden diese Treffen von einem Entwurfsausschuss, welcher zunächst im Dezember 2004 zusammentrat, um einen überarbeiteten Textentwurf[354] mit den Kommentaren von über 80 Staaten, internationalen Organisationen und Nichtregierungsorganisationen anzufertigen. Nach dem zweiten Treffen der Regierungsexperten, auf dem die Teilnehmer den überarbeiteten Textentwurf des Entwurfsausschusses diskutiert hatten, legte der Generaldirektor den Mitgliedstaaten sieben Monate vor der 33. Generalkonferenz einen ersten Zwischenbericht über bis dahin erzielte Fortschritte bei den Verhandlungen vor.[355]

Zwischen dem zweiten und dritten Treffen der Regierungsexperten trafen sich der Vorsitzende der Verhandlungskonferenz, *Kader Asmal*, der Vorsitzende des Entwurfsausschusses, *Jukka Liedes*, sowie einige Repräsentanten der UNESCO in Kapstadt/Südafrika. Im Auftrag der Verhandlungspartner sollten sie auf der Grundlage der Verhandlungsergebnisse des zweiten Treffens der Regierungsexperten einen Kompromissentwurf erarbeiten. Dieser sogenannte Kapstadt-Entwurf[356] diente als Grundlage der Verhandlungen während der folgenden dritten Verhandlungsrunde im Mai/Juni 2005 in Paris.

---

351 UNESCO, Preliminary Draft Convention on the Protection of the Diversity of Cultural Contents and Artistic Expressions. Presentation of Comments and Amendments, CLT/CPD/2004/CONF.607/1, Part IV v. 12.2004, S. 22 ff.

352 UNESCO EXECUTIVE BOARD, Decisions Adopted by the Executive Board at its 169th Session. Paris, 14 - 28 April 2004, 169 EX/Decisions v. 25.05.2004, Decision 3.7.2.

353 Erstes Treffen: 20. - 24. September 2005; Zweites Treffen: 31. Januar - 11. Februar 2005; Drittes Treffen: 25. Mai - 3. Juni 2005.

354 UNESCO, Preliminary Draft Convention on the Protection of the Diversity of Cultural Contents and Artistic Expressions Text Revised by the Drafting Committee, CLT/CPD/2004/CONF.607/6 v. 23.12.2004.

355 UNESCO DIRECTOR-GENERAL, Preliminary Report of the Director-General Containing Two Preliminary Drafts of a Convention on the Protection of the Diversity of Cultural Contents and Artistic Expressions. Composite Text - Appendix 1; Consolidated Text - Appendix 2, CLT/CPD/2005/CONF.203/6 v. 03.03.2005.

356 UNESCO EXECUTIVE BOARD, Consolidated Draft. Appendices 1 and 2 to the Preliminary Report by the Director-General on the Draft Convention on the Protection of the

Das dritte Treffen der Regierungsexperten sollte zugleich die Verhandlungen abschließen. Mit entsprechendem Druck trafen sich die Regierungsexperten im Mai/Juni 2005 in Paris. Trotz erheblichen Widerstands einiger Teilnehmer[357] gelang es den Verhandlungspartnern, sich auf eine gemeinsame Version des UNESCO-Übereinkommens zu einigen. Der Entwurf lag den Delegierten der 33. Generalkonferenz der UNESCO planmäßig zur Annahme vor. Das Übereinkommen über den Schutz und die Förderung der Vielfalt kultureller Ausdrucksformen wurde nach nur zweijähriger Verhandlungsdauer am 20. Oktober 2005 während der 33. Generalkonferenz der UNESCO von 148 der 154 anwesenden Staaten angenommen.[358]

A. Urheberrecht in der Allgemeinen Erklärung zur kulturellen Vielfalt und im Aktionsplan

Die Passagen mit Bezug zu Urheberrechten sind in der *Allgemeinen Erklärung zur kulturellen Vielfalt* (AEKV)[359] in Art. 5 und Art. 8 formuliert.[360] Während Art. 5 der Erklärung auf die Bedeutung kultureller Rechte zur Förderung der kulturellen Vielfalt eingeht, beschreibt Art. 8 AEKV die besondere Bedeutung vielfältiger kultureller Güter und Dienstleistungen.

Artikel 5 AEKV benennt das Urheberrecht nicht explizit. Stattdessen heißt es dort:

Diversity of Cultural Contents and Artistic Expressions; 2005, 171 EX/INF.18 App. II v. 21.04.2005.

357 Insbesondere die USA, vgl. HELFER, Laurence R., Toward a Human Rights Framework for Intellectual Property, in: *University of California, Davis* 40 (2007), S. 1002; SCHORLEMER, Introduction, in: Schorlemer/Stoll (Hrsg.), The UNESCO Convention on the Protection and Promotion of the Diversity of Cultural Expressions. Explanatory Notes, Berlin et al. (2012), S. 8 ff.

358 Gegenstimmen: zwei (USA, Israel); Stimmenenthaltungen: vier (Australien, Honduras, Liberia, Nicaragua); UNESCO GENERAL CONFERENCE, Records of the 33rd Session of the General Conference, Paris, 2005. Proceedings, Vol. II v. 20.07.2007, Rdnr. 64.1; MERKEL, Christine M., Kulturelle Vielfalt und Kulturerbe. Die 33. Generalkonferenz der UNESCO. Das UNESCO-Kulturprogramm 2006-2007 (2005), <http://deposit.ddb.de/ep/netpub/28/34/66/972663428/_data_dync/_stand_Dezember_2006/1105/gk33clt.htm> (zuletzt geprüft am: 10.03.2013).

359 UNESCO-GENERALKONFERENZ, Fn. 40 (November 2001).

360 Dazu auch DIETZ, Fn. 205 (2004), S. 109 ff.

> „Die Entwicklung kreativer Vielfalt erfordert die vollständige Umsetzung der kulturellen Rechte, die in Artikel 27 der Allgemeinen Erklärung der Menschenrechte und in den Artikeln 13 und 15 des Internationalen Paktes über wirtschaftliche, soziale und kulturelle Rechte aufgeführt werden."[361]

Neben der rechtsunverbindlichen *Allgemeinen Erklärung der Menschenrechte*, werden auch rechtsverbindliche Instrumente zum internationalen Menschenrechtsschutz zitiert. In Art. 15 Abs. 2 lit. c) des Internationalen Paktes über wirtschaftliche, soziale und kulturelle Rechte erkennen die Vertragsstaaten das Recht eines jeden an, den Schutz der geistigen und materiellen Interessen zu genießen, die ihm als Urheber von Werken der Wissenschaft, Literatur oder Kunst erwachsen. Artikel 15 IPWSKR begründet damit ein Menschenrecht auf Urheberrechtschutz.[362] Mit dem Verweis erkennen die Mitgliedstaaten der UNESCO an, dass der Schutz der Urheberrechte zur Förderung kultureller Vielfalt beiträgt.

Artikel 8 AEKV zielt auf ein vielfältiges Angebot an kulturellen Gütern und Dienstleistungen, die einen besonderen dualen Charakter verkörpern.

> „Angesichts des aktuellen wirtschaftlichen und technologischen Wandels, der umfassende Möglichkeiten für Kreation und Innovation eröffnet, muss der Vielfalt des Angebots an kreativer Arbeit besondere Aufmerksamkeit gewidmet werden, gleichzeitig müssen auch die Urheberrechte von Autoren und Künstlern sowie die Besonderheit kultureller Güter und Dienstleistungen anerkannt werden, die als Träger von Identitäten, Wertvorstellungen und Sinn nicht als einfache Waren oder Konsumgüter betrachtet werden können."[363]

Artikel 8 AEKV beinhaltet drei wesentliche Aspekte: 1) die besondere Aufmerksamkeit auf ein vielfältiges Angebot, 2) die Anerkennung der Urheberrechte und 3) die Berücksichtigung der dualen Natur kultureller Güter und Dienstleistungen. Im Zusammenhang mit dem Urheberrecht sind vor allem die letzten beiden Aspekte von besonderer Bedeutung.[364]

Kulturelle Güter und Dienstleistungen sind einerseits Produkte des Wirtschaftskreislaufs, andererseits aber auch Träger von Identität sowie Moral- und Wertvorstellungen. Wichtig an dieser Formulierung ist nicht der Verweis, dass kulturelle Güter und Dienstleistungen auch Wirtschaftsgüter darstellen, sondern

---

361 Art. 5 AEKV.

362 Selbst wenn auch Art. 15 IPWSKR aufgrund divergierender Interessen im Rahmen der Aushandlung das Wort ‚Urheberrecht' meidet. Vgl. SCHNEIDER, Fn. 166 (2006), S. 84 ff.

363 Art. 8 AEKV.

364 Vgl. HAZUCHA, Branislav, Intellectual Property and Cultural Diversity, in: *Intell. Prop. L. & Pol'y J.* (2010), S. 4.

dass ihre ideellen Eigenschaften ebenso bedeutsam sind. Eine allein ökonomische Bewertung dieser Produkte, wie sie im Rahmen der WTO stattfindet, ist im Umgang mit öffentlichen Gütern,[365] zu denen kulturelle Güter gehören, folglich nicht angemessen.[366]

Der Verweis auf die Notwendigkeit des Urheberrechtsschutzes basiert auf den Erfahrungen, die die Mitgliedstaaten mit der rasanten technischen Entwicklung der letzten Jahrzehnte gesammelt haben. Der technologische Fortschritt hat eine Vielzahl neuer Verwertungsmöglichkeiten kultureller Güter und Dienstleistungen hervorgebracht. Beispielsweise führten Internettauschbörsen zu einem raschen Anstieg der Verbreitung von Musiktiteln. Gleichzeitig ermöglicht die neue Technik jedoch auch unerlaubte Vervielfältigungen urheberrechtlich geschützter Werke, bei denen der Urheber bzw. der Rechteinhaber um seine vorgesehene Entlohnung für sein kreatives Schaffen gebracht wird. In der Wahrnehmung der Staaten wurde die Piraterie urheberrechtlich geschützter Werke zu einem der bestimmenden Themen aktuellen wirtschaftspolitischen Handelns.[367] In Art. 8 AEKV wird deutlich, dass die Verhandlungspartner diese Situation als eine Gefahr für die Vielfalt des Angebots an kreativen Produkten ansehen und folglich eine gebührende Anerkennung der Urheberrechte einfordern.

Neben der Erklärung verabschiedeten die Mitgliedstaaten der UNESCO auch einen Aktionsplan. In zwei Punkten verweist der Aktionsplan auf den

---

365 Öffentliche Güter sind Güter im Interesse der Allgemeinheit. Sie sind durch Nicht-Rivalität im Konsum und dem damit verbundenen Free-rider-Problem gekennzeichnet. Da niemand vom Nutzen der Güter ausgeschlossen werden kann, unabhängig davon, ob er für die Bereitstellung des Gutes zahlt oder nicht, kommt es über kurz oder lang zu Marktversagen. Dies äußert sich in einer Unterversorgung mit öffentlichen Gütern. Eine Lösung liegt in staatlicher Regulierung zur Gewährleistung einer ausreichenden Bereitstellung öffentlicher Güter im Interesse der Allgemeinheit. Vgl. für die Problematik öffentlicher Güter im Rahmen der Rechtsprechung der WTO: SHAFFER, Gregory C., Recognizing Public Goods in WTO Dispute Settlement: Who Participates? Who Decides?, in: *JIEL* 7 (2004), S. 459 ff.

366 Zum Hintergrund und zur Bedeutung der Anerkennung der kulturellen und wirtschaftlichen Dimension vgl. BERNECKER, Roland, Zur Genese eines Völkerrechtsvertrags, in: *UNESCO heute* 52 (2005), S. 6 f.

367 Vgl. hierzu das unter Ausschluss der Öffentlichkeit verhandelte Plurilaterale Anti-Fälschungsabkommen, das am 1. Oktober 2011 von den Verhandlungspartnern angenommen wurde und derzeit den innerstaatlichen Ratifikationsprozess durchläuft. Anti-Counterfeiting Trade Agreement (ACTA) v. 01.10.2011; siehe auch BLAKENEY, Fn. 38 (2011), S. 20 ff.

Schutz geistigen Eigentums, insbesondere auf den Schutz von Urheberrechten. In Punkt 16 des Aktionsplans heißt es:

> „Sicherstellung des Schutzes des Urheberrechts und benachbarter Rechte im Interesse der Entwicklung der zeitgenössischen Kreativität und gerechte Bezahlung kreativer Arbeit; gleichzeitig sollte das öffentliche Recht auf Zugang zu Kultur in Übereinstimmung mit Art. 27 der Allgemeinen Erklärung der Menschenrechte sichergestellt werden."[368]

Dementsprechend weisen die Mitgliedstaaten darauf hin, dass zum Schutz kultureller Vielfalt ein Gleichgewicht zwischen dem Schutz von Urheberrechten auf der einen Seite und dem Recht der Öffentlichkeit zum Zugang zu kulturellen Aktivitäten, Gütern und Dienstleistungen auf der anderen Seite gewahrt werden muss. Der Schutz der Urheberrechte dient nach Ansicht der Mitgliedstaaten keinem Selbstzweck. Stattdessen sollen Urheberrechte der Förderung der Kreativität dienen. Auch das Recht auf Zugang der Öffentlichkeit zu kulturellen Werken wird in Punkt 16 näher bestimmt. Es gilt demnach nicht grenzenlos, sondern steht unter dem Vorbehalt des Art. 27 AEMR. Auch dieser Artikel beinhaltet den Gedanken des Ausgleichs zwischen dem Recht des Autors auf Schutz seiner moralischen und materiellen Interessen an seinem künstlerischen, wissenschaftlichen oder literarischen Werk (Art. 27 Abs. 2 AEMR) einerseits und dem Recht eines jeden auf Teilhabe am kulturellen Leben der Gemeinschaft (Art. 27 Abs. 1 AEMR) andererseits.

Der zweite Verweis auf die Bedeutung von geistigem Eigentum für den Schutz der kulturellen Vielfalt findet sich in Punkt 17 des Aktionsplans. Dort heißt es:

> „Unterstützung bei der Schaffung oder der Konsolidierung von Kulturindustrien in den Entwicklungsländern und Schwellenländern, Zusammenarbeit bei der Entwicklung der notwendigen Infrastrukturen und Fähigkeiten, Förderung des Entstehens von tragfähigen lokalen Märkten und Erleichterung des Zugangs von Kulturprodukten dieser Staaten zu globalen Märkten und internationalen Verbreitungsnetzwerken."[369]

Obwohl Urheberrechte hier nicht explizit genannt sind, wird dennoch der Bezug zu geistigem Eigentum deutlich. Ziel des Aktionspunktes ist die Förderung der Kulturindustrie in Entwicklungs- und Schwellenländern. Grundlage dieser Industrie bildet der Schutz geistigen Eigentums. Ohne die Gewährung und Durchsetzung von Ausschließlichkeitsrechten, die die unerlaubte Verbreitung und Zugänglichmachung eines Werkes untersagt, entsteht kein Markt für kulturelle Gü-

---

368 UNESCO-Generalkonferenz, Fn. 102 (November 2001), Ziff. 16.

369 UNESCO-Generalkonferenz, Fn. 102 (November 2001), Ziff. 17.

ter und Dienstleistungen. Dies liegt an der besonderen Eigenschaft dieser Produkte, deren Schöpfung meist viel Zeit und Kreativität beansprucht sowie Kosten verursacht. Zumal deren Vervielfältigung häufig in nur dem Bruchteil einer Sekunde und zu marginalen Kosten möglich ist. Illegales Kopieren verursacht volkswirtschaftliche Kosten und privatwirtschaftlichen Schaden.[370] Der effektive Schutz geistigen Eigentums ist die Grundlage zum Aufbau einer vielfältigen Kulturlandschaft, die zudem einen wesentlichen Beitrag zur wirtschaftlichen Leistungsfähigkeit eines Landes leisten kann. Dies gilt umso mehr, wenn das reiche kulturelle Erbe vieler Entwicklungsländer in Betracht gezogen wird.[371]

Sowohl in der Erklärung als auch im Aktionsplan wird gefordert, dass die Rechte des Urhebers mit den Rechten aller an der Teilhabe am kulturellen Leben ausgeglichen werden müssen. Konkret spiegelt sich dies in den Verweisen auf Art. 15 IPWSKR und Art. 27 AEMR. Dort werden jeweils die beiden Seiten der Medaille –Schutz und Zugang – berücksichtigt.

B. Phase I: Vorarbeiten zum UNESCO-Übereinkommen – Urheberrechte im Entwurf der unabhängigen Experten

I. Das Mandat zur Ausarbeitung eines neuen UNESCO-Übereinkommens

In Art. 12 lit. c AEKV fällt der UNESCO die Aufgabe zu,

> “ihre Aktivitäten im Bereich der Normenbildung, der Bewusstseinsbildung und der Unterstützung bei der Entwicklung institutioneller Ressourcen in den Be-

370 Eine kritische Sicht dazu vertritt *Oz Shy*. „Tatsächlich (…) schadet die Verletzung des Copyrights den Eigentümern des geschützten Materials nicht. Im Gegenteil kann sie den Künstlern höchste Popularität und den Medienunternehmen schließlich statte Gewinne bescheren.“ Allerdings bewertet der Ökonom nicht allein die Gewinne bzw. Verluste aus CD-Verkäufen, sondern bezieht auch Gewinne aus Live-Auftritten, TV-Engagements und Werbung mit ein. Vgl. SHY, Oz, Netzpiraten vs. Medienmogule, in: *WBZ Mitteilungen (*2005), S. 26.

371 Allerdings soll diese Aussage nicht darüber hinweggehen, dass der Urheberrechtsschutz dem entsprechenden Entwicklungsland angemessen sein sollte. Eine „one size fits all“-Politik kann nicht im Sinne des UNESCO-Übereinkommens sein. Siehe auch Teil III, D, III dieser Arbeit.

reichen fortzusetzen, die sich im Rahmen ihrer Zuständigkeit auf die vorliegende Erklärung beziehen“[372].

Diese Aufgabe wird durch Punkt 1 des Aktionsplans konkretisiert. Darin kommen die Mitgliedstaaten überein, die Zweckmäßigkeit eines neuen standardsetzenden Instruments zum Schutz der kulturellen Vielfalt zu prüfen. Der UNESCO-Exekutivrat beschloss daraufhin in seiner 166. Sitzung im April 2003 die Ausarbeitung eines internationalen Instruments zum Schutz kultureller Vielfalt auf die Tagesordnung der 32. Generalkonferenz der UNESCO-Mitgliedstaaten zu setzen.

Auf der Grundlage der vorausgegangenen Studien des Sekretariats[373] und des Generaldirektors sowie den Empfehlungen des Exekutivrates und der IV. Kommission für Kultur verabschiedete die Generalkonferenz per Akklamation in ihrer 32. Sitzung im Oktober 2003 eine Resolution, in der der Generaldirektor mit der Ausarbeitung eines neuen Instruments in Form eines Übereinkommens zum Schutz der Vielfalt kultureller Inhalte und künstlerischer Ausdrucksformen beauftragt wurde.[374] Der Verabschiedung gingen vehemente Diskussionen um die Erarbeitung eines solchen Instruments voraus. Die USA versuchten, mit einem eigenen Entwurf einer Resolution,[375] die Ausarbeitung eines internationalen Instruments zum Schutz der kulturellen Vielfalt in Form eines verbindlichen Vertrags zu verhindern, setzten sich aber letztendlich nicht durch.[376] Als Kompromiss wurde dem U.S.-amerikanischen Anliegen, den Schutz geistigen Eigentums in das Instrument aufzunehmen, entsprochen. Absatz 7 der von der Generalkonferenz angenommenen Resolution lautet dementsprechend wie folgt:

> „Recognizing the importance to artists and creators of intellectual property protection."[377]

---

372 Art. 12 lit. c UNESCO-GENERALKONFERENZ, Fn. 40 (November 2001).

373 UNESCO, Preliminary Study on the Technical and Legal Aspects Relating to the Desirability of a Standard-Setting Instrument on Cultural Diversity, 166 EX/28 v. 12.03.2003.

374 UNESCO GENERAL CONFERENCE, Fn. 348 (17.10.2003).

375 UNITED STATES OF AMERICA, Draft Resolution submitted by the United States of America, 32 C/Com.IV/DR.5 v. 2003.

376 UNESCO GENERAL CONFERENCE, Report of Commission IV, 32 C/74 v. 16.10.2003, Ziff. 28. Die Verhandlungspartner erwarteten aber auch bereits die Verhinderungstaktik der USA. Vgl. REITOV, Ole, Conference on Cultural Diversity. 29 November 2002, Kopenhagen (2002), <http://www.info.images.dk/dccd/cku.nsf/images/udgivelser/$file/div.layout.pdf> (zuletzt geprüft am: 10.03.2013), S. 63.

377 UNESCO GENERAL CONFERENCE, Fn. 348 (17.10.2003), Abs. 7.

Mit der Anerkennung des geistigen Eigentums im Rahmen der Erwägungsgründe der Resolution zur Ausarbeitung eines internationalen Instruments zum Schutz der Vielfalt kultureller Inhalte und künstlerischer Ausdrucksformen wiesen die Mitgliedstaaten darauf hin, dass der Schutz geistigen Eigentums ein wesentliches Instrument zur Wahrung der kulturellen Vielfalt darstellt.

II. Urheberrecht im Entwurf der unabhängigen Experten

1. Explizite Erwähnung von geistigem Eigentum im Expertenentwurf

Im Entwurf der unabhängigen Experten[378] haben Regelungen mit Bezug zum Urheberrecht auf zwei verschiedene Arten Eingang gefunden. Einerseits gibt es Regelungen, in denen Urheberrechte explizit erwähnt werden. Andererseits umfasst der Expertenentwurf auch Regelungen, in denen Urheberrechte keine direkte Erwähnung finden, deren Inhalt aber einen engen Zusammenhang mit dem Urheberrecht nahe legt.

Innerhalb der ersten Gruppe gibt es vier Passagen, in denen Urheberrechte direkt benannt wurden. Zunächst betonten die Experten in Abs. 9 der Präambel des Expertenentwurfs

> „(…) the vital role of the creative act, which nurtures and renovates cultural expressions, and hence the vital role of artists and other creators, whose work needs to be endowed with appropriate intellectual property rights (…)“[379].

Die Werke von Urhebern und anderen Kreativen sollen demnach mit angemessenen geistigen Eigentumsrechten geschützt werden. Beachtlich ist in diesem Zusammenhang die Qualifizierung der geistigen Eigentumsrechte mit dem Begriff „angemessen“. Folglich haben sich die Experten nicht darauf beschränkt, auf die bestehenden Regelungen zum geistigen Eigentum hinzuweisen, sondern durch den Zusatz „angemessen“ zum Ausdruck gebracht, dass das Schutzniveau so ausgestaltet werden muss, dass kreatives Schaffen gefördert und nicht durch ein überbordendes Maß erstickt bzw. durch zu gehaltlose Regelungen verwässert wird. Ein angemessener Urheberrechtsschutz ist dann gegeben, wenn die Interessen der Urheber, Verwerter und Werknutzer ausgeglichen werden. Nur so kann das Ziel eines angemessenen Schutzniveaus geistiger Eigentumsrechte, wie

378 UNESCO, Fn. 347 (07.2004).

379 UNESCO, Fn. 347 (07.2004), Präambelabs. 9.

es in Abs. 9 der Präambel gefordert wird, die Vielfalt kultureller Ausdrucksformen fördern.

Auch im Rahmen der Begriffsbestimmungen des Art. 4 Abs. 4 lit. c Expertenentwurf wird das Urheberrecht als Charakteristika von kulturellen Gütern und Dienstleistungen benannt. Dort heißt es:

> „(…) they generate, or may generate, intellectual property, whether or not they are protected under existing intellectual property legislation.“[380]

Urheberrecht gilt neben anderen Aspekten als ein Merkmal für kulturelle Güter und Dienstleistungen. Diese Definition räumt jedoch eine gewisse Flexibilität ein. Demnach müssen nicht alle von dem UNESCO-Übereinkommen umfassten kulturellen Güter und Dienstleistungen tatsächlich dem Schutz geistigen Eigentums unterliegen. Es reicht aus, dass die kulturellen Güter und Dienstleistungen über das Potential zum Schutz durch geistiges Eigentum verfügen. Damit sind auch kulturelle Güter und Dienstleistungen eingeschlossen, die bereits gemeinfrei geworden sind oder jene, die aus einem Gebiet stammen, in dem bisher keine Regelungen zum geistigen Eigentum existieren.[381] Auch zielte diese Formulierung darauf ab, traditionelle kulturelle Ausd rucksformen abzudecken. Sie erfüllen zwar nicht alle Voraussetzungen für den Urheberrechtsschutz und würden damit in einer engen Auslegung nicht subsumiert werden können, doch die Intension der Experten zielte auf die Ausweitung des sachlichen Anwendungsbereiches auf traditionelle kulturelle Ausdrucksformen.

Auch in Art. 4 Abs. 7 i. V. m. Anhang II Expertenentwurf wird das Urheberrecht für die Begriffsbestimmung zu Hilfe genommen. Artikel 4 Abs. 7 Expertenentwurf definiert den Begriff Kulturpolitik als lokale, regionale, nationale und internationale Politiken, die kulturelle Ausdrucksformen betreffen oder sich auf sie auswirken. Zur näheren Erläuterung enthält Anhang II eine nichtabschließende Liste mit Beispielen für den Anwendungsbereich und die Mittel der Kulturpolitik. Darunter wird auch explizit auf das Urheberrecht verwiesen.

Im Rahmen der im UNESCO-Übereinkommen festgehaltenen Rechte und Pflichten der Vertragsstaaten wird der Bereich des Urheberrechts in Art. 7 Abs. 2 lit. b Expertenentwurf explizit benannt. Demnach müssen die Staaten sicherstellen, dass

---

380 Art. 4 Abs. 4 lit. c UNESCO, Fn. 347 (07.2004).

381 UNESCO, Second Meeting of Experts (Category VI) on the Preliminary Draft of the Convention on the Protection of the Diversity of Cultural Contents and Artistic Expressions. Comments and Formulations Proposed by the Experts. Working Document – A, CLT/CPD/2004/602/1 rev v. 26.03.2004, S. 12.

> „(...) intellectual property rights are fully respected and enforced according to existing international instruments, particularly through the development or strengthening of measures against piracy.“[382]

Im Gegensatz zu dem als „angemessen“ qualifizierten Verweis auf geistiges Eigentum in Abs. 9 der Präambel des Expertenentwurfs, beschränkten sich hier die Experten auf den umfassenden Schutz und die Durchsetzung des derzeit bestehenden Schutzniveaus für geistiges Eigentum auf internationaler Ebene.[383] Jeder Mitgliedstaat kann jedoch nur in dem Maße an die derzeit existierenden internationalen Instrumente zum Recht des geistigen Eigentums gebunden sein, wie er diese Verträge auch ratifiziert hat. Entsprechend entstehen für Vertragsparteien keine neuen Rechte und Pflichten im Rahmen des Urheberrechts. Das UNESCO-Übereinkommen bestätigt damit lediglich die Verpflichtungen die die Vertragsparteien bereits in anderen Foren, bspw. der WIPO oder der WTO, eingegangen sind.

Im zweiten Teilsatz des Art. 7 Abs. 2 lit. b Expertenentwurf werden die Staaten zudem explizit dazu angehalten, Maßnahmen zu entwickeln und zu stärken, die auf die Bekämpfung der Produktpiraterie abzielen. Mit dieser Aufforderung bekräftigen die Experten noch einmal die Notwendigkeit einer effektiven Durchsetzung der Rechte des geistigen Eigentums. Nur wenn der Künstler sicher sein kann, dass die ihm zustehenden Rechte auch durchgesetzt werden, kann er tatsächlich die Früchte seiner kreativen Tätigkeit genießen und sein Werk ungehindert verbreiten. Die Gewährung von Urheberrechten allein reicht aber nicht aus, um ein Klima zu schaffen, in dem sich Künstler und andere Kulturschaffende schöpferisch betätigen können und zu einer Vielfalt kultureller Ausdrucksformen beitragen. Auch die Durchsetzung von geistigen Eigentumsrechten und der Schutz gegen Raubkopien, d.h. die unerlaubte Vervielfältigung von Originalwerken, sind zur Förderung der Vielfalt kultureller Ausdrucksformen notwendig.

Schließlich werden geistige Eigentumsrechte in der Option A des Art. 19 Abs. 1 Expertenentwurf explizit erwähnt. Darin heißt es:

---

382 Art. 7 Abs. 2 lit. b UNESCO, Fn. 347 (07.2004).

383 Die NGO *Communication Rights in the Information Society* bemängelt, dass die Interessen der Allgemeinheit auf Zugang keine Berücksichtigung in dieser Formulierung gefunden haben. Stattdessen wurde einseitig auf den Schutz und die Durchsetzung von geistigem Eigentum abgestellt. CRIS, Comments on the Preliminary Draft Convention on the Protection of the Diversity of Cultural Content and Artistic Expressions, S. 6 f.

> „Nothing in this Convention may be interpreted as affecting the rights and obligations of the State Parties under any existing international instrument relating to intellectual property rights to which they are parties.“[384]

Artikel 19 Expertenentwurf ist eine Kollisionsnorm, die das Verhältnis des UNESCO-Übereinkommens zu anderen internationalen Instrumenten regelt. Nach Abs. 1 Option A des Artikels sollen die Verträge zum geistigen Eigentum nicht durch das UNESCO-Übereinkommen beeinflusst werden.

Alle anderen Abkommen stehen jedoch nach Abs. 2 der Option A des Art. 19 Expertenentwurf unter Vorbehalt ihrer Wirkung auf die Vielfalt kultureller Ausdrucksformen. Für den Fall, dass die Ausübung von Rechten und Pflichten aus anderen Verträgen die Vielfalt kultureller Ausdrucksformen ernsthaft schädigt oder bedroht, soll das UNESCO-Übereinkommen vor diesen Verträgen Vorrang genießen. Demgegenüber sollen laut Option B die Bestimmungen des UNESCO-Übereinkommens keine Auswirkungen auf Regelungen in anderen internationalen Instrumenten haben.

Die Sonderstellung der geistigen Eigentumsrechte nach Option A bestätigt die völkerrechtlichen Verträge in diesem Bereich. Ziel dieser Sonderstellung war es, die Rechte der Autoren und anderer kreativ Tätiger zu schützen und gleichzeitig sicherzustellen, dass das UNESCO-Übereinkommen keine neuen Rechte und Pflichten im Bereich des Schutzes geistigen Eigentums begründet.[385]

2. Impliziter Bezug zu Urheberrechten im Expertenentwurf

Neben den expliziten Verweisen auf Rechte des geistigen Eigentums im Expertenentwurf finden sich auch einige Passagen, in denen das Recht des geistigen Eigentums, insbesondere das Urheberrecht, zwar nicht ausdrücklich benannt wird, aber ein enger Zusammenhang zwischen dem Regelungsgehalt des Artikels und dem Urheberrecht besteht. Beispielsweise kann dieser Zusammenhang im Verweis auf Rechtsgebiete, die nicht ausschließlich, so doch aber partiell urheberrechtliche Regelungen aufgreifen oder diese unterstützten, hergestellt werden. Dazu zählt der Verweis auf internationale Instrumente des Menschenrechtsschutzes, wie sie in Präambelabs. 4 oder in Art. 2 Abs. 1 Expertenentwurf zu finden sind. Eine andere Art der Herstellung eines Zusammenhangs erfolgt durch die Verwendung von Begriffen, die sowohl im Bereich des Urheberrechts

384 Art. 19 Abs. 1, Option A UNESCO, Fn. 347 (07.2004).

385 UNESCO, Fn. 381 (26.03.2004), S. 23.

als auch im Bereich der kulturellen Vielfalt Schlüsselbegriffe darstellen.[386] Einer dieser Begriffe ist „Zugang“.

a) Verweise auf internationale Menschenrechtsinstrumente

Die Experten wiesen im UNESCO-Übereinkommen an mehreren Stellen auf die große Bedeutung der Verwirklichung der Menschenrechte für die Förderung und den Schutz der Vielfalt kultureller Ausdrucksformen hin.[387] Dabei wird der Umfang der hier angesprochenen Menschenrechte durch den Verweis auf die AEMR und die universell anerkannten Instrumente zum Menschenrechtsschutz näher präzisiert. Sowohl Art. 27 Abs. 2 AEMR als auch Art. 15 Abs. 1 lit. c IPWSKR fordern die Unterzeichnerstaaten dazu auf, das Recht eines jeden auf

> „(…) den Schutz [seiner] geistigen und materiellen Interessen, (…) die ihm als Urheber von Werken der Wissenschaft, Literatur oder Kunst erwachsen“,[388]

zu achten. Damit führt der Verweis auf den Schutz der Menschenrechte gleichzeitig auch immer zu der Aufforderung des Schutzes geistigen Eigentums von Urhebern.[389] Auf der anderen Seite weisen diese Menschenrechtsinstrumente jedoch auch auf das Recht eines jeden hin, am kulturellen Leben frei teilzuhaben, und setzen einem alles umfassenden Urheberrecht Schranken.[390] Diese Forderung umfasst auch den Zugang zu kulturellen Ausdrucksformen.

---

386 HELFER, Fn. 357 (2007), S. 1003.

387 Präambelabs. 4; Art. 2 Abs.1 ÜVKA.

388 Art. 15 Abs. 1 lit. c IPWSKR. Vgl. dazu SCHNEIDER, Fn. 166 (2006), passim.

389 SCHNEIDER, Fn. 166 (2006), passim; DIETZ/FRANCON, Fn. 163 (1998), S. 7 ff.; ECOSOC, Resolution 2001/21 Intellectual Property and Human Rights, E/CN.4/Sub.2/ 2001/L.11/Add.2 v. 16.08.2001, S. 12; COMMITTEE ON ECONOMIC SOCIAL AND CULTURAL RIGHTS, Fn. 101 (12.01.2006). Allerdings ergibt sich daraus nicht zwangsläufig das heute bestehende Schutzniveau. Vgl. MACMILLAN, Fn. 23 (05.2007), S. 2 f.

390 Art. 15 Abs. 1 lit. a IPWSKR ähnlich auch Art. 27 Abs. 1 AEMR; Vgl. dazu SCHNEIDER, Fn. 166 (2006), S. 366 ff.; WIPO, Intellectual Property and Human Rights. A Panel Discussion to Commemorate the 50th Anniversary of the Universal Declaration of Human Rights, Geneva, 9 November 1998. Geneva (2000).

b) „Zugang“ als Schlüsselbegriff aus dem Bereich des Urheberrechts

Die rechtliche Grundlage des Zugangs zu einer Vielzahl kultureller Ausdrucksformen bildet das Urheberrecht. Dabei bestimmen Urheberpersönlichkeitsrechte wie auch Verwertungsrechte gleichermaßen den Zugang zu einem Werk.

Im Bereich der Urheberpersönlichkeitsrechte stellt das Recht auf Erstveröffentlichung einen wichtigen Anknüpfungspunkt für das UNESCO-Übereinkommen dar. So haben Individuen erst dann Zugang zu eigenen und fremden kulturellen Ausdrucksformen (Art. 7 Abs. 1 lit. a und b Expertenentwurf), wenn der Urheber sein Werk der Öffentlichkeit preisgegeben hat und damit sein Recht auf Erstveröffentlichung in Anspruch nahm.[391] Damit kann die Öffentlichkeit erst Zugang zu dem Werk eines Urhebers verlangen, wenn dieses den privaten Bereich des Urhebers verlassen hat.

Einen noch größeren Einfluss auf den Zugang zu kulturellen Ausdrucksformen haben die urheberrechtlichen Verwertungsrechte. Zeitlich beschränkt auf 70 Jahre nach dem Tod des Urhebers steht dem Urheber eine angemessene Vergütung für die Nutzung seiner Werke im Rahmen verschiedenster Verwertungsarten zu.[392] Häufig sind die Nutzung und die damit fällige Vergütung eines Werkes mit dem Zugang zu diesem Werk verbunden. So wird durch den Kauf eines Buches oder einer Musik-CD ein Bruchteil des Preises durch die Verwertungsgesellschaften an den Urheber ausgeschüttet. Zwar stellen die sich im Preis spiegelnden Kosten der Produktion, des Marketings oder der Aufführung die weitaus größere finanzielle Hürde beim Zugang zu kulturellen Ausdrucksformen dar, doch errichtet auch das Urheberrecht finanzielle Barrieren. Selbst der vermeintlich kostenfreie Zugang zu kulturellen Ausdrucksformen durch Bibliotheken oder Museen, verlangt finanzielle Aufwendungen, wenn auch nicht vom Einzelnen, so doch von den Steuerzahlern insgesamt. Folglich ist der Zugang zu Werken und deren Genuss immer mit der Zahlung einer angemessenen Vergütung an den Urheber verbunden.

---

391 Im internationalen Urheberrecht fehlt allerdings ein solches Recht, wie es in § 12 des deutschen Urheberrechts verankert ist. Diese Tatsache kann jedoch durch den engen Zusammenhang zwischen den Verwertungsrechten und dem Veröffentlichungsrecht nicht als entscheidender Mangel betrachtet werden. Vgl. DIETZ, Adolf/ PEUKERT, Alexander, § 15 Grundlagen des Urheberpersönlichkeitsrechts (S. 206-216), in: Ulrich Loewenheim (Hrsg.), *Handbuch des Urheberrechts,* München (2010), Rdnr. 1.

392 Auf internationaler Ebene gibt es keinen eigenen, die angemessene Vergütung regelnden Artikel (im Gegensatz zum deutschen Urheberrecht: § 32 dt. UrhG). Allerdings ergibt sich der Anspruch auf eine solche Vergütung durch die Verweise in den folgenden Artikel: Art. 11bis Abs. 2 RBÜ; Art. 13 Abs. 1 RBÜ; Art. 7 Abs. 3 WCT.

Im Rahmen des Expertenentwurfs wird in dem Prinzip des freien Zugangs und der Beteiligung (Art. 2 Abs. 3 Expertenentwurf) der Zugang aller Menschen zu einem reichen und diversifizierten Angebot an kulturellen Ausdrucksformen gefordert. Fraglich ist hierbei die Auslegung des Zusatzes „frei“ in der Überschrift des Absatzes. Freier Zugang könnte einerseits, eine Umschreibung für den ungehinderten Zugang im Sinne eines zensurlosen, diskriminierungsfreien Zugangs zu unterschiedlichen Werken sein. Andererseits könnte „freier Zugang“ auch im Sinne von kostenfreiem Zugang ausgelegt werden.

Wenn auch nicht alle, so genießen zumindest Teile der kulturellen Ausdrucksformen urheberrechtlichen Schutz. Für diese Werke gelten die urheberrechtlichen Regelungen. Dem Urheber steht demnach eine angemessene Vergütung zu. Der Zugang ist für urheberrechtlich geschützte Werke folglich nicht kostenfrei. Auch der Blick auf die menschenrechtlichen Quellen des Urheberrechts ändert das Ergebnis nicht. Zwar wird in Art. 27 Abs. 1 AEMR von einer freien Teilhabe am kulturellen Leben gesprochen. Doch auch hier kann kein expliziter Anspruch auf eine kostenfreie Teilhabe geltend gemacht werden. Im Gegenteil, das Grundmotiv der Erklärung liegt in der diskriminierungsfreien Gewährleistung der enthaltenen Rechte, wie sie in Art. 2 Abs. 2 AEMR festgehalten ist. Entsprechend ist auch das Wort „frei“ in Art. 27 Abs. 1 AEMR im Sinne der Freiheit von Diskriminierung auszulegen. Bestärkt wird diese Sichtweise durch die Wortwahl des rechtsverbindlichen IPWSKR. Hier haben die Paktstaaten auf den Zusatz des Wortes „frei“ in Art. 15 Abs. 1 lit. a IPWSKR verzichtet. Die Frage nach einer möglichen kostenfreien Teilnahme am kulturellen Leben stellt sich somit nicht. Da Art. 2 Abs. 1 Expertenentwurf[393] auch für die Anwendung von Art. 2 Abs. 3 Expertenentwurf gilt, kann das Prinzip des freien Zugangs nur im Sinne einer die Meinungs- und Informationsfreiheit gewährleistenden Art ausgelegt werden.

Der Begriff ‚Zugang‘ wird zudem im Rahmen der Rechte der Vertragsstaaten auf nationaler Ebene in Art. 6 Abs. 2 lit. b Expertenentwurf erwähnt. Darin werden die Vertragsparteien aufgefordert, auf nationaler Ebene Maßnahmen zu ergreifen, die unabhängigen kulturellen Industrien effektiven Zugang zu den Instrumenten und Mitteln der Produktion, der Verbreitung und des Vertriebs kultureller Güter und Dienstleistungen ermöglichen. Der Begriff Zugang ist in diesem Fall mit dem Zusatz „effektiv“ versehen. Es reicht demnach nicht, dass der Zugang potentiell gegeben ist, stattdessen müssen die Unternehmen der un-

393 „No one may invoke the provisions of this Convention in order to infringe human rights guaranteed by international law or to limit the scope thereof“ Art. 2 Abs. 1 UNESCO, Fn. 347 (07.2004).

abhängigen Kulturwirtschaft tatsächlich in der Lage sein, von einer Zugangsmöglichkeit Gebrauch zu machen. Dieser effektive Zugang soll jedoch lediglich der unabhängigen Kulturwirtschaft gewährt werden.

Der Begriff „unabhängige Kulturwirtschaft" ist in dem Expertenentwurf jedoch nicht eigens erwähnt und gilt auch ansonsten nicht als terminus technicus. Es scheint zudem naheliegend, dass die unabhängige Kulturwirtschaft nichtstaatliche kulturelle Wirtschaftssubjekte beschreibt - also Industrien, die unabhängig von staatlicher Steuerung sind. Entsprechend dieser Auslegung wäre den privatwirtschaftlich organisierten kulturellen Unternehmungen ein effektiver Zugang zu gewähren.

Es stellt sich auch hier die Frage, ob die Forderung nach einem effektiven Zugang für Unternehmen der unabhängigen Kulturwirtschaft zu Produktionsmitteln einen möglicherweise kostenfreien Zugang zu Werken umfasst. Vorstellbar wäre beispielsweise die Situation, in der ein unabhängiges Jazzlabel auf Werke eines Urhebers für eine neue Produktion zurückgreifen will und die geforderten Lizenzzahlungen für das Bearbeitungsurheberrecht an dem fraglichen Werk finanziell nicht aufbringen kann. Sollte dem unabhängigen Jazzlabel dann nach Art. 6 Abs. 2 lit. b Expertenentwurf ein effektiver Zugang zu diesem Werk in Form von reduzierten Lizenzzahlungen oder des vollständigen Verzichts auf Lizenzzahlungen eingeräumt werden? Eine solche Forderung trüge zwar zur Förderung kultureller Nischen und damit kultureller Vielfalt bei, allerdings ist sie mit urheberrechtlichen Regelungen nicht vereinbar. Zwar sehen die derzeitigen internationalen Regelungen zum Urheberrecht Ausnahmen bzw. Schranken der ausschließlichen Rechte der Urheber vor. Diese gelten jedoch nur unter der Voraussetzung der Zahlung einer angemessenen Vergütung an den Urheber. Finanzielle Zwänge auf Seiten des Werknutzers stellen keinen Ausnahmetatbestand für den Verzicht auf eine angemessene Vergütung der Urheber dar. Folglich kann auch ein „effektiver Zugang" nicht mit einem kostenfreien Zugang gleichgesetzt werden. Die urheberrechtlichen Anforderungen an den Zugang zu Werken können von Art. 6 Abs. 2 lit. b Expertenentwurf nicht außer Kraft gesetzt werden.

Schließlich werden die Vertragsparteien auch in Art. 7 Abs. 1 lit. a und b Expertenentwurf dazu aufgefordert, den Individuen in ihren Territorien die Möglichkeit des Zugangs zu eigenen kulturellen Ausdrucksformen und denen anderer Länder zu ermöglichen. Auch hier könnte die Frage entstehen, ob der Zugang möglicherweise auch kostenfrei zu gewähren ist. Wie bei dem vorangegangenen Artikel bereits erläutert, stehen die derzeit gültigen Regelungen zum Urheberrecht dieser Auslegung entgegen. Zudem wird in Art. 7 Abs. 2 Expertenentwurf noch einmal betont, dass die derzeit geltenden Urheberrechte geachtet und umgesetzt werden sollen. Der von dem Expertenentwurf geförderte Zugang zu Werken kann folglich nicht die geltenden Regeln des Urheberrechts umgehen.

c) Urheberrecht als Umsetzungsinstrument

Neben den Verweisen auf Menschenrechtsinstrumente und die Verwendung von Schlüsselbegriffen aus dem Bereich des Urheberrechts enthält der Expertenentwurf Regelungen, die Urheberrechte zwar nicht explizit erwähnen, aber bei denen das Urheberrecht ein Instrument unter vielen anderen möglichen Instrumenten darstellt, um den Zweck der Vorschrift zu erfüllen.

So soll nach Art. 1 lit. d Expertenentwurf das UNESCO-Übereinkommen einen Rahmen bilden, in dem sich die Kulturen frei entfalten und interagieren können. Nach Art. 1 lit. e Expertenentwurf soll das UNESCO-Übereinkommen zudem den Dialog zwischen den Kulturen und einen ausgeglicheneren kulturellen Austausch zwischen den einzelnen Ländern sicherstellen. Die freie Entfaltung und ein reger Austausch von kulturellen Ausdrucksformen bedürfen u. a. auch der Rechtssicherheit. Wenn sich der Urheber nicht sicher sein kann, dass seine mit dem Werk verbundenen Rechte auch in anderen Ländern geschützt sind, kann die Motivation zum Austausch kultureller Aktivitäten, Güter und Dienstleistungen darunter leiden. Produktpiraterie und -fälschungen können finanzielle Einbußen für den Urheber und insbesondere für den Verwerter verursachen.[394] Neben dem dadurch entstehenden materiellen Schaden, erleiden Urheber auch immateriellen Schaden, indem dabei ihre Urheberpersönlichkeitsrechte missachtet werden. So können beispielsweise qualitativ minderwertige Piraterieprodukte oder entstellende Produktfälschungen zu einem erheblichen Reputationsverlust des Urhebers führen. Neben dem Schutz und der Durchsetzung der Verwertungsrechte der Urheber spielen auch der Schutz und die Durchsetzung der Urheberpersönlichkeitsrechte eine bedeutende Rolle für die Schaffung eines Klimas, in dem sich Kultur frei entfalten kann.

394 MÖNKEMÖLLER, Lutz, Moderne Freibeuter unter uns?, in: *GRUR Int.* (2000), S. 663. Allerdings ist die Höhe des Schadens umstritten, vgl. die Auswertung ökonomischer Studien bei TOWSE/HANDKE/STEPAN, Fn. 192 (2008), S. 12 ff. Einen positiven Effekt des illegalen Downloads sieht *Shy*, da der Künstler mehr Reputation erhält und sich auf diese Weise andere Geldquellen, wie Live-Auftritte sowie Fernseh- und Werbeverträge, erschließt. Die gesteigerte Reputation des Künstlers führt letztlich, so *Shy*, auch zu gesteigerten Einnahmen der Verwerter. Vgl. SHY, Fn. 370 (2005), S. 26 ff.

In Art. 12 Expertenentwurf zur internationalen Zusammenarbeit fordern die Experten die Vertragsparteien noch einmal konkret dazu auf, im Rahmen ihrer Entwicklungskooperation, den Schutz und die Förderung der Vielfalt kultureller Ausdrucksformen einzubeziehen. Unter anderem sollen die Staaten dabei die Entstehung wachstumsfähiger lokaler und regionaler Märkte für kulturelle Aktivitäten, Güter und Dienstleistungen fördern. Wie bereits mehrfach erläutert, bildet das Urheberrecht die Grundlage jeglicher wirtschaftlicher Aktivitäten im Kulturbereich. Die Leichtigkeit und Schnelligkeit mit der kulturelle Werke mittels digitaler Technologien vervielfältigt werden können, macht einen durchsetzbaren rechtlichen Anspruch auf ausschließliche Verwertungsrechte notwendig. Erst wenn die Urheber von ihrer Arbeit leben können, kann ein nachhaltiger Markt für kulturelle Aktivitäten, Güter und Dienstleistungen entstehen. Steht der Urheber jedoch beim Verkauf seiner Werke mit billigeren Plagiaten in Konkurrenz, wird er sich langfristig nicht am Markt halten können. Produktpiraterie und -fälschung kann auf diese Weisen die Entstehung von eigenen wettbewerbsfähigen Märkten verhindern. Dementsprechend besteht eine Möglichkeit der Entwicklungszusammenarbeit in der Vermittlung von Know-how (Art. 12 Abs. 2 lit. g Expertenentwurf) und im Aufbau eines effektiven Schutzes geistigen Eigentums in Entwicklungs- und Schwellenländern. Auf diese Weise würden ebenfalls die kulturellen Produktions- und Vertriebsfähigkeiten von Entwicklungs- und Schwellenländern gestärkt.[395]

3. Bewertung

Im Rahmen der drei Treffen unabhängiger Experten zum Zwecke der Ausarbeitung des vorläufigen Entwurfs eines UNESCO-Übereinkommens spielten die Urheberrechte nur am Rande eine Rolle. Lediglich im Rahmen des ersten und letzten Treffens kamen die Urheberrechte direkt zur Sprache. Dies kann unter anderem daran liegen, dass nur drei der fünfzehn geladenen Experten über ausgewiesene Kenntnisse in diesem Bereich verfügten. Dennoch finden sich in dem Entwurf der Experten einige Passagen mit direktem Bezug zum Urheberrecht.

395 Dieser Ansatz wird jedoch auch kritisiert. Die Durchsetzung der Urheberrechte in Entwicklungsländern würde zunächst nur den großen Unternehmen der Unterhaltungsindustrie dienen, da sie häufig die größten und meist einzigen Marktteilnehmer sind. Vgl. MAY, Christopher, Capacity Building and the (Re)production of Intellectual Property Rights, in: *TWQ* 25 (2004), S. 821 ff.; SMIERS, Fn. 229 (1999), passim. Eher die Entwicklungsländer in der Pflicht sehend: HILPERT, Hanns G., TRIPS und das Interesse der Entwicklungsländer am Schutz von Immaterialgüterrechten in ökonomischer Sicht, in: *GRUR Int.* (1998), S. 91 ff.

Während die *Allgemeine Erklärung zur kulturellen Vielfalt* noch einen ausgeglichenen Urheberrechtschutz propagiert, zeigt sich im Entwurf der unabhängigen Experten ein uneinheitliches Bild hinsichtlich der konkreten Ausgestaltung des Urheberrechts. Zwar wird in der Präambel noch von einem „angemessenen" Urheberrechtsschutz gesprochen, doch lässt Art. 7 Abs. 2 Expertenentwurf keinen Zweifel daran, dass die Experten eine rein affirmative Haltung gegenüber dem derzeitigen Schutzniveau des Urheberrechts einnehmen. Dem könnte entgegengehalten werden, dass der Ausgleich im Sinne der Allgemeinheit durch Art. 7 Abs. 1 Expertenentwurf (Zugang zu eigenen und fremden kulturellen Ausdrucksformen) gewährleistet sei. Doch die Wortwahl von Art. 7 Abs. 2 lit. b Expertenentwurf – „intellectual property rights are fully respected and enforced" – lässt keinen Zweifel über das Ausmaß des Urheberrechtsschutzes zu. Auch die Sonderstellung der geistigen Eigentumsrechte (Art. 19 Option A Expertenentwurf) stützt dieses Argument. Demnach soll das UNESCO-Übereinkommen keine Auswirkungen auf die Verträge des geistigen Eigentums haben. Besonderes Gewicht erhält diese Regelung durch die Tatsache, dass die unabhängigen Experten, wie auch die Verhandlungspartner, sowohl das GATS als auch das GATT-Abkommen als immanentere Gefahr für die kulturelle Vielfalt sahen. Die Regelungen des TRIPS – welche sich allein auf die handelsbezogenen Aspekte des geistigen Eigentums beziehen und damit die kulturelle Dimension des Urheberrechts komplett ausblenden – wurden meist unkritisch übernommen. Die Auswirkungen des aktuellen Urheberschutzniveaus auf die Vielfalt kultureller Ausdrucksformen wurden deutlich unterschätzt.

III. Stellungnahmen zum Expertenentwurf

Vor dem Beginn der zweiten Phase der Verhandlungen lud das Sekretariat auf der Grundlage einer Resolution der UNESCO-Generalkonferenz[396] in einem Rundschreiben vom 15. Juli 2004[397] alle Mitgliedstaaten der UNESCO ein, Kommentare zum Entwurf der Experten abzugeben. Insgesamt formulierten 88 Staaten, darunter 25 Mitgliedstaaten der Europäischen Union, sowie drei internationale Organisationen[398] und 15 Nichtregierungsorganisationen (NGOs)[399]

396 UNESCO General Conference, Fn. 348 (17.10.2003).

397 UNESCO Director-General, Preliminary Report and Preliminary Draft Convention on the Protection of the Diversity of Cultural Contents and Artistic Expressions, CL/3726 v. 15.07.2004.

398 Explizit wurden die WTO, die UNCTAD sowie die WIPO in der Resolution genannt. Vgl. Präambelabs. 8 UNESCO General Conference, Fn. 348 (17.10.2003).

Stellungnahmen zum Expertenentwurf.[400] Diese Stellungnahmen wurden anschließend den Mitgliedstaaten anlässlich der ersten Sitzung des Entwurfsausschusses im Dezember 2004 zur Verfügung gestellt.[401]

Im Folgenden sollen die Stellungnahmen im Hinblick auf ihre Aussagen zum Zusammenhang des UNESCO-Übereinkommens mit dem Urheberrecht analysiert werden. Stellungnahmen, die andere Sachverhalte betreffen, werden dabei außer Acht gelassen. Ziel dieser Untersuchung ist es, die Interessen und Argumente der einzelnen Akteure hinsichtlich der Aufnahme von Urheberrechten in das UNESCO-Übereinkommen und deren Bedeutung für die Vielfalt kultureller Ausdrucksformen herauszuarbeiten.

1. Stellungnahmen ausgewählter internationaler Organisationen

Auf Geheiß der UNESCO-Generalkonferenz hat der Generaldirektor drei internationalen Organisationen um eine Stellungnahmen zum Expertenentwurf gebeten.[402] Deren Stellungnahmen sollen im Folgenden analysiert werden. Dabei folgt die Reihenfolge der Organisationen anhand ihres Bezugs zu geistigen Eigentumsrechten. Da sich die WIPO ausschließlich mit Rechten des geistigen Eigentums befasst und auf internationaler Ebene die aktuellsten internationalen Verträge zum Recht des geistigen Eigentums verwaltet, soll ihre Stellungnahme zuerst untersucht werden. Nicht weniger bedeutend ist die Reputation der WTO in diesem Bereich. Allerdings behandelt die WTO das geistige Eigentumsrecht nur als einen Bereich unter anderen Bereichen, wie dem Handel mit Gütern und dem Handel mit Dienstleistungen. Das WTO-Abkommen mit Bezug zu geistigen Eigentumsrechten – das TRIPS-Abkommen – ist aufgrund der hohen Zahl an Ratifikationen heute von großer Bedeutung. Zudem verfügt die WTO über

399 Zur Beteiligung von Nichtregierungsorganisationen in internationalen Verhandlungen im Rahmen internationaler Organisationen: ALVAREZ, Fn. 345 (2005), S. 284 f.

400 Vgl. UNESCO, Preliminary Draft Convention on the Protection of the Diversity of Cultural Contents and Artistic Expressions. Drafting Committee. Summary of the Comments and Amendments Submitted by the States and NGOs, CLT/CPD/2004/CONF.607/2 v. 12.2004, S. 1. Auf die Darstellung der einzelnen Kommentare soll hier verzichtet werden, da sie im Verlauf der Verhandlungen der Regierungsexperten berücksichtigt werden.

401 UNESCO DIRECTOR-GENERAL, Fn. 397 (15.07.2004).

402 UNESCO GENERAL CONFERENCE, Fn. 348 (17.10.2003).

ein effektives System der Streitbeilegung, welches im Bereich der internationalen geistigen Eigentumsrechte bisher einzigartig ist.

Schließlich soll auch die Stellungnahme der UNCTAD im Hinblick auf die Rolle des geistigen Eigentums zur Förderung der kulturellen Vielfalt untersucht werden. Die UNCTAD ist in dem Spannungsfeld des Handels und der Entwicklung vor allem beratend tätig. Geistige Eigentumsrechte sind demnach insofern relevant, als dass sie sich auf den Handel mit Kulturgütern auswirken und damit das kulturelle Umfeld in einem Land beeinflussen.

a) Weltorganisation für geistiges Eigentum

Die Stellungnahme der WIPO wurde vom Sekretariat der Organisation ausgearbeitet und spiegelt deshalb nicht die Auffassungen ihrer Mitgliedstaaten wider, sondern die Standpunkte des Sekretariats der Organisation.

Zunächst verdeutlicht die WIPO die Überschneidungen, die sich zwischen den Kompetenzbereichen der Organisationen ergeben.

> „We believe that IP protection is a key contributor to the promotion and protection of the diversity of cultural contents and artistic expressions and that the Draft Convention and IP protection are largely mutually supportive.“[403]

Die Organisation führt dafür drei Gründe an. Erstens steht sowohl im Expertenentwurf als auch im Bereich des geistigen Eigentums die Kreativität im Zentrum der Debatte.

> „The goals of copyright protection are to stimulate further creativity, to encourage public dissemination of works, and to enable creators to have the final say, subject to certain limitations and exceptions, over the use of their works.“[404]

So schützt Urheberrecht die auf der Grundlage von Kreativität entstehenden Werke. Kreativität bildet demnach die Grundlage der kulturellen Vielfalt.

Zweitens trägt der Schutz geistigen Eigentums auch erheblich zu einer nachhaltigen Entwicklung bei. Er fördere die lokale Produktionskapazitäten und die Kulturwirtschaft. Beispielsweise hat er entscheidenden Einfluss auf die Musik-, Verlags- und Modeindustrie sowie auf audiovisuelle Produktionen. Urheberrechte bieten diesen Akteuren einen Schutz vor der widerrechtlichen Aneig-

403 UNESCO, Fn. 351 (12.2004), S. 10.
404 UNESCO, Fn. 351 (12.2004), S. 11.

nung und dem Missbrauch ihrer Werke. Obwohl Urheberrechte nicht zu einer gewerblichen Nutzung der Werke verpflichtet, sind sie doch Voraussetzung einer erfolgreichen und rentablen, gewerblichen Nutzung kultureller Güter und Dienstleistungen.[405] Gleichzeitig schützen sie auch die moralischen Interessen der Urheber und beziehen sich damit sowohl auf die kommerzielle wie auch die kulturelle Natur dieser Güter und Dienstleistungen.

Drittens fördere das Urheberrecht nicht nur die Schaffung kultureller Güter und Dienstleistungen, sondern ermöglicht auch ihre Verbreitung.

> „When cultural goods and services are appropriately protected for the benefit of their creators, their wider dissemination becomes possible."[406]

Wären die Aktivitäten, Güter und Dienstleistungen schutzlos, so ist es für Dritte ein leichtes Spiel, die Früchte der Arbeit anderer zu ernten, ohne einen eigenen Beitrag zu leisten. Derzeit ist dies der Fall für viele traditionelle kulturelle Ausdrucksformen. Deren Schutz konnte bisher nicht in einem internationalen Vertrag sichergestellt werden. Die WIPO verfolgt jedoch schon seit vielen Jahren ein Arbeitsprogramm zu den traditionellen kulturellen Ausdrucksformen.[407] Im Rahmen dieses Arbeitsprogramms beachtet die WIPO auch relevante Entwicklungen in anderen Organisationen, insbesondere der UNESCO, zum Bereich traditioneller kultureller Ausdrucksformen.

> „The promotion of cultural diversity and the fostering of respect for traditional communities, referred to in the Draft Convention, are also among the main objectives cited by WIPO Member States and other stakeholders in the WIPO Intergovernmental Committee for the improved protection of traditional cultural expressions and knowledge."[408]

Aus Sicht der WIPO ergänzen sich ihre Initiativen zum Schutz traditioneller kultureller Ausdrucksformen mit denen der UNESCO. Der Expertenentwurf weist auf den Handlungsbedarf zum Schutz dieser Ausdrucksformen hin, während im Rahmen der WIPO konkrete Rechte zum Schutz traditioneller kultureller Ausdrucksformen ausgehandelt werden.[409]

405 UNESCO, Fn. 351 (12.2004), S. 11.

406 UNESCO, Fn. 351 (12.2004), S. 11.

407 WIPO Intergovernmental Committee on Intellectual Property and Genetic Resources, Traditional Knowledge and Folklore (IGC) (2011), <http://www.wipo.int/tk/en/igc/index.html> (zuletzt geprüft am: 10.03.2013).

408 UNESCO, Fn. 351 (12.2004), S. 12.

409 UNESCO, Fn. 351 (12.2004), S. 12. Siehe auch die Aktivitäten des IGC im Jahr 2011.

Den allgemeinen Hinweisen der Stellungnahme folgen spezifische Anmerkungen zu einzelnen Passagen und Artikeln des Expertenentwurfs. Im Rahmen der Präambel begrüßt die WIPO, dass die Bedeutung des Schutzes und der Förderung von geistigem Eigentum anerkannt wurden. Zudem regt die Organisation an, auch den Zweck des geistigen Eigentums, d. h. ihr Beitrag zur Förderung der Vielfalt kultureller Ausdrucksformen, explizit in die Präambel aufzunehmen.

Der Verweis in Präambel Abs. 2 Expertenentwurf auf kulturelle Vielfalt als gemeinsames Erbe der Menschheit berge – so die WIPO – die Gefahr, dass das kultureller Erbe als gemeinsames Gut und damit als allgemeinfrei zu betrachten sei.[410] Eine solche Sichtweise würde geistige Eigentumsrechte ad absurdum führen. Die Organisation regt vor diesem Hintergrund an, dass der Verweis auf das gemeinsame Erbe der Menschheit keine rechtlichen Konsequenzen haben sollte. Diese Empfehlung mutet zunächst befremdend an, hat doch die Präambel nach Art. 31 Abs. 2 WVK eine rechtliche Funktion im Rahmen der Auslegung eines Vertrags.[411] Allerdings wird der Einwand der WIPO dann verständlich, wenn das kulturelle Erbe der Menschheit gleichsam als Ausdruck der kulturellen Vielfalt im Sinne des gemeinsamen Erbes der Menschheit ausgelegt werden soll. Eine Übertragung dieser Eigenschaft auf konkrete Kulturgüter soll nach Ansicht der WIPO ausgeschlossen sein.

Ähnlich den Befürchtungen zur Auslegung des Begriffs ‚protection' hegt die WIPO auch angesichts der Auslegung des Begriffs ‚free'[412] und ‚have access'[413] Vorbehalte. Das Wort frei könne in zweierlei Art ausgelegt werden. Einerseits könnte es ein Zugang ohne finanzielle Gegenleistung und damit einen kostenfreien Zugang bedeuten. Andererseits könnte ‚free' aber auch so ausgelegt werden, dass es einen ungehinderten Zugang nach den Wünschen der Nutzer beschreibt. Ein derartiger Zugang könnte beispielsweise ein zensurfreier Zugang sein. Die WIPO weist in diesem Zusammenhang daraufhin,

---

410 UNESCO, Preliminary Draft Convention on the Protection of the Diversity of Cultural Contents and Artistic Expressions. Drafting Committee. Presentation of Comments and Amendments. Part IV Comments Proposed by the IGOs, CLT/CPD/CONF.607/1 Part IV v. 12.2004, Ziff. 21.

411 Vgl. Aust, Anthony, Modern Treaty Law and Practice. Cambridge et al. (2009), S. 235 ff.; Sorel/Boré Eveno, Article 31, in: Corten/Klein (Hrsg.), The Vienna Conventions on the Law of Treaties. A Commentary, Oxford et al. (2011), S. 823.

412 Wie er in dem Prinzip des freien Zugangs und der Partizipation in Art. 2 Abs. 3 oder Art. 6 Abs. 2 lit. d ÜVKA festgehalten ist.

413 Wie insbesondere in Art. 7 Abs. 1 Expertenentwurf geregelt.

„[i]f the first interpretation were possible, a conflict with the international copyright and related rights treaties would be at hand, save where the access is covered by relevant exceptions and limitations, an important part of the copyright system.“[414]

Die WIPO weist folglich daraufhin, dass nur die zweite Variante der Auslegung des Begriffes „free“ mit den derzeit geltenden Rechtsvorschriften in Einklang gebracht werden kann. Sie überlässt es zwar den Mitgliedstaaten, sich eine Meinung zu diesem Sachverhalt zu bilden, doch lässt der Argumentationsgang tatsächlich keine Alternative in der Auslegung, sollen die aktuellen Verträge im Rahmen der WIPO nicht in Frage gestellt werden (pacta sunt servanda). [415]

Hinsichtlich des Prinzips der Solidarität und Kooperation weist die WIPO darauf hin, dass sie bereits im Rahmen ihres Entwicklungsprogramms Kooperationen zur Unterstützung der Entwicklungsländer im Bereich des geistigen Eigentumsrechts durchführt und auch in Zukunft diese Kooperationen ausbauen möchte. Die Organisation leistet damit einen wichtigen Beitrag hinsichtlich der Anforderungen der Art. 10 lit. b; Art. 12 Abs. 2 und Art. 16 Expertenentwurf, die allesamt auf die Unterstützung und Kooperation abzielen.

In der Erwähnung des geistigen Eigentums als Wesensmerkmal des sachlichen Anwendungsbereichs des UNESCO-Übereinkommens in Art. 4 Abs. 4 Expertenentwurf sieht die Organisation deutlich die Überschneidung zwischen dem UNESCO-Übereinkommen und dem Kompetenzbereich der WIPO. Die WIPO übt keine grundsätzliche Kritik an dieser Formulierung. Allerdings weist sie darauf hin, dass nicht jegliche Immaterialgüter auch tatsächlich vom Recht des geistigen Eigentums geschützt werden. So werden die Reputation, der ideelle Firmenwert (goodwill) sowie die Einzigartigkeit bestimmter Güter und Dienstleistungen auch durch andere rechtliche Regelungen abgedeckt, beispielsweise im Lauterkeitsrecht.[416] Vor diesem Hintergrund schlägt die WIPO vor, Art. 4 Abs. 4 lit. c Expertenentwurf durch den Zusatz der „derzeitigen“ Regelungen des Urheberrechts zu verdeutlichen.

Zudem begrüßt die WIPO den in Art. 7 Abs. 2 lit. b Expertenentwurf vorgeschriebenen Schutz der geistigen Eigentumsrechte. Dennoch regt sie die Aufnahme des Wortes „protected“ vor den Worten „respected and enforced“ an. Mit diesem Vorschlag verstärkt sie noch einmal den Schutz geistiger Eigentumsrechte. Ferner plädiert die Organisation für eine Verstärkung der Maßnahmen zur Durchsetzung von geistigen Eigentumsrechten. Zur Unterstützung des

414 UNESCO, Fn. 351 (12.2004), S. 14.

415 UNESCO, Fn. 351 (12.2004), S. 15.

416 UNESCO, Fn. 351 (12.2004), S. 14.

Kampfes gegen Piraterie sollte auf Vorschlag der WIPO das Wort „including“ durch „particularly“ ersetzt werden. Zudem ergänzt die Organisation, dass neben der Piraterie auch die Warenfälschung im Rahmen des UNESCO-Übereinkommens angesprochen werden sollte.

b) Welthandelsorganisation

Anstatt einer detaillierten Stellungnahme zu den einzelnen Artikeln des Entwurfs veranstaltete die WTO eine informelle Diskussionsrunde mit den Delegationsleitern der Ständigen Vertretungen ihrer Mitgliedstaaten. Die Ergebnisse dieser Diskussion wurden der UNESCO als Stellungnahme mitgeteilt. Siebenundzwanzig Delegationen[417] nutzten die Gelegenheit, ihre Ansichten zum Expertenentwurf zu äußern.

Es herrschte grundsätzlich Einigkeit über die Notwendigkeit der Förderung kultureller Vielfalt. Dennoch wurde gleichzeitig Sorge über den konkreten Inhalt des zukünftigen UNESCO-Übereinkommens geäußert.[418] Die Delegationen befürchteten, dass die Regelungen des Expertenentwurfs mit dem geltenden WTO-Recht kollidieren und fortdauernde Verhandlungen behindern könnten, u. a. die Verhandlungen im Rahmen des TRIPS-Abkommens.[419]

Konfliktpotential wurde beispielsweise in der zu weiten und unpräzisen Formulierung der Definitionen gesehen. Es bestünde die Gefahr, dass der Anwendungsbereich des WTO-Rechts und des Expertenentwurfs nicht eindeutig voneinander abzugrenzen ist.[420] Konkrete Sorgen hinsichtlich der Definitionen im Zusammenhang mit Urheberrechten im Expertenentwurf betrafen das Merkmal des Art. 4 Abs. 4 lit. c Expertenentwurf. Darin heißt es, dass kulturelle Güter und Dienstleistungen geistiges Eigentum hervorrufen bzw. hervorrufen können. Vor diesem Hintergrund wurde moniert, dass so gut wie alle kulturellen Güter und Dienstleistungen geistiges Eigentum hervorrufen können, auch wenn

417 Dazu zählten: Ägypten, Argentinien, Australien, Benin, Chile, China, Djibouti, EU, Guatemala, Hongkong China, Indien, Jamaika, Japan, Kanada; Kolumbien, Kuba, Marokko, Mexiko, Neuseeland, Nigeria (für die Afrikanische Gruppe), Norwegen, Singapur, Südkorea, Taiwan China, Thailand Tunesien, USA.

418 UNESCO, Fn. 351 (12.2004), S. 11 und 23.

419 UNESCO, Fn. 351 (12.2004), S. 24.

420 UNESCO, Fn. 351 (12.2004), S. 24.

sie bisher nicht unter den Anwendungsbereich der aktuellen Instrumente zum geistigen Eigentum fallen.[421]

> „This had the potential to cut across existing disciplines on intellectual property protection under the TRIPs Agreement and the World Intellectual Property Organization.“[422]

Es wurde folglich befürchtet, dass die Formulierung in Art. 4 Abs. 4 lit. c Expertenentwurf, die Verhandlungen zu geistigen Eigentumsrechten insoweit beeinflussen, als dass es neue Anwendungsbereiche des geistigen Eigentums, bspw. im Bereich der traditionellen kulturellen Ausdrucksformen, erforderlich machen würde. Dabei steht jedoch in Frage, ob geistiges Eigentum tatsächlich für alle kulturellen Güter und Dienstleistungen eine geeignete Schutzform darstellt.[423]

Darüber hinaus befürchteten einige Delegationen, dass die im Expertenentwurf festgehaltenen Rechte und Pflichten gegen WTO-Recht, u. a. gegen das TRIPS-Abkommen, verstoßen könnten.[424] Allerdings gingen die Delegationen nicht näher darauf ein, welche Rechte und Pflichten der beiden Abkommen miteinander kollidieren. Hinsichtlich der Behandlung von Regelungskonflikten sprach sich eine Mehrheit der an der Diskussion teilnehmenden Delegationen für Option B des Art. 19 Expertenentwurf aus. Demnach sollte nichts im Expertenentwurf die Rechte und Pflichten der Vertragsparteien aus anderen internationalen Instrumenten beeinflussen. Insgesamt sind jedoch wenige direkte Aussagen in Bezug auf das geistige Eigentum in den Diskussionsergebnissen erwähnt. Vorrangig schienen eher Fragen hinsichtlich der Vereinbarkeit des Expertenentwurfs mit dem GATS bzw. anderen multilateralen Abkommen der WTO im Vordergrund der Besorgnisse zu stehen.

Vor diesem Hintergrund fanden weitere informelle Treffen einiger WTO-Mitglieder zur Diskussion des Verhältnisses zwischen den WTO-Verträgen und dem parallel im Rahmen der UNESCO verhandelten Übereinkommen statt. Die eher auf Liberalisierung des Kultursektors ausgerichteten Delegationen von Chile, Taiwan/China, Hongkong, Japan, Mexiko und den USA veranstalteten im September 2004 ein Seminar als Forum zum Gedankenaustausch über das Verhältnis des zukünftigen UNESCO-Übereinkommens gegenüber dem WTO-

---

421 UNESCO, Fn. 351 (12.2004), S. 24.

422 UNESCO, Fn. 351 (12.2004), S. 24.

423 In Bezug auf das Urheberrecht: SMIERS, Fn. 11 (2003), S. 73 ff.

424 UNESCO, Fn. 351 (12.2004), S. 24.

Recht.[425] Demgegenüber trafen sich die Delegationen, die eher ein kulturfreundliches internationales Klima unterstützen, im April 2005 im Rahmen des WTO-Symposiums *„WTO – After 10 Years: Global Problems and Multilateral Solutions"*.[426] Allerdings fokussierten beide Treffen allein auf das Verhältnis zwischen einem UNESCO-Übereinkommen und dem GATT bzw. dem GATS. Geistige Eigentumsrechte wurden nicht thematisiert.

c) Konferenz der Vereinten Nationen zu Handel und Entwicklung

Die UNCTAD versteht die Förderung der Vielfalt kultureller Ausdrucksformen als eine tragende Säule der nachhaltigen Entwicklung.[427] Vor diesem Hintergrund begrüßt die Organisation die Initiative der UNESCO, ein internationales Instrument zur Förderung und zum Schutz der Vielfalt kultureller Ausdrucksformen auszuarbeiten. Die UNCTAD-Mitgliedstaaten sprachen sich im Rahmen ihrer XI. Sitzung in Sao Paolo für eine Förderung und Unterstützung der Kulturwirtschaft in den Entwicklungsländern aus.[428] Zunächst stehe dabei die Förderung von Handel mit kulturellen Gütern und Dienstleistungen im Fokus der Organisation.

Hinsichtlich der Bedeutung des Urheberrechts bzw. der Rechte des geistigen Eigentums im Allgemeinen äußert sich die Organisation zurückhaltend. Zu Art. 7 Abs. 2 Expertenentwurf merkt sie an:

> „(…)[I]t can be questioned whether it is necessary for the convention to recall in Article 7.2 (b) the obligation of states to respect international property rights found in existing international instruments."[429]

Die UNCTAD weist weiter darauf hin, dass die Staaten, die diese Abkommen ratifiziert haben, die Verpflichtung eingegangen sind, die in den Abkommen enthaltenen Regeln einzuhalten. Artikel 7 Abs. 2 lit. b Expertenentwurf sei damit redundant. Die UNCTAD möchte eine Bezugnahme auf geistiges Eigentum möglichst vermeiden. Sie fürchtet, dass die Aufmerksamkeit vom eigentlichen

---

425 WTO GATS COUNCIL, Report of the Meeting held in 24 September 2004, S/C/M/74 v. 10.11.2004, Rdnr. 74.

426 WTO DIRECTOR-GENERAL, Information Note of the Director-General. WTO Public Symposium – WTO After 10 Years: Global Problems and Multilateral Solutions, WT/INF/87 v. 13.04.2005, S. 5.

427 UNESCO, Fn. 351 (12.2004), S. 5.

428 UNCTAD, Sao Paulo Consensus. Eleventh Session, Sao Paulo, 13-18 June 2004, TD/410 v. 25.06.2004, Ziff. 65.

429 UNESCO, Fn. 351 (12.2004), S. 7.

Ziel des Übereinkommens abgelenkt werden könnte.[430] Die Schwerpunkte eines UNESCO-Übereinkommens liegen – nach Auffassung der UNCTAD – vor allem in der vertraglich vereinbarten Garantie der Erhaltung des souveränen Handlungsspielraums der Staaten im Bereich der Kulturpolitik. Dadurch sollen Entwicklungsländer in die Lage versetzt werden, von den Möglichkeiten der Handelsliberalisierung Gebrauch zu machen und gleichzeitig die Kosten der Liberalisierung und negative Auswirkungen auf die kulturelle Vielfalt in ihrem Land abzufedern.[431]

Die Organisation weist die Aufnahme von geistigen Eigentumsrechten in ein UNESCO-Übereinkommen zurück. So begründet die UNCTAD diesen Standpunkt ferner damit, dass die derzeit geltenden internationalen Regelungen zum Urheberrecht nicht den Bedürfnissen der Entwicklungsländer gerecht werden. Schwachstellen sieht sie dabei vor allem im Bereich des Schutzes traditionellen Wissens und traditioneller Ausdrucksformen. Der Aufgabe, diesen Anforderungen gerecht zu werden, müssen jedoch nach Auffassung der UNCTAD andere internationale Organisationen, wie die WIPO, nachkommen.[432]

2. Stellungnahmen von Nichtregierungsorganisationen

Fünfzehn Nichtregierungsorganisationen[433] haben die Möglichkeit wahrgenommen und eigene Stellungnahmen zum Expertenentwurf an das UNESCO-Sekretariat gesandt. Im Rahmen ihrer Stellungnahmen haben sich fünf NGOs auch mit dem Thema geistiges Eigentum, insbesondere mit Urheberrechten beschäftigt. Dazu zählen: *World Association of Community Radio Broadcasters (AMARC); International Music Council (IMC); International Federation of Phonography Industry (IFPI); International Theater Institute (ITI) und Interna-*

430 UNESCO, Fn. 351 (12.2004), S. 7.

431 UNESCO, Fn. 351 (12.2004), S. 6.

432 UNESCO, Fn. 351 (12.2004), S. 7 f.

433 World Association of Community Radio Broadcasters; International Council on Archives; International Liaison Committee of Coalitions for Cultural Diversity; International Music Council (IMC); Conseil International des Organisations de Festivals de Folklore et d'Arts Traditionnels; NGO-UNESCO Liaison Committee; International Federation of Phonography Industry (IFPI); International Federation of Musicians, International Federation of Actors and Union Network International-Media Entertainment; International Council of Museums; International Theater Institute (IIT); International Network for Cultural Diversity (INCD); European Broadcasting Union (EBU); International Publishers Association (IPA).

tional Publishers Association (IPA). Diese internationalen NGOs unterscheiden sich hinsichtlich ihrer Mitgliederstruktur und ihrer Ziele.

Der IMC[434] und das ITI[435] sind von der UNESCO gegründete globale Netzwerke. Zu ihren jeweiligen Mitgliedern zählen Expertenorganisationen und Individuen, die in den Bereichen der Musik oder des Theaters beschäftigt sind. Ziel des IMC ist es, die musikalische Vielfalt zu fördern und zu unterstützen sowie für die kulturellen Rechte aller einzutreten. Im Rahmen dieser kulturellen Rechte setzt sich der IMC auch für den Schutz der Urheberrechte seiner Mitglieder ein. Gleichzeitig zielt sein Handeln aber auch auf die Beteiligung aller am kulturellen Leben. Das ITI sieht seine Aufgabe dagegen vorrangig in der Förderung des Wissenstransfers und des Austausches zwischen den Theaterschaffenden und den ausübenden Künstlern. Es verfolgt damit den Zweck, zu Frieden und internationaler Solidarität beizutragen.

Demgegenüber handelt es sich sowohl bei der IFPI[436] und der IPA[437] um internationale Industrieverbände. In diesen NGOs sind die Tonträgerindustrie sowie die Verleger organisiert. Zu ihren Mitgliedern zählen sowohl Unternehmen als auch Individuen, die Tonträger bzw. Druckerzeugnisse in größeren Mengen der Öffentlichkeit zugänglich machen. Beide Organisationen setzen sich für den Schutz der Urheber- und Leistungsschutzrechte ein. Während die IFPI zudem vorrangig wirtschaftliche Ziele, wie die Förderung des Wertes von auf Tonträgern festgelegter Musik sowie die kommerzielle Nutzung dieser Musik, fördern möchte, setzt sich die IPA zudem für die Freiheitsrechte ihrer Mitglieder, bspw. die Publikations- und Meinungsfreiheit, sowie für die Förderung der Lesefähigkeit und des Lesens ein.

Auch die AMARC[438] ist eine NGO, in der sich Fachleute aus der Praxis, ähnlich wie bei der IFPI oder der IPA, zusammengeschlossen haben. Allerdings steht das kommerzielle Moment bei der AMARC im Gegensatz zu den zuvor genannten NGOs nicht im Vordergrund. Im Rahmen der AMARC sind Mitglie-

---

434 International Music Council (2012), <http://www.imc-cim.org/> (zuletzt geprüft am: 10.03.2013).

435 International Theater Institute (2012), <www.iti-worldwide.org/> (zuletzt geprüft am: 10.03.2013).

436 International Federation of Phonography Industry (2012), <www.ifpi.org/> (zuletzt geprüft am: 10.03.2013).

437 International Publishers Association (2012), <http://www.international.org/> (zuletzt geprüft am: 10.03.2013).

438 World Association of Community Radio Broadcasters (2012), <www.amarc.org/> (zuletzt geprüft am: 10.03.2013).

der und Assoziierte von freien Radiosendern, Gemeinderadios und von unabhängigen Radiosendern unterschiedlichster Couleur organisiert. Sie stellen damit eher eine Grass-root-NGO dar, die vor allem durch zivilgesellschaftliches Engagement gekennzeichnet ist.

Jede dieser fünf NGOs erwähnt in ihrer Stellungnahme die große Bedeutung des Schutzes geistigen Eigentums.[439] IFPI geht sogar so weit, dass er in seiner Stellungnahme die bisher eingefügten Verweise auf den Schutz der Urheberrechte kritisiert.

> „The draft as presented also fails to recognize sufficiently the importance of effective protection for intellectual property and the contributions of all players in the creative sector to cultural diversity. Talent and divers cultural expressions can only develop in a legal environment allowing for economic returns. We believe that cultural diversity suffers greatly from copyright piracy and, to further the objectives of the Convention, appropriate standards of copyright protection and enforcement are essential."[440]

Angesichts dieser Forderung setzt sich die IFPI jedoch nicht für die Aufnahme von eigenen materiellen Regelungen zum Urheberrecht in einem UNESCO-Übereinkommen ein, sondern fordert eine Änderung des Art. 7 Abs. 2 Expertenentwurf durch folgenden Wortlaut:

> „that the rights of holders of copyright and related rights protected under international conventions and under national law are recognized, in full conformity with international agreements, so that the central role of right holders in nurturing the diversity of cultural expressions is maintained."[441]

Ganz ähnlich argumentiert die IPA, die im Urheberrecht einen der wichtigsten Bereiche der Gesetzgebung zur Förderung der Kultur und ihrer Vielfalt sieht.[442] Sie betont weiterhin, dass sich das Urheberrecht den technologischen Neuerungen regelmäßig anpassen muss, um diesem Zweck auch dauerhaft gerecht zu werden. Gleichzeitig betont sie, dass

> „(...) no wording within the Convention should be construed to permit measures that directly or indirectly interfere with the viability of the publishing industry, nationally and internationally. This includes measures that affect the

439 UNESCO, Avant-Projet de Convention sur la Protection de la Diversité des Contenus Culturels et des Expressions Artistiques. Presentation des Commentaires et Amendements. Partie V: Commentaires et Amendements des ONG, CLT/CPD/2004/CONF.607/1, Partie V v. 12.2004.

440 UNESCO, Fn. 439 (12.2004), S. 9.

441 UNESCO, Fn. 439 (12.2004), S. 40.

442 UNESCO, Fn. 439 (12.2004), S. 18.

> relationship between rightsholders or between rightsholders and users, such as copyright exceptions."[443]

Damit verstärkt die IPA die bereits von der IFPI angeführte Forderung nach strenger Umsetzung der bestehenden und zukünftigen internationalen Instrumente zum Schutz des geistigen Eigentums. In einer Erläuterung betont die IPA, dass der Appell nach freiem Zugang zu kulturellen Ausdrucksformen, wie er bspw. in Art. 2 Abs. 3 Expertenentwurf gefordert ist, nicht als ein kostenfreier Zugang zu interpretieren sei. Unter dem Prinzip des freien Zugangs sollte ein ungehinderter Zugang zu kulturellen Ausdrucksformen verstanden werden.[444]

Der IMC setzt sich auch für den Schutz der Urheberrechte ein, ergänzt jedoch, dass auch die Urheberrechte im Bereich der Online-Verbreitung im Interesse der Autoren und Künstler verbessert werden sollten und das System geistigen Eigentums in einer Art weiterentwickelt werden muss, die auch die kulturellen Leistungen traditioneller Gemeinschaften und nichtwestliche, kulturelle Ausdrucksformen angemessen berücksichtigt.[445]

Demgegenüber nehmen die AMARC sowie das ITI eine zwischen Schutz und Zugang ausgeglichenere Position ein. Sie streben neben dem Schutz geistigen Eigentums auch den Schutz einer effektiven Gemeinfreiheit an. Ihre Forderung stellt einen angemessenen Ausgleich zwischen dem Schutz geistigen Eigentums und dem Zugang zu kulturellen Ausdrucksformen im Rahmen der Gemeinfreiheit in den Vordergrund.[446]

> „[T]he instrument must balance any reference to the protection of intellectual property rights with reference to protection of the cultural commons. Otherwise, references to intellectual property rights should be removed altogether."[447]

Diese Forderung beruht auf der Ansicht, dass in dem bisherigen Entwurf des UNESCO-Übereinkommens die geistigen Eigentumsrechte dem Recht der Allgemeinheit auf Zugang zu kulturellen Ausdrucksformen und Teilhabe am Kulturleben übergeordnet scheinen.[448] Im Gegensatz zur IFPI, der IPA und dem IMC steht nicht allein der Schutz von Urheberrecht, sondern auch seine Wirkung auf die Nutzer kultureller Ausdrucksformen im Vordergrund des Interesses der AMARC und des ITI. Sie orientieren sich damit an dem Ausgleich kultu-

---

443 UNESCO, Fn. 439 (12.2004), S. 18 f.
444 UNESCO, Fn. 439 (12.2004), S. 20.
445 UNESCO, Fn. 439 (12.2004), S. 8 und 40 f.
446 UNESCO, Fn. 439 (12.2004), S. 6 und 10 ff.
447 UNESCO, Fn. 439 (12.2004), S. 6.
448 UNESCO, Fn. 439 (12.2004), S. 20 und 24.

reller Rechte, wie er in der Allgemeinen Erklärung der Menschenrechte und der Allgemeinen Erklärung zur kulturellen Vielfalt gefordert wurde.

Hinsichtlich der Frage, in welcher Beziehung ein UNESCO-Übereinkommen mit anderen internationalen Abkommen stehen sollte, zeigt sich ein relativ einheitliches Bild. Die meisten NGOs sprechen sich für die Option A[449] aus. Allerdings plädiert AMARC aufgrund der mangelnden Ausgewogenheit zwischen dem Schutz geistigen Eigentums und den Interessen der Allgemeinheit für die Streichung der Sonderstellung internationaler Instrumente zum Schutz geistigen Eigentums.[450] Sie wehren sich damit gegen die Festigung des derzeit bestehenden Systems geistigen Eigentums, dessen Tauglichkeit zur Förderung der Vielfalt kultureller Ausdrucksformen, insbesondere in den Entwicklungsländern, in Frage gestellt wird.

3. Bewertung

Da bereits während der Arbeiten an der Erklärung zur kulturellen Vielfalt deutlich wurde, dass u. a. das geistige Eigentum in engem Zusammenhang mit der kulturellen Vielfalt steht, forderten die Mitgliedstaaten der UNESCO den Generaldirektor noch vor Beginn der zwischenstaatlichen Verhandlungen auf, Stellungnahmen der WIPO, der WTO und der UNCTAD einzuholen.[451] Das Verhältnis des zukünftigen UNESCO-Übereinkommens zu den Kompetenzbereichen dieser internationalen Organisationen stand von Vornherein im Mittelpunkt. Allerdings befürchteten die Mitgliedstaaten vor allem Konflikte im Bereich des internationalen Handels mit Gütern und Dienstleistungen. Das Hauptaugenmerk lag damit nicht auf dem Urheberrecht, sondern auf handelsrechtlichen Fragen.

Entsprechend ihres Kompetenzbereichs äußerte sich vor allem die WIPO zum Verhältnis des Expertenentwurfs zu den von ihr verwalteten Verträgen zum Urheberrecht. Grundsätzlich bestätigte die WIPO, dass ein enger Zusammen-

---

449 Option A des Art. 19 Expertenentwurf lautet: „1. Nothing in this Convention may be interpreted as affecting the rights and obligations of the States Parties under any existing international instrument relating to intellectual property rights to which they are parties. 2. The provisions of this Convention shall not affect the rights and obligations of any State Party deriving from any existing international instrument, except where the exercise of those rights and obligations would cause serious damage or threat to the diversity of cultural expressions." UNESCO, Fn. 347 (07.2004).

450 UNESCO, Fn. 439 (12.2004), S. 52.

451 Präambel Abs. 8 UNESCO General Conference, Fn. 348 (17.10.2003).

hang zwischen dem Urheberrecht und der kulturellen Vielfalt besteht. Dabei ist die Organisation der Auffassung, dass sich die verschiedenen Verträge nicht behindern, sondern gegenseitig stützen. Sie schließt dies aus der Tatsache, dass beide Verträge die Kreativität ins Zentrum stellen, auf Nachhaltigkeit abzielen und die Verbreitung kultureller Ausdrucksformen ermöglichen bzw. fördern. In den Augen der WIPO verweist das UNESCO-Übereinkommen auf den grundsätzlichen Handlungsbedarf, der dann wiederum durch die WIPO-Verträge in konkrete Formen gegossen würde. Dabei vertritt die WIPO eine ausdrücklich affirmative Haltung gegenüber der Bedeutung des bestehenden Urheberrechtschutzes für die Förderung der kulturellen Vielfalt. Ihre Kommentare und Anregungen zielen sogar auf eine Stärkung der geistigen Eigentumsrechte im Rahmen des Expertenentwurfs ab.

Demgegenüber hielten sich die Delegationen der WTO-Mitgliedstaaten mit konkreten Anregungen zurück. Das geistige Eigentum nahm zudem auch nur wenig Platz in der Stellungnahme ein. Im Vordergrund stand eindeutig das Verhältnis eines UNESCO-Übereinkommens zu GATT und GATS. Im Bereich des Urheberrechts äußerten sich die an dem informellen Treffen teilnehmenden Mitgliedstaaten besorgt, dass es zu einer Überschneidung der Kompetenzbereiche beider Organisationen kommen könnte. Die Formulierung von Rechten und Pflichten im Bereich des geistigen Eigentums im Rahmen des Expertenentwurfs könnte die weiteren Verhandlungen im Rahmen des TRIPS-Abkommens erschweren. Derartige Befürchtungen zeigen, dass eine mögliche Flexibilisierung des Urheberrechts im Rahmen des UNESCO-Übereinkommens nicht erwünscht wäre.

Die UNCTAD schließlich lehnte die Aufnahme von geistigen Eigentumsrechten in ein UNESCO-Übereinkommen gänzlich ab. Sie begründete ihren Standpunkt damit, dass das aktuelle Urheberrechtsniveau nicht den Bedürfnissen der Entwicklungsländer entspricht und nicht durch einen weiteren internationalen Vertrag stabilisiert werden sollte. An dieser Stellungnahme zeigt sich, dass es Kritik an dem bestehenden Urheberrechtsniveau gibt, diese sich aber bis zu diesem Zeitpunkt nicht im Expertenentwurf niederschlagen konnte.

Die Stellungnahmen der internationalen Organisationen hinsichtlich des Urheberrechts sind sehr verschieden. Während die WIPO dafür eintritt, Urheberrecht noch stärker im Text zu verankern, spricht sich die UNCTAD für das Gegenteil aus. Als Konsequenz der Position der WTO könnte die Streichung aller Referenzen zum Urheberrecht jeglichen offenen Konflikt zu diesem Thema vermeiden. Während die Positionen der WIPO und der UNCTAD von der Organisation selbst formuliert wurden und damit eher technischer Natur sind, stammt die Position der WTO direkt von den Delegationen der WTO-Mitgliedstaaten, die schließlich auch durch die ausgehandelten Verträge gebunden sind. Entsprechend spiegeln sich hier auch eher politische Interessen und Unstimmigkeiten zwischen den einzelnen Positionen der Verhandlungspartner wie auch ihrer nationalen Ministerien wider. Internationale Verhandlungen leiden oft an Inkohärenz durch eine mangelnde innerstaatliche Abstimmung der betreffenden Ministerien sowie der in demokratischen Strukturen auszugleichenden verschiedenen Interessen unterschiedlicher Akteure.[452] Mit Blick auf das Urheberrecht zeigt die Stellungnahme der WTO, dass die Abstimmungsprobleme zwischen den unterschiedlichen Positionen so groß sind, dass ein gemeinsamer Standpunkt nicht gefunden werden konnte. Schließlich ist es Aufgabe der einzelnen Vertragsparteien, ihre internationale Politik entsprechend ihrer bereits eingegangenen Rechte und Pflichten auszugestalten. Die Lösung möglicher Konflikte zwischen den unterschiedlichen Abkommen wurde damit auf die nationale Ebene delegiert.

Die Stellungnahmen der NGOs zum Urheberrecht zeigen ebenfalls keine gemeinsame Linie.[453] Stattdessen sind zwei voneinander abzugrenzende Lager zu erkennen. Auf der einen Seite plädieren NGOs für einen strengen Schutz geistigen Eigentums, der sich dem technologischen Fortschritt und den soziokulturellen Entwicklungen anpassen soll. Auf der anderen Seite treten andere NGOs für einen ausgeglichenen Schutz geistigen Eigentums ein, d.h. der Schutz geistigen Eigentums soll einhergehen mit dem Interesse der Öffentlichkeit an einer effektiven Gemeinfreiheit. Während die erste Position, wie zu erwarten war, vor allem von Industrieverbänden eingenommen wird, sind es überwiegend NGOs unabhängiger Kulturschaffender, sogenannte Grass-root-Organisationen, die sich für die Interessen der Allgemeinheit einsetzen. In den Stellungnahmen dieser NGOs wird jedoch auch betont, dass für den Fall, dass sich die eigene Ansicht nicht durchsetzen kann, lieber auf eine Erwähnung des Urheberrechts im UNESCO-Übereinkommens verzichtet werden sollte, um nicht den Befürwortern eines hohen Urheberrechtsschutzes das Feld zu überlassen.

---

452 SITARAMAN, Srini, State Participation in International Treaty Regimes. Farnham (2009), S. 22; PUTNAM, Robert, Diplomacy and Domestic Politics, in: *IO* 42 (1988), S. 427 ff.

453 SCHORLEMER, Fn. 17 (2005b), S. 220.

C. Phase II: Verhandlungen der Regierungsexperten

I. Urheberrecht im Rahmen der ersten Verhandlungsrunde (September 2004)

Da die erste Verhandlungsrunde allein dem allgemeinen Austausch von Stellungnahmen und Interessenbekundungen diente, wurden keine konkreten Änderungen am Text vorgenommen. Das Urheberrecht fand in diesen allgemeinen Stellungnahmen kaum Erwähnung. Auswirkungen auf die Rolle des Urheberrechts hatte lediglich der Wunsch einer Mehrheit der Vertreter nach Streichung der in Anhang II aufgeführten, nicht abschließenden Liste von Kulturpolitiken. In Anhang II wird das Urheberrecht als ein Instrument der Kulturpolitik explizit aufgeführt.[454] Lediglich eine Minderheit der Verhandlungspartner setzte sich für den Erhalt der Listen ein. Mit dem Verzicht auf Anhang II entfielen konkrete Verweise auf das Urheberrecht als ein Instrument der Kulturpolitik. Da jedoch der Anhang allein zu illustrativen Zwecken diente und der weite Anwendungsbereich des Art. 3 Expertenentwurf nicht beschränkt werden sollte, hat die Streichung des Anhang II keine Auswirkungen auf eine mögliche staatliche Kulturpolitik unter Rückgriff auf urheberrechtliche Regelungen. Auch wenn es nicht explizit erwähnt wird, bleibt das Urheberrecht ein mögliches Instrument der Kulturpolitik.

Hinsichtlich des Art. 7 Expertenentwurf monierten die Vertragsstaaten, dass es einigen Ländern, insbesondere den Entwicklungsländern, an den notwendigen Ressourcen und Kapazitäten mangelt, um die aufgeführten Regelungen zur Durchsetzung geistiger Eigentumsrechte tatsächlich zu gewährleisten.[455] Für den Bereich des Urheberrechts bezog sich diese Kritik vor allem auf die kostspielige Kontrolle der Durchsetzung von Urheberrechten.[456] Eine mögliche Lösung dieser Schwierigkeiten wurde allerdings nicht angesprochen.

---

454 Anhang II, Ziff. 2 Para. 1 Expertenentwurf.

455 UNESCO, First Session of the Intergovernmental Meeting of Experts on the Preliminary Draft Convention on the Protection of the Diversity of Cultural Contents and Artistic Expressions., CLT-2004/CONF.201/9 v. 11.2004, S. 16.

456 Tatsächlich steigern sich die Anforderungen an die Durchsetzung von geistigen Eigentumsrechten – vor allem durch aktives Lobbying der großen Unternehmen. Vgl. SELL, Susan K., The Global IP Upward Ratchet, Anti-Counterfeiting and Piracy Enforcement Efforts. The State of Play (2008), <http://www.twnside.org.sg/title2/intellectual_property/development.research/SusanSellfinalversion.pdf> (zuletzt geprüft am: 10.03.2013). Der Ansicht, dass die TRIPS-Durchsetzungsbestimmungen Entwick-

Schließlich spielten geistige Eigentumsrechte im Rahmen der Diskussionen um die Formulierung der Beziehung des UNESCO-Übereinkommens zu anderen internationalen Instrumenten eine Rolle. Die Option A des Art. 19 Abs. 1 des Expertenentwurfs[457] regelt, dass das UNESCO-Übereinkommen nicht die Rechte und Pflichten aus anderen internationalen Verträgen zum geistigen Eigentum beeinflusst. In Abs. 2 dieser Option wird ferner festgelegt, dass das UNESCO-Übereinkommen in allen anderen Bereichen Rechte und Pflichten aus anderen internationalen Abkommen beeinflusst, wenn diese anderen Abkommen schweren Schaden an der kulturellen Vielfalt hervorrufen bzw. sie bedrohen. An dieser zweigeteilten Regelung wird deutlich, dass das UNESCO-Übereinkommen keinen neuen rechtlichen Rahmen für die Regelung der geistigen Eigentumsrechte auf internationaler Ebene schaffen sollte. Dagegen wird im Rahmen der Option B Art. 19 Expertenentwurf ein Einfluss des UNESCO-Übereinkommens auf andere internationale Instrumente grundsätzlich ausgeschlossen und damit keine Hierarchie zwischen den internationalen Instrumenten aufgestellt. Im Rahmen der ersten Verhandlungsrunde wurden unterschiedliche Meinungen hinsichtlich dieser Optionen geäußert. Während sich einige Staaten für eine Option A oder B aussprachen, stellten andere Delegationen darauf ab, dass eine grundsätzliche Hierarchisierung internationaler Instrumente, sei es im Kultur- oder Wirtschaftsbereich wie auch im Bereich der geistigen Eigentumsrechte, nicht zielführend sei. Eine konkrete dritte Lösung wurde allerdings nicht angeboten. Die Diskussionen wurden stattdessen auf die nächste Verhandlungsrunde vertagt.[458] Insgesamt spielten die geistigen Eigentumsrechte, insbesondere die Urheberrechte, im Rahmen der ersten Verhandlungsrunde keine große Rolle. Die Staatenvertreter hoben in ihren Stellungnahmen eher auf grundsätzlichere Fragen, wie den Titel, den Anwendungsbereich oder die einzelnen Rechte und Pflichten, insbesondere im Bereich der internationalen Kooperation und Solidarität, ab.[459]

---

lungsländern angemessen sind: WATAL, Jayashree, Intellectual Property Rights in the WTO and Developing Contries. The Hague et al. (2001), S. 360.

457 UNESCO, Fn. 347 (07.2004).

458 Über die Ursachen und mögliche Lösungen von Verhandlungsstillständen vgl. die politikwissenschaftliche Analysen von *Amrita Narlika*. NARLIKAR, Amrita, Deadlocks in Multilateral Negotiations. Causes and Solutions. Cambridge et al. (2010), passim.

459 UNESCO, Fn. 455 (11.2004), S. 11 ff.

II. Urheberrecht im Rahmen der zweiten Verhandlungsrunde (Januar/ Februar 2005)

Die zweite Verhandlungsrunde diente der Erarbeitung eines gemeinsamen Textentwurfs. Grundlage für die Verhandlungen bildete die vom UNESCO-Sekretariat zusammengestellte Übereinkommensfassung, die auf der Basis der Stellungnahmen formulierte Optionen enthielt.[460] Zudem wurde diese Fassung durch die Ergebnisse des ersten Treffens des Entwurfsausschusses im Dezember 2004 ergänzt. Die Änderungen am Text, die sich während der zweiten Verhandlungsrunde der Regierungsexperten ergaben, wurden anschließend auf Einladung des Plenums durch den Vorsitzenden der Verhandlungen in einem konsolidierten Textentwurf, dem sog. Kapstadt-Entwurf festgehalten.[461]

Hinsichtlich der Verhandlungsteilnehmer ergab sich während des zweiten Treffens der Regierungsexperten eine bedeutsame Wendung. Zuvor nahm die damalige Europäische Gemeinschaft (EG)[462] als Beobachter an den Verhandlungen teil, hatte die EG doch auch nur subsidiäre Kompetenzen im Rahmen des Art. 151 EGV[463]. Im November 2004 entschied der Ministerrat für Bildung und Kultur, der Europäischen Kommission das Verhandlungsmandat für die Verhandlungen des UNESCO-Übereinkommens zu erteilen.[464] Im Rahmen der zweiten und dritten Verhandlungsrunde traten die 25 EU-Mitgliedstaaten durch

460 UNESCO, Fn. 354 (23.12.2004).

461 UNESCO DIRECTOR-GENERAL, Fn. 355 (03.03.2005).

462 Mit dem Vertrag von Lissabon gilt die Europäische Union (EU) als Vertragspartei des Übereinkommens. Art. 1 lit. b Vertrag von Lissabon zur Änderung des Vertrags über die Europäische Union und des Vertrags zur Gründung der Europäischen Gemeinschaft, v. 01.12.2009, ABl. 2007/C 306/01.

463 Heute Art. 167 AEUV.

464 Für die tatsächliche Umsetzung des Mandats erarbeiteten die Mitgliedstaaten und die Organe der EU einen Verhaltenskodex, der eine arbeitsteilige Aufgabenverteilung zwischen der EU-Ratspräsidentschaft und der Europäischen Kommission vorsah. Vgl. COUNCIL OF THE EUROPEAN UNION, Code of Conduct between the Council, the Member States and the Commission on the UNESCO Negotiations on the Draft Convention on the Protection of the Diversity of Cultural Contents and Artistic Expressions, 5518/05 CULT 3 v. 31.01.2005. Siehe dazu auch SCHORLEMER, Fn. 82 (2006), S. 53 ff.; FERRI, Delia, EU Participation in the UNESCO Convention on the Protection and Promotion of the Diversity of Cultural Expressions. Some Constitutional Remarks (2005), <http://aei.pitt.edu/6167/1/2005_edap03.pdf> (zuletzt geprüft am: 10.03.2013), S. 21 ff.

die EU-Ratspräsidentschaft und die Kommission geschlossen auf.[465] Der EU-Konsultationsprozess barg im Rahmen der Verhandlungen Vorteile sowohl für die EU-Staaten als auch für die anderen Verhandlungspartner. Den EU-Mitgliedstaaten gelang es auf diese Weise, ihrer Stimme mehr Geltung zu verschaffen.[466] Gleichzeitig ermöglichte die Vorab-Koordinierung der EU-Staaten dem Verhandlungsplenum eine erhebliche Zeitersparnis. Auch die EU konnte aus diesem Verfahren Vorteile ziehen: Ihr gelang es letztendlich, durch die Erweiterung der Beitrittsoptionen in Art. 27 Abs. 3 ÜVKA für Organisationen der regionalen Wirtschaftskooperation selbst dem UNESCO-Übereinkommen beizutreten und damit ihr Gewicht im Bereich der Kultur gegenüber ihren Mitgliedstaaten zu stärken.[467]

Um die Entwicklung des Stellenwerts urheberrechtlicher Regelungen im Verlauf der Verhandlungen zu analysieren, wird der konsolidierte Textentwurf (Kapstadt-Entwurf) des Vorsitzenden der Verhandlungen mit dem Expertenentwurf verglichen. Da während des ersten Treffens der Regierungsexperten keine konkreten Textänderungen vorgenommen wurden, liegen der folgenden Analyse der ursprüngliche Expertenentwurf[468] und das Ergebnisdokument der zweiten Verhandlungsrunde, der Kapstadt-Entwurf[469], zugrunde.

1. Explizite Erwähnung von geistigen Eigentumsrechten im Kapstadt-Entwurf

Im Rahmen der zweiten Verhandlungsrunde der Regierungsexperten wurden u. a. die geistigen Eigentumsrechte, insbesondere urheberrechtliche Regelungen, diskutiert. Es kristallisierten sich dabei zwei grundlegend verschiedene Standpunkte heraus. Einige Verhandlungspartner sprachen sich dafür aus, jegliche direkte Bezüge zum geistigen Eigentum bzw. zum Urheberrecht aus dem UNESCO-Übereinkommen zu entfernen. Diesen Standpunkt vertraten u. a. die EU, Kanada, Japan, Kroatien und Argentinien.[470] Eine Abwandlung erfährt die-

465 FERRI, Fn. 464 (2005), S. 21.

466 Auch wenn der Vorsitzende, ob des bisher einzigartigen Prozesses, zunächst hin und wieder die Stellungnahme der EU-Ratspräsidentschaft mit nur einer Stimme anstatt 25 Stimmen zählte. Vgl. SCHORLEMER, Fn. 82 (2006), S. 55.

467 Vgl. FERRI, Fn. 464 (2005), S. 27; SCHORLEMER, Fn. 82 (2006), S. 55.

468 UNESCO, Fn. 347 (07.2004).

469 UNESCO EXECUTIVE BOARD, Fn. 356 (21.04.2005).

470 Vgl. Aufzeichnungen der Autorin während der zweiten Verhandlungsrunde der Regierungsexperten, Paris 2005.

se Position durch Forderungen nach Streichung der Passagen zum geistigen Eigentum im normativen Teil des UNESCO-Übereinkommens. Gleichzeitig sollte aber im Rahmen der Präambel auf die Bedeutung geistigen Eigentums verwiesen werden. Diese Ansicht wurde beispielsweise von Brasilien vertreten.[471] Im Gegensatz zur ersten Gruppe setzten sich vor allem Entwicklungsländer, wie viele Länder der Gruppe der 77, aber auch die USA für eine explizite Erwähnung der geistigen Eigentumsrechte im Rahmen des UNESCO-Übereinkommens ein.

Während der zweiten Verhandlungsrunde wurde der Bestand an Passagen mit direktem Bezug zu Urheberrechten erheblich eingeschmolzen. Der konsolidierte Kapstadt-Entwurf des Vorsitzenden *Kader Asmal*[472] enthält nur noch an zwei Stellen eine direkte Erwähnung geistiger Eigentumsrechte. Diese finden sich in Abs. 16 der Präambel sowie im Rahmen der Definitionen in Art. 4 Abs. 3 lit. c Kapstadt-Entwurf.[473] Die Präambel des Kapstadt-Entwurfs konstatiert in Abs. 16

> „Recognizing the importance of intellectual property rights in sustaining those involved in cultural creativity."[474]

Im Unterschied zum Expertenentwurf wurde damit die Anerkennung der besonderen Bedeutung des geistigen Eigentums für kreativ Tätige von der Betonung der besonderen Rolle der Kreativität für die kulturelle Vielfalt (Abs. 15 Präambel Kapstadt-Entwurf) abgekoppelt. Dem geistigen Eigentum wurde damit ein eigenständiger Absatz im Rahmen der Präambel zuerkannt und folglich der Beitrag des geistigen Eigentums stärker hervorgehoben. Auch umfasst Abs. 16 der Präambel mit der Formulierung „those involved in cultural creativity" im Rahmen des Urheberrechts sowohl natürliche Personen, wie Autoren, Komponisten o. ä., als auch juristische Personen, bspw. Tonträgerhersteller oder Rundfunksendeanstalten. Gemäß Präambel Abs. 15 und 16 leisten beide Gruppen von Personen einen wichtigen Beitrag zu kultureller Vielfalt. Aus diesem Grund sollen ihre geistigen Eigentumsrechte an ihrem kreativen bzw. organisatorisch-technischen Schaffen anerkannt werden.

Neben der Erwähnung von geistigem Eigentum im Rahmen der Präambel, wird auf diese Rechte nur noch zur Definition von kulturellen Gütern und

---

471 Vgl. Aufzeichnungen der Autorin während der zweiten Verhandlungsrunde der Regierungsexperten, Paris 2005.

472 UNESCO Executive Board, Fn. 356 (21.04.2005).

473 UNESCO Executive Board, Fn. 356 (21.04.2005).

474 Präambelabs. 16 UNESCO Executive Board, Fn. 356 (21.04.2005).

Dienstleistungen zurückgegriffen. In Art. 4 Abs. 3 lit. c Kapstadt-Entwurf heißt es:

> „Cultural goods and services have the following characteristics:
> c) they generate, or may generate, intellectual property, whether or not they are protected under existing intellectual property legislation.“[475]

Damit hat sich die Formulierung seit dem Expertenentwurf nicht geändert. Während der zweiten Verhandlungsrunde der Regierungsexperten wurde jedoch deutlich, dass hinsichtlich der Definition von kulturellen Gütern und Dienstleistungen große Meinungsverschiedenheiten zwischen den Verhandlungspartnern bestehen. Zum Zweck der Kompromissfindung wurde eine informelle Arbeitsgruppe damit beauftragt, eine Definition und die Verwendung dieser Begriffe im Rahmen des UNESCO-Übereinkommens auszuarbeiten. Zum Ende der zweiten Verhandlungsrunde konnte die informelle Arbeitsgruppe jedoch kein endgültiges Ergebnis vorlegen. Das Thema wurde folglich auf eine dritte Verhandlungsrunde vertagt. Neben anderen Diskussionspunkten, wie der Abgrenzung zu wirtschaftlichen Gütern und Dienstleistungen oder der Aufnahme von immateriellen kulturellen Ausdrucksformen oder traditionellen kulturellen Ausdrucksformen im Form von kulturellen Aktivitäten, spielte auch die Frage eine Rolle, ob kulturelle Güter und Dienstleistungen durch die Möglichkeit geistigen Eigentumsschutzes zu bestimmen wären (Art. 4 Abs. 3 lit. c Kapstadt-Entwurf). Vorbehalte äußerten vor allem Länder, die über eine große Vielfalt an traditionellen kulturellen Ausdrucksformen verfügen. Zweifel an der grundsätzlichen urheberrechtlichen Schutzfähigkeit traditioneller kulturellen Ausdrucksformen ließen Befürchtungen wach werden, dass traditionelle kulturelle Ausdrucksformen durch die Anforderungen des Art. 4 Abs. 3 lit. c Kapstadt-Entwurf nicht unter das UNESCO-Übereinkommen subsumiert werden könnten. Aus diesem Grund äußerten sich viele Verhandlungspartner positiv zu einer Streichung des Definitionsmerkmals der grundsätzlichen urheberrechtlichen Schutzfähigkeit von kulturellen Gütern und Dienstleistungen. Die Mehrheit der Verhandlungspartner schloss sich dieser Meinung an.

Weitere Erwähnungen von geistigen Eigentumsrechten, wie sie in Anhang II, Art. 7 Abs. 2 lit. b oder Art. 19 Abs. 1, Opt. A Expertenentwurf enthalten waren, sind im Rahmen der zweiten Verhandlungsrunde aus dem Entwurf herausgenommen worden.[476]

---

475 Art. 4 Abs. 3 lit. c Kapstadt-Entwurf. Siehe UNESCO EXECUTIVE BOARD, Fn. 356 (21.04.2005).

476 UNESCO EXECUTIVE BOARD, Fn. 356 (21.04.2005).

Es bestand große Einigkeit darin, sowohl Anhang I als auch Anhang II aus dem Übereinkommensentwurf zu streichen.[477] Der Verweis auf das Urheberrecht als mögliche Kulturpolitik entfiel auf diesem Wege. Von der Mehrheit der Verhandlungspartner wurden die Anhänge nur als illustrative Ergänzung betrachtet,[478] deren Wegfall keinerlei Auswirkungen auf den Inhalt des UNESCO-Übereinkommens hat.

Auch ist die Erwähnung des geistigen Eigentums im Rahmen des Art. 7 Abs. 2 lit. b Expertenentwurf[479] entfallen. Bereits die Diskussionen im Entwurfsausschuss[480] sowie die schriftlichen Stellungnahmen der Staaten[481] zum Expertenentwurf zeigten die bestehenden Meinungsverschiedenheiten hinsichtlich der Bedeutung des Urheberrechts im Rahmen des UNESCO-Übereinkommens.[482] Während der zweiten Verhandlungsrunde sprachen sich noch einmal eine Reihe von Staaten der Gruppe der 77 und die Schweiz für die Formulierung in lit. b aus.[483] Dagegen argumentierte inzwischen die Mehrheit der Staaten für eine Löschung dieser Passage.[484] Einige dieser Staaten schlugen als Kompromiss die Erwähnung der Urheberrechte in der Präambel vor.

Gleichzeitig setzten sich einige Staaten der Gruppe der 77 dafür ein, dass der Artikel 7 um eine Bestimmung zum Schutz vor unerlaubter Aneignung traditioneller und populärer kultureller Ausdrucksformen erweitert wird.[485] Diese Initiative zielte auf das Verbot der Verleihung ungültiger, geistiger Eigentumsrechte ab. Schwierigkeiten entstehen dabei zunächst bei der Abgrenzung der traditionellen und populären kulturellen Ausdrucksformen von zulässigen Model-

---

477 UNESCO, Fn. 354 (23.12.2004), S. 42 ff.

478 UNESCO, Fn. 400 (12.2004), S. 16.

479 UNESCO, Fn. 347 (07.2004).

480 UNESCO, Fn. 354 (23.12.2004), S. 61 f.

481 Vgl. UNESCO, Fn. 400 (12.2004), S. 9.

482 HAZUCHA, Fn. 364 (2010), S. 5 f.

483 Dazu zählten Afghanistan, Barbados, Burkina Faso, Ecuador, Guatemala, Indien, Kuba, Madagaskar, Mexiko, die Schweiz, Südafrika, Tunesien, Venezuela und die Vereinigten Arabischen Emirate; vgl. Aufzeichnungen der Autorin während der zweiten Verhandlungsrunde, Paris 2005.

484 Dazu zählten Argentinien, Brasilien, EU, Japan, Kanada, Kroatien und Monaco. Vgl. Aufzeichnungen der Autorin während der zweiten Verhandlungsrunde, Paris 2005.

485 Dazu zählten Barbados, Brasilien, Burkina Faso, Ecuador, Guatemala, Madagaskar, Malawi, Mexiko und der Senegal. Vgl. Aufzeichnungen der Autorin während der zweiten Verhandlungsrunde, Paris 2005.

len der Nachahmung.[486] Zudem legt dieser Artikel bereits die Wertung fest, dass geistiges Eigentum, welches auf der Grundlage traditioneller kultureller Ausdrucksformen generiert wird, ungültig sei. Nach derzeitigem Stand fallen traditionelle kulturelle Ausdrucksformen in vielen Ländern jedoch unter die Gemeinfreiheit. Jedermann darf sich demnach von traditionellen kulturellen Ausdrucksformen inspirieren lassen und auf dieser Grundlage eigene urheberrechtsfähige Werke erstellen. Die Ungültigkeit der Urheberrechte von auf traditionellen kulturellen Ausdrucksformen basierenden Werken hat die Zustimmung zu diesem Alternativvorschlag für viele Länder sicherlich erschwert.

Unstimmigkeiten über die Bedeutung geistiger Eigentumsrechte für die Förderung kultureller Vielfalt und die Vermengung des Themas mit kollektiven Schutzansprüchen für traditionelle kulturelle Ausdrucksformen[487] haben letztlich dazu geführt, dass sich der Verweis auf den Urheberrechtsschutz im Rahmen von Art. 7 Abs. 2 lit. b Expertenentwurf nicht halten konnte. Damit gehörten der Schutz und die Durchsetzung von geistigen Eigentumsrechten nicht mehr zu den expliziten Pflichten der Vertragsparteien.

Schließlich wurde auch die Erwähnung von geistigen Eigentumsrechten im Rahmen des Art. 19 Expertenentwurf zur Beziehung des UNESCO-Übereinkommens zu anderen internationalen Instrumenten aus dem Verhandlungstext entfernt. Im Expertenentwurf überlagerte noch das UNESCO-Übereinkommen andere internationale Instrumente, wenn deren Anwendung einen ernsthaften Schaden an der Vielfalt kultureller Ausdrucksformen anrichten würde (Art. 19 Abs. 2 Option A Expertenentwurf).[488] Von dieser Regelung sollten internationale Instrumente zum geistigen Eigentum explizit ausgenommen werden (Art. 19 Abs. 1 Option A Expertenentwurf). Das UNESCO-Übereinkommen übt damit keinen Einfluss auf die Rechte und Pflichten aus anderen internationalen Abkommen im Bereich des geistigen Eigentums aus. Mit dieser Regelung würden die Verhandlungspartner die Vorrangstellung von internationalen Instrumenten zum geistigen Eigentum vorbehaltlos anerkennen. Diese Formulierung ist von dem Ansatz getragen, dass die derzeitigen Regelungen zum geisti-

486 RAHMATIAN, Andreas, Universalist Norms for a Globalised Diversity (S. 199-231), in: Fiona Macmillan (Hrsg.), *New Directions in Copyright Law 6,* Cheltenham et al. (2007), S. 203 ff.

487 UNESCO, Fn. 400 (12.2004), S. 9.

488 UNESCO, Fn. 347 (07.2004).

gen Eigentum, einer Förderung der Vielfalt kultureller Ausdrucksformen uneingeschränkt zuträglich sind.[489]

Im Rahmen der zweiten Verhandlungsrunde der Regierungsexperten ist die Ausnahme für internationale Instrumente zum Schutz geistiger Eigentumsrechte aus dem UNESCO-Übereinkommensentwurf herausgenommen worden. Der Kapstadt-Entwurf[490] enthält nicht mehr zwei verschiedene Optionen, sondern schlägt einen Kompromiss zwischen den beiden Varianten vor. In dem Art. 19 Expertenentwurf entsprechenden Art. 20 Kapstadt-Entwurf heißt es nun:

> „1.) This Convention shall not affect the rights and obligations of Parties derived from other international agreements. Nor shall other international agreements affect the rights and obligations of Parties under this Convention.
>
> 2.) When interpreting and applying other international instruments or when entering into other international obligation, Parties shall take into account the objectives and principles of this Convention."[491]

Mit dieser Formulierung wird kein Vorrang zwischen den einzelnen internationalen Abkommen aufgestellt. Dennoch müssen die Staaten das UNESCO-Übereinkommen auch im Rahmen anderer internationaler Instrumente beachten. Absatz 2 gibt damit lediglich die völkergewohnheitsrechtlich geltende Pflicht zur Einhaltung internationaler Verträge – pacta sunt servanda – wieder, auf deren Umsetzung die anderen Vertragspartner nach Treu und Glauben vertrauen dürfen.[492] Es wird damit schließlich keine neue Regelung getroffen. Eine Ausnahme für internationale Instrumente zum geistigen Eigentum ist somit nicht mehr vorgesehen. Entsprechend kann das UNESCO-Übereinkommen nun auch auf die Aushandlung oder Umsetzung der Verträge zum geistigen Eigentum wirken.

---

489 UNESCO, Fn. 381 (26.03.2004), S. 23. So auch DESURMONT, Fn. 22 (2006), S. 3 ff.; DESURMONT, Thierry, Considerations on the Relationship between the Convention on the Protection and Promotion of the Diversity of Cultural Expressions and the Protection of Authors' Rights, in: *e-Copyright Bulletin* (2006). Dagegen: GERMANN, Christophe, Promoting Trade-Related Cultural Diversity in Exchange of National Treatment for Copyright. 2006 - Annual Conference on New Directions in Copyright, AHRC Copyright Research Network, BIRBECK UNIVERSITY OF LONDON (2006), <http://www.copyright.bbk.ac.uk/contents/conferences/2006/germannc.pdf> (zuletzt geprüft am: 10.03.2013), S. 1; HAZUCHA, Fn. 364 (2010), S. 39 ff.; WAGER, Fn. 23 (2008), S. 193 ff.; RICHIERI HANANIA, Fn. 17 (2009), S. 386 ff.

490 UNESCO EXECUTIVE BOARD, Fn. 356 (21.04.2005).

491 Art. 20 Kapstadtentwurf UNESCO EXECUTIVE BOARD, Fn. 356 (21.04.2005).

492 Vgl. SALMON, Article 26, in: Corten/Klein (Hrsg.), The Vienna Conventions on the Law of Treaties. A Commentary, Oxford et al. (2011), S. 659 ff.

Einige NGOs unternahmen den Versuch, geistiges Eigentum an verschiedenen Stellen des UNESCO-Übereinkommensentwurfs erneut einzufügen. So sollte beispielsweise in die Präambel ein Absatz zur Anerkennung der kulturfördernden Wirkung derzeit geltender geistiger Eigentumsrechte eingefügt werden.[493] Auch sollte die Liste der Ziele des UNESCO-Übereinkommens durch ein Ziel zur Bekämpfung von Verletzungen des geistigen Eigentums erweitert werden.[494] Selbst in den Prinzipien des Art. 2 sollte ein neues Prinzip zur Achtung des geistigen Eigentums aufgenommen werden.[495] Diese Initiativen fielen jedoch bei den Verhandlungspartnern nicht auf fruchtbaren Boden.[496]

2. Impliziter Bezug zu Urheberrechten im Kapstadt-Entwurf

a) Verweis auf internationale Menschenrechtsinstrumente

Die Verweise auf internationale Menschenrechte in der Präambel haben sich zwischen dem Experten-[497] und dem Kapstadt-Entwurf[498] nicht in ihrer Wortwahl geändert. Lediglich die Stellung innerhalb der Präambel wurde durch die Teilung des zweiten Absatzes um einen Platz nach unten verschoben. Der gleichlautende Verweis auf die Achtung internationaler Menschenrechte befindet sich folglich nach der zweiten Verhandlungsrunde in Präambel Abs. 5.[499]

Kleinere Veränderungen haben sich hinsichtlich des Prinzips der Achtung der Menschenrechte und Grundfreiheiten in Art. 2 Abs. 1 Kapstadt-Entwurf[500] ergeben. Gleich geblieben ist die Bestimmung, dass das UNESCO-Übereinkommen nicht so ausgelegt werden darf, dass dadurch international anerkannte Menschenrechte verletzt oder beeinträchtigt werden. Zusätzlich wurde nach der zweiten Verhandlungsrunde das vormals einzeln stehende Prinzip der Gewährung der Grundfreiheiten hinzugefügt. Eine inhaltliche Änderung der An-

---

493 Beispielsweise die International Publishers Association, vgl. UNESCO, Fn. 439 (12.2004), S. 25.

494 So Fédération Internationale des Industries Phonographique (FIIP), Siehe UNESCO, Fn. 439 (12.2004), S. 27.

495 So Fédération Internationale des Industries Phonographique (FIIP), Siehe UNESCO, Fn. 439 (12.2004), S. 30.

496 Vgl. UNESCO, Fn. 400 (12.2004), S. 5.

497 UNESCO, Fn. 347 (07.2004).

498 UNESCO EXECUTIVE BOARD, Fn. 356 (21.04.2005).

499 UNESCO EXECUTIVE BOARD, Fn. 356 (21.04.2005).

500 UNESCO EXECUTIVE BOARD, Fn. 356 (21.04.2005).

erkennung der Menschenrechte ergibt sich dadurch allerdings nicht. Entsprechend bleibt die implizite Anerkennung der Urheberrechte, wie sie in Art. 15 Abs. 2 IPWSKR oder Art. 27 AEMR festgehalten sind, unangetastet.

b) „Zugang" als Schlüsselbegriff aus dem Bereich des Urheberrechts

Während im Expertenentwurf noch von dem Prinzip des freien Zugangs in Art. 2 Abs. 3 die Rede war, wurde dieses Prinzip nach der zweiten Verhandlungsrunde eingeschränkt. Es ist nun in Art. 2 Abs. 7 Kapstadt-Entwurf[501] nicht mehr die Rede von einem „freien" Zugang, sondern lediglich von „Zugang". Zwar wurde bereits weiter oben festgestellt,[502] dass auch ein „freier" Zugang kein „kostenfreier" Zugang ist, doch werden durch diese Klarstellung jegliche Missverständnisse aus dem Weg geräumt. Beispielsweise kann das Prinzip nun nicht mehr so ausgelegt werden, dass die Zahlung einer angemessenen Vergütung für die Nutzung eines urheberrechtlich geschützten Werkes in Frage gestellt wird.

Zudem wurde der zuvor rechtebasierte Ansatz dieses Artikels gestrichen. Während es noch in Art. 2 Abs. 3 Expertenentwurf hieß: „The right of access of all people (...)"[503], spricht der Kapstadt-Entwurf in Art. 2 Abs. 7 nur noch von der wichtigen Bedeutung des „[a]ccess to (...) cultural expressions (...)"[504]. Ein Anspruch des Einzelnen kann von dieser Formulierung nicht mehr abgeleitet werden. Doch hat diese geringfügige Änderung der Wortwahl keine Auswirkungen auf die Auslegung des Artikels.[505] Ferner äußerten die Mitgliedstaaten ihre gemeinsame Überzeugung, dass der Zugang zu kulturellen Ausdrucksformen das gegenseitige Verständnis fördere. Dem Artikel wird damit eine politische Konnotation gegeben, die die Frage des Zugangs zu Werken, neben der wirtschaftlichen Dimension des Urheberrechts, um eine politische Dimension erweitert.

---

501 UNESCO EXECUTIVE BOARD, Fn. 356 (21.04.2005).

502 Siehe Teil II, B, II, 2, 0 dieser Arbeit.

503 Art. 2 Abs. 3 UNESCO, Fn. 347 (07.2004).

504 Art. 2 Abs. 7 UNESCO EXECUTIVE BOARD, Fn. 356 (21.04.2005).

505 Während der Expertenentwurf noch davon sprach, dass der Zugang zu kulturellen Ausdrucksformen und -mitteln eine „essential guarantee" ist, bewertet der Kapstadt-Entwurf diese als „important elements to enhancing cultural diversity (...)". Das Wort „guarantee" sorgte vor allem für Verunsicherungen. Die Verhandlungspartner äußerten Klärungsbedarf. Um unnötigen Definitionen und unbestimmten Rechtsbegriffen aus dem Weg zu gehen, bot sich eine Änderung der Wortwahl an. UNESCO, Fn. 347 (07.2004); UNESCO, Fn. 354 (23.12.2004), S. 30.

Schließlich findet das Wort „Zugang" auch im Rahmen des Art. 7 Abs. 1 lit. a Kapstadt-Entwurf Verwendung. Demnach soll der Staat sich bemühen ein Umfeld zu schaffen, in dem Individuen und Gruppen Zugang zu ihren eigenen kulturellen Ausdrucksformen gewährt wird. Dieser Zugang schließt zwar, wie oben bereits beschrieben, die Zahlung einer angemessenen Vergütung für die Nutzung und den Zugang zu urheberrechtlich geschützten Werken nicht aus, doch könnten die Vertragspartner den Zugang über die Schranken des Urheberrechts vereinfachen bzw. erweitern.[506] Die Wortwahl des lit. a in Art. 7 Abs. 1 hat sich nach der zweiten Verhandlungsrunde nur unwesentlich geändert. Allerdings schwächten die Staaten den Obersatz von Absatz 1 erheblich ab. Während im Expertenentwurf noch die Formulierung „States Parties shall provide"[507] vorgesehen war, enthält der Kapstadt-Entwurf nur noch die Wendung „Parties shall endeavour to"[508]. Damit wurden jegliche Leistungsansprüche, die ein Einzelner oder eine Gruppe gegen den Vertragspartner geltend machen konnte, deutlich reduziert. Auch Regelungen im Bereich des Urheberrechts zur Umsetzung dieses Artikels liegen damit vollkommen im Ermessen und Wohlwollen jedes einzelnen Staates. Eine Verpflichtung ist aus Art. 7 Abs. 1 Kapstadt-Entwurf nicht abzuleiten.

c) Urheberrecht als Umsetzungsinstrument

Auch die Ziele des UNESCO-Übereinkommens wurden im Rahmen der zweiten Verhandlungsrunde diskutiert und geändert. Das Ziel des UNESCO-Übereinkommens, Bedingungen zu schaffen, unter denen sich Kulturen frei entfalten und miteinander agieren können (Art. 1 lit. b Kapstadt-Entwurf), wurde leicht geändert. Der ursprüngliche Terminus „framework" wurde durch den von vielen Verhandlungspartnern präferierten Begriff „conditions" ersetzt. Zudem ergänzten die Verhandlungspartner im Rahmen der zweiten Verhandlungsrunde, dass diese Interaktion zu gegenseitigem Nutzen stattfinden soll. Dieser Zusatz stellt lediglich eine explizite Erwähnung des Grundsatzes der Gegenseitigkeit dar. Reziprozität ist im Völkerrecht allgemein anerkannt und stellt einen tragenden Pfeiler der Völkerrechtsordnung dar.[509] Folglich ergeben sich mit dem Zusatz keine neuen Rechte oder Pflichten für die einzelnen Vertragspartner. Auf die Ausgestaltung möglicher urheberrechtlicher Regelungen haben diese Änderungen ebenfalls kaum Einfluss. Es bleibt letztlich bei der allgemeinen Ein-

---

506 Über die Bedeutung der Schranken siehe RICHIERI HANANIA, Fn. 17 (2009), S. 398 ff.

507 Art. 7 Abs. 1 UNESCO, Fn. 347 (07.2004).

508 Art. 7 Abs. 1 UNESCO EXECUTIVE BOARD, Fn. 356 (21.04.2005).

509 VERDROSS, Alfred/ SIMMA, Bruno, Universelles Völkerrecht. Theorie und Praxis. Berlin (2010), S. 64 ff.

schätzung, dass Urheberrecht ein mögliches Mittel darstellt, um nach Art. 1 lit. b Kapstadt-Entwurf ein Umfeld zu schaffen, das kultureller Vielfalt zuträglich ist. Zudem zielt das UNESCO-Übereinkommen auf den Ausbau des Dialogs zwischen den Kulturen. Urheberrecht könnte ein mögliches Mittel für diesen Ausbau sein.[510] Beispielsweise würden Kooperationen von nationalen Verwertungsgesellschaften dazu beitragen, dass die Urheber von Werken auch für die Nutzung ihrer Werke im Ausland eine angemessene Vergütung erhalten. Die Möglichkeit der Nutzung ausländischer Werke stellt die Grundlage eines jeden Dialogs dar. Im Rahmen der zweiten Verhandlungsrunde wurde die Formulierung des Ziels in Art. 1 lit. c Kapstadt-Entwurf etwas geändert.[511] Diese Änderungen betreffen zum einen die konkrete Wortwahl und zum anderen die Ergänzung eines Zwecks für internationalen Dialog zwischen den Kulturen. Die kleinen Änderungen in der Wortwahl haben keinen Einfluss auf die grundsätzliche Auslegung des Textes und dienten vorrangig der Klarheit und Einheitlichkeit des Textes. Auch die Ergänzung des Zwecks des interkulturellen Dialogs zur Förderung des interkulturellen Respekts und einer Kultur des Friedens hat ebenfalls keinen Einfluss auf die Mittel, die zur Erreichung dieses Zieles eingesetzt werden. Vor dem Hintergrund der urheberrechtlichen Analyse des Verhandlungsergebnisses spielen diese Umformulierungen und Ergänzungen keine Rolle.

Ein weiteres Einfallstor für urheberrechtliche Regelungen stellt der ehemalige Art. 12 Abs. 2 lit. g Expertenentwurf[512] dar. Demnach wurden die Vertragspartner dazu angehalten, Anreizmaßnahmen für den Transfer von Technologie und Know-how einzuführen. Durch die Überarbeitung der gesamten Passage zur Entwicklungszusammenarbeit des UNESCO-Übereinkommens im Rahmen einer ad hoc-Arbeitsgruppe ist dieser Artikel komplett entfallen. Die Regelungen zum Transfer von Technologie, insbesondere von Know-how, bspw. in Form von Weiterbildungen zum Aufbau einer Verwertungsgesellschaft oder zur Durchsetzung von geistigen Eigentumsrechten, finden sich jedoch im Rahmen des Art. 14 Abs. 3 Kapstadt-Entwurf. Zwar setzten sich auch einige Staaten für eine Streichung dieses Absatzes ein, doch sprach sich die Mehrheit der Verhandlungspartner für eine Beibehaltung der Regelungen zum Technolo-

510 DIETZ, Adolf, Cultural Functions of Collecting Societies, MAX PLANCK INSTITUTE FOR INTELLECTUAL PROPERTY AND COMPETITION LAW (19.10.2007), <http://www.ip.mpg.de/shared/data/pdf/2_dietz_-_cultural_functions.pdf> (zuletzt geprüft am: 10.03.2013), S. 6 f.

511 UNESCO EXECUTIVE BOARD, Fn. 356 (21.04.2005).

512 UNESCO, Fn. 347 (07.2004).

gie- und Know-how-Transfer aus.[513] Die Relevanz dieses Artikels für mögliche Kooperationen zwischen Industrie- und Entwicklungsländern im Rahmen des Urheberrechts wird dadurch nicht geschmälert.

3. Bewertung

Die Verhandlungen während des zweiten Treffens der Regierungsexperten brachten die unterschiedlichen Auffassungen der Delegationen über die Wirkung von geistigem Eigentumsrecht auf die Förderung kultureller Vielfalt zum Vorschein. Während sich marktliberale Staaten, wie die USA, und eine Gruppe von Entwicklungsländern für die Aufnahme einer Pflicht zum Schutz geistigen Eigentums aussprachen, setzte sich eine Mehrheit der Staaten für die Streichung der Referenzen zum geistigen Eigentumsrecht im Rahmen des UNESCO-Übereinkommens ein. Eine Streichung birgt den Vorteil, dass die unterschiedlichen Positionen zu diesem Thema nicht den zügigen Verhandlungsverlauf blockieren.[514] Zumal das geistige Eigentum nicht im Zentrum der Verhandlungen zum UNESCO-Übereinkommen stand.

Gleichzeitig versuchten einige Entwicklungsländer, die Diskussion um den Schutz geistiger Eigentumsrechte umzulenken und damit ihren Interessen nach Schutz traditioneller kultureller Ausdrucksformen mehr Gewicht zu verleihen. Die Zustimmung zum Schutz geistiger Eigentumsrechte wäre damit ein Verhandlungspfand für eine gleichwertige Erwähnung des Schutzes traditioneller kultureller Ausdrucksformen. Zwar werden bereits parallel zu den Verhandlungen zum UNESCO-Übereinkommen im Rahmen der WIPO mögliche Schutzinstrumente für traditionelles Wissen und traditionelle kulturelle Ausdrucksformen diskutiert,[515] die Aufnahme einer Regelung in das UNESCO-Übereinkommen hätte den Verhandlungen im Rahmen der WIPO jedoch neues Momentum gegeben. Die Verhandlungspartner zögerten aber mit der Anerkennung eines sui generis-Schutzes für traditionelle kulturelle Ausdrucksformen, um sich den Verhandlungsspielraum im Rahmen der WIPO zu erhalten.

Die Streichung der Verweise zum Urheberrecht, die flexiblere Wortwahl im Bereich des „Zugangs" zu kulturellen Ausdrucksformen und die Aufnahme eines Präambelabsatzes zum geistigen Eigentum stellen damit einen Kompromiss dar.

---

513 Vgl. UNESCO, Fn. 400 (12.2004), S. 11.

514 Ruiz Fabri, Fn. 17 (2006), S. 78.

515 Nähere siehe Fn. 407 (2011); Lucas-Schloetter, Fn. 53 (2004), S. 259 ff.

III. *Urheberrecht nach Abschluss der dritten Verhandlungsrunde (Juni 2005)*

Die dritte Verhandlungsrunde bildete gleichzeitig die letzte Verhandlungsrunde der Regierungsexperten, bevor der ausgearbeitete Entwurf im Oktober 2005 der 33. Generalkonferenz der UNESCO zur Unterzeichnung übermittelt werden sollte. Die Verhandlungen im Rahmen der zweiten Verhandlungsrunde verliefen unerwartet schwierig.[516] Trotz der Bildung informeller Arbeitsgruppen konnten grundlegende Meinungsverschiedenheiten nicht geklärt werden, zum Beispiel themenübergreifende Fragen, wie die der Begriffsbestimmungen oder des Verhältnisses des UNESCO-Übereinkommens zu anderen internationalen Instrumenten sowie die Frage der Streitbeilegungsmechanismen. Vor dem Hintergrund der begrenzten Zeit bis zur nächsten Generalkonferenz beauftragten die Verhandlungspartner den Vorsitzenden, die bisherigen Verhandlungsergebnisse in einem eigenständigen Entwurfstextes zusammenzufassen. Im Rahmen eines Treffens des Vorsitzenden *Kader Asmal* in Kapstadt gemeinsam mit dem Berichterstatter der Konferenz, dem Vorsitzenden des Entwurfsausschusses sowie Vertretern des Sekretariats erarbeitete der Vorsitzende einen zusammengefassten Entwurf[517] mit Anmerkungen zu unterschiedlichen Alternativen sowie einen konsolidierten, von allen Alternativen bereinigten Textentwurf[518]. Der konsolidierte Textentwurf (Kapstadt-Entwurf) erlangte große Zustimmung[519] und wurde als Grundlage der dritten Verhandlungsrunde anerkannt.

Im Folgenden werden die Veränderungen der urheberrechtlichen Passagen im Kapstadt-Entwurf[520] gegenüber dem endgültigen Übereinkommen[521] analy-

516 UNESCO, Second Intergovernmental Meeting of Experts on the Draft Convention on the Protection of the Diversity of Cultural Contents and Artistic Expressions. Oral Report of the Rapporteur, Mr. Artur Wilczynski at the Closing of the Second Session, ohne Dokumentennummer v. 11.02.2005.

517 UNESCO EXECUTIVE BOARD, Composite Draft. Appendices 1 and 2 to the Preliminary Report by the Director-General on the Draft Convention on the Protection of the Diversity of Cultural Contents and Artistic Expressions; 2005, 171 EX/INF.18 App. I v. 21.04.2005.

518 UNESCO EXECUTIVE BOARD, Fn. 356 (21.04.2005).

519 UNESCO, Third Intergovernmental Meeting of Experts on the Draft Convention on the Protection of the Diversity of Cultural Contents and Artistic Expressions. Oral Report of the Rapporteur, Mr. Artur Wilczynski at the Closing of the Third Session, 25 May – 3rd June 2005, ohne Dokumentennummer v. 03.06.2005.

520 UNESCO EXECUTIVE BOARD, Fn. 356 (21.04.2005).

siert. Zwar gab es während der Unterzeichnung des UNESCO-Übereinkommens im Rahmen der 33. Generalkonferenz Bemühungen einiger Staaten, insbesondere der USA, den Verhandlungstext noch einmal zu öffnen und Änderungen vorzunehmen, doch konnten diese Initiativen keine Mehrheit finden. Schließlich wurde der Text in der Fassung nach Abschluss der dritten Verhandlungsrunde angenommen. Das Sekretariat nahm lediglich noch grammatikalische Änderungen beziehungsweise sprachliche Angleichungen zwischen den einzelnen amtlichen Fassungen in unterschiedlichen Sprachen vor. Inhaltlich wurde der Übereinkommenstext nicht noch einmal geändert.

1. Explizite Erwähnung von geistigen Eigentumsrechten im endgültigen Entwurf

Nach Abschluss der dritten Verhandlungsrunde konnte sich lediglich die Erwähnung geistiger Eigentumsrechte in Abs. 17 der Präambel behaupten. Dieser Absatz wurde während der Verhandlungen nicht noch einmal geändert. Wortgleich mit Abs. 16 Expertenentwurf[522] lautet Abs. 17 des endgültigen UNESCO-Übereinkommens:

> „in Anerkennung der Bedeutung der Rechte des geistigen Eigentums zur Unterstützung derer, die an der kulturellen Kreativität beteiligt sind"[523].

Mit diesem Absatz erkennen die Vertragspartner die Bedeutung geistiger Eigentumsrechte derjenigen Personen an, die zu kultureller Kreativität beitragen. Der Kreis der Betroffenen ist mit dieser Wendung sehr weit gefasst. Er beschränkt sich nicht allein auf natürliche Personen, wie Autoren, bildende Künstler, Maler oder andere Künstler. Mit diesem Absatz wird gleichzeitig die Leistung juristischer Personen durch die Achtung ihrer Rechte des geistigen Eigentums anerkannt. Somit sind auch Leistungsschutzinhaber, wie Tonträgerhersteller oder Sendeunternehmen, die weniger eine kreative Leistung als vielmehr eine technisch-organisatorische Leistung zur Verbreitung von kulturellen Gütern und Dienstleistungen erbringen, umfasst. Gleichzeitig verzichten die Vertragsstaaten aber auch auf einen Verweis auf derzeit geltende internationale Instrumente zum

---

521 Übereinkommen zum Schutz und zur Förderung der Vielfalt kultureller Ausdrucksformen (ÜVKA) v. 20.10.2005, BGBl. 2007 II, 235 ff., ABl. der EU Nr. L 201 v. 25.07.2006, 17 ff.

522 UNESCO, Fn. 347 (07.2004).

523 Übereinkommen zum Schutz und zur Förderung der Vielfalt kultureller Ausdrucksformen (ÜVKA) v. 20.10.2005, BGBl. 2007 II, 235 ff., ABl. der EU Nr. L 201 v. 25.07.2006, 17 ff.

geistigen Eigentum, obwohl eine solche Formulierung an verschiedenen Stellen während des Verhandlungsgeschehens vorgeschlagen wurde. Damit stellen die Vertragspartner lediglich grundsätzlich fest, dass geistiges Eigentum für alle am kreativen Prozess Beteiligte von großer Bedeutung ist. Es wird jedoch keine Aussage darüber getroffen, ob die derzeitigen Regelungen einer Förderung der kulturellen Vielfalt tatsächlich gerecht werden.

Die Bewahrung des Abs. 17 der Präambel stellt einen von vielen Staaten getragenen Kompromiss dar. Für die Verfechter der geistigen Eigentumsrechte im Rahmen des UNESCO-Übereinkommens[524], die keine Mehrheit finden konnten, bedeutete dies wenigstens eine grundsätzliche Anerkennung – wenn auch die Präambel keine direkte rechtsverbindliche Wirkung entfaltet, sondern als Interpretationshintergrund des Vertrags zu sehen ist.[525] Die Gegner einer Erwähnung geistigen Eigentums konnten sich damit zufrieden geben, dass eine Benennung der Bedeutung von geistigem Eigentum im Rahmen der Präambel keine substantielle Regelung geistiger Eigentumsrechte bedeutet.[526]

Im Kapstadt-Entwurf wurden geistige Eigentumsrechte zudem im Rahmen der Begriffsdefinition als ein Merkmal für kulturelle Güter und Dienstleistungen betrachtet. Die Definition dieser Begriffe war hoch umstritten und Gegenstand von einer eigenen informellen Arbeitsgruppe. In deren Rahmen kristallisierten sich schnell zwei verschiedene Lager heraus. Während die USA, der Irak, die Russische Föderation sowie zunächst die Länder der afrikanischen Gruppe für die Beibehaltung dieses Unterscheidungsmerkmals eintraten, sprachen sich eine Mehrheit der Verhandlungspartner, darunter die EU, Mexiko, viele Staaten der Gruppe der 77, Kanada, Brasilien, China, Indien, Norwegen, Venezuela und Island, für einen Verzicht auf dieses Merkmal aus.[527] Argentinien wies zudem auf mögliche Konflikte mit anderen internationalen Instrumenten hin, sollte dieses Begriffsmerkmal Bestand haben. Gleichzeitig forderten Brasilien, Peru sowie andere Länder der Gruppe der 77, auch traditionelle kulturelle Ausdrucksformen sowie traditionelles Wissen in die Begriffsdefinition für kultu-

---

524 Vor allem afrikanische Staaten, die USA und Mexico setzten sich für eine Einbeziehung der geistigen Eigentumsrechte im Rahmen des UNESCO-Übereinkommens ein.

525 Art. 31 Abs. 2 WVK. Vgl. SOREL/BORÉ EVENO, Article 31, in: Corten/Klein (Hrsg.), Fn. 411 (2011), S. 804 ff.

526 Diese Position nahmen beispielsweise die Staaten der Europäischen Union ein, vgl. RÉUNION DE COORDINATION UE DES 12 ET 13 MAI 2005, Convention sur la Protection et la Promotion de la Diversité des Expressions Culturelles. Conclusion Générales v. 13.05.2005, S. 5.

527 Aufzählung nach Aufzeichnungen der Autorin im Laufe der dritten Verhandlungsrunde, Paris 2005.

relle Güter, Dienstleistungen und Aktivitäten aufzunehmen, sollten geistige Eigentumsrechte als Definitionsmerkmal beibehalten werden.

Eine Einigung konnte durch einen Kompromissvorschlag der EU und der Länder der afrikanischen Gruppe erzielt werden. Nach diesem Kompromissvorschlag fielen alle benannten Merkmale, inklusive dem Kriterium des geistigen Eigentums aus dem Text heraus. Stattdessen einigten sich die Vertragspartner auf eine allgemeine Definition kultureller Güter, Dienstleistungen und Aktivitäten, die weder geistiges Eigentum noch traditionelle kulturelle Ausdrucksformen beinhaltet.

Zudem gab es verschiedene Versuche, geistiges Eigentum doch wieder in den Übereinkommenstext aufzunehmen, v. a. seitens der USA. Beispielsweise unterbreiteten die USA dem Plenum eine Ergänzung der Prinzipien in Art. 2 ÜVKA, um ein Prinzip des Schutzes geistigen Eigentums:

> „Importance of Intellectual Property:
> Effective intellectual property systems enhance creativity and learning, sustain authors, artists and other creators and promote the broad dissemination of divers cultural expressions."[528]

Dieses neue Prinzip fand jedoch keine Unterstützung durch andere Verhandlungspartner. Auch im Rahmen des Art. 7 ÜVKA unternahmen Mexiko, die USA und Gabun, einen Versuch, geistiges Eigentumsrecht erneut in den Wortlaut des Art. 7 ÜVKA aufzunehmen, obwohl im Rahmen des Kapstadt-Entwurfs[529] solche Regelungen bereits gestrichen wurden. Die vorgeschlagene Ergänzung des Art. 7 Abs. 2 ÜVKA sollte lauten:

> „Parties shall ensure that they promote the protection of intellectual property, with the aim of stimulating creativity and as a fundamental tool to enrich the diversity of individual and collective cultural expressions."[530]

Mit dieser Formulierung wählten die vorschlagenden Staaten eine verbindliche Wortwahl. Während das UNESCO-Übereinkommen in seiner Gesamtheit eher

528 Aufzeichnungen der Autorin wähRen der dritten Verhandlungsrunde, Paris 2005. Die USA traten zwar vehement für einen weitestgehend liberalisierten Welthandel ein; im Bereich der geistigen Eigentumsrechte vertraten sie aber eine entgegengesetzte protektionistische Strategie. Vgl. dazu vor allem zum Einfluss der *Motion Pictures Association of America* (MPAA) auf die US-amerikanische Haltung zu geistigen Eigentumsrechten: BRUNER, Christopher M., Culture, Sovereignity, and Hollywood, in: *NYUJILP* 40 (2008), S. 413 ff.

529 UNESCO EXECUTIVE BOARD, Fn. 356 (21.04.2005).

530 Aufzeichnungen der Autorin während der dritten Verhandlungsrunde, Paris 2005.

weiche Verpflichtungen in Form von „should"- oder „shall endeavour"-Bestimmungen enthält, werden die Vertragspartner nach diesem Vorschlag stark in die Pflicht genommen. Sie wären demnach unmissverständlich verpflichtet („shall ensure"), die Förderung des Schutzes geistigen Eigentums sicherzustellen. Die Förderung des Schutzes geistigen Eigentums bedarf neben öffentlicher Kampagnen zur Bedeutung des geistigen Eigentums auch effektiver Durchsetzungsmaßnahmen. Doch solche Durchsetzungsmaßnahmen, wie verstärkte Zollkontrollen oder der Aufbau von institutionellen Strukturen zur Bekämpfung der Produktpiraterie, sind kostspielig. Viele Entwicklungsländer verfügen nicht über die notwendigen Ressourcen, um einer derartigen Verpflichtung gerecht zu werden und lehnten aus diesem Grund eine Zustimmung ab.[531] Ein weiterer Grund der Ablehnung dieser Formulierung könnte in der eindeutig utilitaristischen Konnotation dieser Passage liegen.[532] Geistiges Eigentum soll nach dem Vorschlag der USA mit dem Ziel geschützt werden, Kreativität zu fördern, und als ein grundlegendes Instrument zur Bereicherung der Vielfalt dienen. Diese Sichtweise entspricht der utilitaristischen Ausrichtung des Copyright-Systems, in dessen Tradition sich die USA bewegen. Allerdings ist sie mit der kontinental-europäischen Tradition des Autorenrechts, in deren Mittelpunkt der Schutz der Bindung zwischen Autor und Werk steht, schwieriger zu vereinbaren. Zwar bewegen sich beide Traditionen heutzutage auf einander zu.[533] Doch ist diese rein an utilitaristischen Gesichtspunkten ausgerichtete Formulierung vor allem in Ländern der Autorenrechtstradition schwer vermittelbar.

Insgesamt scheinen die Änderungsanträge der USA im Bereich des Urheberrechts jedoch eher Teil einer Verzögerungs- und Verschleppungsstrategie seitens der USA[534] gewesen zu sein. Nach den Verhandlungen des zweiten Tref-

---

531 Dies soll nicht darüber hinwegtäuschen, dass die USA auch einige Entwicklungsländer für ihre Vorschläge gewinnen konnten. Beispielsweise stimmte auch Gabun der Aufnahme eines Prinzips zum Schutz geistigen Eigentums zu. Auf Nachfrage der Autorin wollte sich die Vertreterin Gabun dazu nicht äußern. Allerdings sind die USA ein wichtiger Handelspartner, so dass hier Anreize für eine Interessenverknüpfung bestehen könnten. BOTSCHAFT GABUN, Grundlinien der Wirtschaftspolitik (2008), <http://www.botschaft-gabun.de/wirtschaft/wirtschaft_de.html> (zuletzt geprüft am: 30.04.2012).

532 Vgl. dazu auch Teil I, B, II, 4 dieser Arbeit.

533 Die Vereinheitlichung des Urheberrechts in Europa hat beispielsweise dazu geführt, dass inzwischen auch in Länder des Autorenrechts, wie Deutschland oder Frankreich, utilitaristische Gesichtspunkte nicht vollkommen vernachlässigt werden. Vgl. STROWEL, Fn. 24 (1994), S. 235 ff.; STROWEL, Fn. 24 (1993), passim.

534 SCHORLEMER, Fn. 17 (2005b), S. 219; SCHORLEMER, Introduction, in: Schorlemer/Stoll (Hrsg.), Fn. 357 (2012), S. 8 ff.

fens der Regierungsexperten ist bereits deutlich geworden, dass eine Aufnahme von Verweisen zum geistigen Eigentum keinen Konsens finden würde.

2. Impliziter Bezug zu Urheberrechten im endgültigen Entwurf

a) *Verweis auf internationale Menschenrechtsinstrumente*

Die Passagen mit Bezug zu den Menschenrechten und Grundfreiheiten wurden im Laufe der dritten Verhandlungsrunde nicht noch einmal grundsätzlich geändert. Während Präambelabsatz 5 gleich blieb, wurde die Reihenfolge der Sätze von Art. 2 Abs. 1 des endgültigen Entwurfs vertauscht. Zudem wurde der Einheitlichkeit halber auch im Prinzip der Achtung der Menschenrechte und Grundfreiheiten ein Verweis auf die *Allgemeine Erklärung der Menschenrechte* hinzugefügt. Für Fragen des Urheberrechtsschutzes ergeben sich dadurch jedoch kaum Änderungen. Der Verweis auf die *Allgemeine Erklärung der Menschenrechte* umfasst auch Art. 27 Abs. 2 AEMR und damit den Schutz der Urheberrechte in Ausgewogenheit mit der Teilhabe aller am kulturellen Leben.

b) *„Zugang" als Schlüsselbegriff aus dem Bereich des Urheberrechts*

Während der dritten Verhandlungsrunde haben sich am Prinzip des Zugangs zu einer Vielfalt an kulturellen Ausdrucksformen in Art. 2 Abs. 7 des Entwurfs keine maßgeblichen Änderungen ergeben. Auf Vorschlag von u. a. Benin wurde dieses Prinzip durch den Zusatz von „equitable"[535] erweitert. Die endgültige

535 Die zwischen der Bundesrepublik Deutschland, Österreich und der Schweiz abgestimmte deutsche Übersetzung spricht hier von „gleichberechtigt". Die deutsche Fassung gibt jedoch nicht den verbindlichen Wortlaut wider. Nach Art. 34 ÜVKA ist der verbindliche Wortlaut an die UN-Sprachen gebunden. Die englische Fassung spricht hier von „equitable"; die französische von „équitable" und die spanische von „equitativo". Für das in der deutschen Übersetzung benutzte Wort „gleichberechtigt" gibt es jedoch andere Wörter in diesen Sprachen so wird im Englischen dafür „equal", im Französischen „égal (en droit)" oder im Spanischen „con los mismos derechos/ igual" verwendet. Zumal die Übersetzung von „equitable" mit „gleichberechtigt" nicht mit der Bedeutung des Wortes „equity/Billigkeit" im internationalen Recht vereinbar ist. Eine Entscheidung nach Billigkeit (ex aequo et bono, Art. 38 Abs. 2 IGH-Statut) eröffnet die Möglichkeit Aspekte der Fairness und der Gerechtigkeit zu berücksichtigen. Die unterschiedlichen materiellen Kapazitäten der Beteiligten können auf diese Weise Eingang finden. Demgegenüber bedeutet das Wort „gleichberechtigt" eine formelle

Version verfügt nun über ein Prinzip des gerechten Zugangs. Die Vertragspartner betonen damit nicht nur, dass Zugang zu kulturellen Ausdrucksformen und -mitteln ein wichtiges Element der Vielfalt kultureller Ausdrucksformen ist, sondern auch dass dieser Zugang gerecht sein muss.

Ökonomische und soziale Zugangshindernisse, wie bspw. technologische Rückständigkeit oder ein Mangel an Know-how, sind bei Zugangsfragen zu berücksichtigen. Insbesondere in der Debatte um den Zugang von Entwicklungsländern zu kulturellen Märkten in den Industrieländern müssen nach dieser Formulierung Gerechtigkeitsfragen abgewogen werden. Ferner impliziert das Wort „equitable" aber auch, dass die Interessen aller vom Zugang betroffenen Personen zu berücksichtigen sind. In diesem Sinne müssen auch die mit kulturellen Ausdrucksformen möglicherweise verbundenen geistigen Eigentumsrechte geachtet werden. Die Frage, wann ein Zugang gerecht ist, kann folglich nur in einer Einzelfallentscheidung geklärt werden.[536]

Vor einem urheberrechtlichen Hintergrund kann ein gerechter Zugang zu einer Vielfalt kultureller Ausdrucksformen bzw. zu deren Ausdrucksmitteln, bspw. durch die Beachtung der Zahlungsfähigkeit von Entwicklungsländern für lizenzierte, urheberrechtlich geschützte Produkte bedeuten. Es ist jedoch zu betonen, dass die Vertragsparteien nicht direkt zu einem gerechten Zugang verpflichtet werden, sondern sie erkennen lediglich die Bedeutung eines solchen Zugangs für den Schutz und die Förderung der Vielfalt kultureller Ausdrucksformen an. Die Grundsätze des UNESCO-Übereinkommens müssen bei der Umsetzung beachtet werden. Entsprechend sind die Vertragsstaaten indirekt dazu angehalten, bei der Umsetzung von Maßnahmen und Politiken zum Schutz und zur Förderung der Vielfalt kultureller Ausdrucksformen auf einen gerechten Zugang zu achten.

Auch die in Art. 7 Abs. 1 lit. b Expertenentwurf[537] festgehaltene Aufforderung der Vertragspartner, Individuen und Gruppen auf ihrem Territorium Zu-

---

Gleichbehandlung der Beteiligten, ohne Berücksichtigung besonderer Umstände. Vgl. dazu auch Francioni, Francesco, Equity in International Law, Max-Planck-Institut für Ausländisches Öffentliches Recht und Völkerrecht (2007), <http://www.mpepil.com/subscriber_article?script=yes&id=/epil/entries/law-9780199231690-e1399&recno=1&searchType=Quick&query=equity> (zuletzt geprüft am: 10.03.2013).

536 Kono, Article 2, in: Schorlemer/Stoll (Hrsg.), The UNESCO Convention on the Protection and Promotion of the Diversity of Cultural Expressions. Explanatory Notes, Berlin et al. (2012), S. 111.

537 UNESCO, Fn. 347 (07.2004).

gang zu kulturellen Ausdrucksformen zu ermöglichen, wurde erweitert. Auf Vorschlag der USA ergänzten die Verhandlungspartner den Zugang zu kulturellen Ausdrucksformen anderer Länder um den Zugang zu vielfältigen kulturellen Ausdrucksformen auf dem eigenen Territorium. Vor einem urheberrechtlichen Hintergrund erscheint diese Erweiterung sinnvoll. In Art. 7 Abs. 1 lit. a des endgültigen UNESCO-Übereinkommens müssen Staaten Anstrengungen unternehmen, um Zugang zu eigenen kulturellen Ausdrucksformen zu ermöglichen. Dies betrifft aus urheberrechtlicher Perspektive die nationalen Regelungen zum Urheberrecht. Nach dem im Bereich des Urheberrechts geltenden Prinzips der Territorialität schafft jedes Land seine eigenen urheberrechtlichen Regelungen, die nur durch die Mindestanforderungen internationaler Verträge eingeschränkt sind. Gleichzeitig soll auch Zugang zu ausländischen kulturellen Ausdrucksformen auf dem eigenen Territorium ermöglicht werden. Die internationalen Regelungen zum geistigen Eigentum verpflichten die Vertragsparteien bereits jetzt umfassend zur Inländergleichbehandlung. Inländergleichbehandlung bedeutet, dass die urheberrechtlichen Regelungen für eigene Staatsangehörige auch auf diejenigen ausländischen Staatsangehörigen anzuwenden sind, die sich auf dem Territorium des betreffenden Staates aufhalten bzw. dort ihre Werke veröffentlichen. Durch geeignete nationale urheberrechtliche Regelungen zum Zugang zu kulturellen Ausdrucksformen, werden diese mittels des Prinzips der Inländergleichbehandlung automatisch auch auf den Schutz ausländischer kultureller Ausdrucksformen auf dem Gebiet des regelnden Staates ausgeweitet. Die Erweiterung des Art. 7 Abs. 1 lit. b im endgültigen Entwurf spiegelt unter anderem auch diesen Zusammenhang wider. Allerdings wurde diese Begründung nicht im Rahmen der Verhandlungen vorgebracht. Die Annahme dieser Erweiterung scheint vielmehr auf die Tatsache hinzudeuten, dass angesichts des allgemeinen Zeitmangels und einer offensichtlichen Unschädlichkeit dieser Ergänzung keine bedenkenswerten Einwände seitens anderer Verhandlungspartner geäußert wurden.

c) Urheberrecht als Umsetzungsinstrument

Die Regelungen im Rahmen der Ziele und Prinzipien des Übereinkommens, in denen Urheberrecht ein mögliches Mittel darstellt, haben sich im Laufe der dritten Verhandlungsrunde nicht noch einmal geändert.[538]

3. Bewertung

Trotz des von vielen Delegationen begrüßten Kompromissvorschlags des Vorsitzenden zur Reduzierung der Verweise zum geistigen Eigentum auf lediglich eine Passage in der Präambel, flammten die Diskussionen um das Thema erneut auf. Die Ablehnung der Änderungsvorschläge der USA zum geistigen Eigentum zeigte abermals, dass auf dem Gebiet des geistigen Eigentums kein Konsens gefunden werden kann.

Obwohl zwischen dem Schutz geistigen Eigentums und der Förderung der kulturellen Vielfalt – schon aus der Natur der Sache heraus – ein enger Zusammenhang besteht, ist die Reduktion der Thematik auf einen Präambelverweis positiv zu bewerten. Hinter den zunächst in den Entwurf aufgenommenen Passagen zum Urheberrecht stand das Verständnis, dass ein möglichst hohes Urheberrechtsniveaus kultureller Vielfalt zuträglich sei. Dass dieser Annahme nicht ohne weiteres zu folgen ist, wurde bereits im Grundlagenteil[539] dieser Arbeit dargelegt. Der Wegfall der urheberrechtlichen Verweise im materiellen Teil des UNESCO-Übereinkommens hat zur Folge, dass der Handlungsspielraum in der Ausgestaltung der Rechte des geistigen Eigentums im Sinne des UNESCO-Übereinkommens nicht unnötig beschränkt wird. Gleichzeitig wurde auf diese Weise ein „Nebenkriegsschauplatz“ neutralisiert, der viel Zeit gekostet und den Schwung aus den Verhandlungen genommen hätte.

Ferner wurde deutlich, dass das UNESCO-Übereinkommen auch ohne konkrete Verweise auf das geistige Eigentum viele Einfallstore für urheberrechtliche Maßnahmen zur Förderung der kulturellen Vielfalt bietet, zumal der Gedanke eines ausgeglichenen, alle Interessen berücksichtigenden Urheberrechtsschutzes durch die Inkorporation der relevanten Menschenrechtsregelungen gewahrt bleibt.

Trotzdem ist die Debatte über die Ausgestaltung eines die kulturelle Vielfalt fördernden Urheberrechtsschutzes mit der Verabschiedung des UNESCO-

538 Siehe dazu Teil II, C, II, 2, c) dieser Arbeit.

539 Siehe Teil I, D dieser Arbeit.

Übereinkommens nicht abgeschlossen, sondern steht im Gegenteil gerade an ihrem Anfang. Im Rahmen der Umsetzungsbemühungen steht es nun den Vertragsparteien frei, individuell oder konzertiert, das UNESCO-Übereinkommen als Ausgangspunkt für eine kulturelle Vielfalt fördernde Urheberrechtsgestaltung zu nutzen.

IV. Annahme des Übereinkommens in der 33. Generalkonferenz der UNESCO

Das Übereinkommen zum Schutz und zur Förderung der Vielfalt kultureller Ausdrucksformen[540] wurde am 20. Oktober 2005 im Rahmen der 33. Sitzung der Generalkonferenz mit 148 Stimmen[541], 2 Gegenstimmen[542] und 4 Enthaltungen[543] angenommen. Der Annahme gingen erneut lebhafte Diskussionen um die Art der Beteiligung der Europäischen Union[544] und einer möglichen Öffnung des Vertrags für weitere Verhandlungen voraus.[545] Die Vereinigten Staaten trugen besonders zu diesen Diskussionen bei. Sie versuchten den

540 Übereinkommen zum Schutz und zur Förderung der Vielfalt kultureller Ausdrucksformen (ÜVKA) v. 20.10.2005, BGBl. 2007 II, 235 ff., ABl. der EU Nr. L 201 v. 25.07.2006, 17 ff.

541 Das Redeprotokoll der 33. Generalversammlung der UNESCO spricht von 151 Befürwortern, 2 Gegenstimmen und 2 Enthaltungen. Die offizielle Pressemitteilung sowie zahlreiche Berichte von Beobachtern sprechen jedoch von 148 Befürwortern, 2 Gegenstimmen und 4 Enthaltungen. Vgl. UNESCOPRESS, General Conference adopts Convention on the Protection and Promotion of the Diversity of Cultural Expressions (31.10.2005), <http://portal.unesco.org/en/ev.php-URL_ID=30298&URL_DO=DO_TOPIC&URL_SECTION=201.html> (zuletzt geprüft am: 25.06.2013).

542 Israel und USA, vgl. UNESCO General Conference, Fn. 358 (20.07.2007), Ziff. 56.22.

543 Australien, Honduras, Liberia und Nicaragua Vgl. Carnaghan, Matthew, In Brief – UNESCO Convention on the Protection and Promotion of the Diversity of Cultural Expressions, Parliamentary Information and Research Service (17.02.2006), <http://www.parl.gc.ca/Content/LOP/researchpublications/prb0564-e.html> (zuletzt geprüft am: 25.06.2013). Australien führt zur Begründung u. a. die Unvereinbarkeit des UNESCO-Übereinkommens mit Verpflichtungen zum geistigen Eigentum aus anderen internationalen Verträgen an. Vgl. UNESCO General Conference, Fn. 358 (20.07.2007), Ziff. 66.2.

544 Vgl. UNESCO General Conference, Fn. 358 (20.07.2007), S. 60.

545 UNESCO General Conference, Fn. 358 (20.07.2007), S. 498 f.

Abschluss des Übereinkommens durch eine Vielzahl von Änderungsanträgen zu bremsen.[546]

Zu dem beispielhaft schnellen Abschluss des UNESCO-Übereinkommens haben letztendlich fünf Faktoren maßgeblich beigetragen:[547] Dazu zählten ein auf Konsens angelegter Vorentwurf der unabhängigen Experten, die hervorragende Organisation und Koordinierung der UNESCO und der von ihr streng verfolgte Zeitplan ebenso wie die straffe Verhandlungsführung des Vorsitzenden, *Kader Asmal*. Auch die Flexibilität und konstruktive Mitarbeit der Entwicklungsländer sowie die erfolgreiche Koordinierung der EU-Mitgliedstaaten trugen wesentlich zum raschen Abschluss der Verhandlungen bei.

D. Urheberrecht im Rahmen der Umsetzung des UNESCO-Übereinkommens

Obwohl völkerrechtliche Verträge grundsätzlich nur die Vertragsparteien berechtigen und verpflichten, richtet sich das UNESCO-Übereinkommen neben den Vertragsparteien auch an andere Akteure.[548] Entsprechend werden im Folgenden die Umsetzungsaktivitäten der Vertragsparteien sowie flankierende Maßnahmen der Zivilgesellschaft dargestellt und analysiert. Im Rahmen des UNESCO-Übereinkommens umfasst der Begriff ‚Zivilgesellschaft' NGOs, gemeinnützige Gesellschaften, Experten des Kultursektors, Unterstützergruppen für Künstler und kulturelle Gemeinschaften.[549] Daneben sind auch Künstler und Kulturschaffende sowie der private Sektor dazu aufgerufen, zur Umsetzung des UNESCO-Übereinkommens beizutragen (Art. 11 ÜVKA).

Die Vertragsstaaten werden durch das UNESCO-Übereinkommen aufgefordert, ihre Kulturpolitik derart zu gestalten, dass kulturelles Schaffen gefördert wird. Zudem sollen sie international zusammenarbeiten, um die Entstehung ei-

---

546 SCHORLEMER, Fn. 17 (2005b), S. 221; HELFER, Fn. 357 (2007), S. 1002 f.

547 Vgl. SCHORLEMER, Fn. 82 (2006), S. 42.

548 Beispielsweise an die Zivilgesellschaft. Vgl. 11 ÜVKA; siehe auch MERKEL, Article 11, in: Schorlemer/Stoll (Hrsg.), The UNESCO Convention on the Protection and Promotion of the Diversity of Cultural Expressions. Explanatory Notes, Berlin et al. (2012), S. 307 ff.

549 CCD CoP, Operational Guidelines. Article 11 of the Convention on the Protection and Promotion of the Diversity of Cultural Expressions (12.2010), <http://www.unesco.org/new/en/unesco/themes/2005-convention/highlights/civil-society/> (zuletzt geprüft am: 10.03.2013), Fn. 1.

ner tragfähigen lokalen und regionalen Kulturindustrie zu fördern. Die internationale Zusammenarbeit verfolgt dabei nach Präambel Abs. 6 ÜVKA insbesondere das Ziel der Armutsreduzierung.

Der Zivilgesellschaft ist es anheimgestellt, zu größerer Transparenz und Verantwortlichkeit im Rahmen der kulturellen Governance beizutragen. Durch neue Ideen und Ansätze sollen zivilgesellschaftliche Organisationen zur Formulierung nachhaltiger Kulturpolitik beitragen und deren Umsetzung begleiten. Die Aufgabe von Künstlern und Kulturschaffenden im Rahmen der Umsetzung des UNESCO-Übereinkommens liegt vor allem im Dialog mit anderen Künstlern, Kulturschaffenden und der öffentlichen Verwaltung. Als direkt von staatlicher Kulturpolitik Betroffene sind sie dazu aufgefordert, auf Schwierigkeiten bei der Förderung der Vielfalt kultureller Ausdrucksformen hinzuweisen und die Ziele und Grundsätze des UNESCO-Übereinkommens zu kommunizieren. Schließlich kommt dem privaten Sektor eine wesentliche Aufgabe im Rahmen der Unterstützung von Mikro-, kleinen und mittleren Unternehmen zu. Beispielsweise könnte der private Sektor Finanzierungsmöglichkeiten und andere Unterstützungsprogramme zur Verfügung stellen.

Eine Bewertung der Umsetzungsaktivitäten im Rahmen des UNESCO-Übereinkommens basiert auf den vereinbarten Rechten und Pflichten. Da das UNESCO-Übereinkommen jedoch kaum verbindlich formulierte Pflichten aufweist,[550] gestaltet sich die Bewertung der Umsetzungsaktivitäten als schwierig. Ohne konkret vorgegebene Ergebnisvorschriften sind die Pflichten des Übereinkommens bereits durch ein bloßes Bemühen erfüllt. Ein Anspruch auf ein bestimmtes Handeln oder die Erreichung eines bestimmten Ziels lässt sich daraus nicht ableiten.[551] Insbesondere gilt dies für urheberrechtliche Maßnahmen, da das UNESCO-Übereinkommen derartige Maßnahmen nicht explizit benennt.

Trotzdem lohnt es sich, die mit dem UNESCO-Übereinkommen in Zusammenhang gebrachten urheberrechtlichen Maßnahmen zu betrachten. Fraglich ist, ob die Vertragsparteien das Urheberrecht als ein wesentliches Instrument zur Umsetzung des UNESCO-Übereinkommens erachten. Dies wäre dann der Fall, wenn das Urheberrecht in den Umsetzungsbemühungen eine zentrale Rolle spielt.

---

550 RUIZ FABRI, Fn. 17 (2006), S. 75; HAHN, Fn. 17 (2006), S. 533 ff.; NEUWIRTH, Fn. 17 (2006), S. 841; BROOKS, Eireann, Cultural Imperialism vs. Cultural Protectionism, in: *J. Int'l Bus. & L.* 5 (2006), S. 135.

551 RUIZ FABRI, Fn. 17 (2009), S. 219.

I. Maßnahmen der Vertragsparteien

1. Vertragsparteienkonferenz

Die Vertragsparteienkonferenz hat unter anderem die Aufgabe, die vom Zwischenstaatlichen Ausschuss vorgelegten Umsetzungsberichte der Vertragsparteien zu prüfen, die Umsetzungsrichtlinien anzunehmen sowie weitere Maßnahmen zur Förderung der Ziele des UNESCO-Übereinkommens zu ergreifen.[552]

Die Vertragsparteienkonferenz kam bisher viermal zusammen.[553] Diese ersten Treffen waren vor allem prozessualen und organisatorischen Angelegenheiten gewidmet. Im Rahmen der Tätigkeit der Vertragsparteienkonferenz brachten die Vertreter der Vertragsparteien auch urheberrechtliche Aspekte in die Debatte ein. So vertrat Chile während der ersten Vertragsparteienkonferenz die Auffassung, dass

> „the Convention be taken in to account in other international political bodies, such as the World Trade Organization (WTO), the World Intellectual Property Organization (WIPO) and in regional spheres (...)".[554]

Auch die Vertreterin der UNCTAD sprach während dieser Sitzung das Verhältnis des UNESCO-Übereinkommens zu urheberrechtlichen Verträgen an.

> „She believed that the Agreement on Trade-Related Aspects of Intellectual Property Rights (TRIPS) had not received sufficient attention, and that the current intellectual property regime should be dealt with at the international level. (...) She advocated consultations between UNCTAD, WTO, WIPO and UNESCO, and complementarity between various international agreements."[555]

Beide Wortmeldungen konzentrierten sich auf die Vereinbarkeit des UNESCO-Übereinkommens mit den internationalen Verträgen zum geistigen Eigentum. Konkrete Koordinierungsprobleme zwischen den genannten Verträgen wurden allerdings nicht benannt. Andere Vertreter der Vertragsparteien

---

552 MAUS, Article 22, in: Schorlemer/Stoll (Hrsg.), The UNESCO Convention on the Protection and Promotion of the Diversity of Cultural Expressions. Explanatory Notes, Berlin et al. (2012), S. 562 ff.

553 Erste Sitzung: 18. – 20. Juni 2007; Zweite Sitzung: 15. – 16. Juni 2009, Dritte Sitzung: 14. – 15. Juni 2011; Vierte Sitzung: 11. – 14. Juni 2013. Die Vertragsparteienkonferenz findet gewöhnlich im Hauptquartier der UNESCO in Paris statt.

554 CCD CoP, Conference of Parties to the Convention on the Protection and Promotion of the Diversity of Cultural Expressions. First Ordinary Session. Summary Record, CE/07/1.CP/CONF/209/10 v. 20.06.2007, S. 4.

555 CCD COP, Fn. 554 (20.06.2007), S. 13.

sprachen die urheberrechtlichen Aspekte in der Umsetzung des UNESCO-Übereinkommens jedoch nicht an und gingen nicht auf die Anmerkungen Chiles und der UNCTAD ein.

Während der zweiten und dritten Sitzung der Vertragsparteienkonferenz im Juni 2009 und 2011 spielten urheberrechtliche Fragen keine Rolle – nicht einmal im Rahmen der Koordinierung mit anderen internationalen Foren. So war zwar ein Vertreter der WIPO, nicht aber der WTO, als Beobachter anwesend. Doch auch der Vertreter der WIPO sah keinen Bedarf einer Wortmeldung. Es zeigt sich damit, dass Konflikte im Rahmen der Umsetzung des UNESCO-Übereinkommens mittels urheberrechtlicher Instrumente bei den Vertragsparteien wie auch den betroffenen Regimen des geistigen Eigentums nur wenig Beachtung finden und damit keinen hohen Stellenwert auf der politischen Agenda einnehmen.

Erst im Rahmen der vierten Sitzung im Juni 2013, die sich unter dem Tagesordnungspunkt 11 mit der Umsetzung des Übereinkommens in anderen internationalen Foren (Art. 21 ÜVKA) beschäftigte, gelangte das Urheberrecht wieder auf die Tagesordnung.[556] So hielt das Sekretariat im Ergebnisdokument zur Umfrage unter den Vertragsparteien hinsichtlich ihrer Umsetzungsaktivitäten zu Art. 21 fest, dass der Wortlaut „internationales Forum“ von den Vertragsparteien weitausgelegt wird und auch internationale Organisationen, wie die WTO und die WIPO umfasst.[557] Im Rahmen der Umfrage berichteten die Vertragsparteien von Umsetzungsaktivitäten, wie der Verankerung des Übereinkommens in Art. 3 des Entwurfs zum WIPO-Rundfunkvertrag[558] sowie in den Verhandlungen zum Pekinger Vertrag über audiovisuelle Darstellungen.[559]

---

556 CCD CoP, Adoption of the Agenda. Fourth Ordinary Session, Paris, 11-14 June 2013, CE/13/4.CP/2 v. 12.11.2013, Ziff. 1.

557 CCD CoP, Fourth Ordinary Session, 11 - 14 June 2011. International consultation and coordination: current status of Article 21 of the Convention (2011-2013), CE/13/4.CP/11 v. 18.03.2013, Annex II, Ziff. 1.

558 WIPO SCCR, Working Document for a Treaty on the Protecion of Broadcasting Organzisations. Twenty-fourth Session, Geneva, July 16 to 25, 2012, SCCR/24/10 Corr. v. 06.03.2013.

559 CCD COP, Fn. 557 (18.03.2013), Annex II, Ziff. 3.1.

2. Zwischenstaatlicher Ausschuss

Bisher tagte der Zwischenstaatliche Ausschuss in sechs regulären[560] und zwei außerordentlichen[561] Sitzungen. Während dieser Treffen brachten die Mitglieder des Zwischenstaatlichen Ausschusses an einigen Punkten urheberrechtliche Aspekte in die Diskussion ein.

Während der ersten und zweiten regulären Sitzung des Zwischenstaatlichen Ausschusses lag das Hauptaugenmerk auf der Gewährleistung der Arbeitsfähigkeit des Ausschusses.[562] Die Ausschussmitglieder arbeiteten lediglich einen ersten Entwurf für den Inhalt der auszuarbeitenden Umsetzungsrichtlinien aus. Die eigentlichen inhaltlichen Diskussionen zu den Umsetzungsrichtlinien kamen erst auf der ersten außerordentlichen Sitzung des Gremiums auf.[563] Folglich wurden erst zu diesem Zeitpunkt urheberrechtliche Aspekte erörtert.

In Paragraph 1.4 der Prinzipien der Umsetzungsrichtlinien zu Art. 7 ÜVKA heißt es, dass die Vertragsparteien in der Umsetzung des Art. 7 ÜVKA die Bestimmungen anderer relevanter internationaler rechtsverbindlicher Instrumente im Bereich der Kultur beachten müssen.[564] Dazu zählen ohne Zweifel auch die internationalen Instrumente zum Urheberrecht, die im Entwurf der Umsetzungsrichtlinie noch direkt benannt wurden.[565] Allerdings haben Vertreter

560 Erste reguläre Sitzung: 10.-13. Dezember 2007, Ottawa, Canada; zweite reguläre Sitzung:, 8.-12. Dezember 2008; dritte reguläre Sitzung: 7.-9. Dezember 2009; vierte reguläre Sitzung: 29. November – 3. Dezember 2010; fünfte reguläre Sitzung: 5.-7. Dezember 2011; sechste reguläre Sitzung: 10.-14. Dezember 2012. Die Sitzungen finden üblicherweise in Paris statt.

561 Erste außerordentliche Sitzung: 24.-27. Juni 2008; zweite außerordentliche Sitzung: 23.- 25. März 2009.

562 CCD IGC, First Session. Draft Summary Records, CE/07/1.IGC/10 v. 13.03.2008; CCD IGC, Second Ordinary Session. Draft Summary Records, CE/09/2.EXT.IGC/ 208/3 v. 30.01.2009.

563 CCD IGC, First Extraordinary Session. Draft Summary Records, CE/08/1.EXT.IGC/9 v. 26.09.2008, Ziff. 10 ff.

564 CCD CoP, Operational Guidelines. Articles 7, 8 and 17 of the Convention on the Protection and Promotion of the Diversity of Cultural Expressions. Measures to Promote and Protect Cultural Expressions. Approved by the Conference of Parties at its Second Session (June 2009). v. 2009, S. 1.

565 CCD IGC, Preparation of Operational Guidelines for the Implementation and Application of the Provisions of the Convention: Measures to Promote and to Protect Cultural Expressions (Articles 7, 8 and 17), CE/08/1.EXT.IGC/3 v. 03.04.2008, Anhang, S. 2.

Brasiliens gemeinsam mit Vertretern Chinas während der Diskussion darauf verwiesen, dass

> „the provisions of other international standard-setting instruments in the field of culture should not refer to those concerning intellectual property and the status of the artist".[566]

Die Vertreter begründeten ihre Auffassung damit, dass die Aspekte des geistigen Eigentums im Rahmen der WIPO diskutiert werden und aus diesem Grund kein Verhandlungsgegenstand des Zwischenstaatlichen Ausschusses darstellen. Hinter diesem Einwurf der Vertreter verhandlungsstarker Entwicklungsländer verbirgt sich der Wunsch, Fragen des geistigen Eigentums in einem Forum zu diskutieren, in dem ihre Stimme mehr Gewicht erhält.[567] Zumal Aspekte mit besonderem Interesse für die Entwicklungsländer, wie traditionelle kulturelle Ausdrucksformen, zeitgleich im Rahmen der WIPO verhandelt wurden.

Während der zweiten außerordentlichen Sitzung des Zwischenstaatlichen Ausschusses konzentrierten sich die Diskussionen vorrangig um die Präferenzbehandlung von Entwicklungsländern.[568] Hinsichtlich der Präferenzbehandlung im Bereich des geistigen Eigentums schlug Indien vor, den Urheberrechtsinhabern aus Entwicklungsländern juristische Hilfe zur Verfügung zur stellen, sollten indische geistige Eigentumsrechte im Einflussbereich der Industrieländer verletzt werden. Da sich die Diskussionen auf andere Bereiche, wie das Verhältnis der Umsetzungsrichtlinie zu Art. 20 ÜVKA oder die Mobilität der Künstler und Kulturschaffenden, konzentrierten, zog Indien seinen Vorschlag ohne Diskussionen zurück.[569] Es begründete – ähnlich wie Brasilien – den Rückzug damit, dass eine derartige Regelung in den Einflussbereich der WIPO falle. Im Rahmen der Umsetzung des Art. 16 des UNESCO-Übereinkommens sind urheberrechtliche Fragen dennoch von Bedeutung. Dies geht aus den Antwortschreiben einiger Vertragsparteien auf eine Umfrage des Zwischenstaatlichen Aus-

---

566 CCD IGC, First Extraordinary Session. Decisions, CE/08/1.EXT.IGC/Dec. Rev. 2 v. 20.08.2008, S. 4.

567 Mit Verweis auf institutionelle und vor allem materielle Hürden für die Partizipation von Entwicklungsländern in Verhandlungen der WIPO siehe: NETANEL, Neil W., The Development Agenda. Global Intellectual Property and Developing Countries. Oxford et al. (2009), S. 9 ff.

568 CCD IGC, Second Extraordinary Session. Oral report of the Rapporteur, CE/09/2.EXT.IGC/208/9 v. 25.03.2009.

569 Vgl. CCD IGC, Second Extraordinary Session. Draft Summary Records., without Document Number v. 25.06.2009, S. 18; CCD IGC, Fn. 568 (25.03.2009), S. 4.

schusses hervor.[570] Ziel der Umfrage war es, die Vorstellungen und Erwartungen der betroffenen Staaten hinsichtlich der Vorzugsbehandlung von Entwicklungsländern zu eruieren. In diesem Zusammenhang nannten gleich mehrere Staaten den Schutz und die Durchsetzung geistiger Eigentumsrechte als wichtige Umsetzungsmaßnahme zur Schaffung angemessener rechtlicher und institutioneller Rahmenbedingungen.[571]

Dem Thema geistige Eigentumsrechte wurde erst wieder im Rahmen der sechsten regulären Sitzung des Zwischenstaatlichen Ausschusses Aufmerksamkeit gewidmet. Im Dezember 2012 diskutierten die Mitglieder unter Punkt 11 der Tagesordnung die Aktivitäten der Vertragsparteien zur Unterstützung der Ziele und Prinzipien des Übereinkommens in anderen internationalen Foren.[572] In diesem Zusammenhang wies die Delegation Brasiliens darauf hin, dass die Kulturminister der Mercosur Vertragsparteien im Rahmen Ihres XXXIV. Treffens im Juni 2012 in Buenos Aires übereinkamen, ihren Dialog zur Förderung des Übereinkommens, insbesondere im Rahmen der WIPO, der OECD sowie der WTO zu verstärken.[573]

3. Umsetzungsrichtlinien

Auf der Grundlage von Art. 22 Abs. 4 lit. c ÜVKA[574] haben die Vertragsparteien Umsetzungsrichtlinien für einige Artikel des UNESCO-Übereinkommens ausgearbeitet. Bisher wurden die Umsetzungsrichtlinien für Art. 7, 8, 9, 10, 11, 13, 14, 15, 16, 17, 18, 19 ÜVKA sowie zum Fond für kulturelle Vielfalt von der Generalkonferenz angenommen.[575] Allein die Umsetzungsrichtlinie zu

570 Vgl. die Schreiben von Mauritius, Indien, Jamaika, Mexico CCD IGC, Second Extraordinary Session. Replies of the Parties and Civil Society to the Questionnaire Concerning Article 16 of the Convention, CE/09/2. EXT.IGC/208/INF.4 v. 03.02.2009; CCD IGC, Second Extraordinary Session, CE/09/2.EXT.IGC/208/INF.5 Rev v. 13.02.2009.

571 Vgl. die Antworten von Mauritius CCD IGC, Fn. 570 (03.02.2009) sowie Indiens, Jamaikas, Mexikos und nochmals Mauritius in CCD IGC, Fn. 570 (13.02.2009).

572 CCD IGC, Sixth Ordinary Session, 10 - 14 December 2012. Draft Summary Records, ohne Nummer v. 14.03.2013, Ziff. 239 ff.

573 CCD IGC, Fn. 572 (14.03.2013), Ziff. 241.

574 Vgl. MAUS, Article 22, in: Schorlemer/Stoll (Hrsg.), Fn. 552 (2012), S. 565 ff.

575 CCD CoP, Operational Guidelines. Convention on the Protection and Promotion of the Diversity of Cultural Expressions (20.12.2010), <http://www.unesco.org/new/en/culture/themes/cultural-diversity/diversity-of-cultural-expressions/the-convention/operational-guidelines/> (zuletzt geprüft am: 10.03.2013).

Art. 7 ÜVKA benennt das Urheberrecht als ein mögliches Instrument zur Förderung der Vielfalt kultureller Ausdrucksformen. Unter der Überschrift „Measures used to facilitate the promotion of cultural expressions (best practices)" heißt es:

> "In accordance with the sovereign right of States to formulate and implement cultural policies and adopt measures (Article 5.1 of the Convention), the Parties are encouraged to develop and implement policy instruments and training activities in the field of culture. Such instruments and activities should aim at supporting the creation, production, distribution, dissemination and access to cultural activities, goods and services with the participation of all stakeholders, notably civil society as defined in the Operational Guidelines.
>
> 2. These instruments could be related to the following fields:
> 2.1 Legislative: e.g. establishment of structuring legislation in the cultural field (for example, legislation on broadcasting, copyright, status of the artist, etc.)"[576]

Das Urheberrecht ist beispielhaft als legislative Maßnahme genannt. Fraglich ist, ob damit eine Verpflichtung zur Umsetzung der legislativen Maßnahmen besteht. Zum einen gelten Umsetzungsrichtlinien nicht als eigene Anspruchsgrundlage. Sie dienen lediglich der näheren Erläuterung vertraglicher Rechte und Pflichten i. S. d. Art. 31 Abs. 3 lit. a WVK.[577] Zum anderen lässt die Wortwahl des Punktes 2 keinen Zweifel an dem empfehlenden Charakter der Umsetzungsrichtlinie. Konkret heißt es, dass die Vertragsparteien lediglich dazu ermutigt werden, kulturpolitische Instrumente zu entwickeln und umzusetzen. Außerdem wird das souveräne Recht zur Formulierung einer eigenen Kulturpolitik betont. Eine Pflicht, auch urheberrechtliche Instrumente zu nutzen, besteht damit nicht. In den Umsetzungsrichtlinien spielt das Urheberrecht folglich nur eine geringfügige Rolle.

Allerdings sind sich die Vertragsparteien darin einig, dass die Bestimmungen anderer rechtlicher Instrumente im Bereich der Kultur in der Umsetzung des Art. 7 ÜVKA Berücksichtigung finden müssen.[578] Demzufolge müssen die Vertragsparteien im Rahmen der Umsetzung des Art. 7 ÜVKA auch die Bestimmungen der internationalen Verträge zum Urheberrecht beachten.

---

576 CCD COP, Fn. 564 (2009), S. 2.

577 LINDERFALK, Ulf, On the Interpretation of Treaties. The Modern International Law as Expressed in the 1969 Vienna Convention on the Law of Treaties. Dordrecht (2007), S. 162 ff.; SOREL/BORÉ EVENO, Article 31, in: Corten/Klein (Hrsg.), Fn. 411 (2011), S. 825 ff. *Aust* weist darauf hin, dass diese Methode von den Vertragsparteien häufig auch als unterschwellige Vertragsänderung für wenig bedeutende aber doch notwendige Anpassungen genutzt werden: AUST, Fn. 411 (2009), S. 239.

578 Vgl. Para. 1.4 der Prinzipien; CCD COP, Fn. 564 (2009), S. 1.

4. Umsetzungsberichte der Vertragsparteien

Gemäß Art. 9 lit. a ÜVKA sind die Vertragsparteien aufgefordert, regelmäßig aller vier Jahre Berichte über ihre Maßnahmen im Rahmen der Umsetzung des UNESCO-Übereinkommens vorzulegen. Am 30. April 2012 mussten erstmals die Vertragsparteien, die das Übereinkommen zwischen 2005 und 2008 ratifiziert haben, einen Umsetzungsbericht vorlegen. Für Vertragsparteien, für die im Jahr 2009 das Übereinkommen in Kraft trat, galt eine Frist bis zum 30. April 2013.[579] Im Jahr 2012 hätten damit insgesamt 104 Umsetzungsberichte bei der UNESCO eingehen müssen.[580] Doch lediglich 48 Vertragsparteien sind ihrer Berichterstattungspflicht fristgerecht nachgekommen.[581]

Von den 48 berichtenden Vertragsparteien haben 27[582] Maßnahmen im Bereich des geistigen Eigentums ergriffen. Diese Maßnahmen reichten über ein weites Spektrum von einem Verweis auf bereits vor dem Abschluss des UNESCO-Übereinkommens bestehende Institutionen und legislative Maßnahmen,[583] wie Urheberrechtsgesetzte oder Verwertungsgesellschaften, bis hin zum Anstoß von Gesetzesinitiativen im Bereich des Urheberrechts, mit dem Ziel des Ausgleichs von Nutzer und Urheberinteressen im digitalen Raum. Erste konkre-

579 Da diese Berichte zunächst vom Zwischenstaatlichen Ausschuss geprüft werden, sind sie noch nicht öffentlich zugängig. Dies betrifft die Berichte von Afghanistan, Australien, Bosnien-Herzegowina, der Dominikanischen Republik, Grenada, Guayana, den Niederlanden, Nicaragua, Katar, Saint Lucia und Serbien.

580 UNESCO SECRETARIAT, Parties required to submit periodic reports in 2012 or 2013 (2013), <http://www.unesco.org/new/en/culture/themes/cultural-diversity/diversity-of-cultural-expressions/periodic-reports/submission-dates/detailed-schedule/> (zuletzt geprüft am: 12.06.2013).

581 UNESCO SECRETARIAT, Quadrennial Periodic Reports 2012 (2013), <http://www.unesco.org/culture/cultural-diversity/2005convention/en/programme/periodic report/> (zuletzt geprüft am: 12.06.2013).

582 Dazu zählen: Bolivien, Dänemark, Deutschland, Ecuador, Estland, Finnland, Frankreich, Griechenland, Italien, Kanada, Kuba, Montenegro, Namibia, Nigeria, Oman, Österreich, Peru, Polen, Portugal, Schweden, die Schweiz, Slowakei, Slowenien, Syrien, Tunesien, Uruguay und das Vereinigte Königreich.

583 GREECE, Quadrennial Periodic Report on Measures to Protect and Promote the Diversity of Cultural Expressions v. 02.05.2012, S. 9; SYRIAN ARAB REPUBLIC, Quadrennial Periodic Report on Measures to Protect and Promote the Diversity of Cultural Expressions v. 13.11.2012, S. 5; OMAN, Quadrennial Periodic Report on Measures to Protect and Promote the Diversity of Cultural Expressions v. 13.11.2012, S. 5; UNITED KINGDOM, Quadrennial Periodic Report on Measures to Protect and Promote the Diversity of Cultural Expressions v. 09/2012, S. 8.

te Ergebnisse im Gesetzgebungsprozess zeitigen sich derzeit beispielsweise in Kanada. Dort wurde nach zahlreichen Anhörungen der Zivilgesellschaft[584] der *Copyright Modernization Act*[585] in den Gesetzgebungsprozess eingebracht und hat bereits am 29. Juni 2012 königliche Genehmigung erlangt, mit der Folge dass die meisten seiner Bestimmungen bereits seit Ende 2012 Gültigkeit erlangten. Ziel dieser Gesetzesinitiative ist es, ein Gleichgewicht zwischen Urhebern und Nutzern im digitalen Umfeld durch eine Erweiterung der Ausnahme des *fair dealings* auf den Bereich der Bildung und einer Flexibilisierung der Bearbeitung im privaten Kontext, zu schaffen.

Auch andere Staaten wiesen auf einen Meinungsaustausch mit der Zivilgesellschaft über mögliche Anpassungen des Urheberrechts an ein digitales Umfeld in ihren Umsetzungsberichten hin. Dazu zählten Deutschland[586], Österreich[587], Italien[588] und Polen[589]. So weist der aktuelle von der fachlichen Zivilgesellschaft[590] in Deutschland erarbeitete Aktionsplan[591] zur Umsetzung des UNESCO-Übereinkommens gleich auf mehrere Veranstaltungen mit Bezug zum Urheberrecht und der kulturellen Vielfalt hin.[592] So thematisierten beispielsweise die Neunten Konsultationen der *Bundesweiten Koalition Kulturelle Vielfalt* im

---

584 CANADA, Quadrennial Periodic Report on Measures to Protect and Promote the Diversity of Cultural Expressions v. 13.11.2012, S. 40.

585 Copyright Modernization Act (Bill C-11).

586 GERMANY, Quadrennial Periodic Report on Measures to Protect and Promote the Diversity of Cultural Expressions v. 13.11.2012, S. 23; DEUTSCHE UNESCO-KOMMISSION, Vielfalt. Kooperation. Aktion. Aktionspunkteplan 2013-2016. Handlungsempfehlungen aus der Zivilgesellschaft zur Umsetzung des UNESCO-Konvention zum Schutz und zur Förderung der Vielfalt kultureller Ausdrucksformen in und durch Deutschland. (2013), <http://www.unesco.de/fileadmin/medien/Dokumente/Kultur/kkv/Aktionspunkteplan_2013-2016_FINAL.pdf> (zuletzt geprüft am: 12.06.2013), S. 11.

587 AUSTRIA, Quadrennial Periodic Report on Measures to Protect and Promote the Diversity of Cultural Expressions v. 13.11.2012, S. 16.

588 ITALIE, Rapport Periodique de l'Italie 2007-2011. Convention sur la Protection et la Promotion de la Divérsité des Expressions Culturelles v. 13.11.2012, S. 18.

589 POLAND, Quadrennial Periodic Report on Measures to Protect and Promote the Diversity of Cultural Expressions in the Framework of the 2005 UNESCO Convention v. 13.11.2012, S. 23.

590 Dazu zählen die *Bundesweiten Koalition Kulturelle Vielfalt*, der Fachausschuss Kultur der *Deutschen UNESCO-Kommission* und der Beirat der *Kontaktstelle für die UNESCO-Konvention zur Vielfalt kultureller Ausdrucksformen.*

591 DEUTSCHE UNESCO-KOMMISSION, Fn. 586 (2013).

592 DEUTSCHE UNESCO-KOMMISSION, Fn. 586 (2013), S. 11.

Jahr 2011 die audiovisuelle Entwicklung vor dem Hintergrund zunehmender Digitalisierung und dem Urheberrecht.[593] Im Ergebnis sieht der Aktionsplan 2013-2016 vor, dass die Bundesregierung die in der Zivilbevölkerung rege geführte Diskussion über kulturelle Entwicklungen im digitalen Umfeld aufgreifen und insbesondere im Rahmen politischer und rechtlicher Maßnahmen berücksichtigen soll.[594]

Neben den genannten legislativen und zivilgesellschaftlichen Maßnahmen, stellten einige Vertragsparteien[595] auch finanzielle Mittel dem WIPO Voluntary Fund zur Unterstützung indigenen und lokalen Gemeinschaften zur Verfügung.[596] Mit den Geldern des Fonds wird es Vertretern indigener oder lokaler Gemeinschaften ermöglicht, an multilateralen Verhandlungen im Rahmen des *WIPO Intergovernmental Committee on Intellectual Property and Genetic Resources, Traditional Knowledge and Folklore* teilzunehmen.

5. Aktivitäten der Vertragsparteien in anderen internationalen Foren

Neben den Aktivitäten innerhalb der UNESCO entfalten die Vertragsparteien auch Maßnahmen außerhalb dieses Forums. Nach Art. 21 ÜVKA sind die Vertragsparteien dazu angehalten, die Ziele und Prinzipien des UNESCO-Übereinkommens auch in anderen internationalen Foren zu fördern. Entsprechend stellt sich die Frage, welchen Einfluss die Bestimmungen des UNESCO-Übereinkommens auf andere internationale Foren im Bereich des Urheberrechts haben. Vor dem Hintergrund einer urheberrechtlichen Analyse sind dabei vor allem die Aktivitäten der Vertragsparteien bei der WIPO und der WTO, insbesondere dem TRIPS-Rat relevant. Fraglich ist, ob die ÜVKA-Vertragsparteien das UNESCO-Übereinkommen in anderen Foren als Argumentationsstütze nutzen.

593 Bundesweite Koalition Kulturelle Vielfalt, Neunte Konsultationen der Bundesweiten Koalition Kulturelle Vielfalt, 5.-6. Mai 2011. Ergebnisvermerk (2011), <http://www.unesco.de/fileadmin/medien/Dokumente/Kultur/kkv/110530_9.KonsKKV_Ergebnisvermerk_FINAL.pdf> (zuletzt geprüft am: 12.06.2013), S. 2.

594 Deutsche UNESCO-Kommission, Fn. 586 (2013), S. 11.

595 POLAND, Fn. 589 (13.11.2012), S. 15; Suisse, Rapport Periodique de la Suisse 2008-2012 sur la Mise en Œeuvre de la Convention sur la Protection et la Promotion de la Divérsité des Expressions Culturelles v. 13.11.2012, S. 11.

596 WIPO General Assembly, Thirty-Second (17th Ordinary) Session Geneva, September 26 to October 5, 2005. Report, WO/GA/32/13 v. 27.02.2006, Ziff. 168.

a) Umsetzungsaktivitäten im Rahmen der Weltorganisation für geistiges Eigentum

Im Rahmen der WIPO weisen vor allem die Aktivitäten des Standing Committees on Copyright and Related Rights (SCCR) sowie des WIPO Intergovernmental Committee on Intellectual Property and Genetic Resources, Traditional Knowledge and Folklore (IGC) einen Zusammenhang mit den Zielen und Prinzipien des ÜVKA auf. Auch die Aktivitäten der WIPO-Mitgliedstaaten unter der WIPO Development Agenda decken sich in ihrer Zielsetzung mit den Zielen des UNESCO-Übereinkommens.[597] Die WIPO Development Agenda ist ein sektionsübergreifendes Projekt der WIPO. Nach den Vorgaben der Agenda stellen die Mitgliedstaaten der WIPO sicher, dass die Verwertung geistigen Eigentums nicht zum Selbstzweck geschieht, sondern letztendlich dem Ziel der Entwicklung eines Landes dienen soll.

> „[The WIPO Development Agenda] posits that strong intellectual property protection does not consistently promote creative activity, facilitate technology transfer, or accelerate development (...) [and] places the benefits of a rich and accessible public domain, national flexibilities in implementing IP treaty norms, access to knowledge, UN development goals, curbing of IP-related anti-competitive practices, and the need to balance the costs and benefits of intellectual property protection firmly within WIPO's central mission."[598]

Allerdings greifen die WIPO-Mitgliedstaaten in ihren Wortmeldungen zur *WIPO Development Agenda* nicht auf das UNESCO-Übereinkommen als Argumentationsstütze zurück. Aus der Perspektive der WIPO-Delegationen scheint es keinen Bedarf für eine solche Verknüpfung zu geben, obwohl das Inkrafttreten des UNESCO-Übereinkommens (März 2007) und die Verabschiedung der *WIPO Development Agenda* (Oktober 2007) in einem engen zeitlichen Zusammenhang stehen und die *WIPO Development Agenda* in Para. 40 auf die Notwendigkeit einer engen Kooperation zwischen der WIPO und der UNESCO hinweist.

> "To request WIPO to intensify its cooperation on IP related issues with United Nations agencies, according to Member States' orientation, in particular UNCTAD, UNEP, WHO, UNIDO, UNESCO and other relevant international

---

597 FRAU-MEIGS, Divina, La Convention sur la Diversité Culturelle, in: *AFRI* VIII (2007), S. 907.

598 NETANEL, Neil W., The WIPO Development Agenda and its Development Policy Context (S. 3-29), in: Neil W. Netanel (Hrsg.), *The Development Agenda,* Oxford et al. (2009), S. 2.

organizations, especially the WTO in order to strengthen the coordination for maximum efficiency in undertaking development programs." [599]

Das *SCCR* bietet derzeit ein Forum zur Verhandlung von internationalen Instrumenten im Bereich der urheberrechtlichen Schranken und Ausnahmen, insbesondere für behinderte Menschen, für audiovisuelle Darbietungen sowie zu den Rechten der Rundfunkanstalten.[600] Im Rahmen dieser Verhandlungen sind die Vertragsparteien durch Art. 21 ÜVKA dazu angehalten, die Ziele und Prinzipien des UNESCO-Übereinkommens als bereits eingegangene Verpflichtungen zu achten. Allerdings wurde das UNESCO-Übereinkommen in den Verhandlungen zu Schranken und Ausnahmen wie auch im Bereich der Rechte der ausübenden Künstler nicht explizit thematisiert. Demgegenüber konnte das UNESCO-Übereinkommen einen sichtbaren Einfluss auf den Entwurf eines internationalen Vertrags zum Schutz der Rundfunkunternehmen[601] ausüben.[602] Auf Vorschlag Brasiliens wurde ein Verweis auf die kulturelle Vielfalt in den Abkommensentwurf aufgenommen.[603] Dort heißt es in einem Entwurf zur Präambel:

„*Emphasizing* the value of cultural diversity and the need to safeguard and promote the diversity of cultural expressions,"[604]

Eine von der WIPO in Auftrag gegebene Studie zu sozialen und wirtschaftlichen Effekten des Vertragsentwurfs zum Schutz der Rundfunkunternehmen weist auf die indirekten positiven externen Effekte eines WIPO-Rundfunkvertrags auf den Schutz der Vielfalt kultureller Ausdrucksformen hin.[605] Nach den Autoren der

599 WIPO, The 45 Adopted Recommendations under the WIPO Development Agenda v. 2007, Ziff. 40.

600 WIPO SCCR, Conclusion of the Twenty-Third Session of the Standing Committee on Copyright and Related Rights (SCCR). Geneva, November 21 to 25, 28, 29 and December 2, 2011, SCCR/23/REF/CONCLUSIONS v. 05.12.2011.

601 WIPO SCCR, Non-Paper on the WIPO Treaty on the Protection of Broadcasting Organizations. SCCR/S2, SCCR/S2/PAPER1 v. 20.04.2007; Vgl. auch HILLIG, Hans-Peter, Auf dem Weg zu einem WIPO-Abkommen zum Schutz der Sendeunternehmen, in: *GRUR Int. (*2007), S. 124.

602 Vgl. FRAU-MEIGS, Fn. 597 (2007), S. 907.

603 WIPO SCCR, Proposal by Brazil on the Protection of Broadcasting Organizations. Thirteenth Session, Geneva, 21 - 23 November 2005, WIPO SCCR 13/3 Corr. v. 17.11.2005.

604 WIPO SCCR, Fn. 601 (20.04.2007), S. 5.

605 PICARD, Robert G./ BERGER, Guy/ ALBERTO, Fernand P., Study on the Socioeconomic Dimension of the Unautorized Use of Signals - Part III: Study on the Social and

Studie könnten die Verhandlungspartner Rundfunkunternehmen im Rahmen des Vertrags zum Schutz und zur Gewährleistung öffentlicher Güter, wie der kulturellen Vielfalt, verpflichten. Zunächst waren die Verhandlungspartner über eine solche Regelung gespalten. Während einige Delegationen darauf hinwiesen, dass eine solche Pflicht einen angemessenen Ausgleich zwischen den Rechten der Rundfunkunternehmen und des öffentlichen Interesses darstellt und zudem auch den Vorgaben der *WIPO Development Agenda* entsprechen würden, sperrten sich andere Delegationen gegen eine solche konkrete Verpflichtung. Stattdessen favorisierten diese eine Berücksichtigung der kulturellen Vielfalt im Rahmen der Präambel, wie sie bereits im 2007er Entwurf des WIPO-Rundfunkvertrags vorgeschlagen wurde.[606] Zwischenzeitlich gelang es jedoch den Delegationen einiger, vor allem südamerikanischer Verhandlungspartner einen Verweis auf das UNESCO-Übereinkommen in Art. 3 des Entwurfs des WIPO-Rundfunkvertrags aufzunehmen. Dort heißt es unter der Artikelüberschrift *The Protection and Promotion of Cultural Diversity*:

> "Nothing in this Treaty shall limit or constrain the freedom of a Contracting Party to protect and promote cultural diversity. To this effect:
>
> (a) In modifying their domestic laws and regulations, Contracting Parties will ensure that any measures adopted pursuant to this Treaty are fully consistent with the UNESCO Convention on the Protection and Promotion of the Diversity of Cultural Expressions.
>
> (b) Contracting Parties also undertake to cooperate so as to ensure that any new exclusive rights conferred by this Treaty are applied in a manner supportive of and that does not run counter to the promotion and protection of cultural diversity."[607]

Der Entwurf des Art. 3 WIPO-Rundfunkvertrag regelt, dass die Umsetzungsmaßnahmen mit den Zielen des UNESCO-Übereinkommens vereinbar sein müssen und der WIPO-Rundfunkvertrag nicht so ausgelegt und angewendet werden darf, dass er die Freiheit der Vertragsparteien einschränkt, kulturelle Vielfalt zu schützen oder zu fördern.

Im Rahmen des *WIPO Intergovernmental Committee on Intellectual Property and Genetic Resources, Traditional Knowledge and Folklore (IGC)* wird derzeit ein Entwurf für ein internationales Instrument zum Schutz der traditionellen kulturellen Ausdrucksformen/Ausdrucksformen der Folklore erarbeitet.[608]

Economic Effects of the Proposed Treaty on the Protection of Broadcasting Organizations. 21. SCCR Meeting 8-12 November 2010, SCCR/21/2 v. 04.08.2010.

606 WIPO SCCR, Fn. 601 (20.04.2007).

607 WIPO SCCR, Fn. 558 (06.03.2013).

608 Zum aktuellen Stand siehe WIPO IGC, Fn. 37 (17.05.2011).

Im Rahmen dieses Entwurfs benennen die Verhandlungspartner den Schutz der Vielfalt kultureller Ausdrucksformen als ein Ziel des auszuhandelnden Vertrags.

> "OBJECTIVES (...)
> The protection of traditional cultural expressions should aim to: (...) (xi) contribute to the promotion and protection of the diversity of cultural expressions".[609]

In diesem Sinn sehen die Vertragsparteien im Rahmen des Art. 10 des Entwurfs zum Verhältnis des Instruments zu anderen internationalen Verträgen auch vor, dass die Regelungen dieses Entwurfs die Regelungen internationaler Instrumente zum geistigen Eigentum und anderen Instrumenten zum kulturellen Erbe und der Vielfalt kultureller Ausdrucksformen ergänzen. In Option 1[610] Art. 10 des Entwurfs heißt es:

> "Protection for a traditional cultural expression in accordance with [these provisions] this instrument [does not replace and] is complementary to protection and measures that apply to that expression and derivatives/adaptations thereof in accordance with international law under international intellectual property instruments as well as other relevant legal instruments and [programs] plans of action for the safeguarding, preservation, promotion of cultural heritage and the diversity of cultural expressions. Despite what is stipulated in this option / anything to the contrary, traditional cultural expressions should be protected without time limit for the safeguard of the tangible and intangible cultural heritage of indigenous peoples."[611]

Die Verträge zum geistigen Eigentum nehmen in diesem Artikelentwurf eine besondere Stellung ein. Sie werden explizit genannt. Das neue Instrument ersetzt den bestehenden Schutz geistiger Eigentumsrechte von traditionellen kulturellen Ausdrucksformen nicht, sondern bildet ein zusätzliches Schutzinstrument.[612]

---

609 WIPO IGC, Fn. 37 (17.05.2011), Anhang, S. 2.

610 Option 2 verweist nicht explizit auf die Vielfalt kultureller Ausdrucksformen, sondern beschränkt sich allein auf das Verhältnis des Entwurfs zu den Instrumenten zum geistigen Eigentum. Der aktuelle Wortlaut der Option 2 lautet: "Protection under this instrument should leave intact and should in no way affect the protection provided for in international legal instruments on intellectual property rights. Consequently, no provision of this instrument may be interpreted as prejudicing such protection." Vgl. WIPO IGC, Fn. 37 (17.05.2011), Anhang, S. 13.

611 WIPO IGC, Fn. 37 (17.05.2011), Anhang, S. 13.

612 Die Frage, inwieweit der Hinweis, dass das neue Instrument eine ewige Schutzdauer vorsehen soll, mit den bestehenden zeitlich begrenzten Regelungen des geistigen Ei-

b) Umsetzungsaktivitäten im Rahmen des TRIPS-Abkommens der Welthandelsorganisation

Im Rahmen der WTO bieten der TRIPS-Rat[613] und die Streitbeilegung[614] mittels des Streitbeilegungsorgans jeweils ein Forum, um dem UNESCO-Übereinkommen auch in anderen internationalen Foren Beachtung zu zollen.

Dem TRIPS-Rat gehören alle WTO-Mitglieder an.[615] Er überwacht die Wirkungsweise des TRIPS-Abkommens (Art. IV Abs. 5 S. 3 WTOA). Hauptsächlich nimmt er folgende fünf Aufgaben wahr: Erstens überwacht er die Umsetzung und Einhaltung des TRIPS-Abkommens durch die Mitgliedstaaten (Art. 68 S. 1 TRIPS).[616] Zudem bietet er zweitens den Mitgliedstaaten Hilfestellung im Rahmen der Streitbeilegung (Art. 68 S. 2 TRIPS).[617] Drittens arbeitet der TRIPS-Rat mit dem *Coordinating Committee* der WIPO zusammen (Art. 68 TRIPS).[618] Viertens dient er den Mitgliedstaaten als Verhandlungsforum, sowohl für die Built-in-Agenda[619] als auch für zusätzliche Änderungser-

---

gentumsrechts kollidiert, ist nicht Thema dieser Arbeit und soll deshalb hier nicht diskutiert werden.

613 KAISER, Article IV, in: Wolfrum/Stoll/Kaiser (Hrsg.), WTO - Institutions and Dispute Settlement, Leiden (2006), Rdnr. 15 ff.; OTTEN, Adrian, Implementation of the TRIPS Agreement and Prospects of its Future Development, in: *JIEL* 1 (1998), S. 523 ff.

614 STOLL, Article I, in: Wolfrum/Stoll/Kaiser (Hrsg.), WTO - Institutions and Dispute Settlement, Leiden (2006), Rdnr. 1 ff.

615 Allerdings lässt der Wortlaut des Art. IV Abs. 5 S. 7 WTO es zu, dass der TRIPS-Rat auch dann zusammentreten kann, wenn nicht alle Mitglieder vertreten sind. „Die Mitgliedschaft in diesen Räten steht den Vertretern aller Mitglieder offen."

616 KAISER, Article 68, in: Stoll/Busche/Arend (Hrsg.), WTO – Trade-related Aspects of Intellectual Property Rights, Leiden (2009), Rdnr. 6. Vgl. dazu auch OTTEN, Fn. 613 (1998), S. 524 ff.

617 KAISER, Article 68, in: Stoll/Busche/Arend (Hrsg.), Fn. 616 (2009), Rdnr. 8; OTTEN, Fn. 613 (1998), S. 527 ff.

618 KAISER, Article 68, in: Stoll/Busche/Arend (Hrsg.), Fn. 616 (2009), Rdnr. 12 ff.; OTTEN, Fn. 613 (1998), S. 530 f.

619 Zur Built-in Agenda zählen zum Beispiel die Themen des Schutzes der geografischen Ursprungsbezeichnungen für Weine und die generelle Umsetzung des TRIPS. Die Built-in Agenda ergibt sich aus Art. 23 Abs. 4, Art. 24 Abs. 1, Art. 27 Abs. 3 lit. b, Art. 64 Abs. 3, Art. 71 Abs. 1 und Art. 71 Abs. 2 TRIPS. Vgl. OTTEN, Fn. 613 (1998), S. 531 ff.

fordernisse.[620] Schließlich bietet der TRIPS-Rat, fünftens, Entwicklungsländern und den am wenigsten entwickelten Ländern Hilfestellung bei der Umsetzung der Bestimmungen des Abkommens.[621]

Insbesondere die Funktion als Verhandlungsforum bietet denjenigen Mitgliedstaaten, die auch Vertragsparteien des UNESCO-Übereinkommens sind, die Möglichkeit das UNESCO-Übereinkommen in die Diskussionen im Rahmen des TRIPS-Rates einzubringen. Das Verhältnis des TRIPS-Abkommens zum Übereinkommen über die biologische Vielfalt[622] (CBD) und der Schutz traditionellen Wissens und der Folklore sind die Themen auf der Tagesordnung des TRIPS-Rates, die den engsten Bezug zum UNESCO-Übereinkommen vorweisen.[623]

Eine Analyse der Sitzungsprotokolle hat jedoch gezeigt, dass im Rahmen dieser Diskussionen dem ÜVKA keine Bedeutung beigemessen wurde. Das UNESCO-Übereinkommen selbst wurde nur ein einziges Mal in einer Sitzung im September 2005 erwähnt. Das zur gleichen Zeit im Rahmen der UNESCO verabschiedete Übereinkommen wurde von der Delegation Perus genutzt, um den für das Verhältnis TRIPS-CBD häufig verwendeten Begriff „complementary" auszulegen. Im Protokoll heißt es dazu:

> „[B]ased on its observation of the negotiations of the Convention on Cultural Diversity in UNESCO, his delegation apprehended that the terms 'complementary' or 'mutually supportive' could have the effect of making two agreements neutral to each other and this should not be allowed to happen in the Council."[624]

Die peruanische Delegation zieht die Kollisionsnorm des UNESCO-Übereinkommens hier nicht als positives, nachahmenswertes, sondern als negatives Beispiel heran.

Der Streitbeilegungsmechanismus der WTO gilt durch die Möglichkeit der verbindlichen Entscheidung und Sanktionierung bei nicht Einhaltung

---

620 Dazu zählen beispielsweise Änderungen im Hinblick auf den elektronischen Handel oder den Zugang zu lebenswichtigen Medikamenten. Vgl. OTTEN, Fn. 613 (1998), S. 532 ff.; KAISER, Article 68, in: Stoll/Busche/Arend (Hrsg.), Fn. 616 (2009), S. 836 f.

621 KAISER, Article 68, in: Stoll/Busche/Arend (Hrsg.), Fn. 616 (2009), Rdnr. 11.

622 Übereinkommen über die biologische Vielfalt, Convention on Biological Diversity (CBD), vom 05.06.1992, in Kraft getreten am 29.12.1993, BGBl. 1993 II, 1742.

623 Themen im Bereich des urheberrechtlichen Schutzes kultureller Ausdrucksformen werden derzeit nicht thematisiert.

624 WTO TRIPS COUNCIL, Minutes of Meeting. Held in the Centre William Rappard on 14-15 June 2005, IP/C/M/48 v. 15.09.2005, S. 21.

(Art. 22 DSU)[625] als besonders effektiv.[626] Aus diesem Grund ist es nicht verwunderlich, dass es auch im Rahmen von Streitfällen mit Bezug zum Kultursektor von den Mitgliedstaaten rege angerufen wurde.[627] In Fällen mit Bezug zum Urheberrecht[628] beanstandete der Kläger jeweils das urheber- bzw. leistungsschutzrechtliche Schutzniveau und versuchte, ein Anheben des Urheberrechtsschutzes zu erwirken.[629] Alle diese Streitfälle resultierten in einer Entscheidung oder einer gegenseitigen Erklärung, die den Beklagten dazu verpflichtete, sein Urheberrechtsschutz den Gegebenheiten des TRIPS-Abkommens anzupassen

---

625 STOLL, Article 22, in: Wolfrum/Stoll/Kaiser (Hrsg.), WTO - Institutions and Dispute Settlement, Leiden (2006), Rdnr. 1 ff.

626 OHLHOFF, Stefan, Die Streitbeilegung in der WTO (S. 677-750), in: Hans-Joachim Prieß/ Christian Pitschas/ Prieß-Berrisch (Hrsg.), *WTO-Handbuch,* München (2003), S. 682.

627 Seit in Inkrafttreten der WTO war das Streitbeilegungsorgan mit 29 Streitfällen im Anwendungsbereich des TRIPS befasst. Davon konzentrierten sich sechs Fälle auf den Bereich des Urheber- und Leistungsschutzrechts: WTO DSB, Mutually Agreed Solution v. 24.01.1997 (WT/DS28/41), *Japan – Measures Concerning Sound Recording*; WTO DSB, Mutually Agreed Solution v. 17.11.1997 (WT/DS42/4), *Japan – Measures Concerning Sound Recording*; WTO DSB, Mutually Agreed Solution v. 06.11.2000 (WT/DS82/3), *Ireland – Measures Affecting the Grant of Copyright and Neighbouring Rights*; WTO DSB, Mutually Agreed Solution v. 06.11.2000 (WT/DS115/3), *Ireland – Measures Affecting the Grant of Copyright and Neighbouring Rights*; WTO DSB, Panel Report v. 15.03.2005 (WT/DS290/R), *European Communities – Protection of Trademarks and Geographical Indications for Agricultural Products and Foodstuffs*; WTO DSB, Panel Report v. 26.01.2009 (WT/DS362/R), *China – Measures Affecting the Protection and Enforcement of Intellectual Property Rights*

628 WTO DSB, Mutually Agreed Solution v. 24.01.1997 (WT/DS28/41), *Japan – Measures Concerning Sound Recording*; WTO DSB, Mutually Agreed Solution v. 17.11.1997 (WT/DS42/4), *Japan – Measures Concerning Sound Recording*; WTO DSB, Mutually Agreed Solution v. 06.11.2000 (WT/DS82/3), *Ireland – Measures Affecting the Grant of Copyright and Neighbouring Rights*; WTO DSB, Mutually Agreed Solution v. 06.11.2000 (WT/DS115/3), *Ireland – Measures Affecting the Grant of Copyright and Neighbouring Rights*; WTO DSB, Panel Report v. 15.03.2005 (WT/DS290/R), *European Communities – Protection of Trademarks and Geographical Indications for Agricultural Products and Foodstuffs*; WTO DSB, Panel Report v. 26.01.2009 (WT/DS362/R), *China – Measures Affecting the Protection and Enforcement of Intellectual Property Rights.*

629 So beklagten beispielsweise die USA und die Europäische Gemeinschaft den mangelnden Schutz von Tonträgerherstellern nach japanischem Recht. Der Streit wurde mit einer gegenseitigen Vereinbarung abgeschlossen. Dabei sicherte Japan zu, den Rechtsschutz von Tonträgern zu erhöhen. Vgl. WT/DS28 und WT/DS42.

und somit ein höheres urheber- bzw. leistungsschutzrechtliches Schutzniveau einzuführen.[630]

Nach in Inkrafttreten des ÜVKA am 18. März 2007 wurde jedoch lediglich ein auf Urheberrecht basierender Fall verhandelt. In *China – Intellectual Property Rights*[631] beklagten die USA den unzureichenden Schutz und die mangelnde Durchsetzung geistiger Eigentumsrechte in China. Konkret beklagten die USA 1) die zu hohe strafrechtliche Schwelle zur Verfolgung von Marken- und Produktpiraterie, 2) den Umgang mit konfiszierten Gütern durch chinesische Behörden, 3) die Verwehrung von Urheber- und Leistungsrechtsschutz sowie der Durchsetzung geistiger Eigentumsrechte von Werken der Literatur und Kunst sowie Tonträgern und Darbietungen, denen von chinesischen Behörden die Veröffentlichung und Verbreitung in China untersagt wurde sowie 4) den sachlichen Anwendungsbereich des chinesischen Strafrechts in Bezug auf die illegale Vervielfältigung und Verbreitung urheberrechtlich geschützter Werke.[632] Hintergrund der Klage schienen die beträchtlichen finanziellen Einbußen der U.S.-amerikanischen Unterhaltungsindustrie zu sein, die durch die beklagten chinesischen Maßnahmen entstanden.[633] Das Streitbeilegungspanel befand[634] im Januar 2009 in seinem Bericht, dass die chinesischen Maßnahmen nicht im Einklang mit den chinesischen Verpflichtungen aus dem TRIPS-Abkommen stünden.

Eine Analyse des Panelberichtes zeigt, dass sich sowohl das Panel als auch die Streitparteien in ihren Argumentationen nicht auf das UNESCO-Übereinkommen berufen haben. Dies ist auf den ersten Blick verwunderlich, da dieselben Streitparteien in einem parallel laufenden Verfahren zu einem ähnlichen Sachverhalt im Rahmen des GATT und des GATS das UNESCO-Übereinkommen zumindest als Argumentationshilfe herangezogen haben. Im Fall *China – Measures Affecting Trading Rights and Distribution Services for Certain Publications and Audiovisual Entertainment Products* beklagten die USA, dass die chinesischen Gesetze zum content review und anderen handels-

---

630 RICHIERI HANANIA, Fn. 17 (2009), S. 183 ff.

631 WTO DSB, Panel Report v. 26.01.2009 (WT/DS362/R), *China – Measures Affecting the Protection and Enforcement of Intellectual Property Rights*.

632 WTO DSB, Request for Consultations by the U.S.A. v. 16.04.2007 (WT/DS362/1), *China – Measures Affecting the Protection and Enforcement of Intellectual Property Rights*.

633 NEUWIRTH, Fn. 17 (2010), S. 1350. Für mehr Details siehe: HARRIS, Donald P., The Honeymoon is Over, in: *Fordham Int'l L.J.* 32 (2008), S. 96 ff.

634 WTO DSB, Panel Report v. 26.01.2009 (WT/DS362/R), *China – Measures Affecting the Protection and Enforcement of Intellectual Property Rights,* S. 134 ff.

beschränkenden Maßnahmen nicht den Verpflichtungen aus den WTO-Verträgen und den Beitrittsprotokollen Chinas entsprächen.[635] Hintergrund dieses Streits ist das große Handelsdefizit der USA gegenüber China und die Tatsache, dass die Unterhaltungsindustrie der USA einen immensen Anteil am amerikanischen Bruttosozialprodukt beiträgt.[636] Im Rahmen dieses Streitfalls berief sich China auf die Doppelnatur kultureller Aktivitäten, Güter und Dienstleistungen, die sowohl wirtschaftlichen Nutzen als auch identitätsstiftende Wirkung entfalten und damit auf gesellschaftliche und individuelle Moral einwirken.[637] Vor diesem Hintergrund zitierte die chinesische Delegation sowohl das UNESCO-Übereinkommen[638] als auch die Allgemeine Erklärung zur kulturellen Vielfalt[639]. Dem entgegneten die Kläger, wie auch Dritte[640], dass Art. 20 Abs. 2 ÜVKA jeglichen Einfluss auf andere Abkommen neutralisiere.[641] Später berief sich China dann auf Art. XX lit. a GATT i. V. m. dem UNESCO-Übereinkommen und der Erklärung, um seine Kulturpolitik zu rechtfertigen. Das UNESCO-Übereinkommen diente in diesem Rahmen nur als rhetorische Brükke, um mittels der im Übereinkommen anerkannten Doppelnatur kultureller Güter und Dienstleistungen einen Zusammenhang zwischen der Behandlung kultureller Güter und Dienstleistungen und deren Wirkung auf die öffentliche Moral herzustellen. Das Panel folgte grundsätzlich dieser Argumentation, indem es anerkannte, dass die Einfuhr der hier strittigen Produkte negative Auswirkungen

---

635 WTO DSB, Request for Consultations v. 16.04.2007 (WT/DS363/1), *China – Measures Affecting Trading Rights and Distribution Services for Certain Publications and Audiovisual Entertainment Products*; Vgl dazu auch VOON, Tania, China and Cultural Products at the WTO, in: *LIEI* 37 (2010), S. 253 ff.; BURRI, Fn. 23 (2010), S. 1059 ff.; SCHRÖDER, Christina, Kultur versus Handel?, in: *BERICHTE* 22 (2012), S. 74 ff.

636 NEUWIRTH, Fn. 17 (2010), S. 1350. Für mehr Details siehe: HARRIS, Fn. 633 (2008), S. 96 ff.

637 WTO DSB, Panel Report v. 26.01.2009 (WT/DS362/R), *China – Measures Affecting the Protection and Enforcement of Intellectual Property Rights,* Ziff. 4.108.

638 WTO DSB, Panel Report v. 26.01.2009 (WT/DS362/R), *China – Measures Affecting the Protection and Enforcement of Intellectual Property Rights,* Ziff. 4.207.

639 WTO DSB, Panel Report v. 26.01.2009 (WT/DS362/R), *China – Measures Affecting the Protection and Enforcement of Intellectual Property Rights,* Ziff. 4.108.

640 Als Nebenkläger traten Australien, die Europäische Gemeinschaft, Japan und Korea auf. Vgl den ablehnenden Verweis auf die UNESCO Instrumente in Ziff. 5.13; 5.49; 5.61 WTO DSB, Panel Report v. 26.01.2009 (WT/DS362/R), *China – Measures Affecting the Protection and Enforcement of Intellectual Property Rights.*

641 WTO DSB, Panel Report v. 26.01.2009 (WT/DS362/R), *China – Measures Affecting the Protection and Enforcement of Intellectual Property Rights,* Ziff. 4.207.

auf chinesische Wertvorstellungen haben könnte.[642] Es vermied aber in seiner Entscheidung, näher auf die Rechtsstellung des UNESCO-Übereinkommens und der Erklärung einzugehen. Das Panel wertete Chinas Verweis nicht als Rechtfertigungsgrund.[643] Auch das Berufungsorgan lehnte es ab, näher auf den Inhalt des UNESCO-Übereinkommens und der Erklärung in Chinas Argumentation einzugehen und stärkte weitestgehend die Entscheidung des Panels.[644] Auch die Wirkung kultureller Güter als potentielle Gefahr für die öffentliche Moral bestritt die Berufungsinstanz nicht, allerdings zweifelte sie die Notwendigkeit der von China erlassenen Maßnahmen an und brachte damit Chinas Rechtfertigung für sein WTO-Recht-verletzendes Verhalten zu Fall.[645]

Gründe für die geringe Bedeutung des UNESCO-Übereinkommens im Rahmen dieser beiden Streitfälle, insbesondere im Bereich des geistigen Eigentums, sind sowohl bei den Streitparteien als auch in der Struktur des TRIPS-Abkommens zu finden. Hinsichtlich der Streitparteien ist festzustellen, dass das UNESCO-Übereinkommen nur für China rechtsverbindlich ist. Die USA haben das UNESCO-Übereinkommen weder unterzeichnet noch ratifiziert und sind somit nicht durch die Regelungen gebunden.[646] So erklärt sich, dass China in *China – Measures Affecting Trading Rights and Distribution Services for Certain Publications and Audiovisual Entertainment Products* neben dem Übereinkommen auch die Erklärung zur kulturellen Vielfalt als Argumentationshilfe heranzieht, um eine wenn auch nur politische Bindungswirkung für die USA

---

642 WTO DSB, Panel Report v. 26.01.2009 (WT/DS362/R), *China – Measures Affecting the Protection and Enforcement of Intellectual Property Rights,* Ziff. 7.766. Diese Anerkennung stellt allerdings schon einen Fortschritt dar. Lange wurde die Bedeutung kultureller Güter im Rahmen des Rechtfertigungsgrunds des Art. XX lit. a GATT in der Literatur gesehen, aber als unrealistisch verworfen. Vgl. BURRI, Fn. 23 (2010), S. 1069.

643 WTO DSB, Panel Report v. 26.01.2009 (WT/DS362/R), *China – Measures Affecting the Protection and Enforcement of Intellectual Property Rights,* Ziff. 7.758.

644 Die einzigen Verweise auf das UNESCO-Übereinkommen und die Erklärung ergeben sich aus WTO DSB, Appellate Body Report v. 21.12.2009 (WT/DS363/AB/R), *China – Measures Affecting Trading Rights and Distribution Services for Certain Publications and Audiovisual Entertainment Products,* Ziff. 25 und Ziff. 141 (Fn. 238).

645 WTO DSB, Appellate Body Report v. 21.12.2009 (WT/DS363/AB/R), *China – Measures Affecting Trading Rights and Distribution Services for Certain Publications and Audiovisual Entertainment Products,* Ziff. 336 f.

646 Vgl. allgemein zur Wirkung des UNESCO-Übereinkommens im Rahmen von WTO-Streitfällen, in denen nur eine Streitpartei Vertragspartei des UNESCO-Übereinkommens ist: DAHRENDORF, Fn. 17 (2008), S. 44.

herzustellen. Die *Allgemeine Erklärung zu kulturellen Vielfalt* hatten die USA während der 31. Generalkonferenz der UNESCO unterstützt.[647]

Ferner boten die strittigen Maßnahmen im Fall *China – Intellectual Property Rights* kaum Ansatzpunkte für kulturelle Argumente. Vielmehr lag das Hauptaugenmerk eher auf Seiten politischer, wie auch ökonomischer Aspekte. Der hier vor allem umstrittene Punkt 3 der US-amerikanischen Beschwerde vor dem Streitbeilegungsorgan der WTO betraft die Frage, ob das in Art. 4 chinesisches Urheberrechtsgesetz festgeschriebene Verbot der Veröffentlichung und Verbreitung von Werken, die verfassungsrechtlich verbotenen oder verwerflichen Inhalts sind, die urheberrechtlichen Schutzanforderungen der Art. 5 Abs. 1 und 2 RBÜ i. V. m. Art. 9 Abs. 1 TRIPS erfüllt. Die USA beklagten, dass China vor der Inhaltsprüfung von Werken Urheber- und Leistungsschutzrechte missachtet, insbesondere das ausschließliche Verbreitungs- und Veröffentlichungsrecht.[648] China hielt dagegen, dass ein Urheberrecht unabhängig von der Veröffentlichung und Verbreitung von Werken entsteht und somit nicht das Urheberrecht, sondern lediglich die Veröffentlichungs- und Verbreitungshandlung von bestimmten Werken verboten ist. Ein solches Vorgehen wäre auch durch Art. 17 RBÜ gerechtfertigt. Demnach steht jedem Verbandsland das Recht zu, durch den Gesetzgeber oder die Verwaltung die Verbreitung, Aufführung oder Ausstellung von Werken zu gestatten, zu überwachen oder zu untersagen, für die die zuständige Behörde dieses Recht auszuüben hat. China erfülle damit die mindestrechtlichen Vorgaben der Berner Übereinkunft, wie sie durch Art. 9 Abs. 1 TRIPS in das TRIPS-Abkommen inkorporiert sind.[649]

In diesem Streit steht nicht in Frage, ob eine Inhaltsprüfung zulässig ist oder nicht, sondern ob während oder ggf. in Folge der Inhaltsprüfung der Urheberrechtsschutz von Werken verneint werden kann oder ob allein die Veröffentlichung und Verbreitung von Werken aus gesetzlichen Gründen verboten werden darf. Das Panel entschied, dass Chinas urheberrechtliche Regelung des Art. 4 chinesisches Urheberrechtsgesetz nicht mit den Mindestrechten der Berner Übereinkunft i. V. m. Art. 9 Abs. 1 TRIPS vereinbar ist. Das Nicht-Bestehen der Inhaltsprüfung darf nicht zu einer Verneinung des Urheberrechtschutzes führen. Grundsätzlich wird allerdings nicht in Frage gestellt, dass China mit Ver-

---

647 UNESCO General Conference, Records of the General Conference, 31st Session, Paris, 2001. Proceedings, Vol. II v. 2003, Ziff. 15.12 f.

648 WTO DSB, Panel Report v. 26.01.2009 (WT/DS362/R), *China – Measures Affecting the Protection and Enforcement of Intellectual Property Rights,* Ziff. 2.4.

649 WTO DSB, Panel Report v. 26.01.2009 (WT/DS362/R), *China – Measures Affecting the Protection and Enforcement of Intellectual Property Rights,* Ziff. 7.17.

weis auf gesetzliche Regelungen die Veröffentlichung und Verbreitung bestimmter Werke verhindern darf.[650]

Im Hinblick auf das UNESCO-Übereinkommen bietet dieser Streitfall kaum Ansatzpunkte. Denkbar wäre allenfalls, dass der chinesische Vorbehalt, Urheberrechtsschutz nur bei Werken durchzusetzen, deren Inhalt durch eine Behörde geprüft wurde, nicht mit dem UNESCO-Übereinkommen vereinbar wäre. Verweist das UNESCO-Übereinkommen doch explizit darauf,

> „dass die kulturelle Vielfalt durch den freien Austausch von Ideen gestärkt wird und dass sie durch den ständigen Austausch und die Interaktion zwischen den Kulturen bereichert wird“[651].

Eine Verweigerung von Urheberrechten für bestimmte Werke würde diesem freien Austausch entgegenstehen. Aus diesem Grund erklärt sich auch, warum China hier im Gegensatz zu *China – Measures Affecting Trading Rights and Distribution Services for Certain Publications and Audiovisual Entertainment Products* gerade nicht auf das UNESCO-Übereinkommen abstellt.

c) Umsetzungsaktivitäten im Rahmen der Europäischen Union

Fraglich ist, ob die Umsetzungsaktivitäten innerhalb der EU zu den Umsetzungsaktivitäten der Vertragsparteien in anderen internationalen Foren zählen. Da die EU als supranationale Organisation unabhängig von der UNESCO agiert, handelt es sich sehr wohl um ein anderes internationales Forum. Allerdings hat die EU das UNESCO-Übereinkommen unterzeichnet, so dass sie auch Vertragspartei ist und das UNESCO-Übereinkommen selbst umsetzen muss. Die EU nimmt hier also eine Doppelstellung ein. Einerseits muss sie das UNESCO-Übereinkommen selbst umsetzen, andererseits bildet sie für ihre Mitgliedstaaten, die ebenfalls allesamt Vertragsparteien des Übereinkommens sind, ein anderes internationales Forum zur Umsetzung des UNESCO-Übereinkommens.[652]

---

650 WTO DSB, Panel Report v. 26.01.2009 (WT/DS362/R), *China – Measures Affecting the Protection and Enforcement of Intellectual Property Rights,* Ziff. 7.191.

651 Präambelabs. 11 ÜVKA.

652 Es wäre an dieser Stelle noch zwischen den Aktivitäten der EU-Kommission zu unterscheiden, deren Tätigkeit eher der eigenständigen Umsetzung des UNESCO-Übereinkommens zuzurechnen wäre, und den Aktivitäten des Ministerrates, dessen Aktivitäten eher der Umsetzung des UNESCO-Übereinkommens durch die EU-Mitgliedstaaten zuzurechnen sind. Eine solch detaillierte Analyse unter Berücksichtigung der Kompetenzen der EU-Organe stellt jedoch eine eigenständige Arbeit dar.

Auf europäischer Ebene bringen die Vertragsparteien die Ziele des UNESCO-Übereinkommens im Rahmen der Urheberrechtsdebatten bereits zur Geltung.[653] So erkennt die EU in ihrer „*Europäischen Kulturagenda im Zeichen der Globalisierung*" an:

> „Es gibt einen engen Zusammenhang zwischen der Förderung von Kultur und Kreativität und den urheberrechtlichen und damit zusammenhängenden Vorschriften der EU. Diese Vorschriften schützen die Rechte von Autoren, Produzenten und Künstlern, damit diese einen angemessenen Ausgleich für ihr Schaffen erhalten können, und ermöglichen eine weite Verbreitung von geschützten Arbeiten und Tonaufzeichnungen, wodurch mehr Bürger Zugang zum reichen und vielfältigen europäischen Kulturerbe erhalten."[654]

Allerdings zeigt sich hier eine eher unkritische Sicht auf die Auswirkungen des aktuellen Urheberrechtsschutzes auf die kulturelle Vielfalt. Das aktuelle Niveau urheberrechtlichen Schutzes wird nicht in Frage gestellt. Eine von der Europäischen Kommission in Auftrag gegebenen Studie kommt allerdings zu einem anderen Ergebnis. Die Umsetzung des UNESCO-Übereinkommens im Rahmen des derzeit gültigen EU-Rechts zum geistigen Eigentum zeigt:

> „Especially under the conditions of the digital environment, the existent models are often too rigid to allow full realisation of the possibilities of the digital mode of content production and distribution, or render them illegal, possibly chilling a great amount of creative activities and creative potential."[655]

Eine Lösung bietet sich in Form eines

> „modern, pro-competitive, and consumer-friendly legal framework for a genuine *Single Market for Creative Content Online*."[656]

So verweist die aktuelle Strategie des EU-Kommissars für Binnenmarkt und Dienstleistungen, *Michel Barnier*, zum „*Single Market for Intellectual Property Rights*" u. a. auch auf die kulturelle Funktion des Urheberrechts.

Vgl. dazu auch METZE-MANGOLD, Verena, Die Umsetzung des UNESCO Übereinkommens über den Schutz und die Förderung der Vielfalt kultureller Ausdrucksformen durch die Europäische Gemeinschaft. Public Hearing (2007), <http://www.unesco.de/fileadmin/medien/Dokumente/Kultur/kkv/EUROPEAN_PARLIAMENT_Anhoerung_CC_VortragVI_270208_01.pdf> (zuletzt geprüft am: 10.03.2013).

653 BURRI, Mira, Implementing the UNESCO Convention in EU's Internal Policies. Note, IP/B/CULT/IC/2010_066 v. 2010, S. 30.

654 EUROPÄISCHE KOMMISSION, Fn. 330 (10.05.2007), S. 6.

655 BURRI, Fn. 653 (2010), S. 30.

656 BURRI, Fn. 653 (2010), S. 30.

„IPR policy should therefore be designed as "enabling legislation" allowing for the management of IPR in the most efficient way, thereby setting the right incentives for creation and investment, innovative business models, the promotion of cultural diversity and the broadest possible dissemination of works for the benefit of society as a whole."[657]

In den ersten Überlegungen zu einem einheitlichen europäischen Urheberrechtsregime fließen somit die Anliegen des UNESCO-Übereinkommens ein, auch wenn das UNESCO-Übereinkommen nicht explizit benannt wird.

d) *Umsetzungsaktivitäten im Rahmen des International Network on Cultural Policy*

Das *International Network on Cultural Policy (INCP)* vereinigt die Kulturminister zahlreicher Staaten. Das Netzwerk fungiert als informelles Forum der Kulturminister. Die Mitgliedschaft im INCP setzt eine UNESCO-Mitgliedschaft und das Vorhandensein eines Kulturministers bzw. eines Ministers mit Kompetenzen mit Bereich der Kultur voraus. Derzeit sind 72 Länder Mitglied des Netzwerks.[658] Im Rahmen der jährlich stattfindenden INCP-Ministertreffen tauschen sich die Minister über aktuelle Fragestellungen und Probleme im Bereich der Kulturpolitik aus. Sie erarbeiten dabei u. a. Strategien zur Förderung kultureller Vielfalt.

Das Thema Urheberrecht und kulturelle Vielfalt wurde im Jahr 2006 unter Brasiliens Vorsitz diskutiert. Brasilien legte dem Ministertreffen eine umfangreiche Studie des brasilianischen Kulturministeriums zu *„Copyright, Access to Culture and New Technologies: Evolving Challenges to Cultural Diversity"* vor.

Diese Studie basierte auf einem Fragebogen, der von 26 INCP-Mitgliedstaaten beantwortet wurde.[659] In der Studie wurden die Fähigkeiten und Erfahrungen der Kulturminister im Umgang mit Urheberrechten analysiert. Die Diskussionen bezogen sich dabei vor allem auf die Auswirkung der technologi-

---

657 EUROPÄISCHE KOMMISSION, A Single Market for Intellectual Property Rights. Boosting Creativity and Innovation to Provide Economic Growth, High Quality Jobs and First Class Products and Services in Europe. Communication from the Commission to the European Parlament, the Council, the European Economic and Social Committee and the Committee of the Regions, COM(2011) 287 final v. 24.05.2011, S. 6 (Hervorhebung durch die Autorin).

658 INCP-RIPC, Member States (2011), <http://incp-ripc.org/members/index_e.shtml> (zuletzt geprüft am: 10.03.2013).

659 BRAZILIAN MINISTRY OF CULTURE, Fn. 1 (2006).

schen Entwicklung auf das Urheberecht, die Herausforderungen und besonderen Schwierigkeiten der Entwicklungsländer sowie die Herstellung eines Gleichgewichts zwischen den Interessen der Kreativen, der Produzenten resp. Verwerter und der Nutzer.[660]

Die Ergebnisse des Treffens blieben allerdings vage. In der Abschlusserklärung hielten die teilnehmenden Staaten fest, dass sie die Initiative Brasiliens begrüßen und erkannten die Komplexität des Themas an. Gleichzeitig wiesen sie darauf hin:

> „although in many cases the responsibility of developing copyright policy does not fall within the sphere of ministries of culture, it is important for INCP Ministers to discuss its impact on the cultural sector and its relevance to policy making in general."[661]

Die konkrete Initiative Brasiliens, eine freiwillige Expertengruppe zum Thema Urheberrecht, Zugangsrechte und kulturelle Vielfalt zu gründen und ein erstes Treffen dieser Gruppe in der zweiten Hälfte 2007 zu veranstalten, wurde zwar erwähnt, aber nicht weiter kommentiert und verlief damit im Sande.[662]

6. Bewertung

Die Bedeutung urheberrechtlicher Fragen im Rahmen des UNESCO-Übereinkommens wird von den Vertragsparteien unterschiedlich eingeschätzt. In etwas mehr als der Hälfte der im Jahr 2012 eingereichten Staatenberichte haben Vertragsparteien Maßnahmen oder Strategien angegeben, die einen urheberrechtlichen Bezug aufweisen. Diese Maßnahmen reichten von Verweisen auf die bloße

---

660 INCP-RIPC, Rio de Janeiro Statement. Ninth Annual Ministerial Meeting, Rio de Janeiro, Brazil, 22-25 November 2006 (2006), <http://www.incp-ripc.org/en/ministerial-meetings/127-rio-de-janerio-statement.html> (zuletzt geprüft am: 10.03.2013).

661 INCP-RIPC, Fn. 660 (2006).

662 Mit dem Wechsel an der Spitze des brasilianischen Kulturministeriums hat sich auch die kulturfreundliche Urheberrechtspolitik geändert. Unter dem vorherigen Kulturminister *Gilberto Gil* (2003-2010) standen die Vergütung der Urheber und der Zugang der Nutzer im Mittelpunkt der Urheberrechtsreform. Mit Amtsantritt seines Nachfolgers *Juca Ferreira*, orientiert sich die Urheberrechtsreform wieder stärker an den Interessen der Verwerter. Vgl. PARANAGUÁ, Pedro, Brazil's Copyright Reform. Are We All Josef K.?, INTELLECTUAL PROPERTY WATCH (2011), <http://www.ip-watch.org/weblog/2011/05/12/brazil%E2%80%99s-copyright-reform-are-we-all-josef-k/> (zuletzt geprüft am: 10.03.2013).

Existenz bereits bestehender Urheberrechtsgesetze bis hin zu einigen, wenigen unter der Prämisse der Kulturförderung im digitalen Raum stehenden Urheberrechtsgesetzesänderungen. Das Urheberrecht wird folglich von einigen Staaten als geeignetes Mittel zur Umsetzung des Übereinkommens angesehen und in einzelstaatlichen Maßnahmen genutzt. Es entsteht jedoch eine Diskrepanz im Hinblick auf die nur vereinzelt stattfindende Thematisierung urheberrechtlicher Aspekte im multilateralen Rahmen, wie beispielsweise in den Übereinkommensorganen.

Die Diskussionen innerhalb der Organe des UNESCO-Übereinkommens zeigen, dass das Thema vor allem von Entwicklungs- und Schwellenländern angesprochen wird. Besonders aktiv waren dabei Indien, Brasilien aber auch Mexico und Mauretanien. Demgegenüber haben die entwickelten Länder keinen Gesprächsbedarf hinsichtlich urheberrechtlicher Fragen gezeigt. Inhaltlich fokussierten die urheberrechtlich interessierten Entwicklungsländer ihre Beiträge vor allem auf den urheberrechtlichen Schutz ihrer eigenen kulturellen Ausdrucksformen. Vor dem Hintergrund der eigenen Filmindustrie sprachen sich vor allem Indien und Mexiko für einen angemessenen urheberrechtlichen Schutz gegen Piraterie aus. Allerdings muss festgestellt werden, dass die Wortbeiträge der genannten Vertragsparteien keine weitere Diskussion anregten.

Das mangelnde Augenmerk auf das Urheberrecht als Instrument im Rahmen des UNESCO-Übereinkommens wurde lediglich von der Vertreterin der UNCTAD kritisiert. Die geringe Resonanz auf urheberrechtliche Aspekte des UNESCO-Übereinkommens im Rahmen der Sitzungen der Übereinkommensorgane lässt sich nicht nur an der geringen Zahl der Wortbeiträge zu diesem Thema ablesen. Während der letzten drei regulären Sitzungen des Zwischenstaatlichen Ausschusses wurde das Thema nur einmal in Zusammenhang mit der Umsetzung des Art. 21 ÜVKA – der Förderung der Ziele und Grundsätze des Übereinkommens in anderen internationalen Foren – angesprochen. Sicherlich liegt dies auch an den auf der Tagesordnung stehenden Umsetzungsrichtlinien, die weniger Anhaltspunkte für eine solche Diskussion lieferten. Doch hätten Diskussionen um Art. 9 ÜVKA (Informationsaustausch und Transparenz) sowie Art. 19 ÜVKA (Austausch, Analyse und Verbreitung von Informationen) auch Informationsaustausch im Bereich des Urheberrechts umfassen können.

Ein weiteres Indiz für das auf den ersten Blick geringe Problembewusstsein für urheberrechtliche Fragen im Rahmen der Diskussion zeigt sich in der An- bzw. Abwesenheit der Vertreter anderer internationaler Organisationen mit Bezügen zum Urheberrecht. Die WTO hat während des gesamten Umsetzungsprozesses keine Beobachter entsandt. Zumal sie auch auf eine offizielle Stellungnahme zum Expertenentwurf des UNESCO-Übereinkommens verzichtet hat und stattdessen lediglich informellen Austausch zu technischen und rechtlichen Aspekten anbot.[663] Demgegenüber nahmen während der ersten Sitzungen der Vertragsparteienkonferenz noch hochrangige Vertreter der WIPO teil. Im Verlauf der Umsetzungssitzungen des Zwischenstaatlichen Ausschusses verzichtete die WIPO jedoch auch zunehmend auf die Entsendung eigener Vertreter. Zusammenfassend lässt sich feststellen, dass die Vertragsparteien im Rahmen der Umsetzung des UNESCO-Übereinkommens dem Potential des Urheberrechts keinen besonders hohen Stellenwert einräumen und dementsprechend nur wenige urheberrechtliche Umsetzungsmaßnahmen ergreifen.

Außerhalb der Organe des UNESCO-Übereinkommens scheint das ÜVKA allerdings deutlichere Spuren zu hinterlassen. Im Rahmen des WIPO SCCR haben die Verhandlungspartner zu einem *WIPO-Rundfunkvertrag* die Notwendigkeit des Schutzes und der Förderung der Vielfalt kultureller Ausdrucksformen in den Vertragstext eingebracht.[664] Derzeit wird der Verweis auf das UNESCO-Übereinkommen im Rahmen des Art. 3 Entwurf WIPO-Rundfunkvertrag verhandelt. Demnach müssten die Vertragsparteien des WIPO-Rundfunkvertrags im Rahmen der Umsetzung die Regelungen des UNESCO-Übereinkommens beachten. Hier zeigt sich, dass die ÜVKA-Vertragsparteien in diesem Zusammenhang erstmals den Regelungen des Art. 21 ÜVKA zur Förderung der Ziele und Prinzipien des UNESCO-Übereinkommen in anderen internationalen Foren im Rahmen von multilateralen Vertragsverhandlungen nachkommen. Auch im Rahmen der Verhandlungen zu einem Instrument zum Schutz von traditionellen kulturellen Ausdrucksformen/Ausdrucksformen der Folklore wird auf die Förderung der kulturellen Vielfalt hingewiesen. Allerdings ist es verwunderlich, dass sich das UNESCO-Übereinkommen bisher nicht im Rahmen der Diskussionen um die *WIPO Development Agenda* niedergeschlagen hat. Sowohl das UNESCO-Übereinkommen als auch die WIPO stellen den Entwicklungsgedanken ins Zentrum ihrer Aktivitäten. Doch ist es bisher nicht gelungen, die beiderseitigen Aktivitäten für das jeweils andere Forum fruchtbar zu machen. Hier besteht noch Informations- und Abstimmungsbedarf seitens der Delegationen.

Die Umsetzungsaktivitäten der Vertragsparteien im Rahmen der WTO sind, im Gegensatz zum Einfluss des UNESCO-Übereinkommens im Rahmen der WIPO, kaum wahrnehmbar. Während es im Bereich des Handels mit Dienstleistungen und des Handels mit Gütern sehr wohl im Hintergrund der Debatten

---

663 Siehe Teil II, D, I, 5, b) in dieser Arbeit.

664 Vgl. Entwurf des Art. 3 WIPO SCCR, Fn. 558 (06.03.2013). Siehe auch Teil II, D, I, 5, a) dieser Arbeit.

steht, wird dem UNESCO-Übereinkommen im TRIPS-Rat bisher keine Beachtung geschenkt. Zwar wird dort vehement um die Vereinbarkeit des Übereinkommens zur biologischen Vielfalt mit dem TRIPS-Abkommen gerungen, das Verhältnis des UNESCO-Übereinkommens zum TRIPS scheint dagegen als problemlos wahrgenommen zu werden. Gleichwohl sind die im Rahmen des Übereinkommens zur biologischen Vielfalt und des traditionellen Wissens diskutierten Instrumente des „prior informed consent“[665] und des „access and benefit sharing“[666] auch im Rahmen der kulturellen Vielfalt und der traditionellen kulturellen Ausdrucksformen virulent. Ein gleichwertiges Problembewusstsein hat sich bei den Mitgliedern des TRIPS-Rates allerdings noch nicht herausgebildet.

Ein ähnliches Bild zeigt sich bei den Streitbeilegungsfällen, die unter den Anwendungsbereich des TRIPS, insbesondere im Bereich der Urheberrechte, fallen. Zwar beschränkt sich die Anzahl der urheberrechtsrelevanten Fälle auf einige wenige. Doch hat sich auch hier gezeigt, dass dem UNESCO-Übereinkommen keinerlei Bedeutung für den Bereich des geistigen Eigentums zugestanden wird. Stattdessen resultierten die Streitfälle jeweils in einer Entscheidung, die den Beklagten dazu aufforderte, sein Urheberrechtsschutz an die Vorgaben des TRIPS anzupassen und strengeren Urheberrechtsschutz zu gewährleisten. Auf diese Weise trug das WTO-Streitbeilegungsorgan wesentlich zu einer deutlichen Beschränkung der im TRIPS-Abkommen vorgesehenen Ausnahmen und Flexibilitäten bei. Das UNESCO-Übereinkommen könnte dieser Entwicklung entgegenwirken, doch selbst im Rahmen von Streitfällen zum GATT und zum GATS wird es lediglich als Auslegungshilfe vorgebracht. Eine rechtliche Relevanz wird dem UNESCO-Übereinkommen sowohl vom WTO-Streitbeilegungsorgan, wie auch vom WTO-Berufungsorgan nicht zugestanden.

Im Bereich der WTO haben die Vertragsparteien des UNESCO-Übereinkommens ihren aus Art. 21 ÜVKA resultierenden Handlungsspielraum bisher kaum genutzt. Angesichts des wesentlichen Beitrags geistiger Eigentumsrechte zur Wirtschaftskraft eines Landes und der großen Bedeutung ihrer wirtschaftlichen Dimension sollten die Vertragsparteien, gerade im Rahmen des TRIPS-Ab-

---

665 Der „prior informed consent“ besagt, dass die Zustimmung zu einer Handlung durch eine Person gewisse Mindeststandards erfüllen muss. So muss die zustimmende Person bspw. über eine angemessene Kenntnis der Sachlage verfügen und kann auf dieser Basis die Bedeutung der Entscheidung erfassen und deren Konsequenzen abschätzen.

666 „Access und benefit sharing“ bedeutet, dass der Zugang zu bestimmten Ressourcen sichergestellt werden muss und dass das Herkunftsland einer Ressource an deren Nutzung angemessen partizipieren soll.

kommens, auch darauf achten, dass die kulturelle Dimension des geistigen Eigentumsrechts gewürdigt wird.

Schließlich wurde das Thema Urheberrecht und kulturelle Vielfalt auch im Rahmen des INCP auf die Tagesordnung gesetzt. Im Jahr 2006 hatte Brasilien den Vorsitz des Netzwerkes inne und nutzte diese Gelegenheit, auf das Thema aufmerksam zu machen. Im Rahmen einer empirischen Studie führte es die urheberrechtlichen Hindernisse, die einer Förderung der kulturellen Vielfalt im Wege stehen, zu Tage. Obwohl Brasilien im Anschluss an die Präsentation der Studie konkrete Fragen als Diskussionsvorlage angegeben hatte, erweckt die Abschlusserklärung durch die vage Wortwahl den Anschein, dass das Thema nur halbherzig aufgenommen wurde. Ein konkreter Vorschlag Brasiliens zur Bildung einer Arbeitsgruppe in diesem Bereich blieb folgenlos.

Schlussendlich scheint das Thema Urheberrecht und kulturelle Vielfalt keine große Rolle für die Vertragsparteien zu spielen. Allein Brasilien und einige südamerikanische Länder stellen eine Ausnahme dar. Die meisten Initiativen auf internationaler Ebene zur Diskussion der Wirkung des Urheberrechts auf kulturelle Vielfalt gehen von diesen Ländern aus. Andere Vertragsparteien, wie bspw. die EU, beginnen langsam auf die Diskussion zu reagieren. So weist beispielsweise die Initiative *„Single Market for Intellectual Property Rights“* der Europäischen Kommission darauf hin, dass das Urheberecht neben ökonomischen Zwecken auch auf die Förderung der kulturellen Vielfalt abzielt. Dennoch bleibt es bei diesen Initiativen zunächst bei der Formulierung von vagen Vorsätzen und Zielvorstellungen.

II. Begleitende Maßnahmen der Zivilgesellschaft

Der Zivilgesellschaft kommt bei der Umsetzung des UNESCO-Übereinkommens eine bedeutende Rolle zu. Die Zivilgesellschaft umfasst dabei NGOs, nicht auf Gewinn ausgerichtete Organisationen, Berufsverbände im Kultursektor und in angrenzenden Sektoren sowie Unterstützergruppen für Künstler und kulturelle Gemeinschaften.[667]

667 Anhang CCD IGC, Draft Operational Guidelines. Role and Participation of Civil Society, CE/09/2.CP/210/7 v. 30.03.2009, S. 6. Je nach gewählter Definition können auch Initiativen aus der Wissenschaft unter den Begriff der Zivilgesellschaft fallen. In Teil IV, D, II, 1 dieser Arbeit wird beispielsweise der Beitrag von epistemischen Gemeinschaften unter Art. 11 ÜVKA analysiert.

Im Recht der UNESCO ist es bisher einzigartig, dass die Zivilgesellschaft explizit durch den Vertragstext dazu aufgefordert wird, sich an der Umsetzung der Ziele eines UNESCO-Übereinkommens aktiv zu beteiligen.[668] Nach Art. 11 ÜVKA soll die Zivilgesellschaft die Umsetzungsaktivitäten der Vertragsparteien aktiv unterstützen. Sie ist damit nicht Vertragspartei, sondern lediglich treuhänderisch Bevollmächtigte. Einen Anspruch der Vertragsparteien auf eine aktive Unterstützung ihrer Umsetzungsaktivitäten gegenüber der Zivilgesellschaft kann damit nicht abgeleitet werden. Es steht den Akteuren der Zivilgesellschaft folglich frei, die Umsetzungsaktivitäten der Vertragsparteien und/oder eigene Aktivitäten im Rahmen des UNESCO-Übereinkommens zu ergreifen.

Zu den wesentlichen Akteuren der Zivilgesellschaft auf internationaler Ebene zählen das *International Network on Cultural Diversity (INCD)* sowie die *International Federation of Coalitions on Cultural Diversity (IFCCD)*[669]. Beide Organisationen haben bereits während der Ausarbeitung des UNESCO-Übereinkommens eine bedeutende Rolle gespielt[670] und sind entsprechend auch im Rahmen der Umsetzung aktiv.

In der Schnittmenge zwischen Urheberrechten und der kulturellen Vielfalt sind jedoch auch andere Akteure aktiv, vor allem Organisationen und Netzwerke, die sich auf die Förderung der Open Source-Bewegung spezialisiert haben. Allerdings können im Folgenden nicht alle Akteure berücksichtigt werden. Als Kriterium für die Auswahl der untersuchten Akteure der Zivilgesellschaft dienten die Teilnehmerlisten der Verhandlungs- und Umsetzungskonferenzen des UNESCO-Übereinkommens.[671] Im Folgenden werden die Umsetzungsaktivitäten der einzelnen Akteure im Bereich des Urheberrechts und dessen Wirkung auf kulturelle Vielfalt untersucht. Andere, weitaus zahlreichere Aktivitäten der entsprechenden Organisationen sollen hier nicht berücksichtigt werden.[672]

---

668 MERKEL, Article 11, in: Schorlemer/Stoll (Hrsg.), Fn. 548 (2012), S. 324.

669 Die IFCCD wurde im Jahr 2007 gegründet. Es ging aus dem *International Liaison Committee of Coalitions for Cultural Diversity (ILC CCD)* hervor.

670 Die IFCCD damals in Form der ILC CCD.

671 Zwar werden durch dieses Kriterium solche Organisationen aus der Untersuchung ausgeschlossen, die aufgrund mangelnder Ressourcen nicht an den Konferenzen in Paris teilnehmen konnten, da sich die Analyse jedoch auf die größten und einflussreichsten Akteure beschränken soll, scheint dieses Kriterium gerechtfertigt.

672 RICHIERI HANANIA, Fn. 17 (2009), S. 288.

1. International Network on Cultural Diversity

Das *International Network on Cultural Diversity (INCD)* ist ein internationales Netzwerk mit Sitz in Toronto, Kanada. Das Netzwerk tagt seit 2000 immer parallel zu dem INCP-Treffen der Kulturminister. Zwischen diesen beiden Foren findet ein sich gegenseitig befruchtender Austausch statt.[673] Ziel der Organisation ist es, negativen Auswirkungen der Globalisierung auf die Kultur entgegen zu wirken. INCD ist der Überzeugung, dass verschiedene Kulturen und künstlerische Ausdrucksformen in einer globalisierten Welt und unter der Bedingung des rasanten technischen Fortschritts prosperieren können und müssen.[674] Das Netzwerk tritt dabei für das souveräne Recht der Staaten ein, eigenständige Kulturpolitik zum Wohle der Künstler und der Kulturwirtschaft zu formulieren. Das Netzwerk wendet sich dabei explizit gegen die erodierende Wirkung von Handels- und Investitionsschutzabkommen auf den Kulturbereich. Allerdings nimmt das Netzwerk keine gemeinsame Position zur Wirkung des Urheberrechts auf die kulturelle Vielfalt ein. Eine solche Einstellung erscheint zunächst paradox, werden doch die geistigen Eigentumsrechte heutzutage auch durch die Investitionsschutzabkommen geregelt. Eine Erklärung ist jedoch in der nichthomogenen Mitgliedschaft des INCD zu finden. Dem INCD gehören Kulturorganisationen, Künstler und Produzenten aller Medienbereiche, Wissenschaftler, Kulturerbe-Institutionen und andere Akteure an. Entsprechend unterschiedlich gestaltet sich auch die Haltung der Mitglieder gegenüber der Bedeutung des Urheberrechts für die kulturelle Vielfalt. Während einige Mitglieder der Überzeugung sind, dass das Urheberrecht ein grundlegendes Instrument zur Förderung der kulturellen Vielfalt ist, gehen andere davon aus, dass der derzeitige Charakter des Urheberrechts kulturelle Vielfalt behindert.[675] Eine einheitliche Position aller Mitglieder konnte unter diesen Bedingungen nicht gefunden werden. Entsprechend zaghaft

---

673 Allerdings verlor INCD im Jahr 2006 mit dem Rückzug von Kanada aus der Finanzierung der Organisation seinen wichtigsten Geldgeber. Seitdem haben sich die Aktivitäten des Netzwerks erheblich eingeschränkt. Vgl. INCD, Report to the Annual Ministerial Meeting of the International Network on Cultural Policy. Rio de Janeiro, Brazil, 23 November 2006 (2006), <http://www.incd.net/docs/Document%203%20-%20eng%20-%20Rio%20Delaration.pdf> (zuletzt geprüft am: 10.03.2013), S. 4.

674 INCD, About INCD (2007), <http://www.incd.net/about.html> (zuletzt geprüft am: 10.03.2013).

675 Groß, Heidrun, Interview mit : Garry Neil v. 14.08.2011. Dresden.

engagiert sich INCD in diesem Bereich. Es hat zwar den Beobachterstatus im Rahmen der WTO (insb. GATS-Rat), nicht aber im Rahmen der WIPO, inne.[676]

2. International Federation of Coalitions on Cultural Diversity

Die International Federation of Coalitions on Cultural Diversity (IFCCD) wurde am 19. September 2007 in Sevilla gegründet.[677] Die IFCCD ging aus dem losen Netzwerk des International Liaison Committees of Coalitions for Cultural Diversity (ILC CCD) der Koalitionen für kulturelle Vielfalt hervor.[678] In diesem Zusammenschluss organisieren sich die nationalen Koalitionen für kulturelle Vielfalt. Derzeit sind 43 nationale Koalitionen Mitglied der Föderation.[679] Der regionale Schwerpunkt der Organisation liegt – ähnlich dem Ratifikationsstand des UNESCO-Übereinkommens – im europäischen und südamerikanischen Bereich. Die einzelnen nationalen Koalitionen vereinen unterschiedlichste Akteure. Ihnen gehören Künstler, Produzenten, Institutionen und Interessensverbände des Kultursektors, wie auch der Wissenschaft an. Ziel der Organisation ist die Abstimmung von gemeinsamen Positionen und Aktivitäten sowie eine verbesserte Kommunikation zwischen den nationalen Koalitionen für kulturelle Vielfalt, den Vertragsstaaten und anderen internationalen, regionalen und lokalen Organisationen.

Die IFCCD ist eine Dachorganisation bei der die konkrete inhaltliche Arbeit durch die Mitglieder gewährleistet wird. Aus diesem Grund unternimmt die IFCCD auch keine eigenen Initiativen im Bereich des Urheberrechts.[680] *Charles*

---

676 GROß, Heidrun, Interview mit : Garry Neil v. 14.08.2011. Dresden.

677 IFCCD, Founding Declaration. Founding Congress of the International Federation of the Coalitions for Cultural Diversity, 19 September 2007, Sevilla, Spain (2007), <http://www.cdc-ccd.org/Congres-de-Fondation-de-la?lang=en> (zuletzt geprüft am: 10.03.2013).

678 Die damals gerade neu ausgearbeiteten operativen Richtlinien zur Umsetzung des Art. 11 ÜVKA sahen als Voraussetzung für eine Teilnahme der Organisationen der Zivilgesellschaft an Sitzungen der UNESCO-Übereinkommensorgane einen gewissen Grad an Institutionalisierung vor. Entsprechend gründeten die Mitglieder der ILC die NGO IFCCD. Dank geht an Anna Steinkamp (DUK) für den Hinweis auf diesen Zusammenhang.

679 IFCCD, International Federation of Coalitions for Cultural Diversity Welcomes New Member (2011), <http://www.cdc-ccd.org/La-Federation-internationale-des?lang=en> (zuletzt geprüft am: 10.03.2013).

680 GROß, Heidrun, Interview mit : Vallerand, Charles v. 23.08.2011. Dresden.

Vallerand[681] sieht dafür vor allem zwei Gründe. Zum einen führt die heterogene Mitgliedschaft von IFCCD zu keinem einheitlichen Standpunkt in diesem Bereich. Zum anderen sind urheberrechtliche Maßnahmen im Rahmen der Umsetzung des UNESCO-Übereinkommens wenig populär, da dort das Urheberrecht selbst nicht erwähnt wird.[682]

Beispielhaft soll hier die Arbeit der *Deutschen Bundesweiten Koalition zur kulturellen Vielfalt*[683] herausgegriffen werden. In ihrem Weißbuch *„Kulturelle Vielfalt gestalten"* schreibt sie:

> „Erodierendes Urheberrecht einerseits und die Hoffnung der Reintegration von Vermittlung und Vertrieb in dem künstlerischen Produktions- und Aneignungsprozess gelten als die zwei Pole der derzeit hitzig geführten Debatten um die Zukunft der Kultur- und Kreativwirtschaft."[684]

Insbesondere im Bereich der digitalen kulturellen Ausdrucksformen spricht sich die deutsche Koalition dafür aus, das Gleichgewicht zwischen dem Zugang und der Verwertung wiederherzustellen. So fordert sie den nationalen Gesetzgeber, wie auch die EU, die WIPO und die WTO dazu auf:

> „(…) die bestehenden gesetzlichen Vorgaben so weiterzuentwickeln, dass der Schutz des geistigen Eigentums gewährleistet bleibt bzw. wieder den Stellenwert erfährt, der ihm zukommt. Künstlerische Werke und Arbeiten können in einer auf Kapitalprinzipien basierenden Welt nur dann vermarktet werden, wenn damit ein Erlös zu erzielen ist. Auf der anderen Seite steht der offene Zugang zum Wissen als Voraussetzung für Innovation einer Gesellschaft."[685]

Dieser Standpunkt wirkt zunächst unentschieden, doch scheint der Schutz hier stärker gewichtet als der Zugang. Dies zeigt sich in dem affirmativen Aufruf an den Gesetzgeber und die internationalen Organisationen, den Schutz geistigen Eigentums zu gewährleisten und ihm den Stellenwert einzuräumen, der ihm zukommt. Der Verhinderung der Piraterie digitaler kultureller Ausdrucksformen wird damit mehr Bedeutung zu gesprochen, als dem freien Zugang. An anderer Stelle heißt es:

---

681 *Charles Vallerand* ist seit Juli 2010 Exekutivdirektor von IFCCD.

682 GROß, Heidrun, Interview mit : Vallerand, Charles v. 23.08.2011. Dresden.

683 Über die Aktionen der Bundesweiten Koalition während der Verhandlungsphase siehe MERKEL, Christine M., Bundesweite Koalition Kulturelle Vielfalt, in: *UNESCO heute* 52 (2005), S. 44 ff.

684 DEUTSCHE UNESCO-KOMMISSION, Kulturelle Vielfalt gestalten. Handlungsempfehlungen aus der Zivilgesellschaft zur Umsetzung des UNESCO-Übereinkommens zur Vielfalt kultureller Ausdrucksformen (2005) in und durch Deutschland - Weißbuch. Großbeeren (2009), S. 20.

685 DEUTSCHE UNESCO-KOMMISSION, Fn. 684 (2009), S. 20.

„Von zentraler Bedeutung ist auch die Anpassung des Urheberrechtsrahmens an das digitale Zeitalter mit dem Ziel, möglichst viel Wissen und Information möglichst vielen Bürgern zugänglich zu machen, zugleich aber auch erkennbar zu machen, dass hochwertige Inhalte ihren Preis haben."[686]

Alles in allem steht die Anpassung des Urheberrechts an das digitale Zeitalter im Mittelpunkt des Interesses. Eine Infragestellung der Höhe des derzeitigen Schutzniveaus und dessen Wirkung auf die Kreativität, insbesondere im digitalen Raum, erfolgt jedoch nicht.

3. International Music Council

Der *International Music Council (IMC)* wurde 1949 von der UNESCO gegründet und vereinigt weltweit Organisationen, Institutionen und Individuen, die im Bereich der Musik tätig sind. Für die Interessen im Bereich des Urheberrechts bedeutet diese Mitgliedschaft, dass sowohl Verwerter als auch Urheber Mitglied des IMCs sind. Die Ziele der Organisation liegen in der Förderung von Vielfalt in der Musik und einem ungehinderten Zugang zu Kultur. Angelehnt an die Prinzipien der UNESCO möchte der IMC friedensfördernd wirken und ein gegenseitiges Verständnis zwischen Personen unterschiedlicher Kulturkreise wekken.

Das Thema Urheberrecht und kulturelle Vielfalt im Bereich der Musik wurde während der zweiten Sitzung des *World Forum on Music* in Peking 2007[687] von den verschiedenen Interessengruppen diskutiert. Das Treffen diente jedoch zunächst zum Meinungsaustausch und der Schaffung eines einheitlichen Wissensstands über geistiges Eigentum, um das Thema aus seiner spezialwissenschaftlichen Nische zu holen. Dementsprechend blieben die Ergebnisse des Treffens vage.

„At the IPR session at the World Forum on Music in Beijing speakers introduced the efforts to enhance existing IPR-regimes to cope with the new challenges, as well as new models like global licensing, a cultural flat rate or the alternative licensing scheme Creative Commons."[688]

---

686 Deutsche UNESCO-Kommission, Fn. 684 (2009), S. 24.

687 International Music Council, Second World Forum on Music. 11-14 October 2007, Beijing, China, (2007), <http://www.imc-cim.org/world-forum-music/2nd-wfm-2007/141-world-forum-on-music/13-2nd-wfm-sessions-and-papers.html> (zuletzt geprüft am: 10.03.2013).

688 Rantasa, Peter M., International Music Council – Approaches to Intellectual Property Rights. A Snapshot of the Second Session of the 2nd World Forum on Music (2007),

Die allumfassende, weltweite Lizenz (global licence) ist eine Art Zwangslizenz bei der der Urheber durch eine gesetzlich geregelte Pauschalabgabe (die sog. Kulturflatrate) für die uneingeschränkte Nutzung seines Werkes, bspw. für dessen Verbreitung in Filesharing-Netzwerken, entschädigt wird. Diese Flatrate bezieht sich allerdings allein auf digitale Inhalte und ist aufgrund ihrer umfangreichen Nutzungserlaubnis nicht mit den bestehenden Urheberrechtsgesetzen vereinbar.[689] Der Gedanke der Kulturflatrate entwickelte sich als Gegenreaktion gegen immer strengere und unflexible technische Schutzmaßnahmen (sog. Digital Rights Management).

Auch die Creative Commons-Lizenz stellt den möglichst ungehinderten Zugang und Umgang mit urheberrechtlich geschützten Werken in den Vordergrund. Allerdings hat der Urheber hier – im Gegensatz zur Kulturflatrate – die Möglichkeit, über den Umfang der von ihm gewährten freien Nutzung durch die Wahl unterschiedlicher Creative Commons-Lizenzen zu entscheiden.[690] Während des *World Forum on Music* wurden diese unterschiedlichen Ansätze zum Umgang mit urheberrechtlich geschützten Werken im Internet lediglich vorgestellt. Die Teilnehmer mussten jedoch keinen gemeinsamen Standpunkt zu diesen neuen Initiativen finden.

Das UNESCO-Übereinkommen spielte im Rahmen der Diskussionen der 2. Sitzung des *World Forum on Music* keine Rolle. Allerdings griff ein anderes Panel des Forums das UNESCO-Übereinkommen auf, betrachtete dabei allerdings allein die Musikvielfalt, ohne die Wirkung des Urheberrechts auf die Vielfalt musikalischer Werke zu würdigen.

4. International Federation of Library Associations and Institutions

Die *International Federation of Library Associations and Institutions (IFLA)* ist eine nicht auf Gewinn ausgerichtete, internationale NGO, die die Interessen der Bibliotheken, Informationsdienstleister und ihrer Nutzer weltweit vertritt. Die

<http://www.imc-cim.org/141-world-forum-on-music/217-approaches-to-intellectual-property-rights.html> (zuletzt geprüft am: 10.03.2013), S. 2.

689 Nach dem urheberrechtlichen Dreistufentest bedingt die erste Stufe hinreichend spezifizierte Anwendungsfälle, die hier bei einer pauschalen Flatrate nicht gegeben wären. Vgl. dazu Teil III, B, II, 3, b) dieser Arbeit.

690 LESSIG, Lawrence, About Creative Commons (2011), <http://creativecommons.org/about> (zuletzt geprüft am: 10.03.2013).

Organisation besteht seit 1927 und wurde 1972 in den Niederlanden offiziell eingetragen. Sie vertritt heute 1600 Mitglieder in 150 Ländern. Die Aktivitäten der IFLA zielen auf die Förderung hoher Standards für die Bereitstellung und Lieferung von Werken durch Bibliotheken und Informationsdienstleistern, eines weitreichenden Verständnisses für den Wert der Bibliotheken und Informationsdienstleistungen sowie die Vertretung der Interessen ihrer Mitglieder.[691] Ihr Handeln basiert dabei unter anderem auf dem grundlegenden Verständnis, dass ein freier Zugang zu Wissen, Ideen und Werken wie auch die Ausdrucks- und Meinungsfreiheit – festgehalten in Art. 19 AEMR – von essentieller Bedeutung für das soziale, bildungspolitische, kulturelle, demokratische und ökonomische Wohlbefinden des Einzelnen sind.[692]

Das Urheberrecht ist für die IFLA von genuiner Bedeutung, regelt es doch den Zugang zu Werken, die wiederum im Mittelpunkt des Daseinszwecks von Bibliotheken stehen. Zugleich sind Bibliotheken wesentliche Vermittler kultureller Ausdrucksformen. So liegt es nahe, dass das Urheberrecht, wie auch die kulturelle Vielfalt im Zentrum des Interesses der IFLA steht. Dementsprechend hat die IFLA im Jahre 2005 eine *Erklärung zur multikulturellen Bibliothek* verabschiedet, in der es heißt:

> „Kulturelle und sprachliche Vielfalt ist das gemeinsame Erbe der Menschheit und sollte zum Nutzen aller geschätzt und erhalten werden. Es ist eine Quelle für Austausch, Innovation, Kreativität und friedliches Zusammenleben zwischen Völkern. (…) Daher sollten Bibliotheken aller Art die kulturelle und sprachliche Vielfalt auf internationaler, nationaler und lokaler Ebene widerspiegeln, unterstützen und fördern und so für einen Dialog über Kulturen hinweg und aktive Bürgerrechte arbeiten."[693]

Der Schutz und die Förderung der kulturellen Vielfalt werden damit zum Anliegen der Bibliotheken deklariert. Im Sinne der kulturellen Vielfalt werden Bibliotheken dazu aufgefordert:

> „Zugang zu einer breiten Auswahl an Materialien und Leistungen an[zu]bieten, die alle Gemeinschaften und alle Bedürfnisse widerspiegeln"[694]

---

691 Art. 2 Abs. 2 IFLA Statutes (2008), <http://www.ifla.org/files/hq/ifla-statutes-en.pdf> (zuletzt geprüft am: 10.03.2013).

692 Art. 2 Abs. 3 IFLA Statute.

693 IFLA, Die IFLA Erklärung zur multikulturellen Bibliothek. Die multikulturelle Bibliothek - eine Schnittstelle zu einer kulturell vielfältigen Gesellschaft im Dialog (2005), <http://archive.ifla.org/VII/s32/pub/MulticulturalLibraryManifesto-de.pdf> (zuletzt geprüft am: 10.03.2013), S. 1.

694 IFLA, Fn. 693 (2005), S. 1.

Die dem Zugang zugrundeliegenden urheberrechtlichen Bestimmungen werden allerdings in dieser Erklärung nicht thematisiert.

Gleichzeitig setzt sich die IFLA aber auch für urheberrechtliche Korrekturen ein, die einen besseren Zugang zu den von Bibliotheken und Informationsdienstleistern verwahrten Werken gewährleisten sollen. In ihrem Positionspapier *„The IFLA Position on the World Trade Organization"* äußert sie unter dem Punkt *Intellectual Property Rights* die Besorgnis, dass

> „There is little assurance that the balance between the public interest and rights of content owners sought in national copyright policy debate will be considered by the WTO in any intellectual property disputes which come before it."[695]

Befürchtet wird, dass nicht-ökonomische Aspekte des Urheberrechts im Rahmen von WTO-Streitbeilegungsentscheidungen vernachlässigt werden. Die Schlussfolgerung, dass eine solche Auslegung des Urheberrechts kulturelle Vielfalt behindern könnte, wird jedoch nicht gezogen. Stattdessen wird der kulturellen Vielfalt ein eigener Absatz gewidmet.

> „Publicly funded libraries are part of the cultural sector. They are involved in encouraging the development and promotion of cultural works, particularly literature, and the preservation and dissemination of those works. Libraries should be part of protections proposed for culture and should support and be part of any possible separate treaty which allows special consideration for cultural goods and services in international trade."[696]

Allerdings stehen hier die Dienstleistungen, die die Bibliotheken erbringen, und ihre Bedeutung für das Gemeinwohl im Vordergrund. In diesem Zusammenhang sind vor allem die Diskussionen um eine *exception culturelle* im Rahmen des GATS relevant. Ein Zusammenhang zum TRIPS-Abkommen lässt sich hier nicht konstruieren.

Anhand dieser beiden Positionspapiere zeigt sich deutlich, dass die IFLA sowohl die kulturelle Dimension des Urheberrechts als auch den Schutz und die Förderung der kulturellen Vielfalt thematisiert. Allerdings geschieht dies in separaten Aktivitäten. Eine Brücke – in Form der Anerkennung, dass ein flexibleres und damit besseren Zugang gewährendes Urheberrecht gleichzeitig auch kulturelle Vielfalt stärkt – wird nicht geschlagen.

---

695 IFLA, The IFLA Position on The World Trade Organization (2001), <http://www.ifla.org/node/7377> (zuletzt geprüft am: 10.03.2013), S. 2.

696 IFLA, Fn. 695 (2001).

5. Bewertung

Die begleitenden Maßnahmen der Zivilgesellschaft zur Umsetzung des UNESCO-Übereinkommens im Bereich des Urheberrechts sind überschaubar. Es wurden alle an den Treffen der Vertragsparteienkonferenz sowie des Zwischenstaatlichen Ausschusses teilnehmenden NGOs auf ihre Aktivitäten im Bereich des Urheberrechts mit Referenz zum UNESCO-Übereinkommen analysiert. Insgesamt 20 NGOs schienen aufgrund ihrer Mitgliedschaft und ihres Zwecks vielversprechende Kandidaten zu sein. Von diesen Organisationen haben jedoch nur die vier hier genannten Organisationen sowohl im Urheberrecht als auch im Bereich der kulturellen Vielfalt nennenswerte Aktivitäten entfaltet.

Diese vier Organisationen wurden einer eingehenden Analyse ihrer Jahresberichte, Konferenzen, Positionspapiere und Seminare unterzogen. Es hat sich gezeigt, dass keine der genannten Organisationen das Thema eines kulturelle Vielfalt fördernden Urheberrechts ins Zentrum ihrer Aktivitäten stellt. Die untersuchten Organisationen lassen sich in zwei Gruppen teilen. Zum einen international inhomogene NGO, wie die Dachorganisation IFCCD oder das INCD, die jeweils eine Vielzahl von Interessenvertretern und Berufsverbänden vereinen, sowie Interessenvertreter und Berufsverbände mit einer weitgehend homogenen Mitgliedschaft, wie der IMC oder die IFLA.

In einem strukturellen Argument zeigt sich, dass eine inhomogene Mitgliedschaft, bestehend aus Urhebern, wie Künstlern und Kreativen, Leistungsschutzempfängern, wie Tonträgerhersteller, Radio- und Rundfunkunternehmen sowie Nutzern und anderen, die Findung einer gemeinsamen Position im Bereich des Urheberrechts erschwert. Die zum Teil divergierenden urheberrechtlichen Interessen der Urheber, Verwerter und Nutzer verhindern, dass das Thema auf die Tagesordnung der gemeinsamen Verbände gelangt. Dies ist ein Grund dafür, dass die INCD wie auch die IFCCD keine gemeinsame Position im Bereich des Urheberrechts formulieren und das Thema meiden.

Anders sieht es bei den homogeneren NGOs der Berufsverbände aus. Wie das Beispiel des IMC und der IFLA zeigt, spielt das Urheberrecht als zugangs- und remunerationsbestimmender Faktor eine wichtige Rolle. Obwohl beide Organisationen sich auch der Förderung der kulturellen Vielfalt gewidmet haben, wurde eine Brücke zwischen diesen beiden Themenbereichen nicht geschlagen.

Die Umsetzungsbemühungen der Zivilgesellschaft im Bereich eines die kulturelle Vielfalt fördernden Urheberrechts schöpfen ihr Potential nicht aus. Bisherige Umsetzungsbemühungen beziehen sich vorrangig auf die Auswirkungen des UNESCO-Übereinkommens auf den Handel mit Gütern und Dienstleistungen. Die Bedeutung des Urheberrechts wird in diesem Bereich weitgehend vernachlässigt. Zwar gibt es Aktivitäten, die letztlich darauf abzielen, die kulturelle Dimension des Urheberrechts zu stärken, aber das UNESCO-Übereinkommen wurde von den NGOs noch nicht als ein vielversprechendes Instrument zur Interessenvertretung identifiziert. Hier zeigt sich noch Aufklärungsbedarf. Häufig, wie im Fall des IMC oder der IFLA, würde es genügen, eine Brücke zwischen den unterschiedlichen Arbeitsbereichen der Organisation zu schlagen.

E. Zwischenergebnis

Die Aufnahme von Regelungen zum geistigen Eigentum in den Entwurfstext des UNESCO-Übereinkommens war umstritten. Zu den Befürwortern der Aufnahme zählten vor allem die Industrieländer USA und Japan sowie das Entwicklungsland Gabun. Gegner von Regelungen zum geistigen Eigentum waren vor allem die EU, Kanada und eine Reihe von Staaten der Gruppe der 77. Eine unklare Position vertrat Mexiko, das sich während der zweiten Verhandlungsrunde klar gegen Regelungen zum geistigen Eigentum aussprach, im Rahmen der dritten Verhandlungsrunde aber mit den USA für Regelungen zum geistigen Eigentum im Rahmen des Übereinkommens stimmte.

Die Diskussionen um Regelungen zum Schutz geistigen Eigentums wurden mit der Zeit immer enger an den Schutz traditionellen Wissens und traditioneller kultureller Ausdrucksformen gekoppelt. Je lauter die Forderungen nach Aufnahme von Regelungen zum geistigen Eigentum wurden, desto lauter wurden auch die Forderungen nach einem Schutz traditioneller kultureller Ausdrucksformen bzw. traditionellem Wissens. Für den Schutz traditioneller kultureller Ausdrucksformen setzte sich vor allem eine Reihe von Entwicklungsländern ein, die von einem entsprechenden Schutz profitieren würden. Wie auch im Bereich des geistigen Eigentums, werden die Reglungen zum Schutz traditionellen Wissens und traditioneller kultureller Ausdrucksformen nicht vorrangig im Rahmen der UNESCO, sondern in anderen internationalen Foren, insbesondere der WIPO, verhandelt. Während die Regelungen zum geistigen Eigentum auf internationaler Ebene dort bereits seit langer Zeit etabliert sind, befinden sich die internationalen Regelungen zum Schutz traditionellen Wissens und traditioneller kultureller Ausdrucksformen noch im Verhandlungsstadium. Ein Kompromiss, wonach die Befürworter von Regelungen zum Schutz geistigen Eigentums akzeptieren, dass im Gegenzug auch der Schutz traditioneller kultureller Ausdrucksformen in den UNESCO-Übereinkommensentwurf aufgenommen wird, zeichnete sich nicht ab. Im Gegenteil: die Befürworter des Schutzes geistigen

Eigentums lehnten eine gleichzeitige Anerkennung der Schutzbedürftigkeit von traditionellen kulturellen Ausdrucksformen strikt ab.

Entsprechend lag eine Lösung des Konflikts nur in der Streichung jeglicher Passagen zum Schutz geistigen Eigentums sowie jener zum Schutz traditioneller kultureller Ausdrucksformen aus dem materiellen Teil des UNESCO-Übereinkommensentwurfs. Lediglich im Rahmen der Präambel wurden die einzelnen Schutzbereiche anerkannt.[697]

Folglich wurden im Rahmen der drei Verhandlungsrunden der Regierungsexperten die Passagen mit direktem urheberrechtlichem Bezug im materiellen Teil des UNESCO-Übereinkommensentwurfs entfernt. Der Kapstadt-Entwurf des Vorsitzenden *Kader Asmal* – nach der zweiten Verhandlungsrunde – spielte bei dieser Entwicklung eine entscheidende Rolle. In Anerkennung der konträren Positionen der Verhandlungspartner hat er in seinem konsolidierten UNESCO-Übereinkommensentwurf auf jegliche Erwähnung geistigen Eigentums im materiellen Teil des UNESCO-Übereinkommens verzichtet. Die einzige Anerkennung geistigen Eigentums wie auch traditioneller kultureller Ausdrucksformen fand sich nur noch im Rahmen der Präambel. Mit dieser Formulierung hatte er im April 2005 bereits den kleinsten gemeinsamen Nenner der Verhandlungspartner im Bereich des geistigen Eigentums gefunden. Während der dritten Verhandlungsrunde im Mai/Juni 2005 wurden zwar noch einmal von verschiedenen Seiten Versuche unternommen, geistiges Eigentum in das UNESCO-Übereinkommen aufzunehmen. Diese Versuche scheiterten jedoch an der Mehrheit der Verhandlungspartner. Letztlich enthält nur noch die Präambel direkte Passagen zum geistigen Eigentum.

Der Verzicht auf eine direkte Benennung der geistigen Eigentumsrechte, insbesondere des Urheberrechts, im materiellen Teil des UNESCO-Übereinkommens bestimmt wesentlich die Umsetzungsbemühungen der Vertragsparteien und der Zivilgesellschaft in diesem Bereich.

Der enge Zusammenhang zwischen dem Urheberrecht und der kulturellen Vielfalt ist so nicht auf den ersten Blick erkennbar. Dies führt dazu, dass das Thema Urheberrechte im Rahmen der Umsetzung nur ein Nischenthema darstellt. Innerhalb der UNESCO-Übereinkommensorgane wird das Thema kaum angesprochen. Lediglich einige wenige Entwicklungsländer haben sich dazu geäußert. Die das UNESCO-Übereinkommen maßgeblich bestimmenden Vertragsparteien, wie die EU oder Kanada, schweigen zu diesem Thema. In anderen

697 Schutz geistigen Eigentums Abs. 17, Schutz traditioneller Ausdrucksformen Abs. 15; Schutz traditionellen Wissens Abs. 8 Präambel UNESCO-Übereinkommensentwurf.

internationalen Foren mit Relevanz zum Urheberrecht, wie der WIPO oder der WTO, haben die Vertragsparteien das UNESCO-Übereinkommen, wenn auch mit verhaltenem Echo, in die Diskussion eingebracht. Allerdings sind diese Initiativen weitgehend auf wenige aktive Länder beschränkt. Brasilien und einige südamerikanischen Staaten stehen fast immer hinter den das UNESCO-Übereinkommen stützenden Vorschlägen. Erste Anzeichen eines Einflusses des UNESCO-Übereinkommens auf die Urheberrechtsgestaltung zeichnen sich jedoch auch im Rahmen der EU ab. Insgesamt beschränken sich die Aktivitäten der ÜVKA-Vertragsparteien jedoch zunächst auf die Anerkennung der Bedeutung der kulturellen Vielfalt im Rahmen der Präambel von internationalen Instrumenten zum Urheberrecht.

Auch auf Seiten der Zivilgesellschaft sind die Umsetzungsaktivitäten im Bereich des Urheberrechts beschränkt. Dies liegt zum Teil an der heterogenen Mitgliedschaft vieler im Kulturbereich aktiven NGOs und sicherlich auch an einem Mangel an entsprechend spezialisierten Experten. Doch auch NGOs, die sich dem Urheberrecht widmen, gelingt es nicht eine Brücke zur Förderung kultureller Vielfalt zu schlagen, selbst dann wenn diese Organisationen sich auch mit kultureller Vielfalt befassen.

Insgesamt wurde das politische Potential des UNESCO-Übereinkommens im Bereich des Urheberrechts noch nicht voll erfasst und sollte in Zukunft stärker beachtet und nutzbar gemacht werden.

Teil III: Analyse bestehender völkervertraglicher Regelungen zum Urheberrecht im Lichte des UNESCO-Übereinkommens

Im ersten Teil wurde der grundsätzliche Zusammenhang zwischen dem Urheberrecht und der kulturellen Vielfalt erläutert. Urheberrechte können demnach ein wichtiges Instrument zur Förderung der kulturellen Vielfalt sein.[698] Die Analyse des Verhandlungsverlaufs des UNESCO-Übereinkommens hat gezeigt, dass viele Verhandlungspartner der positiven Wirkung eines möglichst hohen Urheberrechtsschutzniveaus aufgeschlossen gegenüberstanden. Im Laufe der Verhandlungen gelang es jedoch den Kritikern eines unbeschränkt hohen Schutzniveaus geistiger Eigentumsrechte, geistiges Eigentum aus der Verhandlungsmasse herauszulösen. Es stellt sich vor diesem Hintergrund die Frage, welche Hoffnungen bzw. welche Befürchtungen mit der Wirkung der aktuellen urheberrechtlichen Regelungen auf die kulturelle Vielfalt verbunden waren.

Im Folgenden werden zu diesem Zweck die jeweiligen völkerrechtlichen Verträge zum Urheberrecht[699] hinsichtlich ihres Beitrags zur Förderung der Vielfalt kultureller Ausdrucksformen untersucht. Zu den zu untersuchenden Abkommen gehören die Revidierte Berner Übereinkunft zum Schutz der Werke der Literatur und Kunst (RBÜ), das Abkommen über handelsbezogene Aspekte des geistigen Eigentums (TRIPS-Abkommen) und der WIPO-Urheberrechtsvertrag (WCT) von 1996. Durch zunehmende Harmonisierung der internationalen Regelungen zum Urheberrecht wurde der Welturheberrechtsvertrag von 1952 inzwischen überholt. Auf internationaler Ebene spielt er heute keine Rolle mehr.[700] In den folgenden Ausführungen wird aus diesem Grund auf eine nähere Analyse dieses Vertrags verzichtet.[701]

---

698 Dietz, Fn. 510 (19.10.2007), S. 6; Macmillan, Fn. 301 (2007), S. 108.

699 Für eine kurze Übersicht über den Stand der Verträge siehe Lewinski, Silke von, § 57 Mehrseitige internationale Abkommen (S. 1058-1092), in: Ulrich Loewenheim (Hrsg.), *Handbuch des Urheberrechts,* München (2010), Rdnr. 1 ff.

700 Lewinski, Fn. 699 (2010), Rdnr. 35. Allerdings gibt es Stimmen die sich für eine Revitalisierung des Welturheberrechtsvertrags aussprechen, um das Urheberrecht besser den Bedürfnissen der Entwicklungsländer anzupassen. Vgl. Okediji, Ruth L., An Enduring Legacy of the Knowledge Economy (S. 113-134), in: Abdulqawi A. Yusuf (Hrsg.), *Normative Action in Education, Science and Culture,* Paris (2007), S. 113 ff.

701 Vgl. Lewinski, Silke von, The Role and Future of the Universal Copyright Convention, in: *e-Copyright Bulletin (*2006); so auch Okediji, Fn. 700 (2007), S. 113 ff..

Fraglich ist, ob die derzeitigen Regelungen des Urheberrechts auf internationaler Ebene so ausgestaltet sind, dass sie zur Förderung der Vielfalt kultureller Ausdrucksformen beitragen. Dazu werden die wesentlichen Punkte des UNESCO-Übereinkommens mit Relevanz zum Urheberrecht herausgearbeitet und als kulturelle Kriterien für eine Analyse der internationalen Regelungen zum Urheberrecht zugrunde gelegt. Eine Analyse des Urheberrechts ist jedoch anhand kultureller Kriterien nicht ohne weiteres möglich. Aus diesem Grund werden zu den kulturellen Kriterien entsprechende urheberrechtliche Indikatoren gruppiert, die eine kulturelle Analyse des Urheberrechts zulassen. Auf dieser Grundlage werden die bestehenden internationalen Regelungen zum Urheberrecht mit Hilfe der aus dem UNESCO-Übereinkommen herausgearbeiteten, kulturellen Kriterien und der urheberrechtlichen Indikatoren auf ihr Potential zur Förderung der kulturellen Vielfalt analysiert. Eine Bewertung der einzelnen internationalen Regelungen zum Urheberrecht aus kultureller Perspektive schließt die Analyse ab.

A. Anerkennung der Bedeutung des Künstlers durch Urheberpersönlichkeitsrechte

Die Bedeutung des Künstlers[702] und anderer Personen, die im Kulturbereich tätig sind, wird sowohl in der Präambel als auch im materiell-rechtlichen Teil des UNESCO-Übereinkommens deutlich. Diese Personen sollen – so heißt es in Präambelabs. 17 ÜVKA[703] – durch die Anerkennung ihrer geistigen Eigentums-

---

Gleichzeitig verweist die Autorin jedoch darauf, dass gerade im sich entwickelnden Bereich des Schutzes traditioneller kultureller Ausdrucksformen die Flexibilität des WUA als Vorbild dienen könnte.

702 Es soll noch einmal darauf hingewiesen werden, dass der aus dem UNESCO-Übereinkommen entlehnte Begriff ‚Künstler' im Rahmen dieser Arbeit als Urheber verstanden wird. Davon abzugrenzen ist der im Urheber- bzw. Leistungsschutzrecht verankerte terminus technicus ‚ausübender Künstler'. Nach kontinental-europäischem Recht erhält ein ausübender Künstler keine Urheber-, sondern Leistungsschutzrechte. Da sich diese Arbeit auf die Bedeutung des Urheberrechts für kulturelle Vielfalt beschränkt, soll eine Bewertung der Rechtsposition ausübender Künstler hier unterbleiben.

703 Dort heißt es: "in Anerkennung der Bedeutung der Rechte des geistigen Eigentums zur Unterstützung derer, die an der kulturellen Kreativität beteiligt sind". Vgl. Stoll/Mißling/Jürging, Preamble, in: Schorlemer/Stoll (Hrsg.), The UNESCO Convention on the Protection and Promotion of the Diversity of Cultural Expressions. Explanatory Notes, Berlin et al. (2012), S. 54.

rechte unterstützt werden. Für Künstler spielen dabei insbesondere die Urheberpersönlichkeitsrechte eine entscheidende Rolle.

I. *Völkerrechtliche Regelungen zum Urheberpersönlichkeitsrecht*

Der Gegenstand des Urheberpersönlichkeitsrechts[704] ist das Band zwischen dem Schöpfer und seinem Werk.[705]

> „When an artist creates, be he an author, a painter, a sculptor, an architect or a musician, he does more than bring into the world a unique object having only exploitive possibilities; he projects into the world part of his personality and subjects it to the ravages of public use. There are possibilities of injury to the creator other than merely economic ones (…).“[706]

Damit steht im Mittelpunkt des Urheberpersönlichkeitsrechts die schöpferische Persönlichkeit des Urhebers.[707] Seine ideellen Interessen an seinem Werk gilt es zu schützen.[708] In Abgrenzung zum allgemeinen Persönlichkeitsrecht bedingt das Urheberpersönlichkeitsrecht ein konkretes Werk, welches einen Teil der

---

704 Synonym werden auch die Begriffe ‚moral rights' und ‚droits morales' verwandt.

705 DIETZ, Adolf, Das droit morale des Urhebers im neuen französischen und deutschen Urheberrecht. Eine rechtsvergleichende Untersuchung. München (1968), passim; DIESELHORST, Jochen, Was bringt das Urheberpersönlichkeitsrecht? Urheberpersönlichkeitsschutz im Vergleich : Deutschland - USA. Frankfurt am Main et al. (1995), passim; LUCAS-SCHLOETTER, Angès, Droit Moral et Droit de la Personnalité. Paris (2000), passim; SWACK, Cheryl, Safeguarding Artistic Creation and the Cultural Heritage, in: *Colum.- VLA J. of Law & Arts* 22 (1998), S. 361; DOUTRELEPONT, Carine, Das Droit Moral in der Europäischen Union, in: *GRUR Int. (*1997), S. 293.

706 ROEDER, Martin, The Doctrine of Moral Right: A Study in the Law of Artists, Authors and Creators, in: *Harv. L. Rev.* 53 (1940), S. 557.

707 SCHACK, Fn. 125 (2010), Rdnr. 353; MERRYMAN, John, The Refrigerator of Bernard Buffet, in: *Hastings L.J.* 27 (1976), S. 1025.

708 GOLDSTEIN/HUGENHOLTZ, Fn. 5 (2010), S. 346 ff. Zur Autorenrecht-Tradition, insb. die monistische Theorie: DIETZ/PEUKERT, Fn. 391 (2010), Rdnr. 4; SCHACK, Fn. 125 (2010), Rdnr. 150, 315; REHBINDER, Fn. 240 (2010), Rdnr. 390; DIESELHORST, Fn. 705 (1995), S. 20. Zur Copyright-Tradition: BENTLY, Lionel/ SHERMAN, Brad, Intellectual Property Law. Oxford et al. (2009), S. 241 ff.; GINSBURG, Jane C., Moral Rights in a Common Law System, in: *Ent. L. Rev.* 1 (1990), S. 121; DREIER, Thomas/ KRASSER, Rudolf, Das französische Gesetzbuch des geistigen Eigentums. Code de la Propriété Intellectuelle. Weinheim (1994), S. 20.

Persönlichkeit des Autors manifestiert,[709] denn „Geisteswerke sind verselbständigte Ausstrahlungen der Persönlichkeit ihres Schöpfers".[710] Aufgrund der Überzeugung, dass sich in jedem Werk die Persönlichkeit des Urhebers spiegelt, werden zusammen mit oder neben[711] den vermögensrechtlichen Befugnissen auch persönlichkeitsrechtliche Interessen des Urhebers geschützt.[712] Das Urheberpersönlichkeitsrecht ist kein einzelnes Recht, sondern umfasst ein Bündel von Rechten. Zu diesen Rechten zählen insbesondere: das Recht auf Namensnennung des Urhebers, das Recht auf Werkintegrität, das Veröffentlichungsrecht, das Recht auf Bestimmung der Urheberbezeichnung und das Recht auf Zugang zum Werk.

Auf internationaler Ebene beschränken sich die Regelungen zum Urheberpersönlichkeitsrecht auf Art. 6bis RBÜ. Der WCT übernimmt als Sonderabkommen der RBÜ deren Regelung zu Urheberpersönlichkeitsrechten[713] und das TRIPS-Abkommen verzichtet explizit auf die Regelung der urheberpersönlichkeitsrechtlichen Dimension des Urheberrechts[714].

---

709 REHBINDER, Fn. 240 (2010), Rdnr. 392; SCHACK, Haimo, Das Persönlichkeitsrecht der Urheber und ausübenden Künstler nach dem Tode, in: *GRUR (*1985), S. 353; SCHACK, Fn. 125 (2010), Rdnr. 353. Für deutsches Urheberrecht: KROITZSCH, § 14, in: Möhring, et al. (Hrsg.), Urheberrechtsgesetz. Kommentar, 2. Aufl., München (2000), S. 259; a. A. KRÜGER-NIELAND, Gerda, Das Urheberpersönlichkeitsrecht, eine besondere Erscheinungsform des allgemeinen Persönlichkeitsrechts? (S. 215-224), in: Ernst von Caemmerer (Hrsg.), *Festschrift für Fritz Hauß zum 70. Geburtstag,* Karlsruhe (1978), S. 220 ff.; ONG, Burton, Why Moral Rights Matter: Recognizing the Intrinsic Value of Integrity Rights, in: *Colum. J.L. & Arts* 26 (2003), S. 299.

710 SCHACK, Fn. 125 (2010), Rdnr. 7.

711 Ob Urheberpersönlichkeitsrechte mit den Verwertungsrechten eine Einheit bilden oder von ihnen getrennt werden, hängt von der dogmatischen Position – Monismus oder Dualismus – ab. Vgl. LOEWENHEIM, Ulrich/ VOGEL, Martin, § 1 Geschichte und Quellen des Urheberrechts (S. 5-20), in: Ulrich Loewenheim (Hrsg.), *Handbuch des Urheberrechts,* München (2010), Rdnr. 10; VOGEL, Einleitung, in: Loewenheim/Dietz/ Schricker (Hrsg.), Urheberrecht. Kommentar, 4. Aufl., München (2010), Rdnr. 109 ff.

712 Vgl. RICKETSON/GINSBURG, Fn. 20 (2006a), Rdnr. 10.15 ff.; MASOUYÉ, Fn. 327 (1981), Art. 6bis; SETTLEMYER, Fn. 293 (1993), S. 2303; ONG, Fn. 709 (2003), S. 297; ROEDER, Fn. 706 (1940), S. 554.

713 ALEMDJRODO, Richard, Das Urheberpersönlichkeitsrecht auf dem Prüfstand der Informationsgesellschaft. Münster (2005), S. 19 f.

714 Vgl. Art. 9 Abs. 1 S. 2 TRIPS. Treibende Kraft dieser Regelung waren die USA, die aufgrund ihrer utilitaristischen Urheberrechtsdogmatik Schwierigkeiten mit den persönlichkeitsrechtlichen Komponenten des Urheberrechts hatten. Aus diesem Grund blieben sie auch jahrelang der RBÜ fern. Vgl. GINSBURG/KERNOCHAN, Fn. 120 (1988-

Artikel 6bis RBÜ wurde 1928 mit der Revision von Rom in die Berner Übereinkunft aufgenommen und auf der Brüsseler Revisionskonferenz (1949) nur geringfügig ergänzt.[715] Derzeit ist der Art. 6bis RBÜ in der Fassung der Revisionskonferenz von Stockholm (1967) gültig. Der Art. 6bis RBÜ beschreibt den Kerngehalt des Urheberpersönlichkeitsrechts, der auf internationaler Ebene allgemein anerkannt wird.[716] Artikel 6bis RBÜ lautet:

> „Unabhängig von seinen vermögensrechtlichen Befugnissen und selbst nach deren Abtretung behält der Urheber das Recht, die Urheberschaft am Werk für sich in Anspruch zu nehmen und sich jeder Entstellung, Verstümmelung, sonstigen Änderung oder Beeinträchtigung des Werkes zu widersetzen, die seiner Ehre oder seinem Ruf nachteilig sein könnten."[717]

Zum international anerkannten Kern des Urheberpersönlichkeitsrechts zählen damit das Recht auf Anerkennung der Urheberschaft (Paternitätsrecht) und das Recht auf Werkintegrität.[718]

Das Paternitätsrecht verleiht dem Urheber das Recht als Schöpfer seines Werkes genannt zu werden (Namensnennungsrecht).[719] Es umfasst die Fragen,

---

1989), S. 1 ff.; ALEMDJRODO, Fn. 713 (2005), S. 18 f.; BRAND, Article 9, in: Stoll/Busche/Arend (Hrsg.), WTO – Trade-related Aspects of Intellectual Property Rights, Leiden (2009), Rdnr. 85 ff.

715 Es wurden in Absatz 1 die Worte „und jede sonstige (...) Beeinträchtigung des Werks" hinzugefügt. RICKETSON/GINSBURG, Fn. 20 (2006a), Rdnr. 10.02 ff.; MASOUYÉ, Fn. 327 (1981), Art. 6bis.

716 DIETZ/PEUKERT, Fn. 391 (2010), Rdnr. 12; KELLERHALS, Miriam, Die europäischen Wurzeln des Droit Moral, in: *GRUR Int.* (2001), S. 445 f. 1928 wurde auch über die Aufnahme des Veröffentlichungsrechts in den Kanon der RBÜ diskutiert. Das Veröffentlichungsrecht, schützt den Urheber in seiner Entscheidung über den Zeitpunkt und die Art und Weise der Veröffentlichung seines Werkes. Die Regelungen der Verbandsländer waren jedoch hinsichtlich des Veröffentlichungsrechts so unterschiedlich, dass auf die Aufnahme des Veröffentlichungsrechts in die Berner Übereinkunft verzichtet wurde; MASOUYÉ, Fn. 327 (1981), Art. 6bis, Rdnr. 7.

717 Art. 6bis RBÜ.

718 DIETZ/PEUKERT, Fn. 391 (2010), Rdnr. 12. Die weitergehenden Urheberpersönlichkeitsrechte des Künstlers haben Eingang in die verschiedenen Rechtsordnungen einzelner Länder gefunden, ohne jedoch auf internationaler Ebene allgemein anerkannt zu werden.

719 STERLING, Fn. 21 (2008), Rdnr. 8.01; ROEDER, Fn. 706 (1940), S. 561 f. Er untergliedert das Recht allerdings in das Recht sich selbst als Autor zu bekennen, das Recht von anderen als Autor benannt zu werden und zudem das Recht nicht als Urheber fremder Werke bezeichnet zu werden (droit de non-paternité). Letzteres ist allerdings nicht in allen Ländern als Bestandteil des Paternitätsrechts anerkannt, sondern wird zuweilen

ob eine Urheberbezeichnung am Werk angebracht wird und gegebenenfalls welchen Inhalt sie besitzt.[720] Demnach liegt es in der Entscheidung des Urhebers, ob er sein Werk unter seinem Namen, einem Pseudonym, einem Künstlerzeichen oder anonym der Öffentlichkeit preisgibt.[721] Neben dieser positiven umfasst es auch eine negative Schutzkomponente. Der Urheber kann sich mittels dieses Rechts auch gegen die Anmaßung der Urheberschaft durch andere wehren.[722] Dies ist gewöhnlich dann der Fall, wenn jemand das Werk als eigenes oder als Plagiat des eigenen Werkes ausgibt.[723] Das Namensnennungsrecht steht dem Urheber auch in seiner Beziehung gegenüber dem Werknutzer – also auch gegenüber Dritten – zu.[724] Demnach muss der Werknutzer in seiner Verwendung des Werkes auf den Urheber des Werkes hinweisen.[725] Dies ist vor allem dann

---

durch das allgemeine Persönlichkeitsrecht geschützt. Vgl. RICHARD, Dagmar/ JUNKER, Abbo, Kunstfälschung und Persönlichkeitsrecht – Zugleich eine Anmerkung zum OLG Schleswig, in: *GRUR (*1988), S. 25; OLG Schleswig, Urteil v. 13.05.1987 (4 U 227/85), *"Emil Nolde",* in: *GRUR (*1987), 516.

720 Das Urheberpersönlichkeitsrecht auf Anerkennung der Urheberschaft gilt nur als Schutz der Beziehung des Künstlers zu seinem eigenen Werk. Verletzt der Künstler diese Verbindung selbst, indem er sein Werk dem Schaffen eines anderen zuordnen möchte, greift dieses Recht ins Leere. Vgl. REHBINDER, Fn. 240 (2010), Rdnr. 402.

721 Dieses Recht hat jedoch keine Verbotswirkung gegenüber Dritten, den bürgerlichen Namen des Urhebers in der Öffentlichkeit bekannt zu geben.

722 Vgl. Canada Quebec Superior Court, Judgement, *Tango Argentin Inc. v. Festival d'Espagne et d'Amérique Latine Inc.,* in: *C.P.R.* 84 (1997), 56. Der beklagte Fotograf *McNeil* produzierte eine identische Kopie eines Fotos des Fotografen *Argaez* und veröffentlichte dieses Bild mit seinem eigenen Namen. Das Gericht sah in diesem Vorgehen eine Verletzung des Urheberpersönlichkeitsrechts auf Namensnennung des Fotografen *Argaez* und gab ihm Recht. *McNeil* musste $C 2000 Schadensersatz leisten.

723 Andererseits ist das Recht auf Anerkennung der Urheberschaft nicht verletzt, wenn jemand sein eigenes Werk als das Werk eines anderen ausgibt. Der Andere, dem ein Werk ‚untergeschoben' wurde, ist in diesen Fällen ebenfalls nicht durch ein Urheberpersönlichkeitsrecht geschützt, sondern durch sein allgemeines Persönlichkeitsrecht – dem sog. Droit de non-paternité. Es stellt das Recht auf Anerkennung der Nichturheberschaft dar. Vgl. SCHACK, Fn. 125 (2010), Rdnr. 41.

724 RICKETSON/GINSBURG, Fn. 20 (2006a), Rdnr. 10.19; MASOUYÉ, Fn. 327 (1981), Art. 6bis, Rdnr. 3.

725 Eine Ausnahme stellen hier die Fälle dar, bei denen aus praktischen, technischen oder sozial inadäquaten Gründen die Nennung aller beteiligten Urheber nicht möglich ist. So werden beispielsweise bei einem dargebotenen Orchesterwerk lediglich der Dirigent und der Name des Orchesters wiedergegeben, nicht aber der Name eines jeden Orchestermitglieds. Kritisch äußert sich *Rehbinder* zu der Überhandname der Namensnennung von einzelnen Mitwirkenden. Er verweist in diesem Zusammenhang auf

wichtig, wenn der Urheber seine Verwertungsrechte am Werk einem anderen abgetreten hat und dieser die betreffenden Rechte an einen Dritten weiterveräußern möchte. Zwischen dem Urheber und dem Dritten bestünde dann keine vertragliche Bindung, die die Namensnennung sicherstellen würde.[726]

Das Recht auf Werkintegrität schützt die ideellen Interessen des Urhebers an der Unversehrtheit seines Werkes. Der Urheber kann damit einer Entstellung oder Beeinträchtigung seines Werkes entgegentreten. Voraussetzung dafür ist jedoch eine Beeinträchtigung der Ehre oder des Rufs des Urhebers.[727] Eine solche Beeinträchtigung muss anhand von objektiven Kriterien belegt werden.[728]

Nach Art. 6bis Abs. 2 RBÜ besteht das Urheberpersönlichkeitsrecht mindestens für die Dauer der vermögensrechtlichen Befugnisse. Die Dauer der Urheberpersönlichkeitsrechte der RBÜ ist als eine Mindestregelung formuliert. Das Wort „wenigstens" deutet daraufhin, dass es eine Untergrenze gibt. Hinweise auf eine Obergrenze der Urheberpersönlichkeitsrechte finden sich demgegenüber nicht. Einzelstaatliche Regelungen können damit durchaus ein ewiges Urheberpersönlichkeitsrecht vorsehen.[729]

Die Wahl der Person, die das Urheberpersönlichkeitsrecht des Urhebers nach dessen Tod ausübt, richtet sich nach der nationalen Rechtsordnung des

---

eine „informationelle Umweltverschmutzung", die das Publikum lediglich resignierend in Kauf nimmt. Vgl. REHBINDER, Fn. 240 (2010), Rdnr. 400 ff.

726 STERLING, Fn. 21 (2008), Rdnr. 8.03.

727 RICKETSON/GINSBURG, Fn. 20 (2006a), Rdnr. 10.27; MASOUYÉ, Fn. 327 (1981), Art. 6bis, Rdnr. 4.

728 Canada Ontario High Court, Judgement, *Snow v. Eaton Centre Ltd.,* in: *C.P.R.* 70 (1982), 105.

729 RICKETSON/GINSBURG, Fn. 20 (2006a), Rdnr. 10.33; MASOUYÉ, Fn. 327 (1981), Art. 6bis, Rdnr. 8; GOLDSTEIN/HUGENHOLTZ, Fn. 5 (2010), S. 355. Ein ewiges Urheberpersönlichkeitsrecht ist in folgenden Ländern vorgesehen: Frankreich (Art. L. 121-1 CPI), Spanien (Art. 15 Abs. 1, Art. 14 Abs. 1 Nr. 3 und 4 URG (1987)), Polen (Art. 16 URG (1992)) und Italien (Art. 23 URG (1941)). In diesen Ländern wird das Urheberpersönlichkeitsrecht nach Ableben des Urhebers von seinen Angehörigen bzw. staatlichen Stellen wahrgenommen. Vgl. auch HUBMANN, Heinrich, Urheber- und Verlagsrecht. Ein Studienbuch. München et al. (1959), S. 54. Allerdings erlischt in den USA beispielsweise das Urheberpersönlichkeitsrecht mit dem Tod des Urhebers. Siehe 17 USC § 106A lit. d (1) Visual Artists Rights Act. Vgl. zum "ewigen" Urheberpersönlichkeitsrecht auch Teil III, A, III, 1 dieser Arbeit.

Landes.[730] Zunächst kommen in vielen Verbandsstaaten die Erben des Urhebers in Betracht. Sollte es keine Erben geben, so können auch staatliche Institutionen Urheberpersönlichkeitsrechte im Sinne des Urhebers ausüben, insofern die Persönlichkeit des Urhebers nicht durch Zeitablauf zu stark verblasst ist.

II. Zusammenhang zwischen der Anerkennung der Bedeutung des Künstlers und dem Urheberpersönlichkeitsrecht

Das UNESCO-Übereinkommen fordert die Vertragsparteien dazu auf, Maßnahmen zu ergreifen, die der Förderung und Unterstützung der Künstler dienen (Art. 7 Abs. 2 ÜVKA).[731] Diese Förderung kann in vielfältiger Weise erfüllt werden. Neben Stipendien, Preisen und staatlicher Unterstützung könnten auch Urheberrechte eine Rolle spielen.[732] Adäquate Regelungen könnten hier der Schutz der ideellen Interessen durch das Urheberpersönlichkeitsrecht sein.

Die heutigen technischen Möglichkeiten zum Eingriff in urheberrechtlich geschützte Werke durch die Informationstechnologie führen die Notwendigkeit eines effektiven Schutzes der ideellen Interessen des Urhebers vor Augen.[733]

> "The development of digital information and the new possibilities for information processing and transmission have given added significance to moral rights."[734]

Die Verfremdung und Bearbeitung von Werken und Darbietungen mittels digitaler Technologie ist so einfach und kostengünstig geworden wie nie zuvor.[735]

---

730 Die Länder, die bisher noch keine Regelungen für den Verbleib der Urheberpersönlichkeitsrechte nach dem Tod des Urhebers haben, können auch einzelne dieser Rechte nach dem Tod des Urhebers erlöschen lassen.

731 MIßLING, Article 7, in: Schorlemer/Stoll (Hrsg.), The UNESCO Convention on the Protection and Promotion of the Diversity of Cultural Expressions. Explanatory Notes, Berlin et al. (2012), S. 219 f.

732 UCHTENHAGEN, Fn. 227 (1987), S. 17.

733 Vgl. DOUTRELEPONT, Fn. 705 (1997), S. 304. Zur Beeinträchtigung des Urheberpersönlichkeitsrechts im digitalen Bereich siehe: ALEMDJRODO, Fn. 713 (2005), S. 121 ff.

734 FERNÀNDEZ-MOLINA, Carlos J./ PEIS, Eduardo, The Moral Rights of Authors in the Age of Digital Information, in: *JASIST* 52 (2001), S. 109.

735 SUNDARA RAJAN, Mira T., Moral Rights and Copyright Harmonization. Prospects for an "International Moral Right"?, FREE UNIVERSITY, AMSTERDAM (2002), <http://papers.ssrn.com/sol3/papers.cfm?abstract_id=1809619> (zuletzt geprüft am:

Die neuen technischen Möglichkeiten haben zu neuen kreativen Ausdrucksformen geführt, die in einem engen Zusammenhang mit dem Schutz urheberpersönlichkeitsrechtlicher Regelungen stehen.[736] Ein Beispiel dafür sind die digitalen, transformativen Werke des Künstlers *Mark Napier*. Er nutzte beispielsweise das verfremdete Bild einer Barbie, um sich mit seinem Werk *„The Distorted $arbie“*[737] mit dem kulturellen Phänomen *Barbie* künstlerisch auseinanderzusetzen. *Mattel*, der Hersteller der *Barbie*-Puppe, sah jedoch seine mit dem Copyright an *Barbie* verbundenen ideellen Interessen an der Legende von *Barbie* gestört und ging über den Webseitenbetreiber gegen den Künstler vor.[738] In dem hier zitierten Beispiel stehen sich auf der einen Seite die ideellen Interessen des Konzerns *Mattel*[739] und auf der anderen Seite das Urheberpersönlichkeitsrecht des Künstlers *Mark Napier* gegenüber. Der Künstler könnte sich gegen die Schließung seiner Webseite mit seinem Recht auf Werkintegrität und alternativ auf freie Meinungsäußerung wehren. In einem digitalen Umfeld ist es schwierig die Grenze zwischen einer erlaubten kultur- und vielfaltsfördernden, digitalen, transformativen Kunst und einer das Originalwerk beschädigenden, nichtautorisierten Bearbeitung zu ziehen.[740]

Urheberpersönlichkeitsrechte haben nicht nur einen Einfluss auf die künstlerische Freiheit, ihr Dasein zeugt auch von dem Respekt und der Achtung, die den Urhebern seitens der Gesellschaft entgegengebracht werden. Auf diese Weise entfaltet das Urheberpersönlichkeitsrecht auch eine Anreizwirkung zum kreativen Schaffen.[741]

> „The recognition of these rights in a manner which favors the artistic sensibilities of the artist over the competing interests of those who own the objects in

---

10.03.2013), S. 8; HEESCHEN, Verena B., Urheberpersönlichkeitsrecht und Multimedia. Berlin (2003), S. 143.

736 PESSACH, Guy, The Author's Moral Right of Integrity in Cyberspace, in: *IIC (*2003), S. 250 ff.

737 Vgl. NAPIER, Mark, The Distorted $arbie (1997), <http://users.rcn.com/napier.interport/barbie/barbie.html> (zuletzt geprüft am: 10.03.2013).

738 Vgl. den Schriftverkehr von Mattel unter NAPIER, Fn. 737 (1997).

739 Als juristische Person stehen dem Konzern jedoch keine Urheberpersönlichkeitsrechte zu. Allenfalls könnte sich Mattel auf Art. 43 a Lanham Act berufen, wonach jede nicht-autorisierte Änderung am Werk verboten ist. Vgl. STERLING, Fn. 21 (2008), Rdnr. 8.11.

740 PESSACH, Fn. 736 (2003), S. 252.

741 Dies darf allerdings nicht mit der kulturellen Anreizwirkung als Legitimationsgrund des Urheberrechts gleichgesetzt werden. Die hier diskutierte Anreizwirkung ist nur ein mittelbarer Effekt, nicht aber ein legitimierendes Element zur Vergabe von Urheberpersönlichkeitsrechten. So auch: LEISTNER/HANSEN, Fn. 25 (2008), S. 488.

which the artist's works are embodied, signals a measure of respect for the artist's position within the community."[742]

Durch die Anerkennung der Künstler wird ein kulturelles Klima geschaffen, das kreatives Wirken fördert und letztlich der Gemeinschaft in Form einer diversifizierten Kulturlandschaft zu Gute kommt.[743] Der Schutz der Ehre und des Rufs des Urhebers oder ausübenden Künstlers ist jedoch nicht nur aus Gründen der Anerkennung wichtig. Der Schutz der Reputation hat vielfach auch einen erheblichen Einfluss auf den Marktwert der geschaffenen Werke bzw. Darbietungen. Auch auf diese Weise kann sich die Anerkennung des Urhebers ausdrücken.[744]

III. Bewertung im Lichte des UNESCO-Übereinkommens

Fraglich ist, ob die derzeitig auf internationaler Ebene geltenden Regelungen zum Urheberpersönlichkeitsrecht einen Beitrag zur Anerkennung der Bedeutung des Künstlers leisten können und auf diese Weise einen Beitrag zur Förderung der Vielfalt kultureller Ausdrucksformen liefern. Zwar konzentriert sich diese Arbeit auf die Förderung der kulturellen Vielfalt, doch wird im Zusammenhang mit dem Urheberpersönlichkeitsrecht auch immer wieder der Schutz von kulturellen Ausdrucksformen diskutiert.[745] Deshalb soll im Folgenden neben der kulturfördernden Wirkung des Urheberpersönlichkeitsrechts auch die kulturschützende Wirkung (Art. 6 Abs. 2 lit. a ÜVKA) diskutiert werden.

1. Urheberpersönlichkeitsrechte zum Schutz der Vielfalt kultureller Ausdrucksformen

Strittig ist, ob das Urheberpersönlichkeitsrecht auch ein Instrument zum Schutz der kulturellen Vielfalt darstellt. Der naturalistischen Begründung der Urheber-

---

742 ONG, Fn. 709 (2003), S. 303.

743 ONG, Fn. 709 (2003), S. 302.

744 Vgl. HANSMANN, Henry/ SATILLI, Marina, Authors' and Artists' Moral Rights, in: *J. Legal Stud.* 26 (1997), S. 102 ff.

745 So vor allem, aber nicht ausschließlich in den Ländern mit Copyright-Tradition, vgl. DIESELHORST, Fn. 705 (1995), S. 24; Der Ansicht, dass Urheberpersönlichkeitsrechte auch dem Kulturschutz gelten: LEINVEBER, Gerhard, Urheberrechtlicher Denkmalschutz – ja oder nein?, in: *GRUR* (1964), S. 368 f.; HUBMANN, Fn. 729 (1959), S. 54; a. A.: KROITZSCH, § 14, in: Möhring, et al. (Hrsg.), Fn. 709 (2000), Rdnr. 26; SWACK, Fn. 705 (1998), S. 405; MERRYMAN, Fn. 707 (1976), S. 1041.

persönlichkeitsrechte liegt eine solche Instrumentalisierung aufgrund ihres Charakters als Persönlichkeitsrechte zwar fern, doch werden auch in kontinentaleuropäischen Ländern utilitaristische Beweggründe mit dem Urheberpersönlichkeitsrecht verbunden.[746] Der eigentliche Ursprung der Instrumentalisierung von Urheberpersönlichkeitsrechten liegt jedoch eher in den Ländern, die der Copyright-Tradition folgen.[747] In diesen Ländern werden insbesondere ökonomische Gründe angeführt. Das Urheberpersönlichkeitsrecht schützt demnach beispielsweise den Marktwert des Werkes und die Reputation des Autors.[748] Dem Urheberpersönlichkeitsrecht wird ferner eine indirekte Wirkung auf den Schutz des kulturellen Erbes der Gesellschaft nachgesagt.[749]

In einigen Ländern hat sich ein „ewiges" Urheberpersönlichkeitsrecht durchgesetzt, welches nach Ableben des Urhebers und seiner Angehörigen vom Staat wahrgenommen wird.[750] Befürworter argumentieren, dass damit eine kulturgüterschützende Wirkung des Urheberpersönlichkeitsrechts erzielt werden kann:

---

746 So gibt es in Frankreich beispielsweise ein „ewiges" Urheberpersönlichkeitsrecht, das neben dem Schutz des Künstler in seiner Beziehung zum Werk auch einen Kulturgüterschutz bezweckt, Code de la Propriété Intellectuelle, Art. L. 121-1, 4.

747 Vgl. DIESELHORST, Fn. 705 (1995), S. 180; GINSBURG/KERNOCHAN, Fn. 120 (1988-1989), S. 3.

748 Vgl. HANSMANN/SATILLI, Fn. 744 (1997).

749 So vor allem, aber nicht ausschließlich in den Ländern mit Copyright-Tradition, Siehe U.S. CONGRESS, Kongressdebatte zur Einführung des Visual Artists' Rights Act Bill, 136 Con. Rec. H3111 v. 05.06.1990; DIESELHORST, Fn. 705 (1995), S. 24; Der Ansicht, dass Urheberpersönlichkeitsrechte auch dem Kulturschutz gelten: GHEORGHIU-VIERIU, Const, Le Droit Moral de l'Auteur. Étude Critique sur le „Droit Moral de l'Auteur", en Matière de Propriété Littéraire et Artistique en Droit Français en Droit Comparé et sur le Plan International. Paris (1939), S. 329; ähnlich wenngleich weniger extrem: MICHAÉLIDES-NOUAROS, Georges, Le Droit Moral de l'Auteur. Étude de Droit Francais, de Droit Comparé et de Droit International. Paris (1935); ULMER, Eugen/ LEINVEBER, Gerhard, Urheberrechtlicher Denkmalschutz – ja oder nein?, in: *GRUR (*1964), S. 368 f.; HUBMANN, Fn. 729 (1959), S. 54; dagegen a. A.: KROITZSCH, § 14, in: Möhring, et al. (Hrsg.), Fn. 709 (2000), Rdnr. 26; SWACK, Fn. 705 (1998), S. 405; siehe auch: MERRYMAN, Fn. 707 (1976), S. 1041.

750 So beispielsweise in Frankreich Code de la Propriété Intellectuelle, Art. L. 121-1, 4; Spanien (Art. 15 Abs. 1, Art. 14 Abs. 1 Nr. 3 und 4 URG (1987)), Polen (Art. 16 URG (1992)) und Italien (Art. 23 URG (1941)).

„(…) so dass das Gesetz über die persönlichkeitsrechtlichen Belange des Urhebers hinaus zugleich auch die kulturpolitischen Belange der Allgemeinheit schützt“[751].

Die Wahrnehmung des Urheberpersönlichkeitsrechts durch staatliche Institutionen soll sicherstellen, dass auch nach Ableben der Erben des Urhebers das Werk in der Art konserviert wird, wie es der Urheber der Öffentlichkeit preisgegeben hat. Im Sinne des UNESCO-Übereinkommens könnte diese Verfahrensweise nach Art. 8 Abs. 2 ÜVKA als Maßnahme zum Schutz kultureller Ausdrucksformen gewertet werden. Allerdings handelt es sich bei einer gesetzlichen Regelung zum ewigen Urheberpersönlichkeitsrecht um eine dauerhafte und undifferenzierte Maßnahme. Demgegenüber sind die Regelungen des Art. 8 ÜVKA nur in Notfällen, resp. Situationen der Bedrohung oder ernsthaften Gefährdung, von kulturellen Ausdrucksformen einschlägig.[752]

Im Zusammenhang mit dem ewigen Urheberpersönlichkeitsrecht wird insbesondere das Recht auf Werkintegrität als Säule des Urheberpersönlichkeitsrechts diskutiert. Das Recht auf Werkintegrität gewährt dem Urheber u. a. Schutz vor Änderungen oder Verstümmelungen seiner Werke, die seinen Ruf oder seine Ehre beeinträchtigen können.[753] Fraglich ist, ob das Recht auf Werkintegrität zum Schutz kultureller Ausdrucksformen beitragen könnte. Dies wäre dann der Fall, wenn das Recht auf Werkintegrität soweit ausgedehnt würde, dass es nicht nur Änderungen, Entstellungen oder Verstümmelungen, die die ideellen Interessen des Urhebers beeinträchtigen, umfasst, sondern auch den Extremfall der Vernichtung eines Werkes. Während in Art. 6bis Abs. 1 RBÜ jedoch explizit von „Entstellung, Verstümmelung, sonstigen Änderungen oder Beeinträchtigungen des Werkes“ gesprochen wird, gibt es nach wörtlicher Auslegung keinen Hinweis darauf, dass sich das Recht des Urhebers auf Werkintegrität auch auf Vernichtungen von Werken durch den Eigentümer erstreckt.[754] Eine teleologische Auslegung könnte jedoch auch andere Schlüsse zulassen. Im Falle einer Änderung oder Entstellung, die die Ehre oder den Ruf des Urhebers beeinträch-

751 DREIER/KRASSER, Fn. 708 (1994), S. 20. So auch der Vorschlag der tschechoslowakischen Delegation während der Revisionskonferenz der Berner Übereinkunft in Rom 1928, vgl. BOYTHA, György, Der schillernde Schutz von Urheberpersönlichkeitsrechten in der Berner Übereinkunft (S. 199-214), in: Jürgen Becker, et al. (Hrsg.), *Recht im Wandel seines sozialen und technologischen Umfeldes,* München (2002), S. 205.

752 Vgl. RUIZ FABRI/RICHIERI HANANIA, Article 8, in: Schorlemer/Stoll (Hrsg.), The UNESCO Convention on the Protection and Promotion of the Diversity of Cultural Expressions. Explanatory Notes, Berlin et al. (2012), S. 234 ff.

753 ROEDER, Fn. 706 (1940), S. 557.

754 Vgl. STERLING, Fn. 21 (2008), Rdnr. 18.08.

tigen, kann der Urheber dagegen vorgehen. Den größeren Schaden erleidet der Urheber jedoch durch die Zerstörung seines Werkes. In Abhängigkeit davon, ob Kopien des Originals existieren, wird

> „[m]it der Zerstörung des Werksoriginals (...) das berechtigte Interesse des Urhebers beeinträchtigt oder (...) völlig vereitelt, durch sein Werk zu wirken und in ihm fortzuleben.“[755]

Grundsätzlich wird deshalb auch die zumindest vorsätzliche und zum Teil auch fahrlässige Zerstörung von Werkstücken unter den Anwendungsbereich des Rechts auf Werkintegrität gefasst.[756] Gegner dieser Auffassung argumentieren, dass die Ehre und der Ruf des Künstlers in der Öffentlichkeit nicht durch nicht mehr existierende Gegenstände beeinträchtigt werden kann. Folglich wäre das Kriterium der Rufschädigung des Urhebers nicht gegeben und ein Verstoß gegen die Werkintegrität läge nicht vor.[757] Diese Sichtweise ist jedoch wenig überzeu-

---

755 SCHACK, Fn. 125 (2010), Rdnr. 397.

756 SCHACK, Fn. 125 (2010), Rdnr. 398. *Rehbinder* argumentiert, dass eine Werkvernichtung nur dann durch den Urheber verboten werden kann, wenn sie allein zum Zwecke der Kränkung oder der Vereitlung des Anspruchs auf Zugang erfolgt, vgl. REHBINDER, Fn. 240 (2010), Rdnr. 410. Daraus ergibt sich in einigen Staaten die Pflicht des Eigentümers vor der Vernichtung eines Werkes, dem Künstler die Überlassung des Werkes anzubieten (bspw. Art. 15 Abs. 1 schw. UrhG (1992)). Die Gegenmeinung argumentiert, dass mit der Vernichtung des Werkes auch die Beeinträchtigung der Ehre oder des Rufs des Urhebers beendet wurde. Vgl. BULLINGER, § 14, in: Wandtke/Bullinger (Hrsg.), Praxiskommentar zum Urheberrecht, 2. Aufl., München (2006), Rdnr. 23.

757 Vgl. Urteil des LG München im Fall einer Beeinträchtigung der künstlerischen Ausgestaltung der ADAC Niederlassung in München. Das Gericht beschied dem Künstler eine Verletzung seines Rechts auf Werkintegrität durch die Beseitigung eines Werkteils. Der Beklagte (ADAC) kann dem Urteil durch „(...) Wiederherstellung des früheren Zustandes oder durch Entfernung der übrig gebliebenen Fragmente des Werkes entsprechen.“, LG München I, Urteil v. 03.08.1982, *Hajek – ADAC II,* in: *Film und Recht (*1982), 513, S. 513. In einem ähnlichen Fall ließ die Klägerin bei einem Freskogemälde, welches sich in ihrem Besitz fand, die nackten Sirenen übermalen. Der Künstler sah darin seine Urheberpersönlichkeitsrechte verletzt und klagte. Das Gericht erkannte eine Verletzung des Urheberpersönlichkeitsrechts durch die Übermalung an, äußerte sich aber gleichzeitig derart, dass zwar die Übermalung eine Verletzung darstellen würde, die Vernichtung des Freskobildes allerdings nicht. Kammergericht Berlin, Zivilsenat, Urteil v. 08.06.1912 (Rep. I. 382/11), *Felseneiland mit Sirenen,* in: *RGZ* 79 (1912), 397, S. 401. Siehe auch: GÖTTING, Fn. 300 (2009), S. 104; ROEDER, Fn. 706 (1940), S. 569; BENTLY/SHERMAN, Fn. 708 (2009), S. 253 ff. Nach neuerer Auffassung muss dem Künstler vor Zerstörung das Werk zur Rücknahme angeboten werden, vgl. SCHACK, Fn. 125 (2010), Rdnr. 398; MOVESSIAN, Vera, Darf man Kunstwerke vernichten?, in: *UFITA* 95 (1983), S. 89; ERDMANN, Willi, Sacheigentum und

gend. Wenn schon kleinere Eingriffe in die Werkintegrität verboten sind, kann die gänzliche Zerstörung der Integrität des Werkes nicht erlaubt sein. Auf internationaler Ebene existiert allerdings kein harmonisierter Ansatz zu diesem Problem.[758]

Vor dem Hintergrund des Schutzes der Vielfalt kultureller Ausdrucksformen kann das Urheberpersönlichkeitsrecht aus folgenden Gründen nicht überzeugen. Urheberpersönlichkeitsrechte sind keine denkmalschutzrechtlichen Bestimmungen.

> „Geschützt wird – anders als beim Denkmalschutz – nicht das Werk als solches, sondern das geistige oder persönliche Interesse des Urhebers an der Integrität seines Werkes, das der Öffentlichkeit in der Gestalt präsentiert werden soll, die ihm der Urheber verliehen hat."[759]

Demnach stehen die persönlichen, ideellen Interessen des Urhebers im Mittelpunkt des Urheberrechts und nicht das gesellschaftliche Interesse an der Bewahrung von Kulturgütern.[760] Die bewahrende Wirkung tritt demnach nur ein, wenn der Urheber die Integrität seines Werkes durch eine Änderung in Gefahr sieht. Es obliegt folglich nur dem Urheber oder dessen Rechtsnachfolgern korrigierend einzugreifen und nicht einer übergeordneten Instanz, die sich allein der Authentizität des Werkes verpflichtet fühlt. Einer Werkänderung bzw. einer Vernichtung des Werkes durch den Urheber selbst – beispielsweise aufgrund gewandelter Überzeugung – kann auch das Urheberpersönlichkeitsrecht nichts entgegensetzen. Ein vermeintlicher Schutz der Vielfalt kultureller Ausdrucksformen ist auf diese Weise nicht möglich.

Die Zweckmäßigkeit eines urheberpersönlichkeitsrechtlichen Schutzes zum Zweck des Kulturgüterschutzes steht zudem bei bestimmten Werkarten gänzlich in Frage. Für Musik- und Theaterwerke nützt ein ewiges Urheberpersönlichkeitsrecht zum Schutz schon deshalb nicht, da das Originalwerk von einer Bearbeitung durch einen anderen Regisseur oder Künstler nicht beeinträchtigt wird.[761] Ganz im Gegenteil kann eine stark verfremdete Darbietung eines

---

Urheberrecht (S. 655-677), in: Willi Erdmann, et al. (Hrsg.), *Festschrift für Henning Piper,* München (1996), S. 673.

758 Vgl. STERLING, Fn. 21 (2008), Rdnr. 18.08.

759 SCHACK, Fn. 125 (2010), Rdnr. 380.

760 So auch DIETZ, Fn. 705 (1968), S. 170.

761 SCHACK, Fn. 125 (2010), Rdnr. 360. Als Beispiel kann hier die stark umstrittene Aufführung der „Weber" von *Gerhard Hauptmann* in der Inszenierung von *Volker Lösch* am Schauspielhaus in Dresden in der Spielzeit 2004 gelten. Durch die Einbeziehung eines im Originaltext nicht vorgesehenen Chors von Arbeitslosen erlangte die Aufführ-

Werkes das Publikum geradezu anregen, sich mit dem dargebotenen Werk und dem Originalwerk kritisch auseinanderzusetzen.[762]

Auch vor diesem Hintergrund ist ein „ewiges“ Urheberpersönlichkeitsrecht zum Schutz der kulturellen Vielfalt nicht geeignet.[763] Stattdessen ist es vielmehr wichtig, dass der mit der Gemeinfreiheit des Werkes verbundene Freiraum für Künstler und Kulturschaffende erhalten bleibt. Vorausgesetzt, dass das Originalwerk bei der Weiternutzung nicht zerstört wird, ist eine Auseinandersetzung mit Werken anderer Künstler doch gerade wünschenswert im Sinne einer Förderung der kulturellen Vielfalt. Nach Art. 7 Abs. 1 und 2 ÜVKA bemühen sich die Vertragsparteien

> „(...) in ihrem Hoheitsgebiet ein Umfeld zu schaffen, in dem Einzelpersonen und gesellschaftliche Gruppen darin bestärkt werden, a) ihre eigenen kulturellen Ausdrucksformen zu schaffen (...)“ und zudem „(...) den wichtigen Beitrag, den Künstler, andere am kreativen Prozess Beteiligte (...) und ihre zentrale Rolle bei der Bereicherung der Vielfalt kultureller Ausdrucksformen anzuerkennen.“[764]

Ferner werden die Vertragsparteien des UNESCO-Übereinkommens durch Art. 6 Abs. 2 lit. e ÜVKA[765] gerade dazu angeregt, den freien Austausch und Fluss von Ideen zu fördern. Mit einem ewig dauernden Urheberpersönlichkeitsrecht, das aus Gründen der Werkintegrität auch die kritische Auseinandersetzung mit Werken anderer Urheber behindert, ist auch im Sinne der Vielfalt kultureller Ausdrucksformen nicht gedient.

---

rung über Wochen hohe Aufmerksamkeit in den Medien und wurde in der Bevölkerung intensiv diskutiert, vgl. SCHÖNFELD, Gerda-Marie, Die Weber. Subversiv oder Volksverhetzend? (2004), <http://www.stern.de/kultur/buecher/die-weber-subversiv-oder-volksverhetzend-532909.html> (zuletzt geprüft am: 10.03.2013); BRODER, Henryk M., "Weber-Skandal" in Dresden. Geisterbahn Ost (2004), <http://www.spiegel.de/kultur/gesellschaft/0,1518,329820,00.html> (zuletzt geprüft am: 10.03.2013).

762 KRÜGER-NIELAND, Gerda, Die Rechtsstellung des Bühnenregisseurs aus urheberrechtlicher Sicht, in: *UFITA* 64 (1972), S. 135.

763 Ebenfalls ablehnend: GÖTTING, Fn. 300 (2009), S. 109 ff.; SCHACK, Fn. 709 (1985), S. 361; DIETZ/PEUKERT, Vor §§ 12 ff., in: Loewenheim/Dietz/Schricker (Hrsg.), Urheberrecht. Kommentar, 4. Aufl., München (2010), Rdnr. 34.

764 Art. 7 Abs. 1 und 2 ÜVKA.

765 BERNIER, Article 6, in: Schorlemer/Stoll (Hrsg.), The UNESCO Convention on the Protection and Promotion of the Diversity of Cultural Expressions. Explanatory Notes, Berlin et al. (2012), S. 193 f.

2. Urheberpersönlichkeitsrechte zur Förderung der Vielfalt kultureller Ausdrucksformen

Letztlich bleibt die Frage zu beantworten, inwieweit Urheberpersönlichkeitsrechte, wie sie in den völkerrechtlichen Verträgen zum Urheberrecht ausgestaltet sind, der Förderung der Vielfalt kultureller Ausdrucksformen zuträglich sind. Im Gegensatz zum Schutz der kulturellen Vielfalt zielt der Aspekt der Förderung der Vielfalt kultureller Ausdrucksformen auf Unterstützung zukünftiger kultureller Aktivitäten ab.

> "By giving the artist these rights, his personal autonomy as a creative being is enhanced because of his ability to control his artistic "voice". Besides enhancing his personal autonomy, these rights also have instrumental value to the artist who is able to bargain ex ante for greater concessions from those who purchase his work or from those who have to obtain his consent before significant alterations to his work are made."[766]

Der Schutz der ideellen Interessen von Urhebern ist auch ein Ausdruck der Stellung und des Respekts, den die Gesellschaft Urhebern entgegenbringt. Darin spiegelt sich die Anerkennung der Bedeutung des Künstlers für die Gemeinschaft wider.

> „Integrity rights are moral rights par excellence because of their overtly expressive character, conveying powerful norms about the place of art and artists within the community that recognizes such rights."[767]

Künstler können auf diese Weise auch darin bestärkt werden, eigene kulturelle Ausdrucksformen zu schaffen (Art. 7 Abs. 1 lit. a ÜVKA) und damit zu einer reichen Vielfalt kultureller Ausdrucksformen beizutragen.

Das Urheberpersönlichkeitsrecht entfaltet somit eine positive Wirkung auf die Rahmenbedingungen der Kulturschaffenden. Vor diesem Hintergrund ist eine weitere Verbreitung urheberpersönlichkeitsrechtlicher Regelungen, insbesondere in Ländern, die der Copyright-Tradition anhängen, zu befürworten. So sollten einerseits Länder, die bisher nicht oder nur sehr eingeschränkt über derartige Regelungen verfügen, Urheberpersönlichkeitsrechte in ihren Rechtsordnungen einführen bzw. stärken. Andererseits wäre auch eine Erweiterung des internationalen Kernbestands der Urheberpersönlichkeitsrechte, bspw. um das Veröffentlichungsrecht, wünschenswert.[768] Ein solches Unterfangen erscheint

766 ONG, Fn. 709 (2003), S. 302.

767 ONG, Fn. 709 (2003), S. 298.

768 Dieses Ergebnis ergab auch eine Befragung der Europäischen Kommission im Rahmen einer Anhörung aller betroffenen Interessengruppen im Dezember 1992, unternommen

jedoch eher unrealistisch, beschäftigt sich der entsprechende Ausschuss der WIPO doch aktuell nicht mit dem Thema Urheberpersönlichkeitsrecht. Auch die Harmonisierungsbemühungen der EU zur Verwirklichung des einheitlichen europäischen Marktes sehen derzeit keinen Bedarf an weiteren Vereinheitlichungsprojekten im Bereich des Urheberpersönlichkeitsrechts.[769]

B. Zugang zu einer Vielfalt kultureller Ausdrucksformen

Zu den leitenden Grundsätzen des UNESCO-Übereinkommens zählt u. a. der Grundsatz des gleichberechtigten Zugangs der Kulturen zu Ausdrucksmitteln (Art. 2 Abs. 7, 2. TS ÜVKA). Dieses Prinzip betont, dass ein vielfältiges Spektrum kultureller Ausdrucksformen dann gefördert und erweitert wird, wenn Zugang zu den Mittel des Ausdrucks, resp. der Kreativität, gewährleistet ist.[770] Es trägt demnach der Tatsache Rechnung, dass kulturelle Ausdrucksformen nicht im luftleeren Raum entstehen, sondern der Inspiration durch andere kulturelle Werke bedürfen.[771] Kreativität erfordert Zugang zu kulturellen Ausdrucksformen.

Zwar betreffen nicht alle Fragen des Zugangs Urheberrecht,[772] doch ist die Frage des Zugangs zu kulturellen Ausdrucksformen eng mit dem Urheberrecht verknüpft. Auf den kognitiven Zugang zu kulturellen Ausdrucksformen hat das

---

mit dem Ziel die Harmonisierungspläne der Kommission im Bereich des Urheberrechts und der verwandten Schutzrechte auszuleuchten. Dabei sprachen sich die Urheber für eine Harmonisierung der Urheberpersönlichkeitsrechte auf möglichst hohem Niveau aus. Vgl. dazu: SCHARDT, Andreas, Das Urheberpersönlichkeitsrecht vor dem Hintergrund der Harmonisierungspläne der EG-Kommission, in: *ZUM (*1993), S. 318 ff.; HEESCHEN, Fn. 735 (2003), S. 32. In Bezug auf europarechtliche Regelungen auch: GROSHEIDE, Willem, Moral Rights (S. 242-266), in: Estelle Derclaye (Hrsg.), *Research Handbook on the Future of EU Copyright,* Cheltenham et al. (2009), S. 266.

769 So erwähnt das aktuelle Grünbuch zum Urheberrecht in der Informationsgesellschaft das Urheberpersönlichkeitsrecht in keiner Zeile, vgl. EUROPÄISCHE KOMMISSION, Green Paper. Copyright in the Knowledge Economy, COM(2008) 466/3 v. 16.07.2008; Siehe auch: EUROPÄISCHE KOMMISSION, Commission Staff Working Paper on the Review of the EC Legal Framework in the Field of Copyright and Related Rights, SEC (2004) 995 v. 19.07.2004, S. 16; SUNDARA RAJAN, Fn. 735 (2002), S. 9 f.; GOLDSTEIN/HUGENHOLTZ, Fn. 5 (2010), S. 348.

770 KONO, Article 2, in: Schorlemer/Stoll (Hrsg.), Fn. 536 (2012), S. 110.

771 REHBINDER, Fn. 240 (2010), Rdnr. 80.

772 In diesem Zusammenhang kommen auch wettbewerbsrechtliche oder handelsrechtliche Fragen zum Tragen.

Urheberrecht zunächst keine Auswirkungen. Der Nutzer kann sich unbeschränkt mit dem Werk intellektuell auseinandersetzen, indem er ein Bild betrachtet, Musik hört oder einen Roman liest.[773] Erst wenn diese geistige Auseinandersetzung zur Schöpfung eines neuen Werkes führt, kommt eine weitere Dimension des Zugangs zum Tragen. Allein Zugang zu kulturellen Ausdrucksformen zum Zweck der Nutzung oder Bearbeitung eines kulturellen Werkes wird durch das Urheberrecht beeinflusst. Beispielsweise bedarf die Parodie eines Werkes häufig der Übernahme großer Werkteile des zu parodierenden Werkes.[774] Auch sind einige künstlerische Ausdrucksformen, wie im Extrem der Appropriation Art,[775] aber auch in gemäßigterer Form im Bereich des Samplings[776] oder der Collage[777], entscheidend auf eine mehr oder weniger enge Anlehnung an das Originalwerk angewiesen. Auch kann ein Nutzer nicht ohne Erlaubnis eine russische Adaption des Bestsellers „Harry Potter“ von *J. K. Rowling* als „Tanya Grotter“ vermarkten, ohne das ausschließliche Bearbeitungsrecht von *Rowling* zu verletzen.[778] Im Rahmen dieser Arbeit steht allein Zugang zu kulturellen Ausdrucksformen zum Zweck der Verwertung kultureller Ausdrucksformen im Mittelpunkt. Hier ist die konkrete Ausgestaltung des Urheberrechts und seiner Schranken von großer Bedeutung. So ist die Frage nach dem Umfang des Urheberrechts entscheidend, wenn die Grenze zwischen der freien Benutzung urheberrechtlich geschützter Werke und ihrer erlaubnispflichtigen Bearbeitung gezogen werden soll.

Viele kulturelle Ausdrucksformen werden als Werke urheberrechtlich geschützt. Das Urheberrecht stellt ein zeitlich begrenztes Monopol dar. Mit diesem Recht wird allein der Urheber bzw. der von ihm Berechtigte ermächtigt, die

---

773 DUSOLLIER, Séverine, Scoping Study on Copyright and Related Rights and the Public Domain, CDIP/4/Rev./Study/INF/1 v. 07.05.2010, S. 8.

774 BGH, Urteil v. 20.03.2003 (I ZR 117/00), *Gies-Adler,* in: *GRUR (*2003), 956.

775 BLUME HUTTENLAUCH, Anna, Appropriation Art - Kunst an den Grenzen des Urheberrechts. Baden-Baden et al. (2010), passim; SCHOENEBECK, Astrid v., Moderne Kunst und Urheberrecht. Zur urheberrechtlichen Schutzfähigkeit von Werken der modernen Kunst. Berlin (2003), passim; kritisch SCHACK, Haimo, Appropriation Art und Urheberrecht (S. 107-113), in: Wilhelm Nordemann/ Ulrich Loewenheim (Hrsg.), *Urheberrecht im Informationszeitalter,* München (2004), S. 107 ff.

776 AREWA, Olufunmilayo B., From J.C. Bach to Hip Hop, in: *N.C. L. Rev.* 84 (2006), S. 547 ff.

777 SCHOENEBECK, Fn. 775 (2003), S. 121 ff.

778 Rechtbank Amsterdam, Urteil, *J.K. Rowling et al. v. Uitgeverij Byblos BV – Tanja Grotter, aff'd by Gerechtshof Amsterdam, [2004] E.C.D.R. 7 ff.,* in: *E.C.D.R. (*2003), 23; KARJALA, Dennis S., Harry Potter, Tanya Grotter, and the Copyright Derivative Work, in: *Ariz. St. L. J.* 38 (2006), S. 17 ff.; SCHWABACH, Fn. 255 (2009), S. 422 f.

Verwertung des geschützten Werkes zu kontrollieren. Diese rechtliche Zugangsbarriere wird zu Gunsten der Allgemeinheit durch die Gewährung von Schranken durchbrochen und entfällt nach Ablauf der urheberrechtlichen Schutzfrist.

Im Folgenden wird untersucht, ob und in wieweit die derzeitigen Regelungen zur urheberrechtlichen Schutzfrist und zu den Schranken des Urheberrechts tatsächlich einen gleichberechtigten Zugang zu kulturellen Ausdrucksformen im Sinne des UNESCO-Übereinkommens ermöglichen.

I. Schutzdauer

1. Völkerrechtliche Regelung zur Schutzdauer

Das Urheberrecht gesteht dem Inhaber für begrenzte Zeit die alleinige Verfügungsgewalt über sein Werk und Urheberpersönlichkeitsrechte zu. Diese begrenzte Zeit wird als die Schutzdauer des Urheberrechts bezeichnet. Für Urheber beginnt die Schutzdauer im Allgemeinen mit der Schöpfung des Werkes und endet in einem Zeitraum zwischen 50 und 70 Jahren[779] nach dem Tod des Urhebers (*post mortem auctoris*, pma). Während der Schutzdauer ist allein der Urheber dazu bemächtigt, den wirtschaftlichen Erfolg seiner Schöpfung zu genießen oder Verwertern Nutzungsrechte einzuräumen. In dieser Zeit entscheidet er über die Verwertung seines Werkes. Nach seinem Tod gehen die Verwertungsrechte auf seine Erben oder auf andere nach Gesetz bestimmte Personen über, die diese Rechte für den Rest der Schutzdauer ausüben. Nach Ablauf der Schutzfrist wird das Werk gemeinfrei. Der Urheber verliert damit die alleinige Verfügungsgewalt über sein Werk. Nach diesem Zeitpunkt ist jedermann in der Lage, das Werk zu nutzen, ohne die Einwilligung des Urhebers einzuholen.[780]

Die völkerrechtlichen Regelungen zur urheberrechtlichen Schutzdauer richten sich nach Art. 7 RBÜ. Der WCT als Sonderabkommen zur RBÜ[781] hat keine neuen Regelungen für die Schutzdauer vorgesehen. Er übernimmt lediglich die Anwendung der Schutzdauerregelung von Art. 7 Abs. 4 RBÜ für Werke

---

779 In Abhängigkeit der jeweiligen nationalen urheberrechtlichen Regelung.

780 SCHACK, Fn. 125 (2010), Rdnr. 515.

781 REINBOTHE, Jörg/ LEWINSKI, Silke von, The WIPO Treaties 1996. The WIPO Copyright Treaty and the WIPO Performances and Phonograms Treaty; Commentary and Legal Analysis. London (2002), Art. 20, Rdnr. 8 ff.

der Photographie aus dem Anwendungsbereich des WCT aus (Art. 9 WCT).[782] Das TRIPS-Abkommen enthält für die Schutzdauer der Urheber ebenfalls keine neue Regelung.[783] Lediglich für den Fall, dass der Inhaber des Urheberrechts eine juristische Person ist und es sich nicht um ein photographisches Werk oder ein Werk der angewandten Kunst handelt, wurde eine Schutzdauer von mindestens 50 Jahren ab dem Ende des Jahres, in dem das Werk erstmals mit Einwilligung des Rechteinhabers veröffentlicht wurde, eingeräumt (Art. 12 TRIPS).[784]

Demnach bildet auch heute noch Art. 7 RBÜ die Grundlage zur Berechnung der Schutzdauer urheberrechtlich geschützter Werke. So umfasst die Dauer des Urheberrechts das Leben des Urhebers und 50 Jahre nach seinem Tod (Art. 7 Abs. 1 RBÜ). Da bei Filmwerken die Regelungen zur Urheberschaft in den einzelnen Ländern unterschiedlich gestaltet sind, wird hier die Schutzdauer nicht an einer natürlichen Person festgemacht, sondern endet 50 Jahre nach dem Zeitpunkt, an dem das Filmwerk mit Zustimmung des Urhebers erstmals der Öffentlichkeit zugänglich gemacht worden ist (Art. 7 Abs. 2 RBÜ).[785] Für Pseudonyme und anonyme Werke, deren tatsächlicher Urheber nicht erkennbar ist, wurde eine analoge Regelung vorgesehen (Art. 7 Abs. 3 RBÜ). Zudem sieht die RBÜ für Werke der Photographie und angewandten Kunst eine Mindestschutzdauer von 25 Jahren vor (Art. 7 Abs. 4 RBÜ).

Die von der RBÜ vorgegebenen Schutzfristen sind als Mindestfristen (Art. 19 RBÜ) ausgestaltet.[786] Den Mitgliedstaaten steht es folglich frei, eine längere Schutzfrist für urheberrechtsfähige Werke vorzusehen (Art. 7 Abs. 6 RBÜ). Von diesem Ermessensspielraum haben viele Staaten Gebrauch gemacht.[787] So werden urheberrechtlich geschützte Werke in Deutschland für 70 Jahre pma[788], in den USA sogar für 95 Jahre pma[789] geschützt.

---

782 REINBOTHE/LEWINSKI, Fn. 781 (2002), Art. 9, Rdnr. 6.

783 BRAND, Article 9, in: Stoll/Busche/Arend (Hrsg.), Fn. 714 (2009), Rdnr. 50 ff.

784 Sollte es innerhalb von 50 Jahren nach Herstellung des Werkes nicht veröffentlicht worden sein, dann gilt eine Frist von 50 Jahren ab der Herstellung des Werkes. Diese Regelung sollte den Bedürfnissen der der Copyright-Tradition verpflichteten Ländern gerecht werden. FÜLLER, Article 12, in: Stoll/Busche/Arend (Hrsg.), WTO – Trade-related Aspects of Intellectual Property Rights, Leiden (2009), Rdnr. 1.

785 Sollte das Filmwerk nicht innerhalb diese Zeitraums veröffentlicht worden sein, so gilt eine Schutzfrist von 50 Jahren nach Herstellung des Filmwerkes, Art. 7 Abs. 2 RBÜ.

786 RICKETSON/GINSBURG, Fn. 20 (2006a), Rdnr. 6.132.

787 Siehe auch aus historischer Sicht: SCHACK, Fn. 125 (2010), Rdnr. 517.

788 Siehe § 64 Gesetz über Urheberrecht und verwandte Schutzrechte vom 09.09.1965.

789 Siehe Section 102 b Sony Bono Copyright Term Extension Act.

Durch den Spielraum, den die Staaten bei der Umsetzung der Mindestschutzdauer genießen, kann es dazu kommen, dass Werke in einem Land bereits nach 50 Jahren pma gemeinfrei werden, in einem anderen Land jedoch noch weitere 20 Jahre unter Urheberrechtsschutz verbleiben. Um Unklarheiten hinsichtlich der geltenden Schutzdauer auszuräumen, regelt die RBÜ in Art. 7 Abs. 8, dass sich die Schutzdauer des in Frage stehenden Werkes grundsätzlich nach dem Land richtet, in dem der Schutz des Werkes beansprucht wird. Nun kann es aber dazu kommen, dass die Dauer im Schutzland länger währt, als die Dauer im Ursprungsland[790] des Werkes. In diesem Fall steht es dem Mitgliedstaat (Schutzland) frei, den Urheberrechtsschutz in einem Schutzfristenvergleich auf die Dauer des Schutzes im Ursprungsland zu kürzen (Art. 7 Abs. 8 RBÜ[791]). Durch diese materielle Gegenseitigkeit soll ein rechtsvereinheitlichender Effekt auf dem kleinsten gemeinsamen Niveau eintreten.[792] Auf diese Weise werden Werke in den meisten Ländern zum gleichen Zeitpunkt gemeinfrei und damit zuvor bestehende Wettbewerbsverzerrungen verhindert.[793]

2. Zusammenhang zwischen dem Zugang zu einer Vielfalt kultureller Ausdrucksformen und der Schutzdauer

Das UNESCO-Übereinkommen benennt in dem Zugang zu vielfältigen, kulturellen Ausdrucksformen einen wesentlichen Garant für die Förderung der Vielfalt (Art. 2 Abs. 7 ÜVKA). So sind die Vertragsparteien nach Art. 7 Abs. 1 ÜVKA angehalten,

> „(...) in ihrem Hoheitsgebiet ein Umfeld zu schaffen, in dem Einzelpersonen und gesellschaftliche Gruppen darin bestärkt werden,
>
> a) ihre eigenen kulturellen Ausdrucksformen zu schaffen, herzustellen, zu verbreiten, zu vertreiben und Zugang zu ihnen zu haben (...),
>
> b) Zugang zu den vielfältigen kulturellen Ausdrucksformen aus ihrem Hoheitsgebiet und aus anderen Ländern der Welt zu haben.“[794]

---

790 Das Ursprungsland bezeichnet das Land, in dem das Werk erstmals mit der Zustimmung des Urhebers veröffentlicht wurde, vgl. Art. 3 Abs. 1 und 2 RBÜ.

791 RICKETSON/GINSBURG, Fn. 20 (2006a), Rdnr. 9.55; GOLDSTEIN/HUGENHOLTZ, Fn. 5 (2010), S. 288 f.

792 SCHACK, Fn. 125 (2010), Rdnr. 964.

793 Eine wichtige Rolle spielt der Schutzfristenvergleich heute noch bei Rechten, die noch nicht überall anerkannt sind, wie beispielsweise dem Folgerecht aus Art. 14ter Abs. 2 RBÜ. RICKETSON/GINSBURG, Fn. 20 (2006a), Rdnr. 11.53 ff.

794 Art. 7 Abs. 1 ÜVKA.

Nach diesem Artikel soll ein Umfeld geschaffen werden, das neben der Schöpfung („zu schaffen, herzustellen“) und Verwertung („zu verbreiten, zu vertreiben“) auch dem Zugang zu kulturellen Ausdrucksformen zuträglich ist.

Das Urheberrecht schafft dem Urheber bzw. dem Rechteinhaber ein künstliches Monopol, das es ihm ermöglicht, von seiner künstlerischen Arbeit zu leben[795] und ihn auf diese Weise letztlich zum kreativen Schaffen anregt. Dieses Monopol kann aber auch eine negative Auswirkung auf kreatives Schaffen haben. So behindert es während der urheberrechtlichen Schutzfrist den Zugang zu kulturellen Werken.[796] Jegliche kreative Nutzung, bspw. eine Bearbeitung, bedarf der Einwilligung oder bei Vorliegen einer gesetzlichen Lizenz zumindest der Zahlung einer angemessenen Vergütung an den Urheber. Sowohl die Einwilligung als auch die Vergütung können zum Teil unüberwindbare Hürden für Werknutzer darstellen und sie von ihrem künstlerischen Schaffen abhalten.[797]

Um ein Umfeld zu schaffen, das der Förderung kultureller Vielfalt zuträglich ist, muss ein Ausgleich zwischen dem Schutzinteresse des Urhebers und dem Zugangsinteresse des Nutzers sichergestellt werden. Damit die urheberrechtliche Schutzdauer ihr kulturelles Anreizpotential ausschöpfen kann, dabei aber nicht gleichzeitig zu einer Zugangshürde wird, kommt es auf die konkrete Ausgestaltung der urheberrechtlichen Schutzfrist an.[798]

795 Kritisch dazu: GÖTZ OLENHUSEN/GÖTZ OLENHUSEN, Fn. 219 (2011), S. 23 f.; TOWSE, Fn. 220 (2001), S. 79 ff.

796 ENQUETE-KOMMISSION INTERNET UND DIGITALE GESELLSCHAFT, Entwurf des Berichts der Enquete-Kommission des Deutschen Bundestages zu Internet und digitale Gesellschaft. Stand 14. Juni 2011 v. 22.06.2011, S. 29 ff.

797 Beispielsweise stellte der Appropriation Art Künstler *Damien Loeb* seine jahrelang mit Erfolg praktizierte Appropriation Art nach zahlreichen Konflikten und Rechtsstreitigkeiten mit Ersturhebern seiner eigenen Kunst zugrundeliegenden Werke ein. Er betrachtet dies als eine Einschränkung seiner Schaffensfreiheit. Vgl. dazu den Schriftwechsel von *Blume Huttenlauch* mit dem Künstler: BLUME HUTTENLAUCH, Fn. 775 (2010), S. 32. Vgl. auch ein Interview mit *Jammin Inc.* unter TONSPION.DE, GEMA bremst Newcomer aus. Jammin Inc über ihr Album unter Creative Commons-Lizenz, TONSPION.DE (2005), <http://www.tonspion.de/neues/neueste/244133> (zuletzt geprüft am: 10.03.2013).

798 SCHACK, Fn. 125 (2010), Rdnr. 515.

3. Bewertung im Lichte des UNESCO-Übereinkommens

Für die zeitliche Begrenzung des urheberrechtlichen Schutzes werden mehrere Gründe angebracht.[799] Zunächst sprechen praktische Gründe der Rechteverwaltung für eine zeitliche Begrenzung. Ist es häufig schon schwer den Urheber noch zu Lebzeiten ausfindig zu machen,[800] so wird es mit Zeitablauf immer schwieriger den eigentlichen Urheber zu identifizieren.[801] Ohne einen identifizierbaren Urheber kann das geschützte Werk jedoch nicht verwertet und genutzt werden. Dies führt zu dem Problem der sogenannten verwaisten Werke („orphan works")[802], die aufgrund des nicht mehr identifizierbaren Urhebers nicht legal genutzt werden können und damit in Vergessenheit geraten.[803] Da der Urheberrechtsschutz auch die Verbreitung urheberrechtlich geschützter Werke erleichtern soll, entspräche eine zu lange Schutzdauer nicht der Zielrichtung des Urheberrechts.[804]

Außerdem kann in der begrenzten Schutzdauer auch eine Art Vereinbarung zwischen dem Urheber und der Allgemeinheit gesehen werden. Aufgrund der Nichtrivalität im Konsum kultureller Werke kann der Urheber allein nicht seine Werkherrschaft nach Veröffentlichung gegenüber den Werknutzern durch-

---

799 RICKETSON/GINSBURG, Fn. 20 (2006a), Rdnr. 9.02 ff.

800 Art. 5 Abs. 2 RBÜ enthält ein Formalitätenverbot. Demnach ist der Genuss der Urheberrechte nicht an die Erfüllung von Formalitäten, wie der Eintragung in ein Register, abhängig. Vgl. STERLING, Fn. 21 (2008), Rdnr. 7.25.

801 SCHACK, Fn. 125 (2010), Rdnr. 518. Dieses Problem trifft vor allem Bibliotheken, deren Aufgabe es ist, Werke der Allgemeinheit zugänglich zu machen. Vgl. ENQUETE-KOMMISSION INTERNET UND DIGITALE GESELLSCHAFT, Fn. 796 (22.06.2011), S. 29 ff.

802 PIRIOU, Florence-Marie, "Orphan Works" in Search of Legal Solutions, in: *RIDA* 218 (2008), S. 3 ff.

803 VARIAN, Hal R., Copyright Term Extension and Orphan Works, in: *Industrial and Corporate Change* 15 (2006), S. 965 ff. Für eine mögliche Lösung dieses Problems siehe den Richtlinienvorschlag der Europäischen Kommission. „Mit dem Vorschlag soll eine sorgfältige Suche vorgeschrieben werden, um zu ermitteln, ob ein spezielles Werk ein verwaistes Werk ist. Sobald dies festgestellt worden ist, ist es rechtmäßig, unter bestimmten Voraussetzungen und zu speziellen Zwecken dieses Werk der Öffentlichkeit online zur Verfügung zu stellen. Der Vorschlag beinhaltet auch eine Regelung, wie erweiterte kollektive Lizenzen auf Werke, die potenziell verwaiste Werke sind, anzuwenden sind." EUROPÄISCHE KOMMISSION, Vorschlag für Richtlinie des Europäischen Parlaments und des Rates über bestimmte zulässige Formen der Nutzung verwaister Werke, KOM(2011) 289 endgültig v. 24.05.2011, S. 4.

804 OKEDIJI, Fn. 700 (2007), S. 120.

setzen. So kann er – im Gegensatz zum Sacheigentum – sein Werk nicht einzäunen oder verschließen. Er bedarf zum Schutz seiner Werkherrschaft des staatlich garantierten Urheberrechts. Gleichzeitig erfüllen kulturelle Werke nicht nur die Bedürfnisse des Urhebers nach Entfaltung seiner Persönlichkeit, sondern übernehmen auch soziale, kulturelle und wirtschaftliche Aufgaben im Interesse der Gesellschaft. Für die Absicherung seiner Werkherrschaft und aufgrund des mit seinen Werken verbundenen öffentlichen Interesses muss der Urheber – sozusagen als Gegenleistung – ein begrenztes Eigentumsrecht an seinem geistigen Werk hinnehmen.

Schließlich spricht auch die Art und Weise künstlerischen Schaffens für eine Begrenzung der Urheberrechte. Kulturelle Werke entstehen nicht in luftleerem Raum. Der Künstler bedarf der Inspiration und Grundlage anderer kultureller Werke. Ein markantes – wenn auch extremes - Beispiel stellt die postmoderne Kunstrichtung der Appropriation Art da, bei der die Aneignung fremder Werke Grundlage des eigenen kreativen Konzepts ist.[805] Ein effektiver Zugang zu kulturellen Werken bildet damit die Grundlage jeder neuen Werkschöpfung.

Aus einer kulturellen Perspektive ist die Schutzdauer jedoch nicht ausschließlich als Hindernis des kreativen Schaffens einzustufen. Sie hat eine wichtige Funktion im Rahmen der kulturellen Anreizwirkung, die durch das Urheberrecht entfaltet werden soll. Während dieser Zeit ist es dem Urheber bzw. dem Rechteinhaber möglich, aus seiner Tätigkeit Gewinn zu erzielen und damit seinen Lebensunterhalt zu bestreiten. Probleme entstehen jedoch dann, wenn die urheberrechtliche Schutzdauer so lang ist, dass sie ihre Anreizwirkung auf den Urheber nicht mehr entfaltet, stattdessen aber noch Zugang behindernd wirkt. Fraglich ist demnach, ob die derzeitige völkerrechtliche Regelung zur Mindestschutzdauer (50 Jahre nach dem Tod des Autors) im Sinne der Förderung kultureller Ausdrucksformen angemessen ist. Dies wäre dann der Fall, wenn eine solche Schutzdauer tatsächlich noch einen Anreiz zum kulturellen Schaffen bewirkt.

Die völkerrechtliche Mindestschutzdauer von 50 Jahren pma wurde willkürlich gewählt, um dem Urheber und seinen direkten Nachkommen den Genuss der Früchte seines kreativen Schaffens zu ermöglichen.[806] Allerdings haben die Staaten von dem Mindestrechtcharakter des Art. 7 Abs. 1 RBÜ umfangreich

---

805 Vgl. zu den rechtlichen Problemen der Kunstrichtung BLUME HUTTENLAUCH, Fn. 775 (2010), passim.

806 RICKETSON/GINSBURG, Fn. 20 (2006a), Rdnr. 9.07.

Gebrauch gemacht, so dass inzwischen eine Schutzdauer von 70 Jahren nach Tod des Urhebers nahezu überall einschlägig ist.[807]

Häufig ziehen Künstler ihre Inspiration aus ihrem direkten kulturellen Umfeld.[808] So entstehen Werke, die auf bereits bestehenden Werken aufbauen, sie inkorporieren oder andere durch geistige Eigentumsrechte geschützte Gegenstände aus dem alltäglichen Umfeld aufnehmen. Die urheberrechtliche Schutzfrist kann dabei ein Hindernis für die Schaffung neuer kultureller Ausdrucksformen darstellen.[809] Künstler

> „(...) could go out into the forest and paint a picture of the trees without breaching any intellectual property laws, yet to paint a picture of the human made environment of billboards that line the M1 Highway between Brisbane and the Gold Coast could breach the law."[810]

Für eine Kunstszene, die sich kritisch mit dem aktuellen, gesellschaftlichen Umfeld auseinandersetzt, ist eine Schutzdauer von 50-70 Jahren nach dem Tod des Urhebers eine zu große Hürde.[811] Die neuen digitalen technischen Möglichkeiten beflügeln zwar post-moderne Kunstformen, doch stehen die auf Aneignung, Re-Kombination und Verfremdung basierenden Werke in einem eklatanten Widerspruch mit den urheberrechtlich geschützten Werken, derer sie bedürfen.[812]

Aber auch die Verbreitung nicht-digitaler Werke wird durch eine zu lange Schutzdauer verhindert. So wird in den seltensten Fällen ein Buch über mehr als 50 Jahre nach Tod des Autors tatsächlich kommerziell verlegt. Die meisten Werke der Literatur werden aufgrund zu geringer Nachfrage bereits nach wenigen Jahren aus dem Druck genommen. Das heißt, sie sind dann nur noch in begrenzter Zahl über das Antiquariat zugängig. So wurden in Deutschland beispielsweise im Jahr 2009 insgesamt 93.124 Buchtitel verlegt davon waren 81.793 Titel Erstauflagen.[813] Dementsprechend handelte es sich bei nur 11.331 Titeln um Neuauflage bereits in Vorjahren publizierter Bücher. Der Anteil von Neuauflagen betrug damit lediglich 12, 2% im Jahre 2009. Die große Mehrzahl

---

807 RICKETSON/GINSBURG, Fn. 20 (2006a), Rdnr. 9.12.

808 LITMAN, Jessica, The Public Domain, in: *Emory L.J.* 39 (1990), S. 966.

809 FLECHSIG, Norbert P., Quo vadis, Copyright?, in: *ZUM (*2006), S. 387.

810 FITZGERALD, Brian/ O'BRIEN, Damien, Digital Sampling and Culture Jamming in a Remix World, in: *Media & Arts L. Rev.* 10 (2005), S. 279.

811 FLECHSIG, Fn. 809 (2006), S. 387.

812 Vgl. BLUME HUTTENLAUCH, Fn. 775 (2010), S. 29 f.

813 BÖRSENVEREIN DES DEUTSCHEN BUCHHANDELS, Wirtschaftsunternehmen Verlag (2012), <http://www.boersenverein.de/de/293387> (zuletzt geprüft am: 10.03.2013).

der Bücher erscheint demzufolge lediglich in einer Auflage. Obwohl der Rechteinhaber offensichtlich keinen wirtschaftlichen Nutzen aus einer Neuauflage der meisten Bücher erzielen kann und damit die Verbreitung dieser Bücher nach der ersten Auflage einstellt, dauert der urheberrechtliche Schutz bis zum Ablauf der 50 Jahre nach dem Tod des Autors an. Bis zum Ablauf der Schutzfrist ist der Zugang zu diesem Werk allein dadurch behindert, dass der Rechteinhaber keinen wirtschaftlichen Gewinn aus der Verbreitung des Werkes zu ziehen vermag und deshalb auf die weitere Verbreitung des Werkes verzichtet. Erst 70 Jahre nach dem Tod des Autors, wenn das Werk gemeinfrei geworden ist, wird der Druck des literarischen Werkes wieder rentabel.[814] Dann hat das Werk jedoch ca. 2-3 Generationen übersprungen.[815] Es spiegelt zu dieser Zeit häufig nicht mehr den Zeitgeist der Leserschaft wider und verliert damit an Attraktivität. Im Sinne der Allgemeinheit bewirkt eine kürzere Schutzdauer einen früheren Zugang zu diesen Werken und ermöglicht damit eine zeitnahe, kreative Auseinandersetzung der Nutzer und anderer potentieller Urheber.

Die Entwicklung der Regelungen zur Schutzdauer in den unterschiedlichen völkerrechtlichen Abkommen hat gezeigt, dass innerhalb der letzten Hälfte des 20. Jahrhunderts die Schutzdauer für Urheber zwar gleich geblieben ist – sie beträgt immer noch 50 Jahre pma – allerdings haben die Vertragsstaaten im Rahmen der Umsetzung zunehmend Gebrauch von dem Mindestrechtcharakters dieser Regelung gemacht. In vielen nationalen Rechtsordnungen beträgt die Schutzdauer nun häufig 70 Jahre pma – zum Teil auch 95 Jahre pma. Diese Ausweitung verschiebt den Zeitpunkt, zu dem das Werk gemeinfrei wird, erheblich. Eine solche Ausweitung kann nicht im Interesse der Allgemeinheit sein. So steht der Wunsch der Allgemeinheit auf Zugang zu einer Vielzahl kultureller Ausdrucksformen als Ausdruck ihrer Informationsfreiheit dieser Ausweitung der Schutzdauer entgegen. Es ist wohl kaum einsehbar, dass durch eine Ausweitung der Schutzfrist zusätzliches kreatives Schaffen angeregt werden kann. So kann bezweifelt werden, dass der Urheber zu zusätzlichem kreativen Schaffen angeregt wird, wenn nun möglicherweise sein Urenkel, den er selbst meist nicht persönlich kennengelernt hat und er damit keinen persönlichen Bezug aufbauen konnte, auch von seinen Leistungen profitieren wird. Zumal die Urheber meist die Nutzungsrechte an ihren Werken noch zu Lebzeiten an Verwerter übertragen

814 Einige nationale Rechtsordnungen räumen dem Urheber ein Recht auf Rückruf der ausschließlichen Nutzungsrechte gegenüber dem Verwerter ein, sollte dieser die Rechte nicht oder nur unzureichend nutzen (bspw. § 41 dt. UrhG).

815 Im Jahre 2011 wurden beispielsweise Werke von Urhebern gemeinfrei, die im Jahr 1941 gestorben sind. Dazu zählen Elizabeth von Arnim († 9. Februar 1941) und Émile Bernard († 16. April 1941).

haben und somit eher die Verwerter als der individuelle Urheber von einer langen Schutzdauer profitiert.[816] Auch aus Sicht der Urheber selbst stellt eine lange Schutzdauer eine Hürde für ihr kreatives Schaffen dar.[817] Es behindert sie in ihrem Verlangen nach freiem Zugang zu kulturellen Ausdrucksformen als Grundlage für eigenes, kreatives Schaffen.[818] Die derzeitige Schutzdauer ist folglich mit dem Ansinnen des UNESCO-Übereinkommens nur schwer vereinbar.

II. Schranken des Urheberrechts

Nachdem die Frage des Zugangs zu kulturellen Werken durch den zeitlichen Ablauf des Urheberrechtsschutzes diskutiert wurde, soll sich nun das Augenmerk auf den Zugang zu denjenigen kulturellen Werken konzentrieren, deren Urheberrechtsschutz andauert.

1. Begriffsklärung zu Schranken im völkerrechtlichen Urheberrecht

Die ausschließlichen Verwertungsrechte des Urhebers unterliegen bestimmten Beschränkungen bzw. Ausnahmen, um sozialen, kulturellen, informationellen, wirtschaftlichen und politischen Bedürfnissen und Zwecken Rechnung zu tragen.[819] Es gibt jedoch keine einheitliche völkerrechtliche Definition oder Verwendung der Begriffe ‚Schranken und Ausnahmen'.[820] Aus diesem Grund werden die Begriffe in der völkerrechtlichen Diskussion immer gemeinsam genannt.

Die konkreten Schrankenbestimmungen in den nationalen Rechtsordnungen sind äußerst divers. Auf der einen Seite gibt es generalklauselartige

---

816 DAVIES, Fn. 140 (1994), S. 162.

817 So auch HANSEN, Fn. 25 (2009), S. 370 ff. Der für eine radikale Begrenzung der Schutzdauer auf 5 Jahre ab Veröffentlichung eintritt, dem Rechteinhaber aber die Möglichkeit der Verlängerung einräumt.

818 DAVIES, Fn. 140 (1994), S. 163.

819 HUGENHOLTZ, P. B./ SENFTLEBEN, Martin R., Fair Use in Europe. In Search of Flexibilities (2011), <http://papers.ssrn.com/sol3/papers.cfm?abstract_id=1959554> (zuletzt geprüft am: 10.03.2013), S. 6; DUSOLLIER, Fn. 773 (07.05.2010), S. 9. Von einem Konglomerat von verschiedenen rechtspolitischen Zielen sprechend: GÖTTING, Horst-Peter, Übersicht über die Schranken des Urheberrechts (S. 474-479), in: Ulrich Loewenheim (Hrsg.), *Handbuch des Urheberrechts,* München (2010), Rdnr. 5.

820 STERLING, Fn. 21 (2008), Rdnr. 10.01.

Schrankenregelungen, wie die U.S.-amerikanische Fair use-Regel. Die Fair use-Regel entspringt dem U.S.-amerikanischen Richterrecht und wurde in Section 107 U.S. Copyright Act von 1976 kodifiziert. Nach der Regel müssen die Richter eine Einzelfall-Entscheidung über die Beschränkung des Urheberrechts u. a. anhand folgender vier Kriterien treffen: In die Abwägung muss demnach (1) die Art und der Zweck der Nutzung, insb. die Einstufung der Nutzung als kommerziell, (2) die Art des urheberrechtlich geschützten Werkes, (3) der Umfang und die Wesentlichkeit des genutzten Teils eines urheberrechtlich geschützten Werkes sowie (4) die Auswirkungen der Nutzung auf den potentiellen Markt oder Wert des urheberrechtlich geschützten Werkes einbezogen werden.[821]

Auf der anderen Seite werden einzelne Schrankenbestimmungen katalogartig formuliert, so insb. in kontinental-europäischen Ländern.[822] Die Begrenzung der urheberrechtlichen Ausschließlichkeitsrechte umfasst beispielsweise die Zitatfreiheit, vorübergehende Vervielfältigungshandlungen, die Nutzung von Werken zur Rechtspflege und öffentlichen Sicherheit, Ausnahmeregelungen für behinderte Menschen, die öffentliche Rede, Zeitungsartikel und Rundfunkkommentare sowie die Berichterstattung über Tagesereignisse. Auch die Nutzung von urheberrechtsfähigen Werken für den Schul- oder Unterrichtsgebrauch, Ausnahmen für die öffentliche Wiedergabe ohne Erwerbszweck (Jugendhilfe, Sozialhilfe, Alten- und Wohlfahrtspflege, Gefangenenbetreuung und Schulveranstaltungen), die öffentliche Zugänglichmachung von Werken für Unterricht und Forschung und die Vervielfältigung für den privaten und sonstigen Gebrauch fallen unter die urheberrechtlichen Schrankenregelungen. Neben diesen urheberrechtlichen Schrankenregelungen ziehen die Gerichte auch urheberrechtsexterne, verfassungsrechtliche Schranken heran um eine sachgerechte Entscheidung herbeizuführen. In diesem Rahmen spielen vor allem das Persönlich-

821 Mit weiteren Nachweisen über den Literaturstand: NETANEL, Neil W., Making Sense of Fair Use, in: *LCLR* 15 (2011), S. 715 ff.

822 Für eine Übersicht der Schrankenregelungen im deutschen Urheberrecht siehe GÖTTING, Horst-Peter/ LOEWENHEIM, Ulrich, Einzelfälle der Urheberrechtsschranken (S. 479-560), in: Ulrich Loewenheim (Hrsg.), *Handbuch des Urheberrechts,* München (2010), Rdnr. 1 ff.

keitsrecht,[823] die Eigentumsgarantie[824] sowie die Freiheit der Meinungsäußerung[825] und die Freiheit der Kunst[826] und Wissenschaft eine Rolle.[827]

Im Zuge der Harmonisierung des Urheberrechts durch völkerrechtliche Verträge wurde als Kompromissformel der Dreistufentest entwickelt,[828] der heute die internationalen Schrankenregelungen maßgeblich bestimmt.[829] Nach dem Dreistufentest müssen die Schranken (1) auf bestimmte Sonderfälle begrenzt werden, (2) welche weder die normale Auswertung eines Werkes beeinträchtigen, (3) noch die berechtigten Interessen des Urhebers oder Rechteinhabers unzumutbar verletzen. Diese drei Stufen müssen kumulativ vorliegen.[830] Mit dem Dreistufentest soll ein sachgerechter Ausgleich der Interessen des Urhebers bzw. Rechteinhabers und denen der Allgemeinheit sichergestellt werden.[831] Er dient in diesem Zusammenhang als sogenannte „Schrankenschranke"[832] und kommt

---

823 Art. 1 und 2 GG (allgemeines Persönlichkeitsrecht), BVerfG, Beschluss v. 24.02.1971 (1 BvR 435/68), *Mephisto,* in: *BVerfGE* 30, 173, Ziff. 66.

824 Art 14 Abs. 2 GG (Sozialbindung des Eigentums), BVerfG, Urteil v. 07.07.1971 (1 BvR 765/66), *Schulbuch-Entscheidung,* in: *BVerfGE* 31, 229.

825 Art. 5 Abs. 1 GG (Meinungsfreiheit), OLG Stuttgart, Beschluss v. 22.07.2003 (4 W 32/03), *Unterlassungsanspruch gegen Landtagsfraktion wegen Vorführung eines Sex-Films,* in: *ZUM RD (*2003), 586.

826 Art. 5 Abs. 3 GG (Kunstfreiheit), BVerfG, Beschluss v. 29.06.2000 (1 BvR 825/98), *Germania 3 Gespenster am toten Mann,* in: *ZUM (*2000), 867.

827 GÖTTING, Fn. 158 (2010), Rdnr. 5.

828 Seit der Stockholmer Revisionskonferenz (1967) hat der Dreistufentest Eingang in Art. 9 Abs. 2 RBÜ gefunden; WIPO, Records of the Intellectual Property Conference of Stockholm, Vol. II. Geneva (1971), S. 1144 ff.; MASOUYÉ, Fn. 327 (1981), Art. 9, Rdnr. 6 ff.; RICKETSON/GINSBURG, Fn. 20 (2006a), Rdnr. 13.03; SENFTLEBEN, Fn. 292 (2004), S. 7.

829 SENFTLEBEN, Fn. 292 (2004), passim; BORNKAMM, Joachim, Der Dreistufentest als urheberrechtliche Schrankenbestimmung (S. 29-48), in: Hans-Jürgen Ahrens (Hrsg.), *Festschrift für Willi Erdmann,* Köln et al. (2002), S. 29 ff.; RICKETSON, Sam, WIPO Study on Limitations and Exceptions of Copyright and Related Rights in the Digital Environment. 9th Session of the Standing Committee on Copyright and Related Rights, 23 - 27 June 2003, Geneva, SCCR/9/7 v. 05.04.2003, S. 65.

830 SENFTLEBEN, Martin R., Towards a Horizontal Standard for Limiting Intellectual Property Rights?, in: *IIC (*2006), S. 412.

831 SENFTLEBEN, Martin R., Grundprobleme des Dreistufentests, in: *GRUR Int. (*2004), S. 211.

832 GÖTTING, Fn. 819 (2010), Rdnr. 21. Dieser Begriff wird auch von *Senftleben* verwendet. Er spiegelt allerdings nicht den tatsächlichen Charakter des Dreistufentests wider. Eine „Schrankenschranke" impliziert, dass die Schrankenregelungen mit einer zusätzlichen Hürde konfrontiert werden, die die traditionellen Schrankenregelungen noch

dementsprechend erst dann zum Tragen, wenn eine urheberrechtlich geschützte Nutzung durch eine Schranke durchbrochen wird.[833]

Völkerrechtliche Grundlage für die Regelung der Schranken in den internationalen Instrumenten zum Urheberrecht bilden die Schrankenregelungen der RBÜ. Die Schrankenregelungen der RBÜ gliedern sich je nach Eingriffsintensität[834] in fünf verschiedene Gruppen. Es gibt (1) bestimmte Sonderfälle der Beschränkungen und Ausnahmen, (2) Zwangslizenzen; (3) implizite Ausnahmen; (4) geringfügige Ausnahmen; (5) die grundsätzliche Handlungsfreiheit der Verbandsländer der RBÜ hinsichtlich der Zensur. Nicht unter die Schranken fallen Tagesneuigkeiten oder Nachrichten (Art. 2 Abs. 8 RBÜ). Ferner steht es den Verbandsstaaten frei, politische Reden und Gerichtsverhandlungen (Art. 2bis Abs. 1 RBÜ) sowie amtliche Texte unter urheberrechtlichen Schutz zu stellen (Art. 2 Abs. 4 RBÜ).

Die in der RBÜ bestimmten Sonderfälle von Beschränkungen und Ausnahmen betreffen die Nutzung zur Information über Tagesereignisse (Art. 2bis Abs. 2, Art. 10bis Abs. 1 und 2 RBÜ), das Vervielfältigungsrecht unter der Erfüllung des Dreistufentests (Art. 9 Abs. 2 RBÜ), die Zitierfreiheit (Art. 10 Abs. 1 RBÜ), der Unterrichtsgebrauch (Art. 10 Abs. 2 RBÜ) sowie ephemere Vervielfältigungen (Art. 11bis Abs. 3 S. 2 und 3 RBÜ). Die konkrete Ausgestaltung und damit auch die Frage nach einer möglichen Vergütung für diese Rechte obliegen dem nationalen Gesetzgeber.[835]

Daneben sieht die RBÜ auch Zwangslizenzen vor. Als Zwangslizenz werden Lizenzen zur Nutzung urheberrechtlich geschützter Werke bezeichnet, bei denen der Verwerter mit dem Urheber in Verhandlungen unter Kontrahie-

---

weiter einschränkt. Selbst *Senftleben* gibt an, dass der Dreistufentest so auszulegen ist, dass er keine weitere Einschränkung, sondern eine Konkretisierung der traditionellen Schrankenregelungen darstellt. Der Begriff „Schrankenschranke" kann somit zu Missverständnissen führen und sollte in diesem Zusammenhang vermieden werden. SENFTLEBEN, Fn. 831 (2004), S. 200.

833 Allerdings wurde in Entscheidungen vor nationalen Gerichten diese Reihenfolge auch schon umgedreht. So entschied das Gericht in Den Haag in einer Entscheidung vom 02.03.2005 zum elektronischen Pressespiegel, dass das unerlaubte Einscannen und der Emailversand von Presseartikeln in Ministerien nicht den Anforderungen des Dreistufentests entspricht und verzichtete aus diesem Grund auf die Prüfung der urheberrechtlichen Schranke für Pressespiegel vollends. District Court of The Hague, Urteil v. 02.03.2005 (192880), *Elektronischer Pressespiegel,* in: *LJN* AS, 8778, Rdnr. 14.

834 Für eine Abstufung nach deutschem Urheberrecht siehe GÖTTING, Fn. 819 (2010), Rdnr. 14 ff.

835 RICKETSON/GINSBURG, Fn. 20 (2006a), Rdnr. 13.01.

rungszwang eintreten muss, um die Modalitäten der Nutzung zu klären.[836] Zwangslizenzen sieht die RBÜ im Bereich der Schranken des dreigliedrigen Senderechts (Art. 11bis Abs. 2 RBÜ) und des mechanischen Vervielfältigungsrechts zugunsten konkurrierender Tonträgerhersteller nach der erstmaliger Ausübung des Vervielfältigungsrechts durch den Urheber (Art. 13 Abs. 1 RBÜ) vor.[837] Im Rahmen beider Schranken verweist die RBÜ ausdrücklich auf die Achtung des Vergütungsanspruchs des Rechteinhabers.[838] Sollte es zu keiner gütlichen Einigung zwischen dem Rechteinhaber und dem Zwangslizenznehmer über die Höhe der angemessenen Vergütung kommen, wird die Höhe der Vergütung durch eine Behörde festgelegt (Art. 11bis Abs. 2 RBÜ).

Weiterhin sieht die RBÜ auch implizite, also nicht direkt im Text benannte Schrankenregelungen vor. Diese ungeschriebenen, stillschweigend vereinbarten Schranken[839] erlauben es den Verbandsstaaten das Übersetzungsrecht des Art. 8 RBÜ zu begrenzen. Die RBÜ sieht für dieses ausschließliche Recht selbst keine allgemeine Schranke vor.[840] Es entsteht damit ein Ungleichgewicht: Während das Originalwerk Schrankenregelungen unterliegt, sollte die Übersetzung unbeschränkt bleiben. Vor diesem Hintergrund einigten sich die Delegierten im Rahmen der Revisionskonferenz in Stockholm (1967) darauf, die Schrankenregelungen von Originalwerken auch auf deren Übersetzungen anzuwenden.[841] Ausgenommen sind lediglich die Schranken für tagesaktuelle Presseberichterstattung (Art. 11bis RBÜ) sowie die Schranken zum mechanischen Vervielfältigungsrecht zugunsten konkurrierender Tonträgerhersteller (Art. 13 RBÜ).[842]

Ebenfalls nicht direkt im Vertragstext der RBÜ erwähnt[843] werden die geringfügigen Schranken für die Aufführung, den Vortrag, die Sendung, die Auf-

---

836 Compulsory licenses im Glossary bei STERLING, Fn. 21 (2008), Rdnr. 32.03.

837 RICKETSON/GINSBURG, Fn. 20 (2006a), Rdnr. 13.01.

838 LEWINSKI, Fn. 699 (2010), Rdnr. 30.

839 LEWINSKI, Fn. 699 (2010), Rdnr. 31; RICKETSON/GINSBURG, Fn. 20 (2006a), Rdnr. 13.78.

840 LEWINSKI, Fn. 699 (2010), Rdnr. 31. Im während der Pariser Revisionskonferenz (1971) ausgehandelten Anhang zu Bestimmungen für Entwicklungsländer wird das Übersetzungsrecht in diesen Ländern Beschränkungen unterworfen. Vgl. RIKKETSON/GINSBURG, Fn. 128 (2006b), Rdnr. 14.60 ff.; MASOUYÉ, Fn. 327 (1981), Anhang Art. II, Rdnr. 4.

841 Vgl. WIPO, Fn. 828 (1971), S. 1164.

842 Vgl. MASOUYÉ, Fn. 327 (1981), Art. 8, Rdnr. 4; WIPO, Fn. 828 (1971), S. 1165.

843 Eine Aufnahme dieser Schranken in den Vertragstext der RBÜ scheiterte an der Vielfältigkeit der Tatbestände und dem Mangel eines einheitlichen Oberbegriffs. Vgl. RIKKETSON/GINSBURG, Fn. 20 (2006a), Rdnr. 13.79.

nahme und die filmische Verwertung von Werken in einer Reihe von Fällen mit geringer oder fehlender wirtschaftlicher Bedeutung, beispielsweise im Falle von Aufführungen von Werken im Rahmen von Gottesdiensten oder Konzerten von Militärkapellen sowie Konzerten zu gemeinnützigen Zwecken. Im Rahmen der Brüsseler Revisionskonferenz kamen die Delegierten überein, dass derartige geringfügige nationale Beschränkungen weiter bestehen dürfen, ohne gegen die RBÜ zu verstoßen.[844]

Schließlich hat jeder Verbandsstaat das Recht, unter öffentlich-rechtlichen Gesichtspunkten allgemeiner Art, Regeln zur Verbreitung, Aufführung oder zur Ausstellung von Werken aufzustellen (Art. 17 RBÜ).[845] Vor diesem Hintergrund spielen vor allem Regeln des Polizeirechts zur Vermeidung von unsittlichen, anstößigen, blasphemischen, beleidigenden oder zum Krieg oder Rassenhass aufstachelnden Werken eine Rolle.[846] Damit soll den Verbandsstaaten die Möglichkeit eingeräumt werden, Maßnahmen zur Aufrechterhaltung der öffentlichen Sicherheit und Ordnung zu ergreifen.

Das TRIPS-Abkommen enthält keine konkreten sachbezogenen Schranken. Stattdessen inkorporiert es die Schrankenregelungen der RBÜ durch Art. 9 Abs. 1 TRIPS.[847] Ferner enthält das TRIPS-Abkommen in Art. 13 einen eigenen Dreistufentest, der sowohl für die im TRIPS-Abkommen normierten Schranken als auch für die Schranken der inkorporierten RBÜ-Normen und den gesamten Berner Aquis[848] gilt.[849] Der Dreistufentest des Art. 13 TRIPS beruht auf der 1967 während der Stockholmer Konferenz gefundenen Kompromissformel,[850] wurde jedoch im Rahmen des TRIPS-Abkommens im Wortlaut an einer Stelle geändert. Während in Art. 9 Abs. 2 RBÜ im Rahmen der dritten Stufe von den Interessen der „Urheber“ die Rede ist, spricht Art. 13 TRIPS von Interessen

---

844 General Report of the Brussels Revision Conference (1948) in: Beigabe im Internet zu RICKETSON/GINSBURG, Fn. 20 (2006a) unter: http://www.oup.com/uk/booksites/content/9780198259466/15550028 (zuletzt besucht am: 03.03.2012), S. 263.

845 RICKETSON/GINSBURG, Fn. 20 (2006a), Rdnr. 13.88.

846 Vgl. RICKETSON/GINSBURG, Fn. 128 (2006b), Rdnr. 13.88 ff.

847 BRAND, Article 9, in: Stoll/Busche/Arend (Hrsg.), Fn. 714 (2009), Rdnr. 69 ff.; FÜLLER, Article 13, in: Stoll/Busche/Arend (Hrsg.), Fn. 133 (2009), Rdnr. 4.

848 Der Berner Aquis umfasst sämtliche Vereinbarungen zur RBÜ sowie ihre Auslegung. Vgl. WTO DSB, Panel Report v. 15.06.2000 (WT/DS160/R), *United States – Section 110(5) of US Copyright Act,* Ziff. 30 ff.; FÜLLER, Article 13, in: Stoll/Busche/Arend (Hrsg.), Fn. 133 (2009), Rdnr. 5.

849 GÖTTING, Horst-Peter, Internationaler Schutz des geistigen Eigentums (S. 515-562), in: Christian Tietje (Hrsg.), *Internationales Wirtschaftsrecht,* Berlin (2007), Rdnr. 91.

850 Vgl. SENFTLEBEN, Fn. 830 (2006), S. 411.

des „Rechteinhabers". Die Änderung der Wortwahl war notwendig, da das TRIPS-Abkommen neben den Urheberrechten auch die Rechte der Verwerter normiert und Art. 13 TRIPS auch auf diese Rechte angewendet wird.

Ähnlich dem TRIPS-Abkommen enthält der WCT auch keine konkreten Schrankenbestimmungen. Stattdessen übernimmt er – als Sonderabkommen im Sinne des Art. 20 RBÜ[851] – die Schrankenregelungen der RBÜ (Art. 1 WCT).[852] Wie schon das TRIPS-Abkommen enthält auch der WCT einen eigenen Dreistufentest (Art. 10 WCT).[853] Der Dreistufentest wird auch hier auf sämtliche Schrankenregelungen angewandt. Die Anwendung des WCT-Dreistufentests dient lediglich der Konkretisierung der RBÜ-Schrankenbestimmungen. Seine Anwendung darf jedoch nicht zu einer restriktiveren Auslegung der inkorporierten Schrankbestimmungen führen.[854] Vor dem Hintergrund der Anpassung des bestehenden Urheberrechts an die digitale Umgebung folgten die Verhandlungspartner dem Wunsch einiger Staaten[855] zu verdeutlichen, dass die traditionellen Schrankenbestimmungen, wie in den Bereichen der Bildung, der Wissenschaft und zugunsten von Behinderten, auch in einem digitalen Umfeld Anwendung finden. Zu diesem Zweck verabschiedeten die Staaten eine vereinbarte Erklärung zu Art. 10 WCT als Interpretationshilfe.[856]

Diese vereinbarte Erklärung teilt sich in zwei Teile. Der erste Teil bezieht sich allgemein auf die Anwendung von Ausnahmen und Beschränkungen im digitalen Umfeld. Zunächst halten die Vertragspartner in Satz 1 der vereinbarten Erklärung fest, dass sie die Schrankenbestimmungen der Revidierten Berner Übereinkunft auch auf digitale Technologien anwenden und sie darüber hinaus in angemessener Form an die Bedürfnisse in einem digitalen Umfeld anpassen werden. Ferner einigten sich die Vertragspartner darauf, dass der Art. 10 WCT es den Vertragsparteien auch ermöglicht, neue Ausnahmen und Beschränkungen zu konzipieren, die für digitale Netze angemessen sind und die Bedingungen des

---

851 Art. 1 Abs. 1 S. 1 WCT. Vgl. dazu RICKETSON/GINSBURG, Fn. 20 (2006a), S. 6.128 ff.

852 Hier ist abzugrenzen, dass der WCT im Gegensatz zum TRIPS-Abkommen nicht die Regelungen in den Vertrag inkorporiert, d.h. die Regelungen der RBÜ erlangen nicht durch den WCT Geltung, sondern bestehen weiterhin parallel als RBÜ-Verpflichtungen neben den neuen WCT-Regelungen. Vgl. REINBOTHE/LEWINSKI, Fn. 781 (2002), Art. 10, Rdnr. 26.

853 REINBOTHE/LEWINSKI, Fn. 781 (2002), Art. 10.

854 REINBOTHE/LEWINSKI, Fn. 781 (2002), Art. 10, Rdnr. 24.

855 Dänemark, Indien, Schweden, Norwegen, Niederlande, Finnland, Phillipinen, Irland. Records of the Diplomatic Conference on Certain Copyright and Neighboring Rights Questions. Geneva, 1996. Geneva (1999b), S. 704 ff.

856 RICKETSON, Fn. 829 (05.04.2003), S. 6.

Dreistufentests erfüllen. Entsprechend lässt sich in einem ersten Schritt schlussfolgern, dass die Anwendung der traditionellen Schrankenbestimmungen im digitalen Umfeld bestätigt wird. In einem zweiten Schritt ergibt sich daraus, dass durch die Bestimmungen des Art. 10 WCT der Dreistufentest auch auf neue Ausnahmen und Beschränkungen im digitalen Umfeld angewandt werden muss.[857] Der dritte Satz der vereinbarten Erklärung bezieht sich allein auf Art. 10 Abs. 2 WCT. Demnach darf die Anwendung des Dreistufentests nach Art. 10 Abs. 2 WCT auf die Beschränkungen und Ausnahmen aus der RBÜ diese weder reduzieren noch erweitern. Hier wird noch einmal bestätigt, dass der Dreistufentest den Umfang der Beschränkungen und Ausnahmen nicht ändert, sondern lediglich eine Konkretisierung der bestehenden Schrankenregelungen vornimmt. Neue Ausnahmen und Beschränkungen der Urheberrechte in der RBÜ dürfen damit nicht konzipiert werden.[858]

2. Zusammenhang zwischen dem Zugang der Öffentlichkeit zu einer Vielfalt kultureller Ausdrucksformen und den Schranken des Urheberrechts

Zu den leitenden Prinzipien des UNESCO-Übereinkommens gehört das Prinzip des gleichberechtigten Zugangs zu vielfältigen kulturellen Ausdrucksformen (Art. 2 Abs. 7 ÜVKA).[859] Ferner werden die Staaten in Art. 7 Abs. 1 lit. b ÜVKA dazu aufgefordert, ein Umfeld zu schaffen, das Zugang zu den vielfältigen kulturellen Ausdrucksformen gewährleistet. Dieser Zugang kann auf verschiedene Art und Weise sichergestellt werden. Wie bereits gezeigt, kann der Begriff Zugang unterschiedliche Dimensionen umfassen: zum einen die rein kognitive Dimension, die eine geistige Auseinandersetzung mit kulturellen Ausdrucksformen ermöglicht, zum anderen eine kreative Dimension, die eine kreative Auseinandersetzung gestattet, in deren Folge ein neues Werk entsteht. Kulturschaffende sind auf eine zeitnahe Auseinandersetzung mit den kulturellen Leistungen ihrer Kollegen angewiesen und bedürfen demnach in einem gewissen Rahmen der Benutzung von bzw. der Inspiration durch Werke anderer Kulturschaffender.[860] So basiert die Schöpfung kultureller Werke auf einem Prozess

---

857 REINBOTHE/LEWINSKI, Fn. 781 (2002), Art. 10, Rdnr. 33; SENFTLEBEN, Fn. 292 (2004), S. 121.

858 REINBOTHE/LEWINSKI, Fn. 781 (2002), Art. 10, Rdnr. 34.

859 KONO, Article 2, in: Schorlemer/Stoll (Hrsg.), Fn. 536 (2012), S. 109 ff.

860 DREIER, Thomas, Copy & Paste, in: *GRUR (*2011), S. 1060; GÖTTING, Fn. 300 (2009), S. 103.

des Gebens und Nehmens.[861] Damit ein solcher Prozess in Gang kommt, bedarf es eines effektiven Zugangs zu kulturellen Ausdrucksformen, der gerade im Rahmen der zeitgenössischen Kunst, insbesondere unter Verwendung digitaler Technologie, maßgeblich durch das Urheberrecht reguliert wird.

Neben den Regelungen zur Schutzfrist sind dabei besonders die Schranken des Urheberrechts von Bedeutung.[862] Zu den zugangsfördernden Schranken zählen beispielsweise die Zitierfreiheit (Art. 10 Abs. 1 RBÜ), welche eine den anständigen Gepflogenheiten entsprechende, im Umfang begrenzte Übernahme eines der Öffentlichkeit erlaubterweise zugänglich gemachten Werkes in ein neues Werk erlaubt.[863] Ferner trägt auch die Schranke zum Vervielfältigungsrecht aus Art. 9 Abs. 2 RBÜ zur Auseinandersetzung vorrangig von Privatper-

861 LOEWENHEIM, § 24, in: Loewenheim/Dietz/Schricker (Hrsg.), Urheberrecht. Kommentar, 4. Aufl., München (2010), Rdnr. 2; LOEWENHEIM, Ulrich, § 8 Schutzumfang (S. 71-84), in: Ulrich Loewenheim (Hrsg.), *Handbuch des Urheberrechts,* München (2010), Rdnr. 9.

862 MIßLING, Article 7, in: Schorlemer/Stoll (Hrsg.), Fn. 731 (2012), S. 215 f.; CCD COP, Fn. 564 (2009), Ziff. 2.1.

863 Hiervon abzugrenzen sind Werke, die im Rahmen der freien Benutzung (§ 24 dt. UrhG) entstanden sind. Die freie Benutzung zählt nicht zu den urheberrechtlichen Schranken, sondern begrenzt den Schutzumfang des Urheberrechts. Ob Anleihen eines Werkes an einem anderen Werk im Rahmen der freien Benutzung zulässig sind, hat Auswirkungen darauf, ob überhaupt eine Verletzung der Urheberrechte des Originalwerkes vorliegt. Ist ein derivatives Werk im Rahmen der freien Benutzung entstanden, liegt keine Urheberrechtsverletzung seitens des anleihenehmenden Künstlers vor. Sind die Anleihen am Originalwerk jedoch nicht ausreichend verblasst und hat der anleihenehmende Künstler keine Bearbeitungslizenz erworben, so ist das Werk zunächst unter Verletzung der Urheberrechte des Originalurhebers entstanden. Die Schöpfung des neuen Werkes könnte dann aber noch im Rahmen zulässiger Schrankenregelungen erfolgen. Die freie Benutzung ist somit unabhängig von den Schranken zum Urheberrecht zu prüfen. Da eine dem deutschen Urheberrecht vergleichbare Regelung allerdings nicht auf internationaler Ebene existiert, soll hier eine nähere Auseinandersetzung mit diesem Rechtsinstitut unterbleiben. Näheres dazu aber bei: LOEWENHEIM, § 24, in: Loewenheim/Dietz/Schricker (Hrsg.), Fn. 861 (2010), Rdnr. 1 ff.; CHAKRABORTY, Martin, Das Rechtsinstitut der freien Benutzung im Urheberrecht. Baden-Baden (1997), passim; DREIER, Fn. 860 (2011), S. 1059 ff.; GELLER, Paul E., A German Approach to Fair Use, in: *J. Copyright Soc'y U.S.A.* 57 (2010), S. 561 f. Im weiteren Sinne die freie Benutzung zu den Schranken zählend SCHACK, Fn. 125 (2010), Rdnr. 540; WILSON, Fn. 255 (2003), S. 2 ff. Für zahlreiche Beispiele siehe SCHWABACH, Fn. 255 (2009), S. 387 ff.

sonen[864] mit kulturellen Werken bei. Ebenfalls kulturfördernd, wenn auch in geringerem Umfang, wirkt die Schranke zur journalistischen Berichterstattung (Art. 2bis Abs. 1, Art. 10bis Abs. 1 und 2 RBÜ).

Durch die urheberrechtlichen Schranken werden bestimmte Nutzungshandlungen, die im öffentlichen Interesse liegen, privilegiert, ohne dabei jedoch das Urheberrecht gänzlich außer Kraft zu setzen. Das in Art. 7 Abs. 1 ÜVKA geforderte kulturfördernde Umfeld ist u. a. dann gegeben, wenn die Interessen des Urhebers und des Verwerters am Schutz angemessen mit den Interessen der Nutzer am Zugang zu kulturellen Werken ausgeglichen werden.[865]

3. Bewertung im Lichte des UNESCO-Übereinkommens

Ob die derzeit existierenden Schrankenregelungen zum Urheberrecht allerdings tatsächlich zu einem Umfeld beitragen, das der Vielfalt kultureller Ausdrucksformen förderlich ist, soll im Folgenden erörtert werden.

Ein ideales Umfeld, das Zugang zu vielfältigen kulturellen Ausdrucksformen gewährt und damit auch zur Schaffung neuer kultureller Ausdrucksformen anregt (Art. 7 Abs. 1 ÜVKA), bedarf eines Urheberrechts, das die Interessen aller Beteiligten optimal ausgleicht.

In den letzten Jahrzehnten konnte vor dem Hintergrund der neuen technischen Möglichkeiten eine zunehmende Ausweitung des urheberrechtlichen Schutzes beobachtet werden – sowohl hinsichtlich der Dauer als auch hinsichtlich des Umfangs urheberrechtlichen Schutzes.[866] Gleichzeitig wurden nicht die Schrankenbestimmungen des Urheberrechts sozusagen als Gegengewicht zu dieser Schutzausweitung gestärkt. Die digitale Technologie hat einerseits die Nutzung traditioneller kultureller Werke erweitert. So können heute Bücher

---

864 Nach Art. 9 Abs. 2 RBÜ darf die Vervielfältigungshandlung u. a. die normale Auswertung des Werkes nicht beeinträchtigen. Eine kommerzielle Vervielfältigung von urheberrechtlich geschützten Werken ist damit ohne Lizenz nicht zulässig. Vgl. RICKETSON/GINSBURG, Fn. 20 (2006a), Rdnr. 13.16; LAUBER-RÖNSBERG, Anne, Urheberrecht und Privatgebrauch. Eine rechtsvergleichende Untersuchung des deutschen und des britischen Rechts. Baden-Baden (2011), S. 33.

865 CHRISTIE, Andrew F., Maximising Permissible Exceptions to Intellectual Property Rights (S. 121-135), in: Vytautas Mizaras/ Annette Kur (Hrsg.), *The Structure of Intellectual Property Law,* Cheltenham et al. (2011), S. 121.

866 GEIGER, Christophe, The Role of the Three-Step Test in the Adaptation of Copyright Law to the Information Society, in: *e-Copyright Bulletin* (2007), S. 2.

nicht nur als papiergebundene Werke, sondern auch online oder als e-book gelesen werden. Andererseits hat die neue Technologie auch neue kulturelle Ausdrucksformen hervorgebracht.

a) Auswirkungen der Schranken auf neue kulturelle Ausdrucksformen

Ein Beispiel für neue kulturelle Ausdrucksformen stellt die machinima-Kunst[867] dar. Dabei handelt es sich um die Nutzung der Grafik, der Musik und der Figuren eines Videokonsolenspiels zur Darstellung einer eigenständigen vom Videospiel unabhängigen Handlung. Diese Form künstlerischer Ausdrucksformen wird dem „user-generated content" zugeordnet und erfolgt meist auf nicht-kommerzieller Basis.[868] Machinima-Serien werden meist aus Unterhaltungs- und Reputationsgründen sowie zum kommunikativen Austausch mit Gleichgesinnten, auf nicht-kommerziellen Internetplattformen, wie Machinima.com[869] oder YouTube, eingestellt.[870] Im Rahmen der machinima-Kunst verschwimmen die Grenzen zwischen Nutzern und Urhebern.[871] Die Nutzer der Videospiele lassen sich durch die Grafik des Videospiels inspirieren und erschaffen eigene, neue kulturelle Ausdrucksformen. Ähnliche Adaptionen literarischer Werke (fan fiction) gab es schon seit geraumer Zeit auch im nicht-digitalen Bereich.[872] Deren

---

867 Es handelt sich dabei um eine Verbindung der beiden Begriffe: ‚machine' und ‚cinema'. Für einen Abriss der Entwicklung der machinima-Bewegung und einen Einblick in die Produktionsbedingungen siehe WEHN, Karin, Machinima. Was Ego-Shooter und Puppentheater gemeinsam haben (2004), <http://www.heise.de/tp/artikel/17/17818/1.html> (zuletzt geprüft am: 10.03.2013); MACHINIMA.COM, About Us, <http://www.machinima.com/overview> (zuletzt geprüft am: 10.03.2013).

868 Inzwischen werden mit dieser Kunstrichtung auch erste kommerzielle Erfolge erzielt. So gelang es beispielsweise den Produzenten von *Red vs. Blue* der *Rooster Teeth Production* mit ihrer Kunst den eigenen Lebensunterhalt zu finanzieren. HAYES, Christina J., Changing the Rules of the Game, in: *Harv. J. L. & Tech* 21 (2008), S. 568.

869 MACHINIMA.COM, Fn. 867.

870 WEHN, Fn. 867 (2004).

871 Eine der ersten Künstlergruppen, die mit dieser Art Kunst bekannt wurde, ist *Rooster Teeth Production*, die aus dem ersten Ego-Shooter-Spiel *Halo* von *Microsoft* eine eigene surreale Comedyserie mit dem Namen *Red vs. Blue* entwickelt hat. Siehe http://roosterteeth.com/archive/?id=4014&v=more (zuletzt besucht am 08.03.2012).

872 Wie beispielsweise die Einführung eines weiblichen *Starship Enterprise* Leutnants mit dem Namen *Mary Sue* in einer inoffiziellen Kurzgeschichte von Paula Smith. SMITH, Paula, A Trekkie's Tale (1974) (S. 94-95), in: Camille Bacon-Smith (Hrsg.), *Enterprising Women,* Philadelphia (1992), S. 94 f.

Verbreitung wurde allerdings durch das Internet erheblich erweitert.[873] Die Nutzung von urheberrechtlich geschützten Inhalten als Ausgangspunkt für eigenes kreatives Schaffen verletzt jedoch die Rechte des Autors bzw. des Rechteinhabers. So hat der Urheber nach Art. 12 RBÜ das ausschließliche Recht, Bearbeitungen seines Werkes zuzustimmen.[874] Der Nachnutzer muss sich demzufolge um eine Bearbeiterlizenz bemühen. Ansonsten ist auch die nicht-kommerzielle Produktion von machinima-Filmen eine Urheberrechtsverletzung. Viele Videospielhersteller haben jedoch für sich entschieden, dass es ihnen nicht möglich ist, die wachsende Begeisterung der machinima-Bewegung zu unterdrücken, zumal sie dabei gegen ihre eigenen Fans und Zielgruppe rechtlich vorgehen müssten. Vor diesem Hintergrund erlassen einige Videospielhersteller einseitige Lizenzen zur Bearbeitung der Spielsoftware, wie *Microsoft* in seinen *Game Content Usage Rules.*[875] Für machinima-Filme von anderen Herstellern, die keine vergleichbare Bearbeiterlizenz einräumen, gilt es zu prüfen, ob machinima-Kunst durch die Schrankenbestimmungen des Urheberrechts erfasst ist.

Fraglich ist demnach, ob die bestehenden Schrankenregelungen diese neuen Nutzungsarten umfassen und damit sogenannten „user-generated content" und letztlich die Vielfalt kultureller Ausdrucksformen fördern. Der auf internationaler Ebene verhandelte Schrankenkatalog der Berner Übereinkunft wurde noch vor dem Aufkommen digitaler Technologie entwickelt und konnte deshalb diese Art der abgeleiteten Kreativität im digitalen Bereich noch nicht berücksichtigen. Einschlägig könnte aber dennoch das Zitatrecht sein, welches nach Art. 10 Abs. 1 RBÜ dann zulässig ist, wenn aus legal veröffentlichten Quellen zitiert wird und das Zitat zudem den anständigen Gepflogenheiten entspricht. Ferner muss das Zitat in seinem Umfang und Zweck gerechtfertigt sein.

Als Beispiel soll im Folgenden das machinima *Red vs. Blue* dienen.[876] Im Falle des machinima *Red vs. Blue* wurde durch die Manipulation der Microsoft-Spielesoftware und das Zusammenwirken mehrerer Spielkonsolen eine eigenständige Handlung generiert. Während in dem zugrundeliegenden Videospiel

---

873 Beispielsweise die unzähligen Fanfiction-Internetseiten zu *Harry Potter*. Für den deutschen Sprachraum siehe http://www.fanfiktion.de/Harry-Potter/c/103002000 (zuletzt besucht am 08.03.2012).

874 RICKETSON/GINSBURG, Fn. 128 (2006b), Rdnr. 8.71 ff.

875 MICROSOFT-XBOX, Game Content Usage Rules – Xbox.com (2012), <http://.xbox.com/en-US/community/developer/rules> (zuletzt geprüft am: 10.03.2013). Für eine rechtliche Beurteilung siehe: HAYES, Fn. 868 (2008), S. 568 ff.

876 Für machinima-Filme, die auf dem Microsoftspiel *Halo* basieren, hat Microsoft in der Zwischenzeit eine generelle Bearbeiterlizenz erteilt. Zum Zeitpunkt der Produktion des machinima *Red vs. Blue* gab es eine solche Lizenz allerdings noch nicht.

Halo Soldaten gegen Außerirdische kämpfen, handelt die Comedy-Serie von den vergleichsweise banalen Freizeitbeschäftigungen der Soldaten jenseits ihrer Kampfeinsätze. Mögliche Zitate können dabei in der Übernahme der Figuren, des virtuellen Umfelds bzw. der dem Videospiel entnommenen Musik liegen. Die Voraussetzung der legal veröffentlichten Quelle ist durch die Veröffentlichung und den Verkauf des Videospiels erfüllt. Fraglich ist jedoch, ob diese Art des Zitats den anständigen Gepflogenheiten entspricht. Die anständigen Gepflogenheiten sollten durch eine objektive Beurteilung ermittelt werden, bei der der Umfang und der Zweck einbezogen werden.[877] Im Fall von *Red vs. Blue* wurde die gesamte Visualisierung des Videospiels *Halo* übernommen. Mit Ausnahme der Handlung des Videospiels beruht Red vs. Blue nahezu vollständig auf dem zugrundeliegenden Werk *Halo*.[878] Der Umfang entspricht demnach einem Großzitat bzw. der vollständigen Übernahme des zugrundeliegenden Werkes. Obwohl Art. 10 Abs. 1 RBÜ keine Anhaltspunkte über den Umfang des Zitats gibt. Umfasst ein Zitat mit Ausnahme von sehr kurzen Werken, wie Gedichten, üblicherweise nur einen Teil des Gesamtwerkes.[879] Hier wurde jedoch die gesamte visuelle Darstellung übernommen. Der Umfang übersteigt damit denjenigen eines üblichen Zitats. Problematisch erscheint ferner der Zweck des möglichen Zitats. Übliche Zitatzwecke sind der Beleg eigener Aussagen, die Erläuterung des eigenen Inhalts.[880] In einem weiteren Sinne dient das Zitat auch der Auseinandersetzung mit fremden Werken und damit der kulturellen Entwicklung.[881] In dem hier geprüften Fall, könnte möglicherweise eine kritische Auseinandersetzung mit dem Ego-Shooter-Videospiel *Halo* vorliegen, bspw.

877 RICKETSON/GINSBURG, Fn. 20 (2006a), Rdnr. 13.41.

878 Nach deutschem Urheberrecht könnte hier möglicherweise eine freie Benutzung vorliegen. Üblicherweise setzt diese Benutzung voraus, dass das zugrundeliegende Werk durch das neugeschaffene Werk überlagert wird und dahinter verblasst. Dieses Zurücktreten muss sich jedoch nicht zwangsläufig optisch widerspiegeln. Im Fall der Parodie ist beispielsweise auch die innere Distanz zum zugrundliegenden Werk, beispielsweise durch eine anti-thematische Behandlung des Inhalts, ein Merkmal für die Überlagerung des originalen durch das abgeleitete Werk gegeben. BGH, Urteil v. 20.03.2003 (I ZR 117/00), *Gies-Adler*, in: *GRUR (*2003), 956, S. 958; NORDEMANN, §§ 23/24, in: Nordemann/Nordemann/Nordemann (Hrsg.), Urheberrecht. Kommentar zum Urheberrechtsgesetz, Verlagsgesetz, Urheberrechtswahrnehmungsgesetz, 10. Aufl., Stuttgart (2008), Rdnr. 50.

879 RICKETSON/GINSBURG, Fn. 20 (2006a), Rdnr. 13.42.

880 DUSTMANN, § 51, in: Nordemann/Nordemann/Nordemann (Hrsg.), Urheberrecht. Kommentar zum Urheberrechtsgesetz, Verlagsgesetz, Urheberrechtswahrnehmungsgesetz, 10. Aufl., Stuttgart (2008), Rdnr. 16.

881 SCHRICKER/SPINDLER, § 51, in: Loewenheim/Dietz/Schricker (Hrsg.), Urheberrecht. Kommentar, 4. Aufl., München (2010), Rdnr. 6.

durch eine offensichtlich anti-thematische Darstellung, wie der banalen Freizeitbeschäftigungen der Soldaten. Allerdings darf ein Zitat nicht ein Ausmaß annehmen, das dem nachfolgenden Urheber eigene Ausführungen erspart. Im Rahmen der Comedy-Serie *Red vs. Blue* hätten die Produzenten auch eine eigene Umgebung und eigene Figuren produzieren können. Dies wäre allerdings derart kosten- und zeitintensiv, dass eine anfänglich noch hobbyorientierte Produktion der Serie nicht hätte realisiert werden können.[882] Der Zweck des Zitats liegt damit zu einem nicht unwesentlichen Anteil im Ersatz eigener Leistungen und weniger in der Auseinandersetzung mit dem zugrundeliegenden Werk. Ein mögliches Zitat der virtuellen Umgebung und der Figuren eines Videospiels würde damit nicht den Anforderungen der anständigen Gepflogenheiten entsprechen. Auch die Voraussetzung des dem Zweck angemessenen Umfangs kann damit nicht positiv bewertet werden. Insgesamt lässt sich feststellen, dass die Verwendung der graphischen Gestaltung eines Videokonsolenspiels zu eigenen kreativen Zwecken im Rahmen der machinima-Kunst nicht durch die Zitierfreiheit gedeckt wird.

Der hier untersuchte Fall hat gezeigt, dass die katalogartigen, kontinentaleuropäischen Schrankenbestimmungen nicht ausreichen, um der nichtkommerziellen machinima-Kunst kreativen Spielraum einzuräumen. Die Produzenten dieser Filme sind damit auf ein Entgegenkommen der Videospielehersteller angewiesen. Nicht-kommerzieller „user-generated content“ leistet jedoch einen wichtigen Beitrag zur Bereicherung einer vielfältigen Kulturlandschaft, die auch Nischenthemen und Minoritäten Freiräume und Gehör verschafft. Vor dem Hintergrund des Art. 7 ÜVKA sind die Vertragsparteien angehalten, ein Umfeld zu schaffen, in denen die Vielfalt kultureller Ausdrucksformen erblühen kann. Eine Schrankenregelungen für die nicht-kommerzielle Bearbeitung („transformative use“) wäre eine Möglichkeit, insbesondere für kontinental-europäische Länder, mit den Mitteln des Urheberrechts zu diesem Umfeld beizutragen.

b) Neue kulturelle Ausdrucksformen und der Dreistufentest

Durch die komplette Reproduktion der graphischen Benutzeroberfläche des Videospiels verletzten die machinima-Produzenten das Bearbeitungs- und Vervielfältigungsrecht des Videospielherstellers. Nachdem bereits analysiert wurde, dass die Zitierfreiheit hier als Schranke nicht einschlägig ist, könnte unter Umständen aber die Schranke des Vervielfältigungsrechts eine legale Produktion

882 HAYES, Fn. 868 (2008), S. 568.

von machinima-Kunst ermöglichen. So gilt es im Folgenden zu prüfen, welche Auswirkung der Dreistufentest auf die machinima-Kunst ausübt.

Die Schranke zum Vervielfältigungsrecht geht als Dreistufentest aus Art. 9 Abs. 2 RBÜ hervor. Der Test wurde zudem als Konkretisierung anderer urheberrechtlicher Schranken in Art. 13 TRIPS und Art. 10 WCT übernommen. Der Dreistufentest hat damit einen erheblichen Einfluss auf die Ausgestaltung der Schrankenregelungen des Urheberrechts. Ob der Dreistufentest eine einschränkende oder flexibilisierende Wirkung entfaltet und damit „Einfallstore" für neue, digitale kulturelle Ausdrucksformen eröffnet, ist umstritten. Es wird einerseits argumentiert, dass durch Art. 2 Abs. 2 TRIPS, Art. 1 Abs. 2 WCT und Art. 20 RBÜ die neuen Regelungen zum Dreistufentest nicht den Bestimmungen der RBÜ zuwiderlaufen dürfen und somit lediglich eine Konkretisierung darstellen.[883] Allerdings wurden andererseits auch Befürchtungen geäußert, dass der Dreistufentest im Rahmen des TRIPS-Abkommens und des WCTs doch zu einer restriktiveren Anwendung der Schrankenbestimmungen führen würde.[884] Der Dreistufentest besagt nach Art. 13 TRIPS[885]:

> „Die Mitglieder begrenzen Beschränkungen und Ausnahmen von ausschließlichen Rechten auf bestimmte Sonderfälle, die weder die normale Auswertung des Werkes beeinträchtigen noch die berechtigten Interessen des Rechtsinhabers unzumutbar verletzen."[886]

Demnach umfassen die drei Stufen des Tests: 1) Sonderfälle, 2) keine Beeinträchtigung der normalen Verwertung eines Werkes und 3) das Verbot der Verletzung der berechtigten Interessen des Rechteinhabers. Grundsätzlich wird davon ausgegangen, dass diese drei Voraussetzungen kumulativ vorliegen müs-

---

883 FÜLLER, Article 13, in: Stoll/Busche/Arend (Hrsg.), Fn. 133 (2009); SENFTLEBEN, Fn. 831 (2004), S. 204.

884 COHEN JEHORAM, Herman, Einige Grundsätze zu den Ausnahmen im Urheberrecht, in: *GRUR Int.* (2001), S. 808; RICKETSON, Sam, The Boundaries of Copyright, in: *Intell. Prop. Q.* (1999), S. 80; EUROPÄISCHE KOMMISSION, Follow-up to the Green Paper on Copyright and Related Rights in the Information Society, COM(96) 586 final v. 20.11.1996, S. 11 f. So auch durch nationale und internationale Rechtsprechung vorgenommen: WTO DSB, Panel Report v. 15.06.2000 (WT/DS160/R), *United States – Section 110(5) of US Copyright Act*; District Court of The Hague, Urteil v. 02.03.2005 (192880), *Elektronischer Pressespiegel,* in: *LJN* AS, 8778; Court de Cassation, Urteil v. 28.02.2006, *Mulholland Drive,* in: *IIC* (2006), 760.

885 Der Dreistufentest des Art. 9 Abs. 2 RBÜ und des Art. 10 Abs. 1 WCT ist wortgleich mit der Ausnahme, dass anstatt der berechtigten Interessen des „Rechteinhabers" diejenigen des „Urhebers" benannt sind.

886 Art. 13 TRIPS.

sen,[887] damit eine Schranke den Test besteht und wirksam werden kann. Der unbestimmte Wortlaut des Dreistufentest scheint zunächst einen weiten Anwendungsspielraum einzuräumen.

Allerdings zeigt die Anwendung des Dreistufentests durch die internationalen und nationalen Gerichte, dass der Test uneinheitlich ausgelegt wird.[888] Flexibel ausgelegt wurde der Dreistufentest von Gerichten in Deutschland,[889] der Schweiz[890] und in Spanien[891]. Hervorzuheben ist hier, dass das spanische

887 STERLING, Fn. 21 (2008), Rdnr. 13.10; FÜLLER, Article 13, in: Stoll/Busche/Arend (Hrsg.), Fn. 133 (2009), Rdnr. 8; REINBOTHE/LEWINSKI, Fn. 781 (2002), Art. 10, Rdnr. 14; STERLING, Fn. 21 (2008), Rdnr. 10.13; SCHACK, Fn. 125 (2010), Rdnr. 535. Dagegen nur die letzten beiden Stufen als kumulativ zwingend notwendig erachtend: MASOUYÉ, Fn. 327 (1981), Art. 9, Rdnr. 9.6.

888 GRIFFITHS, Jonathan, The 'Three-Step Test' in European Copyright Law, in: *Intell. Prop. Q.* 4 (2009), S. 433 ff.

889 In diesem Fall ging es um den Versand von Kopien von wissenschaftlichen Zeitschriften durch eine öffentliche Bibliothek auf Anfrage von Nutzern. Für diese Dienstleistung wurde eine Gebühr verlangt. Die Anklage, in Person der Verlage, brachte vor, dass diese Vorgehensweise das Vervielfältigungs- und Verbreitungsrecht der Urheber der Zeitschriftenartikel verletzen würde. Das Gericht entschied, dass die Dienstleistung durch die Schranke der Privatkopie gedeckt ist. Auch wenn die Vervielfältigungshandlung durch ein vom Nutzer beauftragtes Unternehmen durchgeführt wird. Im Rahmen der Abwägung der Interessen der Urheber gegenüber denen der Nutzer befürwortete das Gericht die Zahlung einer angemessenen Vergütung als Ausgleich für den Eingriff in die normale Verwertung des Werkes. BGH, Urteil v. 25.02.1999 (I ZR 118/96), *Kopierversanddienst,* in: *BGHZ* 141, 13, Ziff. 34 ff. Generell darauf verweisend, dass von der dogmatisch engen Auslegung der Schrankenbestimmungen in Entscheidungen des BGH und des BVerfG allmählich abgewichen wird: GÖTTING, Fn. 819 (2010), Rdnr. 12 f.

890 Das Schweizer Gericht hatte darüber zu befinden, ob die Schranke der privaten Nutzung auch im digitalen Umfeld den Anforderungen des Dreistufentests standhält. Der Zeitschriftenverlag *ProLitteris* ging gegen das Recht einer Verwertungsgesellschaft vor, für die Vervielfältigung von Zeitungs- und Zeitschriftenartikeln eine Gebühr zu verlangen. Das Unternehmen *ProLitteris* stellte auf der Grundlage von Schlagwörtern Pressespiegel (ausgedruckt oder web-basiert) zusammen, die an Unternehmen und öffentliche Institutionen weitergegeben wurden. Nach schweizerischem Gesetz wurde die Gebühr nur fällig, wenn es sich bei den Dienstleistungen des Zeitschriftenverlags um eine private Nutzung handelte. Das Gericht befand die Gebühr für zulässig, da die private Nutzung auch die Dienstleistungen des klagenden Unternehmens umfasst. Schweizerisches Bundesgericht, Urteil v. 26.06.2007 (4C.73/2007), *Elektronischer Pressespiegel,* in: *BGE* 133 III (2009), 473; GEIGER, Christophe, Die 'Elektronische

Gericht in einer besonders weitgehenden Entscheidung den Dreistufentest in Verbindung mit den Kriterien der generalklauselartigen U.S.-amerikanischen Fair-use-Doktrin genutzt hat, um eine gänzlich neue Schranke für das Caching von Webinhalten durch Suchmaschinen zu entwickeln. Sollte diese Entscheidung vom obersten spanischen Gericht anerkannt werden,[892] böte sich hier die Möglichkeit eines flexiblen Umgangs mit den Schrankenregelungen im digitalen Umfeld in Form einer möglicherweise entstehenden europäischen Fair-use-artigen Schrankenregelung.[893] Dagegen legten Gerichte in Frankreich,[894] Bel-

---

Pressespiegel'-Entscheidung des schweizerischen Bundesgerichts, in: *ZUM (*2009), S. 49 ff.

891 In diesem Fall ging es um das Caching von Google Suchmaschinen. Caching bezeichnet das Ablegen von Internetinhalten in einem Zwischenspeicher, der einen erneuten Zugriff auf die Inhalte ohne aufwendige und zeitintensive Neuberechnungen erlaubt. Derartige technisch bedingte Vervielfältigungshandlungen fallen aufgrund ihrer längeren Dauer nicht unter die Schranke der ephemeren (vorübergehenden) Vervielfältigungen. Der Kläger wollte die Vereinbarkeit des Cachings von Google mit dem Dreistufentest gerichtlich überprüft wissen. Obwohl das spanische Urheberecht keine geeignete konkrete Schrankenbestimmung dafür vorsah, stellte das Gericht im Rahmen einer Kombination des Dreistufentests mit der US-amerikanischen Fair-use-Regel fest, dass das Caching ein gesellschaftlich tolerierter Eingriff in das Vervielfältigungsrecht des Urhebers darstellt und Googles Vorgehensweise damit gerechtfertigt wird. Das Gericht entwickelte somit auf der Grundlage des Dreistufentests eine neue Schranke und gab in diesem Zusammenhang an, dass der Dreistufentest nicht nur die Schranken, sondern auch die Rechte des Rechteinhabers/Urhebers begrenzt, da wo ein überzogener Urheberrechtsschutz nicht sachgerecht erscheine. Audiencia Provincial Barcelona (Court of Appeals), Section 15th., Entscheidung v. 17.09.2008, *Caching – Megakinki v. Google* Für eine Fallbesprechung siehe PEGUERA, Miquel, Internet Service Providers' Liability in Spain, in: *jipitec* 1 (2010), S. 151 ff.

892 Der Fall befindet sich noch in Revision.

893 SENFTLEBEN, Martin R., Bridging the Differences Between Copyright's Legal Traditions, in: *J. Copyright Soc'y U.S.A.* 57 (2010), S. 521 ff.

894 In diesem Fall war die Umgehung technischer Schutzmaßnahmen zum Zweck der Privatkopie strittig. Der Kläger hatte eine DVD mit dem *David Lynch* Film „Mulholland Drive“ erworben und wollte ihn auf VHS überspielen, um den Film anschließend im Haus seiner Mutter anschauen zu können. Die installierten technischen Schutzmaßnahmen hielten ihn jedoch vom Kopiervorgang ab. Das Gericht in der Anwendung des Dreistufentests entschied, dass ein solches Umspeichern des Films die normale Verwertung des Werkes beeinträchtigt und somit an der zweiten Stufe des Dreistufentests scheitert. Die Umgehung der technischen Schutzmaßnahmen, um eine Privatkopie anzufertigen, ist demnach nicht mit dem französischen Urheberrecht vereinbar. Court de Cassation, Urteil v. 28.02.2006, *Mulholland Drive,* in: *IIC (*2006), 760.

gien[895] und den Niederlanden[896] den Dreistufentest eng, angelehnt an den Interessen der Rechteinhaber, aus. Auf internationaler Ebene gibt es bisher nur eine Entscheidung mit Relevanz für die Auslegung des Dreistufentests. Diese Entscheidung ist für das hier diskutierte Thema von besonderer Relevanz, da sie im Rahmen der WTO ergangen ist. Die WTO bietet auf internationaler Ebene im Bereich des Urheberrechts[897] – mit Ausnahme des regional beschränkten Europäischen Gerichtshofs für Menschenrechte[898] (EGMR) und des Europäischen

---

895 Der Kläger, eine Verwertungsgesellschaft, klagte im Namen von verschiedenen Zeitschriftenverlagen gegen Google. Beklagt wurde die Verletzung von Urheberrechten durch Google im Rahmen der französischen Seite „Google.News". Diese Webseite durchsucht das Internet automatisch nach anderen Webseiten mit Nachrichteninhalten. Diese Inhalte wurden kopiert und auf der besagten Webseite von Google wiedergegeben. Google berief sich auf die belgische Zitierschranke und verwies in diesem Zusammenhang auf das Recht der freien Meinungsäußerung aus Art. 10 EMRK. In Anwendung des Dreistufentests befand das Gericht, dass Googles Vorgehensweise nicht die Kriterien des Tests erfüllt, zumal der Test eine enge Schrankenauslegung nach sich ziehen würde. Court of First Instance of Brussls, Decision v. 13.02.2007, *Google Inc v. Copiepresse SCRL,* in: *E.C.D.R.* (2007), 5.

896 Das Gericht überprüfte, ob die nicht-erlaubte Vervielfältigung von Zeitungs- und Zeitschriftenartikeln für einen internen elektronischen Pressespiegel in Ministerien der Schranke des niederländischen Urheberrechts für Pressespiegel entsprach. Ohne die eigentliche Schrankenregelung zu betrachten, entschied das niederländische Gericht, dass diese Vorgehensweise nicht mit dem Dreistufentest, insbesondere nicht mit dem Verbot des Eingriffs in die normale Verwertung des Werkes, insbesondere der digitalen Verwertung, vereinbar sei und damit die berechtigten Interessen des Rechteinhabers unzumutbar beeinträchtigt. Rechtbank Den Haag, Judgement v. 02.03.2005 (192880), *Ministry Press Reviews,* in: *LJN* AS (2005), 8778.

897 Die Zuständigkeit des Streitbeilegungsorgans der WTO für Streitfälle im Rahmen des TRIPS ergibt sich aus Art. 1 DSU i.V.m. Anhang 1 WTOA, Übereinkommen zur Errichtung der Welthandelsorganisation (WTOA) v. 15.04.1994, in Kraft getreten am 01.01.1995, BGBl. 1994 II, S. 1625 ff; ILM 33 (1994), S. 15 ff.; Vereinbarungen über die Regeln und Verfahren zur Beilegung von Streitigkeiten (im Rahmen der WTO) (DSU) v. 15.04.1994, in Kraft getreten am 01.01.1995, BGBl. 1994 II, S. 1749 ff, ILM 33 (1994), S. 114 ff.

898 Die Zuständigkeit des EGMR für urheberrechtliche Fragen ergibt sich aus Art. 32 EMRK i.V.m. Art. 1 1. Zusatzprotokoll zur EMRK, Konvention zum Schutze der Menschenrechte und Grundfreiheiten (EMRK) v. 04.11.1950, in Kraft getreten am 03.09.1953, BGBl. II Nr. 30/2010, 213 U.N.T.S. 222.; 1. Zusatzprotokoll zur Konvention zum Schutz der Menschenrechte und Grundfreiheiten v. 20.03.1952, in Kraft getreten am 18.05.1954, BGBl. 2002 II, S. 1072 ff.

Gerichtshofs[899] (EuGH) – eine der wenigen völkerrechtlichen Streitbeilegungsinstanzen, die eine sachliche Zuständigkeit für urheberrechtliche Fragestellungen besitzen.[900] Es kommt hinzu, dass die Streitbeilegung der WTO durch ihre Sanktionsmechanismen[901] als besonders effektiv eingeschätzt wird und damit großen Zuspruch unter den WTO-Mitgliedern erfährt.

Der Dreistufentest wurde im Jahr 2000 Gegenstand eines Streitbeilegungsfalls des Streitbeilegungsorgans der WTO.[902] Ein WTO-Panel hatte zu entscheiden, ob die U.S.-amerikanischen Schranken der Section 110 (5) US Copyright Act, wonach bestimmte kommerzielle Einrichtungen, wie Bars, Restaurants oder kleine Geschäfte, die öffentlich hörbar Musik abspielten, von der Vergütungspflicht für die Nutzung urheberrechtlich geschützter Werke ausgenommen waren (homestyle exemption /business exemption). Zunächst stellte das Panel fest, dass die Stufen des Tests als einzelne, eigenständige Prüfungsschritte in der Reihenfolge zu prüfen seien, wie sie vorgegeben sind und ferner kumulativ vorliegen müssen.[903]

Nach der ersten Prüfungsstufe darf der Regelfall des Urheberrechtsschutzes nur durch Sonderfälle durchbrochen werden. Die Verhandlungsgeschichte des Art. 9 Abs. 2 RBÜ deutet darauf hin, dass sich das Wort „Sonderfälle" nicht auf eine abschließende, exakt begrenzte Zahl an konkreten Ausnahmefällen bezieht, sondern auch Generalklauseln einbezieht, die eindeutig formuliert und deren Schutzumfang vorhersehbar ist.[904] Während in der RBÜ auch der Zweck der Regelung in die Einschätzung des Sondercharakters einbezogen wird, wird im

---

899 Die Zuständigkeit des EuGH für urheberrechtliche Fragen ergibt sich aus Art. 19 EUV, Art. 251 ff. und Art. 344 AEUV i.V.m. den Richtlinien des Europäischen Parlaments und des Rates zum Urheber- und Leistungsschutzrechts. Vertrag über die Arbeitsweise der Europäischen Union (AEUV) v. 2009, ABl. EG Nr. C 115, S. 47 ff.

900 Zunehmend spielen auch Entscheidungen im Rahmen von Investitionsschutzverträgen eine Rolle für die Ausgestaltung des Urheberrechts. Aufgrund der mangelnden Transparenz der Schiedsgerichtsverfahren fällt eine Beurteilung der dort verhandelten Fälle allerdings schwer.

901 Bei Nichtbeachtung der Urteile des Streitbeilegungsorgans besteht die Möglichkeit des überlegenen Mitgliedstaats, Zugeständnisse im gleichen, wie auch in anderen Bereichen auszusetzen. STOLL, Article 22, in: Wolfrum/Stoll/Kaiser (Hrsg.), Fn. 625 (2006), Rdnr. 1.

902 WTO DSB, Panel Report v. 15.06.2000 (WT/DS160/R), *United States – Section 110(5) of US Copyright Act*.

903 WTO DSB, Panel Report v. 15.06.2000 (WT/DS160/R), *United States – Section 110(5) of US Copyright Act,* Ziff. 6.97.

904 FÜLLER, Article 13, in: Stoll/Busche/Arend (Hrsg.), Fn. 133 (2009), Rdnr. 9.

Rahmen der Auslegung der ersten Stufe im TRIPS-Abkommen auf die Diskussion normativer Argumente verzichtet.[905] So muss es in dem hier vorliegenden Fall der machinima-Kunst keine explizit auf derartige Kunstformen ausgerichtete Schrankenregel geben. Zumal eine Ausnahme für die Vervielfältigung und Bearbeitung von Software zum Zwecke der nicht-kommerziellen, künstlerischen Entfaltung einen begrenzten Anwendungsbereich umfasst. Mögliche Schranken für die digitale Nutzung von Werken zu kreativen Zwecken würde die erste Stufe des Dreistufentests erfüllen.

Auf der zweiten Stufe stehen die Interessen des Urhebers bzw. des Rechteinhabers im Vordergrund. Die im Rahmen der Schranke zulässigen Handlungen dürfen nicht die normale Verwertung des Werkes beeinträchtigen. So muss hier die wirtschaftliche Wirkung der zu prüfenden Ausnahme mit der normalen Verwertung des Werkes verglichen werden. Das WTO-Panel untersuchte in diesem Zusammenhang, ob die Schranke zu einer Substitution der normalen, kommerziellen Verwertung des Werkes durch den Rechteinhaber führt und dem Urheber bzw. dem Rechteinhaber durch die Ausnahme substantielle tatsächliche oder potentielle Gewinne entgehen.[906] Hier orientiert sich die Prüfung des Dreistufentests allein anhand der Interessen des Urhebers bzw. des Rechteinhabers.[907] Eine Abwägung mit den Interessen der Allgemeinheit oder des Werknutzers findet an dieser Stelle nicht statt.[908] Für das Beispiel der machinima-Filme muss geklärt werden, ob die Produktion und Veröffentlichung dieser Filme im Internet die normale Verwertung der Videospiele beeinträchtigt. In Bezug auf die normale Verwertung unterschied das Panel zwischen einer empirischen und einer normativen, resp. dynamischen Herangehensweise. Während die empirische Herangehensweise die derzeitige Verwertung beurteilt, stellt die normative/dynamische Herangehensweise Vermutungen über potentielle Verwertungsmöglichkeiten an. Die tatsächliche Verwertung von Videospielen erfolgt durch den Verkauf von Datenträgern, auf denen das Videospiel festgehalten ist, sowie von Spielkonsolen, die als Hardware relative günstig, quersubventioniert von vergleichsweise teurer Software verkauft werden.[909] Der Verkauf von Videospielen ist durch einen extrem kurzen Lebenszyklus des Produkts gekenn-

---

905 Ricketson/Ginsburg, Fn. 20 (2006a), Rdnr. 13.13 f.

906 WTO DSB, Panel Report v. 15.06.2000 (WT/DS160/R), *United States – Section 110(5) of US Copyright Act,* Ziff. 6.183; Senftleben, Fn. 292 (2004), S. 189 ff.

907 Lauber-Rönsberg, Fn. 864 (2011), S. 67 ff.

908 Senftleben, Fn. 831 (2004), S. 205.

909 Holowaty, Christoph, Hardware, Software, Leidenschaft – Games: Grundlagen. Welche Faktoren die Entwicklung von Computerspielen bestimmen (2005), <http://www.bpb.de/themen/V3IJ1P,2,0,Hardware_Software_Leidenschaft.html> (zuletzt geprüft am: 10.03.2013).

zeichnet. Den höchsten Preis erzielen die Anbieter von Videospielen während der ersten sechs Monate.[910] Anschließend werden die Spiele meist zu einem deutlich niedrigeren Preis abgegeben.[911] Bei Konsolen dauert der Produktlebenszyklus insgesamt etwas länger; doch nur maximal fünf Jahre. Die hohen Investitionskosten müssen demnach sehr schnell amortisiert werden. Vor diesem Hintergrund nutzt die Industrie sämtliche Verwertungskanäle, die Gewinn versprechen. Neben der Entwicklung eigener Spiele lizenziert der Hersteller von Spielkonsolen auch an andere Videospielprogrammierer.[912] Die Zielgruppe der Videospielproduzenten deckt sich genau mit der der machinima-Filmproduktion. Für die Hersteller von Videospielen ist diese Überschneidung von großer Bedeutung. Sowohl die Spiele als auch die machinima-Filme werden von ein und derselben Zielgruppe zu Unterhaltungszwecken genutzt. Fraglich ist nun, ob durch die Identität der Zielgruppe auch substituierende Effekte durch die machinima-Kunst ausgelöst werden und der Hersteller dadurch Gewinneinbußen erfährt. Während die Videospieler sich aktiv am Spielgeschehen beteiligen, bedienen die machinima-Produzenten demgegenüber den Markt für Videofilme bei denen der Betrachter zunächst ausschließlich passiv konsumiert. Die Hersteller von Videospielen setzen hier auf den Wiedererkennungseffekt und versprechen sich sogar Marketingvorteile, durch die Verbreitung ihrer Software im Rahmen von machinima-Filmen.[913] Sowohl im französischen *Mulholland Drive*-Fall als auch im Rahmen der WTO-Panel Entscheidung wurden bereits potentiell entgangene Gewinne als Störung der normalen Verwertung des Herstellers gewertet. Im Bereich der machinima-Filme sind solche Einbußen allerdings weniger durch die Substitution im Verkauf zu erwarten – benötigen die Produzenten der Filme doch gerade die jeweilige Spielsoftware wie auch die dazugehörige Konsole. Eine Verletzung der zweiten Stufe des Dreistufentests ist somit eher unwahrscheinlich. Machinima-Filme und Videospiele scheinen eher in einem komplementären als einem substituierenden Verhältnis zu stehen.

Im Rahmen der dritten Stufe kommen auch die Interessen der Werknutzer bzw. der Allgemeinheit zum Tragen, obwohl sie nicht direkt benannt werden. Stattdessen gilt es zu prüfen, ob die berechtigten Interessen des Rechteinhabers nicht in einer unzumutbaren Weise verletzt sein könnten. Es zeigt sich hier, dass die Interessen der Allgemeinheit bzw. der Werknutzer nur im Umkehrschluss

910 HOLOWATY, Fn. 909 (2005).
911 HOLOWATY, Fn. 909 (2005).
912 HOLOWATY, Fn. 909 (2005).
913 HAYES, Fn. 868 (2008), S. 579.

der „berechtigten Interessen des Rechteinhabers" Beachtung finden.[914] Problematisch gestaltet sich im Rahmen der WTO-Rechtsprechung vor allem die Tatsache, dass das TRIPS-Abkommen lediglich die handelsbezogenen Aspekte des geistigen Eigentums berücksichtigt und aus diesem Grund urheberpersönlichkeitsrechtliche Fragen ausgeschlossen hat (Art. 9 Abs. 2 TRIPS). Dementsprechend werden sich im Rahmen der WTO die berechtigten Interessen allein auf die Nutzungsrechte beziehen. Die ideellen Interessen des Urhebers können auf diese Weise nicht berücksichtigt werden.[915] Allerdings ermöglicht der Zusatz „unzumutbar" in Bezug auf die Qualität der Verletzungshandlung Gestaltungsspielraum. So sind Verletzungen der Urheberrechte im Interesse der Allgemeinheit durchaus zumutbar, wenn sie ein bestimmtes Ausmaß nicht überschreiten oder aber durch die Zahlung einer angemessenen Vergütung gemildert werden können.[916] Für die Höhe dieser angemessenen Vergütung könnte unter anderem auch der Zweck der Schrankenbestimmung ausschlaggebend sein. Je bedeutender die Rechtfertigung der Schranke für die Gesellschaft, desto geringer müsste die Höhe der zu zahlenden Vergütung ausfallen.[917] Mit Ausnahme der geringfügigen Beeinträchtigungen muss die Höhe der Vergütung aber auch die grundlegenden wirtschaftlichen Interessen des Urhebers berücksichtigen.[918] Die Prüfung der dritten Stufe des Dreistufentests im Rahmen des machinima-Beispiels hängt stark vom Einzelfall ab. So ist die Grenze zwischen einer zumutbaren und unzumutbaren Verletzung der Interessen des Herstellers fließend. Eine kritische oder parodistische Auseinandersetzung mit dem Inhalt des Videospiels muss der Hersteller als zumutbar zum Schutz der Meinungs- und Kunstfreiheit hinnehmen. Am Beispiel des machinima *Red vs. Blue* hat sich gezeigt, dass der Her-

914 Anders eine Entscheidung des kanadischen Supreme Court. Dort hatten die Richter die Stellung des Nutzers, ausgedrückt durch die Fair-dealing-Schranke, als integralen Bestandteil des Urheberrechts anerkannt. „(…) the fair dealing exception is perhaps more properly understood as an integral part of the Copyright Act than simply a defence. Any act falling within the fair dealing exception will not be an infringement of copyright. The fair dealing exception, like other exceptions in the Copyright Act, is a user's right. In order to maintain the proper balance between the rights of a copyright owner and users' interests, it must not be interpreted restrictively." Vgl. Supreme Court of Canada, Urteil v. 04.03.2004 (2004 SCC 13), *CCH Canadian Ltd. v. Law Society of Upper Canada,* in: *SCR (*2004), 339, Rdnr. 48.

915 LUCA, Andre, For a Reasonable Interpretation of the Three-Step Test, in: *E.I.P.R.* 32 (2010), S. 277.

916 BGH, Urteil v. 25.02.1999 (I ZR 118/96), *Kopierversanddienst,* in: *BGHZ* 141, 13, Ziff. 34 ff.; SENFTLEBEN, Fn. 831 (2004), S. 205; LAUBER-RÖNSBERG, Fn. 864 (2011), S. 69 f.

917 SENFTLEBEN, Fn. 831 (2004), S. 211.

918 LAUBER-RÖNSBERG, Fn. 864 (2011), S. 70.

steller Microsoft durchaus die zum Teil ins Lächerliche gezogenen Freizeitbeschäftigungen der Spielfiguren geduldet hat. Im Normalfall erfährt der Hersteller durch die nicht-kommerzielle Verbreitung von machinima-Filmen eher Vorteile im Bereich der Vermarktung seines Produktes. Dessen sind sich viele Videospielhersteller bewusst.[919] Im Rahmen des machinima-Beispiels hat sich gezeigt, dass die Verbreitung von machinima-Kunst häufig nicht gegen die Interessen verstößt, sondern im Interesse des Videospielherstellers liegt. In solchen Fällen scheint die dritte Stufe zunächst kein Problem darzustellen.

Schwierig wird die Beurteilung allerdings dann, wenn der Inhalt der machinima-Filme nicht mit den vom Videospielhersteller kommunizierten Marketingbotschaften übereinstimmt; wenn also beispielsweise am Inhalt des eigentlichen Spiels Kritik geübt wird oder im Rahmen der Handlung Botschaften kommuniziert werden, die nicht im Interesse des Herstellers liegen. Einen Reputationsverlust des Herstellers durch den Missbrauch der Videospielsoftware für obszöne oder andere verwerfliche Zwecke darf dem Hersteller jedoch nicht ohne weiteres zugemutet werden. In solchen Fällen gilt es zu prüfen, ob die berechtigten Interessen des Herstellers möglicherweise doch in einer zumutbaren Art beeinträchtigt werden. Dies wäre beispielsweise dann der Fall, wenn die machinima-Produzenten ihr Recht auf freie Meinungsäußerung[920] oder die Kunstfreiheit[921] geltend machen[922] und für die Nutzung der Videospielsoftware eine angemessene Vergütung bezahlen.[923]

Insgesamt lässt sich für das hier untersuchte Beispiel der machinima-Filme zeigen, dass der Dreistufentest für diese Kunstform zumeist ausreichend Spielraum bietet, da die Filme nicht in einem Substitutions-, sondern in einem Komplementaritätsverhältnis zu den Videospielen des Herstellers stehen. Dieses Ergebnis ist jedoch nicht auf alle Kunstformen übertragbar. So stehen beispielsweise die Fan-fiction-Romane von *Harry Potter*, in denen Fans auf der Grundlage der Handlung und Figuren der Romanvorlage eigene Werke hervorbringen

---

919 HAYES, Fn. 868 (2008), S. 579.

920 Art. 19 IPBPR, Art. 10 EMRK, Art. 5 GG.

921 Art. 15 Abs. 3 IPSWKR, Art. 5 Abs. 3 GG. Siehe dazu auch DIETZ, Fn. 19 (2006), S. 1 ff.

922 Im Rahmen der Schranken des Urheberrechts können die Nutzer zur Durchsetzung ihrer Interessen auf die verfassungs- bzw. menschenrechtlich garantierten Kommunikationsfreiheiten, wie die Kunst-, Meinungs-, Presse- und Informationsfreiheit, rekurrieren. GÖTTING, Fn. 158 (2010), Rdnr. 5.

923 BGH, Urteil v. 25.02.1999 (I ZR 118/96), *Kopierversanddienst,* in: *BGHZ* 141, 13, Ziff. 34 ff.; SENFTLEBEN, Fn. 831 (2004), S. 205; LAUBER-RÖNSBERG, Fn. 864 (2011), S. 69 f.

und im Internet veröffentlichen, in einem Konkurrenzverhältnis zum Originalwerk. Die abgeleiteten Werke richten sich ebenfalls an die gleiche bzw. eine sehr ähnliche Zielgruppe und könnten damit in ein wirtschaftliches Konkurrenzverhältnis zum Originalwerk treten.[924] Solang sich diese abgeleiteten Werke im nicht-kommerziellen Rahmen bewegen, wäre eine Flexibilisierung der dritten Stufe des Dreistufentests wünschenswert.

Ziel einer zugangsfördernden Schrankenauslegung muss ein optimaler Interessenausgleich zwischen den Urhebern, den Rechteinhabern und den Nutzern sein.[925] Probleme ergeben sich im Rahmen der heute herrschenden Ansicht dadurch, dass die einzelnen Prüfungsschritte in einer durch den Vertragstext fest vorgegebenen Reihenfolge stattzufinden haben.[926] Da ein effektiver Ausgleich aller Interessen erst auf der dritten Stufe geprüft wird, besteht immer die Gefahr, dass eine Schrankenregelung bereits auf der zweiten Stufe der Prüfung scheitert („show stopper") und es dann gar nicht mehr zu einer Berücksichtigung der Interessen der Allgemeinheit kommt.[927]

Aus diesem Grund sollte die zweite Stufe des Dreistufentests zurückhaltend geprüft werden.[928] Der Dreistufentest sollte überbordenden Ausweitungen der Schrankenbestimmungen Einhalt gebieten, aber nicht jegliche Schrankenregelungen verhindern. Er muss folglich so ausgelegt werden, dass nur substantielle Beeinträchtigungen der normalen Verwertung des Urhebers oder Rechteinhabers berücksichtigt werden,[929] so dass der weite Ermessensspielraum, den der

---

924 BGH, Urteil v. 29.04.1999 (I ZR 65/96), *Laras Tochter,* in: *GRUR (*1999), 984.

925 GEIGER, Fn. 19 (2010), S. 515 ff.

926 FICSOR, Mihaly, The 'Three-Step Test' de Lege Lata – de Lege Ferenda (Outline). Fordham Intellectual Property Conference, 15 and 16 April 2009, Cambridge University, UNIVERSITY OF CAMBRIDGE (03.04.2009), <http://fordhamipconference.com/wp-content/uploads/2010/08/MihalyFicsor_Three-step_Test.pdf> (zuletzt geprüft am: 10.03.2013), S. 1; COHEN JEHORAM, Herman, The Evolution of Copyright Restrictions (S. 249-259), in: Ansgar Ohly/ Gerhard Schricker (Hrsg.), *Perspektiven des geistigen Eigentums und Wettbewerbsrechts,* München (2005), S. 253.

927 KOELMAN, Kamiel, Fixing the "Three-step Test", in: *E.I.P.R. (*2006), S. 2; RICKETSON/GINSBURG, Fn. 20 (2006a), Rdnr. 13.21; SENFTLEBEN, Fn. 831 (2004), S. 208; GRIFFITHS, Fn. 888 (2009), S. 441.

928 So auch die Argumentation während der Stockholmer Revisionskonferenz der RBÜ (1967), auf der die ursprüngliche Fassung des Dreistufentests ausgearbeitet wurde. Vgl. Report of the Main Committee I, WIPO, Fn. 828 (1971), S. 1145 f.; SENFTLEBEN, Fn. 831 (2004), S. 182.

929 FISHER, William W., Reconstructing the Fair Use Doctrine, in: *Harv. L. Rev.* 101 (1988), S. 1672; SENFTLEBEN, Fn. 831 (2004), S. 209.

Test ermöglicht, auch tatsächlich im Sinne eines optimalen Ausgleichs der Interessen aller Beteiligten genutzt werden kann.[930]

Überlegungen zu einer Flexibilisierung der urheberrechtlichen Schranken bestehen beispielsweise in der Umkehrung des Tests. Demnach sollte die dritte Stufe als Prüfung der Verhältnismäßigkeit des Eingriffs in die ausschließlichen Rechte des Rechteinhabers zuerst geprüft werden.[931] Ein anderer Ansatz besteht darin, anstatt der aufeinanderfolgenden Stufen, die drei Teilprüfungen des Tests im Rahmen einer gleichzeitigen Abwägung[932] zu prüfen.[933] Unter dieser Methode würde aus dem Dreistufentest ein „Dreifaktorentest". Dieser Ansatz hätte den Vorteil, dass das Nichterfüllen eines Faktors, insbesondere des Zweiten, durch einen anderen Faktoren ausgeglichen werden könnte. Die Zahlung einer angemessenen Vergütung als Heilung des Eingriffs in die gewöhnliche Verwertung eines Werkes geht in diese Richtung. Auf diese Weise entstünde ein wesentlich größerer Gestaltungsspielraum. Ein solcher Ansatz besteht jedoch nur de lege ferenda. De lege lata wird von den kumulativ vorliegenden Stufen ausgegangen. Die gleichzeitige Abwägung würde zwar größeren Handlungsspielraum für die Berücksichtigung der Interessen der Nutzer und der Allgemeinheit bieten und damit den Zugang zu kulturellen Ausdrucksformen verbessern. Allerdings geht damit auch ein erhöhtes Maß an Rechtsunsicherheit einher, das die durch die stärkere Berücksichtigung der Allgemeininteressen gewonnenen Vorteile für die kulturelle Vielfalt wieder aufzehren könnte. Dementsprechend ist eine zurückhaltendere Auslegung der ersten und zweiten Stufe bzw. die von *Ricketson* vorgeschlagene Berücksichtigung nicht-kommerzieller Verwertungsformen in der zweiten Stufe zunächst vorzuziehen.[934] Eine Orientierung für die Auslegung der

930 Vgl. dazu auch die Erklärung zu einer ausgewogenen Auslegung des Dreistufentests im Urheberrecht GEIGER/GRIFFITHS/HILTY, Fn. 12 (08.07.2008).

931 HUGENHOLTZ, P. B./ OKEDIJI, Ruth L., Conceiving an International Instrument on Limitations and Exceptions to Copyright. Final Report, OPEN SOCIETY INSTITUTE (OSI) (2008), <http://papers.ssrn.com/sol3/papers.cfm?abstract_id=2017629> (zuletzt geprüft am: 10.03.2013), S. 21; GEIGER, Fn. 19 (2010), S. 515 ff.; GEIGER, Fn. 866 (2007); GEIGER, Christophe, The Three-Step Test, in: *IIC* 37 (2006), S. 683.

932 HUGENHOLTZ/OKEDIJI, Fn. 931 (2008), S. 25.

933 KOELMAN, Fn. 927 (2006), S. 4; GEIGER, Fn. 931 (2006), S. 683.

934 *Ricketson* und *Ginsburg* schlagen für die Auslegung des nahezu gleichlautenden Dreistufentests der RBÜ vor, dass im Rahmen der zweiten Stufe auch die nichtkommerzielle, normale Verwertung geprüft werden sollte. Sie geben allerdings zu bedenken, dass eine solche Prüfung nicht aus dem Wortlaut, sondern allenfalls aus dem teleologischen Zusammenhang der RBÜ abzuleiten ist. So verweisen sie darauf, dass die RBÜ im Rahmen der katalogisierten Schranken öffentliches Interesse anerkennt und somit

zweiten Stufe könnte hier der im Rahmen des WTO-Patentrechts auf einen Zweistufentest reduzierte Ansatz (Art. 30 TRIPS) darstellen. Anders als im Urheberrecht wurde hier die Prüfung der normalen Auswertung der Rechte des Rechteinhabers durch den Zusatz „unreasonable" ergänzt. In Art. 30 TRIPS heißt es: „(…) do not unreasonably conflict with the normal exploitation of the patent"[935]. Eine solche Ergänzung zum Dreistufentest würde auch bereits auf der zweiten Stufe die Berücksichtigung der Interessen der Allgemeinheit sicherstellen und zu einem ausgewogeneren Ergebnis beitragen.

C. Ausgewogenheit zwischen dem Schutz der eigenen Kultur und der Offenheit gegenüber fremden Kulturen durch Inländergleichbehandlung und Mindestrechte

Kulturelle Vielfalt wird nicht allein durch den Schutz der eigenen kulturellen Leistungen gefördert. Es bedarf auch der Offenheit gegenüber fremden Kulturen (Art. 2 Abs. 8 ÜVKA[936]). So stimmen die Vertragsparteien darin überein, dass der freie Austausch von Ideen und der Dialog zwischen den Kulturen die Vielfalt kultureller Ausdrucksformen bereichert.[937] Die Inländergleichbehandlung und die Mindestrechte des Urheberrechts können einen wesentlichen Beitrag zur Förderung des Austauschs kultureller Werke und damit zur Förderung der Vielfalt kultureller Ausdrucksformen leisten.

I. Völkerrechtliche Regeln zur Inländergleichbehandlung und zu Mindestrechten

Das Fundament aller völkerrechtlichen Regelungen zum Urheberrecht ist das Prinzip der Inländergleichbehandlung.[938] Dieser Grundsatz besagt im Rahmen

auch Aspekte des öffentlichen Interesses in die Prüfung der zweiten Stufe einfließen müssen. RICKETSON/GINSBURG, Fn. 128 (2006b), Rdnr. 13.21 f.

935 Art. 30 TRIPS.

936 KONO, Article 2, in: Schorlemer/Stoll (Hrsg.), Fn. 536 (2012), S. 113.

937 Präambel Abs. 11 STOLL/MIßLING/JÜRGING, Preamble, in: Schorlemer/Stoll (Hrsg.), Fn. 703 (2012), S. 46.

938 STERLING, Fn. 21 (2008), Rdnr. 3.32; ELFRING, Article 3, in: Stoll/Busche/Arend (Hrsg.), Fn. 327 (2009), Rdnr. 1; MASOUYÉ, Fn. 327 (1981), Art. 5, Rdnr. 1; NORDE-

des Urheberechts, dass jeder Urheber, der Angehöriger des Vertragslandes A ist, für seine Werke in einem Vertragsland B den gleichen Schutz genießt wie ein inländischer Urheber aus B. Die Inländergleichbehandlung ist in allen völkerrechtlichen Übereinkommen zum Urheberrecht enthalten. (Art. 5 Abs. 1 RBÜ,[939] Art. 3 Abs. 1 TRIPS[940] sowie in Art. 3 WCT[941] jeweils i. V. m. Art. 5 Abs. 1 S. 1 RBÜ).

Der Grundsatz hat allerdings keinen eigenen materiell-rechtlichen Inhalt. So gibt die Inländergleichbehandlung selbst keine Auskunft über die Art und den Umfang der tatsächlich im konkreten Fall gewährten Rechte.[942] Sie ist damit lediglich auf ein Prinzip der formalen Gegenseitigkeit beschränkt.[943] Für den einzelnen Urheber bedeutet dies, dass er möglicherweise in Land B ein niedrigeres, urheberrechtliches Schutzniveau vorfindet, als er in seinem Ursprungsland A genießt.

Die Inländergleichbehandlung sowie die RBÜ-eigenen Mindestrechte gelten für alle Urheber, die für ihre Werke einen Anknüpfungspunkt zur Berner Übereinkunft geltend machen können.[944] Dafür ist die Bestimmung des Ur-

---

MANN/VINCK/HERTIN, Fn. 327 (1977), Art. 5, Rdnr. 4; DUGGAL, Fn. 327 (2001), S. 65; GERVAIS, Fn. 327 (1998), S. 48.

939 RICKETSON/GINSBURG, Fn. 20 (2006a), Rdnr. 6.93; MASOUYÉ, Fn. 327 (1981), Art. 5, Rdnr. 2.

940 Im Allgemeinen Teil enthält das TRIPS-Abkommen das Gebot zur Inländergleichbehandlung in Art. 3 TRIPS. Dieses Gebot überlagert die Inländergleichbehandlung, wie sie durch den adaptierten Art. 5 Abs. 1 S. 1 RBÜ nach Art. 9 Abs. 1 TRIPS in das TRIPS-Abkommen aufgenommen wurde. Vgl. BRAND, Article 9, in: Stoll/Busche/Arend (Hrsg.), Fn. 714 (2009), S. 207; DUGGAL, Fn. 327 (2001), S. 46 ff.; STOLL, Tobias/ RAIBLE, Karen, Schutz des geistigen Eigentums und das TRIPS-Abkommen (S. 565-620), in: Hans-Joachim Prieß/ Christian Pitschas/ Prieß-Berrisch (Hrsg.), *WTO-Handbuch,* München (2003), S. 573. A. A.: WTO DSB, Appellate Body Report v. 02.01.2002 (WT/DS176/AB/R), *United States – Section 211 Omnibus Appropriations Act of 1998 (*2002), Rdnr. 239.

941 REINBOTHE/LEWINSKI, Fn. 781 (2002), Art. 3, Rdnr. 25.

942 SCHACK, Haimo, Hundert Jahre Berner Übereinkunft. Wege zur internationalen Urheberrechtsvereinheitlichung, in: *JZ* 18 (1986), S. 827.

943 Davon abzugrenzen ist das Gebot der materiellen Gegenseitigkeit (Reziprozität). Das Prinzip der Reziprozität besagt, dass der Urheber aus dem Land A in Land B nur das Schutzniveau in Anspruch nehmen kann, das er auch in seinem Ursprungsland genießen würde.

944 Art. 5 Abs. 4 RBÜ, Art. 9 Abs. 1 TRIPS; Art. 3 WCT. Vgl. STERLING, Fn. 21 (2008), Rdnr. 3.38.

sprungslands des Werkes ausschlaggebend.[945] Grundsätzlich wird für die Definition des Ursprungslands die „Nationalität des Werkes“[946] zugrunde gelegt. So gilt als Ursprungsland das Verbandsland[947], in dem das Werk zum ersten Mal veröffentlicht wurde.[948] Die Bestimmung des Ursprungslandes orientiert sich nur dann an der Staatsangehörigkeit oder dem ständigen Aufenthaltsort[949] des Urhebers, wenn es sich um nichtveröffentlichte Werke oder in einem Nicht-Verbandsland veröffentlichte Werke handelt.[950]

Das in diesen Artikeln festgelegte formale Gleichbehandlungsgebot gibt allein keinen Hinweis auf die Höhe des damit gewährten Schutzniveaus für ausländische Urheber in einem Verbandsland bzw. einem WTO-Mitgliedsland. Um diese Ungleichheit zwischen den einzelnen Schutzniveaus zu überwinden, haben die Vertragsparteien in den verschiedenen völkerrechtlichen Verträgen, neben

945 MASOUYÉ, Fn. 327 (1981), Art. 5, Rdnr. 10.

946 KHADJAVI-GONTARD, Bardia, Der Grundsatz der Inländerbehandlung im internationalen Urheberrecht. Berlin (1977), S. 48.

947 Das Wort ‚Verbandsland‘ ist aus dem Sprachgebrauch der RBÜ entlehnt und bezeichnet dort die Länder, die die RBÜ ratifiziert haben und auf diese Weise dem Verband zum Schutz der Rechte der Urheber an ihren Werken der Literatur und Kunst beigetreten sind (Art. 1 RBÜ). Da die Bestimmungen der RBÜ aber auch für die anderen hier analysierten internationalen Verträge zum Urheberrecht (TRIPS, WCT) ausschlaggebend sind, wird das Wort ‚Verbandsland‘ beibehalten. Im Kontext des TRIPS-Abkommens ist unter einem Verbandsland ein Vertragspartner des TRIPS-Abkommens zu sehen.

948 Sollte ein Werk gleichzeitig in mehreren Verbandsländern veröffentlicht worden sein, gilt dasjenige Land als Ursprungsland, welches die kürzeste Schutzdauer aufweist. Ist ein Werk wiederum gleichzeitig in einem Verbandsland wie auch in einem verbandsfremden Land veröffentlicht worden, so gilt das Verbandsland als Ursprungsland.

949 Der ständige Aufenthaltsort ist zwar in Art. 4 Abs. 4 lit. c RBÜ nicht explizit erwähnt, es kann jedoch davon ausgegangen werden, dass die Gleichstellung zwischen der Staatsangehörigkeit und dem ständigen Aufenthaltsort, wie sie in Art. 3 Abs. 2 RBÜ anerkannt ist, auch auf die Definition des Ursprungslandes übertragen werden kann. Vgl. RICKETSON/GINSBURG, Fn. 20 (2006a), Rdnr. 6.53; MASOUYÉ, Fn. 327 (1981), Art. 5, Rdnr. 13.

950 Ausnahmen gelten hier für Werke der Filmkunst (Ursprungsland richtet sich nach Sitz oder gewöhnlichen Aufenthaltsort des Herstellers) und der Baukunst (Ursprungsland ist der Vertragsstaat in dem der geographische Standpunkt festgemacht werden kann). Vgl. Art. 5 Abs. 4 lit. c i) und ii) RBÜ. Für den WCT Art. 3 WCT jeweils i.V.m. Art. 3 Abs. 1 lit. a RBÜ; Für das TRIPS siehe auch Art. 1 Abs. 3 TRIPS: ELFRING, Article 3, in: Stoll/Busche/Arend (Hrsg.), Fn. 327 (2009), Rdnr. 20 ff. Für die verbandsfremden Werke siehe Art. 1 Abs. 3 TRIPS, Art. 3 WCT jeweils i.V.m Art. 3 Abs. 1 lit. b RBÜ). Vgl. RICKETSON/GINSBURG, Fn. 20 (2006a), Rdnr. 6.93 ff.

dem Prinzip der Inländergleichbehandlung auch urheberrechtliche Mindeststandards vereinbart. Die vertraglich vereinbarten Mindestrechte ergeben einen Minimalstandard des Urheberrechtsschutzes, der von jeder Vertragspartei zu gewähren ist.[951] Dazu zählen beispielsweise das Vervielfältigungsrecht, das Bearbeitungsrecht oder das Übersetzungsrecht.[952] Diese Minimalstandards beziehen sich sowohl auf materiell-rechtliche wie auch auf prozessuale[953] Fragen. Der Begriff ‚Mindestrechte' weist bereits daraufhin, dass der Vertrag eine untere Grenze des Schutzniveaus aufzeigt, über die die Mitgliedstaaten hinausgehen und ein höheres Schutzniveau für ihr Territorium vorsehen können. Diese Mindestrechte beziehen sich sowohl auf Verwertungsrechte als auch auf Urheberpersönlichkeitsrechte.

Hier stellt sich nun allerdings die Frage, ob sich die zu gewährende Inländergleichbehandlung nur auf die in dem Abkommen explizit festgehaltenen Mindestrechte bezieht oder ob sich die Inländergleichbehandlung auf alle nach nationalem Recht gewährten Urheberrechte erstreckt. Aufgrund der unterschiedlichen Ausrichtung der einzelnen internationalen Verträge muss an dieser Stelle zwischen der RBÜ und dem WCT sowie dem TRIPS-Abkommen unterschieden werden. Für die RBÜ und damit auch für den WCT[954] ist die Regelung in Art. 5 Abs. 1 RBÜ ausschlaggebend:[955]

> „Die Urheber genießen für die Werke, für die sie durch diese Übereinkunft geschützt sind, in allen Verbandsländern mit Ausnahme des Ursprungslandes des Werkes die Rechte, die die einschlägigen Gesetze den inländischen Urhebern gegenwärtig gewähren oder in Zukunft gewähren werden, sowie die in dieser Übereinkunft besonders gewährten Rechte."[956]

Die Inländergleichbehandlung erstreckt sich folglich nicht allein auf die nationalen an der RBÜ orientierten Gesetze, die zum Zeitpunkt der Ratifikation der

---

951 RICKETSON/GINSBURG, Fn. 20 (2006a), Rdnr. 9A.06.

952 Die Mindestrechte sind in folgenden Artikeln geregelt: Art. 5 Abs. 2, Art. 6bis,7, 8, 9, 11, 11bis, 11ter, 12, 13, 14, 14bis RBÜ; Art. 9 Abs. 1, 10, 11, 41-61 TRIPS; Art. 1 Abs. 4, 4, 5, 6. 7, 8, 11, 12, 14 WCT. Siehe dazu: LEWINSKI, Fn. 699 (2010), Rdnr. 50 ff.

953 Art. 41-61 TRIPS; Vgl. ELFRING, Article 3, in: Stoll/Busche/Arend (Hrsg.), Fn. 327 (2009), Rdnr. 1; KHADJAVI-GONTARD, Fn. 946 (1977), S. 68.

954 Da der WCT als Sonderabkommen im Sinne von Art. 20 RBÜ nicht hinter den Bestimmungen der RBÜ zurückbleiben darf und explizit in Art. 3 WCT die grundlegenden Prinzipien der RBÜ für die Rechte aus dem WCT übernommen hat, gelten die im folgenden dargelegten Äußerungen zur RBÜ gleichzeitig im Rahmen des WCTs und werden nicht extra erwähnt. Vgl. REINBOTHE/LEWINSKI, Fn. 781 (2002), Art. 3.

955 Im Rahmen des WCTs gilt Art. 3 WCT i. V. m. Art. 5 Abs. 1 RBÜ.

956 Art. 5 Abs. 1 RBÜ.

RBÜ in Kraft waren, sondern schließt auch spätere, einschlägige nationale Gesetze ein.[957] Dieses intertemporäre Element dient der Anpassung der RBÜ bzw. des WCT an neue technische Entwicklungen. Die Anwendung der Inländergleichbehandlung soll damit mit der Entwicklung des Urheberrechts Schritt halten und nicht auf einem zur Ratifikation bestehenden Niveau eingefroren werden.[958]

Fraglich ist in diesem Zusammenhang, welche Gesetze als „einschlägige Gesetze" i. S. d. Art. 5 Abs. 1 RBÜ gelten. Einschlägige Gesetze müssen einen Bezug zum Urheber bzw. zum Werk aufweisen.[959] Dazu zählen alle Gesetze zivilrechtlicher, strafrechtlicher und verwaltungsrechtlicher Art, die der Sicherung, Durchsetzung oder Verfolgung der Rechte oder Ansprüche des Urhebers dienen.[960] Es spielt dabei keine Rolle ob diese Regelungen in den jeweiligen nationalen Urheberrechtsgesetzen festgeschrieben sind oder nicht.[961] Einen detaillierteren Ansatz vertritt *Goldstein*, indem er „einschlägige Gesetze" beschreibt als:

> „Characterized at the highest useful level of abstraction, an economic right subject to national treatment under the 1971 Berne Paris Act consists of three elements: it is effective against the world at large, it enables the author to control, or benefit from, the use of a literary or artistic work; and it values the use of the work, however roughly, proportionately to the work's success or prospective success in the marketplace."[962]

Wenn nur eine dieser drei Voraussetzungen erfüllt ist, kann Inländergleichbehandlungen gewährt werden. Sind aber alle drei Voraussetzungen erfüllt, ist eine Inländergleichbehandlung zwingend erforderlich.[963] Allerdings ist die Diskussion darüber, ob die Inländergleichbehandlung auch auf Rechte ausgedehnt wer-

---

957 RICKETSON/GINSBURG, Fn. 20 (2006a), Rdnr. 6.93; LEWINSKI, Fn. 699 (2010), Rdnr. 25.

958 SCHACK, Fn. 125 (2010), Rdnr. 961.

959 RICKETSON/GINSBURG, Fn. 20 (2006a), Rdnr. 6.94 ff.

960 Vgl. ULMER, Eugen, Das Folgerecht und seine Qualifikation im internationalen Urheberrecht, in: *RabelsZ* 37 (1973), S. 508; UNGERN-STERNBERG, Joachim von, Die Wahrnehmungspflicht der Verwertungsgesellschaften und die Urheberrechtskonventionen, in: *GRUR Int. (*1973), S. 63; KHADJAVI-GONTARD, Fn. 946 (1977), S. 69; LEWINSKI, Fn. 699 (2010), Rdnr. 25; NORDEMANN/VINCK/HERTIN, Fn. 327 (1977), Art. 5, Rdnr. 2.

961 BARTHELS, Alexander, Die Abzüge der Verwertungsgesellschaften für soziale und kulturelle Zwecke, in: *UFITA (*2006), S. 339.

962 GOLDSTEIN/HUGENHOLTZ, Fn. 5 (2010), S. 109.

963 GOLDSTEIN/HUGENHOLTZ, Fn. 5 (2010), S. 109.

den muss, die zurzeit noch nicht in den Konventionstext Eingang gefunden haben, noch nicht abgeschlossen.[964] Generell lässt sich somit sagen, dass die Inländergleichbehandlung der RBÜ auf alle materiellen RBÜ-Regelungen anwendbar ist und darüber hinaus auch andere Regelungen umfasst, wenn diese Regelungen einen ähnlichen Charakter wie die Regelungen der RBÜ aufweisen.[965]

Die Frage nach dem Anwendungsbereich der Inländergleichbehandlung erfährt durch die Weiterentwicklung des Urheberrechts im Rahmen des TRIPS-Abkommens eine Wendung. Fraglich ist, ob das Gebot der Inländergleichbehandlung im Rahmen des TRIPS-Abkommens auch auf die über die Mindestrechte des TRIPS hinausgehenden nationalen Rechte anzuwenden ist. In Art. 3 TRIPS heißt es:

> „Die Mitglieder gewähren den Angehörigen anderer Mitglieder eine Behandlung, die nicht weniger günstig ist als die, die sie ihren eigenen Angehörigen in bezug [sic] auf den Schutz[3] des geistigen Eigentums, gewähren (...).“[966]

In Fußnote 3 heißt es ferner:

> „Im Sinne der Artikel 3 und 4 schließt „Schutz“ Angelegenheiten ein, (...) welche die Ausübung von Rechten des geistigen Eigentums betreffen, die in diesem Übereinkommen ausdrücklich behandelt werden.“[967]

Die Inländergleichbehandlung nach Art. 3 TRIPS lässt folglich keinen Zweifel daran, dass eine Gleichbehandlung von Inländern und Ausländern lediglich auf Regelungen bezogen ist, die im TRIPS selbst bzw. durch Art. 9 Abs. 1 TRIPS-Abkommen im Rahmen der RBÜ explizit („ausdrücklich“) genannt werden.[968]

---

964 Dies betrifft das Vermietrecht und das Recht zur öffentlichen Aufführung, die jedoch inzwischen zumindest teilweise durch das TRIPS-Abkommen und den WCT international harmonisiert wurden. Siehe hierzu RICKETSON/GINSBURG, Fn. 20 (2006a), Rdnr. 6.96.

965 RICKETSON/GINSBURG, Fn. 20 (2006a), Rdnr. 6.96; BRAND, Article 9, in: Stoll/Busche/Arend (Hrsg.), Fn. 714 (2009), S. 208; BURGER, Peter F., The New Photocopy Remuneration Provisions in the Federal Republic of Germany and their Application to Foreign Authors under International Copyright Law, in: *IIC* 19 (1988), S. 490 f.

966 Art. 3 TRIPS.

967 Fn. 3 in Art. 3 TRIPS.

968 Siehe auch WTO DSB, Panel Report v. 02.07.1998 (WT/DS54/R, WT/DS55/R, WT/DS59/R, WT/DS64/R), *Indonesia – Certain Measures Affecting the Automobile Industry,* Rdnr. 14.275.

Folglich ist die Inländergleichbehandlung im TRIPS-Abkommen weniger offen als die Inländergleichbehandlung im Rahmen der RBÜ und des WCTs.

Neben den nationalen einschlägigen Gesetzen steht dem Urheber aber auch die Möglichkeit frei, sich direkt auf die in der RBÜ verankerten Mindestrechte zu berufen. Dies ist für den Urheber dann sinnvoll, wenn der Rechtschutz durch die Inländergleichbehandlung schlechter ausfallen würde als durch die RBÜ-eigenen Mindeststandards.[969] Der Urheber hat in diesem Fall ein Wahlrecht, das er sowohl im Ganzen als auch in Bezug auf einzelne Regeln der RBÜ bzw. der nationalen einschlägigen Gesetze ausüben kann.[970] Eingeschränkt wird diese Regelung nur im Ursprungsland des Werkes. Dort genießt der Urheber ausschließlich die Gleichstellung mit Inländern (Art. 5 Abs. 3 RBÜ).[971] Durch die Proliferation geistiger Eigentumsrechte in bilateralen und multilateralen Verträgen gehört diese Problematik aber weitestgehend der Vergangenheit an.

Die Inländergleichbehandlung gilt in den völkerrechtlichen Verträgen zum Urheberrecht zudem nicht absolut. Die einzelnen Abkommen sehen auch Ausnahmen in Form von Regelungen zu materieller Reziprozität vor. Im Rahmen der materiellen Reziprozität werden bestimmte für Inländer geltende Rechte ausländischen Urhebern nur gewährt, wenn der Heimatstaat des Schutzbedürftigen ebenfalls diese Rechte gewährt.

Das TRIPS-Abkommen (Art. 9 Abs. 1 TRIPS)[972] und der WCT (Art. 1 Abs. 4 und Art. 3 WCT)[973] enthalten selbst keine eigenen Regelungen zu Ausnahmen aus der Inländergleichbehandlung. Stattdessen berufen sie sich auf die in der RBÜ festgehaltenen Ausnahmen. Diese sind der Schutzfristenvergleich[974]

---

969 MASOUYÉ, Fn. 327 (1981), Art. 5, Rdnr. 4.

970 NORDEMANN/VINCK/HERTIN, Fn. 327 (1977), Art. 5, Rdnr. 4.

971 ELFRING, Article 3, in: Stoll/Busche/Arend (Hrsg.), Fn. 327 (2009), Rdnr. 4; LEWINSKI, Fn. 701 (2006), Rdnr. 69; MASOUYÉ, Fn. 327 (1981), Art. 5, Rdnr. 8 f.; REINBOTHE/LEWINSKI, Fn. 781 (2002), Art. 3, Rdnr. 24.

972 BRAND, Article 9, in: Stoll/Busche/Arend (Hrsg.), Fn. 714 (2009), Rdnr. 3; MATSUSHITA, Mitsuo/ SCHOENBAUM, Thomas J./ MAVROIDIS, Petros C., The World Trade Organization. Law, Practice, and Policy. Oxford et al. (2006), S. 725; GERVAIS, Fn. 327 (1998), S. 48.

973 REINBOTHE/LEWINSKI, Fn. 781 (2002), Art. 3, Rdnr. 28.

974 Der Schutzfristenvergleich besagt, dass das Schutzland die Dauer des Urheberrechts auf die Dauer des Urheberrechtsschutzes im Ursprungsland des Werkes absenken kann, sollte die Schutzdauer im Ursprungsland bereits abgelaufen sein.

(Art. 7 Abs. 8 RBÜ) und die Gewährung des Folgerechts[975] (Art. 14ter Abs. 2 RBÜ) für ausländische Urheber. Zudem können die Verbandsstaaten nach Art. 2 Abs. 7 S. 2 RBÜ den Urheberrechtsschutz für Werke der angewandten Kunst sowie von Mustern und Modellen zu einem Geschmacksmusterrecht herabstufen, wenn das Ursprungsland diese Werke nicht als urheberrechtliche Werke, sondern als Muster und Modelle schützt. Außerdem können die Mindestrechte der RBÜ in Rechtsbeziehungen zu verbandsfremden Staaten von materieller Gegenseitigkeit abhängig gemacht werden (Art. 6 Abs. 1 RBÜ).

II. Zusammenhang zwischen ausgewogenem Schutz und Offenheit sowie der Inländergleichbehandlung und den Mindestrechten

Das kulturelle Leben ist von einem regen grenzüberschreitenden Austausch von kulturellen Gütern und Dienstleistungen geprägt. Gefördert durch das Internet und dem technologischen Fortschritt im Bereich der Telekommunikation ist die Verwertung urheberrechtlich geschützter Werke nicht mehr nur auf das Territorium eines Staats begrenzt, sondern nahezu global. Problematisch wirkt sich in diesem Zusammenhang die Territorialität urheberrechtlichen Schutzes aus. Zwar genießt der Urheber im Ursprungsland Urheberrechtsschutz, doch erstreckt sich dieser Schutz zunächst nicht auf andere Länder.

Der Austausch kultureller Ausdrucksformen (Art. 1 lit. c ÜVKA) ist jedoch nur rentabel und damit nachhaltig, wenn die Urheberrechte auch im Ausland geschützt sind. Grundsätzlich schützt das nationale Urheberrecht zunächst nur nationale Werke. Die Schutzlosigkeit von ausländischen Werken im Inland ist keinesfalls allein theoretischer Natur. Im gesamten 19. Jahrhundert haben die USA keinen Urheberrechtsschutz für ausländische Werke vorgesehen. Obwohl schon mit der Verfassung der Vereinigten Staaten von 1787 (Art. 1 Section 8) die Grundlage für einen Urheberrechtsschutz gelegt wurde, galt dieser Schutz allein für US-Bürger und ihre Nachkommen. Erst im Jahre 1891 wurde ein Ge-

---

975 Das Folgerecht regelt die nachträgliche Beteiligung des Urhebers am Wertzuwachs des von ihm bereits veräußerten Werkes. Vgl. VAVER, David, Die Inländerbehandlung nach der Berner Übereinkunft und dem Welturheberrechtsabkommen, in: *GRUR Int.* (1988), S. 207.

setz eingeführt, dass Urheberrechtsschutz für Ausländer auf der Basis der Gegenseitigkeit vorsah.[976]

Die umfassende Anerkennung des Prinzips der Inländergleichbehandlung führte allmählich dazu, dass auch ausländische Werke Urheberrechtsschutz in einem anderen Land genießen.[977] Die Hürde der Schutzlosigkeit kultureller Werke von Ausländern wurde damit aus dem Weg geräumt und kultureller Austausch gefördert.[978] Die urheberrechtliche Gleichbehandlung von Werken inländischer und ausländischer Urheber ermutigt ausländische Urheber ihre Werke international zu verbreiten und auf diese Weise zu kulturellem Austausch (Art. 1 lit. c ÜVKA) und einem Umfeld beizutragen, in dem sich Kulturen entfalten können (Art. 1 lit. b ÜVKA).

III. Bewertung im Lichte des UNESCO-Übereinkommens

Die Nichtdiskriminierung von inländischen und ausländischen Urhebern entspricht dem Grundsatz der gleichen Würde und Achtung aller Kulturen (Art. 2 Abs. 3 ÜVKA). Nur wenn inländische und ausländische kulturelle Ausdrucksformen den gleichen Schutz in einem Land erhalten, werden den verschiedenen Kulturen die gleiche Wertschätzung und damit der gleiche Respekt zuteil.

Positiv hervorzuheben ist, dass durch die Kopplung der Inländergleichbehandlung mit Mindestrechten[979] extreme Unterschiede zwischen den einzelnen nationalen Urheberrechtsgesetzen ausgeglichen werden. Transaktionskosten im Rahmen der weltweiten Verbreitung kultureller Ausdrucksformen verringern sich auf diese Weise. Dem ausländischen Urheber ist es durch den in

---

976 Vgl. STERLING, Fn. 21 (2008), Rdnr. 1.10; ELFRING, Article 3, in: Stoll/Busche/Arend (Hrsg.), Fn. 327 (2009), Rdnr. 1.

977 ELFRING, Article 3, in: Stoll/Busche/Arend (Hrsg.), Fn. 327 (2009), Rdnr. 1.

978 Zwar erhöht sich die Vielfalt kultureller Ausdrucksformen kurzfristig in einem Land ohne Inländergleichbehandlung, da ein großer Anreiz besteht, schutzlose, ausländische kulturelle Güter und Dienstleistungen zu importieren. Langfristig schadet ein solches Vorgehen allerdings der Vielfalt kultureller Ausdrucksformen, da die kostengünstigeren – da lizenzfreien – ausländischen Werke eine starke Konkurrenz für lizenzgebundene und damit teurere, inländische Werke darstellen. Der Schutz der eigenen Kultur würde damit langfristig versagen.

979 Vermietrecht (Art. 11 TRIPS; Art. 7 WCT), Recht der öffentlichen Zugänglichmachung (Art. 8 WCT), Verbreitungsrecht (Art.6 WCT), Urheberrechtsschutz auf Computer und Datenbanken (Art. 10 TRIPS; Art. 4 und 5 WCT).

Art. 5 Abs. 1 RBÜ festgeschriebenen Rückgriff auf die Mindestrechte der RBÜ möglich, einen einheitlichen Minimalschutz in allen Verbandsländern in Anspruch zu nehmen. Dies führt zu einer höheren Transparenz und auf diese Weise zur Erleichterung des kulturellen Austauschs von Werken. Durch die Ausweitung der Mindestrechte im Rahmen des TRIPS-Abkommens und des WCTs hat sich auch der durch Inländergleichbehandlung zu erzielende Rechtschutz für Ausländer im Inland verbessert. Das Prinzip der Inländergleichbehandlung und die Mindestrechte entfalten zudem auch eine reflexive Wirkung für die Inländer. Es ist doch unwahrscheinlich – wenn auch zulässig[980] –, dass ein Staat Ausländern eine bessere Rechtsposition einräumt als seinen eigenen Staatsangehörigen. Folglich ist davon auszugehen, dass die in den völkerrechtlichen Verträgen festgeschriebenen Mindestrechte mittelbar auch für Inländer eine schutzverbessernde Wirkung entfalten.[981] Allerdings muss hier auch eingeräumt werden, dass ein ständig steigendes Schutzniveau, den Punkt zu überschreiten droht, ab dem sich die hinzugewonnenen Vorteile für den Urheber und Rechteinhaber negativ auf den Zugang zu kulturellen Werken auswirkt und damit die Ausgewogenheit zwischen Schutz und Förderung, wie sie das UNESCO-Übereinkommen fordert, nicht mehr gewährleistet ist.

Problematisch wirkt sich auch der bisher strittige Umfang der von der Inländergleichbehandlung umfassten Mindestrechte auf die Förderung des kulturellen Austauschs aus. Wie gezeigt, sind nicht alle den Urheber berührende Rechte der Inländergleichbehandlung zugängig. Umstritten ist die Anwendung des Inländergleichbehandlungsgebots auf Vergütungsansprüche aus privater Vervielfältigung[982] oder öffentlichen, nicht-gewerblichen Verleihs.[983] Konflikte entstehen vor allem dort, wo es erhebliche Schutzunterschiede in den einzelnen Vertragsländern gibt,[984] insbesondere im Zusammenhang mit Vergütungsansprüchen.[985] Für Urheber sind besonders die Konstellationen interessant, in de-

---

980 Vgl. KATZENBERGER, Paul, TRIPS und das Urheberrecht, in: *GRUR Int. (*1995), S. 459; HERRMANN, Christoph, Schutz geistigen Eigentums (S. 425-456), in: Wolfgang Weiß/ Christoph Ohler/ Christoph Herrmann (Hrsg.), *Welthandelsrecht,* München (2007), S. 434.

981 SCHACK, Fn. 942 (1986), S. 827.

982 Vgl. RICKETSON/GINSBURG, Fn. 20 (2006a), Rdnr. 6.97.

983 Näheres dazu: BARTHELS, Fn. 961 (2006), S. 338 ff.

984 Dazu zählen auch die der materiellen Gegenseitigkeit vorbehaltenen Bereiche des Schutzfristenvergleichs oder des Folgerechts. Siehe dazu: RICKETSON/GINSBURG, Fn. 20 (2006a), Rdnr. 6.94.

985 STERLING, Fn. 21 (2008), Rdnr. 3.61; BARTHELS, Fn. 961 (2006), S. 341 ff.

nen die Wahrung der Vergütungsansprüche Verwertungsgesellschaften[986] übertragen wird, die nur mit inländischen Urhebern Wahrnehmungsverträge abschließen.[987] Eine solche Zugangsbeschränkung ist zumindest dann konventionswidrig, wenn für die Ausübung des entsprechenden Rechts eine Verwertungsgesellschaftspflicht besteht.[988]

Die Entwicklung im Rahmen des TRIPS-Abkommens stellt einen weiteren kritischen Punkt dar. Während Art. 5 Abs. 1 RBÜ noch Inländergleichbehandlung für alle einschlägigen nationalen Gesetze fordert, beschränkt das TRIPS-Abkommen den durch Inländergleichbehandlung gewährten Schutz auf diejenigen Urheberrechte, „die in diesem Übereinkommen ausdrücklich behandelt werden."[989] Diskussionen über Ansprüche ausländischer Urheber aus der Bibliothekstantieme und einer Kultur- oder Kopierabgabe, wie sie auf der Grundlage der RBÜ noch möglich wären,[990] sind im Rahmen des TRIPS-Abkommens von vornherein ausgeschlossen. Jegliche über das TRIPS-Abkommen und die adaptierten RBÜ-Rechte hinausgehende Rechte sind der Inländergleichbehandlung nicht unterworfen. Auf diese Weise bietet das TRIPS-Abkommen mehr Möglichkeiten der Diskriminierung zwischen ausländischen und inländischen Urhebern als die RBÜ und der WCT. Insofern das Ursprungsland des Urhebers neben dem TRIPS-Abkommen auch die RBÜ ratifiziert hat, kann der ausländische Urheber in einem anderen Verbandsland auf der Grundlage der RBÜ eine vollumfängliche Inländergleichbehandlung erwirken. Die Einschränkungen des TRIPS-Abkommens führen jedoch dazu, dass der ausländische Urheber mögliche Verstöße gegen über den TRIPS-Umfang hinausgehende Rechte nicht vor dem Streitbeilegungsorgan der WTO rügen kann.

Diese Ungleichbehandlung zwischen inländischen und ausländischen Urhebern wäre nicht im Sinne des UNESCO-Übereinkommens. Nach Präambel Abs. 17 ÜVKA sollen die Rechte des geistigen Eigentums diejenigen unterstützen, die an kultureller Kreativität beteiligt sind. Eine Diskriminierung bestimm-

---

986 Für eine ökonomische Analyse der Rolle der britischen Verwertungsgesellschaft *Performing Artists' Media Rights Association (PAMRA)* siehe: TOWSE, Fn. 220 (2001), S. 10 ff.

987 STERLING, Fn. 21 (2008), Rdnr. 3.59; NORDEMANN/VINCK/HERTIN, Fn. 327 (1977), Art. 5, Rdnr. 2.

988 NORDEMANN/VINCK/HERTIN, Fn. 327 (1977), Art. 5, Rdnr. 2. Kritisch: STERLING, Fn. 21 (2008), Rdnr. 3.61.

989 Art. 3 Fn. 3 TRIPS.

990 Inwieweit im Rahmen der RBÜ die Inländergleichbehandlung greift ist im Einzelfall zu prüfen. Siehe allgemein zu dieser Problematik: VAVER, Fn. 975 (1988), S. 206 ff.; KHADJAVI-GONTARD, Fn. 946 (1977), S. 71.

ter Kreativer ist aus dieser Passage nicht zu entnehmen. Im Gegenteil, in Art. 1 lit. c ÜVKA heißt es, dass der Dialog zwischen den Kulturen anzuregen sei, um weltweit einen breiten und ausgewogenen kulturellen Austausch zu gewährleisten. Vor diesem Hintergrund stellt die Entwicklung des Inländergleichbehandlungsgrundsatzes des TRIPS-Abkommens einen Rückschritt im Rahmen der Förderung des kulturellen Austausch und schließlich der kulturellen Vielfalt dar.

Das geschilderte Problem bildet jedoch nur einen Teilbereich ab. Angesichts der hohen Zahl der Staaten, die die RBÜ[991] und/oder den WCT[992] ratifiziert haben bzw. Mitglieder der WTO[993] sind, wird das Gebot der Inländergleichbehandlung im Rahmen der urheberrechtlichen Regelungen in nahezu allen Ländern der Welt berücksichtigt. Für den kulturellen Austausch bedeutet dies, dass ausländische Urheber heutzutage in nahezu jedem Land für ihre Werke Urheberrechtsschutz gemäß den nationalen Bestimmungen genießen. Aus urheberrechtlicher Perspektive bestehen damit sehr gute Bedingungen für den Austausch kultureller Werke. Offenheit für fremde kulturelle Ausdrucksformen ist mit dem Mittel des Urheberrechts grundsätzlich gewährleistet.

D. Vorzugsbehandlung für Entwicklungsländer im Bereich des Urheberrechts

Wie deutlich wurde, trägt ein reger kultureller Austausch zwischen verschiedenen Ländern und Kulturen zu einer vielfältigen Kulturlandschaft bei (Art. 1 lit. c ÜVKA). Allerdings können die Ziele des Übereinkommens nur dann tatsächlich verwirklicht werden, wenn alle Länder und Kulturen in der Lage sind, an diesem Austausch aktiv teilzunehmen. Ungleich verteilte Ressourcen und Kapazitäten stellen für viele Länder, insb. für die Entwicklungsländer, eine wesentliche Hürde dar. Um hier entgegenzuwirken, setzt das UNESCO-Übereinkommen einen Schwerpunkt auf die Entwicklungskooperation (Art. 13-16 ÜVKA). Ziel ist es, auch weniger wirtschaftlich entwickelte Länder in die Lage zu versetzen, die eigene Vielfalt kultureller Ausdrucksformen zu schützen und zu fördern. Es gilt die Rahmenbedingungen für kulturelles Schaffen in den Entwicklungsländern zu

991 166 Vertragsstaaten; Vgl. http://www.wipo.int/treaties/en/ShowResults.jsp?lang=en&treaty_id=15 (Stand: 16.04.2013).

992 90 Vertragsstaaten; Vgl. http://www.wipo.int/treaties/en/ShowResults.jsp?lang=en&treaty_id=16 (Stand: 16.04.2013).

993 159 Vertragsstaaten und 25 Beobachter bzw. Beitrittskandidaten, Vgl. http://www.wto.org/english/thewto_e/whatis_e/tif_e/org6_e.htm (Stand: 16.04.2013).

verbessern, damit sich die Kreativität des Künstlers voll entfalten kann. Ein geeigneter urheberrechtlicher Schutz und Vorzugsbehandlung im Bereich des Urheberrechtsschutzes können mögliche Instrumente dafür sein.[994]

I. Völkerrechtliche Regeln zur Vorzugsbehandlung von Entwicklungsländern im Urheberrecht

Die Regelungen zur Vorzugsbehandlung von Entwicklungsländern in den völkerrechtlichen Verträgen zum Urheberrecht sind sowohl formaler als auch materieller Natur.

Die Vorzugsbehandlung in formalen Fragen beschränkt sich zumeist auf längere Umsetzungsfristen für Entwicklungsländer. In Art. 65 Abs. 2 TRIPS wurde Entwicklungsländern eine Übergangsfrist von 1 + 4 Jahren zur Umsetzung der Bestimmungen des TRIPS-Abkommens nach Inkrafttreten am 01.01.1995 eingeräumt.[995] Entsprechend mussten alle Mitgliedstaaten der WTO, die sich als Entwicklungsland einstufen, die urheberrechtlichen Regelungen nach Ablauf der Übergangsfrist am 31.12.2000 vollständig umsetzen. Den am wenigsten entwickelten Ländern (least developed countries, LDCs)[996] wurde nach Art. 66 Abs. 1 TRIPS eine weitergehende Frist von zunächst 1+10 Jahren gewährt.[997] Ab dem 01.012006 hätten damit auch alle LDCs sämtliche Bestimmungen des TRIPS-Abkommens umsetzen müssen. Gegen Ende des Jahres 2005 zeigte sich allerdings, dass die LDCs mehr Zeit zur Umsetzung des TRIPS-Abkommens benötigen. So erkannte der TRIPS-Rat an, dass diesen Ländern mehr Zeit zur Umsetzung eingeräumt werden muss,

994 Art. 14 ÜVKA. Vgl. dazu: DOS SANTOS-DUISENBERG, Article 14, in: Schorlemer/Stoll (Hrsg.), The UNESCO Convention on the Protection and Promotion of the Diversity of Cultural Expressions. Explanatory Notes, Berlin et al. (2012), S. 382.

995 Vgl. ANZELLOTTI, Article 65, in: Stoll/Busche/Arend (Hrsg.), WTO – Trade-related Aspects of Intellectual Property Rights, Leiden (2009), Rdnr. 3.

996 Derzeit haben 31 der 153 Mitgliedstaaten der WTO den Status eines LDC (Stand: 02.03.2012); vgl. http://www.wto.org/english/thewto_e/whatis_e/tif_e/org7_e.htm (zuletzt besucht am 02.03.2012).

997 Vgl. ANZELLOTTI, Article 66, in: Stoll/Busche/Arend (Hrsg.), WTO – Trade-related Aspects of Intellectual Property Rights, Leiden (2009), Rdnr. 9.

> "so as to enable them to realize the cultural, social, technological and other developmental objectives of intellectual property protection."[998]

Daraufhin wurde die Übergangsfrist für LDCs auf den 01.07.2013[999] und jüngst auf 01.07.2021[1000] verlängert. Im Bereich der Urheberrechte haben jedoch schon sechs der 32 LDCs, die Mitglieder der WTO sind, die selbst über das TRIPS-Abkommen hinausgehenden Regelungen des WCTs umgesetzt. Eine solche vorzeitige Umsetzung von Vertragsbestimmungen im urheberrechtlichen Bereich wurde häufig als Verhandlungspfand für den Abschluss von bilateralen Investitionsabkommen seitens der entwickelten Länder gefordert.[1001]

Neben der formalen Vorzugsbehandlung sehen die internationalen Regelungen materielle Sonderregelungen für Entwicklungsländer vor. Die RBÜ beinhaltet nach Art. 21 Abs. 1 RBÜ i. V. m. Anh. RBÜ[1002] besondere Regelungen für Entwicklungsländer. Nach Art. I Abs. 1 Anh. RBÜ entfalten diese Regelungen für alle Entwicklungsländer Gültigkeit, die nach der Übung der Generalversammlung der Vereinten Nationen als Entwicklungsland angesehen werden und die die Pariser Fassung der RBÜ ratifiziert haben. Darüber hinaus müssen die Länder dem Generaldirektor notifizieren, dass sie sich angesichts ihrer sozialen und kulturellen Bedürfnisse nicht in der Lage sehen, die Bestimmungen der RBÜ vollständig umzusetzen.[1003]

Die Entwicklungsländer erhalten nach Art. II und III Anh. RBÜ die Möglichkeit das ausschließliche Übersetzungs-[1004] und Vervielfältigungsrecht[1005] der

---

998 Präambel Abs. 5. WTO TRIPS COUNCIL, Extension of the Transition Period Under Article 66.1 for Least-Developed Country Members, IP/C/40 v. 30.11.2005.

999 WTO TRIPS COUNCIL, Fn. 998 (30.11.2005), Ziff. 1.

1000 WTO TRIPS COUNCIL, Draft Decision on the Extension of the Transition Period for Least Developed Countries under the TRIPS Agreement, WTO JOB/GC/53 v. 07.06.2013.

1001 Zur problematischen Verhandlungssituation der Entwicklungsländer im Rahmen der WTO: JAWARA, Fatoumata/ KWA, Aileen, Behind the Scenes at the WTO. The Real World of International Trade Negotiations. London et al. (2003), passim. Für WIPO: NETANEL, Fn. 567 (2009), passim.

1002 Der Anhang wurde im Rahmen der Stockholmer Revisionskonferenz (1967) angefügt, um den speziellen Bedürfnissen der Entwicklungsländer gerecht zu werden. Diese Änderungen wurden jedoch zunächst von den entwickelten Ländern abgelehnt, so dass der Anhang erst durch einen Kompromiss auf der Pariser Revisionskonferenz (1971) seine heutige Form erhielt; vgl. STERLING, Fn. 21 (2008), Rdnr. 18.15.

1003 Die Beurteilung der Lage bleibt jedoch den Behörden des betreffenden Entwicklungslandes vorbehalten. Vgl. RICKETSON/GINSBURG, Fn. 128 (2006b), Rdnr. 14.53.

1004 Art. II Anhang RBÜ.

Urheber im Rahmen der Übereinkunft durch eine gesetzliche bzw. Zwangslizenz unter bestimmten Voraussetzungen einzuschränken und nach Art. IV Abs. 4 (i) Anh. RBÜ auf einen Vergütungsanspruch herabzusenken. Diese Möglichkeit besteht jedoch nur in engen Grenzen. Erst wenn das entsprechende Werk innerhalb einer Frist von drei Jahren nach Veröffentlichung in dem Entwicklungsland nicht in eine in dem Entwicklungsland gewöhnlich gesprochene Sprache übersetzt wurde, ist eine Lizenzvergabe überhaupt möglich (Art. II Abs. 2 Anh. RBÜ). Außerdem sind Lizenzen nur für Werke, die in Druck oder einer entsprechenden Reproduktionsform veröffentlicht wurden, zugelassen (Art. II Abs. 3 Anh. RBÜ). Gesetzliche Lizenzen zur Übersetzung von auf Tonträgern festgelegten Werken sind damit nicht zulässig.[1006] Zudem sind die auf gesetzlicher Lizenz basierten Übersetzungen nur für Unterrichts-, Studien- und Forschungszwecke zu nutzen (Art. II Abs. 5 Anh. RBÜ). Darüber hinaus erlischt eine derartige Lizenz, sobald das Werk vom Inhaber des Übersetzungsrechts oder mit seiner Erlaubnis übersetzt wird. Diese Übersetzung muss allerdings dem im Land üblichen Preisniveau für vergleichbare Werke entsprechen (Art. II Abs. 6 Anh. RBÜ).

Auch die Sonderregelung für das Recht auf Vervielfältigung unterliegt zahlreichen Einschränkungen (Art. III Anh. RBÜ). Zunächst muss das Werk, für das eine Vervielfältigungslizenz beantragt wurde, im Druck oder auf ähnliche Weise veröffentlicht worden sein (Art. III Abs. 7 Anh. RBÜ). Zudem wird eine Vervielfältigungslizenz nur dann ausgestellt, wenn das Werk durch den Rechteinhaber oder mit seiner Erlaubnis zu einem höheren als dem üblichen Preis für vergleichbare Werke verkauft wird (Art. III Abs. 2 lit. a Anh. RBÜ). Weiterhin wird die gesetzliche Lizenz auf Zwecke des Unterrichtsgebrauchs beschränkt (Art. III Abs. 2 lit. a Anh. RBÜ). Die Übergangsfristen belaufen sich nach Art. III Abs. 3 Anh. RBÜ grundsätzlich auf fünf Jahre. Davon abweichend ist eine Frist von drei Jahren für Werke aus dem naturwissenschaftlichen Bereich und sieben Jahren für Werke aus dem belletristischen Bereich vorgesehen. Die Voraussetzungen einer Vervielfältigungslizenz sind damit noch enger gesteckt als die Voraussetzungen an eine Lizenz zur Übersetzung des Werkes.

Für beide Sonderregelungen gelten zudem die Anforderungen des Art. IV Anh. RBÜ. Demzufolge muss der Lizenznehmer sich vor Antrag auf eine gesetzliche Lizenz um Erlaubnis des Rechteinhabers bemüht haben (Art. IV Abs. 1 Anh. RBÜ).[1007] Darüber hinaus gilt die Lizenz allein für das Territorium

1005 Art. III Anhang RBÜ.

1006 Ricketson/Ginsburg, Fn. 128 (2006b), Rdnr. 14.89.

1007 Sollte der Rechteinhaber nicht ausgemacht werden können, gelten die umfangreichen Verfahrensregeln des Art. IV Abs. 2 Anhang RBÜ.

des Lizenz gebenden Staates.[1008] Produkte, die unter einer solchen Lizenz herstellt wurden, dürfen nicht ausgeführt werden (Art. IV Abs. 4 Anh. RBÜ). Zudem muss für die Nutzung der urheberrechtlich geschützten Werke eine angemessene Vergütung gezahlt werden (Art. IV Abs. 6 Anh. RBÜ). Schließlich verpflichtet sich der Lizenznehmer, das Urheberpersönlichkeitsrecht auf Namensnennung zu gewährleisten (Art. IV Abs. 3 Anh. RBÜ). Insgesamt ist der mit der Lizenzvergabe verbundene Aufwand für die betroffenen Entwicklungsländer so hoch, dass eine umfangreiche Nutzung dieser Möglichkeit durch die Entwicklungsländer eher vermieden wird.[1009]

Das TRIPS-Abkommen, welches sowohl urheberrechtliche als auch leistungsschutzrechtliche Regelungen umfasst, verfügt über keine eigenen materiellen Sonderregelungen für Entwicklungsländer im Bereich des Urheberrechts.[1010] Stattdessen wurden durch Art. 9 Abs. 1 TRIPS die Bestimmungen der Art. 1-21 und des Anhangs der RBÜ in ihrer Form vom 24. Juli 1971 in das TRIPS-Abkommens inkorporiert.[1011] Dieser Verweis ist statisch. Mögliche Revisionen des Anhangs würden nicht in das Vertragswerk des TRIPS-Abkommens aufgenommen werden.[1012] Entsprechend entfalten die Sonderregelungen der RBÜ auch im Rahmen des TRIPS-Abkommens ihre Wirkung.

Neben diesem Verweis enthält das TRIPS-Abkommen auch die Verpflichtung der Mitgliedstaaten zum Technologietransfer für LDCs (Art. 66 Abs. 2 TRIPS) sowie zur technischen und finanziellen Zusammenarbeit mit den Entwicklungsländern und den am wenigsten entwickelten Ländern (Art. 67

1008 Zur Nutzung dieser Lizenzen muss das Land also auch über eine funktionierende Verlagsindustrie verfügen. Häufig mangelt es schon an dieser Voraussetzung.

1009 RICKETSON/GINSBURG, Fn. 128 (2006b), Rdnr. 14.106. Siehe auch BRAND, Article 9, in: Stoll/Busche/Arend (Hrsg.), Fn. 714 (2009), Rdnr. 84; PACÓN, Ana M., Was bringt TRIPS den Entwicklungsländern?, in: *GRUR Int.* (1995), S. 883.

1010 Vgl. PACÓN, Fn. 1009 (1995), S. 887.

1011 Vgl. dazu BRAND, Article 9, in: Stoll/Busche/Arend (Hrsg.), Fn. 714 (2009), Rdnr. 80.

1012 Allerdings bezieht sich der Verweis nicht allein auf den Text der Abkommen, sondern übernimmt auch den Berner Acquis, d.h. in der Auslegung und Anwendung werden auch die Vorarbeiten zur RBÜ sowie deren Auslegungspraxis für die im TRIPS-Abkommen adaptierten Normen einschlägig. Vgl. Bericht des Panels, WTO DSB, Panel Report v. 15.06.2000 (WT/DS160/R), *United States – Section 110(5) of US Copyright Act,* Ziff. 6.62 ff.; GERVAIS, Daniel J., The Compatibility of the „Skill and Labour" Originality Standard with the Berne Convention and the TRIPS Agreement, in: *E.I.P.R.* 26 (2004), S. 79; BRAND, Article 9, in: Stoll/Busche/Arend (Hrsg.), Fn. 714 (2009), Rdnr. 9.

TRIPS).[1013] Nach Art. 66 TRIPS sollen die Mitgliedstaaten Anreize setzen, um Technologietransfer in die LDCs zu unterstützen. Diese können unterschiedliche Formen annehmen. Vorstellbar wären Steuervorteile, Zuschüsse, Forschungskooperationen und Trainingsprogramme. Zwar gingen die Verhandlungspartner davon aus, dass bereits ein hohes Niveau des Schutzes geistigen Eigentums zum Technologietransfer anregen würde. Doch mussten sich die Verhandlungspartner eingestehen, dass aufgrund des niedrigen Entwicklungsstandes von LDCs eine Absorption der angebotenen Technologie in den LDCs nicht möglich ist. Entsprechend verpflichtet Art. 66 TRIPS die entwickelten Länder dazu, zusätzliche Anreize zum Technologietransfer zu schaffen.[1014] Allerdings ist hierbei fraglich, ob ein mehr an Technologie tatsächlich einer besseren Absorption zuträglich ist und auf diese Weise zur Entwicklung des Landes beiträgt. Inwieweit diese Norm tatsächlich zu einer Steigerung des Technologietransfers beigetragen hat, ist mangels eines effizienten Berichtssystems und der unklaren Auslegung der Begriffe „entwickelte Länder" und „Technologietransfer" nur schwer einzuschätzen. Zudem verpflichtet die Norm nicht selbst zum Technologietransfer. Die entwickelten Länder sind lediglich dazu verpflichtet weitere Anreize zum Technologietransfer zu setzen.[1015]

Neben der Schaffung weiterer Anreize zum Technologietransfer sind die entwickelten Länder dazu aufgefordert, technische und finanzielle Zusammenarbeit zugunsten der Entwicklungsländer und der LDCs einzugehen (Art. 67 TRIPS). Diese Zusammenarbeit soll den begünstigten Ländern die Umsetzung des TRIPS-Abkommens erleichtern. Gleichzeitig sollte auf diesem Wege die Umsetzung des Abkommens in den weniger entwickelten Ländern beschleunigt werden und durch die Kooperation mit in urheberrechtlichen Fragen erfahrenen Ländern Rechtsunsicherheit in der Anwendung des TRIPS-Abkommens vermieden werden. Einerseits dient diese Vorschrift dazu, die Entwicklungsländer näher an den Weltmarkt und seine Regeln heranzuführen. Andererseits besteht jedoch auch ein hohes Missbrauchspotential seitens des beratenden Landes. Der Einfluss des beratenden Landes auf die konkrete Ausgestaltung der Normen zum geistigen Eigentum ist nicht zu leugnen.[1016] Im Vergleich zu den Vorschriften

---

1013 PACÓN, Fn. 1009 (1995), S. 877.

1014 ANZELLOTTI, Article 66, in: Stoll/Busche/Arend (Hrsg.), Fn. 997 (2009), Rdnr. 14; GERVAIS, Fn. 327 (1998), S. 258.

1015 ANZELLOTTI, Article 66, in: Stoll/Busche/Arend (Hrsg.), Fn. 997 (2009), Rdnr. 15.

1016 Vgl. CALLAN, Benedicte, The Potential for Transatlantic Cooperation on Intellectual Property in Asia, BERKLEY ROUNDTABLE ON THE INTERNATIONAL ECONOMY (BRIE) (1998), <http://brie.berkeley.edu/publications/WP116.pdf> (zuletzt geprüft am: 10.03.2013), S. 11.

zum Anreiz von Technologietransfer wird die technische und finanzielle Zusammenarbeit nach Art. 67 TRIPS von der WTO aufmerksam beobachtet, neuen Gegebenheiten angepasst und unterstützt. Die WTO hat zu diesem Zweck ein Berichtssystem eingeführt, in dem die entwickelten Länder, internationale Organisationen (u.a. WIPO) wie auch das WTO-Sekretariat jährlich über ihre Maßnahmen und Programme zur technischen Zusammenarbeit berichten.[1017] Die WTO stellt ferner in Kooperation mit der OECD eine Datenbank für Programme zur technischen Kooperation zur Verfügung.[1018] In der Ministerialerklärung von Doha wurde zudem eine neue Strategie zur Zusammenarbeit vorgestellt.[1019] Sie orientiert sich an den Richtlinien für die technische Zusammenarbeit aus dem Jahr 1996[1020] und beinhaltet Aussagen zu den Zielen, Instrumenten, Institutionen und der Finanzierung.

Der WIPO-Urheberrechtsvertrag enthält selbst keine neuen Sonderregelungen für Entwicklungsländer. Allerdings nimmt er in Art. 1 Abs. 4 WCT die Bestimmungen der Art. 1-21 und des Anhangs der RBÜ in seinen Anwendungsbereich auf. Auf diese Weise kommen die materiellen Sonderregelungen, die im Rahmen der RBÜ gelten auch im Rahmen des WCTs zur Anwendung.

Obwohl das Vervielfältigungsrecht des Art. 9 RBÜ durch die vereinbarte Erklärung zu Art. 1 Abs. 4 WCT auch im Rahmen des WCTs auf Vervielfältigungen in digitaler Form angewendet wird, ist es fraglich, ob sich diese Ausweitung des Vervielfältigungsrechts auch auf die Regelungen des Art. III Anh. RBÜ bezieht. Nach der vereinbarten Erklärung bezieht sich „(...) [d]as Vervielfältigungsrecht nach Art. 9 RBÜ und die darunter fallenden Ausnahmen (...)“ in vollem Umfang auf den digitalen Bereich. Zu den darunter fallenden Ausnahmen zählen zweifellos die Regelungen des Art. 9 Abs. 2 RBÜ sowie der Art. 10 und 10bis RBÜ. Fraglich ist jedoch, ob auch die Sonderregelungen für Entwicklungsländer als Ausnahmen gelten. Der Wortlaut des Art. 21 Abs. 1 RBÜ deutet nicht auf eine Ausnahmeregel hin. Es ist dort lediglich von „besonderen Bestimmungen“ für Entwicklungsländer die Rede. Auch im Wortlaut des Anhangs ist nicht von „Ausnahmen“, sondern von „Befugnissen“ die Rede. Ferner deutet die systematische Stellung des Art. 21 RBÜ als letzter Artikel der materiellen

1017 Zum Beispiel: WTO TRIPS COUNCIL, Technical Cooperation Activities. Information from Members – European Communities, IP/C/W/517/Add. 7 v. 26.01.2009.

1018 Doha Development Agenda Trade Capacity Building Database (TCBDB), siehe <http://tcbdb.wto.org> (zuletzt geprüft am: 10.03.2013).

1019 WTO MINISTERIAL CONFERENCE, Doha Ministerial Declaration. Adopted 14 November 2001, WT/MIN(01)/DEC/1 v. 20.11.2001, Ziff. 38 ff.

1020 WTO COMMITTEE ON TRADE AND DEVELOPMENT, Guidelines for WTO Technical Cooperation, WT/COMTD/8 v. 16.10.1996.

Befugnisse und entfernt von den Ausnahmen der Art. 9 und 10 RBÜ darauf hin, dass die Sonderregelungen für Entwicklungsländer nicht unter den Bereich der Ausnahmen fallen. Zudem beschränken die Bedingungen der Art. II Abs. 2 lit. a Anh. RBÜ und Art. III Abs. 7 lit. a Anh. RBÜ die Vergabe einer entsprechenden Lizenz explizit auf Werke, die im Druck oder in einer vergleichbaren Vervielfältigungsform veröffentlich worden sind. Werke, die in digitaler Form veröffentlich wurden, fallen demnach nicht unter den Anwendungsbereich der Sonderregelungen für Entwicklungsländer unter Art. 1 Abs. 4 WCT i. V. m. Art. III Anh. RBÜ.[1021] Im Bereich der Urheberrechte haben sich die materiellen Sonderregelungen damit seit 1971 nicht verändert.

II. Zusammenhang zwischen der Förderung kultureller Vielfalt und der Vorzugsbehandlung von Entwicklungsländern

Das UNESCO-Übereinkommen fordert die Vertragsparteien in Art. 1 lit. c ÜVKA dazu auf:

> „den Dialog zwischen den Kulturen anzuregen, um weltweit einen breiteren und ausgewogeneren kulturellen Austausch (…) zu gewährleisten.“[1022]

Obwohl Im- und Exporte kultureller Produkte aus Entwicklungsländern in der letzten Dekade überproportional zu den Im- und Exporten der entwickelten Ländern wuchsen, liegen die Entwicklungsländer im Rahmen des Handels mit kulturellen Produkten immer noch weit hinter den entwickelten Ländern zurück. Nur 41 % der Exporte[1023] kultureller Güter und nur 11 % der Exporte kultureller Dienstleistungen aus dem Jahr 2005 stammen aus Entwicklungsländern.[1024] Diese Zahlen verdeutlichen eine mangelhafte Teilhabe der Entwicklungsländer am interkulturellen Austausch und damit am interkulturellen Dialog.[1025] Der Aus-

---

1021 Der WCT-Kommentar von *Reinbothe/v. Lewinsky* erwähnt den Anhang auch nicht im Rahmen der Kommentierung der vereinbarten Erklärung zu Art. 1 Abs. 4 WCT. Vgl. REINBOTHE/LEWINSKI, Fn. 781 (2002), Annex to Article 1(4), Rdnr. 1 ff.

1022 Art. 1 lit. c ÜVKA.

1023 Davon sind wiederum 19% auf chinesische Exporte zurückzuführen.

1024 UNCTAD, Creative Economy Report 2008. The Challenge of Assessing the Creative Economy: Towards Informed Policy-making v. 2008, S. 106 f.

1025 Siehe auch die WIPO-Studie zum Handel mit urheberrechtlichen Gütern der MERCOSUR Länder; BUAINAIN, Antônio M., et al., Study on the Economic Importance of Industries and Activities Protected by Copyright and Related Rights in the MER-

tausch kultureller Ausdrucksformen gleicht derzeit eher einem Monolog der industrialisierten Länder, als einem Dialog zwischen Industrie- und Entwicklungsländern. Grundlage für diese mangelnde Präsenz kultureller Ausdrucksformen aus den Entwicklungsländern sind u. a. Defizite in der Infrastruktur des Kultursektors. Es fehlen einheimische Verlage, Musik- und Filmproduzenten, die international wettbewerbsfähig wären.[1026] Ohne Produktions- und Verbreitungsmöglichkeiten für einheimische kulturelle Ausdrucksformen haben es Unternehmen der Kulturwirtschaft in den Entwicklungsländern schwer, ihre Position auf dem Weltmarkt zu behaupten. Es besteht ein strukturelles Ungleichgewicht zwischen den Kultursektoren der Industrie- und der Entwicklungsländer, das einen ausgewogenen Austausch kultureller Ausdrucksformen aus beiden Ländergruppen erschwert und z. T. verhindert. Für eine Förderung kultureller Vielfalt ist interkultureller Austausch und Zusammenarbeit (Art. 12 ÜVKA) allerdings unerlässlich. Demzufolge müssen die Entwicklungsländer durch eine Förderung ihrer einheimischen Kulturwirtschaft in die Lage versetzt werden, aktiver an einem solchen Austausch teilzuhaben.

Angesprochen werden dabei alle Mitgliedstaaten, sowohl entwickelte Länder als auch Entwicklungsländer. Doch nimmt die Kooperation der entwickelten Länder mit Entwicklungsländern einen besonderen Stellenwert ein. In Art. 14 UNESCO-Übereinkommen heißt es:

> „Die Vertragsparteien bemühen sich, die Zusammenarbeit zu Gunsten der nachhaltigen Entwicklung und der Bekämpfung der Armut zu unterstützen, insbesondere im Hinblick auf die besonderen Bedürfnisse der Entwicklungsländer, um das Entstehen eines dynamischen Kultursektors (...) zu fördern.“[1027]

Ziel der Entwicklungszusammenarbeit im Rahmen des UNESCO-Übereinkommens ist demnach die Ermächtigung der Entwicklungsländer, die eigenen, reich vorhandenen kulturellen Ausdrucksformen selbst zu verwerten.[1028] Ein dynamischer Kultursektor bedarf einer wettbewerbsfähigen Kulturwirtschaft, die in

---

COSUR Countries and Chile, WIPO (2002), <http://www.wipo.int/sme/en/documents/pdf/copyright_mercosur.pdf> (zuletzt geprüft am: 10.03.2013).

1026 SISSOKO, Cheik O., Enjeux et Défis de la Diversité Culturelle (S. 149-153), in: Deutsche UNESCO-Kommission (Hrsg.), *Kulturelle Vielfalt – Unser gemeinsamer Reichtum,* Bonn (2007), S. 151.

1027 Art. 14 ÜVKA.

1028 Vgl. ANDERSEN, Brigitte/ KOZUL-WRIGHT, Zeljka/ KOZUL-WRIGHT, Richard, Copyright, Competition and Development. The Case of the Music Industrie (2000), <http://www.unctad.org/en/docs/dp_145.en.pdf> (zuletzt geprüft am: 10.03.2013), S. 9.

der Lage ist, kulturelle Ausdrucksformen in eine verkehrsfähige Form zu bringen und gleichzeitig mit diesen kulturellen Ausdrucksformen auch auf dem internationalen Kulturmarkt wettbewerbsfähig zu sein.[1029]

Die Schaffung eines dynamischen Kultursektors als Beitrag zur nachhaltigen Entwicklung eines Landes soll dabei durch eine Reihe von Maßnahmen realisiert werden. Nach Art. 14 ÜVKA zählen dazu die Stärkung der Kulturwirtschaft in Entwicklungsländern (lit. a), der Kapazitätsaufbau (lit. b) sowie die Weitergabe von Technologie und Know-how (lit. c, d). Die Stärkung der einheimischen Kulturwirtschaft soll nach Art. 14 lit. a Nr. iii ÜVKA insbesondere durch das Entstehen eines funktionsfähigen lokalen und regionalen Marktes erreicht werden. Urheberrechtliche Regelungen bilden die Grundlage der Vermarktung kultureller Ausdrucksformen und damit für den Aufbau eines dynamischen Kultursektors.[1030]

> „Without copyright, the economic reward from original creative work is threatened and income flows greatly reduced."[1031]

Entsprechend ist die Ausgestaltung der Urheberrechte für den Ausbau und die Förderung des Kultursektors in Entwicklungsländern, wie in Art. 14 ÜVKA gefordert, von großer Bedeutung. Ohne einen ausreichenden Schutz kultureller Ausdrucksformen vor Piraterie kann sich ein dynamischer Kultursektor mit einer leistungsfähigen Kulturwirtschaft nicht entwickeln.[1032] Fehlt eine leistungsfähige Kulturlandschaft wird sich auch kein ausgewogener Austausch zwischen kulturellen Ausdrucksformen der entwickelten und Entwicklungsländern herstellen lassen. Um Entwicklungsländer jedoch aktiver an einem kulturellen Austausch zu beteiligen, fordert das UNESCO-Übereinkommen die entwickelten Länder dazu auf, durch geeignete institutionelle und rechtliche Rahmen Künstlern sowie kulturellen Ausdrucksformen aus Entwicklungsländern eine Vorzugsbehandlung zu gewähren (Art. 14, Art. 16 ÜVKA). Angesichts der herausragenden Bedeutung des Urheberrechts für eine dynamische Kulturlandschaft muss sich eine solche Vorzugsbehandlung der Entwicklungsländer seitens der entwickelten Länder auch auf urheberrechtliche Bereiche erstrecken.

1029 Vgl. DIETZ, Adolf, Urheberrecht und Entwicklungsländer. Urheberrechtliche Probleme bei der Errichtung einer neuen internationalen Wirtschaftsordnung. München (1981), S. 3 f.

1030 COMMISSION ON INTELLECTUAL PROPERTY RIGHTS, Integrating Intellectual Property Rights and Development Policy. Report of the Commission on Intellectual Propery Rights v. 09.2002, S. 98; ANDERSEN/KOZUL-WRIGHT/KOZUL-WRIGHT, Fn. 1028 (2000), S. 2.

1031 ANDERSEN/KOZUL-WRIGHT/KOZUL-WRIGHT, Fn. 1028 (2000), S. 23.

1032 PACÓN, Fn. 1009 (1995), S. 885.

III. Bewertung im Lichte des UNESCO-Übereinkommens

Die Zusammenarbeit zu Gunsten der Entwicklung soll nach dem Obersatz des Art. 14 ÜVKA die besonderen Bedürfnisse der Entwicklungsländer berücksichtigen. Fraglich ist, ob im Rahmen der völkerrechtlichen Regelungen zum Urheberrecht diese besonderen Bedürfnisse ausreichend berücksichtigt werden.

In den letzten Jahrzehnten wurde öfter die Überzeugung geäußert, dass ein hohes Urheberrechtsschutzniveau auch den Entwicklungsländern in ihrem Bemühen um ausländische Direktinvestitionen und einem Aufholen des wirtschaftlichen Rückstands behilflich sei.[1033] Dementsprechend kannte die internationale Harmonisierung des Urheberechts nur eine Richtung: stärkeren Urheberrechtsschutz für alle Staaten.

Der Urheberrechtsschutz ist jedoch in vielen Entwicklungsländern nicht historisch gewachsen,[1034] wie dies bei den europäischen Ländern oder den USA der Fall ist. Die meisten Entwicklungsländer haben Regelungen zum Urheberrecht erst dann in ihre Rechtsordnung aufgenommen, wenn dies durch internationale Verträge bi- und multilateraler Art gefordert wurde.[1035] Vor diesem Hintergrund sind Übergangsregelungen bei der Umsetzung der internationalen Verträge zum Urheberrecht notwendig, damit sich die betreffenden Staaten mit der Materie vertraut machen können und die Möglichkeit erhalten, ihren Entwicklungsstand zu verbessern.[1036] Fraglich erscheint allerdings, ob eine Übergangsdauer von fünf bis sechs Jahren für Entwicklungsländer ausreichend ist. Die sozio-ökonomische Entwicklung eines Landes wird sich in diesem kurzen Zeitraum nicht so weit entwickelt haben, dass in einem Entwicklungsland vergleichbare Bedingungen, wie in einem Industrieland herrschen. Das TRIPS-Abkommen verlangt jedoch von den Entwicklungsländern, dass sie sich nach Ablauf der Übergangsfrist denselben Regeln unterwerfen, die auch für entwickelte Län-

1033 ALIKHAN, Shahid, Socio-economic Benefits of Intellectual Property Protection in Developing Countries. Geneva (2000), S. 2; PANETHIERE, Darrell, The Persistence of Piracy, in: *e-Copyright Bulletin* (2005), S. 31.

1034 OKEDIJI, Fn. 700 (2007), S. 117; SMIERS, Fn. 229 (1999).

1035 MAY, Fn. 395 (2004), S. 822.

1036 HEATH, Christopher, Bedeutet TRIPS wirklich eine Schlechterstellung von Entwicklungsländern?, in: *GRUR Int.* (1996), S. 1170.

der gelten.[1037] Eine darüber hinausgehende Vorzugsbehandlung von Entwicklungsländern ist im TRIPS-Abkommen nicht vorgesehen.[1038]

Eine Übergangsdauer von fünf bis sechs Jahren bietet Entwicklungsländern keine ausreichende Perspektive zur Entwicklung eines wettbewerbsfähigen Kultursektors, der einen ausgewogenen kulturellen Austausch mit anderen Staaten ermöglicht. Vor dem Hintergrund der Förderung kultureller Vielfalt greifen die Übergangsregelungen des TRIPS-Abkommens zu kurz. Ähnlich – wenn auch durch die Verlängerung der Übergangsfristen entspannter – stellt sich die Situation der LDCs dar. Die Verlängerung auf den 01. Juli 2021[1039] zeigt deutlich, dass sich der Entwicklungsstand der LDCs in den ersten zwanzig Jahren der Anwendung des TRIPS-Abkommens nicht in dem Maße gebessert hat, dass ihnen die Umsetzung der Bestimmungen zum geistigen Eigentum zugemutet werden könnte. Ganz offensichtlich ist es den Mitgliedern der WTO nicht gelungen, durch Technologietransfer die sozio-ökonomische Entwicklung der LDCs soweit voranzutreiben, dass sie inzwischen die wirtschaftlichen, finanziellen und administrativen Engpässe überwunden hätten.[1040] Ein solcher Quantensprung in der Entwicklung eines LDCs ist auch nicht bis zum Ablauf der derzeitigen Umsetzungsfrist zu erwarten. Sollte die Umsetzungsfrist nicht noch ein weiteres Mal verlängert werden, müssen die LDC ab dem 01. Juli 2021 die gleichen Regelungen zum geistigen Eigentum anwenden, wie es von entwickelten Ländern erwartet wird.

In Anerkennung der Tatsache, dass urheberrechtliche Regelungen für einen funktionierenden Kultursektor unerlässlich sind, ist es auch für die Entwicklungsländer oberstes Ziel, in ihrem Land einen angemessenen Urheberrechtsschutz sicherzustellen.[1041] Allerdings ist es zweifelhaft,[1042] ob die Einführung

---

1037 Art. 65 Abs. 2 TRIPS. Vgl. dazu ANZELLOTTI, Article 65, in: Stoll/Busche/Arend (Hrsg.), Fn. 995 (2009).

1038 PACÓN, Fn. 1009 (1995), S. 877. Obwohl ursprünglich auch in den TRIPS-Verhandlungen noch von Regelungen zur Vorzugsbehandlung, bspw. Ausnahmen aus dem Inländergleichbehandlungsprinzip, vorgesehen waren. Vgl. dazu: FAUPEL, Rainer, GATT und Geistiges Eigentum, in: *GRUR Int. (*1990), S. 257 f.

1039 WTO TRIPS COUNCIL, Fn. 1000 (07.06.2013).

1040 MOON, Suerie, Does TRIPS Art. 66.2 Encourage Technology Transfer to LDCs? An Analysis of Country Submissions to the TRIPS Council (1999-2007) (2008), <http://ictsd.org/i/publications/37159/> (zuletzt geprüft am: 10.03.2013), S. 7 f.

1041 NÉRISSON, Sylvie/ FISCHER, Oliver, Geistiges Eigentum als Mittel der Entwicklungspolitik, in: *GRUR Int. (*2008), S. 1018; KOUANANG, Nana E., Réflexions sur le droit d'auteur et la Protection du Patrimoine Culturel en Afrique, in: *Copyright Bulletin (*1976), S. 239; UCHTENHAGEN, Ulrich, Die Berner Übereinkunft und die Entwick-

eines hohen, „one size fits all“-Schutzniveaus, unbeachtet des aktuellen Entwicklungsstands eines Landes, tatsächlich zur Förderung des Kultursektors beiträgt.[1043] Selbst das TRIPS-Abkommen weist in Art. 67 TRIPS darauf hin, dass die LDCs die Bestimmungen des Abkommens wegen ihrer wirtschaftlichen, finanziellen und administrativen Engpässe und ihres Bedarfs an Flexibilität bei der Schaffung einer tragfähigen technologischen Grundlage nicht sofort umsetzen müssen. Folglich erkennen die WTO-Mitglieder an, dass ein hoher Schutz geistigen Eigentums nicht für alle Länder gleichermaßen geeignet ist.[1044] Das urheberrechtliche Schutzniveau korrespondiert vielfach nicht mit den Bedürfnissen von Entwicklungsländern bzw. es fehlt den Entwicklungsländern häufig die Expertise[1045] urheberrechtliche Regelungen im Interesse ihres Landes auszulegen und anzuwenden.[1046] Zur Minderung dieses Mangels an Know-how sind die entwickelten Länder zu Technologietransfer und technischer Hilfe aufgefordert

---

lungsländer (S. 115-131), in: Schweizerische Vereinigung für Urheberrecht (Hrsg.), *Die Berner Übereinkunft und die Schweiz,* Bern (1986), S. 127.

1042 OKEDIJI, Fn. 700 (2007), S. 113 ff.; OKEDIJI, Ruth L., The International Relations of Intellectual Property, in: *Sing. J. Int'l & Comp. L.* 7 (2003), S. 315 ff.; LEA, David, The Expansion and Restructuring of Intellectual Property and Its Implications for the Developing World, in: *ETMP* 11 (2008), S. 58; SUN, Fn. 105 (2005), S. 208 f.; BEATTIE, Peter, The (Intellectual Property Law and) Economics of Innocent Fraud, in: *IIC (*2007), S. 6 ff.

1043 So auch: ANDERSEN/KOZUL-WRIGHT/KOZUL-WRIGHT, Fn. 1028 (2000), S. 23 f. Für den Bereich des Patentrechts: ODDI, Samuel A., The International Patent System and Third World Development, in: *Duke L. J.* 1987 (1987), S. 831 ff.; a. A. *Health* schreibt zwar einerseits, dass ein auf die nationalen Interessen abgestimmtes Regime geistiger Eigentumsrechte eingeführt werden sollte, stellt aber letztlich fest, dass Entwicklungsländer durch das TRIPS-Abkommen „zu ihrem Glück gezwungen worden sind.“ Vgl. HEATH, Fn. 1036 (1996), S. 1169. Nahezu wortgleich schlussfolgernd: HILPERT, Fn. 395 (1998), S. 99. Als Alternative schlägt *Okediji* die Revitalisierung des UNESCO-Welturheberrechtsabkommens von 1952 vor, das aufgrund der vergleichsweise geringen Anforderungen an den Urheberrechtsschutz an Bedeutung verloren hatte. Vgl. OKEDIJI, Fn. 700 (2007), S. 123.

1044 Mit Bezug auf die Wirkung des Meistbegünstigungsprinzips unter Vorbehalt auch: DREXL, Josef, Entwicklungsmöglichkeiten des Urheberrechts im Rahmen des GATT. Inländerbehandlung, Meistbegünstigung, Maximalschutz: Eine prinzipienorientierte Betrachtung im Lichte bestehender Konventionen. München (1990), S. 36 f.

1045 PACÓN, Fn. 1009 (1995), S. 885; DOS SANTOS-DUISENBERG, Article 14, in: Schorlemer/Stoll (Hrsg.), Fn. 994 (2012), S. 382.

1046 Um diesen Mangel zu beheben, erhalten die Entwicklungsländer technische Unterstützung durch internationale Institutionen, wie die ITC, die WIPO, die WTO oder Nichtregierungsorganisationen wie ICTSD. Vgl. MAY, Fn. 395 (2004), S. 825 ff.

(Art. 66 und 67 TRIPS). Technologietransfer und technische Hilfe haben einerseits den Vorteil, dass den Entwicklungsländern damit Hilfe zur Selbsthilfe geboten wird. Andererseits besteht jedoch auch die nicht zu vernachlässigende Gefahr, dass im Rahmen der technischen Hilfe lokale Eigenheiten wenig Beachtung finden und nicht allein im Interesse des Entwicklungslandes erfolgt, sondern z. T. mit der Verfolgung eigener Ziele der entwickelten Länder verbunden ist.[1047]

Viele Entwicklungsländer haben im Zuge ihres WTO-Beitritts, in der Hoffnung schnell ausländische Direktinvestitionen anlocken zu können, Urheberrechtsregelungen eingeführt, die ihrem Entwicklungsstand nicht angemessen sind.[1048] Dieser Zustand wird auch von dem von den Vereinten Nationen in Auftrag gegebenen unabhängigen Bericht *„Investing in Development"* hervorgehoben. Dort heißt es:

> „Unfortunately, TRIPS (trade-related aspects of intellectual property rights) obligations have tended to take too little account of levels of development and varying interests and priorities."[1049]

Nutznießer dieser progressiven Urheberrechtsgesetze sind häufig eher ausländische Firmen, die in Entwicklungsländern produzieren, als Künstler und Unternehmen des einheimischen Kultursektors.[1050]

> „Während die internationale Harmonisierung vornehmlich den Interessen urheberrechtsexportierender Staaten an einem sicheren und vorhersehbaren Handelsumfeld dient, legen historische Erfahrung, ökonomische Theorie und das Prinzip der Selbstbestimmung nahe, dass einzelne Staaten ausreichende Flexibilität genießen müssen, um das Urheberrecht den Bedürfnissen ihrer eigenen kulturellen, sozialen und wirtschaftlichen Entwicklung entsprechend auszugestalten. Auf jeweilige nationale Bedürfnisse zugeschnittene Ausnahmen und Beschränkungen des Urheberrechts stellen das wichtigste Rechtsinstrument zur Erreichung eines angemessenen, selbstbestimmten Interessenausgleichs auf nationaler Ebene dar."[1051]

1047 Näheres anhand von konkreten Beispielen siehe: MAY, Fn. 395 (2004), S. 821 ff.

1048 SUN, Fn. 105 (2005), S. 192 ff.

1049 SACHS, Jeffrey D., Investing in Development. A Practical Plan to Achieve the Millennium Development Goals. London et al. (2005), S. 219.

1050 HARMS, L. T., Offering Cake for the South, in: *E.I.P.R.* (2000), S. 451; SUN, Fn. 105 (2005), S. 192 ff. So auch SMIERS, Fn. 229 (1999), S. 7 f.

1051 GEIGER/GRIFFITHS/HILTY, Fn. 28 (2008), S. 823.

Aufgrund der Tatsache, dass Entwicklungsländer vielmehr Konsumenten von urheberrechtlich geschützten Werken v. a. der Industriestaaten sind,[1052] erfahren die Entwicklungsländer eher die restriktiven Auswirkungen des Urheberrechts, während sie mangels einer eigenen Kulturwirtschaft von den Vorteilen des Urheberrechts wenig Nutzen ziehen können. Eine den Entwicklungsstand der Entwicklungsländer nicht berücksichtigende, internationale Harmonisierung des Urheberrechts auf höchstem Niveau steht in deutlichem Widerspruch zu der in Art. 14 OS ÜVKA geforderten Berücksichtigung der besonderen Bedürfnisse der Entwicklungsländer.

Das UNESCO-Übereinkommen sieht ferner vor, dass Entwicklungsländern Vorzugsbehandlung zu gewährt ist, damit sie am internationalen Kulturaustausch aktiv teilnehmen können (Art. 16 ÜVKA).[1053] Dieser Artikel ist von großer Bedeutung für die Umsetzung des UNESCO-Übereinkommens.[1054] Deutlich wird dies beispielsweise am Wortlaut. Im Vergleich zu anderen Pflichten des UNESCO-Übereinkommens[1055] haben sich die Verhandlungspartner bei Art. 16 ÜVKA auf den Wortlaut „shall facilitate" geeinigt. Damit werden die entwickelten Länder direkt verpflichtet. Allerdings wird die Art der konkreten Vorzugsbehandlung nicht durch Art. 16 ÜVKA bestimmt. Hier haben die Vertragspartner weitestgehend freie Hand.[1056] Die Vorzugsbehandlung mit dem Ziel, Austausch zwischen Entwicklungsländern und entwickelten Ländern zu fördern, betrifft vor allem Vergünstigungen im Bereich des Waren- und Dienstleistungshandels.[1057] Mittelbar kommen allerdings auch Sonderregelungen zum Urheberrecht zum Tragen. Urheberrechtliche Regelungen sind ein wesentlicher Bestandteil eines vitalen Kultursektors. Dieser schafft die Bedingungen, die eine Teilnahme am internationalen Kulturaustausch überhaupt ermöglichen. Vor diesem Hintergrund sind vor allem der Bildungs- und Ausbildungsbereich wichtig.[1058]

1052 UNCTAD, Fn. 1024 (2008), S. 109 ff.; COMMISSION ON INTELLECTUAL PROPERTY RIGHTS, Fn. 1030 (09.2002), S. 97.

1053 TROUSSARD/PANIS-CENDROWICZ/GUERRIER, Article 16, in: Schorlemer/Stoll (Hrsg.), The UNESCO Convention on the Protection and Promotion of the Diversity of Cultural Expressions. Explanatory Notes, Berlin et al. (2012), S. 406; SCHORLEMER, Fn. 17 (2007), S. 163 ff.

1054 SCHORLEMER, Fn. 17 (2007), S. 169.

1055 Beispielsweise „shall endeavour" in Art. 12, 13, 14 ÜVKA oder „shall encourage" in Art. 15 ÜVKA.

1056 SCHORLEMER, Fn. 17 (2007), S. 169.

1057 SCHORLEMER, Fn. 17 (2007), S. 169; TROUSSARD/PANIS-CENDROWICZ/GUERRIER, Article 16, in: Schorlemer/Stoll (Hrsg.), Fn. 1053 (2012), S. 409 ff.

1058 COMMISSION ON INTELLECTUAL PROPERTY RIGHTS, Fn. 1030 (09.2002), S. 102 f.

Die Vermittlung von Wissen bildet das Fundament für das Entstehen eines eigenen, vitalen Kultursektors und des Interesses an kulturellen Ausdrucksformen anderer Länder.[1059] Vorrangiges Ziel der Entwicklungsländer ist demnach der Zugang zu Informationsgütern und kulturellen Ausdrucksformen – sowohl zu eigenen als auch zu denen anderer Kulturen. Ausnahmen für Entwicklungsländer aus dem ausschließlichen Übersetzungs- und Vervielfältigungsrecht (Anhang RBÜ) unterstützen dieses Ziel.

Die UNESCO schätzt das Übersetzungsrecht als das wichtigste Recht im Zusammenhang mit dem Zugang zu Wissen und der Offenheit gegenüber fremden Kulturen ein.[1060] Die Möglichkeit der Übersetzung ausländischer Werke fördert den Zugang zu Wissen und trägt damit zu einer besseren Bildung bei. Vor allem im Bereich der Schulbuchproduktion spielt die Ausnahme zum Übersetzungsrecht eine große Rolle. Für kleine Länder mit nicht weitverbreiteten Sprachen ist es aufgrund der geringen Nachfrage und den hohen Produktionskosten häufig nicht möglich, eigene Schulbücher zu entwickeln. Der Rückgriff auf übersetzte Versionen weitverbreiteter Schulbücher aus anderen Ländern stellt da eine Möglichkeit dar, trotzdem ausreichend Lehrmaterial zur Verfügung zu stellen. Auch das Vervielfältigungsrecht ist von zentraler Bedeutung für die Entwicklungschancen eines Landes. Sie dient dem kostengünstigen Zugang zu ausreichend Lehrmaterial.[1061]

Beide Ausnahmeregelungen setzen dort an, wo am ehesten mit Marktversagen in den Entwicklungsländern zu rechnen ist. Trotz des Fokuses der materiellen Ausnahmen auf die dringendsten Bedürfnisse der Entwicklungsländer haben diese Regelungen nicht dazu beigetragen, die Bildung der Menschen in Entwicklungsländern zu verbessern und damit den Kultursektor zu stärken und einen regen Austausch von kulturellen Ausdrucksformen mit anderen Ländern zu ermöglichen. Nur sehr wenige Entwicklungsländer haben sich durch die Abgabe einer Erklärung nach Art. I Anhang RBÜ überhaupt die Möglichkeit der Inanspruchnahme von Sonderregelungen des RBÜ-Anhangs eröffnet.[1062] Noch

---

1059 Commission on Intellectual Property Rights, Fn. 1030 (09.2002), S. 104.

1060 Okediji, Fn. 700 (2007), S. 121.

1061 Commission on Intellectual Property Rights, Fn. 1030 (09.2002), S. 102 f. So muss der Lizenznehmer nach Art. III Abs. 2 lit. a Anhang RBÜ die Vervielfältigungsstücke zu einem Preis anbieten, der unter dem bzw. maximal den üblichen Marktpreis liegt resp. widerspiegelt.

1062 Diese Erklärung hat eine Gültigkeit von zehn Jahren und läuft für alle Länder am 01.10.2014 aus. Eine entsprechende Erklärung abgegeben haben: Bangladesch, Kuba, Jordanien, Mongolei, Oman, Philippinen, Sudan, Syrien, Vereinigte Arabische Emirate, Vietnam, Thailand; Sri Lanka Vgl. http://www.wipo.int/treaties/en/ShowResults

weniger haben entsprechende nationale Rechtsgrundlagen für die Vergabe von derartigen Lizenzen geschaffen.[1063]

Ursachen für dieses Versagen sind vor allem in dem hohen administrativen Aufwand zu finden, der mit der Inanspruchnahme der Sonderregelungen verbunden ist.[1064] Dadurch dass die materielle Sonderbehandlung der Entwicklungsländer im Anhang zur RBÜ auf analoge Vervielfältigungstechnologien beschränkt ist,[1065] wird ihr auch in Zukunft immer geringere Bedeutung zukommen. Mit der stetigen Verbreitung digitaler Informationstechnologie und den Angeboten des Internets bietet sich den Entwicklungsländern eine neue Quelle des Wissens und Lernens, die durch die traditionellen Sonderregelungen nicht erfasst ist. Initiativen, wie die *African Virtual University*[1066] verdeutlichen das Potential des Internets im Bereich der Bildung und Ausbildung.[1067] Durch einen Mangel an spezifischen Schrankenbestimmungen im digitalen Umfeld wächst die digitale Kluft zwischen armen und reichen Ländern.[1068]

Aus der Perspektive der kulturellen Vielfalt stellt die urheberrechtliche Sonderbehandlung von Entwicklungsländern stets nur ein Mittel zweiter Wahl dar. Die Sonderbehandlung setzt Anreize zum Import fremder Kulturgüter, bspw. durch die Übersetzung von Textbüchern aus anderen Sprach- und Kulturkreisen. Kurzfristig bietet die Vorzugsbehandlung von Entwicklungsländern im Rahmen der RBÜ und der anderen internationalen Verträge zum Urheberrecht einem Entwicklungsland Möglichkeiten, v. a. auf dem Bildungssektor, Fortschritte zu erzielen. Allerdings kann diese Strategie nicht langfristig zur Förderung kultureller Vielfalt beitragen. Mittel- und langfristig müssen die Entwicklungsländer in die Lage versetzt werden, eigene kulturelle Ausdrucksformen zu produzieren und zu vermarkten. Der Rückgriff auf ausländische kulturelle Aus-

---

.jsp?lang=en&search_what=N&treaty_id=15 (zuletzt geprüft am 03.03.2012). Keine Erklärung haben u.a. abgegeben: Bahamas, Tschad, Fidschi, Libanon, Madagaskar, Pakistan, Südafrika und Simbabwe. Vgl. RICKETSON/GINSBURG, Fn. 128 (2006b), Rdnr. 14.106.

1063 Nach *Ricketson* hat bisher nur Thailand eine Rechtsgrundlage für die Vergabe von Zwangslizenzen zum Übersetzungsrecht geschaffen; Chapter 3 of the Copyright Act BE 2537 (1994); Vgl. RICKETSON/GINSBURG, Fn. 128 (2006b), Rdnr. 14.106.

1064 RICKETSON/GINSBURG, Fn. 128 (2006b), Rdnr. 14.106.

1065 Siehe auch Teil III, D, I dieser Arbeit.

1066 Die AVU ist ein satellitengestützes E-Learning Programm, das die Ausbildung von Fachkräften durch Zugriff auf internationale Bildungsressourcen für afrikanische Länder ermöglicht. Vgl. www.avu.org. (Zuletzt besucht am 03.03.2012).

1067 COMMISSION ON INTELLECTUAL PROPERTY RIGHTS, Fn. 1030 (09.2002), S. 107 f.

1068 COMMISSION ON INTELLECTUAL PROPERTY RIGHTS, Fn. 1030 (09.2002), S. 109.

drucksformen fördert zwar die Offenheit der Gesellschaft, allerdings geschieht dies zum Nachteil des Schutzes der eigenen kulturellen Güter.[1069]

> „Will man die kulturelle Identität der Entwicklungsländer wahren und fördern, und das wollen, wenn nicht die Entwicklungsländer selbst, so doch die Wohlmeinenden in den entwickelten Ländern, dann darf Entwicklungshilfe nicht in der Erleichterung des Kulturimports bestehen."[1070]

Die derzeit bestehenden Regelungen zur Sonderbehandlung von Entwicklungsländern im Bereich des Urheberrechts können damit nicht zu einer nachhaltigen Entwicklung des Kultursektors in Entwicklungsländern beitragen. Die Berücksichtigung der besonderen Bedürfnisse nach Art. 14 OS ÜVKA ist im Bereich des Urheberrechts nicht erfolgt. Zumal selbst die Sonderbehandlung für Entwicklungsländer nicht auf ihre aktuellen Bedürfnisse im digitalen Bereich zugeschnitten ist. Die Abkopplung der Entwicklungsländer von internetbasierter Kommunikation und dem Zugang zu Wissen hindern die Entwicklungsländer an einer aktiven Teilhabe am kulturellen Austausch (Art. 16 ÜVKA).[1071]

Es zeigt sich, dass die Interessen von Entwicklungsländern in Bezug auf urheberrechtliche Regelungen nicht ausreichend berücksichtigt werden. In den letzten Jahren wurde vor diesem Hintergrund die Kritik an den bestehenden Institutionen immer lauter. In der *Genfer Erklärung* namhafter Experten auf dem Gebiet des geistigen Eigentums heißt es:

> „[W]e insist that WIPO work from the broader framework described in the 1974 agreement with the UN, and take a more balanced and realistic view of the social benefits and costs of intellectual property rights as a tool, but not the only tool, for supporting creative intellectual activity. WIPO must also express a more balanced view of the relative benefits of harmonization and diversity, and seek to impose global conformity only when it truly benefits all of humanity. A "one size fits all" approach that embraces the highest levels of intellectual property protection for everyone leads to unjust and burdensome outcomes for countries that are struggling to meet the most basic needs of their citizens."[1072]

1069 So auch UNCTAD-ICTSD Project on IPRs and Sustainable Development, Intellectual Property Rights. Implications for Development v. 2003, S. 71.

1070 Rehbinder, Manfred, Umverteilung geistigen Eigentums durch internationale Verträge über den Schutz geistigen Eigentums?, in: *UFITA* 99 (1985), S. 10.

1071 Vgl. Sun, Fn. 105 (2005), S. 192 ff.

1072 Consumers International et. al., Geneva Declaration on the Future of the World Intellectual Property Organization. 04.03.2005 (2005), <http://www.cptech.org/ip/wipo/futureofwipodeclaration.pdf> (zuletzt geprüft am: 10.03.2013), S. 2.

Auf Vorschlag von Brasilien und Argentinien hat sich die WIPO mit der *Development Agenda*[1073] die Aufgabe gestellt, die entwicklungspolitische Dimension ihrer Aktivitäten stärker zu beachten und den Bereich der technischen Hilfe für Entwicklungsländer so umzustrukturieren, dass die Bedürfnisse der Entwicklungsländer zukünftig im Zentrum stehen.[1074]

Materielle Ausnahmen für Entwicklungsländer können zur Förderung der Vielfalt kultureller Ausdrucksformen beitragen, indem für Entwicklungsländer ein Urheberrechtsschutzniveau eingeführt wird, welches dem Entwicklungsstand des Landes angemessen ist.[1075] Diese Prämisse stellt eine Abkehr von dem bisher etablierten Modell des „one size fits all" dar[1076] und könnte beispielsweise mit einer Wiederbelebung des Welturheberrechtsabkommens (1952) realisiert werden.[1077] Das Welturheberrechtsabkommen bietet – im Gegensatz zum TRIPS-Abkommen und dem WCT – ein großes Maß an Flexibilität hinsichtlich der nationalen Umsetzung der Urheberrechte.[1078] Diese Option stünde allerdings nur denjenigen Ländern offen, die bisher noch nicht Vertragspartner der WIPO-Verträge bzw. Mitglieder der WTO sind. Zwar können die WIPO-Verträge wie auch die Mitgliedschaft in der WTO gekündigt werden, doch würde ein solcher Schritt das entsprechend Land in die diplomatische Isolation führen. Die Entwicklungschancen eines handelspolitisch isolierten Landes sind jedoch marginal. Da aus politischen Gründen eine Abkehr vom derzeit bestehenden System kurz- und mittelfristig keine Option darstellt, sind die Entwicklungsländer darauf angewiesen, die bestehenden Schrankenregelungen möglichst flexibel auszulegen.[1079]

Im Bereich des Urheberrechts kann eine Vorzugsbehandlung beispielsweise durch entwicklungspolitisch begründete Schranken des Urheberrechts, v. a. hinsichtlich des ausschließlichen Vervielfältigungs- und des Übersetzungsrechts, erfolgen. In Ermangelung zwischenstaatlicher Initiativen der entsprechenden Organisationen hat sich eine im Rahmen der *Creative Commons*- und *A2K*-Bewegung[1080] aktive Gruppe von Rechts- und Technologieexperten der

---

1073 NETANEL, Fn. 567 (2009), passim.

1074 Vgl. WIPO, Fn. 599 (2007).

1075 Vgl. CONSUMERS INTERNATIONAL ET. AL., Fn. 1072 (2005), S. 2; wie auch ANDERSEN/KOZUL-WRIGHT/KOZUL-WRIGHT, Fn. 1028 (2000), S. 23 f.

1076 NETANEL, Fn. 567 (2009), S. 2.

1077 OKEDIJI, Fn. 700 (2007), S. 122.

1078 Vgl. OKEDIJI, Fn. 700 (2007), S. 113 ff.; OKEDIJI, Fn. 1042 (2003), S. 333.

1079 GEIGER/GRIFFITHS/HILTY, Fn. 12 (08.07.2008).

1080 Die „Access to Knowledge" (A2K)-Bewegung setzt sich für einen ungehinderten, kostenfreien Zugang zu Informationen ein. Die Bewegung umfasst nicht-kommerzielle

Problematik angenommen[1081] und ursprünglich eine an der *Creative Commons-Lizenz* orientierte „*DevNat-Lizenz*" erarbeitet, die schließlich in den regulären Creative Commons Lizenzen aufgegangen ist.[1082] Nach den Creative Commons-Lizenzen behält sich der Urheber bzw. der Rechteinhaber nicht wie üblich sämtliche Rechte vor, sondern verzichtet zu Gunsten des Zugangs und des Fortschritts auf einige ihm ansonsten zustehenden Rechte. Den Nutzern in Entwicklungsländern wird auf diese Weise der Zugang zu digitalem Wissen erleichtert.[1083]

Auch wäre es denkbar, auf das Erfordernis der materiellen Gegenseitigkeit im Rahmen des urheberrechtlichen Folgerechts bei Künstlern aus Entwicklungsländern zu verzichten. Sie hätten auf diese Weise die Möglichkeit, an dem Weiterverkauf ihrer bereits einmal veräußerten Werke beteiligt zu werden und somit von einem möglichen Wertanstieg ihrer Werke zu profitieren. Schließlich kann eine Vorzugsbehandlung von Entwicklungsländern auch dadurch gewährleistet werden, dass entwickelte Länder Unterstützung bei der Etablierung eines angemessenen Urheberrechtschutzes anbieten.[1084] Eine derartige Unterstützung hätte zudem gegenüber den anderen genannten Maßnahmen den Vorteil, dass sie keine Gesetzesänderung nachsichziehen und damit vergleichsweise kostengünstig durchgeführt werden können. Allerdings muss in diesem Zusammenhang gewährleistet werden, dass die Unterstützung allein anhand der Bedürfnisse der Entwicklungsländer ausgerichtet wird und nicht nationale Interessen des unterstützenden Landes einfließen.

NGOs, Unternehmen, Privatpersonen und Regierungen. Im Jahr 2004 haben Brasilien und Argentinien einen Vorschlag zur Verhandlungen eines A2K-Abkommens im Rahmen der WIPO eingereicht. Im darauffolgenden Jahr wurde ein Vertragsentwurf ausgearbeitet, der aber mangels Zustimmung durch die entwickelten Länder nicht weiter verfolgt wurde.

1081 OGUAMANAM, Chidi, IP in Global Governance, in: *WIPO J.* 2 (2011), S. 206.

1082 LESSIG, Lawrence, Retiring Stand-alone DevNations and one Sampling License (2007), <http://creativecommons.org/weblog/entry/7520> (zuletzt geprüft am: 10.03.2013).

1083 LESSIG, Fn. 690 (2011).

1084 So auch von Entwicklungsländern gewünscht. Vgl. die Stellungnahme von Mexiko CCD IGC, Fn. 570 (03.02.2009), S. 75.

E. Zwischenergebnis

Es stellte sich die Frage, ob und inwieweit die aktuellen Urheberrechtsnormen der RBÜ, des WCTs sowie des TRIPS-Abkommens eine kulturfördernde Wirkung entfalten. Zu diesem Zweck wurden wesentliche Kriterien des UNESCO-Übereinkommens mit Bezug zu urheberrechtlichen Aspekten herausgearbeitet.

Das UNESCO-Übereinkommen fordert die Anerkennung der Bedeutung des Künstlers, bspw. durch Maßnahmen zur Unterstützung der Künstler (Präambel Abs. 17, Art. 7 Abs. 2 ÜVKA). Das Urheberpersönlichkeitsrecht umfasst den Schutz der ideellen Interessen des Urhebers, indem es das persönliche Band zwischen dem Urheber und seinem Werk schützt. Mit dem Schutz der ideellen Interessen kann eine Gesellschaft auch den Respekt ausdrücken, den es ihren Urhebern entgegenbringt. Im Rahmen der völkerrechtlichen Verträge zum Urheberrecht hat das Urheberpersönlichkeitsrecht durch die Regelungen des Art. 6bis RBÜ, zumindest in seinem Kernbestand des Rechts auf Namensnennung und Werkintegrität, Anerkennung gefunden. Auch bisher dem Urheberpersönlichkeitsrecht kritisch gegenüberstehende Staaten, wie die USA, haben im Zuge der internationalen Harmonisierung des Urheberrechts begonnen, urheberpersönlichkeitsrechtliche Regelungen in ihren nationalen Rechtsordnungen einzuführen. Die völkerrechtlichen Regelungen zum Urheberpersönlichkeitsrecht wirken sich grundsätzlich positiv auf die Förderung kultureller Vielfalt aus, da sie die Interessen des kreativen Geistes und damit der Quelle aller kulturellen Werke schützt.

Neben dem Urheber spielt auch die Allgemeinheit eine wesentliche Rolle im Rahmen der Förderung der Vielfalt kultureller Ausdrucksformen (Art. 2 Abs. 7, Art. 7 Abs. 1 lit. a und b ÜVKA). Nur wenn ein ausreichender Zugang zu kulturellen Werken gewährleistet ist, kann ein kontinuierlicher Kommunikationsprozess zwischen dem Künstler, seinem Publikum und potentiellen Künstlern in Gang gesetzt werden, der wiederum neue kulturelle Werke hervorbringt. Die völkerrechtlichen Regelungen zum Urheberrecht erfuhren in letzter Zeit eine erhebliche Ausweitung – sowohl hinsichtlich der Dauer als auch hinsichtlich des Umfangs. Der Zugang zu gemeinfreien Werken wurde auf diese Weise kontinuierlich eingeschränkt und damit der Pool an zur freien Inspiration zur Verfügung stehenden Werken verringert. Mit der Ausweitung der Schutzdauer müssen die Urheber nun länger warten, bevor sie kulturelle Werke anderer als Grundlage eigener Schöpfungen frei nutzen können. Für einige post-moderne Kunstrichtungen, wie die Appropriation Art oder das Sampling, stellt eine Ausweitung des Urheberrechtsschutzes große Hürden dar. Diese könnten durch die Anwendung von urheberrechtlichen Schranken möglicherweise umgangen werden. Doch zeichnen sich auch hier Schwierigkeiten ab. Der eigentliche Zweck der urheberrechtlichen Schranken liegt im Ausgleich der Schutzinteressen des Urhebers bzw. des Rechteinhabers mit dem Interesse der Nutzer bzw. der Allgemeinheit am Zugang zum Werk. Doch die tatsächliche Umsetzung der völkerrechtlichen Schrankenregelungen und deren Auslegung vor nationalen Gerichten zeigen, dass die Interessen der Allgemeinheit im Rahmen des Dreistufentests derzeit nur nachrangig hinter den Interessen des Urhebers bzw. des Rechteinhabers berücksichtigt werden. Auch reichen die bisher eingeräumten Schranken für einige, auf digitaler Technologie beruhende Kunstrichtungen nicht aus. Der Förderung kultureller Vielfalt ist aber nur gedient, wenn ein Umfeld geschaffen wird, das die berechtigten Interessen aller Beteiligten zu einem Ausgleich bringt. Aus Sicht des UNESCO-Übereinkommens besteht sowohl im Rahmen der Schutzdauer als auch hinsichtlich des Umfangs und der Auslegung der Schrankenbestimmungen Handlungsbedarf.

Ferner fordert das UNESCO-Übereinkommen die Vertragsparteien dazu auf, nicht nur eigene kulturelle Werke zu schützen, sondern auch offen für die kulturellen Werke anderer Kulturkreise zu sein (Art. 2 Abs. 8, Art. 7 Abs. 1 lit. b ÜVKA). Im Bereich des Urheberrechts stellt die Inländergleichbehandlung ein wesentliches Instrument dar, um auch den Austausch mit kulturellen Werken anderer Nationen zu fördern. Im Rahmen der Inländergleichbehandlung kommt ein Ausländer in den Genuss der gleichen Urheberrechte, wie ein Inländer. Eine solche, den Kernbestand der völkerrechtlichen Instrumente zum Urheberrecht ausmachende Regelung ist von immenser Bedeutung, da Urheberrechte zunächst nur im Ursprungsland eines Werkes gelten. Dadurch, dass ein Ausländer sich der Inländergleichbehandlung sicher sein kann, wird er angeregt, sein kulturelles Werk auch im Ausland zu verbreiten und auf diese Weise zu kultureller Vielfalt beizutragen. Hinzu kommt, dass die völkerrechtlichen Verträge urheberrechtliche Mindestrechte vorsehen, die in allen Vertragsländern gelten. So kann sich der Urheber nicht nur sicher sein, dass sein Werk im Ausland nicht schutzlos ist, sondern hat aufgrund des international harmonisierten Urheberrechts auch eine ungefähre Vorstellung von dem zu erwartenden Schutzumfang. Das Prinzip der Inländergleichbehandlung gepaart mit den urheberrechtlichen Mindestrechten stellt damit ein urheber- und verbreitungsfreundliches Instrument zur Förderung kultureller Vielfalt dar.

Schließlich anerkennt das UNESCO-Übereinkommen die besonderen Schwierigkeiten der Entwicklungsländer im Rahmen der Förderung der Vielfalt kultureller Ausdrucksformen und sieht aus diesem Grund spezielle Regeln der kulturellen Zusammenarbeit zwischen entwickelten und Entwicklungsländern vor. So soll die Zusammenarbeit zu Gunsten der Entwicklung auf die besonderen Bedürfnisse der Entwicklungsländer abgestimmt werden und sie durch Vorzugsbehandlung in die Lage versetzen, aktiv am grenzüberscheitenden Kulturaustausch teilzunehmen (Art. 14 und 16 ÜVKA). Doch sind die völkerrechtlichen Regelungen zum Urheberrecht nicht auf die konkreten Bedürfnisse der Entwicklungsländer abgestimmt. Der derzeitige Urheberrechtsschutz wurde auf einem sehr hohen, den Bedürfnissen entwickelter Länder angemessenen Niveau harmonisiert, ohne ausreichende Flexibilität für Entwicklungsländer zuzulassen. Auch sind die konkreten Regeln der Sonderbehandlung für Entwicklungsländer in Form von Zwangslizenzen für das Übersetzungs- und Vervielfältigungsrecht im analogen Bereich nicht mehr zeitgemäß. Das Internet und andere digitale Medien sind heute von entscheidender Bedeutung für die Verbreitung und den Zugang zu Wissen. Auch wenn die tatsächliche technische Infrastruktur in vielen Entwicklungsländern heute noch rückständig ist, weitet die Verweigerung von Sonderbehandlung für Entwicklungsländer im Bereich des Internets die digitale Kluft zwischen diesen und entwickelten Ländern. Eine solche Entwicklung steht dem Ansinnen des UNESCO-Übereinkommens nach Ermächtigung der Entwicklungsländer entgegen.

Die Analyse der einzelnen kulturellen Kriterien mit ihrem jeweiligen urheberrechtlichen Indikator zeigt, dass die derzeitigen Regelungen zum Urheberrecht sowohl positive als auch negative Auswirkungen auf die Förderung der Vielfalt kultureller Ausdrucksformen zeitigen. Positiv zu bewerten sind dabei die Regelungen zum Urheberpersönlichkeitsrecht, wie auch zur Inländergleichbehandlung. Dagegen wirken sich die zu lange urheberrechtliche Schutzdauer, die aktuelle Auslegung der Schrankenbestimmungen sowie die Auswirkungen des Urheberrechts auf weniger entwickelte Länder eher negativ aus.

Dieses Ergebnis führt zu der Frage, welchen Handlungsspielraum das Völkervertragsrecht den Vertragsparteien des UNESCO-Übereinkommens einräumt, um die hier konstatierten Hindernisse einer Förderung kultureller Vielfalt zu beheben. Das Verhältnis des ÜVKA und der völkerrechtlichen Verträge zum Urheberrecht ist dafür ausschlaggebend. Ein möglicher Handlungsspielraum allein ist jedoch nicht ausreichend, es bedarf auch des politischen Willens der Vertragsparteien, diesen Handlungsspielraum entsprechend zu nutzen. Es gilt also ferner zu prüfen, inwieweit die Vertragsparteien von ihrem Handlungsspielraum Gebrauch gemacht haben.

Teil IV: Verhältnis des UNESCO-Übereinkommens zu den völkerrechtlichen Verträgen zum Urheberrecht

Das UNESCO-Übereinkommen ist ein völkerrechtlicher Vertrag, der Berührungspunkte zu völkerrechtlichen Verträgen im Bereich des Urheberrechts[1085] aufweist. Auf den ersten Blick scheinen sich die beiden Vertragsregime zu ergänzen. Dieses Verständnis findet sich nicht nur in der Literatur,[1086] sondern wurde auch im Rahmen der Verhandlungen zum UNESCO-Übereinkommen vertreten.[1087]

Wie aber die Analyse in Teil III dieser Arbeit gezeigt hat, kann nicht ohne weiteres von einer solchen, unterstützenden Beziehung zwischen dem UNESCO-Übereinkommen und den völkerrechtlichen Verträgen zum Urheberrecht ausgegangen werden. Tatsächlich gleicht das Urheberrecht heute unter digitalen Bedingungen nicht mehr die Interessen der Urheber, Verwerter und Nutzer aus, sondern stärkt vielmehr die Rechte der Urheber und v. a. der Verwerter zu Lasten des Zugangs der Nutzer.[1088] Durch eingeschränkten Zugang wird kreatives Schaffen und damit die Förderung kultureller Vielfalt behindert. Die Forderung des UNESCO-Übereinkommens nach Schutz und Förderung der Vielfalt kultureller Ausdrucksformen wird durch eine restriktive Ausformung des Urheberrechts auf internationaler Ebene konterkariert.[1089]

Vor diesem Hintergrund ist zu prüfen, in welchem Verhältnis das UNESCO-Übereinkommen gegenüber den völkerrechtlichen Verträgen zum Urheberrecht steht? Dies bietet Rückschlüsse darauf, welche Wirkung das Übereinkommen auf die urheberrechtlichen Verträge ausübt und ob die Vertragsparteien Handlungsspielraum zur Änderung urheberrechtlicher Regelungen nutzen können. Zu diesem Zweck werden sowohl vertragsinterne als auch -externe Grenzen einer Einflussnahme des UNESCO-Übereinkommens auf die völkerrechtlichen Verträge zum Urheberrecht diskutiert. Intern bestimmen Art. 20 und 21 ÜVKA das Verhältnis des UNESCO-Übereinkommens zu ande-

---

1085 Berner Übereinkunft, WIPO-Urheberrechtsvertrag und TRIPS-Abkommen.

1086 DESURMONT, Fn. 22 (2006), S. 19; DIETZ, Fn. 22 (2005), S. 22; RUIZ FABRI, Fn. 17 (2006), S. 71.

1087 UNESCO, Fn. 381 (26.03.2004), S. 22 verso.

1088 GEIGER, Fn. 293 (2006), S. 366 ff.; GEIGER, Fn. 134 (2004), S. 815 ff.; RIIS/SCHOVSBO, Fn. 293 (2007), S. 1 ff.; QUAEDVLIEG, Fn. 293 (1998), S. 432 ff.

1089 MACMILLAN, Fn. 301 (2007), S. 101.

ren internationalen Verträgen. Den externen Rahmen bilden die Grenzen der harmonisierenden Vertragsauslegung.

A. Art des Verhältnisses

Im Folgenden soll geprüft werden, ob die Spannungen zwischen dem UNESCO-Übereinkommen und den völkerrechtlichen Verträgen zum Urheberrecht auf einen Vertragskonflikt hinauslaufen. Sollte dies der Fall sein, könnte dieser Konflikt mittels völkerrechtlicher Konfliktlösungsmechanismen beigelegt werden.

Eine grundlegende Schwierigkeit in der Diskussion um Vertragskonflikte ist der Mangel an einer einheitlich anerkannten Begriffsdefinition.[1090] Es wird zwischen einer engen Definition, der Normkollision, und einer weiten Definition, dem Ansatz- bzw. Programmkonflikt, unterschieden.

I. Normkollision

Bei Normkollisionen kommt es zu punktuellen Widersprüchen einzelner materieller Regelungen.[1091] Es macht dabei keinen Unterschied, ob es sich um widersprüchliche Rechte oder Pflichten handelt.[1092] Normkollisionen entstehen folg-

---

1090 PAUWELYN, Joost, Conflict of Norms in Public International Law. How WTO Law Relates to Other Rules of International Law. Cambridge et al. (2005), S. 166; BORGEN, Christopher J., Resolving Treaty Conflicts, in: *Geo. Wash. Int'l L. Rev.* 37 (2005), S. 575; MATZ-LÜCK, Nele, Treaties, Conflicts between, MAX-PLANCK-INSTITUT FÜR AUSLÄNDISCHES ÖFFENTLICHES RECHT UND VÖLKERRECHT (2006), <http://www.mpepil.com/> (zuletzt geprüft am: 10.03.2013).

1091 JENKS, Wilfred, Conflict of Law-Making Treaties, in: *BYIL* 30 (1953), S. 425 f.

1092 So auch PAUWELYN, Fn. 1090 (2005), S. 158 f.; NEUMANN, Jan, Die Koordination des WTO-Rechts mit anderen völkerrechtlichen Ordnungen. Konflikte des materiellen Rechts und Konkurrenzen der Streitbeilegung. Berlin (2002), S. 60; Normkollisionen allein auf widersprüchliche Pflichten beziehend: JENKS, Fn. 1091 (1953), S. 451; BORGEN, Fn. 1090 (2005), S. 575; KARL, W., Conflicts, Treaties (S. 935-941), in: Rudolf Bernhardt (Hrsg.), *Encyclopedia of Public International Law,* Amsterdam (1984), S. 468; so auch von WTO-Panel angewandt. Vgl. u.a. WTO DSB, Panel Report v. 02.07.1998 (WT/DS54/R, WT/DS55/R, WT/DS59/R, WT/DS64/R), *Indonesia – Certain Measures Affecting the Automobile Industry,* S. 329; MARCEAU, Gabrielle, Conflicts of Norms and Conflicts of Jurisdictions: The Relationship between the WTO Agreement and MEAs and other Treaties, in: *JWT* 35 (2001), S. 1082 ff.

lich zwischen konkreten Rechtssätzen mit widersprüchlichen Rechtsfolgen, die an denselben Sachverhalt anknüpfen und sich an denselben Normadressaten wenden.[1093]

Es wurde in Teil III dieser Arbeit festgestellt, dass die aktuellen, urheberrechtlichen Regelungen ihr kreativitäts- und kulturförderndes Potential nicht vollumfänglich ausschöpfen.[1094] Fraglich ist nun, ob sich diese Spannungen in einer Normkollision äußern. Zunächst ist dafür zu prüfen, ob die urheberrechtlichen Regelungen des UNESCO-Übereinkommens im Widerspruch zu den urheberrechtlichen Regelungen der RBÜ bzw. des WCTs oder des TRIPS-Abkommens stehen. Die Analyse des UNESCO-Übereinkommenstextes in Teil II dieser Arbeit hat gezeigt, dass das Übereinkommen keine expliziten materiell-rechtlichen Regelungen zum Urheberrecht enthält.[1095] Folglich kann eine Normkollision im Bereich des Urheberrechts zwischen dem UNESCO-Übereinkommen und den völkerrechtlichen Verträgen zum Urheberrecht ausgeschlossen werden.

In Teil II dieser Arbeit wurde allerdings auch deutlich, dass es sehr wohl indirekte Einfallstore für urheberrechtliche Regelungen gibt.[1096] Diese sind bspw. in Art. 7 und 16 ÜVKA enthalten. Der Art. 7 ÜVKA regelt die von den Vertragsparteien zu ergreifenden Maßnahmen zur Förderung kultureller Ausdrucksformen. Demnach müssen die Vertragsparteien in ihrem Hoheitsgebiet ein Umfeld schaffen, in dem Einzelne und Gruppen ihre Kreativität ausleben und kulturelle Werke verbreiten können und gleichzeitig Zugang zu kulturellen Werken aus anderen Ländern genießen. Artikel 7 ÜVKA ist durch einen weichen, nicht verpflichtenden Wortlaut gekennzeichnet.[1097] Konkrete urheberrechtliche Rechte oder Pflichten werden nicht angesprochen. Auch Art. 16 ÜVKA benennt keine konkreten urheberrechtlichen Maßnahmen. Stattdessen wird allgemein die Schaffung eines „geeigneten institutionellen und rechtlichen Rahmen[s]“ als ein Mittel der Vorzugsbehandlung für Entwicklungsländer gefordert. Eine Sonderbehandlung im Bereich des Urheberrechts ist damit umfasst. Jedoch entsteht keine Normkollision, da die Vertragsparteien nicht explizit zu urheberrechtlichen Maßnahmen angehalten werden. Es gibt weder ein explizites

---

1093 NEUMANN, Fn. 1092 (2002), S. 59; VRANES, Erich, The Definition of 'Norm Conflict' in International Law and Legal Theory, in: *EJIL* 17 (2006), S. 418.

1094 Siehe Teil III, E dieser Arbeit.

1095 Siehe Teil II, C, III, 1 dieser Arbeit.

1096 Siehe Teil II, C, III, 2 dieser Arbeit.

1097 GRABER, Fn. 17 (2008), S. 149 ff.; BURRI-NENOVA, Fn. 343 (2009), S. 6 f.; CONRAD, Niklas, Öffentliche Kulturförderung und Welthandelsrecht. WTO, UNESCO und das Recht des Staates zur Förderung der Künste. Köln et al. (2008), S. 428 f.

Recht noch eine explizite Pflicht zur urheberrechtlichen Sonderbehandlung von Entwicklungsländern im Rahmen des UNESCO-Übereinkommens. Zumal es im Bereich des Urheberrechts bereits Sonderregelungen für Entwicklungsländer gibt. Mit Verweis auf diese Regelungen wären selbst die vergleichsweise verbindlichen Regelungen des Art. 16 ÜVKA im Bereich des Urheberrechts erfüllt. Schwierigkeiten entstünden lediglich dann, wenn die Geeignetheit dieser bestehenden urheberrechtlichen Sonderregelungen im Sinne des UNESCO-Übereinkommens geprüft wird.[1098] Da aber urheberrechtliche Maßnahmen in den Art. 7 und 16 ÜVKA nicht explizit gefordert werden, handelt es sich hier nicht um eine Normkollision.

II. Programmkonflikt

Im Gegensatz zu Normkollisionen sind Programmkonflikte[1099] weiter angelegt. Sie beziehen sich nicht auf einzelne Komponenten eines Vertrags, sondern auf die Vereinbarkeit von politischen Zielrichtungen sowie Programmen und Ansätzen eines gesamten Vertragswerkes.[1100] Als Programm werden dabei die zugrundeliegenden Konzepte und Methoden der Zielerreichung verstanden,[1101] die in den grundlegenden Prinzipien und den konkreten, für die Zielerreichung entscheidenden Vertragsnormen zu finden sind.

Besondere Relevanz haben diese Konflikte, da der Ansatz eines Vertrags den Rahmen für die Auslegung seiner Ziele, seines Schutzumfangs und seines Regelungsgehalts bildet. Solche Konflikte sind umfassender und grundlegender in ihrer Natur als Normkollisionen. In einigen Fällen beeinträchtigt bzw. verhindert die Befolgung der Regel eines Vertrags die Verwirklichung der Ziele eines anderen Vertrags – ohne jedoch gegen eine konkrete Norm des zweiten Vertrags

---

1098 Siehe Teil III, D, III dieser Arbeit.

1099 In diesem Zusammenhang ist auch von Ansatzkonflikten die Rede. MATZ, Nele, Wege zur Koordinierung völkerrechticher Verträge. Völkervertragsrechtliche und institutionelle Ansätze. Berlin et al. (2005), S. 13 ff.; bzw. von Systemkonflikten: KADELBACH, Stefan, Allgemeines Verwaltungsrecht unter europäischem Einfluß. Tübingen (1999), S. 32.

1100 ALVAREZ, José E./ LEEBRON, David W., Linkages, in: *AJIL* 96 (2002), S. 12; PONTECORVO, Concetta M., Independence Between Global Environmental Regimes, in: *ZaöRV* 59 (1999), S. 739; ALVAREZ, José E./ TRACHTMAN, Joel P., Institutional Linkage, in: *AJIL* 96 (2002), S. 90.

1101 NEUMANN, Fn. 1092 (2002), S. 63; MATZ, Fn. 1099 (2005), S. 13.

zu verstoßen.[1102] In diesen Situationen wird die Effektivität der Verträge in Mitleidenschaft gezogen und das Vertrauen in die Rechtssicherheit erschüttert.

Die institutionelle Anbindung völkerrechtlicher Verträge hat einen großen Einfluss auf die Zielrichtung des Vertragswerks. Die drei hier untersuchten Vertragswerke wurden allesamt im Rahmen einer internationalen Organisation ausgearbeitet. Noch bevor die Vertragsparteien den eigentlichen Vertrag ausarbeiteten, haben die Initiatoren mit der Wahl des Verhandlungsortes bereits die grundlegende Ausrichtung und Substanz des Vertrags bestimmt.[1103]

Das ÜVKA wurde im Rahmen der UNESCO verhandelt und ist institutionell mit der Organisation verbunden.[1104] Laut der Verfassung der UNESCO[1105] leistet die Organisation einen Beitrag zu Frieden und Sicherheit, indem sie die Zusammenarbeit der Mitgliedstaaten in den Bereichen Bildung, Wissenschaft und Kultur fördert.[1106] Unter anderem zählt es zu ihren Aufgaben, neue Impulse für die Verbreitung von Kultur zu geben.[1107] Zu diesem Zweck dient die UNESCO als Forum für die Ausarbeitung neuer völkerrechtlicher Abkommen, die der Förderung des freien Austauschs von kulturellen Ausdrucksformen dienen.[1108] Diese Zielsetzung der Organisation spiegelt sich auch in den Zielen des UNESCO-Übereinkommens wider. Das UNESCO-Übereinkommen dient dem Schutz und der Förderung der Vielfalt kultureller Ausdrucksformen.[1109] Unter Anerkennung der Menschenrechte und Grundfreiheiten[1110] sollen die Vertragsparteien ein Umfeld schaffen, in dem sich die Kulturen frei entfalten können[1111] und der doppelte Charakter kultureller Güter und Dienstleistungen, als Wirtschaftsgüter einerseits und als Träger von Identität, Werten und Sinn anderer-

---

1102 MATZ, Fn. 1099 (2005), S. 9.

1103 ALVAREZ, Fn. 345 (2005), S. 285 f.

1104 So übernimmt das Sekretariat der UNESCO wichtige administrative Aufgaben im Rahmen der Umsetzung des Vertrags. Vgl. Art. 24 ÜVKA. Siehe auch STEINKAMP, Article 14, in: Schorlemer/Stoll (Hrsg.), The UNESCO Convention on the Protection and Promotion of the Diversity of Cultural Expressions. Explanatory Notes, Berlin et al. (2012), S. 592.

1105 Verfassung der UNESCO (UNESCO Verf.) v. 16.11.1945, in Kraft getreten am 04.11.1946, zuletzt geändert von der 30. UNESCO-Generalkonferenz am 01.11. 2001, BGBl. 1971 II, 471; 4 UNTS 275 (1945).

1106 Art. 1 UNESCO Verfassung.

1107 Art. 1 Abs. 2 lit. b UNESCO-Verfassung.

1108 Art. 1 Abs. 2 lit. a UNESCO-Verfassung.

1109 Art. 1 lit. a ÜVKA.

1110 Art. 2 Abs. 1 ÜVKA.

1111 Art. 1 lit. b ÜVKA.

seits, anerkannt wird[1112]. Die in diesem Rahmen ergriffenen kulturpolitischen Maßnahmen müssen einer Reihe an Prinzipien entsprechen.[1113] Dazu zählen unter anderem die Förderung von Solidarität und Zusammenarbeit,[1114] die Schaffung eines gleichberechtigten Zugangs zu einem reichen und vielfältigen Spektrum kultureller Ausdrucksformen[1115] sowie die gleichzeitige Gewährleistung einer Ausgewogenheit zwischen Schutz und Förderung der eigenen Kultur und Offenheit gegenüber fremden Kulturen[1116] mit dem Ziel, einen ausgewogenen internationalen Dialog zwischen den Kulturen anzuregen.[1117] Die Bedeutung des Urheberrechts für das UNESCO-Übereinkommen liegt vor allem in der „(...) Unterstützung derer, die an der kulturellen Kreativität beteiligt sind.“[1118] Im Rahmen des UNESCO-Übereinkommens wird dem Urheberrecht eine grundlegende Bedeutung zur Verwirklichung der Ziele des UNESCO-Übereinkommens zugestanden. Die Verhandlungsgeschichte des UNESCO-Übereinkommens hat allerdings gezeigt, dass sich die Verhandlungspartner über den konkreten Beitrag aktueller urheberrechtlicher Regelungen nicht einigen konnten.[1119] Aus diesem Grund verzichteten die Vertragsparteien auf eine konkrete Regelung im Rahmen des Vertragstextes.

Die RBÜ und der WCT sind institutionell an die WIPO angelehnt. Die WIPO wurde mit dem Ziel gegründet, neben der Verwaltung der Pariser und Berner Übereinkunft, den weltweiten Schutz geistiger Eigentumsrechte zu fördern.[1120] Zu diesem Zweck unternimmt die Organisation Maßnahmen zum effizienten Schutz geistigen Eigentums und zur Harmonisierung nationaler Rechte zum geistigen Eigentum.[1121] Allerdings lässt die Verfassung der WIPO[1122] kei-

1112 Art. 1 lit. g ÜVKA.

1113 Für eine nähere Erläuterung der Prinzipien und Ziele siehe: HAHN, Article 1, in: Schorlemer/Stoll (Hrsg.), The UNESCO Convention on the Protection and Promotion of the Diversity of Cultural Expressions. Explanatory Notes, Berlin et al. (2012), S. 73 ff.; KONO, Article 2, in: Schorlemer/Stoll (Hrsg.), Fn. 536 (2012), S. 100 ff.

1114 Art. 2 Abs. 4 ÜVKA.

1115 Art. 2 Abs. 7 ÜVKA.

1116 Art. 2 Abs. 8 ÜVKA.

1117 Art. 1 lit. c ÜVKA.

1118 Präambel Abs. 17 ÜVKA.

1119 Für urheberrechtliche Regelungen im Bereich des Art. 16 ÜVKA vgl. TROUSSARD/PANIS-CENDROWICZ/GUERRIER, Article 16, in: Schorlemer/Stoll (Hrsg.), Fn. 1053 (2012), S. 435, Fn 96.

1120 Art. 3 WIPO-Vertrag.

1121 Art. 4 Nr. i WIPO-Vertrag.

nen Rückschluss darauf zu, mit welcher Legitimation und welchem Ziel geistiges Eigentumsrecht gefördert werden soll.[1123] Die RBÜ als grundlegender Vertrag zum Urheberrecht steht ganz in dieser Tradition. Die Zielrichtung des Vertrags liegt allein in dem Schutz der Rechte des Urhebers ohne weitere Legitimation.[1124] Seit der Gründung der WIPO im Jahr 1967 hat sich das Selbstverständnis der Organisation allerdings geändert. Die Legitimation der Vergabe von geistigen Eigentumsrechten ist zunehmend in den Vordergrund gerückt.

> „The mission of WIPO is to promote through international cooperation the creation, dissemination, use and protection of works of the human mind for the economic, cultural and social progress of all mankind. Its effect is to contribute to a balance between the stimulation of creativity worldwide, by sufficiently protecting the moral and material interests of creators on the one hand, and providing access to the socio-economic and cultural benefits of such creativity worldwide on the other."[1125]

Die Betonung der kulturellen Dimension des Urheberrechts zur Förderung von Kreativität spiegelt sich auch in der Präambel des WCTs wider.[1126] Die Absätze 4 und 5 der Präambel des 1996 in Kraft getretenen Sonderabkommens zur

---

1122 Übereinkommen zur Errichtung der Weltorganisation für geistiges Eigentum (WIPO Convention) v. 14.07.1967, in Kraft getreten 26.06.1970, BGBl. 1970 II S. 295; geändert am 2. Oktober 1979, BGBl. 1984 II S. 799, 828 UNTS 3.

1123 Der Grund dafür liegt in den damals unüberbrückbaren, unterschiedlichen Urheberrechtstraditionen der Mitgliedstaaten: dem kontinental-europäischen naturrechtlichen und dem utilitaristischen Ansatz des angelsächsischen Copyright-System. Vgl. RIKKETSON/GINSBURG, Fn. 20 (2006a), Rdnr. 2.01 ff. Zwar wurde bereits während der Verhandlungen zur Berner Übereinkunft durch *Numa Droz* darauf verwiesen, dass das Interesse der Allgemeinheit dem absoluten Schutz Grenzen setzt, doch übernahmen die Verhandlungspartner dieses Credo nicht in den Katalog ihrer handlungsleitenden Motive zur Ausarbeitung der Übereinkunft. Mehr noch, sie verzichteten gänzlich auf die Erläuterung ihrer Beweggründe im Rahmen einer Präambel. Vgl. dazu RICKETSON/GINSBURG, Fn. 20 (2006a), Rdnr. 13.01.

1124 Art. 1 RBÜ.

1125 WORLD INTELLECTUAL PROPERTY ORGANIZATION, WIPO Intellectual Property Handbook. Policy, Law and Use. Geneva (2008), Rdnr. 1.14.

1126 Der technologische Fortschritt und die damit verbundene lebhafte Diskussion um Zugang zu urheberrechtlich geschützten Gütern hat dazu geführt, dass die Verhandlungspartner des WCTs nicht mehr umhin kamen, urheberrechtlichen Schutz durch den Verweis auf seine Anreizfunktion für kulturelles Schaffens zu legitimieren und die Interessen der Allgemeinheit angemessen zu berücksichtigen. Records of the Diplomatic Conference on Certain Copyright and Neighboring Rights Questions. Geneva, 1996. Geneva (1999a), Ziff. 767 ff.

RBÜ[1127] heben die herausragende Bedeutung des Urheberrechtsschutzes als Anreiz für literarisches und künstlerisches Schaffen hervor und fordern die Wahrung eines Gleichgewichts zwischen den Urheberrechten und den Interessen der Allgemeinheit. So ergänzen sich die Programme des UNESCO-Übereinkommens und der WIPO-Verträge zum Urheberrecht. Ein grundsätzlicher Programmkonflikt ist zwischen den beiden Vertragswerken nicht zu erkennen.[1128]

Demgegenüber lassen sich die urheberrechtlichen Regelungen des TRIPS-Abkommens deutlich abgrenzen. Das TRIPS-Abkommen ist Teil des auf Liberalisierung[1129] zielenden Welthandelsregimes der WTO.[1130] Durch den allmählichen Abbau von tarifären und nicht-tarifären Handelshemmnissen und der Beseitigung von Diskriminierung soll in den Mitgliedstaaten der Lebensstandard erhöht, die Vollbeschäftigung gesichert und ein hohes, ständig steigendes Realeinkommen sowie eine wirksame Nachfrage gewährleistet werden. Gleichzeitig erwarten die Mitgliedstaaten eine Ausweitung der Produktion wie auch des Handels mit Waren und Dienstleistungen.[1131] Neben diesen explizit ökonomischen Funktionen verfolgt die WTO auch umweltpolitische Ziele, wie die optimale Nutzung der Hilfsquellen der Welt im Einklang mit dem Ziel einer nachhaltigen Entwicklung.[1132] Dabei trägt sie den besonderen Bedürfnissen und dem Entwicklungsstand ihrer Mitglieder Rechnung.[1133]

1127 RICKETSON/GINSBURG, Fn. 20 (2006a), Rdnr. 6.128.

1128 Kleinere Spannungen ergeben sich jedoch aus der Unterscheidung zwischen ‚Rechten' der Urheber und lediglich ‚Interessen' der Allgemeinheit im Rahmen des WCTs. Diese Abstufung zwischen dem Verbindlichkeitsgrad der Ansprüche der Urheber und der Allgemeinheit ist so nicht im UNESCO-Übereinkommen zu finden. Schutz und Förderung stehen sich hier gleichberechtigt gegenüber. Allerdings lässt sich mangels konkreter urheberrechtlicher Regelungen im UNESCO-Übereinkommen keine eindeutige Aussage darüber treffen. Hintergrund der Debatte um Rechte oder Interessen der Allgemeinheit ist die strittige Natur des Urheberrechts. Fraglich ist, ob das Urheberrecht eine grundsätzliche Ausnahme zur ansonsten vorherrschenden freien Nutzung der Werke oder ob die geistigen Schöpfungen sofort als Eigentum des Schöpfers anerkannt werden und erst nach Ablauf der Schutzfrist der freien Nutzung zur Verfügung stehen. Vgl. dazu CHRISTIE, Fn. 865 (2011), S. 121 ff.; GEIGER, Fn. 19 (2010), S. 515 ff.

1129 Art. III Abs. 2 WTOA.

1130 Art. II i. V. m. Anhang WTOA sowie Art. 1 i. V. m. Anhang DSU.

1131 Vgl. Präambel WTOA; Näher dazu BOGDANDY, Preamble, in: Wolfrum/Stoll/Kaiser (Hrsg.), WTO - Institutions and Dispute Settlement, Leiden (2006), Rdnr. 11.

1132 Vgl. BOGDANDY, Preamble, in: Wolfrum/Stoll/Kaiser (Hrsg.), Fn. 1131 (2006), Rdnr. 12.

1133 Vgl. Präambel WTOA; VAN DEN BOSSCHE, Peter, The Law and Policy of the World Trade Organization. Text, Cases and Materials. Cambridge et al. (2008), S. 85.

Auch das TRIPS-Abkommen spiegelt den Fokus der WTO auf den Abbau von Handelshemmnissen wider. Bereits der Name des Abkommens über handelsbezogene Aspekte des geistigen Eigentums verdeutlicht den verkürzten Schutzansatz.[1134] Die Mitglieder sind von dem Wunsch geleitet,

> „Verzerrungen und Behinderungen des internationalen Handels zu verringern, und unter Berücksichtigung der Notwendigkeit, einen wirksamen und angemessenen Schutz der Rechte des geistigen Eigentums zu fördern sowie sicherzustellen, dass die Maßnahmen und Verfahren zur Durchsetzung der Rechte des geistigen Eigentums nicht selbst zu Schranken für den rechtmäßigen Handel werden."[1135]

Ähnlich dem WCT erkennen die Vertragsparteien im TRIPS-Abkommen auch das öffentliche Interesse im Rahmen des Schutzes geistigen Eigentums an. Allerdings wird dabei lediglich auf entwicklungs- und technologiepolitische Ziele (Präambelabs. 3 TRIPS) verwiesen. Die kulturelle Funktion des Urheberrechts wird selbst in den Zielen (Art. 7 TRIPS) nicht berücksichtigt. Auch dort ist allein von der Förderung der technischen Innovation und dem Technologietransfer die Rede.[1136] Die rein technisch-ökonomische Ausrichtung der geistigen Eigentumsrechte des TRIPS-Abkommens wird jedoch durch die Grundsätze des Art. 8 TRIPS durchbrochen. Artikel 8 Abs. 1 TRIPS eröffnet den Mitgliedstaaten Handlungsspielraum zur Förderung des öffentlichen Interesses in den für ihre sozio-ökonomische und technische Entwicklung notwendigen Sektoren. Welche Sektoren darunter fallen, ist dabei einzelfallabhängig.[1137] Kulturpolitische Maßnahmen haben einen wesentlichen Einfluss auf die sozio-ökonomische Entwicklung eines Landes. Allerdings wird die Schlagkraft von Art. 8 TRIPS angezweifelt.

> „It does not, however, reach the normative density of an order or a prohibition and it also does not lay down any rules corresponding in their significance for

---

1134 So wurden Urheberpersönlichkeitsrechte durch Art. 9 Abs. 1 S. 2 TRIPS explizit aus dem Schutzumfang des TRIPS ausgeschlossen. Siehe HÖHNE, Focke, Die Ziele des TRIPS Übereinkommens (S. 125-138), in: Arthur Steinmann/ Focke Höhne/ Peter-Tobias Stoll (Hrsg.), *Die WTO vor neuen Herausforderungen,* Stuttgart (2005), S. 126. Siehe auch: SAMUELSON, Pamela, Implications of the Agreement on Trade Related Aspects of Intellectual Property Rights for Cultural Dimensions of National Copyright Laws, in: *J. Cult. Econ.* 23 (1999), S. 95 ff.

1135 Präambelabs. 1 TRIPS.

1136 Vgl. KEßLER, Article 7, in: Stoll/Busche/Arend (Hrsg.), WTO – Trade-related Aspects of Intellectual Property Rights, Leiden (2009), Rdnr. 2; HÖHNE, Fn. 1134 (2005), S. 130.

1137 Vgl. BRAND, Article 8, in: Stoll/Busche/Arend (Hrsg.), WTO – Trade-related Aspects of Intellectual Property Rights, Leiden (2009), Rdnr. 22.

the special provisions of the Agreement to the principles laid down in Arts 3 and 4."[1138]

Insgesamt unterscheidet sich der urheberrechtliche Schutzansatz erheblich von dem der autoren- und kulturorientierten WIPO-Verträge und damit auch von dem kulturfördernden Ansatz des UNESCO-Übereinkommens.[1139] Die urheberrechtlichen Regelungen im TRIPS-Abkommen konzentrieren sich ausschließlich auf handelsbezogene Aspekte, die kulturelle Funktion des Urheberrechts wird ausgeblendet. Nicht allein der Ausschluss von Urheberpersönlichkeitsrechten aus dem Schutzumfang des TRIPS-Abkommens lässt diesen Schluss zu.[1140] Auch die Spruchpraxis des Streitbeilegungsorgans der WTO orientiert sich aufgrund ihres Mandats vorrangig an handelsbezogenen Aspekten[1141] und schränkt auf diese Weise den kulturpolitischen Handlungsspielraum der Mitgliedstaaten ein.[1142] An dieser Stelle zeigt sich auch deutlich die unterschiedliche Ausrichtung des TRIPS-Abkommens und des UNESCO-Übereinkommens. Während das TRIPS-Abkommen die Harmonisierung des geistigen Eigentums mit dem Ziel der Senkung nicht-tarifärer Handelshemmnisse verbindet, fokussieren die WIPO-Verträge und mehr noch das UNESCO-Übereinkommen auf kulturelle Erwägungen.

III. Einordnung

Es galt zu prüfen, ob das Verhältnis zwischen dem UNESCO-Übereinkommen und den völkerrechtlichen Verträgen zum Urheberrecht durch Konflikte geprägt sind. Dabei wurde zwischen Konflikten im engeren Sinne, den Normkollisionen, und Konflikten im weiteren Sinne, den Programmkonflikten, unterschieden.

1138 Vgl. BRAND, Article 8, in: Stoll/Busche/Arend (Hrsg.), Fn. 1137 (2009), Rdnr. 6; so auch CARVALHO, Nuno P. de, The TRIPS Regime of Patent Rights. The Hague et al. (2005), S. 118; a. A. HÖHNE, Fn. 1134 (2005), S. 131.

1139 SAMUELSON, Fn. 1134 (1999), S. 96.

1140 HÖHNE, Fn. 1134 (2005), S. 131.

1141 Vgl. WTO DSB, Panel Report v. 15.06.2000 (WT/DS160/R), *United States – Section 110(5) of US Copyright Act*; WTO DSB, Mutually Agreed Solution v. 06.11.2000 (WT/DS82), *European Communities – Measures Affecting the Grant of Copyright and Neighbouring Rights*; WTO DSB, Mutually Agreed Solution v. 13.09.2002 (WT/DS115), *European Communities – Measures Affecting the Grant of Copyright and Neighbouring Rights*

1142 RICHIERI HANANIA, Fn. 17 (2009), S. 185.

Da das UNESCO-Übereinkommen keine expliziten Regelungen zum Urheberrecht enthält, kann es nicht zu einer Kollision konkreter Normen kommen. Eine Normkollision, der mittels juristischer Konfliktlösungsmechanismen beizukommen wäre,[1143] liegt hier nicht vor.

Die Analyse der einzelnen Programme der Verträge ergab, dass die Ausrichtung der Verträge in einem engen Zusammenhang mit ihrer institutionellen Anbindung steht. Die Ziele des Verhandlungsforums übertrugen sich auch auf die Ausrichtung der Verträge. Da Urheberrechte in unterschiedlichen Foren verhandelt wurden, ergeben sich Widersprüche in der Zweckbestimmung urheberrechtlicher Regelungen und damit ihrer konkreten Ausgestaltung. Während die kulturelle Funktion des Urheberechts im Rahmen der WIPO-Verträge wie auch im UNESCO-Übereinkommen Berücksichtigung findet, richten sich die urheberrechtlichen Regelungen des TRIPS-Abkommens vor allem an dem Ziel des Abbaus von Handelshemmnissen aus. Kulturelle Erwägungen finden nicht nur keine Berücksichtigung, sondern wurden bspw. mit dem Ausschluss der Urheberpersönlichkeitsrechte aus dem Schutzbereich des TRIPS-Abkommens explizit ausgeschlossen. Zudem bestimmt die an wirtschaftlichen Kriterien ausgerichtete Auslegung urheberrechtlicher Regelungen im Rahmen des Streitbeilegungsmechanismus der WTO maßgeblich die Umsetzung und Anwendung des Urheberrechts auf internationaler,[1144] wie auch nationaler Ebene.[1145] Auf diese Weise entstehen Spannungen zwischen dem UNESCO-Übereinkommen und dem TRIPS-Abkommens, die sich als Programmkonflikte identifizieren lassen.

1143 Diese Regelungen sind jedoch nur auf solche Kollisionsfälle anwendbar, bei denen die Vertragsparteien der kollidierenden Verträge identisch sind. Vgl. Art. 30 Abs. 3 WVK. Vgl. STEIN, Torsten/ BUTTLAR, Christian von, Völkerrecht. Köln et al. (2009), Rdnr. 109; HOBE, Stephan, Einführung in das Völkerrecht. Tübingen (2008), S. 182. Ferner müssen sich die Verträge auf denselben Sachverhalt beziehen. Ein identischer Anwendungsbereich beider Verträge ist damit jedoch nicht erforderlich. Vgl. KOSKENNIEMI, Martti, Fragmentation of International Law: Difficulties Arising from the Diversification and Expansion of International Law. Report of the Study Group of the International Law Commission, A/CN.4/L.682 v. 04.04.2006, Ziff. 22 f.; so auch mit Bezug auf Art. 30 WVK VIERDAG, E. W., The Time of the Conclusion of a Multilateral Treaty: Article 30, in: *BYIL (*1988), S. 100.

1144 Das TRIPS-Abkommen inkorporiert durch Art. 9 Abs. 1 TRIPS die materiellen, urheberrechtlichen Regelungen der RBÜ und des WCTs, nicht aber deren legitimatorischen Hintergrund. Die Präambel des WCT ist von dieser Eingliederung ausgeschlossen. Entsprechend sind zwar die einzelnen Rechte der RBÜ und des WCTs, nicht aber die mit ihnen verfolgten Ziele der Streitbeilegung der WTO zugängig. Vgl. BRAND, Article 9, in: Stoll/Busche/Arend (Hrsg.), Fn. 714 (2009).

1145 SAMUELSON, Fn. 1134 (1999).

Während sich Normkollisionen mit den juristischen Konfliktlösungsmechanismen bearbeiten lassen, ist dies aufgrund des Mangels an konkreten widersprüchlichen Regelungen bei Programmkonflikten nicht möglich.[1146] Es stellt sich allerdings die Frage, welchen Handlungsspielraum den Vertragsparteien des UNESCO-Übereinkommens eingeräumt wird, um die kulturelle Funktion des Urheberrechts in den völkerrechtlichen Verträgen zum Urheberrecht stärker zu betonen.

IV. Die Kollisionsklausel des Art. 20 ÜVKA

Es wurde festgestellt, dass zwischen dem UNESCO-Übereinkommen und insbesondere den urheberrechtlichen Regelungen des TRIPS-Abkommens Spannungen bestehen. Mangels konkreter Urheberrechtsregelungen im UNESCO-Übereinkommen liegt jedoch keine mit juristischen Konfliktlösungsansätzen[1147] bearbeitbare Normkollision vor.[1148] Die aus dem Programm der unterschiedlichen Verträge resultierenden Spannungen könnten sich jedoch durch eine Anpassung urheberrechtlicher Regelungen beheben lassen. Bevor jedoch die Änderung der völkerrechtlichen Verträge zum Urheberrecht überhaupt betrachtet werden kann, muss analysiert werden, in welchem Verhältnis das UNESCO-Übereinkommen zu den völkerrechtlichen Verträgen zum Urheberrecht steht.

Die Regelungen des Art. 20 ÜVKA über das Verhältnis des UNESCO-Übereinkommens zu anderen internationalen Verträgen stehen im Zentrum dieser Analyse.

1146 MATZ, Fn. 1099 (2005), S. 336 ff.; MATZ-LÜCK, Fn. 1090 (2006), Rdnr. 27; NEUMANN, Fn. 1092 (2002), S. 91 f.; a. A. PAUWELYN, Fn. 1090 (2005).

1147 Dazu zählen eine Hierarchisierung völkerrechtlicher Quellen, die völkergewohnheitsrechtlich geltenden Regeln des lex specialis und des lex posterior. Vgl. dazu VILLIGER, Mark E., Commentary on the 1969 Vienna Convention on the Law of Treaties. Leiden (2009), Art. 30, Rdnr. 1 ff.; kritisch demgegenüber: SADAT-AKHAVI, Seyed A., Methods of Resolving Conflicts Between Treaties. Leiden (2003), S. 190. Siehe auch umfassend: PAUWELYN, Fn. 1090 (2005); MATZ, Fn. 1099 (2005), S. 329 ff.; MATZ-LÜCK, Fn. 1090 (2006), Rdnr. 12 ff.; NEUMANN, Fn. 1092 (2002), S. 72 ff.; MARCEAU, Fn. 1092 (2001), S. 1081 ff.

1148 Zur unzureichenden Bearbeitung von Programmkonflikten mit juristischen Konfliktlösungsinstrumenten siehe MATZ, Fn. 1099 (2005), S. 264.

1. Inhalt und Zweck von Kollisionsklauseln

Die zunehmende Anzahl sich überlappender und potentiell kollidierender, völkerrechtlicher Verträge der letzten Dekaden lässt eine Aufnahme von Kollisionsklauseln in einen Vertragstext immer dringlicher werden.[1149]

Völkervertragsrechtliche Kollisionsklauseln sind Regelungen, die das Verhältnis des Vertrags zu anderen völkerrechtlichen Verträgen regeln. Sie können dabei sowohl die Form von Vorrangs- als auch von Vereinbarkeitsklauseln annehmen.[1150] Eine Vorrangregelung durchbricht die grundsätzliche Gleichheit völkerrechtlicher Verträge, indem konkrete Regelungen mindestens eines der beiden divergierenden Verträge relativiert werden. Die International Law Commission (ILC) definiert die Kollisionsklausel als:

> „(...) a clause intended to regulate the relation between the provision of the treaty and those of another treaty or of any other treaty relating to the matters with which the treaty deals. Sometimes the clause concerns the relation of the treaty to a prior treaty, sometimes its relation to a future treaty and sometimes to any treaty past or future."[1151]

Sie unterscheidet damit die unterschiedlichen Kollisionsklauseln anhand zeitlicher Kriterien. Allerdings lassen sich auch andere Kategorisierungen vornehmen.[1152] Kollisionsklauseln können auch auf den sachlichen Anwendungsbereich bezogen sein.[1153] Zudem treten sie als Mischform mit zeitlichen und sachlichen Bezügen auf.[1154] Auch die Vereinbarkeitsnormen[1155] werden zu den Kol-

---

1149 MATZ-LÜCK, Fn. 1090 (2006), Rdnr. 1.

1150 Es wird jedoch auch die Auffassung vertreten, dass Kollisionsnormen lediglich Vorrangklauseln umfassen und Vereinbarkeitsklauseln eine eigene Kategorie darstellen. Da jedoch sowohl Vorrang als auch die gegenseitige Vereinbarkeit Lösungen im Falle einer Vertragskollision bieten, sollen hier beide Arten unter dem Begriff ‚Kollisionsnorm' zusammengefasst werden.

1151 INTERNATIONAL LAW COMMISSION, Commentary on Article 26 (later Article 30) of the Vienna Convention on the Law of Treaties, in: *ILCY* (1966), S. 214.

1152 KOSKENNIEMI, Fn. 1143 (04.04.2006), Ziff. 268 ff.; SADAT-AKHAVI, Fn. 1147 (2003), S. 84 ff.

1153 So genießen beispielsweise die Menschenrechte und Grundfreiheiten nach Art. 2 Abs. 1 ÜVKA Vorrang vor den Regelungen des ÜVKA. Vgl. MATZ, Fn. 1099 (2005), S. 267.

1154 Ein Beispiel dafür ist Art. 22 Abs. 1 Übereinkommen über die biologische Vielfalt: „(1) Dieses Übereinkommen lässt die Rechte und Pflichten einer Vertragspartei aus bestehenden völkerrechtlichen Übereinkünften unberührt, außer wenn die Wahrneh-

lisionsklauseln gezählt. Hier zielt die Regelung nicht auf den Vorrang eines Vertrags ab, sondern ordnet eine ausdrückliche Gleichrangigkeit der Verträge an.[1156]

Kollisionsklauseln kommen dann zum Tragen, wenn ein oder mehrere Verträge im Widerspruch zueinander stehen. Die Verhandlungspartner greifen aber auch dann zur Formulierung von völkervertraglichen Kollisionsklauseln, wenn sie die Anwendung der generellen, völkergewohnheitsrechtlich geltenden Vorrangregelungen des lex specialis oder des lex posterior nach ihren Wünschen beeinflussen möchten.[1157] Eine generelle Hierarchisierung wird durch Kollisionsklauseln allerdings nicht vorgenommen. Sie regeln lediglich die Frage der Anwendung von Rechten und Pflichten aus kollidierenden Verträgen für einen Einzelfall.[1158]

Das UNESCO-Übereinkommen enthält in Art. 20 eine generelle Kollisionsregelung, die das Verhältnis des UNESCO-Übereinkommens gegenüber anderen völkerrechtlichen Verträgen regelt. Die Kollisionsklausel des Art. 20 UNESCO-Übereinkommen lautet:

> „Artikel 20 – Verhältnis zu anderen Verträgen: wechselseitige Unterstützung, Komplementarität und Nicht-Unterordnung
>
> (1) Die Vertragsparteien erkennen an, dass sie ihre Verpflichtungen aus diesem Übereinkommen und allen anderen Verträgen, deren Vertragsparteien sie sind, nach Treu und Glauben zu erfüllen haben. Ohne dieses Übereinkommen anderen Verträgen unterzuordnen,

---

mung dieser Rechte und Pflichten die biologische Vielfalt ernsthaft schädigen oder bedrohen würde."

1155 Da Vereinbarkeitsklauseln häufig auch einen Bezug zu zeitlichen Kriterien aufweisen, werden sie zum Teil auch den Kollisionsnormen in zeitlicher Hinsicht zugeordnet. So beispielsweise MATZ, Fn. 1099 (2005), S. 261.

1156 Vgl. NEUMANN, Fn. 1092 (2002), S. 78; MATZ, Fn. 1099 (2005), S. 261.

1157 SCHORLEMER, Fn. 17 (2005a), S. 52; a. A. für Art. 20 Abs. 1 ÜVKA: RUIZ FABRI, Fn. 17 (2006), S. 84; BERNIER, Fn. 17 (ohne Datum), S. 3. Bekanntestes Beispiel einer Vorrangregelung ist Art. 103 VN-Charta, wonach den Verpflichtungen der VN-Charta der Vorrang vor widersprechenden Verpflichtungen aus anderen Übereinkünften einzuräumen ist. Einige Autoren verstehen Art. 103 VN-Charta nicht allein als Kollisionsnorm, sondern begründen damit eine Hierarchie völkerrechtlicher Verträge und damit den Primat der VN-Charta. Vgl. ROUCOUNAS, Emmanuel, Engagements Parallèles et Contradictoires, in: *RdC* 206 (1987), S. 66. Die Wirkung dieser Klausel ist jedoch nicht unumstritten. Vgl. KADELBACH, Stefan, Zwingendes Völkerrecht. Berlin (1992), S. 28.

1158 MATZ, Fn. 1099 (2005), S. 261.

a) fördern sie daher die wechselseitige Unterstützung zwischen diesem Übereinkommen und anderen Verträgen, deren Vertragsparteien sie sind;

b) berücksichtigen die Vertragsparteien bei der Auslegung und Anwendung anderer Verträge, deren Vertragsparteien sie sind, oder bei Eingehen anderer internationaler Verpflichtungen die einschlägigen Bestimmungen dieses Übereinkommens.

(2) Dieses Übereinkommen ist nicht so auszulegen, als verändere es die Rechte und Pflichten der Vertragsparteien aus anderen Verträgen, deren Vertragsparteien sie sind."[1159]

Daneben finden sich aber auch Kollisionsregelungen in anderen Artikeln der ÜVKA, die auf die Einheitlichkeit der Völkerrechtsordnung abstellen. Darin wird ein grundsätzlicher Vorrang der VN-Charta, der anerkannten Grundsätze des Völkerrechts und der allgemein anerkannten Menschenrechtsübereinkünfte vor den Bestimmungen des UNESCO-Übereinkommens eingeräumt (Art. 2 Abs. 1 S. 2, Art. 2 Abs. 2, Art. 5 Abs. 1 ÜVKA).[1160] Da im Rahmen dieses Kapitels allerdings die Koordinierung des UNESCO-Übereinkommens mit den völkerrechtlichen Verträgen zum Urheberrecht im Mittelpunkt steht, soll hier auf eine Diskussion der Art. 2 und 5 ÜVKA verzichtet werden.

2. Einordnung der Kollisionsklausel des Art. 20 ÜVKA

Artikel 20 ÜVKA gilt als Herz[1161] und zugleich umstrittenster[1162] Artikel des Vertragswerkes. Nach Art. 20 ÜVKA steht das UNESCO-Übereinkommen in einem Verhältnis der wechselseitigen Unterstützung, Komplementarität und der Nicht-Unterordnung gegenüber anderen Verträgen. Bereits die Überschrift des Artikels macht deutlich, dass kein Vorrang des UNESCO-Übereinkommens oder eines anderen Vertrags eingeräumt werden soll. Es handelt sich folglich um eine Vereinbarkeitsklausel, die auf die gleichzeitige Anwendbarkeit des UNESCO-Übereinkommens und anderer Verträge abzielt. Der Sachgehalt der anderen Verträge ist dabei nicht näher spezifiziert. Auch gibt Art. 20 ÜVKA

1159 Art. 20 ÜVKA.

1160 Vgl. dazu die Kommentierungen von KONO, Article 2, in: Schorlemer/Stoll (Hrsg.), Fn. 536 (2012), S. 100 ff. und AULAKE/LIEDES, Article 5, in: Schorlemer/Stoll (Hrsg.), The UNESCO Convention on the Protection and Promotion of the Diversity of Cultural Expressions. Explanatory Notes, Berlin et al. (2012), S. 172 ff.

1161 ASMAL, Kader, What the Convention Means to Me (S. 9-14), in: Deutsche UNESCO-Kommission (Hrsg.), *Übereinkommen über Schutz und Förderung der Vielfalt kultureller Ausdrucksformen,* Bonn (2006), S. 13.

1162 VOON, Fn. 17 (2006), S. 640; RUIZ FABRI, Fn. 67 (2007), S. 336.

keine Einschränkung in zeitlicher Hinsicht. Es ist lediglich von dem Verhältnis dieses Übereinkommens mit anderen Verträgen die Rede. Ob es sich bei den anderen Verträgen um Verträge handelt, die bereits vor dem UNESCO-Übereinkommen oder erst danach Gültigkeit erlangt haben, wurde von den Vertragsparteien nicht näher spezifiziert.[1163]

Es fällt allerdings auf, dass die Verhandlungspartner hinsichtlich der anderen Verträge in den jeweiligen Absätzen unterschiedliche Formulierungen gewählt haben. Während in Abs. 1 S. 1 des Art. 20 ÜVKA von „allen anderen Verträgen" die Rede ist, benennt Abs. 1 S. 2 lit. a und b sowie Abs. 2 des Artikels lediglich „andere Verträge". In zeitlicher Hinsicht ist die Formulierung des Abs. 1 deutlich. Mit „allen anderen Verträgen" sind sowohl alle bereits bestehenden Verträge, wie die WTO-Verträge, sowie alle zukünftig zu verhandelnden Verträge, wie beispielsweise der WIPO-Rundfunkvertrag,[1164] umfasst.[1165]

Fraglich ist nun, ob das Weglassen des Wortes „alle" in Abs. 1 S. 2, in den Unterabsätzen a und b sowie in Abs. 2 des Art. 20 ÜVKA eine Bedeutungsänderung nach sich zieht. Mit dem Weglassen des Wortes „alle" scheint keine zusätzliche, explizit zeitliche Einschränkung verbunden zu sein. Zudem handelt es sich inhaltlich um Absätze, die im Sinne des Art. 20 Abs. 1 S. 1 ÜVKA die gegenseitige Berücksichtigung und Unterstützung fordern. Es ist damit unwahrscheinlich, dass die Verhandlungspartner durch eine Wortwahländerung ausdrücklich nur einen bestimmten Bestand der Verträge umfassen wollten. Zumal sie in Art. 20 Abs. 1 lit. b ÜVKA bei der Berücksichtigung des UNESCO-Übereinkommens zwischen der Auslegung und Anwendung anderer Verträge und dem Eingehen anderer internationaler Verpflichtungen zeitlich differenzieren. Damit wird deutlich, dass die Verhandlungspartner nicht nur das Verhältnis zwischen bestehenden, sondern auch zu zukünftigen internationalen Instrumenten durch Art. 20 ÜVKA regeln wollten.

Unterstützt wird dieses Ergebnis durch eine Blick auf den Verhandlungsverlauf. Während zunächst noch im Entwurf unabhängiger Experten von ‚bestehenden Verträgen' die Rede war,[1166] fiel die zeitliche Einschränkung ‚bestehend' im Laufe der Verhandlungen der Regierungsexperten weg.[1167] So haben

1163 STOLL, Article 20, in: Schorlemer/Stoll (Hrsg.), The UNESCO Convention on the Protection and Promotion of the Diversity of Cultural Expressions. Explanatory Notes, Berlin et al. (2012), S. 530.

1164 WIPO SCCR, Fn. 601 (20.04.2007).

1165 STOLL, Article 20, in: Schorlemer/Stoll (Hrsg.), Fn. 1163 (2012), S. 530.

1166 Siehe Teil II, B, II dieser Arbeit.

1167 Siehe Teil II, B, II dieser Arbeit.

beispielsweise die USA auf eine eindeutigere Einbeziehung auch zukünftiger Abkommen in den Wortlaut des Art. 20 ÜVKA plädiert.[1168] Zwar fand der Vorschlag keine Zustimmung vom Plenum, doch kann der Wegfall des Wortes ‚bestehend' auch als ein politisches Zugeständnis der Verhandlungspartner gegenüber den USA gewertet werden.

Eine andere Lesart wäre auch schon deshalb sinnwidrig, da die Durchsetzungskraft des UNESCO-Übereinkommens mangels substantieller Pflichten vor allem in der politischen Beeinflussung der Debatte in zukünftigen Vertragswerken liegt.[1169] So wurde die Motivation vieler Verhandlungspartner zum Abschluss des UNESCO-Übereinkommens vor allem dadurch gestärkt, dass mit Hilfe des UNESCO-Übereinkommens zukünftige Verhandlungen über die Liberalisierung des Handels mit kulturellen Gütern und Dienstleistungen im Rahmen der WTO vermieden werden könnten. Im Ergebnis liegt trotz kleinerer Widersprüche in der Wortwahl keine zeitliche oder sachliche Einschränkung der Vereinbarkeitsklausel vor.

3. Effektivität des Art. 20 ÜVKA als Kollisionsinstrument

Artikel 20 ÜVKA in seiner endgültigen Form stellt eine Kompromissformel dar.[1170] Die Vertragsstaaten einigten sich letztendlich auf eine Formulierung, die keinen Vorrang, sondern die gegenseitige Vereinbarkeit und wechselseitige Unterstützung von Verträgen ohne sachliche Einschränkung[1171] vorsieht.[1172]

1168 Vergleiche Vorschlag der USA während der zweiten Verhandlungsrunde der Regierungsexperten: „Nothing in this Convention shall prevail over, nor be interpreted as modifying the rights and obligations arising under any existing international agreement, their successor agreement, and any amendments made to those agreements, as between States Parties to those agreements." UNESCO, Fn. 354 (23.12.2004), S. 88 und Aufzeichnungen der Autorin während der Verhandlungen, Paris, 2005.

1169 Graber, Fn. 17 (2008), S. 149 ff.; Ruiz Fabri, Fn. 17 (2006), S. 81; Burri-Nenova, Fn. 343 (2009), S. 3.

1170 Schorlemer, Introduction, in: Schorlemer/Stoll (Hrsg.), Fn. 357 (2012), S. 8.

1171 Ruiz Fabri, Fn. 17 (2006), S. 84. Hier sei erwähnt, dass zunächst der Bereich der geistigen Eigentumsrechte im Rahmen der Kollisionsnorm von der allgemeinen Regelung ausgenommen wurde (Option A, Art. 19 Abs. 1 Expertenentwurf), dann schließlich aber aus dem Entwurfstext gestrichen wurde. Vgl. dazu auch Frau-Meigs, Fn. 597 (2007).

1172 Conrad, Fn. 1097 (2008), S. 448.

Während der erste Absatz die Nicht-Unterordnung des UNESCO-Übereinkommens unter andere völkerrechtliche Verträge sowie deren wechselseitige Unterstützung betont, hebt der zweite Absatz von Art. 20 ÜVKA die Neutralität des UNESCO-Übereinkommens gegenüber anderen völkerrechtlichen Verträgen hervor. Beide Absätze stellen damit zwei Seiten der gegenseitigen Vereinbarkeit dar.[1173] Eine Vorrangstellung des UNESCO-Übereinkommens oder anderer Verträge ist nicht verankert. Stattdessen sollen sich das UNESCO-Übereinkommen und andere völkerrechtliche Verträge gegenseitig befruchten und auf diese Weise zu einer kohärenten Völkerrechtsordnung beitragen.[1174]

a) Artikel 20 Abs. 1 ÜVKA

Nach Art. 20 Abs. 1 ÜVKA sind die Staaten gehalten, ihre Verpflichtungen aus dem UNESCO-Übereinkommen wie auch aus anderen Verträgen, denen sie beigetreten sind, nach Treu und Glauben zu erfüllen. Diese Regelung spiegelt den nach Völkergewohnheitsrecht und Art. 26 WVK geltenden Satz des pacta sunt servanda wider.[1175] Einige Autoren gestehen demnach Art. 20 Abs. 1 S. 1 ÜVKA lediglich deklaratorischen Charakter[1176] zu.[1177] Satz 2 stellt zudem expli-

---

1173 Im Rahmen ähnlicher Formulierungen in umweltvölkerrechtlichen Verträgen wurde häufig darauf verwiesen, dass diese Formulierungen widersprüchlich seien. Vgl. HAGEN, Paul E./ WEINER, John B., The Cartagena Protocol on Biosafety, in: *GIELR* XII (2000), S. 707; PHILIPPS, Peter W./ KERR, William A., Alternative Paradigms, in: *JWT* 34 (2000), S. 66; STOLL, Peter-Tobias, Controlling the Risks of Genetically Modified Organisms, in: *YIEL* 10 (1999), S. 118. Diese scheinbar widersprüchlichen Ansichten spiegeln die divergierenden Positionen der Verhandlungspartner wider. Gleichzeitig bilden diese Positionen aber auch die Voraussetzungen für eine gegenseitige Unterstützung. Die vermeintlichen Widersprüche werden auf dem Wege der gleichberechtigten Vereinbarkeit aufgelöst.

1174 So auch die Auslegung analoger Regelungen im Rahmen des Biosicherheitsprotokolls: SAFRIN, Sabrina, Treaties in Collision?, in: *AJIL* 96 (2002), S. 619 f.; NEUMANN, Fn. 1092 (2002), S. 420; BAIL, Christoph, Das Biosicherheitsprotokoll, in: *EuZW* 11 (2000); BUCK, Matthias, Das Cartagena Protokoll über Biologische Sicherheit in seiner Bedeutung über das Verhältnis zwischen Umweltvölkerrecht und Welthandelsrecht, in: *ZUR* 11 (2000), S. 326.

1175 Vgl. KOTZUR, Markus, Good Faith (Bona Fide), MAX-PLANCK-INSTITUT FÜR AUSLÄNDISCHES ÖFFENTLICHES RECHT UND VÖLKERRECHT (2009), <http://www.mpepil.com/> (zuletzt geprüft am: 10.03.2013), Rdnr. 19 ff.; RUIZ FABRI, Fn. 94 (2007), S. 76.

1176 Dieser Auffassung sind: RUIZ FABRI, Fn. 17 (2006), S. 84; BERNIER, Fn. 17 (ohne Datum), S. 3.

zit fest, dass das UNESCO-Übereinkommen nicht unter andere völkerrechtliche Verträge untergeordnet werden soll. Das gleichwertige Verhältnis des UNESCO-Übereinkommens zu anderen völkerrechtlichen Verträgen wird durch zwei Unterpunkte a) und b) ausgestaltet. Demnach sind die Vertragsparteien des UNESCO-Übereinkommens dazu angehalten, (a) eine wechselseitige Unterstützung des UNESCO-Übereinkommens und anderen von ihnen eingegangenen völkerrechtlichen Verträgen zu fördern[1178] sowie (b) die Bestimmungen des UNESCO-Übereinkommens im Rahmen der Auslegung und Anwendung (lex priori) und beim Eingehen (lex posterior) neuer völkerrechtlicher Verpflichtungen zu berücksichtigen.

Lit. a – gegenseitige Unterstützung

Die in Art. 20 Abs. 1 lit. a ÜVKA festgeschriebene „gegenseitige Unterstützung" des UNESCO-Übereinkommens mit anderen Verträgen ist ein rechtliches Instrument, das dem Ausgleich der Spannungen zwischen divergierenden Vertragsregimen dient.

Ursprünglich entstammt dieses Konstrukt dem Spannungsfeld zwischen Handels- und Umweltverträgen.[1179] Erstmals fand es in der Agenda 21 Eingang, die während der *UN-Konferenz zu Umwelt und Entwicklung* in Rio de Janeiro (1992) verabschiedet wurde.[1180] Später wurde es durch die *WTO Decision on Trade and Environment* aufgegriffen und in den WTO-Kontext assimiliert.[1181]

1177 Der Absatz diente wohl eher der Beruhigung der Gemüter in einer Debatte über eine vermeintliche Marginalisierung des UNESCO-Übereinkommens gegenüber anderen völkerrechtlichen Verträgen, die zum Teil sehr lebhaft geführt wurde. Vgl. BURRI-NENOVA, Fn. 343 (2009), S. 4. Siehe auch die Verhandlungen zu einer Kollisionsnorm im Rahmen des Biosicherheitsprotokolls, die in vielen Punkten den Verhandlungen zu Art. 20 ÜVKA ähneln. Vgl. SAFRIN, Fn. 1174 (2002), S. 619 f.

1178 BERNIER, Fn. 17 (ohne Datum), S. 5. Dagegen argumentiert *Hahn*, dass die Vertragspartnern nur das UNESCO-Übereinkommen in anderen Foren fördern sollen, während die Vertragsparteien in anderen Foren nicht dazu angehalten seien das UNESCO-Übereinkommen zu unterstützen. Der Wortlaut "wechselseitig" macht allerdings deutlich, dass eine Unterstützung in beide Richtungen vorgesehen ist. *Hahns* Interpretation greift vor diesem Hintergrund zu kurz. Vgl. HAHN, Fn. 17 (2006), S. 515 ff.

1179 Vgl. STOLL, Article 20, in: Schorlemer/Stoll (Hrsg.), Fn. 1163 (2012), S. 531.

1180 Dort heißt es "The international economy should provide a supportive international climate for achieving environment and development goals by (...) making trade and environment mutually supportive." UN CONFERENCE ON ENVIRONMENT AND DEVEL-

„[I]ts adoption by the 1994 Decisions as followed up in the 1996 CTE Report turned the principle of MS [mutual supportiveness] into a legal standard *internal* to the WTO."[1182]

Wenig später fand das Prinzip der gegenseitigen Unterstützung auch Eingang in umweltvölkerrechtliche Verträge,[1183] um dort das Verhältnis dieser Verträge zu den internationalen Handelsverträgen zu regeln. Diese umweltvölkerrechtlichen Verträge dienten den Verhandlungspartnern für Art. 20 ÜVKA als Vorlage.[1184]

Nach neueren Ansätzen[1185] leiten sich aus dem Prinzip der gegenseitigen Unterstützung zwei Funktionen ab – eine interpretative und eine rechtsetzende Funktion. Unstrittig ist, dass die gegenseitige Unterstützung zweier konfligierender Verträge durch eine harmonisierende Auslegung der Bestimmungen beider Verträge gewährleistet werden kann. Wo trotz einer solchen Auslegung, Spannungen zwischen zwei Vertragsregimen nicht beigelegt werden können, kommt der zweite, neuere Aspekt der gegenseitigen Unterstützung zum Tragen.[1186] Demnach könnte es den Vertragsparteien obliegen, in gutem Glauben miteinander zu kooperieren, um einen Rechtssetzungsprozess anzustoßen, der die vorliegenden Spannungen beilegt. Ein solches Prinzip kann noch nicht als allgemein anerkanntes Rechtsprinzip gelten. Allerdings bieten die Grundsätze des Treu und Glauben und der Kooperation einen Ausgangspunkt für eine mögliche rechtsetzende Funktion der gegenseitigen Unterstützung. Wenn Programmkonflikte zwischen Regimen auftreten, die sich durch eine harmonisierende Auslegung nicht beilegen lassen, dann reicht es nicht, das Problem durch Streitbeilegungsmechanismen der beteiligten Regime zu lösen. Eine solche Vor-

---

OPMENT, Agenda 21 (1992), <http://www.unep.org/Documents.Multilingual/Default.asp?documentid=52> (zuletzt geprüft am: 10.03.2013) Section 1, Chapter 2.

1181 WTO TRADE COUNCIL, Decision on Trade and Environment, MTN/TNC/45(MIN) v. 14.04.1994.

1182 PAVONI, Riccardo, Mutual Supportiveness as a Principle of Interpretation and Law-Making, in: *EJIL* 21 (2010), S. 652.

1183 Bspw. Präambel Abs. 8 Rotterdamer Übereinkommen vom 10. September 1998 über das Verfahren der vorherigen Zustimmung nach Inkenntnissetzung für bestimmte gefährliche Chemikalien sowie Pestizide im internationalen Handel (PIC-Übereinkommen) v. 10.09.1998, 38 ILM (1999) 1 ff.; auch Präambel Abs. 9 Cartagena Protokoll über die Biologische Sicherheit v. 29.01.2003, 39 ILM (2000) 1027 ff. und Präambel Abs. 9 Internationales Abkommen über pflanzengenetische Ressourcen für Ernährung und Landwirtschaft v. 03.11.2001, BGBl. II 23 (2003) 906 ff.

1184 RUIZ FABRI, Fn. 94 (2007), S. 77.

1185 Vgl. hier insbesondere: PAVONI, Fn. 1182 (2010), S. 649 ff.

1186 PAVONI, Fn. 1182 (2010), S. 650.

gehensweise kann schon allein deshalb nicht zielführend sein, weil bereits die Zuweisung der Streitfälle zu einem der beteiligten Streitbeilegungsverfahren den Vorrang eines der konfligierenden Rechtsrahmen einräumt und damit Befangenheit hervorruft.

> "Nevertheless, the resulting interpretative openness creates a danger of 'structural bias' – namely that what is understood as a 'mutually supportive' solution is determined in accordance with the priorities of the body whose task it is to interpret the conflict clause." [1187]

Der Bericht der ILC zur Fragmentierung des Völkerrechts[1188] schlägt zur Lösung dieses Problems eine dritte unabhängige Gerichtsbarkeit vor. Allerdings ist es fraglich, welche Institution eine solche objektive Streitbeilegung sicherstellen könnte. Naheliegend wäre der Internationale Gerichtshof (IGH). Diese Möglichkeit bot der ursprüngliche Expertenentwurf in Art. 24 Abs. 3 lit. b ÜVKA.[1189] Die Verhandlungspartner lehnten eine solche Alternative allerdings ab.[1190] Tatsächlich wäre es fraglich, ob der IGH in einer Streitfrage im Bereich der kulturellen Vielfalt und des Urheberrechts angerufen werden würde. Bereits heute sehen einige Übereinkommen der UNESCO die Möglichkeit vor, den IGH in Streitfragen anzurufen.[1191] Bis zum heutigen Zeitpunkt ist dies aber bis auf eine Ausnahme nicht passiert.[1192] Vor diesem Hintergrund erscheint es notwendig, Spannungen im Vorfeld von Streitfällen auszuräumen. Den Staaten – als Herren der Verträge – obliegt es, ihre völkerrechtlichen Verpflichtungen so zu gestalten, dass Konflikte vermieden werden.[1193] Zu dieser Pflicht zählt auch die Aufnahme von bona fide-Verhandlungen, um derartige Konflikte durch Ver-

---

1187 KOSKENNIEMI, Fn. 1143 (04.04.2006), S. 143.

1188 KOSKENNIEMI, Fn. 1143 (04.04.2006).

1189 UNESCO, Fn. 347 (07.2004).

1190 Die Möglichkeit, den IGH anzurufen, wurde im Laufe der dritten Verhandlungsrunde der Regierungsexperten aus dem Vertragstext gestrichen.

1191 Näheres dazu SCHORLEMER, Sabine von, UNESCO Dispute Settlement (S. 73-103), in: Abdulqawi A. Yusuf (Hrsg.), *Normative Action in Education, Science and Culture,* Paris (2007), S. 78.

1192 SCHORLEMER, Fn. 1191 (2007), S. 78. Die Ausnahme betrifft den Fall zum *Temple of Preah Vihear*. Vgl. IGH, Urteil v. 15.06.1962, *Case Concerning the Temple of Preah Vihear,* in: *ICJ Reports (*1962), 6.

1193 *Hahn* weist darauf hin, dass „[t]his flexibly worded provision entails the obligation of conduct to undertake efforts to reconcile as much as possible descrepancies – in both law and practice – between the Convention and other treaties." HAHN, Fn. 17 (2006), S. 540; ähnlich auch: STOLL, Article 20, in: Schorlemer/Stoll (Hrsg.), Fn. 1163 (2012), S. 532.

tragsänderungen oder Protokolle zukünftig beizulegen.[1194] Beispiel für die Aufnahme von Verhandlungen mit dem Ziel unterschiedliche Vertragsregime miteinander zu vereinbaren, finden sich vor allem im Bereich des WTO-Rechts. Insbesondere vor dem Hintergrund der Vereinbarkeit des TRIPS-Abkommens mit den Bestimmungen des Übereinkommens über die biologische Vielfalt sahen einige Vertragsparteien die Notwendigkeit, beide Regime auf dem Verhandlungsweg miteinander zu vereinbaren.[1195] So brachten vor allem Entwicklungsländer das Thema der Patentierbarkeit von genetischen Ressourcen auf die Tagesordnung des TRIPS-Rates.[1196] In einem Zusatzprotokoll sollen sich die Vertragsparteien verpflichten, die Offenlegung des Herkunftslandes und Beweise für die Einhaltung der nationalen Richtlinien zur vorherigen Zustimmung (prior informed consent) zum Zugang und zur gerechten und ausgewogenen Vorteilsaufteilung (fair and equitable benefit-sharing) als Voraussetzung der Patentierbarkeit genetischer Ressourcen zu gewährleisten und einzuhalten. Die Verhandlungen dauern trotz Intervention des Generaldirektors der WTO immer noch an.[1197] Allerdings wurde in der Zwischenzeit zumindest im Rahmen des Übereinkommens zur biologischen Vielfalt das *Nagoya Protocol on Access to Genetic Resources and the Fair and Equitable Sharing of Benefits Arising from*

1194 So auch ein Vorschlag von *Cabrera Medaglia* in Bezug auf die gegenseitige Unterstützung zwischen dem Übereinkommen über biologische Vielfalt und dem TRIPS-Abkommen, insbesondere in Bezug auf Verhandlungen zu einem Zusatzprotokoll zum Benefit-Sharing. Vgl. CABRERA MEDAGLIA, Jorge, The Relationship Between the Access and Benefit Sharing International Regimen and Other International Instruments, in: *Sustainable Dev. L. & Pol.* 21 (2010), S. 26.

1195 Vgl. WTO GENERAL COUNCIL, Amendment of the TRIPS Agreement. Decision of 6 December 2005, WT/L/641 v. 08.12.2005. Nach Art. X Abs. 3 WTOA bedarf es jedoch der Ratifikation von Zweidritteln der WTO-Mitglieder, damit das Zusatzprotokoll inkrafttritt. Bisher haben 44 Mitglieder das Protokoll angenommen. Vgl. WTO, Intellectual Property (TRIPS) and Public Health. Members Accepting Amendment (2012), <http://www.wto.org/english/tratop_e/trips_e/amendment_e.htm> (zuletzt geprüft am: 10.03.2013).

1196 NATIONAL DELEGATION TO THE TRIPS COUNCIL, The Relationship between the TRIPS Agreement and the Convention on Biological Diversity and the Protection of Traditional Knowledge. Communication from Brazil, China, Cuba, Dominican Republic, Ecuador, India, Pakistan, Thailand, Venezuela, Zambia, and Zimbabwe to the TRIPS Council, IP/C/W/356 v. 24.06.2002.

1197 WTO TRIPS COUNCIL, Minutes of the Meeting of the Council for Trade-Related Aspects of Intellectual Property Rights. Held in the Centre William Rappard on 7 June 2011, IP/C/M/66 v. 02.09.2011, Ziff. 7 ff.

their Utilization (the Nagoya Protocol) ausgehandelt.[1198] Ein ähnliches Beispiel findet sich in den Regelungen zur Vereinbarkeit des TRIPS-Abkommens mit dem Menschenrecht auf bestmögliche Gesundheit. In diesem Rahmen verständigten sich die WTO-Mitglieder nach langen Verhandlungen auf ein Zusatzprotokoll zum TRIPS-Abkommen, welches einen neuen Art. 31bis TRIPS und einen dazugehörigen Anhang in das TRIPS-Abkommen aufnimmt. Demnach wird die Möglichkeit eröffnet, Zwangslizenzen für die exportbestimmte Produktion von Medikamenten für epidemiegeplagte Länder auszustellen. Dieses Protokoll wurde im Konsensusverfahren im TRIPS-Rat am 6. Dezember 2005 angenommen.[1199] Verhandlungen mit dem Ziel, ein Instrument zur besseren Vereinbarkeit verschiedener Vertragsregime zu führen, haben den Vorteil, dass im Gegensatz zu den fließenden Grenzen zwischen harmonisierender Auslegung und einer daraus resultierenden Vertragsänderung, die Rechte und Pflichten Dritter durch Inter-se-Abkommen formal nicht berührt werden.[1200] Auch die Regelungen in Art. 21 ÜVKA stärken die rechtsetzende Auslegung des Grundsatzes der gegenseitigen Unterstützung. Die Vertragsparteien haben sich demnach verpflichtet, das UNESCO-Übereinkommen in anderen internationalen Foren durch gegenseitige Konsultationen zu fördern. Mit diesem Artikel ist die Aufnahme von Gesprächen zur Förderung der Ziele des UNESCO-Übereinkommens in anderen Foren bereits vorgegeben. Die nach Art. 20 Abs. 1 lit. a ÜVKA geforderte gegenseitige Unterstützung kann folglich so ausgelegt werden, dass sie nicht nur eine harmonisierende Auslegung der konfligierenden Verträge verlangt, sondern gleichzeitig auch eine Pflicht der beteiligten Parteien, zur Aufnahme von bona fide-Verhandlungen zur zukünftigen Beilegung von Programmkonflikten umfasst.[1201]

1198 UNITED NATIONS, Nagoya Protocol on Access to Genetic Resources and the Fair and Equitable Sharing of Benefits Arising from their Utilization to the Convention on Biological Diversity v. 29.10.2010.

1199 Näheres dazu:WTO GENERAL COUNCIL, Fn. 1195 (08.12.2005).

1200 PAVONI, Fn. 1182 (2010), S. 668.

1201 In ähnlicher Weise, wenn auch nicht so deutlich: KOSKENNIEMI, Fn. 1143 (04.04.2006), Rdnr. 276. Dort heißt es: „The assumption is that conflicts may and should be resolved between the treaty partners as they arise and with a view to mutual accommodation." So auch als Ausfluss eines Störungsverbots: MATZ, Fn. 1099 (2005), S. 367.

Lit. b – Berücksichtigung des UNESCO-Übereinkommens in anderen Vertragsregimen

Nach Art. 20 Abs. 1 lit. b ÜVKA sollen die Vertragsparteien die relevanten Bestimmungen des UNESCO-Übereinkommens berücksichtigen, wenn sie andere Verträge auslegen oder anwenden bzw. neue Verträge aushandeln. Die Wortwahl des Verbs ‚berücksichtigen' (take into account) in lit. b stellt eine eher vage Formulierung dar.[1202] Im Gegensatz zu bspw. dem Wort ‚einhalten' muss damit kein bestimmtes Ergebnis erzielt werden.[1203]

Diese flexible Formulierung wurde gewählt, um die gegenseitige Unterstützung der internationalen Abkommen mittels einer harmonisierenden Auslegung zu ermöglichen. Obwohl der Wortlaut des Art. 20 Abs. 1 lit. b ÜVKA der auch völkergewohnheitsrechtlich geltenden Auslegungsregel des Art. 31 Abs. 3 lit. c WVK sehr ähnlich ist, geht die Regelung des Art. 20 Abs. 1 lit. b ÜVKA über die völkergewohnheitsrechtlich anerkannte Auslegungsregel hinaus. Während Art. 31 Abs. 3 lit. c WVK eine Berücksichtigung anderer völkerrechtlicher Normen bei der Auslegung eines völkerrechtlichen Vertrags ermöglicht, ist dies nur unter der Einschränkung einer Identität der Vertragsparteien zwischen dem UNESCO-Übereinkommen und anderen völkerrechtlichen Verträgen zulässig.[1204] Eine solche Identität ist jedoch nicht gegeben. Die Vertragsparteien der WIPO-Verträge, der WTO und des UNESCO-Übereinkommens sind nicht identisch.[1205] Artikel 20 Abs. 1 lit. b ÜVKA hält die Vertragsparteien wiederum an, bei der Auslegung und Anwendung anderer Verträge, deren Vertragsparteien sie sind, die Bestimmungen des UNESCO-Übereinkommens zu berücksichtigen. Die Frage danach, ob eine Identität der Vertragsparteien beider völkerrechtlicher Verträge gegeben sein muss, ist hier zu verneinen. Mit der Wendung „die Vertragsparteien" sind hier nicht alle Vertragsparteien des UNESCO-Übereinkommens gemeint, sondern lediglich diejenigen, die einen anderen völkerrechtlichen Vertrag auslegen oder anwenden. Diese Vertragsparteien müssen nach Art. 20 Abs. 1 lit. b ÜVKA auch Vertragsparteien des Vertrags sein, der die aus-

1202 RUIZ FABRI, Fn. 94 (2007), S. 76; RUIZ FABRI, Fn. 17 (2006), S. 84; PONTECORVO, Fn. 1100 (1999), S. 709 ff.

1203 Vgl. auch STOLL, Article 20, in: Schorlemer/Stoll (Hrsg.), Fn. 1163 (2012), S. 533. Eine solche Formulierung hätte auch zu einer Unterordnung der anderen Verträge geführt, die im Hinblick auf die Divergenzen zwischen den Verhandlungspartnern nicht gewünscht sein kann. Vgl. RUIZ FABRI, Fn. 94 (2007), S. 76.

1204 GARDINER, Richard K., Treaty Interpretation. Oxford et al. (2008), S. 263 ff.

1205 So sind beispielsweise die USA zwar Vertragspartei der WIPO- und WTO-Verträge, nicht aber des UNESCO-Übereinkommens.

zulegende oder anzuwendende Norm beinhaltet. Entsprechend geht die Regelung des Art. 20 Abs. 1 lit. b ÜVKA in Bezug auf die Auslegung von anderen völkerrechtlichen Verträgen über die Regelung des Art. 31 Abs. 3 lit. c WVK hinaus und ermöglicht eine gegenseitige Berücksichtigung des UNESCO-Übereinkommens und der völkerrechtlichen Verträge zum Urheberrecht, insofern die auslegende Vertragspartei beide völkerrechtlichen Verträge unterzeichnet und ratifiziert hat.

Hinsichtlich der Aushandlung zukünftiger Verträge bestärkt Art. 20 Abs. 1 lit. b 2. Alt. ÜVKA die Vertragspartner darin, die Bestimmungen des UNESCO-Übereinkommens zu berücksichtigen. Werden also zukünftige Verträge zum Urheberrecht verhandelt, müssen die Vertragspartner im Rahmen der Verhandlungen das UNESCO-Übereinkommen berücksichtigen. Diese Regelung bedürfte jedoch an sich keiner eigenständigen Erwähnung, denn der Grundsatz pacta sunt servanda (Art. 26 WVK) hält die Staaten ohnehin an, die eingegangenen Verpflichtungen nach Treu und Glauben zu erfüllen.[1206] Der rechtliche Gehalt dieser Vorschrift ist folglich auf eine Anerkennung bereits bestehender Pflichten begrenzt.[1207]

b) Artikel 20 Abs. 2 ÜVKA

Während Art. 20 Abs. 1 lit. b ÜVKA noch die Vertragsparteien dazu anhält, die einschlägigen Bestimmungen des UNESCO-Übereinkommens in anderen Verträgen zu berücksichtigen, blockiert Art. 20 Abs. 2 ÜVKA jegliche ändernde Einflussnahme des UNESCO-Übereinkommens auf diese Verträge.[1208] Eine unmittelbare Änderung anderer völkerrechtlicher Verträge ist durch Art. 20 Abs. 2 ÜVKA ausgeschlossen. Die Analyse aus Teil III dieser Arbeit hat beispielsweise gezeigt, dass die urheberrechtliche Schutzdauer im Sinne einer Förderung von Kreativität und damit letztendlich zur Förderung kultureller Vielfalt zu lang ist.[1209] In Reaktion darauf könnte nun eine Vertragspartei die Schaffung eines Umfelds, „(...)in dem Einzelpersonen (...) darin bestärkt werden, ihre eigenen kulturellen Ausdrucksformen zu schaffen (...)“,[1210]

so auslegen, dass die urheberrechtliche Schutzdauer gesenkt werden sollte. Mit einem solchen Unterfangen würde die Vertragspartei allerdings unter Umstän-

1206 HAHN, Fn. 17 (2006), S. 540.
1207 STOLL, Article 20, in: Schorlemer/Stoll (Hrsg.), Fn. 1163 (2012), S. 539.
1208 RUIZ FABRI, Fn. 17 (2006), S. 85.
1209 Siehe Teil III, B, I, 3 dieser Arbeit.
1210 Art. 7 Abs. 1 lit. a ÜVKA.

den die Regelungen zur Schutzdauer der RBÜ, des WCTs wie auch des TRIPS-Abkommens verletzen.[1211] Einer solchen weiten Auslegung des Art. 7 Abs. 1 lit. a ÜVKA steht folglich die Regelung des Art. 20 Abs. 2 ÜVKA im Weg. Denn diese Regelung beinhaltet letztlich eine Art. 30 Abs. 2 WVK ähnelnde Regel.[1212] In Art. 30 Abs. 2 WVK heißt es:

> „Bestimmt ein Vertrag, dass er einem früher oder später geschlossenen Vertrag untergeordnet ist oder nicht als mit diesem unvereinbar anzusehen ist, so hat der andere Vertrag Vorrang."[1213]

Wenn das UNESCO-Übereinkommen nun weder die Rechte noch die Pflichten aus anderen Verträgen explizit ändert, wie dies bspw. hinsichtlich der urheberrechtlichen Schutzdauer der Fall ist, dann kann davon ausgegangen werden, dass das UNESCO-Übereinkommen mit anderen Verträgen in Einklang steht und somit keine konfligierende Wirkung entfaltet.[1214]

V. Bewertung

Was bedeutet dieses Ergebnis nun für das Verhältnis des UNESCO-Übereinkommens gegenüber den völkerrechtlichen Verträgen zum Urheberrecht? Welcher Handlungsspielraum bietet sich den Vertragsparteien unter Beachtung des Grundsatzes pacta sunt servanda? Das Verhältnis des UNESCO-Übereinkommens zu den urheberrechtlichen Verträgen der WIPO und der WTO wird durch zwei Aspekte charakterisiert. Zunächst betont Art. 20 Abs. 1 ÜVKA, dass sich das UNESCO-Übereinkommen und die völkerrechtlichen Verträge gegenseitig unterstützen sollen und das UNESCO-Übereinkommen in der Auslegung und Anwendung anderer Verträge sowie in zukünftigen Verhandlungen berücksichtigt werden muss. Hieraus ergibt sich für Vertragsparteien eine positive Handlungspflicht zur Vermeidung und Beilegung von Konflikten zwischen den völkerrechtlichen Verträgen. Das UNESCO-Übereinkommen behauptet sich damit als gleichwertig mit anderen völkerrechtlichen Verträgen.

Die zweite den Handlungsspielraum bestimmende Komponente ergibt sich aus Art. 20 Abs. 2 ÜVKA. Sie scheint im Widerspruch mit der gegenseitigen Unterstützung des Art. 20 Abs. 1 ÜVKA zu stehen. Nach Art. 20 Abs. 2

1211 Dies wäre nicht der Fall, wenn die Vertragspartei die Schutzdauer lediglich auf das Mindestmaß von 50 Jahren pma senkt.

1212 Hahn, Fn. 17 (2006), S. 544.

1213 Art. 30 Abs. 2 WVK.

1214 Art. 30 Abs. 2, 2. Alt. WVK.

ÜVKA wird das UNESCO-Übereinkommen als generell vereinbar mit anderen völkerrechtlichen Verträgen erklärt. In rechtlicher Konsequenz ergibt sich daraus, dass das UNESCO-Übereinkommen nicht so ausgelegt werden darf, dass andere völkerrechtliche Verträge dadurch verletzt werden. Abgesehen davon, dass sich eine solche Pflicht bereits durch Art. 26 WVK ergibt, sichert Art. 20 Abs. 2 ÜVKA die Integrität jedes anderen Vertrags – sowohl bestehender Verträge, wie der RBÜ, des WCTs oder des TRIPS-Abkommens als auch zukünftiger Verträge, wie beispielsweise des WIPO-Rundfunkvertrags.[1215] Das sich daraus ergebende Spannungsfeld zwischen der gegenseitigen Unterstützung und Nicht-Unterordnung als auch der Vereinbarkeit des UNESCO-Übereinkommens mit jedem anderen Vertrag löst sich durch eine Beachtung der internen Struktur der Regelung auf. In Abs. 1 – somit an erster Stelle – stehen die Nicht-Unterordnung des UNESCO-Übereinkommens und die gegenseitige Unterstützung mit anderen völkerrechtlichen Verträgen. Sie bilden durch ihre Stellung den Leitsatz. In Abs. 2 – und damit nachfolgend genannt – ist die Vereinbarkeit des UNESCO-Übereinkommens mit anderen völkerrechtlichen Verträgen geregelt. Sie dient damit als Korrektiv, insbesondere für die in Art. 20 Abs. 1 lit. b ÜVKA geforderte Berücksichtigung des UNESCO-Übereinkommens in anderen Verträgen. Sollte eine derartige Berücksichtigung, bspw. in

1215 Vgl. STOLL, Article 20, in: Schorlemer/Stoll (Hrsg.), Fn. 1163 (2012), S. 541. Im Übrigen weicht die englische Variante von der zwischen Deutschland, Österreich und der Schweiz abgestimmten deutschsprachigen Übersetzung, wie auch den authentischen Versionen in Französisch und Spanisch ab. In Art. 20 Abs. 2 ÜVKA heißt es in der deutschen (wie auch der spanischen und französischen) Variante lediglich „(...) die Rechte und Pflichten der Vertragsparteien aus anderen Verträgen (...)“, während es in der englischen authentischen Version heißt „(...) rights and obligations of the Parties under <u>any</u> other treaties (...)“ (Hervorhebung durch die Autorin). Da jedoch alle Versionen in den sechs VN-Sprachen gleichermaßen authentisch sind (Art. 34 ÜVKA), ergibt sich keine Vorrangstellung einer Sprachversion. Auch wurde der Text sowohl in englischer, französischer als auch spanischer Sprache verhandelt, eine Vorrangstellung kann sich somit auch auf diesem Wege nicht ergeben. Eine Lösung zeichnet sich jedoch im Hinblick auf Sinn und Zweck der Norm (Art. 33 Abs. 4 WVK) ab. So beziehen sich die Regelungen des Art. 20 Abs. 1 ÜVKA auf alle Verträge. Ferner trifft Art. 20 Abs. 1 lit. b ÜVKA zudem Regelungen für bestehende und zukünftige Verträge. Im Sinne eines Ausgleichs zwischen den Interessen der Vertragsparteien, die einen Vorrang des UNESCO-Übereinkommens einräumen wollten und den Gegnern dieses Vorhabens, kann Art. 20 Abs. 2 ÜVKA nur dann stimmig sein, wenn sich diese Regelung ebenfalls auf bestehende und zukünftige Verträge bezieht. Daraus folgt, dass der englischen authentischen Fassung des Art. 20 Abs. 2 ÜVKA Vorrang vor den anderen authentischen Versionen eingeräumt werden sollte. Vgl. dazu auch GARDINER, Fn. 1204 (2008), S. 380 ff.

Form einer harmonisierenden Auslegung, die Grenzen der Vertragsänderung überschreiten, greift Art. 20 Abs. 2 ÜVKA und stellt die geforderte Gleichrangigkeit der konkurrierenden völkerrechtlichen Verträge her.

Für den Handlungsspielraum der Vertragsparteien bedeutet dies, dass die Anwendung völkergewohnheitsrechtlicher Konfliktlösungsmechanismen, wie lex specialis oder lex posterior, nicht mit Art. 20 ÜVKA vereinbar sind. Eine Derogation eines der infrage stehenden Verträge entspricht nicht der Forderung nach gegenseitiger Unterstützung. Infolgedessen kommt der harmonisierenden Auslegung eine bedeutende Rolle für die Beilegung von Programmkonflikten, wie sie beispielsweise zwischen dem UNESCO-Übereinkommen und dem TRIPS-Abkommen bestehen, zu.

B. Harmonisierende Vertragsauslegung zur gegenseitigen Unterstützung

Die Vertragsauslegung dient zwar nicht per se der Koordinierung von Verträgen,[1216] sondern lediglich zum Verständnis des Regelungsinhalts. Dennoch könnte eine harmonisierende Auslegung die gegenseitige Unterstützung von Verträgen fördern.[1217]

Eine Auslegung, die die Vereinbarkeit von Verträgen zum Ziel hat, wird auch harmonisierende Vertragsauslegung genannt. Sie bedarf keiner eigenen Form, sondern findet unter Anwendung der allgemein anerkannten Auslegungsregeln des Völkergewohnheitsrechts und der Art. 31-33 WVK[1218] statt.

1216 MATZ, Fn. 1099 (2005), S. 274.

1217 MCLACHLAN, Campbell, The Principle of Systemic Integration and Article 31(3)(c) of the Vienna Convention, in: *Int'l & Comp. L. Q.* 54 (2005), S. 280.

1218 Die Anwendung der Regeln der WVK könnten hinsichtlich des UNESCO-Übereinkommens insoweit problematisch sein, als dass die WVK nur auf Verträge zwischen Staaten anwendbar ist (Art. 1 WVK). Dem UNESCO-Übereinkommen ist jedoch auch die EU als internationale/supranationale Organisation beigetreten. Entsprechend könnte auch Art. 1 WVKIO einschlägig sein. Siehe: Wiener Übereinkommen über das Recht der Verträge zwischen Staaten und Internationalen Organisationen oder zwischen internationalen Organisationen von 1986 (WVKIO) v. 21.03.1986. Die ähnlich lautenden Regelungen der WVKIO sind im Gegensatz zu den Regelungen der WVK nicht in Kraft getreten und deshalb nicht ohne Weiteres anwendbar. Da die Regelungen der Art. 31 und 32 WVK aber auch völkergewohnheitsrechtliche Geltung er-

I. *Grundlagen der Vertragsauslegung nach Art. 31 und 32 WVK*

Im Rahmen der Auslegung von Verträgen haben sich drei verschiedene Ansätze herauskristallisiert. Der objektive Ansatz geht davon aus, dass sich im Wortlaut des Vertragstextes der authentische Wille der Vertragsparteien niedergeschlagen hat.[1219] Demnach bildet der Vertragstext die Grundlage der Auslegung. Demgegenüber favorisiert der subjektive Ansatz die Intensionen der Vertragsparteien als ausschlaggebendes Kriterium der Auslegung. Demzufolge kann nach diesem Ansatz der Wortlaut des Textes hinter den vorbereitenden Arbeiten zurücktreten, sollten letztere den Willen der Verhandlungspartner deutlicher widerspiegeln. Schließlich präferieren die Vertreter des teleologischen Auslegungsansatzes eine Interpretation des Textes, die den Sinn und Zweck des Vertrags unterstützt. Der Wille der Verhandlungspartner, niedergeschlagen im Wortlaut oder in den Verhandlungsdokumenten, tritt zu Gunsten der Ziele des Vertrags zurück. Um dem Vertrag mehr Effektivität zu verleihen, kann es nach dieser Sichtweise im Extrem auch zu einer Auslegung im Widerspruch mit dem eigentlichen Wortlaut kommen.[1220]

Die reine Form dieser Auslegungsansätze ist allein theoretischer Natur. In der Praxis kommt es immer zu einer Mischform des objektiven, subjektiven und teleologischen Ansatzes. Auch die völkergewohnheitsrechtlich geltenden[1221] und

---

langten, können Art. 31 und 32 WVK als Ausdruck geltenden Gewohnheitsrechts auch auf Verträge angewandt werden, denen auch internationale Organisationen beigetreten sind. Eine dogmatisch korrekte Lösung besteht durch die Anwendung der WVK im Verhältnis der Vertragsstaaten des UNESCO-Übereinkommens untereinander und der Anwendung der völkergewohnheitsrechtlich geltenden Art. 31 und 32 des Entwurfs der WVKIO im Verhältnis zwischen der EU und den anderen Vertragsparteien. Vgl. dazu auch GAUTIER, Article 1, in: Corten/Klein (Hrsg.), The Vienna Conventions on the Law of Treaties. A Commentary, Oxford et al. (2011a), S. 25 f.; GAUTIER, Article 1, in: Corten/Klein (Hrsg.), The Vienna Conventions on the Law of Treaties. A Commentary, Oxford et al. (2011b), S. 31 f.

1219 BERNHARDT, Rudolf, Interpretation and Implied (Tacit) Modification of Treaties, in: *ZaöRV* 27 (1967), S. 497.

1220 SINCLAIR, Ian, The Vienna Convention on the Law of Treaties. Manchester (1984), S. 114 f.

1221 Die Auslegungsregelungen des Art. 31 WVK wurden inzwischen auch in Fällen angewandt, bei denen die Streitparteien die WVK nicht ratifiziert haben. Vgl. Young-Anleihe-Fall, SEIDL-HOHENVELDERN, Ignaz, Zum Urteil des Schiedsgerichtshofes für

in der WVK festgehaltenen Auslegungsregeln weisen Spuren aller drei Ansätze auf,[1222] ohne jedoch eine Rangfolge zwischen ihnen aufzustellen.[1223]

Die Grundregel der Auslegung besagt, dass ein Vertrag nach Treu und Glauben[1224] in Übereinstimmung mit der gewöhnlichen, seinen Bestimmungen in ihrem Zusammenhang zukommenden Bedeutung und im Lichte seines Ziels und Zwecks auszulegen sei.[1225] Die Auslegung orientiert sich dabei an der gewöhnlichen Bedeutung der gebrauchten Worte[1226] zum Zeitpunkt des Vertragsabschlusses.[1227] Eine mögliche Wandlung der Begriffe im Laufe der Zeit wird

---

das Abkommen über deutsche Auslandsschulden zur Young-Anleihe, in: *GYIL* 23 (1980), S. 414 ff.; AUST, Fn. 411 (2009), S. 12.

1222 Zwar deutet die Überschrift des Art. 31 WVK „Allgemeine Auslegungsregel" durch die Nutzung des Singulars an, dass es sich um nur eine Regel handelt. Die ILC stellt allerdings klar, dass es sich bei Art. 31 WVK um einen einheitlichen Auslegungsvorgang unter Berücksichtigung verschiedener Methoden handelt („single combination operation"). Vgl. INTERNATIONAL LAW COMMISSION, Yearbook of the ILC. Vol. II. New York (1966), S. 219; HEINTSCHEL HEINEGG, Wolff von, Die völkerrechtlichen Verträge als Hauptrechtsquelle des Völkerrechts (S. 112-210), in: Knut Ipsen/ Eberhard Menzel/ Volker Epping (Hrsg.), *Völkerrecht,* München (2004), S. 141 f.; DÖRR, Article 31, in: Dörr/Schmalenbach (Hrsg.), Vienna Convention on the Law of Treaties. A Commentary, Berlin (2012), Rdnr. 39.

1223 SOREL/BORÉ EVENO, Article 31, in: Corten/Klein (Hrsg.), Fn. 411 (2011), S. 807.

1224 VILLIGER, Fn. 1147 (2009), Art. 31, Rdnr. 6 ff.; YASSEEN, Mustafa K., L'Interprétation des Traités d'après la Convention de Vienne sur le Droit des Traités, in: *RdC (*1976), S. 22 f.; KOTZUR, Fn. 1175 (2009), Rdnr. 21.

1225 Art. 31 Abs. 1 WVK.

1226 Vgl. GARDINER, Fn. 1204 (2008), S. 161 f. Zudem bewirkt die vom IGH bestätigte *Vattel'sche Maxime*, dass die wörtliche Auslegungsmethode in den Fällen ausreicht, wo der Wortlaut ein zweifellos eindeutiges Verständnis bewirkt. Vgl. VATTEL, Emer de/ MACKINTOSH, James/ ROYER-COLLARD, Paul, Le Droit des Gens ou Principes de la Loi Naturelle Appliqué à la Conduite & aux Affaires des Nations & des Souverains. II. Livre (1758). Paris (1830), S. 461 „Maxime générale: Il n'est pas permis d'interpréter ce qui n'a pas besoin d'interprétation." („Allgemeine Maxime: Es ist nicht erlaubt auszulegen, was keiner Auslegung bedarf.", Übersetzung: Autorin) siehe dazu auch IGH, Gutachten v. 03.03.1950, *Competence of the General Assembly for the Admission of a State to the United Nations,* in: *ICJ Reports (*1950), 4, S. 8. Kritisiert wird diese Maxime vor dem Hintergrund, dass der klare Wortlaut häufig nicht allein durch die einzelnen Wörter auszulegen ist, sondern meist einer Analyse der systematischen Stellung der Worte bedarf. Die *Vattel'sche Maxime* ist folglich eng anzuwenden.

1227 YASSEEN, Fn. 1224 (1976), S. 26 f.; VITÁNYI, Béla, Treaty Interpretation in the Legal Theory of Grotius and Its Influence on Modern Doctrin, in: *NYIL* 14 (1983), S. 52; BERNHARDT, Rudolf, Die Auslegung völkerrechtlicher Verträge. Köln, Berlin (1963),

zunächst nicht berücksichtigt.[1228] Nach Art. 31 Abs. 4 WVK kann von der gewöhnlichen Bedeutung der Worte nur dann abgewichen werden, wenn die Vertragspartner dies beabsichtigt haben.[1229] Ein wesentlicher Hinweis auf solch ein beabsichtigtes Abweichen von der normalen Wortbedeutung kann entweder im Vertragstext selbst – als Legaldefinition eines Begriffs – oder durch ergänzende Auslegungsmittel, wie die Traveaux Préparatoires, festgestellt werden.

Häufig bedarf die wörtliche Auslegung der Einbeziehung des Kontextes, um zu einem befriedigenden Ergebnis zu kommen.[1230] Zum Kontext zählen nach Art. 31 Abs. 2 WVK der Vertragstext, die Präambel und die Anhänge des Vertrags sowie die Dokumente, die zum Zeitpunkt des Vertragsabschlusses[1231] vorlagen.[1232] Zuweilen wird auch die Geisteshaltung der Vertragsparteien gegenüber dem Vertrag darunter subsumiert. Eine solche Auslegung würde jedoch von einer objektiven Beurteilung des Textes abweichen und eher auf eine subjektive Auslegung, wie sie durch Art. 32 WVK hilfsweise ermöglicht wird, hindeuten.[1233] Der Intension der Vertragsparteien wird stattdessen durch Art. 31 Abs. 4 und Art. 32 WVK Rechnung getragen. Der objektive Ansatz des Art. 31 WVK verbietet Mutmaßungen und Unterstellungen in diesem Zusammenhang.[1234]

S. 74 f. Allerdings gibt es inzwischen Tendenzen auch aktuellen Sprachgebrauch in die Auslegung des gewöhnlichen Wortlauts einzubringen. LINDERFALK, Fn. 577 (2007), S. 74 ff.

1228 IGH, Urteil v. 27.08.1952, *Case Concerning Rights of Nationals of the USA in Morocco (France v. USA),* in: *ICJ Reports (*1952), 176.

1229 GARDINER, Fn. 1204 (2008), S. 296; SOREL/BORÉ EVENO, Article 31, in: Corten/Klein (Hrsg.), Fn. 411 (2011), S. 829.

1230 VILLIGER, Fn. 1147 (2009), Art. 31, Rdnr. 10; IGH, Urteil v. 12.04.1960, *Case Concerning Rights of Passage over Indian Territory (Portugal v. India),* in: *ICJ Reports (*1960), 6.

1231 Der Zeitpunkt der Zustimmung zum Vertrag ist jedoch eher als Prozess zu sehen, zu dem nicht allein die Unterzeichnung, sondern auch die Zeitspanne der Ratifikation des Vertrags zählen. Vgl. GARDINER, Fn. 1204 (2008), S. 211.

1232 Art. 31 Abs. 2 lit. a und b WVK. Vgl. SOREL/BORÉ EVENO, Article 31, in: Corten/Klein (Hrsg.), Fn. 411 (2011), S. 808; GARDINER, Fn. 1204 (2008), S. 110. Unter eine solche Übereinkunft fallen beispielsweise die „Vereinbarten Erklärungen" zum WCT.

1233 SOREL/BORÉ EVENO, Article 31, in: Corten/Klein (Hrsg.), Fn. 411 (2011), S. 824.

1234 HEINTSCHEL HEINEGG, Fn. 1222 (2004), S. 141.

Schließlich stellt die allgemeine Auslegungsregel auch auf das Ziel und den Zweck[1235] des Vertrags ab und greift damit Ansätze der teleologischen (telos (griech.) = Ziel) Auslegung auf.[1236] Der Wortlaut des Vertrags ist vor dem Hintergrund der größten Effektivität des Vertrags so auszulegen, dass das Ziel und der Zweck des Vertrags erreicht werden.[1237] Das Ziel und der Zweck des Vertrags bestimmen sich dabei nach dem Vertragstext. Auffällig ist dabei der von den Verhandlungspartnern der WVK eingesetzte Singular. Das Ziel und der Zweck eines Vertrags sind damit nicht mit den im Vertragstext festgehaltenen Zielen gleichzusetzen. Stattdessen orientieren sich das Ziel und der Zweck eines Vertrags nicht an einzelnen normativen Bestimmungen des Vertrags, sondern an der Gesamtheit aller Bestimmungen.[1238]

Neben der Grundregel und dem Kontext bestimmt Art. 31 Abs. 3 WVK dynamisierende Elemente, die für eine Auslegung zugängig sind. Dazu zählen Dokumente der authentischen Auslegungen (Art. 31 Abs. 3 lit. a WVK)[1239], jede spätere Übung bei der Anwendung des Vertrags (Art. 31 Abs. 3 lit. b WVK)[1240] sowie jeder in den Beziehungen zwischen den Vertragsparteien anwendbare, einschlägige Völkerrechtssatz (Art. 31 Abs. 3 lit. c WVK). Hinsichtlich der in Art. 31 Abs. 3 lit. a und b WVK genannten Elemente steht der Konsens aller Vertragsparteien im Mittelpunkt.[1241] Nur wenn entsprechende Dokumente[1242]

1235 Die Wahl zweier Worte - „Ziel“ und „Zweck“ - ist dem französischen Sprachgebrauch der Worte „object“ und „but“ entlehnt. Während das Ziel („object“) durch Handlungen zu erreichen ist, beschreibt der Zweck („but“) den Sinn dieser Handlung. Im deutschen und englischen Sprachgebrauch wird jedoch keine solche Unterscheidung getroffen. Vgl. dazu LINDERFALK, Fn. 577 (2007), S. 207 f.

1236 Allerdings konnten sich die Verhandlungspartner nicht auf die Aufnahme einer konkreten Regelung zur teleologischen Auslegung einigen. Vgl. SOREL/BORÉ EVENO, Article 31, in: Corten/Klein (Hrsg.), Fn. 411 (2011), S. 830 f.

1237 HEINTSCHEL HEINEGG, Fn. 1222 (2004), S. 144; GARDINER, Fn. 1204 (2008), S. 189; IGH, Gutachten v. 30.03.1950, *Interpretation of Peace Treaties with Bulgaria, Hungary, and Romania,* in: *ICJ Reports (*1950), 65.

1238 KLABBERS, Jan, Treaties, Object and Purpose, MAX-PLANCK-INSTITUT FÜR AUSLÄNDISCHES ÖFFENTLICHES RECHT UND VÖLKERRECHT (2006), <http://www.mpepil.com/> (zuletzt geprüft am: 10.03.2013), Rdnr. 3; DÖRR, Article 31, in: Dörr/Schmalenbach (Hrsg.), Fn. 1222 (2012), Rdnr. 55.

1239 Für die praktische Anwendung durch internationale Gerichtsbarkeit vgl. SOREL/BORÉ EVENO, Article 31, in: Corten/Klein (Hrsg.), Fn. 411 (2011), S. 825.

1240 IGH, Urteil v. 09.04.1949, *Corfu Channel Case (Merits) ("Corfu Channel II"), United Kingdom v. Albania,* in: *ICJ Reports (*1949), 4, S. 25.

1241 VILLIGER, Fn. 1147 (2009), Art. 31, Rdnr. 15.

bzw. Übungen vom Konsens aller Mitglieder getragen werden und einen erkennbaren Bezug zum Vertrag aufweisen,[1243] sind sie für die Auslegung einer Vertragsbestimmung relevant.[1244]

Insbesondere bei älteren Verträgen und bei Verträgen deren Gegenstand einen Bereich mit schnelllebiger Entwicklung betrifft, treten Probleme im Rahmen der Auslegung nach Art. 31 Abs. 1 WVK auf. Das starre Festhalten an der gewöhnlichen Bedeutung der Begriffe, wie sie zu Zeiten des Vertragsabschlusses bestanden, birgt die Gefahr, dass der Vertrag durch inzwischen überholte Bestimmungen nicht mehr mit der Wirklichkeit übereinstimmt. Eine dynamische Auslegung würde diese Gefahr bannen. Sie dient der Interpretation eines Vertrags im Lichte der zur Zeit der Auslegung bestehenden völkerrechtlichen Normen und der entsprechenden Begriffsinhalte. Artikel 31 Abs. 3 lit. c WVK eröffnet die Möglichkeit, von der historischen Wortbedeutung abzuweichen und somit die Interpretation der strittigen Begriffe an einem zeitgenössischen Maßstab zu orientieren.[1245] Allerdings müssen dafür bestimmte Bedingungen erfüllt sein. Nach der Rechtsprechung des IGH sind nur die Passagen einer Norm für eine dynamische Auslegung zugänglich, die unbestimmte Rechtsbegriffe beinhalten.[1246] Diese Rechtsbegriffe müssen ferner einen Bedeutungswandel in der Zeit zwischen dem Vertragsabschluss und der Vertragsauslegung zulassen.

Neben der allgemeinen Auslegungsregel sieht die WVK ergänzende Auslegungsmittel vor. Dazu zählen nach Art. 32 WVK unter anderem die vorberei-

---

1242 Bei den Übereinkünften muss es sich nicht zwangsläufig um völkerrechtliche Verträge handeln. Vgl. MATZ, Fn. 1099 (2005), S. 294.

1243 IGH, Urteil v. 11.09.1992 (General List No. 75), *Case Concerning the Land, Island and Maritime Frontier Dispute (El Salvador/Honduras v. Nicaragua intervening),* in: *ICJ Reports (*1992), 351, Ziff. 375 ff.

1244 INTERNATIONAL LAW COMMISSION, Draft Vienna Convention on the Law of Treaties between States and International Organisations or Between International Organizations, in: *ILCY (*1966), S. 221. Siehe zur Anwendbarkeit der WVKIO bzw. der WVK Fn. 12189 dieser Arbeit.

1245 Vgl. KOSKENNIEMI, Fn. 1143 (04.04.2006), S. 173 ff.; PAUWELYN, Fn. 1090 (2005), S. 267 f.; VAN ASSELT, Harro, Dealing with the Fragmentation of Global Climate Governance. Legal and Political Approaches in Interplay Management (2007), <http://www.glogov.org/images/doc/WP30.pdf> (zuletzt geprüft am: 10.03.2013), S. 6; IGH, Gutachten v. 21.06.1971, *Legal Consequences for States of the Continued Presence of South Africa in Namibia (South West Africa) Notwithstanding Security Council Resolution 276 (1970),* in: *ICJ Reports (*1971), 16, S. 31 f.

1246 WOLFRUM, Rüdiger/ MATZ, Nele, Conflicts in International Environmental Law. Berlin et al. (2003), S. 310; ZULEEG, Manfred, Vertragskonkurrenz im Völkerrecht, in: *GYIL* 20 (1977), S. 272.

tenden Arbeiten (Traveaux Préparatoires)[1247] sowie die Umstände des Vertragsabschlusses.[1248] Diese ergänzenden Auslegungsmittel dienen jedoch einzig der Absicherung einer durch Art. 31 WVK gewonnenen Auslegung[1249] und dürfen ausschließlich nach der Auslegung der Vertragsbestimmungen mittels der allgemeinen Auslegungsregel angewandt werden.[1250]

Die zusätzlichen völkergewohnheitsrechtlichen Auslegungsgrundsätze der Effektivität und der „necessary implications" wurden nicht explizit in den Text der WVK aufgenommen.[1251] Der Effektivitätsgrundsatz besagt, dass eine Auslegung so erfolgen soll, dass das Gestaltungsziel und der Regelungszweck des Vertrags bestmöglich erreicht werden, ohne den Wortlaut bzw. den Vertragszweck zu ignorieren.[1252] Der Grundsatz der „necessary implications" stellt eine Weiterentwicklung des Effektivitätsgrundsatzes dar. Er besagt, dass durch eine Auslegung die zur Erfüllung des Vertrags erforderlichen Rechte hergeleitet werden dürfen, auch wenn diese im Vertrag nicht explizit aufgenommen wurden.[1253] Auf die Nennung dieser Grundsätze im Rahmen der WVK wurde aufgrund der Uneinigkeit der Verhandlungspartner verzichtet. Als Kompromiss stellte man fest, dass die kumulierende Anwendung der besagten Auslegungsmethoden bereits zu Ergebnissen führt, die mit diesen Grundsätzen vereinbar sind.[1254]

II. Grenzen der harmonisierenden Auslegung

Für eine harmonisierende Auslegung sind vor allem die Auslegungsregeln, die den äußeren Kontext der Norm betrachten, Ausschlag gebend. Die größte Bedeutung kommt dabei Art. 31 Abs. 3 lit. c WVK zu. Demnach ist jeder in den Beziehungen zwischen den Vertragsparteien anwendbare, einschlägige Völkerrechtssatz im Rahmen der Auslegung zu berücksichtigen.

Eine derartige Berücksichtigung erfährt jedoch auch Grenzen. Die wichtigste Grenze im Rahmen der Auslegung stellt der Wortlaut des auszulegenden

---

1247 Vgl. hierzu im Detail GARDINER, Fn. 1204 (2008), S. 99 ff.

1248 Die Liste ist damit nicht abschließend. LE BOUTHILLIER, Article 32, in: Corten/Klein (Hrsg.), The Vienna Conventions on the Law of Treaties. A Commentary, Oxford et al. (2011), S. 851 ff.

1249 LE BOUTHILLIER, Article 32, in: Corten/Klein (Hrsg.), Fn. 1248 (2011), S. 846.

1250 VILLIGER, Fn. 1147 (2009), Art. 32, Rdnr. 7.

1251 SOREL/BORÉ EVENO, Article 31, in: Corten/Klein (Hrsg.), Fn. 411 (2011), Rdnr. 51 ff.

1252 HEINTSCHEL HEINEGG, Fn. 1222 (2004), S. 144; YASSEEN, Fn. 1224 (1976), S. 71 f.

1253 HEINTSCHEL HEINEGG, Fn. 1222 (2004), S. 144.

1254 HEINTSCHEL HEINEGG, Fn. 1222 (2004), S. 144.

Vertrags dar. Die hinzugezogenen fremden Regeln können nur dazu verwandt werden, den Wortlaut des auszulegenden Vertrags zu verdeutlichen. Für die hier vorliegende Analyse bedeutet dies, dass das UNESCO-Übereinkommen nur dazu verwandt werden kann, auslegungsfähige Begriffe in den völkerrechtlichen Verträgen zum Urheberrecht mit Bedeutung zu versehen. Eine Vertragsänderung des auszulegenden Vertrags darf auf diese Weise nicht erfolgen.[1255] Es ist davon auszugehen, dass die Völkerrechtssätze des Art. 31 Abs. 3 lit. c WVK aus sämtlichen Völkerrechtsquellen entstammen können.[1256] Ferner beschränkt der Artikel den Anwendungsbereich der Völkerrechtssätze auf „einschlägige" Völkerrechtssätze, d.h. es muss eine gemeinsame Schnittmenge im sachlichen Anwendungsbereich zwischen der ausgelegten Norm und der hinzugezogenen Norm bestehen.[1257] Neben dem auslegungsfähigen Wortlaut besteht die größte Hürde des Art. 31 Abs. 3 lit. c WVK im Rahmen der harmonisierenden Vertragsauslegung in den Worten „zwischen den Vertragsparteien". Es ist strittig, ob sich dieser Wortlaut allein auf den Vertragsstatus der Konfliktparteien oder aber auf den personellen Anwendungsbereich der einschlägigen Verträge im Gesamten bezieht.[1258]

In der Literatur und der Rechtsprechung finden sich einige Ansichten, nach denen die Vertragsparteien der infrage stehenden Verträge nicht gänzlich identisch sein müssen.[1259] Es reicht ihrer Meinung nach aus, dass die Konflikt-

---

1255 PAUWELYN, Fn. 1090 (2005), S. 254; SANDS, Philippe J., Treaty, Custom and the Cross-Fertilization of International Law, in: *Yale Hum. Rts. & Dev. L.J.* 1 (1998), Rdnr. 39.

1256 PAUWELYN, Fn. 1090 (2005), S. 255 f.; a. A. SANDS, Fn. 1255 (1998), Rdnr. 38. Für allgemeine Rechtsprinzipien: EGMR, Urteil vom v. 21.02.1975 (4451/70), *Case of Golder v. Großbritannien,* in: *Series A, No. 18 (*1975), Ziff. 35. Für Völkergewohnheitsrecht: EGMR, Urteil v. 21.11. 2001 (35763/97), *Case of Al-Adsani v. The United Kingdom* ECHR 2001-XI (2001), Ziff. 55; Für Völkervertragsrecht: WTO DSB, Appellate Body Report v. 12.10.1998 (WT/DS58/AB/R), *United States – Shrimp (*1998), Rdnr. 130. Für Rechtsakte internationaler Organisationen: EGMR, Urteil v. 18.12.1996 (15318/89), *Case of Loizidou v. Turkey,* in: *Reports 1996-VI (*1996), Ziff. 44; VILLIGER, Fn. 1147 (2009), Art. 31, Rdnr. 25.

1257 SANDS, Fn. 1255 (1998), Rdnr. 38; MARCEAU, Fn. 1092 (2001), S. 1087; PAUWELYN, Fn. 1090 (2005), S. 263 f.

1258 KOSKENNIEMI, Fn. 1143 (04.04.2006), Rdnr. 426. Im Detail dazu: GARDINER, Fn. 1204 (2008), S. 269 ff.; PAUWELYN, Fn. 1090 (2005), S. 254 ff.

1259 CONRAD, Fn. 1097 (2008), S. 466 ff.; PALMETER, N. D./ MAVROIDIS, Petros C., Dispute Settlement in the World Trade Organization. Practice and Procedure. The Hague et al. (1999), S. 57; MARCEAU, Fn. 1092 (2001), S. 1087; FRENCH, Duncan, Treaty In-

parteien Vertragsparteien beider Verträge sind.[1260] Begründet wird diese Ansicht mit dem Wortlaut des Art. 31 Abs. 3 lit. c WVK. Während Art. 31 Abs. 2 lit. a WVK explizit von „allen Vertragsparteien" spricht, wird das Weglassen des Wortes ‚alle' in Art. 31 Abs. 3 WVK dahingehend bewertet, dass es sich eben nicht um sämtliche Vertragsparteien handeln muss. Die Verhandlungshistorie des Art. 31 Abs. 3 lit. b WVK zeigt jedoch, dass im Laufe der Verhandlungen das Wort ‚alle' aus dem Wortlaut des Art. 31 Abs. 3 lit. b WVK gestrichen wurde, ohne dass damit eine Änderung des konkreten Regelungsgehalts verbunden sein sollte. Im Hinblick auf die spätere Übung schien es den Mitgliedern der ILC ausreichend, wenn eine implizite Zustimmung aller Vertragsparteien zu einer von nur einigen Vertragsparteien ausgeübten Praxis erkennbar war.

> „It omitted the word ‚all' merely to avoid any possible misconception that every party must individually have engaged in the practice where it suffices that it should have accepted the practice."[1261]

Die konkrete Übung aller Vertragsparteien ist damit zwar nicht gefordert, doch müssen alle Vertragsparteien zumindest erkennen lassen, dass sie der Übung einiger Vertragsparteien zustimmen. Auch im Rahmen des Art. 31 Abs. 3 lit. c WVK ist die Einstellung sämtlicher Vertragsparteien entscheidend. Aus dem Wegfall des Wortes „alle" abzuleiten, dass es nach Art. 31 Abs. 3 lit. c WVK ausreichen würde, dass nur einige Vertragsparteien beiden an der Auslegung beteiligten Verträgen angehören müssen, ist nicht nachvollziehbar.

Gegen die Annahme, dass Art. 31 Abs. 3 lit. c WVK allein die Streitparteien betrifft,[1262] spricht auch die pacta tertiis-Regel. Demnach kann ein Dritter

---

terpretation and the Incorporation of Extraneous Legal Rules, in: *ICLQ* 55 (2006), S. 307.

1260 Vgl. PALMETER/MAVROIDIS, Fn. 1259 (1999), S. 57; MARCEAU, Fn. 1092 (2001), S. 1087; FRENCH, Fn. 1259 (2006), S. 307; WTO DSB, Appellate Body Report - Art. 21.5 v. 14.01.2002 (WT/DS108/AB/RW), *US – FSC,* Rdnr. 141 ff.; WTO DSB, Appellate Body Report v. 12.10.1998 (WT/DS58/AB/R), *United States – Shrimp (*1998), Rdnr. 130 ff. Lediglich als Ausnahme für Fälle bei denen bilaterale Umsetzungsstrukturen vorherrschen und ansonsten dem Regelfall ‚identische Vertragsparteien' folgend: DÖRR, Article 31, in: Dörr/Schmalenbach (Hrsg.), Fn. 1222 (2012), Rdnr. 100.

1261 WETZEL, Ralf G./ RAUSCHNING, Dietrich, The Vienna Convention on the Law of Treaties. Travaux Preparatoires = Die Wiener Vertragsrechtskonvention. Frankfurt a. M. (1978), S. 254.

1262 LINDERFALK, Fn. 577 (2007), S. 178; PAUWELYN, Fn. 1090 (2005), S. 257ff.; YASSEEN, Fn. 1224 (1976), S. 63; BERNHARDT, Fn. 1219 (1967), S. 500; WTO DSB, Appellate Body Report v. 05.06.1998 (WT/DS63/AB/R), *European Communities – Computer Equipment,* Rdnr. 84; WTO DSB, Panel Report v. 29.09. 2006 (WT/DS291-

nicht durch eine vereinbarte Auslegung gebunden werden, der er nicht zugestimmt hat. Die Grenzen einer harmonisierenden Auslegung und der Vertragsänderung sind fließend. Es bestünde die Gefahr, dass am Streitfall unbeteiligte Vertragsparteien durch die geänderte Auslegung in ihren Rechten und Pflichten berührt werden und somit gegen die pacta tertiis-Regel verstoßen wird. Zudem würde sich eine solche Auslegung jeweils nach den internationalen Verpflichtungen der jeweiligen Streitparteien richten. Ein einheitliches Verständnis des Vertragsinhalts wird auf diese Weise konterkarieren.

Ein Vertrag könnte dann zur Auslegung eines anderen Vertrags hinzugezogen werden – selbst bei nichtidentischen Vertragsparteien – wenn, der zu Hilfe genommene Vertrag Hinweise zur gewöhnlichen Bedeutung des Wortlauts des auszulegenden Vertrags gibt.[1263] Eine solche Auslegung orientiert sich dann allerdings an Art. 31 Abs. 1 WVK. Die einzige Möglichkeit der Anwendung des Art. 31 Abs. 3 lit. c WVK bei nicht identischen Vertragsparteien kommt dann zum Tragen, wenn ein solcher hinzuzuziehender Vertrag nachweislich die Intensionen aller Vertragsparteien des auszulegenden Vertrags spiegelt.[1264]

Für das Verhältnis des UNESCO-Übereinkommens zu den Verträgen der WIPO und der WTO hieße dies, dass die Vertragsparteien des auszulegenden und des hinzugezogenen Vertrags identisch sein müssten. Dem UNESCO-Übereinkommen stimmten bisher 125 Staaten und eine Regionalorganisation zu.[1265]

3/R), *European Communities – Measures Affecting the Approval and Marketing of Biotech Products,* S. 333.

1263 So beispielsweise das WTO-Panel im *EC – Biotech* Fall. „(…) because they may provide evidence of the ordinary meaning of terms in the same way that dictionaries do. They would be considered for their informative character." WTO DSB, Panel Report v. 29.09. 2006 (WT/DS291-3/R), *European Communities – Measures Affecting the Approval and Marketing of Biotech Products,* Ziff. 7.92.

1264 Vgl. hierzu: GARDINER, Fn. 1204 (2008), S. 273; PAUWELYN, Fn. 1090 (2005), S. 260; FITZMAURICE, Malgosia, Canons of Treaty Interpretation, in: *ARIEL* 10 (2005). "Article 31 (3) (c) also requires the interpreter to consider other treaty-based rules so as to arrive at a consistent meaning. Such other rules are of particular relevance where parties to the treaty under interpretation are also parties to the other treaty, where the treaty rule has passed into or expresses customary international law or where they provide evidence of the common understanding of the parties as to the object and purpose of the treaty under interpretation or as to the meaning of a particular term." INTERNATIONAL LAW COMMISSION, Report on the Work of its Fifty-eighth Session. (1 May to 9 June and 3 July to 11 August 2006), Supplement No. 10, A/61/10 v. 2006, S. 414 f.

1265 Davon sind drei Vertragsparteien bisher weder durch das TRIPS-Abkommen noch die RBÜ oder den WCT gebunden (Seychellen, Afghanistan, Äthiopien). Ferner sind 12 ÜVKA-Vertragsparteien nicht Mitglied der WTO (Stand 05.03.2013).

Demgegenüber zählt die WTO 159 Mitglieder.[1266] Die RBÜ hat 166 Vertragspartner.[1267] Davon haben 90 Vertragspartner auch den WCT unterzeichnet.[1268] Die Mehrheit der Vertragsparteien dieser Verträge haben zwar ebenfalls das UNESCO-Übereinkommen bzw. das TRIPS-Abkommen, die RBÜ oder den WCT unterzeichnet, doch sind die Vertragsparteien der Verträge damit nicht deckungsgleich. Hinzu kommt, dass ein wesentlicher Akteur im Bereich des Schutzes der geistigen Eigentumsrechte – die USA – nicht Vertragspartei des UNESCO-Übereinkommens ist. Die von der U.S.-amerikanischen Delegation anlässlich der Unterzeichnung des UNESCO-Übereinkommens zu Protokoll gegebene Enttäuschung über den Inhalt des UNESCO-Übereinkommens räumt zudem auch jeden Zweifel über eine mögliche implizite Zustimmung der USA zum UNESCO-Übereinkommen aus.[1269] Damit ist selbst der Weg des stillschweigenden Einverständnisses zu den Inhalten des UNESCO-Übereinkommens und damit der harmonisierenden Auslegung der völkerrechtlichen Verträge zum Urheberrecht und des UNESCO-Übereinkommens nach Art. 31 Abs. 3 lit. c WVK versperrt. Eine harmonisierende Auslegung ist damit aus formalrechtlichen Gründen nicht möglich.

III. Bewertung

Die Analyse der völkervertraglichen sowie völkergewohnheitsrechtlich geltenden Auslegungsregeln hat verdeutlicht, dass eine harmonisierende Auslegung mit besonderen Hürden versehen ist. Zum einen muss der Wortlaut der auszulegenden Norm einen Ermessensspielraum zulassen. Ist der Wortlaut eindeutig, besteht kein Bedarf der Klärung durch Hinzuziehen anderer Verträge. Zum anderen müssen die Vertragsparteien des auszulegenden, wie auch des hinzuzuziehenden Vertrags identisch sein, um der pacta tertiis-Regel gerecht zu werden. Die vorangegangene Analyse hat gezeigt, dass die Identität der Vertragsparteien der hier zu untersuchenden völkerrechtlichen Verträge zum Urheberrecht und des UNESCO-Übereinkommens nicht identisch sind. Auch eine hilfsweise nachzuweisende implizite Zustimmung aller Vertragsparteien der auszulegenden Norm zum UNESCO-Übereinkommen kann durch die vehemente Kritik der USA an dem UNESCO-Übereinkommen nicht angenommen werden. Daraus ist zu schließen, dass die harmonisierende Auslegung dann nicht in Frage kommt,

---

1266 Davon sind 89 Mitglieder auch Vertragsparteien des ÜVKA.

1267 Davon sind 96 Vertragsparteien auch Vertragsparteien des ÜVKA.

1268 Davon sind 70 Vertragsparteien auch Vertragsparteien des ÜVKA.

1269 UNESCO General Conference, Records of the 33rd Session of the General Conference, Vol. 2: Proceedings. Paris, 2005, C/33 v. 2007, S. 498 f.

wenn das UNESCO-Übereinkommen für eine kulturfördernde Auslegung der völkerrechtlichen Verträge zum Urheberrecht fruchtbar gemacht werden soll. Im Umkehrschluss bedeutet dies, dass das UNESCO-Übereinkommen durch Art. 20 ÜVKA und die nicht zu erfüllenden Anforderungen des Art. 31 Abs. 3 lit. c WVK keinen rechtlich zu begründenden Einfluss auf die völkerrechtlichen Verträge zum Urheberrecht ausübt.

Selbst ungeachtet der formalrechtlichen Gründe, die gegen eine harmonisierende Auslegung sprechen, ist es fraglich, ob eine harmonisierende Auslegung zwischen dem ÜVKA und den völkerrechtlichen Verträgen zum Urheberrecht tatsächlich das kulturfördernde Potential der völkerrechtlichen Urheberrechtsnormen heben kann. Dies soll im Folgenden geprüft werden.

IV. Harmonisierende Auslegung – Anwendung auf Programmkonflikte im Bereich kulturelle Vielfalt und Urheberrecht

Die in Teil III dieser Arbeit auf ihre kulturfördernde Wirkung hin analysierten Urheberrechtsindikatoren sollen auch hier Grundlage der Untersuchung sein. Die diesen Urheberrechtsindikatoren zugrundeliegenden völkerrechtlichen Normen sollen im Folgenden mit dem UNESCO-Übereinkommen harmonisierend ausgelegt werden.

1. Anerkennung der Bedeutung des Künstlers – Urheberpersönlichkeitsrecht

Die völkerrechtlichen Regeln zum Urheberpersönlichkeitsrecht befinden sich in Art. 6bis RBÜ. Der WCT – als Sonderabkommen der RBÜ inkorporiert die RBÜ und enthält darüber hinaus keine Regeln zum Urheberpersönlichkeitsrecht. Das TRIPS-Abkommen schließt demgegenüber die Urheberpersönlichkeitsrechte explizit aus dem Anwendungsbereich des Abkommens aus.[1270] In Art. 6bis RBÜ heißt es:

> „Unabhängig von seinen vermögensrechtlichen Befugnissen und selbst nach deren Abtretung behält der Urheber das Recht, die Urheberschaft am Werk für sich in Anspruch zu nehmen und sich jeder Entstellung, Verstümmelung, son-

1270 Art. 9 Abs. 1 S. 2 TRIPS. Vgl. BRAND, Article 9, in: Stoll/Busche/Arend (Hrsg.), Fn. 714 (2009), S. 244.

stigen Änderung oder Beeinträchtigung des Werkes zu widersetzen, die seiner Ehre oder seinem Ruf nachteilig sein könnten."[1271]

Auf internationaler Ebene hat sich mit Art. 6bis RBÜ zumindest ein Kernbereich des Urheberpersönlichkeitsrechts durchgesetzt. Wie die Analyse aus Teil III dieser Arbeit gezeigt hat, verhalten sich die Regelungen zu Urheberpersönlichkeitsrechten und die Ziele des UNESCO-Übereinkommens komplementär.[1272] Das UNESCO-Übereinkommen anerkennt die wichtige Bedeutung der Person des Künstlers für die Vielfalt kultureller Ausdrucksformen. So sollten die Vertragsparteien nach Art. 6 Abs. 2 lit. g und Art. 7 Abs. 2 ÜVKA Maßnahmen beschließen, die darauf abzielen, Künstler zu fördern und zu unterstützen sowie ein Umfeld zu schaffen, in dem der Einzelne darin bestärkt wird, eigene kulturelle Ausdrucksformen zu schaffen.[1273]

Ohne sich direkt aufeinander zu beziehen, bilden die Regelungen des UNESCO-Übereinkommens eine allgemeine Zielnorm. Die konkreten Instrumente zur Erreichung des Ziels der Anerkennung der Bedeutung des Künstlers werden unter anderem durch die Regelungen zu den Urheberpersönlichkeitsrechten der RBÜ ausgefüllt. Die beiden Vertragsregime verhalten sich in diesem Punkt komplementär. Ein Programmkonflikt, der durch eine harmonisierende Auslegung beigelegt werden könnte, existiert nicht. Allenfalls könnte das UNESCO-Übereinkommen dahingehend wirken, dass weitere Urheberpersönlichkeitsrechte durch neue völkerrechtliche Verträge harmonisiert werden. Bisher zeichnet sich eine solche Entwicklung allerdings nicht ab.

2. Zugang zu kulturellen Ausdrucksformen

a) Die urheberrechtliche Schutzdauer

Die Analyse in Teil III dieser Arbeit hat gezeigt, dass die sehr lange Schutzdauer, die in den völkerrechtlichen Verträgen zum Urheberrecht vereinbart wurde, nicht zu einer Förderung der Vielfalt kultureller Ausdrucksformen beiträgt.[1274]

1271 Art. 6bis RBÜ.

1272 Siehe Teil III, A, III dieser Arbeit.

1273 Art. 7 Abs. 1 lit. a ÜVKA.

1274 Siehe Teil III, B, I, 3 dieser Arbeit.

Die völkerrechtliche Grundregel zur Schutzdauer befindet sich in Art. 7 Abs. 1 RBÜ.[1275] Sie besagt:

> „Die Dauer des durch diese Übereinkunft gewährten Schutzes umfasst das Leben des Urhebers und fünfzig Jahre nach seinem Tod."[1276]

Die urheberrechtliche Schutzdauer von 50 Jahren pma wird in Verbindung mit Art. 7 Abs. 6 RBÜ und Art. 19 RBÜ als Mindestschutzdauer ausgestaltet. Die Verbandstaaten sind damit befugt, über diese Schutzdauer hinauszugehen. Die Staaten haben von dieser Regelung intensiven Gebrauch gemacht.[1277]

In Ermangelung konkreter urheberrechtlicher Regelungen beschränken sich die Vorgaben des UNESCO-Übereinkommens auf die Schaffung eines kreativitätsfördernden Umfelds.[1278] Die Vertragsparteien sollen sich bemühen, ein Umfeld zu schaffen, in dem die kreative Schöpfung und der Zugang zu vielfältigen kulturellen Ausdrucksformen gewährleistet sind.[1279] Da die urheberrechtliche Schutzdauer einen bedeutenden Einfluss auf den Zugang und die Möglichkeiten des kreativen Umgangs mit kulturellen Ausdrucksformen ausübt, könnte eine harmonisierende Auslegung des Art. 7 Abs. 1 RBÜ unter Berücksichtigung des Art. 7 Abs. 1 lit. a und b UNESCO-Übereinkommen eine positive Wirkung auf die Förderung kultureller Vielfalt zeitigen.

Ausgangspunkt einer solchen harmonisierenden Auslegung stellt jedoch der Wortlaut der auszulegenden Norm dar.[1280] Der Wortlaut von Art. 7 RBÜ ist eindeutig. Die urheberrechtliche Schutzdauer beträgt 50 Jahre nach Tod des Urhebers. Diese verwendete Formulierung lässt keinen Ermessensspielraum, der ein Einfallstor für eine Diskussion des Sinns und Zwecks der RBÜ unter Berücksichtigung des UNESCO-Übereinkommens notwendig machen würde. Nach der *Vattel'schen Maxime*[1281] bedarf ein eindeutiger Wortlaut keiner Auslegung. Auch der IGH folgt dieser Linie.[1282]

1275 Diese Regel wird durch Art. 9 Abs. 1 TRIPS und Art. 1 Abs. 4 WCT in die jeweiligen Vertragswerke inkorporiert. Vgl. BRAND, Article 9, in: Stoll/Busche/Arend (Hrsg.), Fn. 714 (2009), S. 205 ff.; REINBOTHE/LEWINSKI, Fn. 781 (2002), Art. 1, Rdnr. 17.

1276 Art. 7 Abs. 1 RBÜ.

1277 RICKETSON/GINSBURG, Fn. 20 (2006a), Rdnr. 9.54.

1278 Art. 7 ÜVKA.

1279 Art. 7 Abs. 1 lit. a und b ÜVKA.

1280 SOREL/BORÉ EVENO, Article 31, in: Corten/Klein (Hrsg.), Fn. 411 (2011), S. 818.

1281 VATTEL/MACKINTOSH/ROYER-COLLARD, Fn. 1226 (1830).

1282 IGH, Gutachten v. 03.03.1950, *Competence of the General Assembly for the Admission of a State to the United Nations,* in: *ICJ Reports (*1950), 4.

„The primacy of textual interpretation if the treaty is clear is moreover a leitmotiv that the Court has not hesitated to repeat each time the opportunity has arisen, that is to say, frequently."[1283]

Die völkerrechtlichen Regelungen zur Schutzdauer sind damit in Ermangelung eines auslegungsfähigen Wortlauts nicht für eine harmonisierende Auslegung im Hinblick auf das UNESCO-Übereinkommen geeignet.

b) Der Dreistufentest des Artikels 13 TRIPS

Anhand des Beispiels der Auslegung des urheberrechtlichen Dreistufentests im Rahmen des WTO-Rechts[1284] soll im Folgenden geprüft werden, ob eine harmonisierende Auslegung zwischen dem TRIPS-Abkommen und dem UNESCO-Übereinkommen die in Art. 20 ÜVKA geforderte gegenseitige Unterstützung gewährleisten könnte.

Die urheberrechtlichen Schrankenbestimmungen[1285] im Rahmen des TRIPS-Abkommens, wie auch der in das TRIPS-Abkommen inkorporierten Schranken der RBÜ,[1286] werden maßgeblich vom Dreistufentest des Art. 13 TRIPS beeinflusst. Dort heißt es:

„Die Mitglieder begrenzen Beschränkungen und Ausnahmen von ausschließlichen Rechten auf bestimmte Sonderfälle, die weder die normale Auswertung des Werkes beeinträchtigen noch die berechtigten Interessen des Rechtsinhabers unzumutbar verletzen."[1287]

Nach dem TRIPS-Abkommen gilt der Dreistufentest als vorgelagerte Hürde für die Anwendung der im TRIPS-Abkommen und der durch Art. 9 Abs. 1

1283 SOREL/BORÉ EVENO, Article 31, in: Corten/Klein (Hrsg.), Fn. 411 (2011), S. 818.

1284 WTO DSB, Panel Report v. 15.06.2000 (WT/DS160/R), *United States – Section 110(5) of US Copyright Act*

1285 Artikel 13 TRIPS bezieht sich gleichermaßen auf die Schranken als auch auf die Ausnahmen. Eine Schranke tritt – gemäß dem Verständnis des WTO-Panels – dann auf, wenn dem Rechteinhaber dennoch einige Nutzungsmöglichkeiten belassen werden, während eine Ausnahme dann gegeben ist, wenn dem Rechteinhaber keinerlei Kontrolle über die Nutzung verbleibt. Vgl. WTO DSB, Panel Report v. 15.06.2000 (WT/DS160/R), *United States – Section 110(5) of US Copyright Act,* Rdnr. 6.107.

1286 Vgl. WTO DSB, Panel Report v. 15.06.2000 (WT/DS160/R), *United States – Section 110(5) of US Copyright Act,* Rdnr. 30 ff.; FÜLLER, Article 13, in: Stoll/Busche/Arend (Hrsg.), Fn. 133 (2009), S. 278.

1287 Art. 13 TRIPS. Vgl. FÜLLER, Article 13, in: Stoll/Busche/Arend (Hrsg.), Fn. 133 (2009), S. 277 ff.

TRIPS[1288] inkorporierten Schranken der RBÜ.[1289] Drei Aspekte charakterisieren den Dreistufentest: der Bezug zu Sonderfällen, ein Verbot der Beeinträchtigung der normalen Nutzung eines Werkes sowie das Verbot, die berechtigten Interessen des Rechteinhabers unzumutbar zu verletzen.

In der bisherigen Auslegungspraxis des DSB-Panels spielte Art. 13 TRIPS nur im Rahmen der Entscheidung *United States – Section 110 (5) Copyright Act*[1290] eine Rolle. Das Panel hatte in diesem Fall zu befinden, ob Ausnahmen aus dem ausschließlichen Recht zur öffentlichen Wiedergabe von dramatisch-musikalischen oder musikalischen Werken mittels eines gewöhnlichen Übertragungsgerätes (homestyle exemption) oder in Einzelhandelsgeschäften, die eine bestimmte Größe nicht überschritten (business exemption), zulässig sind.

Im Rahmen der Prüfung der Konformität der Ausnahmen mit Art. 13 TRIPS wurde der Dreistufentest eng angelehnt an den Interessen des Rechteinhabers ausgelegt. Die Anforderungen des Dreistufentests wurden allein unter ökonomischen Gesichtspunkten interpretiert. Diese Vorgehensweise lässt keinen Spielraum für die Berücksichtigung grundlegender, gesellschaftlicher Interessen, wie sie beispielsweise im Hinblick auf einen möglichst offenen Zugang zu kulturellen Werken, propagiert durch das UNESCO-Übereinkommen, zum Ausdruck kommen. Problematisch war in diesem Zusammenhang die Auslegung der Anforderung, Ausnahmen auf Sonderfälle zu beschränken. Nach Meinung des Panels sollen die Sonderfälle sowohl quantitativ als auch qualitativ eng ausgelegt und darüber hinaus konkret benannt werden.[1291] Diese Anforderungen lassen wenig Spielraum für eine flexible Gestaltung der Ausnahmen. Die Flexibilität der Ausnahmebestimmungen ist jedoch notwendig, damit sich die Ausnahmen einem ständig wechselnden technologischen Umfeld anpassen können.

Schwierigkeiten entstehen auch im Rahmen der Bewertung der normalen Verwertung eines Werkes. Hier entschied das Panel, dass jede tatsächliche und

1288 BRAND, Article 9, in: Stoll/Busche/Arend (Hrsg.), Fn. 714 (2009), S. 238 f.

1289 Diese Schranken umfassen bspw. die Schranken zum Übersetzungs- und Bearbeitungsrecht. Vgl. SENFTLEBEN, Fn. 292 (2004), S. 87 ff.; FÜLLER, Article 13, in: Stoll/Busche/Arend (Hrsg.), Fn. 133 (2009), S. 278.

1290 WTO DSB, Panel Report v. 15.06.2000 (WT/DS160/R), *United States – Section 110(5) of US Copyright Act.*

1291 WTO DSB, Panel Report v. 15.06.2000 (WT/DS160/R), *United States – Section 110(5) of US Copyright Act,* Rdnr. 6.109.

potentielle Verwertung[1292] des Werkes, die mit der normalen Verwertung durch den Rechteinhaber in Wettbewerb steht bzw. stehen könnte, unter den zweiten Prüfungspunkt des Dreistufentests fällt.[1293] Dadurch, dass die potentiellen Verwertungsmöglichkeiten einbezogen werden, kommt die auf einer Ausnahme oder Beschränkung beruhende Verwertung wesentlich schneller in Konflikt mit der normalen Verwertung des Werkes. Ein Bruch mit der zweiten Anforderung führt dann auch schneller zur Unzulässigkeit der Ausnahme oder Beschränkung. An diesem Punkt berücksichtigte das Panel allein die Interessen der Rechteinhaber und nicht die Interessen der Öffentlichkeit.

Der letzte Prüfpunkt des Dreistufentests – das Verbot der unzumutbaren Verletzung der berechtigten Interessen des Rechteinhabers – wurde von dem WTO-Panel in *United States – Section 110 (5) Copyright Act* nur ansatzweise ausgelegt. Das Panel bezog die berechtigten Interessen des Rechteinhabers allein auf die angemessene Vergütung der Verwertungsrechte.[1294] Entsprechend orientierte sich die Zumutbarkeit ausschließlich an dem vermeintlich entgangenen Gewinn des Rechteinhabers.[1295] Diese enge, an ökonomischen Interessen des Rechteinhabers orientierte Auslegung vernachlässigt die ebenfalls durch diese Regelung betroffenen, wenn auch nicht explizit benannten, Interessen der Allgemeinheit. Die Interessen der Allgemeinheit müssen jedoch sozusagen als logische Konsequenz der Wortwahl ‚unzumutbar' und ‚berechtigt' Eingang in die Auslegung finden, selbst wenn sie nicht explizit im Dreistufentest benannt werden.[1296] Demzufolge muss die Verhältnismäßigkeit des Eingriffs in die ausschließlichen Rechte des Rechteinhabers geprüft werden.[1297] Die berechtigten Interessen des Rechteinhabers ergeben sich aus den dem Rechteinhaber zugeschriebenen Rechten und ihrer Bedeutung für den Rechteinhaber. Das Wort ‚berechtigt' umfasst jedoch auch eine nicht-rechtliche Kategorie, die mit dem Begriff ‚legitim' beschrieben werden kann. Die Interessen des Rechteinhabers

---

1292 "Thus we need to take into account those whose use of musical works is free as a result of the exemptions, and also those who may choose to start using broadcast music once its use becomes free of charge." WTO DSB, Panel Report v. 15.06.2000 (WT/DS160/R), *United States – Section 110(5) of US Copyright Act,* Rdnr. 6.186.

1293 WTO DSB, Panel Report v. 15.06.2000 (WT/DS160/R), *United States – Section 110(5) of US Copyright Act,* Rdnr. 6.183.

1294 HE, Huaiwen, Seeking a Balanced Interpretation of the Three-Step Test, in: *IIC* 40 (2007), S. 300 f.

1295 WTO DSB, Panel Report v. 15.06.2000 (WT/DS160/R), *United States – Section 110(5) of US Copyright Act,* Rdnr. 6.229; FÜLLER, Article 13, in: Stoll/Busche/Arend (Hrsg.), Fn. 133 (2009), S. 284.

1296 GEIGER, Fn. 230 (2008), S. 196.

1297 GEIGER, Fn. 931 (2006), S. 696; SENFTLEBEN, Fn. 292 (2004), S. 226.

müssen demnach auch legitimen Ansprüchen gerecht werden.[1298] Hier bildet sich ein Einfallstor für eine ausgeglichene Berücksichtigung der Interessen aller Beteiligten – auch der Interessen der Allgemeinheit.[1299]

Eine solche zwischen dem Rechteinhaber und der Allgemeinheit ausgleichende Auslegung könnte ein Einfallstor für eine harmonisierende Auslegung mit dem UNESCO-Übereinkommen darstellen. Das UNESCO-Übereinkommen könnte in diesem Zusammenhang hinzugezogen werden, um die Interessen des Rechteinhabers als auch der Allgemeinheit auszufüllen und auf diese Weise zu einer flexibleren Auslegung des Dreistufentests zu führen.

Nach Art. 7 Abs. 1 lit. a ÜVKA wird die Förderung kultureller Vielfalt durch ein Umfeld gewährleistet, in dem Einzelpersonen und Gruppen darin bestärkt werden, ihre kulturellen Ausdrucksformen zu schaffen, herzustellen, zu verbreiten, zu vertreiben und Zugang zu ihnen zu haben. Die hier aufgezählten Tätigkeiten zielen sowohl auf die Interessen des Rechteinhabers („zu schaffen, herzustellen, zu verbreiten, zu vertreiben“) als auch auf die Interessen der Allgemeinheit („Zugang zu ihnen zu haben“) ab. Eine kulturfördernde Auslegung des Art. 13 TRIPS vor dem Hintergrund des Art. 7 Abs. 1 lit. a ÜVKA impliziert eine ausgewogene Berücksichtigung sowohl der Interessen des Rechteinhabers am Schaffen, Herstellen, Verbreiten und dem Vertrieb urheberrechtsfähiger Werke als auch am Zugang zu diesen Werken. Für die dritte Stufe des Art. 13 TRIPS bedeutet dies, dass das Verbot der unzumutbaren Verletzung der berechtigten Interessen des Rechteinhabers im Rahmen der Zumutbarkeit auch das Interesse der Allgemeinheit am Zugang zu kulturellen Werken berücksichtigen muss. Die Qualifizierung des Wortes „Verletzung“ durch das Adjektiv „zumutbar“ lässt darauf schließen, dass dem Rechteinhaber im übergeordneten Interesse der Allgemeinheit gewisse rechtsverletzende Handlungen durchaus zugemutet werden dürfen.

Problematisch ist eine solche harmonisierende Auslegung jedoch vor allem durch den Stufencharakter und der Bedingung der kumulativen Erfüllung aller Stufen[1300] in ihrer vorgegebenen Reihenfolge. Die WTO-induzierte, sehr restriktive Auslegung des Dreistufentests zu Lasten der Interessen der Allgemeinheit kann erst im Rahmen der Prüfung der dritten und letzten Stufe durchbrochen werden. In Abwendung von der bisher engen Auslegung könnten an

---

1298 BVerfG, Urteil v. 07.07.1971 (1 BvR 765/66), *Schulbuch-Entscheidung,* in: *BVerfGE* 31, 229.

1299 GOLDSTEIN/HUGENHOLTZ, Fn. 5 (2010), S. 366; GEIGER, Fn. 931 (2006), S. 683 ff.; KOELMAN, Fn. 927 (2006), S. 407 ff.; SENFTLEBEN, Fn. 292 (2004), S. 243 f.

1300 FÜLLER, Article 13, in: Stoll/Busche/Arend (Hrsg.), Fn. 133 (2009), S. 281.

dieser Stelle die Interessen der Allgemeinheit stärker berücksichtigt werden. Allerdings müssen bis zu diesem Zeitpunkt bereits die Anforderungen der ersten und zweiten Stufe erfüllt sein. Insbesondere die zweite Stufe – das Verbot der tatsächlichen und potentiellen Beeinträchtigung der normalen Auswertung des Werkes – orientiert sich allerdings ausschließlich an den Interessen des Rechteinhabers. Kann diese zweite Stufe nicht zufriedenstellend passiert werden, kommt der korrigierenden Abwägung der Interessen des Rechteinhabers mit denen der Allgemeinheit keine Bedeutung mehr zu. Die zweite Stufe stellt damit ein „Show-stopper“[1301] dar. Einige Wissenschaftler propagieren aus diesem Grund eine neue Lesart des Dreistufentests, wonach die sukzessive Prüfung der einzelnen Stufen durch eine Gesamtbetrachtung des Dreistufentests ersetzt werden sollte bzw. die Prüfreihenfolge der Stufen umgekehrt werden würde.[1302] Eine solche Auslegung würde allerdings gegen den gewöhnlichen Wortlaut des Art. 13 TRIPS verstoßen. Zumal auch im Rahmen der Verhandlungen von Stockholm (1967)[1303] die Reihenfolge der einzelnen Stufen diskutiert wurde.[1304] Eine Auslegung des Dreistufentests nach Art. 31 Abs. 1 und 32 WVK lässt eine solche neue Lesart des Dreistufentests nicht zu. Die stärkere Berücksichtigung der Interessen der Allgemeinheit unter Berücksichtigung des UNESCO-Übereinkommens wäre zwar materiell möglich, allerdings erscheint der Wirkungsgrad einer solchen, harmonisierenden Auslegung gering. Sie würde erst dann zum Tragen kommen, wenn die in Frage stehende Handlung nicht die normale Verwertung des Werkes durch den Rechteinhaber beeinflusst. Die kulturför-

---

1301 GEIGER, Christophe/ GRIFFITHS, Jonathan/ HILTY, Reto M., Towards a Balanced Interpretation of the "Three-step Test" in Copyright Law, in: *E.I.P.R.* (2008), S. 490.

1302 Insbesondere *Geiger*. Vgl. GEIGER/GRIFFITHS/HILTY, Fn. 1301 (2008), S. 489 ff.; GEIGER, Christophe, Exploring the Flexibilities of the TRIPS Agreement's Provision on Limitations and Exceptions (S. 187-307), in: Vytautas Mizaras/ Annette Kur (Hrsg.), *The Structure of Intellectual Property Law,* Cheltenham et al. (2011), S. 187 ff.; KOELMAN, Fn. 927 (2006), S. 407 ff.; HUGENHOLTZ/OKEDIJI, Fn. 931 (2008), S. 21; a. A. FICSOR, Fn. 926 (03.04.2009), S. 1; LUCA, Fn. 915 (2010), S. 281.

1303 Die Verhandlungen beziehen sich auf den dem Art. 13 TRIPS zugrundeliegenden Wortlaut des Art. 9 Abs. 2 RBÜ.

1304 „The Committee also adopted a proposal by the Drafting Committee that the second condition should be placed before the first, as this would afford a more logical order for the interpretation of the rule. If it is considered that reproduction conflicts with the normal exploitation of the work, reproduction is not permitted at all. If it is considered that reproduction does not conflict with the normal exploitation of the work, the next step would be to consider whether it does not unreasonably prejudice the legitimate interests of the author. Only if such is not the case would it be possible in certain special cases to introduce a compulsory license, or to provide for use without payment.” WIPO, Fn. 828 (1971), S. 1145.

dernde Wirkung, die eine harmonisierende Auslegung des UNESCO-Übereinkommens und des TRIPS-Abkommens hinsichtlich des Dreistufentests zeitigen könnte, ist daher beschränkt.

3. Ausgewogenheit zwischen Schutz und Offenheit – Inländergleichbehandlung und Mindestrechte

Aus der Analyse des Teils III ergab sich, dass der Grundsatz der Inländergleichbehandlung in Verbindung mit den Mindestrechten im Sinne des UNESCO-Übereinkommens zu einer Förderung der Vielfalt kultureller Ausdrucksformen beiträgt.[1305] Zwar führen die zahlreichen Ausnahmen und der unterschiedliche Umfang der Inländergleichbehandlung nicht zu einer generellen Gleichbehandlung, doch hat die Kombination aus Inländergleichbehandlung und Mindestrechten dazu beigetragen, dass der Austausch kultureller Ausdrucksformen erheblich erleichtert wurde und somit die völkerrechtlichen Regelungen zum Urheberrecht Offenheit gegenüber fremden kulturellen Ausdrucksformen gewährleisten.[1306] Ein durch harmonisierende Auslegung zu bewältigender Programmkonflikt zwischen den völkerrechtlichen Regelungen zum Urheberecht und dem UNESCO-Übereinkommen ist in diesem Punkt nicht festzustellen. Der Bedarf einer harmonisierenden Auslegung mit dem Ziel, die kulturfördernden Aspekte des Urheberrechts zu betonen, besteht folglich nicht.

4. Vorzugsbehandlung von Entwicklungsländern

Die Analyse aus Teil III hat gezeigt, dass die Sonderbehandlung für Entwicklungsländer nur wenige Bereiche des Urheberrechts betrifft und gleichzeitig von solch hohen Hürden gekennzeichnet ist, dass bisher kaum ein Entwicklungsland von ihnen Gebrauch gemacht hat.[1307] Zudem sind diese Regelungen seit ihrer Aushandlung in den 1970er Jahren nicht an die technologischen Neuerungen vor allem im digitalen Bereich angepasst worden. Sie entsprechen damit nicht mehr den heutigen Bedürfnissen der Entwicklungsländer. Neben den materiellen Regeln der Sonderbehandlung sieht das TRIPS-Abkommen auch eine formale Sonderbehandlung in Form einer Verlängerung der Umsetzungsfristen vor. Allerdings hat die Verbreitung von bilateralen Investitionsschutzabkommen dazu

1305 Siehe Teil III, C, III dieser Arbeit.

1306 Art. 2 Abs. 8 ÜVKA.

1307 Siehe Teil III, D, III dieser Arbeit.

geführt, dass viele Entwicklungsländer geistige Eigentumsrechte als Verhandlungspfand einsetzen und infolgedessen die Vorgaben des TRIPS-Abkommens und des WCTs noch vor Ablauf der Umsetzungsfrist angenommen haben.

Vor dem Hintergrund kulturpolitischer Ziele müsste die Sonderbehandlung gänzlich reformiert werden. Der derzeit gängige „One size fits all"-Ansatz sollte zu Gunsten eines flexiblen Urheberrechtssystems, das auf die jeweiligen kulturellen, sozialen und wirtschaftlichen Bedürfnisse der Entwicklungsländer reagieren kann, ersetzt werden. Eine derartige Reform ist allerdings nicht mit einer harmonisierenden Auslegung zu erreichen. Dagegen spricht schon allein die enge Bindung der Auslegung an den Wortlaut der auszulegenden Norm. Der Anhang der RBÜ enthält konkrete Voraussetzung für die Einrichtung einer gesetzlichen oder einer Zwangslizenz für das Übersetzungs- und Vervielfältigungsrecht. Das Urheberrecht umfasst jedoch neben diesen beiden, zweifellos bedeutsamen ausschließlichen Rechten wesentlich mehr Rechte. Beispielsweise können Entwicklungsländer keine Sonderbehandlung für digitale Werke geltend machen. So enthält der Wortlaut des Anhangs der RBÜ keine auslegungsfähige Regel, die die Subsumtion des Rechts auf öffentliche Zugänglichmachung ermöglichen würde. Zumal eine derartige Auslegung die engen Grenzen der harmonisierenden Auslegung zur Vertragsänderung sprengen würde und aus diesem Grund unzulässig wäre. Eine kulturfördernde Ausgestaltung der Sonderbehandlung für Entwicklungsländer, wie sie mittelbar durch Art. 16 ÜVKA gefordert wird, ist nicht auf dem Weg der harmonisierenden Auslegung zu erreichen.

V. Bewertung der harmonisierenden Auslegung als Instrument zur gegenseitigen Unterstützung

Die harmonisierende Auslegung von divergierenden Verträgen stellt neben den Kollisionsnormen einen der wichtigsten Koordinierungsmechanismen im Völkervertragsrecht dar. Gegenüber den Kollisionsnormen erhält die harmonisierende Auslegung eine besondere Bedeutung, da in ihrer Anwendung beide divergierenden Vertragswerke weitestgehend aufrechterhalten werden. Dennoch stößt die harmonisierende Auslegung als Mittel zur Koordinierung, insbesondere von multilateralen Verträgen, schnell an ihre Grenzen.

Zu den begrenzenden Faktoren zählen der Wortlaut, das Verbot der Auslegung contra pactum und schließlich die schwierigste Hürde: die notwendige Kongruenz der Parteien der strittigen Verträge. Eine harmonisierende Auslegung ist nur dann möglich, wenn der Wortlaut der entsprechenden konfligierenden Norm flexibel genug ist, um eine Auslegung überhaupt zuzulassen.[1308] Die Wortwahl des UNESCO-Übereinkommens bietet durch die Breite des Anwendungsbereichs und der notwendigen Verhandlungskompromisse besonders viel Spielraum zur Auslegung. Ein zusätzlicher Grund für die Wahl eines flexiblen Wortlauts liegt in der besonderen Charakteristik der Kultur, die durch dynamische Prozesse gekennzeichnet ist. Kultur ist ein sich ständig wandelndes Phänomen. Vertraglich festgelegte Bestimmungen im Bereich der Kulturpolitik müssen deshalb zwangsläufig durch offene und wandlungsfähige Begriffe formuliert werden.

Die Grenze zwischen einer harmonisierenden Auslegung und einer Vertragsänderung ist fließend. Wenn es sich bei den auszulegenden Verträgen um Verträge mit den gleichen Vertragspartner handelt, könnte eine harmonisierende Auslegung, die die Grenze zur Vertragsänderung überschritten hat, durch die Zustimmung aller Vertragspartner geheilt werden. Allerdings ist dies dann nicht der Fall, wenn einige Vertragspartner nicht beiden konfligierenden Verträgen angehören. Hier ergäbe sich eine Situation, in der diese Vertragspartner indirekt an die Bestimmungen des nicht von ihnen ratifizierten Vertrags gebunden wären. Ein solches Vorgehen würde jedoch gegen die völkergewohnheitsrechtlich geltende pacta tertiis-Regel verstoßen. Zumal auch Art. 20 Abs. 2 ÜVKA eine vertragsändernde Auslegung verbietet.

Um die aus Programmkonflikten zwischen dem UNESCO-Übereinkommen und den Verträgen der WIPO und der WTO resultierende Rechtsunsicherheit dauerhaft zu vermeiden, könnte eine Übereinkunft aller Vertragsparteien im Sinne einer authentischen Auslegung geboten sein. Dies setzt allerdings voraus, dass alle Vertragsparteien dieser Auslegung zustimmen. Zudem ist sie nur dann für die Koordinierung von völkerrechtlichen Verträgen nach Art. 31 Abs. 3 lit. c WVK geeignet, wenn sie Vertragsparteien der divergierenden Verträge identisch sind. Da die Vertragsparteien des UNESCO-Übereinkommens und der Urheberrechtsverträge nicht identisch sind und zudem die USA, als wichtigster Akteur im Bereich des geistigen Eigentums, das UNESCO-Übereinkommen nicht unterzeichnet und ratifiziert haben, kommt eine harmonisierende Auslegung, insbesondere nach Art. 31 Abs. 3 lit. c WVK, nicht in Frage. Auch wenn das UNESCO-Übereinkommen mangels identischer Vertragsparteien nicht als Auslegungshilfe im Rahmen der WTO oder der RBÜ herangezogen werden kann, bleibt immer noch die Möglichkeit, das UNESCO-Überein-

---

1308 WOLFRUM/MATZ, Fn. 1246 (2003), S. 310; ZULEEG, Fn. 1246 (1977), S. 272.

kommen als Hilfe zur Ermittlung der gewöhnlichen Bedeutung des Wortlauts i. S. d. Art. 31 Abs. 1 WVK – ähnlich einem Wörterbuch – heranzuziehen.[1309]

Obwohl die harmonisierende Auslegung bereits am formalen Kriterium der notwendigen Identität der Vertragsparteien scheitert, zeigte die materielle Prüfung einer harmonisierenden Auslegung in den Punkten: Urheberpersönlichkeitsrecht, urheberrechtliche Schutzdauer, urheberrechtlicher Dreistufentest, urheberrechtliche Inländergleichbehandlung sowie urheberrechtliche Sonderregelungen für Entwicklungsländer, dass die harmonisierende Auslegung auch materiell schnell an ihre Grenzen stößt. Während die Inländergleichbehandlung mit dem UNESCO-Übereinkommen ihrem Sinn nach gut vereinbar ist, mangelte es im Rahmen der Prüfung der kulturfördernden Auslegung des Urheberpersönlichkeitsrechts, der Schutzdauer und der Sonderregelungen für Entwicklungsländer an dem notwendigen flexiblen Wortlaut für eine harmonisierende Auslegung.

Einzig im Rahmen der Auslegung des Dreistufentests scheint die harmonisierende Auslegung gewisses Potential zu zeitigen, allerdings behindert die Konzeption des Tests in drei kumulativ zu erfüllenden Stufen eine durchschlagende Wirkung auf die Koordinierung des UNESCO-Übereinkommens mit den völkerrechtlichen Verträgen zum Urheberrecht.

Insgesamt lässt sich feststellen, dass bereits aufgrund der formalen Anforderung nach Art. 31 Abs. 3 lit. c WVK – der Identität der Vertragsparteien – die harmonisierende Auslegung zwischen dem UNESCO-Übereinkommen und den völkerrechtlichen Verträgen zum Urheberrecht nicht anzuwenden ist. Eine kulturfördernde Auslegung der völkerrechtlichen Regelungen zum Urheberrecht ist auf diese Weise nicht möglich. Zumal die hilfsweise herangezogene materielle Prüfung der harmonisierenden Auslegung zwischen den Vertragsregimen auch keine überzeugenden Ergebnisse lieferte.

C. Bewertung rechtlicher Instrumente zur Beilegung von Programmkonflikten

Im Verhältnis des UNESCO-Übereinkommens zu den völkerrechtlichen Verträgen zum Urheberrecht lassen sich aufgrund der weichen Formulierungen und

1309 Vgl. WTO DSB, Panel Report v. 29.09. 2006 (WT/DS291-3/R), *European Communities – Measures Affecting the Approval and Marketing of Biotech Products,* Ziff. 193; VOON, Fn. 17 (2006), S. 650.

der expliziten Erwähnung von Urheberrechten im UNESCO-Übereinkommen keine direkten Normkollisionen feststellen. Die Vertragsparteien können ohne weiteres ihre urheberrechtlichen Bestimmungen aus den WIPO-Verträgen und dem TRIPS-Abkommen erfüllen, ohne gegen Pflichten aus dem ÜVKA zu verstoßen.

Obwohl die kulturfördernde Wirkung des Urheberrechts einen der Legitimationsgründe darstellt, hat sich bereits in Teil III dieser Arbeit gezeigt, dass das derzeit gültige Urheberrechtsniveau sein kulturförderndes Potential nicht vollständig ausschöpft.[1310] Wenngleich konkrete Normkollisionen zwischen den beiden Vertragsregimen nicht auftreten, sind dennoch Spannungen zwischen den völkerrechtlichen Regeln zum Urheberrechtschutz und der kulturellen Vielfalt zu verzeichnen. Diese Spannungen können als Programmkonflikt bezeichnet werden.

Vor diesem Hintergrund stellt sich die Frage, welche Möglichkeiten sich den Vertragsparteien des UNESCO-Übereinkommens bieten, um diese Spannungen aus dem Weg zu räumen. Im Zentrum dieser Analyse stand Art. 20 ÜVKA, der das Verhältnis des Übereinkommens zu anderen völkerrechtlichen Verträgen, so auch den Verträgen zum Urheberrechtsschutz, regelt.

Artikel 20 ÜVKA stellt eine Vereinbarkeitsnorm dar, die wechselseitige Unterstützung, Komplementarität und Nicht-Unterordnung der in Frage stehenden Verträge beinhaltet. Einerseits soll das UNESCO-Übereinkommen im Rahmen der Auslegung und Anwendung bestehender Verträge sowie der Aushandlung neuer Verträge berücksichtigt werden, andererseits bewirkt das Übereinkommen keine Änderung der Rechte und Pflichten, die den Vertragsparteien aus anderen völkerrechtlichen Instrumenten erwachsen. Die auf Derogation ausgerichteten, völkerrechtlichen Konfliktlösungsmechanismen des lex specialis oder des lex posterior sind damit in ihrer Anwendung ausgeschlossen. Artikel 20 ÜVKA als spezialvertragliche Norm geht hier den völkergewohnheitsrechtlich geltenden, genannten Konfliktlösungsmechanismen vor. Entsprechend kommt allein die harmonisierende Auslegung als koordinierendes, den Bestand aller in Frage stehenden Verträge garantierendes Instrument in Frage.

Die Anwendung der harmonisierenden Auslegung auf der Basis des Art. 31 Abs. 3 lit. c WVK im Sinne der kulturfördernden Auslegung urheberrechtlicher Regelungen der RBÜ, des WCTs bzw. des TRIPS-Abkommens ist jedoch aufgrund der nicht identischen Vertragsparteien der einzelnen Verträge nicht möglich. Auch behindert der weite, keine konkreten urheberrechtlichen

1310 Siehe Teil III, E dieser Arbeit.

Bestimmungen umfassende Wortlaut des UNESCO-Übereinkommens gegenüber dem engen, oftmals eindeutigen Wortlaut der völkerrechtlichen Regelungen zum Urheberrecht die harmonisierende Einflussnahme des UNESCO-Übereinkommens auf die urheberrechtlichen Regelungen.

Wie sich bereits gezeigt hat, stellen die völkerrechtlichen Konfliktlösungsmechanismen kein ausreichendes Korrektiv für die zwischen dem UNESCO-Übereinkommen und den völkerrechtlichen Verträgen zum Urheberrecht aufgezeigten Spannungen dar. In einem rechtlichen Sinn entfaltet das UNESCO-Übereinkommen keine Wirkung auf die bestehenden, völkerrechtlichen Regelungen zum Urheberrecht. An dieser Stelle sei aber darauf verwiesen, dass eine kulturfördernde Auslegung des Urheberrechts aus rein urheberrechtlicher Argumentation möglich wäre. Im Rahmen einer solchen Diskussion stehen die kulturelle Legitimation sowie der im Urheberrecht zu erzielende Interessenausgleich aller Beteiligten im Vordergrund. In den Rechtsquellen fanden diese Gedanken vor allem in den Präambeln (TRIPS-Abkommen und WCT) sowie in den Zielen der urheberrechtlichen Verträge (Art. 7 und 8 TRIPS) Eingang. Die Rückkopplung zum UNESCO-Übereinkommen scheint zwar naheliegend, ist aber aufgrund der Anforderungen der völkergewohnheitsrechtlich geltenden Auslegungsregeln zu vermeiden. Obwohl die bisherige Praxis deutlich gezeigt hat, dass die Vertragsparteien keine Änderungen des status quo im Bereich des Urheberrechts anstreben, wäre eine innerhalb der WIPO bzw. der WTO unternommene Vertragsänderung der urheberrechtlichen Verträge zu Gunsten einer stärkeren Betonung der kulturellen Funktion des Urheberrechts das einzige rechtliche Mittel zu besseren Koordinierung der Ziele des UNESCO-Übereinkommens mit den völkerrechtlichen Verträgen zum Urheberecht. Der mangelnde politische Wille der Vertragsparteien zur Änderung urheberrechtlicher Regelungen zugunsten der kulturellen Vielfalt lässt eine Vertragsänderung aber in naher Zukunft unrealistisch erscheinen.

Folglich gilt es zu prüfen, inwieweit das UNESCO-Übereinkommen Ansatzpunkte für eine politische Bearbeitung der immanenten Spannungen zwischen der Förderung der Vielfalt kultureller Ausdrucksformen und den derzeit existierenden Urheberrechtsregelungen bietet.

D. Grundlagen institutioneller Regelungen zur Koordinierung völkerrechtlicher Verträge

Vor dem theoretischen Hintergrund eines durch Global Governance[1311] geprägten Umfelds der internationalen Beziehungen konzentriert sich die folgende Analyse auf institutionelle Strukturen und kooperative Prozesse. Ausgangspunkt dieser Analyse bildet Art. 21 ÜVKA. Im Folgenden gilt es, den institutionellen Handlungsspielraum zur Einflussnahme auf die völkerrechtlichen Regelungen zum Urheberrecht durch die Vertragsparteien zu erörtern. Dazu werden die rechtlichen Voraussetzungen für ein Tätigwerden der Vertragsparteien in anderen internationalen Foren analysiert.

Das UNESCO-Übereinkommen fordert in Art. 11 ÜVKA auch nichtstaatliche Akteure – sprich die Zivilgesellschaft – dazu auf, aktiv die Bemühungen der Vertragsparteien bei der Umsetzung des UNESCO-Übereinkommens zu unterstützen. Entsprechend stellt sich die Frage, welchen Beitrag nichtstaatliche Akteure im Rahmen der Förderung des UNESCO-Übereinkommens in anderen internationalen Foren, wie der WIPO oder dem TRIPS-Rat der WTO, vor dem Hintergrund der Bemühungen der Vertragsparteien i. S. d. Art. 21 ÜVKA leisten können.

Sowohl das Völkerrecht als auch die Politikwissenschaft beschäftigen sich aus ihrer jeweiligen Perspektive mit den zentralen Punkten der Global Governance, d. h. mit Normen, Regeln, Prinzipien und Institutionen. Demnach ist die hier gewählte interdisziplinäre Herangehensweise nicht nur möglich, sondern aufgrund der unbefriedigenden Ergebnisse der völkerrechtlichen Lösungsmechanismen für Programmkonflikte sogar geboten.[1312] Beispielhaft soll hier an-

---

1311 MAYNTZ, Renate, Governance im modernen Staat (S. 37-48), in: Arthur Benz (Hrsg.), *Governance – Regieren in komplexen Regelsystemen,* Wiesbaden (2010), S. 66; GETTKANT, Andreas/ ELLERBROCK, Jobst, Nachbarn in einer Welt. Der Bericht der Kommission für Weltordnungspolitik. Bonn (1995), S. 6; MESSNER, Dirk/ NUSCHELER, Franz, Global Governance (S. 12-36), in: Dirk Messner/ Franz Nuscheler (Hrsg.), *Weltkonferenzen und Weltberichte,* Bonn (1996), S. 20 f. Kritisch, ob der Beliebigkeit des Begriffs: RUFFERT, Matthias, Die Globalisierung als Herausforderung an das Öffentliche Recht. Stuttgart (2004), S. 28.

1312 So auch FISCHER-LESCANO, Andreas/ TEUBNER, Gunther, Regime-Kollisionen. Zur Fragmentierung des globalen Rechts. Frankfurt a. M. (2006), S. 10; PULKOWSKI, Dirk, Book Review, in: *EJIL* 16 (2005), S. 153 ff.; a. A. PAUWELYN, Fn. 1090 (2005), S. 327 ff.

hand des konstruktivistischen Konzepts der epistemischen Gemeinschaften[1313] verdeutlicht werden, welchen Einfluss Expertennetzwerke bei der Koordinierung der Programme des UNESCO-Übereinkommens, der WIPO-Verträge zum Urheberrecht sowie des TRIPS-Abkommens ausüben.

Eine mögliche inhaltliche Koordinierung von völkerrechtlichen Verträgen wird auf diese Weise mittels politikwissenschaftlicher Ansätze geprüft. Zunächst soll jedoch die Grundlage der Koordinierung des UNESCO-Übereinkommens mit anderen Verträgen, wie sie in Art. 21 ÜVKA verankert sind, analysiert werden.

I. Vertragliche Grundlage der Koordinierung – Artikel 21 UNESCO-Übereinkommen

Die Koordinierung und Kooperation der Vertragsparteien zum Zwecke der Umsetzung des UNESCO-Übereinkommens in ihren internationalen Beziehungen wird durch Art. 21 ÜVKA näher bestimmt. Im Rahmen der Verhandlungen sollte diese Aufgabe zunächst durch den ehemaligen Art. 13 Expertenentwurf[1314] (Kapitel III.2 „Rechte und Pflichten in Bezug auf die internationale Zusammenarbeit") gewährleistet werden. Die Regelungen in diesem Kapitel konzentrierten sich vor allem auf die Außenwirkung des UNESCO-Übereinkommens.[1315] Während der Verhandlungen wurde der Artikel jedoch in Kapitel V („Verhältnis zu anderen Übereinkünften") verschoben. Damit liegt der Fokus des Art. 21 ÜVKA nun eher auf der Regulierung von Konfliktsituationen.[1316] Die Regelungen des

---

1313 HAAS, Peter M., Introduction, in: *IO* 46 (1992), S. 1 ff.

1314 Der ehemalige Artikel lautete: „Article 13 – International consultation and coordination. States Parties shall bear in mind the objectives of this Convention when making any international commitments. They undertake, as appropriate, to promote its principles and objectives in other international fora. For these purposes, States Parties shall consult each other within UNESCO in order to develop common approaches." Vgl. UNESCO, Fn. 347 (07.2004).

1315 Andere Artikel in diesem Bereich behandeln beispielsweise die Schaffung von Problembewusstsein, den Aufbau von Kapazitäten oder die Förderung des internationalen Dialogs.

1316 Vgl. STOLL, Article 21, in: Schorlemer/Stoll (Hrsg.), The UNESCO Convention on the Protection and Promotion of the Diversity of Cultural Expressions. Explanatory Notes, Berlin et al. (2012), S. 546.

Art. 21 ÜVKA richten sich an die Vertragsparteien.[1317] Diese verpflichten sich darin:

> „(...) die Ziele und Grundsätze dieses Übereinkommens in anderen internationalen Foren zu fördern. Zu diesem Zweck konsultieren die Vertragsparteien einander unter Berücksichtigung dieser Ziele und Grundsätze, falls erforderlich.“[1318]

Im Gegensatz zu den anderen Artikeln des UNESCO-Übereinkommens ist Art. 21 ÜVKA durch den Verzicht auf Formulierungen, wie „die Vertragsparteien bemühen sich“, vergleichsweise verbindlich formuliert. Dennoch erlaubt die Wortwahl einen weiten Spielraum zur Auslegung der Bestimmung.

1. Förderung des UNESCO-Übereinkommens – Art. 21 S. 1 ÜVKA

Artikel 21 ÜVKA enthält zwei aufeinander aufbauende Pflichten für die Vertragsparteien. Zunächst müssen die Vertragsparteien die Ziele und Grundsätze des UNESCO-Übereinkommens in anderen internationalen Foren fördern. Davon umfasst ist die auch völkergewohnheitsrechtliche Pflicht der Einhaltung der Verträge (pacta sunt servanda[1319]). Fraglich ist allerdings, ob der Aspekt der Förderung weitere, über den Grundsatz pacta sunt servanda hinausgehende Anforderungen an das Verhalten der Vertragsparteien stellt.

Pacta sunt servanda umfasst einerseits die Pflicht zur Einhaltung des Vertrags und regelt andererseits, dass der Vertrag nach Treu und Glauben zu erfüllen ist.[1320] Demnach müssen die Vertragsparteien jede Anstrengung unternehmen, um den Vertrag zu erfüllen.[1321] Gleichzeitig verpflichten sich die Vertragsparteien dazu, keinerlei Handlungen zu unternehmen, die dem Ziel des Vertrags

---

1317 Zu den Vertragsparteien zählen nach Art. 27 ÜVKA zum Beitritt zugelassenen Staaten, Hoheitsgebiete und Organisationen der regionalen Wirtschaftsintegration. Vgl. EIKERMANN/JÜRGING, Article 27, in: Schorlemer/Stoll (Hrsg.), The UNESCO Convention on the Protection and Promotion of the Diversity of Cultural Expressions. Explanatory Notes, Berlin et al. (2012), S. 637.

1318 Art. 21 ÜVKA.

1319 Diese gilt auch nach Art. 26 WVK. Vgl. VILLIGER, Fn. 1147 (2009), Art. 26, Rdnr. 1 ff.

1320 GRAF VITZTHUM, Wolfgang, Begriff, Geschichte und Rechtsquellen des Völkerrechts (S. 1-72), in: Wolfgang Vitzthum/ Michael Bothe (Hrsg.), *Völkerrecht,* Berlin (2010), S. 53.

1321 VILLIGER, Fn. 1147 (2009), Art. 26, Rdnr. 8.

entgegenstehen (Verbot des Rechtsmissbrauchs). Schließlich müssen die Vertragsparteien auch die Übereinstimmung der Rechte und Pflichten aus einem Vertrag mit ihren anderen internationalen Verpflichtungen prüfen.

Neben der bloßen Einhaltung der Vertragsbestimmungen umfasst das Wort ‚fördern' in Art. 21 S. 1 ÜVKA aber auch einen darüber hinaus gehenden Inhalt. Es bedarf zudem weiterer, positiver Anstrengungen die Ziele und Grundsätze des UNESCO-Übereinkommens in anderen internationalen Foren zu verbreiten. Dazu zählt eine Vielzahl an Aktivitäten, deren Zulässigkeit von der jeweiligen Geschäftsordnung des Forums abhängt, in dem das UNESCO-Übereinkommen gefördert werden soll. Beispielsweise sind mündliche und schriftliche Beiträge zu Diskussionen bzw. Verhandlungen oder das Einbringen von Themen in die Tagesordnung als fördernde Maßnahmen zu verstehen.[1322] Fraglich ist allerdings, ob auch finanzielle Leistungen bzw. technische Maßnahmen unter Art. 21 S. 1 ÜVKA fallen.[1323] Da die Auswahl der fördernden Maßnahmen der Vertragspartei obliegt und das UNESCO-Übereinkommen keinerlei Vorgaben in dieser Hinsicht enthält, ist gegen finanzielle bzw. technische Maßnahmen nichts einzuwenden. Zumindest solange sie auf freiwilliger Basis erfolgen.

Artikel 21 ÜVKA beschränkt die Förderung allerdings auf die Ziele und Grundsätze des UNESCO-Übereinkommens. Nach dem Wortlaut sind damit nicht die konkreten Bestimmungen umfasst. Allerdings verdeutlicht ein Blick in die umfangreichen Ziele und Grundsätze – festgehalten in Art. 1 und 2 ÜVKA, dass eine Verbindung der Ziele mit konkreten Regelungen des UNESCO-Übereinkommens leicht hergestellt werden kann. Auf diese Weise können die Vertragsparteien angehalten werden, auch weitere Aspekte des UNESCO-Übereinkommens in anderen internationalen Foren zu fördern.[1324]

2. Andere internationale Foren – Art. 21 S. 1 ÜVKA

Der Wortlaut des Art. 21 ÜVKA verwendet „andere internationale Foren". Der Gebrauch dieser Worte kommt in internationalen Verträgen selten vor.[1325] Das Wort ‚Foren' umschreibt Institutionen unterschiedlichster Art. Dazu zählen internationale Organisationen und deren Organe, genauso wie weniger formale

1322 STOLL, Article 21, in: Schorlemer/Stoll (Hrsg.), Fn. 1317 (2012), S. 548.
1323 STOLL, Article 21, in: Schorlemer/Stoll (Hrsg.), Fn. 1317 (2012), S. 548.
1324 STOLL, Article 21, in: Schorlemer/Stoll (Hrsg.), Fn. 1317 (2012), S. 548.
1325 STOLL, Article 21, in: Schorlemer/Stoll (Hrsg.), Fn. 1317 (2012), S. 547.

Gremien und Prozesse.[1326] Auch im Entstehen befindliche Institutionen sowie informelle Zusammenkünfte sind unter die Norm subsumierbar.[1327] Unter internationalen Foren sind damit sowohl die Vereinten Nationen mit ihren Organen und Sonderorganisationen, andere internationale Organisationen, wie die WTO, als auch Körperschaften und Prozesse wie die G8 oder die G20 umfasst.

Fraglich ist, ob auch Foren, die von nichtstaatlicher Seite unterhalten werden und an denen die Vertragsparteien teilnehmen, unter die Bestimmungen des Art. 21 ÜVKA fallen.[1328] Da der Artikel nur die Vertragsparteien, d.h. Staaten und internationale Organisationen, verpflichtet, könnte angenommen werden, dass sich die Verpflichtung auch nur auf die von Staaten und internationalen Organisationen veranstalteten Foren bezieht.[1329] Eine solche Interpretation verkennt jedoch die Bedeutung, die NGOs auf internationalem Parkett erlangt haben.[1330] Gerade im Bereich der Kultur ist eine Vielzahl lokal, regional und international agierender NGOs aktiv.[1331] Aus diesem Grund sind unter Art. 21 ÜVKA auch solche internationalen Foren zu verstehen, die nichtstaatlichen Akteuren offen stehen, ebenso wie Foren, die von nichtstaatlichen Akteuren organisiert werden.[1332] Das Wort ‚Forum' ist ein offener Begriff und umfasst damit nahezu alle Formen internationalen Austauschs. Der Anwendungsbereich dieser Norm ist

---

1326 STOLL, Article 21, in: Schorlemer/Stoll (Hrsg.), Fn. 1317 (2012), S. 547.

1327 STOLL, Article 21, in: Schorlemer/Stoll (Hrsg.), Fn. 1317 (2012), S. 547.

1328 STOLL, Article 21, in: Schorlemer/Stoll (Hrsg.), Fn. 1317 (2012), S. 547 f.

1329 STOLL, Article 21, in: Schorlemer/Stoll (Hrsg.), Fn. 1317 (2012), S. 547.

1330 LINDBLOM, Anna-Karin, Non-governmental Organisations in International Law. Cambridge et al. (2005), passim; WEDGWOOD, Ruth, Legal Personality and the Role of Non-Governmental Organizations and Non-State Political Entities in the United Nations System (S. 21-36), in: Rainer Hofmann/ Nils Geissler (Hrsg.), *Non-state Actors as New Subjects of International Law,* Berlin (1999), S. 21 ff.

1331 Die UNESCO unterhält zurzeit offizielle Beziehungen mit 335 international tätigen NGOs, 20 Stiftungen und ähnlichen Institutionen. Vgl. http://portal.unesco.org/en/ev.php-URL_ID=32906&URL_DO=DO_TOPIC&URL_SECTION=201.html (zuletzt besucht am 04.03.2012).

1332 STOLL, Article 21, in: Schorlemer/Stoll (Hrsg.), Fn. 1317 (2012), S. 548. Diese Ansicht zeigt sich auch in der Umsetzung des Art. 21 ÜVKA durch die Vertragsparteien. Vgl. CCD IGC, Fifth Ordinary Session. Paris, UNESCO Headquarters, 5 - 9 September 2011, CE/11/5.IGC/213/8REV2 v. 18.11.2011, S. 5.

damit sehr weit.[1333] Wohl aus diesem Grund haben sich die Verhandlungspartner für einen ansonsten doch ungewöhnlichen Begriff ausgesprochen.

3. Konsultation der Vertragsparteien – Art. 21 S. 2 ÜVKV

Die zweite Pflicht, die Art. 21 ÜVKA den Vertragsparteien auferlegt, geht aus dem zweiten Satz des Artikels hervor. Demnach sind die Vertragsparteien angehalten, zum Zwecke der Förderung der Ziele und Grundsätze des UNESCO-Übereinkommens untereinander Konsultationen abzuhalten. Adressat der Verpflichtung sind wieder die Vertragsparteien. Obwohl die Zivilgesellschaft eine wichtige Rolle bei der Umsetzung der Bestimmungen des UNESCO-Übereinkommens spielt,[1334] beschränkt sich die Pflicht zur Abstimmung auf die Vertragsparteien. Eine Konsultation mit NGOs ist nicht vorgesehen.[1335]

Fraglich ist, ob die Vertragsparteien im Gesamten oder nur die jeweils von einer bestimmten Frage betroffenen Vertragsparteien Konsultationen aufnehmen müssen. Die Verwendung des Plurals deutet zunächst darauf hin, dass es sich um alle Vertragsparteien handelt. Eine solche Regelung ist jedoch unflexibel, zumal nicht alle Vertragsparteien von einem Sachverhalt betroffen sind. Beispielsweise sind Situationen vorstellbar, in denen ein möglicher Konflikt zwischen dem UNESCO-Übereinkommen und einer anderen internationalen Organisation besteht. Vertragsparteien, die jedoch nicht Mitglied dieser anderen Organisationen sind, sind von dem Konflikt nicht betroffen und haben keinen Konsultationsbedarf. Im Sinne einer flexiblen und kostengünstigen Lösung ist Art. 21 ÜVKA auch so auszulegen, dass an entsprechenden Konsultationen nicht zwangsläufig alle Vertragsparteien beteiligt sein müssen.[1336] Gleichzeitig bedeutet dies jedoch nicht, dass interessierte Vertragsparteien von Konsultationen ausgeschlossen werden dürfen.

1333 STOLL, Article 21, in: Schorlemer/Stoll (Hrsg.), Fn. 1317 (2012), S. 547. So zeigen es auch die ersten Anwendungsfälle des Art. 21 ÜVKA, die in einem Bericht des Sekretariats zusammengestellt wurden. Vgl. CCD IGC, Fn. 1333 (18.11.2011), Ziff. 6.

1334 Siehe Art. 11 ÜVKA. Vgl. auch MERKEL, Article 11, in: Schorlemer/Stoll (Hrsg.), Fn. 548 (2012), S. 325.

1335 Das informelle Treffen der Vertragsparteien mit Vertretern von NGOs zur Rolle der Zivilgesellschaft im Rahmen der Umsetzung des UNESCO-Übereinkommens am 23. Juni 2008 basiert folglich nicht auf der Bestimmung des Art. 21 ÜVKA, sondern auf Art. 23 Abs. 7 ÜVKA und einer Entscheidung des Zwischenstaatlichen Ausschusses. Vgl. CCD IGC, Decisions. First Session Ottawa, Canada, 10 - 13 December 2007, CE/07/1.IGC/Dec. Rev. v. 13.12.2007, Decision 5C.

1336 STOLL, Article 21, in: Schorlemer/Stoll (Hrsg.), Fn. 1317 (2012), S. 549.

4. Instrumente der Konsultation

Unter Konsultationen wird der formalisierte diplomatische Austausch von Ansichten in schriftlicher oder mündlicher Form verstanden.[1337] Ein eigens dafür eingerichtetes Treffen ist jedoch nicht zwangsläufig notwendig.[1338] Konsultationen verlaufen ergebnisorientiert aber offen, d. h. zum Abschluss der Konsultationen wird eine Art Zusammenfassung aller Standpunkte erstellt. Ein Konsens zwischen den teilnehmenden Parteien ist dafür aber nicht notwendig. Diese Auslegung wird auch dadurch gestützt, dass die Pflicht einen gemeinsamen Standpunkt zu entwickeln, aus dem Wortlaut des Art. 21 ÜVKA während der Verhandlungen gestrichen wurde.[1339]

Ebenfalls gestrichen wurde ein Verweis auf die UNESCO als notwendiges Forum für derartige Konsultationen. Durch die Streichung können jetzt Konsultationen in jedem Forum erfolgen. Das Konsultationsgebot beschränkt sich auf den erforderlichen Einzelfall. Eine auf Dauer angelegte, institutionalisierte Konsultationspflicht der Vertragsparteien des UNESCO-Übereinkommens im Rahmen anderer internationaler Foren kann mit Art. 21 ÜVKA nicht begründet werden. Die konkreten Verfahren und Mechanismen des Konsultationsprozesses soll der Zwischenstaatliche Ausschuss in einer Umsetzungsrichtlinie erarbeiten.[1340] Bisher hat der Zwischenstaatliche Ausschuss der Generalkonferenz aber noch keine Umsetzungsrichtlinie zu Art. 21 ÜVKA vorgelegt.

Während des zweiten Treffens der Vertragsstaatenkonferenz wurde deutlich, dass aus Sicht der Vertragsparteien derzeit kein Bedarf an einer Umsetzungsrichtlinie für Art. 21 ÜVKA besteht. Mehrere Argumente wurden zur Begründung vorgebracht:[1341] Die Vertragspartner gaben an, zunächst Umsetzungs-

---

1337 Eine weniger formale Form der Verständigung ist in Art. 12 lit. a ÜVKA unter der Bestimmung des „Dialogs zwischen den Vertragsparteien über Kulturpolitik" zu finden. Vgl. dazu PALMER, Article 12, in: Schorlemer/Stoll (Hrsg.), The UNESCO Convention on the Protection and Promotion of the Diversity of Cultural Expressions. Explanatory Notes, Berlin et al. (2012), S. 358 f.

1338 SCHORKOPF, Article 4, in: Wolfrum/Stoll/Kaiser (Hrsg.), WTO - Institutions and Dispute Settlement, Leiden (2006), S. 315 ff.

1339 Siehe Art. 13 S. 3 Expertenentwurf.

1340 Vgl. BERNECKER, Article 23, in: Schorlemer/Stoll (Hrsg.), The UNESCO Convention on the Protection and Promotion of the Diversity of Cultural Expressions. Explanatory Notes, Berlin et al. (2012), S. 584 ff.

1341 Vgl. CANADIAN COALITION FOR CULTURAL DIVERSITY, The Importance of Affirming the Principles and Objectives of the UNESCO Convention on the Diversity of Cultural Expressions in Other International Forums (2009), <http://www.cdc-ccd.org/coalition_

richtlinien zur internationalen Kooperation zugunsten der Entwicklungsländer Priorität zu gewähren. Hier könnte eingewandt werden, dass die Ausarbeitung von Umsetzungsrichtlinien zu Art. 21 ÜVKA die internationale Kooperation zugunsten der Entwicklungsländer keinesfalls behindern, sondern eher befördern würde. Darüber hinaus befürchteten die Vertragsparteien, dass die Ausarbeitung von Umsetzungsrichtlinien zu Art. 21 ÜVKA zu einem Wiederaufleben der Diskussionen um Art. 20 ÜVKA führen würde. Da es sich bei Umsetzungsrichtlinien allerdings um eine Auslegung eines speziellen Artikels handelt, besteht gar keine Notwendigkeit, Diskussionen um andere Artikel zu führen. Andere Vertragspartner gaben an, dass der Wortlaut von Art. 21 ÜVKA bereits deutlich genug formuliert wurde. Dem kann entgegengehalten werden, dass der Zwischenstaatliche Ausschuss bereits durch Art. 23 Abs. 6 lit. e ÜVKA explizit dazu aufgefordert wurde, den Inhalt von Art. 21 ÜVKA zu konkretisieren. Wenn bereits genug Klarheit bestanden hätte, wäre eine solche Aufforderung nicht notwendig gewesen. Schließlich verwiesen die Vertragsstaaten darauf, dass erst mehr Vertragsparteien das UNESCO-Übereinkommen unterzeichnen müssten, damit eine ausgewogene Repräsentation aller Regionen gewährleistet sei. Derzeit hat das UNESCO-Übereinkommen 125 Vertragsstaaten und eine Regionalorganisation.[1342] Damit sind bereits mehr als die Hälfte aller Staaten Vertragspartner des UNESCO-Übereinkommens. Die vorgebrachten Argumente gegen die Ausarbeitung von Umsetzungsrichtlinien erscheinen vor diesem Hintergrund eher als Ausdruck eines mangelnden politischen Willens der Vertragspartner als auf stichhaltigen Gründen zu beruhen.

Einen ersten vorbereitenden Schritt für die Ausarbeitung einer Umsetzungsrichtlinie für Art. 21 ÜVKA wurde bereits in Angriff genommen. So forderten die Vertragsparteien das Sekretariat auf, dem Zwischenstaatlichen Ausschuss regelmäßig über die Einbeziehung des UNESCO-Übereinkommens in anderen internationalen Foren Bericht zu erstatten.[1343]

---

currents/09-sept/CC_Vol7No3_Sept09_en.pdf> (zuletzt geprüft am: 10.03.2013), S. 3 ff.

1342 Stand 05.03.2013.

1343 CCD IGC, Fifth Ordinary Session. Decisions. Paris, UNESCO Headquarters 5-7 December 2011, CE/11/5.IGC/213/Dec. v. 07.12.2011, Decision 5.IGC 8. Für den aktuellen Stand siehe: CCD IGC, Sixth Ordinary Session, CE/12/6.IGC/4 v. 09.11.2012.

5. Umsetzung von Art. 21 ÜVKA durch die Vertragsparteien

Seit Inkrafttreten des UNESCO-Übereinkommens im März 2007 haben sich einige Vertragsparteien, insbesondere Brasilien,[1344] stark für eine Förderung der Ziele des UNESCO-Übereinkommens in internationalen Foren zum Urheberrecht, wie der WIPO und der WTO, engagiert.[1345]

So initiierte Brasilien gemeinsam mit Argentinien die *WIPO Development Agenda*, die auf eine Flexibilisierung des derzeitigen Urheberrechts zugunsten der Entwicklungsländer abzielt.[1346] Ferner argumentierte ebenfalls Brasilien im Rahmen des SCCR der WIPO für eine Aufnahme einer Referenz zum Schutz kultureller Vielfalt in den Entwurf eines Vertrags zu den Rundfunkunternehmen.[1347] Die Aufnahme einer solchen Referenz war bei den Mitgliedstaaten des SCCR umstritten. Zunächst konnten sich die Verhandlungspartner nur auf die Aufnahme des folgenden Präambelabsatzes einigen:

> „*Emphasizing* the value of cultural diversity and the need to safeguard and promote the diversity of cultural expressions".[1348]

Zwischenzeitlich gelang es jedoch den Delegationen einiger, vor allem südamerikanischer Verhandlungspartner einen Verweis auf das UNESCO-Übereinkommen in Art. 3 des Entwurfs des WIPO-Rundfunkvertrags aufzunehmen. Dort heißt es unter der Artikelüberschrift *The Protection and Promotion of Cultural Diversity*:

> "Nothing in this Treaty shall limit or constrain the freedom of a Contracting Party to protect and promote cultural diversity. To this effect:
>
> (a) In modifying their domestic laws and regulations, Contracting Parties will ensure that any measures adopted pursuant to this Treaty are fully consistent

1344 Der ehemalige brasilianische Kulturminister *Gilberto Gil* hat eine Reform der Urheberrechtspolitik zum Zentrum seiner Amtszeit erklärt. Zur Verwirklichung dieses Ziels rief er für das Jahr 2008 eine Initiative ins Leben, die im Rahmen von zahlreichen Konferenzen, Diskussionsrunden und Vorträgen alle vom Urheberrecht betroffenen Akteure ins Gespräch bringen sollte und deren Vorschläge für das Urheberrecht im 21. Jahrhundert diskutierte. Vgl. GRASSMUCK, Volker, Forum für Urheberrechtsreform in Brasilien gestartet (2007), <http://www.heise.de/tp/druck/mb/artikel/26/26888/1.html> (zuletzt geprüft am: 10.03.2013).

1345 CCD IGC, Fn. 1333 (18.11.2011).

1346 WIPO, Proposal by Argentina and Brazil for the Establishment of a Development Agenda for WIPO, WO/GA/31/11 v. 27.08.2004.

1347 WIPO SCCR, Fn. 603 (17.11.2005).

1348 WIPO SCCR, Fn. 601 (20.04.2007), S. 5.

with the UNESCO Convention on the Protection and Promotion of the Diversity of Cultural Expressions.

(b) Contracting Parties also undertake to cooperate so as to ensure that any new exclusive rights conferred by this Treaty are applied in a manner supportive of and that does not run counter to the promotion and protection of cultural diversity."

Der Entwurf des Art. 3 WIPO-Rundfunkvertrag regelt, dass die Umsetzungsmaßnahmen mit den Zielen des UNESCO-Übereinkommens vereinbar sein müssen und der WIPO-Rundfunkvertrag nicht so ausgelegt und angewendet werden darf, dass er die Freiheit der Vertragsparteien einschränkt, kulturelle Vielfalt zu schützen oder zu fördern.

Im Rahmen der WTO stellen der TRIPS-Rat sowie die Streitbeilegung institutionelle Einfallstore für eine Förderung der Ziele des UNESCO-Übereinkommens dar. Die Vertragsparteien des UNESCO-Übereinkommens haben allerdings bisher davon abgesehen, das UNESCO-Übereinkommen in die Debatten des TRIPS-Rates einzubringen, obwohl derzeit das Verhältnis zwischen dem TRIPS-Abkommen und dem Übereinkommen zur biologischen Vielfalt wie auch der Schutz traditioneller kultureller Ausdrucksformen rege diskutiert wird. Auch in dem ersten seit Inkrafttreten des UNESCO-Übereinkommens vor dem WTO-Streitbeilegungspanel verhandelten Fall *China – Intellectual Property Rights*[1349] zogen weder die Kläger noch die Verteidigung das UNESCO-Übereinkommen zu Rate, während in einem parallel verhandelten Fall zwischen den selben WTO-Mitgliedstaaten, allerdings im Bereich des GATT und des GATS, das UNESCO-Übereinkommen sehr wohl herangezogen wurde.

Auf europäischer Ebene bringen die Vertragsparteien die Ziele des UNESCO-Übereinkommens im Rahmen der Urheberrechtsdebatten schon eher zur Geltung.[1350] In einer von der EU-Kommission in Auftrag gegebenen Studie wurde die Umsetzung des UNESCO-Übereinkommens im Rahmen des derzeit gültigen EU-Rechts analysiert. Im Bereich des Urheberrechts kommt die Studie zu dem Ergebnis:

„Especially under the conditions of the digital environment, the existent models are often too rigid to allow full realisation of the possibilities of the digital mode of content production and distribution, or render them illegal, possibly chilling a great amount of creative activities and creative potential."[1351]

1349 WTO DSB, Panel Report v. 26.01.2009 (WT/DS362/R), *China – Measures Affecting the Protection and Enforcement of Intellectual Property Rights*

1350 BURRI, Fn. 653 (2010), S. 30.

1351 BURRI, Fn. 653 (2010), S. 30.

Eine Lösung bietet sich in Form eines

> „modern, pro-competitive, and consumer-friendly legal framework for a genuine *Single Market for Creative Content Online.*"[1352]

Ein wesentliches Hindernis für diesen gemeinsamen Markt für Onlineinhalte stellt die immer noch geltende Territorialität des Urheberrechts dar. Allerdings werden inzwischen erste Schritte für die Überwindung dieser Hürde in Angriff genommen. So verweist die aktuelle Strategie des EU-Kommissars für Binnenmarkt und Dienstleistungen, *Michel Barnier*, zum *„Single Market for Intellectual Property Rights"* u. a. auch auf die kulturelle Funktion des Urheberrechts.

> „IPR policy should therefore be designed as "enabling legislation" allowing for the management of IPR in the most efficient way, thereby setting the right incentives for creation and investment, innovative business models, the promotion of cultural diversity and the broadest possible dissemination of works for the benefit of society as a whole."[1353]

In den ersten Überlegungen zu einem einheitlichen europäischen Urheberrechtsregime fließen die Anliegen des UNESCO-Übereinkommens ein, auch wenn das UNESCO-Übereinkommen nicht explizit benannt wird.

6. Bewertung

Bisher haben die Vertragsparteien kaum auf die Bestimmungen des UNESCO-Übereinkommens in den internationalen Foren zum Urheberrecht zurückgegriffen. Die kulturelle Dimension des Urheberrechts wird nur von wenigen Vertragsparteien angesprochen. Zwar erklärt insbesondere die EU-Kommission, dass eine Neuausrichtung des Urheberrechts zur besseren Ausschöpfung des kulturellen Potentials der Regelungen notwendig ist, allerdings schlagen sich diese Worte bisher noch nicht in konkreten Gesetzesvorhaben bzw. Richtlinien nieder. Es wird sich zeigen, inwieweit einer solchen Argumentation tatsächlich Taten folgen. Während Brasilien – einer der wichtigsten Akteure in diesem Bereich – das Thema der Flexibilisierung des Urheberrechts auch auf UN-Ebene im Rahmen der WIPO auf die Tagesordnung setzt, verhält sich die EU in diesem Forum eher zurückhaltend. Es entsteht der Eindruck, dass das Thema in seiner Dringlichkeit nicht bis zu den Entscheidungsträgern durchgedrungen ist. So äußerten sich die Vertreter der *G8* auf ihrem Gipfel im Mai 2011 in Deauville

---

1352 BURRI, Fn. 653 (2010), S. 30.

1353 EUROPÄISCHE KOMMISSION, Fn. 657 (24.05.2011), S. 6 (Hervorhebung durch die Autorin).

bspw. hinsichtlich des Urheberrechts rein affirmativ. Sie betonten die Notwendigkeit des Schutzes geistiger Eigentumsrechte, ohne gleichzeitig die Zugangsinteressen der Nutzer zu berücksichtigen, geschweige denn die Auswirkungen auf die Kreativität oder die Förderung kultureller Vielfalt einzubeziehen.[1354]

Auch auf institutioneller Seite zeigt sich, dass das Potential des Art. 21 ÜVKA noch nicht von den meisten Vertragsparteien erkannt wurde. Insbesondere in der Schnittmenge der völkerrechtlichen Verträge zum Urheberrecht und dem UNESCO-Übereinkommen handelt es sich bei diesem Artikel noch weitgehend um eine „schlafende Schönheit".[1355] Allerdings hat die Vertragsstaatenkonferenz in ihrer dritten regulären Sitzung beschlossen, die Umsetzungsaktivitäten der Vertragsparteien zu Art. 21 ÜVKA zu beobachten. Zu diesem Zweck wurde dem Sekretariat der UNESCO das Mandat erteilt, dem Zwischenstaatlichen Ausschuss zu jeder Sitzung entsprechende Aktivitäten in einer Liste vorzulegen.[1356] Trotz dieser notwendigen und begrüßenswerten Maßnahme scheinen die meisten Vertragsparteien im Zusammenhang mit der Umsetzung von Art. 21 ÜVKA dennoch Furcht vor ihrer eigenen Courage zu haben. Dies zeigt sich auch darin, dass informelle Versuche der brasilianischen Seite, die Ausarbeitung einer Umsetzungsrichtlinie für Art. 21 ÜVKA zu bewirken, von anderen Vertragsparteien abgelehnt wurden, bevor das Thema überhaupt die offizielle Tagesordnung erreicht hat.

II. Vertragliche Grundlage für die Aktivitäten der Zivilgesellschaft – Artikel 11 UNESCO-Übereinkommen

Die Beteiligung der Zivilgesellschaft wurde bereits von den unabhängigen Experten als wichtiger Baustein zur Umsetzung des UNESCO-Übereinkommens

1354 G8, Deauville Declaration. Renewed Commitment for Freedom and Democracy (2011), <http://www.g8.utoronto.ca/summit/2011deauville/2011-declaration-en.html> (zuletzt geprüft am: 10.03.2013), Ziff. 5.

1355 Erste Erfolge können aber im Rahmen der Verhandlungen zu einem WIPO-Rundfunkvertrag konstatiert werden. Dort gelang es einigen, vor allem südamerikanischen Verhandlungspartnern den Schutz und die Förderung kultureller Vielfalt in den Vertragstext aufzunehmen. Vgl. Art. 3 WIPO SCCR, Fn. 558 (06.03.2013).

1356 CCD CoP, Future Activities of the Committee. Third Ordinary Session, Paris, UNESCO Headquarters, Room III, 14 - 17 June 2011, CE/11/3.CP/209/Res. v. 15.03.2011, Ziff. 11. Siehe für eine aktuelle Auflistung: CCD IGC, Fn. 1344 (09.11.2012).

gesehen. Unter dem Absatz „Rights and Obligations at the National Level“ formulierten die unabhängigen Experten während des Verhandlungsprozesses:

> „State Parties shall encourage civil society to assume its share of responsibility for the protection and promotion of the diversity of cultural expressions, and shall foster the participation of civil society in their efforts in this domain.“[1357]

Die Verankerung einer Pflicht (“shall”) der Vertragsparteien zur Einbeziehung der Zivilgesellschaft in ihre Umsetzungsbemühungen wäre ein absolutes Novum in den internationalen Beziehungen gewesen. Da jedoch noch nicht einmal Einigkeit über den Status nichtstaatlicher Akteure im internationalen Recht besteht,[1358] war es höchst fraglich, ob die Vertragsparteien einen solchen Lastenausgleich im Rahmen der Umsetzung befürworten. Zwar steht es in der Tradition der UNESCO, diverse Stakeholder an der Umsetzung der Ziele der Organisation zu beteiligen,[1359] allerdings ging den Verhandlungspartnern eine Pflicht zur Einbindung der Zivilgesellschaft zu weit.[1360]

Nach langen Diskussionen um den Grad der Verbindlichkeit und die Rolle der Zivilgesellschaft einigten sich die Verhandlungspartner auf folgenden Wortlaut des Art. 11 ÜVKA:

> „Die Vertragsparteien erkennen die grundlegende Rolle der Zivilgesellschaft beim Schutz und bei der Förderung der Vielfalt kultureller Ausdrucksformen an. Die Vertragsparteien ermutigen die Zivilgesellschaft zur aktiven Beteiligung an ihren Bemühungen, die Ziele dieses Übereinkommens zu erreichen.“[1361]

Die Bestimmungen des Art. 11 ÜVKA werden durch zwei Aspekte geprägt. Während der erste Satz die Rolle der Zivilgesellschaft im Rahmen der Umsetzung des UNESCO-Übereinkommens politisch anerkennt, bestärkt der zweite Satz die Vertragsparteien darin, die Unterstützung der Zivilgesellschaft für Umsetzungsaktivitäten zu ersuchen.[1362]

1357 UNESCO, Fn. 347 (07.2004), Abs. „Rights and Obligations at the National Level“.

1358 Am Beispiel der am weitesten institutionalisierten Form nichtstaatlicher Akteure – den NGOs: LINDBLOM, Fn. 1331 (2005), S. 513 ff.; DUPUY, Pierre-Marie/ VIERUCCI, Luisa, NGOs in International Law. Efficiency in Flexibility? Cheltenham et al. (2008), S. 2 ff.

1359 Vgl. MERKEL, Article 11, in: Schorlemer/Stoll (Hrsg.), Fn. 548 (2012), S. 317.

1360 Für eine detaillierte Analyse der Verhandlungsgeschichte vgl. MERKEL, Article 11, in: Schorlemer/Stoll (Hrsg.), Fn. 548 (2012), S. 311 ff.

1361 Art. 11 ÜVKA.

1362 Vgl. MERKEL, Article 11, in: Schorlemer/Stoll (Hrsg.), Fn. 548 (2012), S. 324.

1. Begriff der Zivilgesellschaft

In Art. 11 ÜVKA erkennen die Vertragsparteien die grundlegende Bedeutung der Zivilgesellschaft für die Umsetzung des UNESCO-Übereinkommens an. Der Begriff „Zivilgesellschaft" ist weitgefasst. Während der Verhandlungen wurde er nicht hinterfragt. Eine Legaldefinition erschien deshalb zunächst nicht notwendig.

Im Rahmen des UNESCO-Übereinkommens wird neben Art. 11 ÜVKA an verschiedenen Stellen auf die Zivilgesellschaft verwiesen. Allerdings geschieht dies meist in ihrer institutionalisierten und organisierten Form als nichtstaatliche Organisationen zuweilen auch als gesellschaftliche Gruppen.[1363]

Einige institutionalisierte Formen der Zivilgesellschaft werden in dem UNESCO-Übereinkommen direkt benannt. Dazu zählen die nicht auf Gewinn ausgerichteten Organisationen (Art. 6 Abs. 2 lit. e; Art. 15, Art. 19 Abs. 3 ÜVKA), nichtstaatlichen Organisationen (Art. 12 lit. c ÜVKA) und gesellschaftlichen Gruppen (Art. 7 Abs. 1 lit. a und Abs. 2 ÜVKA). Ferner zählen auch Stiftungen und philanthropische Institutionen, Künstler- und Produzentenkooperativen sowie Interessengruppen, Expertennetzwerke etc. dazu.[1364] Nach Absatz 3 der Umsetzungsrichtlinie zu Art. 11 ÜVKA umfasst die Zivilgesellschaft im Rahmen des UNESCO-Übereinkommens

> „non-governmental organizations, non-profit organizations, professionals in the culture sector and associated sectors, groups that support the work of artists and cultural communities."[1365]

Entsprechend ist im Rahmen des UNESCO-Übereinkommens der Begriff Zivilgesellschaft vor allem hinsichtlich seiner institutionellen Dimension relevant.

1363 Siehe Art. 6 ÜVKA (nicht auf Gewinn ausgerichtete Organisationen), Art. 7 ÜVKA (Künstler und am kreativen Prozess Beteiligte, kulturelle Gemeinschaften und Organisationen), Art.12 ÜVKA (Zivilgesellschaft, nichtstaatliche Organisationen, privater Sektor), Art. 15 und 19 ÜVKA (nicht auf Gewinn ausgerichtete Organisationen).

1364 SAOUMA-FORERO, Galia, Convention de l'UNESCO sur la Protection et la Promotion de la Diversité des Expressions Culturelles (S. 17-20), in: Hélène Ruiz Fabri (Hrsg.), *La Convention de l'Unesco sur la Protection et la Promotion de la Diversité des Expressions Culturelles,* Paris (2010), S. 18; ANHEIER, Helmut K., Civil Society and the Convention on the Protection and Promotion of the Diversity of Cultural Expressions (2005). Information Document, CE/07/1.IGC/INF.6 v. 20.09.2007, S. 4; GERMANN, Fn. 23 (05.2010), S. 46.

1365 Art. 11 Abs. 3 ÜVKA.

2. Anerkennung der grundlegenden Rolle der Zivilgesellschaft – Art. 11 S. 1 ÜVKA

Im ersten Satz von Art. 11 ÜVKA erkennen die Vertragsparteien die grundlegende Rolle der Zivilgesellschaft beim Schutz und bei der Förderung der Vielfalt kultureller Ausdrucksformen an. Aus diesem Satz geht weder ein Recht noch eine Pflicht der Vertragsparteien hervor. Stattdessen handelt es sich hierbei um eine politische Anerkennung der Leistung der Zivilgesellschaft. Die Zivilgesellschaft wird damit nicht nur als Stakeholder des UNESCO-Übereinkommens anerkannt, sondern erfährt eine Wertschätzung ihrer Leistungen durch den Zusatz „grundlegende Rolle". Darüber hinaus zeigt sich in dieser Formulierung die Einsicht, dass staatliche Kulturpolitik der Zusammenarbeit mit der Zivilgesellschaft bedarf.[1366] Gleichwohl richtet sich das UNESCO-Übereinkommen als völkerrechtlicher Vertrag zunächst an die Vertragsparteien – an Staaten und die Europäische Union.

Worin besteht allerdings die grundlegende Rolle[1367] der Zivilgesellschaft? In der Umsetzungsrichtlinie zu Art. 11 ÜVKA heißt es dazu:

> "Civil society plays an essential role in the implementation of the Convention: it brings citizens', associations' and enterprises' concerns to public authorities, monitors policies and programmes implementation, plays a watchdog role, serves as value-guardian and innovator, as well as contributes to the achievement of greater transparency and accountability in governance."[1368]

Den zivilgesellschaftlichen Organisationen und Netzwerken sind damit vielfältige Funktionen anvertraut. Sie vermitteln Standpunkte zwischen ihren Unterstützern und öffentlichen Autoritäten und überwachen die Umsetzung des UNESCO-Übereinkommens. Ferner stellen zivilgesellschaftliche Organisationen und Netzwerke sicher, dass die dem UNESCO-Übereinkommen zugrundeliegenden Werte gewahrt bleiben und tragen durch innovative Ideen zum Bestand und zur Anpassung des UNESCO-Übereinkommens bei. Schließlich gewährleisten zivilgesellschaftliche Organisationen Zurechenbarkeit und Transparenz in der Global Governance.

1366 MERKEL, Article 11, in: Schorlemer/Stoll (Hrsg.), Fn. 548 (2012), S. 324.

1367 Obwohl *Saouma-Forero* in ihrem Beitrag zur *Ruiz Fabris* Sammelwerk zum UNESCO-Übereinkommen angibt, dass Art. 11 „(...) stipule que les parties reconnaissent le droit fondamental de la société civile (...)". Kann es sich bei der Anerkennung eines Rechts (droit) nur um ein Versehen handeln. Ein Recht lässt sich weder aus dem Wortlaut des Artikels noch aus den dazugehörigen Umsetzungsrichtlinien ableiten. Vgl. SAOUMA-FORERO, Fn. 1365 (2010), S. 19.

1368 Ziff. 4 Umsetzungsrichtlinie zu Art. 11 ÜVKA.

3. Ermutigung zur aktiven Beteiligung – Art. 11 S. 2 ÜVKA

Im zweiten Satz von Art. 11 ÜVKA ermutigen die Vertragsparteien die Zivilgesellschaft zur aktiven Beteiligung an ihren Bemühungen, die Ziele des UNESCO-Übereinkommens zu erreichen. Mit Blick auf die Verhandlungsgeschichte wird die unverbindliche Formulierung der Bestimmung deutlich. Während der Entwurfstext noch „shall encourage" vorsah, sieht die endgültige Version nur noch die Feststellung einer Handlung vor. Aus dem Wegfall des Wortes „shall" lässt sich ableiten, dass die Verhandlungspartner keine explizite Pflicht zur Einbeziehung der Zivilgesellschaft wünschten. Allerdings muss bei aller Kritik eingeräumt werden, dass die Aufnahme einer Bestimmung wie Art. 11 ÜVKA allein schon fortschrittlich ist. Die Beteiligung von nichtstaatlichen Organisationen im internationalen Recht ist zwar kein neues Phänomen,[1369] doch ist eine diesbezügliche, explizite Regelung, wie in Art. 11 ÜVKA enthalten, einzigartig im Vergleich zu anderen UNESCO- und UN-Verträgen.[1370]

Fraglich ist, zu welchen Aktivitäten und in welcher Art die Zivilgesellschaft ermutigt werden soll. In Art. 11 S. 2 ÜVKA ist die Rede von einer Beteiligung an den Bemühungen der Vertragsparteien. Dementsprechend werden die Aktivitäten der Zivilgesellschaft eng an die Umsetzungsaktivitäten der Vertragsparteien gebunden. Die Vertragsparteien ermutigen die Zivilgesellschaft nicht zu eigenständigen Aktivitäten, sondern zur Beteiligung. Es ist jedoch davon auszugehen, dass mit dieser Regelung nicht ein Verbot eigenständiger Aktivitäten der Zivilgesellschaft umfasst ist. Eine solche zensurähnliche Praxis wäre schon allein mit den Bestimmungen des Art. 2 Abs. 1 ÜKKA – der Achtung der Menschenrechte und Grundfreiheiten – nicht zu vereinbaren. Zumal auch Art. 11 S. 2 ÜVKA hinzufügt, dass die Umsetzungsbemühungen der Vertrags-

1369 So nimmt beispielsweise das Internationale Komitee des Roten Kreuzes bereits seit vielen Jahren durch die Übertragung von Rechten und Pflichten eine Sonderstellung im Völkerrecht ein. Vgl. DUPUY/VIERUCCI, Fn. 1359 (2008), S. 3 ff.; LINDBLOM, Fn. 1331 (2005), S. 513 ff.

1370 MERKEL, Article 11, in: Schorlemer/Stoll (Hrsg.), Fn. 548 (2012), S. 308; NEIL, Conclusions: Perspectives and Challenges for the Convention, in: Schorlemer/Stoll (Hrsg.), The UNESCO Convention on the Protection and Promotion of the Diversity of Cultural Expressions. Explanatory Notes, Berlin et al. (2012), S. 747; GUÈVREMONT, Véronique, The Convention on the Diversity of Cultural Expressions: Implementation and Follow-up. The Challenge of Concerted Action by Civil Society (2007), <http://www.diversite-culturelle.qc.ca/fileadmin/documents/pdf/article-societe-civile-eng.pdf> (zuletzt geprüft am: 10.03.2013), S. 2.

parteien zur Verwirklichung der Ziele des UNESCO-Übereinkommens dienen und damit nicht gegen das Übereinkommen verstoßen sollen.

In den Umsetzungsrichtlinien haben die Vertragsparteien ihre Vorstellungen von möglichen Beiträgen in drei verschiedene Gruppen geordnet. Demnach kann die Zivilgesellschaft einen Beitrag im Bereich der Umsetzung des UNESCO-Übereinkommens und zur Arbeit der Übereinkommensorgane leisten. Ferner kann die Zivilgesellschaft auch im Rahmen des Internationalen Fonds zur kulturellen Vielfalt wirken. Die Vertragsparteien sollten dabei die Zivilgesellschaft in die Formulierung und Umsetzung von Kulturpolitiken einbinden, ihnen Informationen zukommen lassen sowie den Kapazitätsaufbau in diesen Bereichen unterstützen.[1371] Ferner ist die Zivilgesellschaft auch dazu aufgerufen, die Vertragsparteien in ihren Umsetzungsbemühungen des Art. 21 ÜVKA zu begleiten oder ihnen innovative Ansätze der Kulturpolitik zu unterbreiten.

Besonderes Gewicht erhält die Beteiligung der Zivilgesellschaft, indem die Vertragsparteien die Zivilgesellschaft zu einer aktiven Beteiligung ermutigen sollen. Die Ergänzung des Wortes ‚aktiv' hat zwar keine juristischen Konsequenzen, allerdings verdeutlicht sie den hohen politischen Stellenwert, den die Zivilgesellschaft als Stakeholder des UNESCO-Übereinkommens aus Sicht der Vertragsparteien einnimmt. Diese Wertschätzung durch die Verhandlungspartner würdigt u. a. auch die Leistungen der Zivilgesellschaft im Rahmen der Verhandlungen des UNESCO-Übereinkommens.[1372] Der Beitrag der Zivilgesellschaft ist für das Zustandekommen des UNESCO-Übereinkommens von essentieller Bedeutung. So erklärt sich auch, dass die aktive Beteiligung der Zivilgesellschaft für die Erreichung der Ziele des UNESCO-Übereinkommens ebenfalls von großer Bedeutung ist.

1371 CCD IGC, Fn. 667 (30.03.2009), Annex 6.

1372 Für Beispiele siehe MERKEL, Article 11, in: Schorlemer/Stoll (Hrsg.), Fn. 548 (2012), S. 326 f.; OBULJEN, Fn. 46 (2006), S. 19 ff.

III. Einfluss epistemischer Gemeinschaften auf das Agenda-Setting im Bereich kultureller Vielfalt und Urheberrecht

Das analytische Konzept epistemischer Gemeinschaften wurde aufbauend auf Arbeiten von *Ernst B. Haas* zu Beginn der 1990er Jahre von *Peter M. Haas* und *Emanuel Adler* entwickelt.[1373]

Es beschäftigt sich mit dem Wissenstransfer zwischen Wissenschaftlern und Politikern und bietet Erklärungen für politischen Wandel und die Koordinierung von Politik durch Lernen.[1374] Auf diese Weise ergänzt es bereits bestehende Erklärungsmodelle politischen Handelns, die beispielsweise auf eine Verteilung von Fähigkeiten und Abwägung von Kosten und Nutzen mus[1375]), die Kontrolle ökonomischer Ressourcen (Dependenztheorien[1376]) oder das Abstellen auf die Wortwahl und Diskurse (Poststrukturalismus[1377]) rekurrieren.[1378]

1373 ADLER, Emanuel/ HAAS, Peter M., Conclusion, in: *IO* 46 (1992), S. 367 ff.; HAAS, Fn. 1314 (1992), S. 1 ff.

1374 HAAS, Fn. 1314 (1992), S. 1 ff.

1375 KRASNER, Stephen D., Structural Conflict. The Third World Against Global Liberalism. Berkeley, CA (1985), passim; WALTZ, Kenneth N., Theory of International Politics. Reading, Mass (1979), passim.

1376 CARDOSO, Fernando H./ FALETTO, Enzo, Dependency and Development in Latin America. Berkeley, CA (1979), passim; EVANS, Peter, Declining Hegemony and Assertive Industrialization, in: *IO* 43 (1989), passim.

1377 SHAPIRO, Michael J., International / Intertextual Relations. Postmodern Readings of World Politics. Lexington, Mass (1989), passim.

1378 Für eine Abgrenzung zu anderen Theorien internationaler Beziehungen siehe: ADLER/HAAS, Fn. 1374 (1992), S. 368 ff. Der *Haas'sche* Ansatz baut auf neofunktionalistischen Ansätzen auf. Der Neofunktionalismus erklärt die Entstehung von Verflechtung und Kooperation auf internationaler Ebene als Folge von funktionalen Sachzwängen oder vernunftbegründeten Entscheidungen. Diese Zwänge und vernunftbegründeten Entscheidungen der Entscheidungsträger können durch epistemische Gemeinschaften angeregt werden. Der Neofunktionalismus anerkennt damit den politischen Einfluss von Experten und ihrem Wissen auf die Gestaltung politischer Strukturen und Prozesse. Vgl. RUGGIE, John G., International Responses to Technology, in: *IO* 29 (1975), S. 557 ff.; HAAS, Ernst B., Beyond the Nation-state. Functionalism and International Organizations. Stanford, CA (1964), passim; MORISSE-SCHILBACH, Melanie, Science, Knowledge and Global Commons (S. 63-102), in: Melanie Morisse-Schilbach/ Jost Halfmann (Hrsg.), *Wissen, Wissenschaft und Global Commons,* Baden-

Die Kontrolle von Wissen und Informationen ist ein wichtiger Bestandteil von Macht,[1379] da die Verbreitung neuer Ideen und Informationen durch Mitglieder einer epistemischen Gemeinschaft zu einer Neudefinition der Interessen seitens der Entscheidungsträger führen kann. Infolgedessen nehmen Politiker neue Verhaltensmuster an und es kommt zu einem politischen Wandel.[1380]

Die Umsetzungsaktivitäten der Vertragsparteien haben gezeigt, dass das Problem der mangelnden Kohärenz zwischen den völkerrechtlichen Verträgen zum Urheberrecht und dem UNESCO-Übereinkommen kaum bearbeitet wird.[1381] Dafür gibt es zwei Erklärungen. Zum einen handelt es sich beim Urheberrecht um ein rechtliches Spezialgebiet, das lange Jahre allein Experten vorbehalten war. In den letzten Jahrzehnten hat sich der Anwendungsbereich des Urheberrechts stetig ausgeweitet, so dass inzwischen auch Entscheidungsträger mit urheberrechtlichen Fragen konfrontiert werden, die über keine ausreichende Expertise in diesem Bereich verfügen.[1382] Zum anderen hat die Ausweitung des urheberrechtlichen Schutzes auf neue Verwertungsarten und damit neue Rechteinhaber zu einem hoch komplexen Interessengeflecht geführt, das eine Kompromissfindung im Rahmen eines einzigen internationalen Instruments nahezu unmöglich macht.[1383] Entsprechend erscheint es vielen Entscheidungsträgern nicht opportun, Änderungen des status quo im Bereich des Urheberrechts anzustreben.[1384]

Baden (2011), S. 73; MEYERS, Reinhard, Theorien internationaler Kooperation und Verflechtung (S. 482-515), in: Wichard Woyke (Hrsg.), *Handwörterbuch internationale Politik,* Bonn (2004), S. 503.

1379 HAAS, Fn. 1314 (1992), S. 2 f.

1380 HAAS, Fn. 1314 (1992), S. 2 f.

1381 Siehe Teil II, D, I, 6 dieser Arbeit.

1382 Mit der Einbeziehung von geistigen Eigentumsrechten in das Welthandelsregime der WTO werden urheberrechtliche Fragen nun zunehmend aus handelspolitischer Perspektive und damit von Experten im Bereich des Wirtschaftsrechts diskutiert. Vgl. auch DINWOODIE, Graeme B., The International Intellectual Property Law System, in: *Marq. Intell. Prop. L. Rev.* 10 (2006), S. 205 ff.

1383 DINWOODIE, Fn. 1383 (2006), S. 211.

1384 Diese Begründung wurde von vielen Delegationsmitgliedern während der Verhandlungen zum UNESCO-Übereinkommen vorgebracht, als die Autorin sie nach dem Grund des Wegfalls jeglicher Referenzen zum Urheberrecht im Rahmen des Übereinkommens befragte.

Als Teil der Zivilgesellschaft[1385] könnten epistemische Gemeinschaften auch im Rahmen der Umsetzung des UNESCO-Übereinkommens auf Entscheidungsträger einwirken, damit letztere das Spannungsfeld zwischen dem UNESCO-Übereinkommen und dem Urheberrecht als Problem wahrnehmen und entsprechend handeln. Auf diese Weise könnte das Problem der mangelnden Kohärenz zwischen dem UNESCO-Übereinkommen und den internationalen Verträgen zum Urheberrecht überwunden werden.

Im Folgenden soll deshalb geprüft werden, ob das Konzept der epistemischen Gemeinschaften im Bereich des Urheberrechts und der kulturellen Vielfalt angewandt werden und als Erklärungsmuster für das Verhalten nichtstaatlicher, wissenschaftlicher Akteure und deren Einfluss auf die internationale Problembearbeitung dienen kann. Am Beispiel einer Gruppe von Wissenschaftlern des *Max-Planck-Instituts für Immaterialgüter- und Wettbewerbsrecht* sowie der School of Law der *Queen Mary University of London* sollen die Einflussmöglichkeiten epistemischer Gemeinschaften geprüft und bewertet werden. Im Zentrum des Interesses steht dabei die Frage, ob es Wissenschaftlern möglich ist, Entscheidungsträger auf den problematischen Zusammenhang zwischen dem Urheberrecht und der kulturellen Vielfalt aufmerksam zu machen und in dessen Folge auf politischen Wandel hinzuwirken.

1. Begriff der epistemischen Gemeinschaften und Abgrenzung

Peter Haas beschreibt epistemische Gemeinschaften folgendermaßen:

> „An epistemic community is a network of professionals with recognized expertise and competence in a particular domain and an authoritative claim to policy-relevant knowledge within that domain or issue-area.“[1386]

Dem Expertennetzwerk müssen aber nicht zwangsläufig nur Wissenschaftler angehören. Auch Beamte der internationalen bzw. nationalen Verwaltung mit dem entsprechenden, (technisch-natur)wissenschaftlichen Wissen sind einer epistemischen Gemeinschaft zurechenbar.[1387]

1385 Der Begriff ‚Zivilgesellschaft‘ ist in diesem Zusammenhang weit zu verstehen. Er umfasst nicht allein Gruppen, die sich nur durch gemeinsame normative Überzeugungen verbunden fühlen, sondern sämtliche nichtstaatlichen Akteure.

1386 HAAS, Fn. 1314 (1992), S. 3.

1387 Vgl. MORISSE-SCHILBACH, Fn. 1379 (2011), S. 63 ff.; ZWOLSKI, Kamil/ KAUNERT, Christian, The EU and Climate Security, in: *ES* 20 (2011), S. 21 ff.

Zudem erfüllen epistemische Gemeinschaften nach *Haas* vier verschiedene Kriterien.[1388] Erstens müssen die Experten über gemeinsame, normative und prinzipiengeleitete Überzeugungen verfügen, die ihr werteorientiertes Handeln leiten. Sie teilen zweitens gemeinsame Ansichten über die kausalen Zusammenhänge des Problems, welche aus der Problemanalyse hervorgehen und gleichzeitig als Grundlage für politische Lösungsansätze dienen. Drittens müssen die Experten nach *Haas* über ein gemeinsames Verständnis der Gültigkeit ihrer Ansätze verfügen. Die Gültigkeitstests (truth test) basieren auf intersubjektiven, intern definierten Kriterien, die universell, d.h. unabhängig von bspw. Art, Geschlecht und Religion des Experten, gelten.[1389] Schließlich fordert *Haas*, dass epistemische Gemeinschaften ein gemeinsames politisches Ziel verfolgen. Ihre wissenschaftliche Arbeit ist auf dieses Ziel ausgerichtet und dient meist einem höheren Zweck, wie der Verbesserung sozialer Wohlfahrt. Anhand dieser Kriterien lassen sich epistemische Gemeinschaften von anderen Akteuren unterscheiden. Das wesentliche Unterscheidungskriterium epistemischer Gemeinschaften stellt dabei ihre glaubwürdige Behauptung dar, über politikrelevantes Wissen zu verfügen. Sie gewinnen soziale Autorität gegenüber den Entscheidungsträgern, indem sie eine glaubhafte Expertise in einem speziellen Wissenschaftsbereich besitzen.

Interessengruppen oder soziale Bewegungen[1390] teilen ebenfalls gemeinsame normative Überzeugungen, allerdings verbindet sie im Gegensatz zu epistemischen Gemeinschaften nicht die gleichen Annahmen über ursächliche Wirkungszusammenhänge. Interessengruppen und soziale Bewegungen können Menschen mit verschiedenen wissenschaftlichen Hintergründen vereinen, die aus unterschiedlicher Begründung dieselbe Überzeugung teilen.[1391] Epistemische Gemeinschaften sind dagegen nur dann gegeben, wenn alle Mitglieder der Gruppe im Grunde das erkannte Problem auf die gleiche Ursache-Wirkungs-Beziehung zurückführen und darauf abgestimmte Alternativen bzw. Lösungs-

1388 HAAS, Fn. 1314 (1992), S. 3.

1389 MORISSE-SCHILBACH, Fn. 1379 (2011), S. 68.

1390 Die Rolle von Interessengruppen und sozialen Bewegungen wurden im Ansatz von *Haas* nicht thematisiert. Für die Durchsetzung gemeinsamer politischer Ziele sind sie jedoch ein einflussreicher Partner. Für eine Diskussion der Vor- und Nachteile eine Kooperation vgl. DOBUSCH, Leonhard/ QUACK, Sigrid, Epistemic Communities and Social Movements. Transnational Dynamics in the Case of Creative Commons, MAX-PLANCK-INSTITUT FÜR GESELLSCHAFTFORSCHUNG (15.09.2008), <http://www.mpifg.de /pu/mpifg_dp/dp08-8.pdf> (zuletzt geprüft am: 10.03.2013). Siehe dazu auch KECK, Margaret E./ SIKKINK, Kathryn, Activists Beyond Borders. Advocacy Networks in International Politics. Ithaca, NY (1998), passim.

1391 Vgl. dazu auch KECK/SIKKINK, Fn. 1391 (1998), S. 30.

vorschläge entwickeln. Dies führt im Ergebnis dazu, dass sich epistemische Gemeinschaften von ihrem gemeinsamen politischen Unterfangen zurückziehen, sobald sich Verwerfungen in den Grundannahmen ergeben. Interessengruppen und soziale Bewegungen messen den geteilten ursächlichen Überzeugungen einen geringeren Stellenwert zu und würden in einem solchen Fall ihr politisches Projekt fortsetzen.[1392]

Durch das Vorhandensein gemeinsamer normativer Überzeugungen lässt sich eine epistemische Gemeinschaft von dem größeren Bereich der wissenschaftlichen Gemeinschaft einer Disziplin abgrenzen. Die Wissenschaftsgemeinschaft beschränkt ihre Aktivitäten nicht allein auf Projekte, die ihren normativen Überzeugungen entsprechen. Demgegenüber widmen die Mitglieder einer epistemischen Gemeinschaft einen Großteil ihrer Zeit dem gemeinsamen Anliegen und vernetzen sich vorrangig mit Individuen und Gruppen ähnlicher Überzeugungen.[1393]

Schließlich sind epistemische Gemeinschaften von bürokratischen Körperschaften abzugrenzen. Zwar nimmt der Einfluss von Personen mit speziellem Fachwissen in der Bürokratie seit langem zu,[1394] doch unterscheiden sich die beiden Gruppen hinsichtlich der Motivation ihres Handelns. Während die epistemische Gemeinschaft ihr Wissen so anwendet, dass das gemeinsame politische Unterfangen gefördert wird, konzentriert sich die Bürokratie meist auf die Sicherung und den Ausbau ihrer Mission und ihres Budgets.[1395] Zwar können auch Mitglieder epistemischer Gemeinschaften Positionen im Rahmen der Verwaltung einnehmen, doch unterscheiden sie sich anhand des Selbstverständnisses ihrer Arbeit.

2. Grundannahmen und Voraussetzungen

Der *Haas'sche* Ansatz epistemischer Gemeinschaften ist ein transnationaler Ansatz, in dem epistemische Gemeinschaften und Staaten die primären Akteure darstellen. Die Einflussfaktoren für staatlichen Wandel bilden das besondere Wissen der Experten, das durch ursächliche (causal) und normative (principled) Überzeugungen charakterisiert ist. Es wird angenommen, dass staatliche Interes-

---

1392 HAAS, Fn. 1314 (1992), S. 18; ZWOLSKI/KAUNERT, Fn. 1388 (2011), S. 25.

1393 ZWOLSKI/KAUNERT, Fn. 1388 (2011), S. 25.

1394 HAAS, Fn. 1314 (1992), S. 7 f.

1395 Vgl. die Niskansche Outputmaximierung: NISKANEN, William A., The Peculiar Economics of Bureaucracy, in: *AER* 58 (1968), S. 293 ff.

sen und daraus folgende Handlungsoptionen nicht allein durch die Systemstrukturen bestimmt werden, sondern maßgeblich davon abhängen, wie das Problem von den Entscheidungsträgern verstanden wird. Folglich können sich staatliche Interessen und daraus resultierende Maßnahmen durch die Verbreitung von Informationen und durch Lernprozesse[1396] ändern. Mittels der Verbreitung von Informationen können epistemische Gemeinschaften auf Politikentscheidungen Einfluss nehmen.[1397]

Für Entscheidungsträger ist die Qualität des Wissens epistemischer Gemeinschaften ausschlaggebend.[1398] Das nachgefragte Wissen muss transparent, überprüfbar, unabhängig von politischen Einflüssen und gesellschaftsrelevant sein. Ein besonderer Schwerpunkt ergibt sich hier für naturwissenschaftlich-technisches Wissen, da in dieser Disziplin die Kriterien der Transparenz und der objektiven Überprüfbarkeit leichter zu erfüllen sind,[1399] als in den Sozialwissenschaften. Die Qualität des Wissens führt dazu, dass das Wissen für Entscheidungsträger einen besonderen Wert darstellt.[1400] Sie leiten daraus Glaubwürdigkeit und schließlich Legitimität für die von ihnen auf dieser Grundlage getroffenen Maßnahmen ab. Die Glaubwürdigkeit dieses Wissens ist vor allem deshalb notwendig, da in Krisenzeiten bestehende Prozesse der Entscheidungsfindung bzw. bestehende Institutionen in Frage gestellt oder zerstört werden können. Die gewohnten Muster der Entscheidungsfindung und -legitimation existieren dann folglich nicht mehr.

1396 Für eine Typologie der Lernprozesse siehe: DUNLOP, Claire A., Policy Transfer as Learning, in: *Pol'y Stud.* 30 (2009), S. 289 ff.

1397 HAAS, Ernst B., When Knowledge is Power. Three Models of Change in International Organizations. Berkeley, CA (1990), passim; ADLER/HAAS, Fn. 1374 (1992), S. 385.

1398 WEINGART, Peter, Wissenschaftssoziologie. Bielefeld (2003), S. 134.

1399 Allerdings sieht sich auch die Naturwissenschaft in einigen Bereichen damit konfrontiert, dass das generierte Wissen, nicht immer einer objektiven Überprüfung durch andere Wissenschaftler des Fachbereichs zur Verfügung steht. Hürden sind in diesem Zusammenhang vor allem die immensen Kosten einer Versuchsaufstellung in kostenintensiven Forschungszweigen, wie der Nuklearforschung. Ferner basiert auch naturwissenschaftliches Wissen zum Teil auf Annahmen, die unter Laborbedingungen getroffen wurden, so aber nicht explizit in der Natur gemessen werden können. Beispielhaft sei hier die Erforschung des Erdkerns erwähnt. Siehe dazu auch: KNORR-CETINA, Karin, Die Fabrikation von Erkenntnis. Zur Anthropologie der Naturwissenschaft. Frankfurt a. M. (1984), passim.

1400 HAAS, Peter, Epistemic Communities (S. 792-806), in: Daniel Bodansky/ Jutta Brunneé/ and Ellen Hey (Hrsg.), *Oxford Handbook of International Environmental Law,* Oxford et al. (2007), S. 793 f.

Die Art des Wissens ist eine notwendige, jedoch nicht hinreichende Voraussetzung für die Einflussnahme epistemischer Gemeinschaften auf staatliche Akteure. Viel wichtiger ist, dass eine Entscheidungssituation durch Unsicherheit und Komplexität, bspw. in der Folge von öffentlichkeitswirksamen Krisen,[1401] gekennzeichnet ist. Erst wenn Politiker mit ihrem vorhandenen Wissen an Grenzen stoßen, Ursache-Wirkungs-Zusammenhänge selbst nicht erkennen und entsprechend handeln können, spüren sie den Beratungsbedarf durch Experten.

Allerdings gewinnen Mitglieder epistemischer Gemeinschaften nur Einfluss auf Politikentscheidungen, wenn ihre wissenschaftliche Reputation und ihr Prestige so hoch sind, dass sie von Politikern wahrgenommen werden. Ihr Wissen ist ihre „Eintrittskarte" in politische Zirkel und damit ein Machtinstrument.[1402] Ferner gilt, dass das Wissen der Experten umso mehr geschätzt wird, umso unabhängiger das Wissen generiert wurde.[1403] Gleichzeitig hat sich aber in Studien gezeigt, dass die objektive Gültigkeit des Wissens hinter ihrer politischen Funktion zurücktritt.[1404] Für die Entscheidungsträger ist es weniger relevant, ob die zugrundeliegenden normativen und kausalen Überzeugungen tatsächlich wahr sind, sondern vielmehr, ob mit der Aufnahme und Anwendung des Wissens politischer Nutzen generiert werden kann.[1405] Auch steigern sich die Glaubwürdigkeit politischer Maßnahmen und damit der Nutzen für den Entscheidungsträger, wenn das Wissen epistemischer Gemeinschaften ein sozial legitimiertes Thema umfasst.[1406]

1401 HAAS, Fn. 1314 (1992), S. 15; HAAS, Fn. 1401 (2007), S. 795.

1402 KREISLER. HARRY, Interview mit : Haas, Ernst B. v. 30.10.2000. UC Berkeley 29. Min.

1403 HAAS, Fn. 1401 (2007), S. 793. *Dunlop* zeigt jedoch in ihrer Studie, dass auch politische Interessen der Entscheidungsträger, übersetzt in ihre Lernintension, im Rahmen der Aufnahmebereitschaft neuer Ideen eine Rolle spielen. Sie kommt unter dieser Annahme zu dem Schluss, dass wenn Entscheidungsträger mit ihrem Lernen eigene Ziele verfolgen, sie dann das Wissen derjenigen epistemischen Gemeinschaften bevorzugen, die weniger autonomes Wissen generieren. Vgl. DUNLOP, Claire A., Epistemic Communities and Two Goals of Delegation, in: *SPP* 37 (2010), S. 205 ff.

1404 HAAS, Fn. 1401 (2007), S. 796.

1405 ANDRESEN, Steinar/ SKJAERSETH, Jon B., Science and Technology (S. 182-203), in: Daniel Bodansky/ Jutta Brunneé/ and Ellen Hey (Hrsg.), *Oxford Handbook of International Environmental Law,* Oxford et al. (2007), S. 182 ff.

1406 DUNLOP, Fn. 1404 (2010), S. 206; IKENBERRY, John G., A World Economy Restored, in: *IO* 46 (1992), S. 289 ff.

3. Einfluss epistemischer Gemeinschaften auf politischen Wandel

Epistemische Gemeinschaften können Entscheidungsträgern dabei helfen, Interessen zu definieren, Ursache-Wirkungs-Zusammenhänge zu verdeutlichen, konkrete Maßnahmen vorzuschlagen bzw. Handlungsbedarf aufzuzeigen. Ihr Einfluss auf die politische Entwicklung ist pfadabhängig, d.h. dass die vorgebrachten Ideen epistemischer Gemeinschaften nicht zurückgenommen werden können. Selbst wenn sie sich nicht direkt in politischen Entscheidungen widerspiegeln, wirken sie dennoch als Referenzansätze bzw. Alternativen in zukünftigen Entscheidungen.

Epistemische Gemeinschaften können dabei sowohl auf nationaler Ebene, wie auch auf internationaler Ebene agieren.[1407] Auf nationaler Ebene beeinflussen epistemische Gemeinschaften politische Prozesse und wirken bei der Formulierung nationaler Interessen mit. Diese nationalen Interessen werden dann in einem zweiten Schritt durch nationale Entscheidungsträger auf internationaler Ebene eingebracht und diffundieren anschließend zu anderen nationalen Entscheidungsträgern. Epistemische Gemeinschaften können jedoch auch transnationaler Natur sein und auf diese Weise gleich bei den Entscheidungsträgern auf internationaler Ebene ansetzen. Der Prozess der Einflussnahme auf die Politik betrifft vier Aspekte der Politikfindung: das Agenda-Setting, die Verbreitung, die Auswahl und Festigung politischer Konzepte.

Im Rahmen des Agenda-Settings definieren epistemische Gemeinschaften neue politische Ansätze. Durch die Identifizierung und Analyse eines Themas nehmen sie Einfluss auf den Rahmen und die Akteure der Debatte. Darüber hinaus fördern epistemische Gemeinschaften die Neujustierung staatlicher Interessen durch die Verbreitung von Ideen und Konzepten und wirken auf diese Weise standardsetzend.[1408]

Epistemische Gemeinschaften verbreiten ihre Überzeugungen national und transnational, beispielsweise durch die Teilnahme an internationalen Konferenzen, der Publikation in international renommierten Zeitschriften oder der Beratung internationaler Organisationen. Die Verbreitung von Ideen auf internationaler Ebene ist nicht zwangsläufig großen epistemischen Gemeinschaften vor-

1407 Vgl. Putnams „Two-Level-Game“. PUTNAM, Fn. 452 (1988), S. 427 ff.

1408 ADLER/HAAS, Fn. 1374 (1992), S. 375; KECK/SIKKINK, Fn. 1391 (1998), S. 134.

behalten. Stattdessen spielt die Reputation ihrer Mitglieder und die strategische Auswahl bedeutsamer Verhandlungspartner eine entscheidende Rolle.[1409]

Die Auswahl der von epistemischen Gemeinschaften vorgebrachten Konzepte erfolgt durch die Entscheidungsträger und kann nur selten von den Mitgliedern der Gemeinschaft beeinflusst werden. Die Rezeption ihrer Anschauungen und Überzeugungen hängt vom Grad der Unsicherheit seitens der Entscheidungsträger und ihrer Intensionen ab. Je weniger Vorkenntnisse und eigene politische Interessen der Entscheidungsträger im relevanten Bereich einbringt, desto größer ist der Einfluss, den die epistemische Gemeinschaft auf die Formulierung von politischen Entscheidungen nehmen kann.[1410] Mit der Zunahme der Vorkenntnisse des Entscheidungsträgers steigt jedoch auch die Wahrscheinlichkeit der Instrumentalisierung der Gemeinschaft zum Zwecke der Affirmation bereits bestehender politischer Maßnahmen.[1411] Auch die Art des verbreiteten Wissens hat einen Einfluss auf die Wahrscheinlichkeit der Rezeption durch Entscheidungsträger. Empirische Studien haben gezeigt, dass diejenigen epistemischen Gemeinschaften, die Konzepte in Anlehnung an die herrschende Meinung vorgebracht haben, eher Berücksichtigung fanden.[1412]

Die Festigung der Ideen epistemischer Gemeinschaften hängt von dem Ausmaß des Konsenses innerhalb der Gemeinschaft ab.[1413] Beruht die Gemeinschaft auf einem starken Konsens über die zugrundeliegenden Annahmen und Überzeugungen, sind sie länger als Gemeinschaft aktiv. Neben diesen endogenen Faktoren können auch exogene Faktoren zum Bedeutungsgewinn oder zum Verlust an Autorität und damit Einfluss der epistemischen Gemeinschaft füh-

---

1409 ADLER/HAAS, Fn. 1374 (1992), S. 379 f.

1410 ADLER/HAAS, Fn. 1374 (1992), S. 381. Vgl. dazu auch die vier Typologien des Lernens von DUNLOP, Fn. 1397 (2009), S. 289 ff. Basierend auf einem Modell von *Mocker*: MOCKER, Donald W./ SPEAR GEORGE E., Lifelong Learning: Formal, Nonformal, Informal, and Self-Directed. Information Series No. 241, NATIONAL CENTER FOR RESEARCH IN VOCATIONAL EDUCATION (1982), <http://www.eric.ed.gov/PDFS/ED220723.pdf> (zuletzt geprüft am: 10.03.2013).

1411 Vgl. hier auch den Einfluss des Lernenden auf das Lernobjekt im Rahmen der Typologie des Lernens von *Dunlop*. DUNLOP, Fn. 1397 (2009), S. 289 ff.

1412 Vgl. IKENBERRY, Fn. 1407 (1992).

1413 Für ein Negativbeispiel, bei dem mangelnder Konsens zu einem Verfall der epistemischen Gemeinschaft geführt hat, vgl. PETERSON, M. J., Whalers, Cetologists, Environmentalists, and the International Management of Whaling., in: *IO* 46 (1992), S. 147 ff. Siehe auch SJÖSTEDT, Gunnar, Issue Clarification and the Role of Consensual Knowledge in the UNCED Process (S. 63-86), in: Bertram I. Spector/ Gunnar Sjöstedt/ Ira W. Zartman (Hrsg.), *Negotiating International Regimes,* London (1994), S. 63 ff.

ren.[1414] So kommt es beispielsweise in Folge von Krisen oder großen internationalen Veränderungen, die im Widerspruch mit der Expertise der Gemeinschaft stehen, zu einer erneuten internen Bewertung der Fakten und im Fall von Anomalien in den grundlegenden Überzeugungen zu einem Rückzug der Gemeinschaft.

4. Operationalisierung des Konzepts für die Rechtswissenschaft

Obwohl inzwischen viele Studien über den Einfluss epistemischer Gemeinschaften im nichttechnischen Bereich existieren,[1415] schränkt *Haas* die Wirksamkeit des Ansatzes epistemischer Gemeinschaften auf den naturwissenschaftlich-

1414 ADLER/HAAS, Fn. 1374 (1992), S. 384 f.

1415 Siehe beispielsweise das DFG geförderte Forschungsprojekt *„TransLECS Transnational Legal Development and Epistemic Communities“*: HEILEMANN, Sebastian, TransLECS. Transnational Legal Development and Epistemic Communities, UNIVERSITÄT TRIER (2002), <http://www.chinapolitik.de/trans/index.htm> (zuletzt geprüft am: 10.03.2013). *Schulte-Kulkmann* wendet im Rahmen ihrer Dissertation das Konzept auf den Bereich der transnationalen Rechtsberatung an. Die orientiert sich dabei an den *Haas'schen* Kriterien. Allerdings problematisiert sie vor allem den schwierigen empirischen Nachweis gemeinsamer normativer Überzeugungen. Die Frage nach der grundsätzlichen Anwendbarkeit des Ansatzes im rechtswissenschaftlichen Bereich wird nicht diskutiert. SCHULTE-KULKMANN, Nicole, Rechtszusammenarbeit mit der Volksrepublik China. Deutsche und Amerikanische Initiativen im Vergleich. Göttingen et al. (2005), S. 63 ff.; SCHULTE-KULKMANN, Nicole, Rechtszusammenarbeit im Kontext der europäisch-chinesischen Beziehungen. DFG Forschungsprojekt, UNIVERSITÄT TRIER (2003), <http://www.chinapolitik.de/studien/china_analysis/no_24.pdf> (zuletzt geprüft am: 10.03.2013). Siehe auch *van Waarden/Drahos*, die das Konzept bewusst auf den rechtswissenschaftlichen Bereich anwenden, allerdings auf problematische Kriterien, wie den Gültigkeitstest, verzichten. VAN WAARDEN, Frans/ DRAHOS, Michaela, Courts and (Epistemic) Communities in the Convergence of Competition Policies, in: *JEPP* 9 (2002), S. 913 ff. Die Anwendung des Konzepts außerhalb der exakten Wissenschaften erfolgt meist ohne eingehende Analyse des zugrundeliegenden Konzepts. Vgl. CINQUECRANI, Riccardo, Futurist Networks, in: *Futures* 34 (2002), S. 779 ff.; MARIER, Patrik, Empowering Epistemic Communities, in: *WEP* 31 (2008), S. 513 ff.; PETERSMANN, Ernst-Ulrich, Administration of Justice in the World Trade Organization, in: *L. & Prac. Int'l Ct(s) & Trib.* 8 (2009), S. 329 ff.; DRUMBL, Mark, International Criminal Law, in: *Melb. J. lnt'l L.* 10 (2009), S. 40 f.; KORULA, Anna R., The Regimes Against Torture (S. 229-268), in: Bertram I. Spector/ Ira W. Zartman (Hrsg.), *Getting It Done,* Washington, D.C. (2003), S. 257 f.; DOBUSCH/QUACK, Fn. 1391 (15.09.2008).

technischen Bereich ein.[1416] Er geht sogar so weit, sein Konzept für den Bereich der Rechtswissenschaft als nicht anwendbar zu erklären.[1417] Dies begründet er anhand zweier Argumente. Zum ersten seien die gemeinsamen Überzeugungen von Experten aus dem rechtswissenschaftlichen und dem naturwissenschaftlich-technischen Bereich unterschiedlich. Zum zweiten mangele es den Experten der Rechtswissenschaft an einer vergleichbaren sozialen Autorität, wie Naturwissenschaftler bzw. Experten der Technikwissenschaften[1418] sie genießen.[1419]

Die gemeinsamen Überzeugungen der Naturwissenschaften bauen auf einem in sich konsistenten Wissensfundament auf, das auf transparentem Wege entwickelt wurde und Anerkennung im Rahmen der Wissenschaft erlangte. *Haas* betrachtet Wissen damit als objektives, neutrales Wissen.[1420] Die Objektivität dieses Wissens ist deshalb von Bedeutung, da nur dann seine Universalität sichergestellt ist. Diese wiederum ist nach *Haas* notwendig, damit sich die Entscheidungsträger auf die von epistemischen Gemeinschaften vorgebrachten Lösungsansätze einlassen können, unabhängig von ihrer Kultur, Religion oder anderen ideologischen Charakteristika.[1421] Schließlich muss das Wissen innerhalb einer epistemischen Gemeinschaft gemeinsamen Gültigkeitstests (truth tests) standhalten, um einen autoritativen Charakter zu erhalten und in dessen Folge für Politiker bedeutsam zu sein. Gleich dem Wissen müssen auch diese Tests objektiver Natur sein und unabhängig von dem durchführenden Experten zum gleichen Ergebnis führen.

In engem Zusammenhang mit der objektiven Nachweisbarkeit des Wissens steht die Frage nach der sozialen Autorität des Wissens. Nach *Haas* erlangt das Wissen epistemischer Gemeinschaften seinen autoritativen Charakter, weil es aus der Natur der Sache heraus unabhängig von sozialen Einflüssen und politischen Interessen zu sein scheint.[1422] In seinem Interview mit *Harry Kreisler*

1416 HAAS, Fn. 1401 (2007), S. 802 ff.; MORISSE-SCHILBACH, Fn. 1379 (2011), S. 69.

1417 KREISLER. HARRY, Interview mit : Haas, Ernst B. v. 30.10.2000. UC Berkeley.

1418 Beispielsweise die Ingenieurwissenschaften und der Maschinenbau.

1419 HAAS, Fn. 1401 (2007), S. 802.

1420 MORISSE-SCHILBACH, Fn. 1379 (2011), S. 63 ff.

1421 MORISSE-SCHILBACH, Fn. 1379 (2011), S. 69.

1422 Kritisch dazu: ADLER, Emanuel, Communitarian International Relations. The Epistemic Foundations of International Relations. London (2005), S. 17 „(...) much of what passes for the scientific knowledge of epistemic communities can hardly be considered objective, because it is usually amalgamated with social knowledge that can rarely allege truthfulness. (...) [W]e should view science not only as understandings of cause-effect relationships in nature, but also as a constitutive norm that socially constructs the practices, identities, and interests of modern rulers."

begründet *Ernst Haas* diesen Aspekt damit, dass der Forschungsgegenstand der Naturwissenschaften nicht widerspricht und somit Einfluss auf seine Wahrnehmung und Analyse nimmt, im Gegensatz zum Forschungsgegenstand der Sozialwissenschaften.[1423] Während der Forschungsgegenstand der Naturwissenschaften eindeutig von der Einstellung und Sichtweise seines Erforschers abzugrenzen ist, ist dies im Rahmen der Sozialwissenschaften nicht möglich. Hier sind Forscher und Forschungsgegenstand durch soziale Interaktion und subjektive Perzeption miteinander verwoben.

Die von *Haas* geforderte Objektivität und Universalität des Wissens ist heutzutage nur mittels naturwissenschaftlicher Methoden zu gewährleisten. Doch sieht er auch im Rahmen der Wirtschaftswissenschaften und der Entwicklungstheorie Anwendungsbereiche für sein Konzept.[1424] Streng genommen erfüllen die Wirtschaftswissenschaften die geforderte Universalität allerdings nicht. Es kommen dort Modelle zur Anwendung, deren Voraussetzungen auf vom Forscher beeinflussten Abstraktion und Vereinfachung basieren. Auch wenn sich nach *Max Weber* die Wissenschaft möglichst werturteilsfrei verhalten sollte,[1425] so liegt beispielsweise schon in der Formulierung des anzustrebenden Ziels einer Theorie ein Werturteil.[1426] Der von *Haas* propagierte objektive Charakter der Wissenschaft ist in diesen Wissensgebieten nicht gegeben. Dass sich *Haas* dennoch für die Anwendbarkeit der epistemischen Gemeinschaften im monetären und entwicklungspolitischen Bereich aussprach, zeigt, dass das Objektivitätskriterium weniger ein Zweck in sich, als vielmehr ein Mittel darstellt. Auf dem Wege der Objektivität des Wissen wird sein unabhängiger Charakter, seine Glaubwürdigkeit und damit in den Augen der Entscheidungsträger sein Wert erhöht.

Sollten die Unabhängigkeit und die damit einhergehende Glaubwürdigkeit auch auf anderem Wege hergestellt werden, so wäre der Weg für die Anwendung epistemischer Gemeinschaften im Bereich der Sozialwissenschaften, insbesondere im Bereich der Rechtswissenschaften, frei. Mit den Methoden der Rechtswissenschaften können keine exakten Gewissheiten hervorgebracht wer-

---

1423 KREISLER. HARRY, Interview mit : Haas, Ernst B. v. 30.10.2000. UC Berkeley.

1424 MORISSE-SCHILBACH, Fn. 1379 (2011), S. 70.

1425 *Max Weber* ging es vor allem um die Vermeidung jeglicher wissenschaftlichen Begründung von Werturteilen. Er erkannte jedoch gleichzeitig an, dass Werte dennoch Forschungsgegenstand der Wissenschaft sein können. Vgl.MÜLLER, Hans-Peter, Max Weber. Eine Einführung in sein Werk. Köln (2007), S. 189 ff.

1426 FISCHBACH, Rainer/ WOLLENBERG, Klaus, Volkswirtschaftslehre. Einführung und Grundlagen. München (2007), S. 55 f.

den.[1427] Probleme ergeben sich im Rahmen des Kriteriums der exakten Überprüfbarkeit des Wissens durch gemeinsame Gültigkeitstests. Die Rechtswissenschaft verfügt allerdings über einen allgemein anerkannten Methodenkatalog, mit dessen Hilfe die Richtigkeit einer rechtlichen Aussage überprüft werden kann.[1428] Zu diesen Methoden zählen die Subsumtion, die allgemein anerkannten Auslegungsregeln wie auch die Methode der ergänzenden Rechtsfortbildung und der Gesetzeskorrektur.[1429] Die Auslegungsmethoden gelten im Völkerrecht auf gewohnheitsrechtlicher Basis, sie sind damit universell anerkannt. Sicherlich können zwei Rechtswissenschaftler unter Anwendung der gleichen Methode aufgrund der Natur des Fachgebiets zu unterschiedlichen Ergebnissen gelangen. Die Qualität rechtswissenschaftlichen Wissens unterscheidet sich folglich von der naturwissenschaftlichen Wissens. Doch kann dieser Mangel an Objektivität durch andere, der Glaubwürdigkeit zuträgliche Faktoren kompensiert werden. Denkbar ist beispielsweise die hohe Reputation der Mitglieder der Gemeinschaft. Auch lässt die Komplexität des Sachverhalts die Entscheidungsträger vom Wissen rechtswissenschaftlicher Experten abhängig werden.

Ferner resultiert die Unabhängigkeit des Wissens bei *Haas* nicht allein aus der Natur des Forschungsgegenstands. Auch die Strukturen der Forschungslandschaft, bspw. der Einfluss staatlicher Förderung, spielt bei der Beurteilung des unabhängigen, neutralen Wissens eine Rolle. So erkennt *Haas* beispielsweise an, dass epistemische Gemeinschaften häufig in Bereichen zu finden sind, die relativ niedrige Forschungskosten verursachen.[1430] Im Vergleich zu den Naturwissenschaften ist die rechtswissenschaftliche Forschung kostengünstig. Sie bedarf keiner teuren Versuchsaufstellungen und Gerätschaften. Sicherlich werden auch in diesem Bereich Forschungseinrichtungen staatlich subventioniert. Jedoch darf per Gesetz damit keine politische Einflussnahme auf die Aktivitäten der Einrichtung verbunden sein. Die verfassungsrechtliche Garantie der Autonomie der Wissenschaft[1431] wirkt sich positiv auf die Bildung epistemischer Gemeinschaf-

1427 KRIELE, Martin, Theorie der Rechtsgewinnung. Entwickelt am Problem der Verfassungsinterpretation. Berlin (1976), S. 55.

1428 PAWLOWSKI, Hans-Martin, Einführung in die juristische Methodenlehre. Ein Studienbuch zu den Grundlagenfächern Rechtsphilosophie und Rechtssoziologie. Heidelberg (2000), Rdnr. 4; KRIELE, Fn. 1428 (1976), S. 21.

1429 KOHLER-GEHRIG, Eleonora, Einführung in das Recht. Technik und Methoden der Rechtsfindung. Stuttgart (2010), passim.

1430 So schließt er bspw. epistemische Gemeinschaften im Bereich der Nuklearforschung aus, da dort die Kosten der Forschung zu hoch sind und die staatliche Subventionierung die Unabhängigkeit des Wissens beeinträchtigen würde. Vgl. HAAS, Fn. 1401 (2007), S. 795.

1431 In Deutschland ist dies durch Art. 5 Abs. 3 Grundgesetz gewährleistet.

ten aus. So kann zumindest in demokratisch organisierten Gesellschaften davon ausgegangen werden, dass die Neutralität der Rechtswissenschaft gegenüber staatlicher Einflussnahme institutionell gewährleistet ist. Selbst *Haas* erkennt schließlich an, dass sein Konzept der epistemischen Gemeinschaften auch im sozialwissenschaftlichen Rahmen Anwendung finden kann.

> „Epistemic communities need not be made up of natural scientists; they can consist of social scientists or individuals from any discipline or profession who have a sufficiently strong claim to a body of knowledge that is valued by society. Nor need an epistemic community's causal beliefs and notions of validity be based on the methodology employed in the natural sciences; they can originate from shared knowledge about the nature of social processes based on analytic methods or techniques deemed appropriate to the disciplines or professions they pursue."[1432]

Mit dieser Aussage gesteht *Haas* selbst ein, dass nicht der naturwissenschaftliche oder technische Charakter des Wissens per se ausschlaggebend ist, sondern die Tatsache, dass dem Wissen der epistemischen Gemeinschaft Bedeutung seitens der Gesellschaft beigemessen wird. Inwieweit das geforderte gesellschaftsrelevante Wissen gegeben ist, lässt sich jedoch nur im Einzelfall beurteilen.

5. Fallbeispiel: „Erklärung für eine ausgewogene Auslegung des Dreistufentests im Urheberrecht"

Im Juli 2008 erarbeiteten im Rahmen des jährlichen Treffens der *International Association for the Advancement of Teaching and Research in Intellectual Property (ATRIP)* eine Gruppe von Wissenschaftlern[1433] eine Erklärung mit dem Ziel

> „ (…) die Legitimität des ‚Drei-Stufen-Tests' im Urheberrecht durch eine ausgewogene Interpretation zu bekräftigen."[1434]

Der Einfachheit halber soll die Gruppe nach dem Tagungsort im Folgenden *Münchner Gruppe* genannt werden.

Der Dreistufentest beeinflusst heute jede Diskussion um den Zugang zu urheberrechtlich geschützten Werken. Nach dem Dreistufentest sind Ausnahmen

1432 HAAS, Fn. 1314 (1992), S. 16.

1433 Die Experten gehören dem *Max-Planck-Instituts für Immaterialgüter- und Wettbewerbsrecht* (München) und der Law School der *Queen Mary University of London* an.

1434 GEIGER/GRIFFITHS/HILTY, Fn. 28 (2008), S. 822.

und Beschränkungen zu urheberrechtlich geschützten Werken nur dann zulässig, wenn sie auf bestimmte Sonderfälle beschränkt bleiben, bei denen die normale Verwertung eines Werkes nicht beeinträchtigt wird und die berechtigten Interessen des Urhebers nicht unzumutbar verletzt werden.[1435] In mehreren Gerichtsentscheidungen der letzten Jahre wird die Auslegung des Ausnahmen ermöglichenden Dreistufentests jedoch restriktiv an den wirtschaftlichen Interessen der Verwerter ausgerichtet.[1436] Der dem öffentlichen Interesse dienende Ausgleich fand in diesen Entscheidungen, insb. auf internationaler Ebene, häufig kaum Beachtung.[1437]

a) Hintergrund

Hintergrund der Initiative der Münchner Gruppe sind die zunehmenden Bedenken über die Kreativität behindernden Auswirkungen einer restriktiven, strengen Auslegung des Dreistufentests im Rahmen der Schranken des Urheberrechts.[1438] Die Unterzeichner der Erklärung kritisieren, dass im Zuge der Digitalisierung und der daraus resultierenden neuen Verwertungsformen die Urheberrechte stetig erweitert wurden, während die Ausnahmen und Beschränkungen dieser Rechte auf dem Stand analoger Verwertungsformen stehen blieben.

Voraussetzung für den Einfluss epistemischer Gemeinschaften ist eine Entscheidungssituation, die durch Unsicherheit und Komplexität gekennzeichnet ist. Im Bereich der hier untersuchten urheberrechtlichen Regelungen ergeben sich die Unsicherheit und Komplexität aus der Natur des Urheberrechts. Das Urheberrecht ist für die politischen Entscheidungsträger nur sehr schwer durch-

---

1435 Ursprünglich in Art. 9 Abs. 2 RBÜ allein auf das Vervielfältigungsrecht bezogen, wird er heute durch Art. 13 TRIPS und Art. 10 WCT auf sämtliche Ausnahmen zum Urheberrecht angewandt.

1436 Vgl. WTO DSB, Panel Report v. 15.06.2000 (WT/DS160/R), *United States – Section 110(5) of US Copyright Act.* Siehe auch die vielfältigen Beispiele in GRIFFITHS, Fn. 888 (2009), S. 428 ff.

1437 HUGENHOLTZ/OKEDIJI, Fn. 931 (2008), S. 10; MACMILLAN, Fn. 23 (2002), S. 489 ff.; GEIGER, Fn. 19 (2010), S. 516; GEIGER, Fn. 230 (2008), S. 178 ff.; GRIFFITHS, Fn. 888 (2009), S. 428 ff.

1438 HUGENHOLTZ/OKEDIJI, Fn. 931 (2008), passim; HUGENHOLTZ, Fn. 134 (2001), S. 343 ff.; SCHRICKER, Gerhard/ DREIER, Thomas/ KUR, Annette, Geistiges Eigentum im Dienst der Innovation. Baden-Baden (2001), passim; HILTY, Reto M., The Expansion of Copyright Law and Its Social Justification (S. 1-60), in: Christopher Heath/ Kongzhong Liu (Hrsg.), *Copyright Law and the Information Society in Asia,* Oxford et al. (2007), S. 1 ff.; GYERTYÁNFY, Fn. 6 (2002), S. 557 ff.

schaubar. Es ist ein Rechtsgebiet, das zur Förderung der Kreativität einen Ausgleich zwischen den Interessen der Urheber, Verwerter und Werknutzer finden muss. Die Urheber und Verwerter haben sowohl übereinstimmende, wie auch konträre Interessen. So verwahren sich beide gegen die unberechtigte Nutzung ihrer Werke. Doch divergieren ihre Ansichten hinsichtlich der kommerziellen Verwertung der Werke. Während die Verwerter mit der Verwertung einen größtmöglichen Gewinn erzielen möchten, ist die Anwendung von Ausnahmen und Beschränkungen für den Urheber insofern lukrativ, als dass sie fast immer mit einer angemessenen Vergütung für den Urheber einhergeht. Auch bedarf der Urheber selbst der Ausnahmen und Beschränkungen dann, wenn er für die Schaffung neuer Werke auf bestehende Werke zurückgreift. In einem digitalen Umfeld ist dies häufig im Bereich der Remix- oder Sampling-Kultur wie auch der Videokunst notwendig.[1439] Zumal sich aus heutiger Sicht die Grenze zwischen Urhebern und Werknutzern zunehmend auflöst und sich auch hier eine teilweise Interessenidentität zwischen den Urhebern und den Werknutzern ergibt.

Erschwert wird die Suche nach dem richtigen Maß an Urheberrechtsschutz durch die ständigen Spannungen zwischen dem, was rechtlich erlaubt und dem was technisch möglich ist. So stehen die technologische Entwicklung und das Urheberrecht in einem ständigen Wettlauf, bei dem die Technologie von Zeit zu Zeit die Führung übernimmt und der Gesetzgeber mit urheberrechtlichen Regelungen Mühe hat, das Tempo zu halten. Die Komplexität des Regelungsgegenstandes erhöht sich zumal auf internationaler Ebene. Die auf nationaler Ebene zur Förderung der Kreativität und Verbreitung von Werken gefundene Balance im Urheberrecht kann nicht eins zu eins auf die Regelungen auf internationaler Ebene übertragen werden. Die Anforderungen und Bedingungen sind in den verschiedenen Ländern zu unterschiedlich, als dass ein einheitliches Maß für alle gefunden werden kann.[1440] Heute erfährt das Urheberrecht durch die digitale Technologie gänzlich neue Herausforderungen, die auf internationaler Ebene von den Entscheidungsträgern durch Neuregelungen zum Urheberrecht aufgenommen und bearbeitet werden müssen, ohne dabei die unterschiedlichen Bedürfnisse von Industrie- und Entwicklungsländern jeweils zu vernachlässigen.

Die digitale Technologie bringt neue wirtschaftliche, soziale und kulturelle Herausforderungen mit sich und führt zuweilen zu Rechtsunsicherheit. Die entsprechende Anpassung urheberrechtlicher Regelungen erhält damit eine be-

---

1439 DOUGHERTY, F. J., Rip, Mix and Burn, in: *GRUR Int. (*2007), S. 481 ff.; AREWA, Fn. 776 (2006), S. 547 ff. Siehe Teil III, 3 dieser Arbeit.

1440 OKEDIJI, Fn. 700 (2007), S. 113 ff. Siehe Teil III, D, III dieser Arbeit.

sondere gesellschaftliche Relevanz. Das Urheberrecht gleicht im Idealzustand die Interessen aller Beteiligten[1441] aus und trägt auf diese Weise zur Förderung von Kreativität bei. Die bisherigen Anpassungsbemühungen im Urheberrecht haben zu einer Situation geführt, in der die Rechte der Verwerter stärker berücksichtigt werden als beispielsweise das Menschenrecht auf freie Teilhabe am kulturellen Leben. Die große Zahl der Urheberrechtsprozesse gegen Internet Filesharing-Plattformen[1442] und die unzähligen Nutzer dieser Plattformen haben gezeigt, dass innerhalb der Gesellschaft die Akzeptanz urheberrechtlicher Regelungen stark abgenommen hat. Sobald die Einsicht in die Rechtmäßigkeit einer Regelung schwindet, besteht die Gefahr, dass die Regel zunehmend missachtet wird. Es entsteht ein Teufelskreis, an dessen Ende die Rechtssicherheit der Gesellschaft Schaden nimmt. Dieser Schaden manifestiert sich dann in wirtschaftlichen Verlusten der Rechteinhaber, deren Geschäftsmodelle auf der Einhaltung der Gesetze basieren. Entsprechend ist ein angemessener, die Interessen aller Beteiligten ausgleichender Urheberrechtsschutz von besonderer gesellschaftlicher Relevanz.

b) Die „Münchner Gruppe" als epistemische Gemeinschaft

Angesichts der Überbetonung wirtschaftlicher Interessen bei der Auslegung urheberrechtlicher Regelungen durch nationale und internationale Gerichte sowie bei der Ausgestaltung des Urheberrechts im Rahmen von Verhandlungen internationaler Verträge und nationaler Gesetzesinitiativen haben führende Wissenschaftler aus Großbritannien, Frankreich, Deutschland und anderen europäischen Ländern nach intensiven, internen Diskussionen im Rahmen einer Arbeitsgruppe[1443] im Juli 2008 eine gemeinsame *Erklärung für eine ausgewogene Auslegung des Dreistufentests im Urheberrecht* verabschiedet.[1444]

Als Initiatoren dieser Erklärung firmieren *Reto M. Hilty, Christophe Geiger, Jonathan Griffiths* und *Uma Suthersanen.* Gleichzeitig wurde die Erklärung

---

1441 Dazu zählen Urheber, Verwerter und Werknutzer. Vgl. die Ausführungen zum Interessenausgleich in Teil I, B, III, 5 dieser Arbeit. Siehe auch: HILTY/PEUKERT, Fn. 230 (2004), passim.

1442 Beispielsweise: U.S. District Court for the Northern District of California, Urteil v. 05.05.2000 (No. 154), *A&M Records Inc. v. Napster Inc. - Napster,* in: *GRUR Int.* (2000), 1066.

1443 Im Rahmen der jährlichen ATRIP-Tagung 2007 sowie der Centre for Media & Communication Law Annual Conference der University of Melbourne 2008. Vgl. GRIFFITHS, Fn. 888 (2009), S. 457.

1444 GEIGER/GRIFFITHS/HILTY, Fn. 12 (08.07.2008).

von einer Gruppe der an der Ausarbeitung beteiligten Experten[1445] unterzeichnet. Die Mehrzahl dieser Experten zählen zu den führenden Wissenschaftlern mit langjähriger Erfahrung im Bereich des Urheberrechts.[1446] Die Erklärung wurde auf der Webseite des Max-Planck-Instituts[1447] in acht Sprachen[1448] veröffentlicht und für weitere Unterzeichner aus aller Welt geöffnet. Inzwischen haben sich über einhundert Wissenschaftler der ursprünglichen Arbeitsgruppe angeschlossen. Was zunächst als hauptsächlich europäische Initiative begann, zieht nun zunehmend internationale Kreise. Etwa ein Drittel der zusätzlich unterzeichnenden Wissenschaftler stammt aus dem außereuropäischen Ausland.[1449]

Fraglich ist nun, ob es sich bei dieser Gruppe von Wissenschaftlern um eine epistemische Gemeinschaft – in Anlehnung an das Konzept von *Peter Haas* – handelt. Nach dem *Haas'schen* Ansatz verfügt eine epistemische Gemeinschaft über gesellschaftlich relevantes Wissen und zeichnet sich durch gemeinsame normative Werte und Prinzipien aus. Ferner verbindet diese Gemeinschaft eine geteilte Überzeugung über die zugrundeliegenden ursächlichen Zusammenhänge, die darüber hinaus durch allgemein anerkannte Gültigkeitstests belegt werden können. Schließlich engagiert sich eine epistemische Gemeinschaft für ein politisches Ziel.

Zunächst muss jedoch die relevante Gruppe an Wissenschaftlern identifiziert werden. In der Zwischenzeit haben sich fast 200 Wissenschaftler für die Erklärung eingesetzt. Zwar ist es nach *Haas* nicht erforderlich, dass sich die

---

1445 Dazu zählen: *Valérie Laure Benabou, Lionel Bently, Thomas Dreier, Séverine Dusollier, Gustavo Ghidini, Henning Große Ruse-Khan, Bernt Hugenholtz, Dionysia Kallinikou, Kamiel Koelman, Annette Kur, Makeen Makeen, Vytautas Mizaras, Hector MacQueen, Gül Okutan Nilsson, Alexander Peukert, Jerome Reichman, Jan Rosen, Jens Schovsbo, Martin Senftleben, Fabrice Siirianinen, Paul L.C. Torremans, Elzbieta Traple, Michel Vivant, Rolf Weber, Guido Westkamp, Raquel Xalabarder, Benjamin Bajon.*

1446 BARCZEWSKI, Maciej, From Hard to Soft Law, in: *IIC* 42 (2011), S. 45.

1447 MAX-PLANCK-INSTITUT FÜR IMMATERIALGÜTER UND WETTBEWERBSRECHT, Erklärung zum Drei-Stufen-Test. Liste der Unterstützer, Stand September 2011, MAX-PLANCK-INSTITUT FÜR GEISTIGES EIGENTUM, WETTBEWERBS- UND STEUERRECHT (2011), <http://www.ip.mpg.de/de/pub/aktuelles/declaration-threesteptest/list_of_supporters .cfm#i34948> (zuletzt geprüft am: 10.03.2013).

1448 Die Erklärung steht neben der englischen Originalfassung, die auch für die Unterzeichnung ausschlaggebend ist, in deutscher, französischer, portugiesischer, spanischer, italienischer, japanischer und chinesischer Sprache zur Verfügung.

1449 Von den 133 zusätzlich unterzeichnenden Wissenschaftlern stammen 44 aus dem außereuropäischen Ausland. Dazu zählen Wissenschaftler aus Südamerika, Afrika, Australien, Asien, Nordamerika wie auch dem Nahen und Mittleren Osten.

Mitglieder einer epistemischen Gemeinschaft regelmäßig physisch treffen,[1450] allerdings reicht die einmalige Zustimmung zu einer Erklärung und damit die Beteiligung an einem politischen Unterfangen nicht aus, um die Zugehörigkeit zu einer epistemischen Gemeinschaft zu erfüllen. Für die Entstehung gemeinsamer, von den üblichen Prinzipien und Grundlagen des Fachgebiets abgrenzbarer, normativer und kausaler Überzeugungen ist ein wiederholter Austausch zwischen den Mitgliedern notwendig. Dieser kann sich beispielsweise im Rahmen von Konferenzteilnahmen,[1451] gemeinsamen Publikationen, Studienreisen, Fellowships o. ä. manifestieren. Vor diesem Hintergrund beschränkt sich die Prüfung des Vorliegens einer epistemischen Gemeinschaft auf die Kerngruppe der 31 Wissenschaftler, die an der Ausarbeitung der Erklärung mitgewirkt haben.

Die normativen Überzeugungen der epistemischen Gemeinschaft geben die wertebasierte Motivation zum politischen Handeln der Experten wieder. In der Erklärung heißt es dazu:

> „[I]m Bewusstsein der wachsenden Bedeutung des Drei-Stufen-Tests in internationalen, regionalen und nationalen Urheberrechtsgesetzen [sind wir] der Auffassung, dass gewisse Auslegungen des Drei-Stufen-Tests auf internationaler Ebene nicht wünschenswert sind."[1452]

Die *Münchner Gruppe* ist davon überzeugt, dass der dem Urheberrecht zugrundeliegende Ausgleich zwischen den Interessen der Urheber, der Verwerter und Werknutzer durch eine zu restriktive Auslegung des Dreistufentests durch Gerichte und Gesetzgeber[1453] zugunsten der Verwerter gestört ist. Die Experten teilen die Auffassung, dass das Urheberrecht ein Instrument zum Anreiz für kreatives Schaffen ist und damit öffentliches Interesse berührt. Dieses Interesse kann jedoch nur dann gewahrt bleiben, wenn die Auslegung erneut auf einer ausgewogenen Berücksichtigung der Interessen aller Beteiligten basiert. Die Experten der *Münchner Gruppe* sind sich darüber einig, dass die Ursache für das Ungleichgewicht im Urheberrecht im immer schneller voranschreitenden technologischen Fortschritt und der daraus resultierenden Geschäftsmodelle liegt.[1454] Während der WIPO-Urheberrechtsvertrag und das TRIPS-Abkommen neue Urheberrechte für digitale Verwertungsmodelle schufen, erfuhren die Ausnahmen und Beschränkungen keine äquivalente Anpassung. Zudem konstatiert die

---

1450 HAAS, Fn. 1314 (1992), S. 17.

1451 Vgl. die jährlichen Konferenzen der *International Association for Teaching and Research in Intellectual Property (ATRIP)*, in deren Rahmen die Erklärung ursprünglich initiiert wurde.

1452 GEIGER/GRIFFITHS/HILTY, Fn. 28 (2008), S. 824.

1453 Vgl. GEIGER/GRIFFITHS/HILTY, Fn. 28 (2008), S. 824.

1454 GEIGER/GRIFFITHS/HILTY, Fn. 12 (08.07.2008).

Münchner Gruppe eine zunehmend restriktive Auslegung des für die Ausnahmen und Beschränkungen einschlägigen Dreistufentests durch nationale und internationale Gerichte[1455] und nationale Gesetzgeber.[1456] In zahlreichen Analysen zeigen die Wissenschaftler, dass die wirtschaftlichen Interessen der Verwerter im Vordergrund stehen.[1457] Demgegenüber erfahren die Interessen der Werknutzer, zu deren Gunsten Ausnahmen und Beschränkungen eigentlich gewährt werden, keine Berücksichtigung.[1458]

Die Gültigkeit der von ihnen identifizierten kausalen Annahmen sowie eigene Lösungsvorschläge leiten die Wissenschaftler aus der teleologischen Auslegung des Dreistufentests ab. Die teleologische Auslegung berücksichtigt den Sinn und Zweck einer Norm. Sie gilt als allgemein anerkannte Methode der Auslegung von Rechtsnormen und Verträgen.[1459] Ferner bedienen sich die Experten eines weiteren Auslegungsinstruments – der Berücksichtigung des externen Kontextes einer Norm. Nach Art. 31 Abs. 3 lit. c WVK ist im Rahmen der Auslegung jeder in den Beziehungen zwischen den Vertragsparteien anwendbare, einschlägige Völkerrechtssatz hinzuzuziehen. Entsprechend müssen auch die menschenrechtlichen Wurzeln des Urheberrechts und die damit verbundene Berücksichtigung des Menschenrechts auf Teilhabe am kulturellen Leben in die Auslegung des Dreistufentests eingehen.[1460]

1455 Court de Cassation, Urteil v. 28.02.2006, *Mulholland Drive,* in: *IIC (*2006), 760.

1456 In der Erklärung heißt es dazu „Aufgrund der Wahrnehmung, dass nationale Gerichte und Gesetzgeber durch restriktive Auslegungen dieses Tests falsch beeinflusst worden sind" GEIGER/GRIFFITHS/HILTY, Fn. 28 (2008), S. 824.

1457 Für eine detaillierte Diskussion der einzelnen Argumente siehe: GEIGER, Christophe, Implementing an International Instrument for Interpreting Copyright Limitations and Exceptions, in: *IIC* 40 (2009), S. 632 ff.

1458 GEIGER, Fn. 230 (2008), S. 178 ff.; GEIGER, Fn. 19 (2010), S. 515 ff.; HE, Fn. 1294 (2007), S. 274 ff.; HUGENHOLTZ/OKEDIJI, Fn. 931 (2008), passim; GRIFFITHS, Fn. 888 (2009), S. 428 ff.; GROßE RUSE-KHAN, Hennig, A Comparative Analysis of Policy Space in WTO Law, MAX-PLANCK-INSTITUT FÜR GEISTIGES EIGENTUM, WETTBEWERBS- UND STEUERRECHT (2008), <http://papers.ssrn.com/sol3/papers.cfm?abstract_id=1309526> (zuletzt geprüft am: 10.03.2013); SENFTLEBEN, Fn. 292 (2004), passim.

1459 Obwohl die Grundnorm der Auslegungsregelung des Art. 31 WVK den Vertragszweck berücksichtigt, konnte sich ein expliziter Verweis auf die teleologische Auslegungsmethode im Rahmen der WVK nicht durchsetzen. Dennoch wenden einige Gerichte, v.a. der Europäische Gerichtshof, diese Methode häufiger an. Vgl. dazu SOREL/BORÉ EVENO, Article 31, in: Corten/Klein (Hrsg.), Fn. 411 (2011), Rdnr. 51.

1460 Vgl. dazu auch GRIFFITHS, Fn. 888 (2009), S. 445. Er beruft sich hier explizit nicht auf das UNESCO-Übereinkommen. Ein solches Unterfangen wäre aus formal-rechtlichen Gründen, wie bereits gezeigt, aussichtslos. Siehe Teil IV, B II dieser Arbeit.

Schließlich verbindet die Experten einer epistemischen Gemeinschaft ein gemeinsames politisches Unterfangen. Die *Münchner Gruppe* zielt mit ihrer Erklärung auf

> „(...) eine angemessene ausgewogene Auslegung des Drei-Stufen-Tests (...), unter der bestehende nationale Ausnahmen und Beschränkungen nicht übermäßig beschränkt werden und durch die die Einführung angemessene[r] ausgewogene[r] Ausnahmen und Beschränkungen nicht ausgeschlossen [werden].“[1461]

Ihre politische Motivation ziehen sie aus der Beobachtung,

> „dass es Gruppierungen gibt, die in der Lage sind, mit Lobbying sehr viel zu erreichen. Das haben sie bewiesen, namentlich im Zusammenhang mit den WIPO-Verträgen. Wir müssen mit anderen Worten langsam erwachen, wir sollten eine Art Gegenlobby aufbauen, schlichtweg denjenigen eine Stirn bieten, die sich bisher besser – zu gut – durchgesetzt haben. Wenn ich Sie dazu gewissermaßen einladen darf, mit uns – oder auch auf Ihren Wegen – dafür zu kämpfen, (...).[1462]

Konkret sprechen sich die Experten der *Münchner Gruppe* u. a. dafür aus, dass öffentliche Interessen an wissenschaftlichem Fortschritt und kultureller, sozialer und wirtschaftlicher Entwicklung in die Auslegung des Dreistufentests aufgenommen werden sollen.

Mit der Veröffentlichung ihrer Erklärung sind die Wissenschaftler von der „gewöhnlichen“, wissenschaftlichen Verbreitung ihrer Erkenntnisse abgewichen und haben sich bewusst eines politischen Instruments bedient. Schon die Form und die kurze, präzise Wortwahl bestätigt, dass sich die Wissenschaftler mit der Erklärung nicht allein an ihre Fachkollegen, sondern an ein breites Publikum richten.

Unter Berücksichtigung der Einschränkungen sozialwissenschaftlicher Unschärfen kann im Ergebnis von der *Münchner Gruppe* als epistemische Gemeinschaft gesprochen werden. Die Experten verfügen über geteilte normative, wie auch kausale Überzeugungen, die aus der gemeinsamen Erklärung hervorgehen, sich aber auch in ihren Publikationen und Konferenzbeiträgen spiegeln. Diese Überzeugungen werden durch allgemein anerkannte Methoden der

---

1461 GEIGER/GRIFFITHS/HILTY, Fn. 28 (2008), S. 824.

1462 HILTY, Reto M., Zusammenfassung und Ausblick. Tagung des Max-Planck-Instituts für Immaterialgüter- und Wettbewerbsrecht, 4.-6. November 2004, MAX-PLANCK-INSTITUT FÜR GEISTIGES EIGENTUM, WETTBEWERBS- UND STEUERRECHT (2004), <http://www.ip.mpg.de/files/pdf1/TagungInteressenausgleich-Zusammenfassung.pdf> (zuletzt geprüft am: 10.03.2013).

Rechtswissenschaft generiert.[1463] Schließlich haben sich die Wissenschaftler in politischer Absicht mit der Erklärung an die Öffentlichkeit gewandt.

c) Aktivitäten der „Münchner Gruppe“

Die tatsächliche Einflussnahme auf politische Entscheidungsträger kann in vier idealtypische Phasen gegliedert werden. Zunächst wird das gemeinsame Thema innerhalb der Gruppe identifiziert und analysiert. Hat sich innerhalb der Gruppe Konsens hinsichtlich der normativen und kausalen Zusammenhänge ergeben, tritt die Gruppe in einer zweiten Phase in die Öffentlichkeit und steuert aktiv die Verbreitung ihres Wissens. In einer dritten Phase nehmen politische Entscheidungsträger das Thema wahr und rezipieren es gänzlich oder zumindest teilweise in eigenen Aktivitäten. In einer letzten Phase zeichnet sich eine Verfestigung des Themas ab. Die neuen Ideen finden Akzeptanz in breiten Teilen der Gesellschaft.[1464] Seit 2003[1465] beschäftigen sich die Wissenschaftler der Münchner Gruppe mit dem Thema des Interessenausgleichs und der Flexibilisierung des Urheberrechts.

> „Um die Anpassungsfähigkeit des Urheberrechts an veränderte wirtschaftliche, technische und soziale Änderungen zu gewährleisten, könnte es notwendig sein, von einem starren Regelungswerk Abstand zu nehmen und Flexibilisierungsmechanismen anhand von „offenen“ Begriffen und Generalklauseln einzuführen.“[1466]

Zunächst identifizierten die Wissenschaftler ein sehr breites Themenfeld, von dem sie annahmen, dass dort die dringlichsten Probleme im Zusammenhang mit dem Urheberrecht liegen.[1467] Diese Themen umfassten die niedrige Hürde zur Erlangung urheberrechtlichen Schutzes, die technischen Schutzmaßnahmen

---

1463 *Haas* fordert in diesem Zusammenhang lediglich „(...) analytic methods or techniques deemed appropriate to the discipline (...)“. HAAS, Fn. 1314 (1992), S. 16 a. A. MORISSE-SCHILBACH, Fn. 1379 (2011), S. 63 ff.

1464 ADLER/HAAS, Fn. 1374 (1992), S. 375 ff.

1465 Vgl. die Publikation der Tagungsergebnisse: HILTY/PEUKERT, Fn. 230 (2004), passim.

1466 MAX-PLANCK-INSTITUT FÜR IMMATERIALGÜTER UND WETTBEWERBSRECHT, Interessenausgleich im Urheberrecht. Forschungsprojekt, MAX-PLANCK-INSTITUT FÜR IMMATERIALGÜTER UND WETTBEWERBSRECHT (2008), <http://www.ip.mpg.de/de/pub/publikationen/onlinepublikationen/interessenausgleich.cfm> (zuletzt geprüft am: 10.03.2013).

1467 Die Mitglieder einer epistemischen Gemeinschaft lernen auch voneinander und geben dieses Wissen an Entscheidungsträger weiter. Vgl. ADLER/HAAS, Fn. 1374 (1992), S. 386.

als externe Schutzverstärkung, die nicht mehr zeitgemäßen internen Schutzbeschränkungen sowie ein unzureichendes Urhebervertragsrecht.[1468] Über weitere Tagungen[1469] entwickelte sich aus dem ursprünglich breiten Ansatz ein konkretes Forschungsprojekt des Max-Planck-Instituts zur Neujustierung des Dreistufentests.[1470] In ihren Analysen haben sich die Wissenschaftler ausdrücklich von politischen Einflüssen und Denkverboten durch Rechtstradition oder der aktuellen Rechtslage distanziert.[1471]

1468 HILTY/PEUKERT, Fn. 230 (2004), passim.

1469 HILTY, Fn. 1463 (2004).

1470 HILTY/PEUKERT, Fn. 230 (2004), passim.

1471 So lauteten beispielsweise die „Spielregeln" der Zweiten Tagung des Max-Planck-Instituts zum „Interessenausgleich im Urheberecht", 4. - 6. November 2004, folgendermaßen: „Was wir nicht möchten dieses Jahr – und damit komme ich jetzt auf die Spielregeln zu sprechen, denen das Ganze unterstehen soll –: wir möchten nicht vorhandenes Wissen abfragen. Wir wissen, dass Sie alles zum geltenden Recht wissen. Wir möchten in die Zukunft blicken. Wir möchten auch nicht Interessenpositionen hören; es findet hier nicht eine politische Diskussion statt, und wir machen hier auch – zumindest im Moment – noch kein Gesetz. Das führt mich nun eben zu den Spielregeln. Ich habe zurückgeblättert, was ich das letzte Jahr als Einführung erzählt habe, und denke, wir können es weitestgehend übernehmen. 1.) Wir möchten offen sein; wir möchten ein Forum bilden, in dem es möglich ist, ungewöhnliche, nicht etablierte Meinungen zu vertreten. Meinungen, die noch nicht ganz ausgereift sein müssen; denn wir möchten uns neue, unkonventionelle Wege nicht verbauen. 2.) Es sollen namentlich jüngere Kollegen und Kolleginnen Gelegenheit haben, ihre Überlegungen vertiefter darzustellen. Sie sollen nicht an traditionelle Denkansätze gebunden sein, sondern wir wünschen primär, dass die bestehenden – nota bene auch ökonomischen – Zusammenhänge herausgearbeitet werden. 3.) Wir möchten eine überschaubare, aber international orientierte Veranstaltung. Den Teilnehmern soll Gelegenheit geboten werden, ihre Sichtweise Wissenschaftlern aus anderen Rechtskreisen zur Diskussion zu stellen. Wir haben 14 Nationen hier vertreten. Das ist noch nicht repräsentativ, aber doch schon ziemlich farbig. 4.) Diskussionsvoten sollen nebst in deutscher insbesondere auch in englischer oder französischer Sprache möglich sein, d.h. es ist erwünscht, dass die Teilnehmer jeweils andere Sprachen mindestens passiv verstehen. Wir haben genügend Zeit, wenn jemand mit der Sprache Probleme hat, zu übersetzen. Mit Blick auf die Pflege der Eigenständigkeit der europäischen Rechtskultur, möchten wir uns jedoch nicht auf die englische Sprache reduzieren. 5.) Wir möchten uns nicht auf Fragen reduzieren, die im Moment aktuell sind. Insbesondere möchten wir nicht über den so genannten zweiten Korb sprechen, wahrscheinlich noch nicht einmal – wenn es ihn denn mal geben sollte – über den dritten Korb. Wir möchten echte Grundsatzfragen, das System hinterfragen." Vgl. HILTY, Reto M., Begrüßung und Zusammenfassung der letzten Tagung, MAX-PLANCK-INSTITUT FÜR IMMATERIALGÜTER UND WETTBEWERBS-

Ein wichtiger Meilenstein des Projekts stellt die *Erklärung für eine ausgewogene Auslegung des Dreistufentests im Urheberrecht* dar. In ihrer Erklärung wirken die Wissenschaftler auf eine Änderung der bisherigen Auslegungspraxis des Dreistufentests unter stärkerer Berücksichtigung des Interessenausgleichs zwischen Urhebern, Verwertern und dem öffentlichen Interesse hin. Es geht ihnen um eine Neuausrichtung der bisherigen Praxis.

Durch die Verbreitung ihrer Ansätze im Rahmen von zahlreichen Konferenzen,[1472] Forschungsprojekten[1473] und Publikationen[1474] begannen die Experten der *Münchner Gruppe*, ihre Erkenntnisse einer breiteren Öffentlichkeit bekannt zu machen. Zu diesem Zweck beteiligten sich die Wissenschaftler auch aktiv im Rahmen der Politikberatung. Im Zusammenhang mit der Erklärung zum Dreistufentest reichten sie Stellungnahmen zum *Grünbuch der EU-Kommission über das Urheberrecht in der wissensbestimmten Wirtschaft*[1475] ein.

RECHT (2004), <http://www.ip.mpg.de/files/pdf1/TagungInteressenausgleich-Begruessung.pdf> (zuletzt geprüft am: 10.03.2013).

1472 Siehe die jährlichen Treffen der *International Association for Teaching and Research in Intellectual Property* im Jahr 2007 in Buenos Aires (Argentinien) und in 2008 in München. MIZARAS, Vytautas/ KUR, Annette, The Structure of Intellectual Property Law. Can One Size Fit All? Cheltenham et al. (2011), passim. Siehe auch der Zwei-Tages-Workshop in Kooperation des MPI IP und der New York University CONFERENCE ON THE ENGELBERG CENTER ON INNOVATION LAW & POLICY/ MAX-PLANCK-INSTITUT FÜR GEISTIGES EIGENTUM, WETTBEWERBS- UND STEUERRECHT, Enough is Enough!: Ceilings on Intellectual Property Rights Workshop. 1-2 May 2009, New York University (2009), <http://www.law.nyu.edu/centers/engelbergcenter/conferences/ceilingsworkshop/index.htm> (zuletzt geprüft am: 10.03.2013).

1473 MAX-PLANCK-INSTITUT FÜR IMMATERIALGÜTER UND WETTBEWERBSRECHT, Proposals for Amendment of TRIPS. Kooperation mit dem Institute for Intellectual Property and Market Law at the University of Stockholm, MAX-PLANCK-INSTITUT FÜR IMMATERIALGÜTER UND WETTBEWERBSRECHT (2011), <http://www.ip.mpg.de/de/pub/aktuelles/trips.cfm> (zuletzt geprüft am: 10.03.2013); MAX-PLANCK-INSTITUT FÜR IMMATERIALGÜTER UND WETTBEWERBSRECHT, Fn. 1467 (2008).

1474 CHRISTIE, Fn. 865 (2011), S. 121 ff.; GEIGER, Fn. 1302 (2011), S. 187 ff.; GEIGER, Fn. 19 (2010), S. 515 ff.; GEIGER, Fn. 230 (2008), S. 178 ff.; HILTY, Reto M., Declaration on the 'Three-Step Test', in: *jipitec (*2010), S. 83 ff.; HUGENHOLTZ/OKEDIJI, Fn. 931 (2008), passim; GRIFFITHS, Fn. 888 (2009), S. 428 ff.; SYNODINOU, Tatiana-Eleni, The Lawful User and a Balancing of Interests in European Copyright Law, in: *IIC* 41 (2010), S. 819 ff.; GELLER, Paul E., Rethinking the Berne-Plus Framework, in: *E.I.P.R.* 31 (2009), S. 391 ff.; REICHMAN, Jerome H., Intellectual Property in the Twenty-First Century, in: *Hous. L. Rev.* 46 (2009), S. 1115 ff.

1475 EUROPÄISCHE KOMMISSION, Grünbuch. Urheberrechte in der wissensbestimmten Wirtschaft, KOM(2008) 466/3 v. 2008, passim.

In dem Grünbuch geht es um die Bedeutung des Urheberrechts bei der Verbreitung von Wissen zum Zwecke der Forschung, Wissenschaft und Ausbildung. Mit dem Grünbuch soll eine Debatte über die Zukunft des Urheberrechts in diesen Bereichen initiiert werden.

> „Die Kombination aus umfassenden ausschließlichen Rechten einerseits und bestimmten begrenzten Ausnahmen anderseits wirft die Frage auf, ob mit der erschöpfenden Ausnahmenliste der Richtlinie „ein angemessener Rechts- und Interessenausgleich zwischen den verschiedenen Kategorien von Rechtsinhabern [...] und Nutzern erreicht wird."[1476]

Zu dieser und angelehnten Fragen sollten alle Interessierten bis Ende November 2008 Stellung nehmen.[1477] Die Mitglieder der *Münchner Gruppe* griffen diese Gelegenheit auf, um für den speziellen Bereich der wissenschaftlichen Forschung auf die Notwendigkeit einer verbindlichen gesetzlichen Beschränkung des Urheberrechtsschutzes hinzuweisen. Obwohl die Einladung zur Stellungnahme den Dreistufentest nicht explizit ansprach, argumentierten die Experten der *Münchner Gruppe* in ihrer Stellungnahme auch mit Verweis auf ihre Erklärung, um einen angemessenen Interessenausgleich zwischen den Nutzern und den Rechteinhabern sicherzustellen.[1478]

Kurz zuvor traf der Schweizer Bundesgerichtshof eine wegweisende Entscheidung über die Auslegung des Dreistufentests im Zusammenhang mit elek-

---

1476 EUROPÄISCHE KOMMISSION, Fn. 1476 (2008), S. 21. Zitat im Zitat: Erwägungsgrund 3.1.

1477 EUROPÄISCHE KOMMISSION, Fn. 1476 (2008), S. 21.

1478 Für die Stellungnahme des CEIPI: GEIGER, Christophe, et al., Quelles Limites au Droit d'Auteur dans la Société de l'Information? Réponse du CEIPI au Livre Vert sur «le Droit d'Auteur dans l'Economie de la Connaissance», CENTRE D'ETUDES INTERNATIONALES DE LA PROPRIÉTÉ INDUSTRIELLE (CEIPI) (2008), <http://www.ceipi.edu/uploads/media/Reponse_livre_vert_07_janvier.pdf> (zuletzt geprüft am: 10.03.2013); englische Übersetzung in: GEIGER, Christophe, et al., What Limitations to Copyright in the Information Society?, in: *IIC* 40 (2009), S. 418. Für die Stellungnahme des Max-Planck-Instituts für Immaterialgüter- und Wettbewerbsrecht: HILTY, Reto M., et al., European Commission – Green Paper: Copyright in the Knowledge Economy – Comments by the Max Planck Institute for Intellectual Property, Competition and Tax Law, in: *IIC* 40 (2009), S. 324. Für die Stellungnahme der die Erklärung initiierenden ATRIP: ATRIP, ATRIP Statement at the Hearing on Copyright in Europe, PARLIAMENTARY ASSEMBLY – COUNCIL OF EUROPE, COMMITTEE ON CULTURE, SCIENCE AND FICTION (2008), <http://www.atrip.org/Activity/7aa0a044-6918-40a4-99ce-e5714bfcc5c2/hearing-on-copyright-in-europe> (zuletzt geprüft am: 10.03.2013).

tronischen Pressespiegeln.[1479] Das Urteil erleichtert die Erstellung eines elektronischen Pressespiegels durch kommerzielle Anbieter, indem es die Schranke der Privatkopie für anwendbar erklärt.[1480] In der damit in engem Zusammenhang stehenden Prüfung des Dreistufentests führt das Gericht aus:

> „Da der Dreistufentest dem Schutz des Urhebers mindestens ebenso dient wie demjenigen der Verwerter, geht es nicht an, ihn ausschließlich aus der Optik des Verwerters vorzunehmen.“[1481]

Mit diesem Ansatz stützt sich das Gericht in einer Fußnote explizit auf wissenschaftliche Publikationen von *Reto M. Hilty*[1482] und *Martin Senftleben*[1483], die beide Mitglieder der *Münchner Gruppe* sind.[1484]

Auf nationaler Ebene beeinflusste die Erklärung die Diskussionen um die Urheberrechtsreform in Japan,[1485] Brasilien[1486] und Deutschland. So wurde beispielsweise die Erklärung in der Stellungnahme der Kultusministerkonferenz zum „Dritten Korb“ des *Gesetzes zur Regelung des Urheberrechts in der Informationsgesellschaft* berücksichtigt. Der darin enthaltene Entwurf für eine einheitliche Schrankenregelung für die Bereiche Bildung, Wissenschaft und Kultur wurde so formuliert, dass sie mit den Anforderungen der Erklärung übereinstimmen.[1487]

Diese Beispiele zeigen, dass das Thema der stärkeren Beachtung des Interessenausgleichs im Urheberrecht bereits seitens der Entscheidungsträger wahrgenommen und aufgegriffen wurde. Angesichts des kurzen Zeitraumes seit

---

1479 Schweizerisches Bundesgericht, Urteil v. 26.06.2007 (4C.73/2007), *Elektronischer Pressespiegel,* in: *BGE* 133 III (2009), 473.

1480 Näher dazu: GEIGER, Fn. 890 (2009), S. 49 ff.; GEIGER, Christophe, Rethinking Copyright Limitations in the Information Society, in: *IIC* 39 (2008), S. 943 ff.

1481 Schweizerisches Bundesgericht, Urteil v. 26.06.2007 (4C.73/2007), *Elektronischer Pressespiegel,* in: *BGE* 133 III (2009), 473, Rdnr. 6.1.

1482 HILTY, Reto M., Urheberrecht in der Informationsgesellschaft – Schweizer Modell vs. Europäische Vorgaben, in: *sic!* (2004), S. 966 ff.

1483 SENFTLEBEN, Fn. 292 (2004), passim.

1484 GEIGER, Fn. 1481 (2008), S. 947.

1485 Vgl. KOJIMA, Takahiro, Copyright Limitations and the Three-Step Test in the Digital Era. How to Preserve National Autonomy?, JOINT HOKKAIDO-KYUSHU UNIVERSITIES SEMINAR (2010), <http://www.law.kyushu-u.ac.jp/programsinenglish/seminar2010/kojima.pdf> (zuletzt geprüft am: 10.03.2013).

1486 Vgl. HILTY, Fn. 1475 (2010), S. 84.

1487 PFLÜGER, Thomas, Position der Kultusministerkonferenz zum Dritten Gesetz zur Regelung des Urheberrechts in der Informationsgesellschaft - 'Dritter Korb', in: *ZUM* (2010), S. 944.

der Veröffentlichung der Erklärung ist heute noch keine Aussage darüber zu treffen, ob sich das Thema innerhalb des politischen Diskurses festsetzen wird.

d) Erfolge - Lernen seitens der Entscheidungsträger

Die Empirie zeigt, dass die Erklärung in den vergangenen vier Jahren seit ihrer Veröffentlichung sowohl in der Wissenschaft als auch in politischen Entscheidungen Beachtung gefunden hat.[1488] Sie wurde in zahlreichen Konferenzen und Publikationen diskutiert.[1489]

Nach *Haas* beeinflussen epistemische Gemeinschaften Entscheidungsträger, durch das Bereitstellen neuer Informationen und die Formulierung von Politikalternativen. Politiker erfahren auf diese Weise neue Ursache-Wirkungs-Beziehungen, die sich durch Lernen verfestigen. Die gewandelten Überzeugungen der Politiker manifestieren sich in Reden, in den Erwägungsgründen neuer Gesetzesinitiativen oder neuen Netzwerken.

Die Literatur hat verschiedene Faktoren herausgearbeitet, die eine Bewertung des Einflusses epistemischer Gemeinschaften auf die Politikgestaltung ermöglichen. Einige sollen hier beispielhaft geprüft werden. Ausschlaggebend ist das Vorhandensein von Unsicherheit und Komplexität in den Augen der Entscheidungsträger. Ferner beeinflusst die Qualität des Wissens und die Reputation der Experten den Handlungsspielraum der Wissenschaftler gegenüber der Politik. Darüber hinaus spielt der Grad an Autonomie des Erkenntnisprozesses eine bedeutende Rolle. Schließlich entscheidet auch die politische Funktionalität

---

1488 HILTY, Fn. 1475 (2010), S. 83.

1489 Siehe die jährlichen Treffen der *International Association for Teaching and Research in Intellectual Property* im Jahr 2007 in Buenos Aires (Argentinien) und in 2008 in München. MIZARAS/KUR, Fn. 1473 (2011), passim. Siehe auch der Zwei-Tages-Workshop in Kooperation des MPI IP und der New York University: CONFERENCE ON THE ENGELBERG CENTER ON INNOVATION LAW & POLICY/MAX-PLANCK-INSTITUT FÜR GEISTIGES EIGENTUM, WETTBEWERBS- UND STEUERRECHT, Fn. 1473 (2009); MAX-PLANCK-INSTITUT FÜR IMMATERIALGÜTER UND WETTBEWERBSRECHT, Fn. 1474 (2011); MAX-PLANCK-INSTITUT FÜR IMMATERIALGÜTER UND WETTBEWERBSRECHT, Fn. 1467 (2008); CHRISTIE, Fn. 865 (2011), S. 121 ff.; GEIGER, Fn. 1302 (2011), S. 187 ff.; GEIGER, Fn. 19 (2010), S. 515 ff.; GEIGER, Fn. 230 (2008), S. 178 ff.; HILTY, Fn. 1475 (2010), S. 83 ff.; HUGENHOLTZ/OKEDIJI, Fn. 931 (2008), passim; GRIFFITHS, Fn. 888 (2009), S. 428 ff.; SYNODINOU, Fn. 1475 (2010), S. 819 ff.; GELLER, Fn. 1475 (2009), S. 391 ff.; REICHMAN, Fn. 1475 (2009), S. 1115 ff. Für Kritik siehe: FICSOR, Fn. 926 (03.04.2009); LUCA, Fn. 915 (2010), S. 277 ff.

des von Experten vorgebrachten Wissens, über ihren Einfluss auf politische Entscheidungen.

Grundlage einer jeden Einflussnahme ist die Bereitschaft seitens der Entscheidungsträger, das Wissen epistemischer Gemeinschaften zur Kenntnis zu nehmen. Dies ist erst dann gegeben, wenn Politiker einen Bedarf an neuen Informationen und Erklärungen über Ursache-Wirkungs-Zusammenhänge sehen.

> „Decision makers are most likely to turn to epistemic communities under conditions of uncertainty.“[1490]

Der Einfluss epistemischer Gemeinschaften hängt folglich entscheidend von Unsicherheit und einer komplexen Sachlage ab. Wie bereits gezeigt,[1491] erforderte der technologische Fortschritt eine Anpassung des rechtlichen Rahmens im Urheberrecht. Bisher war dieser Anpassungsprozess vor allem durch den Einfluss starker Interessenverbände der Verwerter gekennzeichnet. Im Ergebnis nahmen die Rechte der Urheber und Verwerter stark zu, während die Schrankenregelungen nicht angepasst wurden. Dies führte zu Zweifeln an der Legitimität urheberrechtlicher Regelungen seitens der Gesellschaft.[1492] Beispielsweise beklagten Medienkonzerne erhebliche finanzielle Verluste durch die anhaltende Missachtung von Urheberrechten in digitalen Filesharing-Netzwerken und damit den Zusammenbruch traditioneller Geschäftsmodelle.[1493] Aus dieser Situation entstand für die Entscheidungsträger Handlungsdruck. Unabhängig erzeugtes Wissen von Rechtsexperten kann in dieser Situation die Glaubwürdigkeit politischer Maßnahmen und Reformprozesse erhöhen. Wie bereits an anderer Stelle gezeigt,[1494] legten die Experten der *Münchner Gruppe* großen Wert auf ihre Autonomie von politischen Einflüssen und die ausschließliche Konzentration auf

---

1490 HAAS, Fn. 1314 (1992), S. 1 ff.

1491 Siehe Teil IV, D, III, 5, a dieser Arbeit.

1492 Unter anderem wurden Rufe zur gänzlichen Abschaffung bzw. grundlegenden Umgestaltung des Urheberrechts laut. Vgl. EUROPÄISCHE KOMMISSION, Fn. 1476 (2008), passim. Siehe auch das politische Programm der Piratenpartei. PIRATENPARTEI, Urheberrecht (06.2011), <http://wiki.piratenpartei.de/Urheberrecht> (zuletzt geprüft am: 10.03.2013).

1493 O'LEARY, Michael P., Statement of Executive Vice President, Government Affairs, Michael P. O'Leary on Behalf of the Motion Picture Association of America, Inc., Submitted to the House Judiciary Committee's Intellectual Property, Competition, and the Internet Subcommittee Hearing. 'Promoting Investment and Protecting Commerce Online: The Art Act, the Net Act and Illegal Streaming', 1 June 2011, Washington D.C. (2011), <http://www.mpaa.org/Resources/ddf0d118-6431-4ea8-acaf-37e094c9da35.pdf> (zuletzt geprüft am: 10.03.2013).

1494 Siehe Teil IV, D, III, 5, c dieser Arbeit.

Sachfragen. Diese Neutralität ist eine wesentliche Voraussetzung dafür, dass ihr Anliegen bei politischen Entscheidungsträgern Gehör findet. Gleichwohl spielt auch die Qualität des Wissens der epistemischen Gemeinschaft eine bedeutende Rolle. Die Glaubwürdigkeit ihrer Thesen nimmt dann zu, wenn die beteiligten Wissenschaftler über eine hohe Reputation im Fach verfügen.[1495] Da Politiker nicht über die nötige Fachkenntnis zur Beurteilung der Qualität des von epistemischen Gemeinschaften vorgebrachten Wissens verfügen, benutzen sie die Stellung der beteiligten Wissenschaftler innerhalb der Fachgemeinschaft als Signal für die Vertrauenswürdigkeit der wissenschaftlichen Thesen. Die Vertrauenswürdigkeit in die Gemeinschaft ist damit für Politiker wichtiger als die objektive Gültigkeit ihrer Aussagen.[1496] Die *Münchner Gruppe* setzt sich aus europäischen Wissenschaftlern zusammen, die in einem engen Verhältnis zum *Max-Planck-Institut für Immaterialgüter- und Wettbewerbsrecht* stehen. Aufgrund seiner bisherigen Forschungsleistung gehört das *Max-Planck-Institut* zu den führenden Institutionen im Bereich des Immaterialgüterrechts, dessen Stellung sowohl national, regional als auch international zweifelsfrei anerkannt ist.[1497]

Politiker sehen sich im Rahmen von Urheberrechtsreformen dem Druck zahlreicher Interessenverbände ausgesetzt. Aus diesem Grund erfährt aus der Perspektive der Politiker eine an Sachargumenten ausgerichtete Argumentation größere Autorität. Diese Autorität leitet sich vor allem daher ab, dass die epistemische Gemeinschaft sich eher dem Gemeinwohl verpflichtet fühlt, denn den Partikularinteressen einiger Wirtschaftsverbände. Entsprechend müssten sich die Wissenschaftler der *Münchner Gruppe* mit ihrer Argumentation besser durchsetzen als Lobbyverbände der Verwerter. Dies ist jedoch nicht zu beobachten. Zwar wird der von der *Münchener Gruppe* postulierte Interessenausgleich im Urheberrecht in neuen Gesetzesinitiativen zitiert, doch wurde bis heute kein rechtsverbindliches oder quasi-rechtsverbindliches Instrument[1498] erarbeitet.[1499] Erste Resonanz erzeugen die Aktivitäten der *Münchner Gruppe* in der Recht-

---

1495 HAAS, Fn. 1314 (1992), S. 17.

1496 KRUGLANSKI, Arie W./ AJZEN, Icek, Bias and Error in Human Judgment, in: *Eur. J. Soc. Psychol* 13 (1983), S. 1 ff.

1497 So wird das Max-Planck-Institut regelmäßig von deutscher, europäischer wie auch internationaler Seite aufgefordert, Stellung zu Gesetzesinitiativen und Vertragsentwürfen zu nehmen. Vgl. MAX-PLANCK-INSTITUT FÜR IMMATERIALGÜTER UND WETTBEWERBSRECHT, Stellungnahmen des Instituts, MAX-PLANCK-INSTITUT FÜR IMMATERIALGÜTER UND WETTBEWERBSRECHT (2011), <http://www.ip.mpg.de/de/pub/publikationen/stellungnahmen_des_instituts.cfm> (zuletzt geprüft am: 10.03.2013).

1498 Für eine Abwägung des Einflusses rechtsverbindlicher und quasi-rechtsverbindlicher Quellen im Urheberrecht siehe BARCZEWSKI, Fn. 1447 (2011), S. 40 ff.

1499 HILTY, Fn. 1475 (2010), S. 83 ff.

sprechung. So stellte das Schweizer Bundesgericht in seiner Entscheidung zum Elektronischen Pressespiegel[1500] die bisherige, eng an den Verwerterinteressen ausgerichtete Auslegung des Dreistufentests in Frage und befürwortete eine stärkere Berücksichtigung der Nutzerinteressen.[1501] Ähnlich entschied auch kürzlich der Europäische Gerichtshof in seinem Murphy-Urteil.[1502] In diesem Urteil hatten die Richter über die Vereinbarkeit territorialer Exklusivitätsrechte mit der Dienstleistungsfreiheit und dem EU-Wettbewerbsrecht zu befinden. Im Rahmen dieses Urteils konkretisierten sie allerdings u. a. auch die Schranken der Urheber- und Leistungsschutzrechte nach der Info-Richtlinie[1503]. So stellten die Richter fest:

> „Ihrem Zweck entsprechend muss diese Ausnahme [Art. 5 Abs. 1 UrheberrechtsRL, Anm. d. Autorin] (...) einen angemessenen Rechts- und Interessenausgleich zwischen den Rechtsinhabern auf der einen Seite und den Nutzern der geschützten Werke, die in den Genuss dieser neuen Technologien kommen wollen, auf der anderen Seite beibehalten."[1504]

Zwar spricht sich das Gericht in seinem Urteil immer noch für eine enge Auslegung der Schrankenbestimmungen aus, doch betont es die Funktionalität der Schranken und kommt so zu einer zwischen den Rechten der Urheber und den Interessen der Allgemeinheit „ausgewogenere[n] Sichtweise"[1505].

Neben diesen beiden Beispielen sind dennoch kaum weitere, tatsächlich greifbare, rechtsverbindliche Erfolge der *Münchner Gruppe* zu verzeichnen. *Haas* wird dafür kritisiert, dass er den Einfluss von epistemischen Gemeinschaften überschätzt.[1506] Dies liegt vor allem daran, dass er die eigene politische

1500 Schweizerisches Bundesgericht, Urteil v. 26.06.2007 (4C.73/2007), *Elektronischer Pressespiegel,* in: *BGE* 133 III (2009), 473.

1501 GEIGER, Fn. 1481 (2008), S. 948 f.

1502 EuGH, Urteil v. 04.10.2011 (C-403/08, C-429/08), *Territoriale Exklusivitätsvereinbarungen bei der Übertragung von Fußballspielen (Murphy),* in: *MMR (*2011), 817; LEISTNER, Matthias, Das Murphy-Urteil des EuGH, in: *JZ* 23 (2011), S. 1140 ff.

1503 Richtlinie 2001/29/EG des Europäischen Parlaments und des Rates zur Harmonisierung bestimmter Aspekte des Urheberrechts und der verwandten Schutzrechte in der Informationsgesellschaft (Info-RL) v. 22.05.2001, ABl. Nr. L 167, 10 ff., ber. ABl. Nr. L 6, 2002, 71 ff.

1504 EuGH, Urteil v. 04.10.2011 (C-403/08, C-429/08), *Territoriale Exklusivitätsvereinbarungen bei der Übertragung von Fußballspielen (Murphy),* in: *MMR (*2011), 817, Ziff. 164.

1505 LEISTNER, Fn. 1503 (2011), S. 1145.

1506 DUNLOP, Fn. 1397 (2009), S. 290; DUNLOP, Claire A., Epistemic Communities, in: *Politics* 20 (2000), S. 141; BENNETT, Colin J./ HOWLETT, Michael, The Lessons of Learning: Reconciling Theories of Policy Learning and Policy Change, in: *Pol'y Sci* 25

Agenda der Entscheidungsträger zu wenig berücksichtigt.[1507] Zwar gesteht er ein, dass epistemische Gemeinschaften unter Umständen nur zur Stärkung der Legitimität von bereits getroffenen Entscheidungen seitens der Politiker hinzugezogen werden und ihr Einfluss damit instrumentalisiert wird und begrenzt bleibt,[1508] doch in der Regel geht er unter der Bedingung von Unsicherheit von einem ungetrübten Politiktransfer zwischen der epistemischen Gemeinschaft und den Entscheidungsträgern aus.

Korrigierend verweist *Dunlop* auf die eigenen, mit dem sozialen Lernen verbundenen Ziele der Entscheidungsträger und kommt zu dem Ergebnis, dass sich vor allem in einer hoch politischen Diskussion die Themen durchsetzen, die den Vorkenntnissen und politischen Zwecken der Entscheidungsträger am nahesten kommen.[1509] Eine effektive Politikbeeinflussung beobachtete sie vor allem in Bereichen, in denen die Wissensgenese weniger autonom von politischen Prozessen ablief.[1510] Dies könnte auch erklären, warum eine neutrale und sachorientierte Expertise in einer so hoch „politisierten" Debatte wie dem Urheberrecht im Informationszeitalter weniger Beachtung findet, als es die *Haas'schen* Prämissen vermuten lassen würden.

IV. Bewertung

Das Beispiel der *Münchner Gruppe* für den Einfluss epistemischer Gemeinschaften auf Politikentscheidungen im Bereich des Urheberrechts zeigt, dass nichtstaatlichen Akteuren im Rahmen der Umsetzung des UNESCO-Übereinkommens eine Bedeutung zukommt. Die Wissenschaftler haben auf die problematischen Auswirkungen eines nur Verwerterinteressen berücksichtigenden Urheberrechts aufmerksam gemacht und in einem zweiten Schritt eine Lösung für dieses Problem in Form einer innovativen Auslegung des Dreistufentests angeboten.

Zwar blieb der politische Erfolg bisher auf die europäische Ebene begrenzt, doch ist es mit der Erklärung gelungen, weltweit die streng an wirtschaft-

---

(1992), S. 275 ff.; DOLOWITZ, David/ MARSH, David, Who Learns What from Whom, in: *Pol'y Stud.* 44 (1996), S. 343 ff.; DUNLOP, Claire A./ JAMES, Oliver, Principal-Agent Modelling and Learning, in: *PPA* 22 (2007), S. 403 ff.

1507 KRASNER, Stephen D., Power, the State, and Sovereignty. Essays on International Relations. London (2009), S. 255.

1508 HAAS, Fn. 1314 (1992), S. 15.

1509 DUNLOP, Fn. 1404 (2010), S. 205 ff. So auch IKENBERRY, Fn. 1407 (1992), S. 289 ff.

1510 DUNLOP, Fn. 1404 (2010), S. 215.

lichen Interessen ausgerichtete Auslegung des Dreistufentests offenzulegen und zu hinterfragen. Diese zunächst noch vor allem im wissenschaftlichen Bereich geführte Diskussion birgt jedoch großes Potential. Erste zaghafte Ansätze zur stärkeren Berücksichtigung der Bedeutung der Schranken und der Interessen der Werknutzer in den Gesetzesinitiativen der EU-Kommission deuten in diese Richtung. Damit nimmt die Kommission eine Vorreiterrolle ein, die Beispiel für Entscheidungsträger in anderen Ländern sein kann. So hat die Erklärung im Rahmen der derzeitigen Urheberrechtsreform in Brasilien bei den dortigen Entscheidungsträgern auch Gehör gefunden. Allerdings haben die Wissenschaftler bisher noch nicht das ganze politische Potential ausgeschöpft. Auf die Tagesordnung der WIPO vermochte die Erklärung trotz passender Foren, wie der *WIPO Development Agenda* oder den Diskussionen um Ausnahmen und Beschränkungen im *Standing Committee on Copyright and Related Rights*, nicht durchdringen. Hier ist noch größerer Handlungsbedarf zur weiteren Verbreitung der Erklärung auf internationaler Ebene von Nöten.

Nichtsdestotrotz kann festgestellt werden, dass epistemischen Gemeinschaften eine bedeutende Rolle im Rahmen der Umsetzung des UNESCO-Übereinkommens zukommt. Ihre Stärke liegt vor allem darin, dass sie auf Defizite in der bisherigen Diskussion hinweisen und neue Ursache-Wirkungs-Zusammenhänge aufzeigen. Wie die Verhandlungen zum UNESCO-Übereinkommen gezeigt haben, ist der Zusammenhang zwischen dem Urheberrecht und der kulturellen Vielfalt häufig nicht richtig verstanden worden. Die Delegationen, denen in den meisten Fällen kein Urheberrechtsexperte angehörte, gingen von einer per se-Komplementarität zwischen den völkerrechtlichen Regelungen zum Urheberrecht und dem UNESCO-Übereinkommen aus. Hier hat sich gezeigt, dass Urheberrechtsexperten, wie den Mitgliedern der *Münchner Gruppe*, eine wichtige Aufgabe zukommt. Es ist an ihnen, die Entscheidungsträger über dieses Missverständnis aufzuklären und neue Handlungsoptionen aufzuzeigen. Bevor die Entscheidungsträger nicht ein grundlegendes Verständnis der Urheberrechtsproblematik entwickeln, wird die Vereinbarkeit zwischen den völkerrechtlichen Verträgen zum Urheberrecht und dem UNESCO-Übereinkommen nicht auf internationaler Ebene diskutiert.

E. Zwischenergebnis

In diesem vierten Teil wurde gezeigt, dass es sich bei den Spannungen zwischen den völkerrechtlichen Verträgen zum Urheberrecht und dem UNESCO-Übereinkommen nicht um eine traditionelle Normkollision handelt. Durch die weiche Wortwahl des UNESCO-Übereinkommens und den Verzicht auf konkrete Regelungen im Bereich des Urheberrechts sind die Rechte und Pflichten möglicherweise konfligierender Übereinkommen unproblematisch miteinander vereinbar. Das UNESCO-Übereinkommen entzieht sich jedem Konflikt, der durch die völkerrechtlichen Konfliktlösungsmechanismen gelöst werden müsste.

Gleichwohl gibt es Spannungen zwischen der Zielrichtung des UNESCO-Übereinkommens zum Schutz und zur Förderung der Vielfalt kultureller Ausdrucksformen und den völkerrechtlichen Verträgen zum Urheberrecht. Da sich diese Spannungen nicht an einzelnen Normen festmachen lassen, sondern die Zielrichtung der Verträge im Gesamten betreffen, ist hier von einem sogenannten Programmkonflikt die Rede.

Für eine Lösung dieses Programmkonflikts ist das Verhältnis des UNESCO-Übereinkommens zu den völkerrechtlichen Verträgen zum Urheberrecht ausschlaggebend. Dieses wird maßgeblich von der Vereinbarkeitsnorm des Art. 20 ÜVKA bestimmt. Nach Art. 20 ÜVKA soll das Verhältnis zwischen dem UNESCO-Übereinkommen und anderen völkerrechtlichen Verträgen durch wechselseitige Unterstützung, Komplementarität und Nicht-Unterordnung gekennzeichnet sein. Dementsprechend verbleibt den Vertragsparteien einzig und allein das Mittel der harmonisierenden Vertragsauslegung (Art. 31 Abs. 3 lit. c WVK), um vor dem Hintergrund des UNESCO-Übereinkommens auf die völkerrechtlichen Verträge zum Urheberrecht Einfluss zu nehmen.

Allerdings sind auch der harmonisierenden Vertragsauslegung Grenzen gesetzt. So ist eine harmonisierende Auslegung nur dann zulässig, wenn die ihr zugrundeliegende Wortwahl genug Spielraum für eine Auslegung belässt. Ein klarer Wortlaut bedarf keiner Auslegung. Eine noch größere Hürde stellt die pacta tertiis-Regel dar, wonach ein Vertrag nur die Vertragsparteien, nicht aber Dritte binden kann. Gegen diese Regel wird verstoßen, wenn eine harmonisierende Auslegung die oft verschwommene Grenze zur Vertragsänderung überschreitet. Da die Vertragsparteien des UNESCO-Übereinkommens, der WIPO-Verträge zum Urheberrecht wie auch des TRIPS-Abkommens nicht deckungsgleich sind, birgt eine harmonisierende Auslegung immer die Gefahr, die Rechte und Pflichten von Nicht-Vertragsparteien eines der Verträge unrechtmäßig zu berühren. Eine nachhaltige Einflussnahme der ÜVKA-Vertragsparteien auf das völkerrechtliche Urheberrechtsregime ist damit nicht möglich. Unter der Anwendung der völkervertragsrechtlichen Instrumente zur Koordinierung des UNESCO-Übereinkommens mit den völkerrechtlichen Verträgen zum Urheberrecht muss festgestellt werden, dass das UNESCO-Übereinkommen aus formalen Gründen keinen Einfluss auf die bestehenden Regelungen zum Urheberecht ausüben kann.

Für die Lösung der Spannungen zwischen den völkerrechtlichen Verträgen zum Urheberrecht und dem UNESCO-Übereinkommen müssen demnach institutionelle Wege beschritten werden. Ausgangspunkt dieser institutionellen Einflussnahme bildet Art. 21 ÜVKA. Darin sehen die Vertragsparteien gegenseitige Konsultationen zur Förderung der Ziele des UNESCO-Übereinkommens in anderen internationalen Foren vor. Die Vertragsparteien ebnen mit dieser Regelung einen Weg zur politischen Beilegung von Programmkonflikten durch Verhandlungen und gegenseitige Abstimmung.

Bisher zeigen die meisten Vertragsparteien des UNESCO-Übereinkommens allerdings kaum Interesse daran, die Spannungen zwischen dem ÜKVA und den völkerrechtlichen Verträgen zum Urheberrecht auszugleichen. Das Problem mangelnder Kohärenz zwischen den urheberrechtlichen Regelungen und der Förderung kultureller Vielfalt scheint noch nicht auf politischer Ebene angekommen zu sein. Es besteht auf den ersten Blick ein eklatanter Mangel an Grundlagenwissen über die Legitimation und Funktionsweise des Urheberrechts. Urheberrechtsexperten kommt vor diesem Hintergrund eine bedeutende Funktion als Katalysator zu. Zudem sind sie durch Art. 11 ÜVKA dazu angehalten, als Akteure der Zivilgesellschaft die Vertragsparteien in ihren Umsetzungsbemühungen zu unterstützen.

Das von *Haas* entwickelte Konzept zum Einfluss epistemischer Gemeinschaften auf politische Entscheidungen bietet einen vielversprechenden Ansatz, um den Einfluss von Wissenschaftlern in der Politikformulierung zu systematisieren. *Haas* geht davon aus, dass die Wahrnehmung von Problemen die Interessen und Handlungen politischer Entscheidungsträger bestimmen. Infolgedessen werden Probleme erst dann bearbeitet, wenn sie als solche wahrgenommen wurden. Das Wissen über Ursache-Wirkungs-Zusammenhänge und daraus abgeleitete Lösungsansätze stellen einen Machtfaktor dar. Wissenschaftler, die über ein solches, Glaubwürdigkeit vermittelndes Wissen verfügen, können auf Politiker einwirken und soziales Lernen seitens der Politik auslösen, d. h. Einfluss auf Politikentscheidungen nehmen.

Das hier untersuchte Beispiel der *Erklärung der Münchner Gruppe zu einer ausgewogenen Auslegung des Dreistufentests im Urheberrecht* hat gezeigt, dass es Wissenschaftlern möglich ist, Lernprozesse bei Politikern anzustoßen und damit bisher vernachlässigte Themen auf die Tagesordnung zu setzen. Wissenschaftler können dementsprechend dort korrigierend eingreifen, wo Staaten aufgrund unzureichender oder manipulierter Informationen mangelnden politischen Willen zur Änderung des Status quo erkennen lassen.

Allerdings darf der Beitrag epistemischer Gemeinschaften nicht überbewertet werden. In zahlreichen Studien wurde gezeigt, dass der Politiktransfer zwischen den Wissenschaftlern und den Politikern nie vollständig und unbeeinflusst abläuft. Gerade in hoch politischen, komplexen Feldern, wie dem Urheberrecht, werden Politiker nicht allein von Wissenschaftlern beraten, auch Interessenvertreter der Urheber und der Verwerter sowie soziale Bewegungen, in denen Werknutzer organisiert sind, versuchen, Einfluss zu nehmen. Die tatsächliche Politikentscheidung stellt letztendlich einen Kompromiss aller dieser Interessen und Einflüsse dar. Es darf dementsprechend nicht erwartet werden, dass sich die Ansichten der Wissenschaftler eins zu eins in der letztendlich getroffenen Politikentscheidung widerspiegeln.

Es kann aber bereits als Erfolg gewertet werden, dass die kulturelle Funktion des Urheberrechts durch die Aktivitäten der epistemischen Gemeinschaft der *Münchner Gruppe* als Thema überhaupt erkannt und diskutiert wird. So gesehen leisten die Wissenschaftler im Rahmen des Art. 11 ÜVKA einen bedeutenden, wenn auch nicht allein ausreichenden Beitrag, um die Vertragsparteien anzuregen, auf urheberrechtliche Regelungen im Sinne der Förderung der Vielfalt kultureller Ausdrucksformen Einfluss zu nehmen. Auf diese Weise könnte mittelfristig eine Koordinierung der völkerrechtlichen Verträge zum Urheberrecht und des UNESCO-Übereinkommens in Angriff genommen werden.

Teil V: Zusammenfassung

Das *UNESCO-Übereinkommen zum Schutz und zur Förderung der Vielfalt kultureller Ausdrucksformen* gilt als Magna Charta des Kulturvölkerrechts. Es stellt einen Meilenstein in der Auseinandersetzung zwischen den Vertretern einer umfassenden Handelsliberalisierung im Rahmen der WTO und Befürwortern einer Ausnahme für kulturelle Güter und Dienstleistungen dar. Letztere begründen ihre Sichtweise mit Verweis auf den Doppelcharakter kultureller Ausdrucksformen als Wirtschaftsgüter einerseits und Trägern von Identitäten, Werten und Sinn andererseits dar. Mit dem Übereinkommen haben letztere vorerst einen Sieg errungen. Das UNESCO-Übereinkommen anerkennt das souveräne Recht zur Formulierung einer eigenen nationalen Kulturpolitik sowie die Doppelnatur kultureller Güter und Dienstleistungen.[1511]

Das Urheberrecht erfüllt verschiedene Funktionen.[1512] Es kann ein Instrument der Kultur-, Industrie- und Sozialpolitik sein. Im Sinne der Förderung kultureller Vielfalt spielt die kulturpolitische Funktion des Urheberrechts eine besondere Rolle. Daneben muss jedoch auch die industriepolitische Funktion des Urheberrechts anerkannt werden. Wenn sich die Investitionen des Verwerters im Rahmen der Verbreitung kultureller Produkte nicht rentieren, so hat dies einen einschneidenden Effekt auf den Zugang zu kulturellen Ausdrucksformen. Zwar hat das Internet und die digitale Technologie die Verwertung von kulturellen Ausdrucksformen erheblich vereinfacht, doch haben die klassischen, traditionellen Verbreitungswege immer noch eine große Bedeutung für den Zugang zu Kunst und Kultur. Gleichzeitig dürfen die industriepolitischen Aspekte nicht überbewertet werden. Das Urheberecht bildet die Grundlage jeglicher wirtschaftlicher Aktivität im Bereich der kulturellen Ausdrucksformen. Diese zeitlich begrenzten Monopolrechte bergen allerdings auch die Gefahr in sich, dass Verwerter ihre herausgehobene Marktposition missbrauchen und durch Marktkonzentrationsprozesse, wie Fusionen und Übernahmen, einen unverhältnismäßig großen Einfluss darüber gewinnen, welche kulturellen Ausdrucksformen der Allgemeinheit zugänglich sind.[1513] Es besteht dann die Gefahr der Homogenisierung des kulturellen Angebots. Dem Wunsch nach Förderung der Vielfalt kultureller Ausdrucksformen steht diese Entwicklung entgegen. Vor diesem Hintergrund ist es wichtig, Urheberrecht nicht allein aus ökonomischer Perspektive zu

1511 Siehe Teil I, A, II dieser Arbeit.

1512 Siehe Teil I, B, II, 4 dieser Arbeit.

1513 Ku, Fn. 238 (2007), S. 394.

betrachten, sondern einen Ausgleich aller Interessen der beteiligten Akteure mittels des Urheberrechts sicherzustellen.

Aus der Perspektive der Förderung kultureller Vielfalt steht der Urheber als Quelle der Kreativität im Mittelpunkt der Betrachtung. Gleichzeitig kann er jedoch nur ein primus inter pares sein. Denn auch er ist nur ein Akteur, neben den Verwertern und den Nutzern.[1514] In ihrer Gesamtheit tragen sie gemeinschaftlich zu einer vielfältigen, sich stetig erneuernden Kulturlandschaft bei. Durch die Schaffung eines Anreizes für das Individuum, kreativ tätig zu werden, erhöht sich die Zahl der kulturellen Ausdrucksformen, die vom Publikum aufgenommen und reflektiert werden können. Von dieser Vielfalt an kulturellen Werken profitiert die Gesellschaft. Das Urheberrecht dient damit der Förderung der Kunst und Kultur und letztlich dem Wohle der Gesellschaft. Urheberrecht kann aber nur einen Teil der Förderung kultureller Vielfalt ermöglichen. Es wird jedoch immer auch von anderen Maßnahmen, wie Subventionen, Quoten, Stipendien o. ä., begleitet werden müssen.

Vor dem Hintergrund der theoretischen Eignung des Urheberrechts als Instrument zur Förderung der Vielfalt kultureller Ausdrucksformen galt es in einem nächsten Schritt zu prüfen, welchen Stellenwert und welche Bedeutung das Urheberrecht tatsächlich im Rahmen des UNESCO-Übereinkommens zukommt.[1515] Die Aufnahme von Regelungen zum geistigen Eigentum in den Entwurfstext des UNESCO-Übereinkommens war umstritten.[1516] Zu den Befürwortern der Aufnahme zählten vor allem die Industrieländer USA und Japan sowie das Entwicklungsland Gabun. Gegner von Regelungen zum geistigen Eigentum waren vor allem die EU, Kanada und eine Reihe von Staaten der Gruppe der 77. Eine unklare Position vertrat Mexiko, das sich im Rahmen der zweiten Verhandlungsrunde gegen die Aufnahme von Regelungen zum geistigen Eigentum in das Übereinkommen positionierte, aber während der dritten Verhandlungsrunde gemeinsam mit den USA für eine Aufnahme urheberrechtlicher Regelungen stimmte.

Die Diskussionen um Regelungen zum Schutz geistigen Eigentums wurden mit der Zeit immer enger an den Schutz traditionellen Wissens und traditioneller kultureller Ausdrucksformen gekoppelt.[1517] Je lauter die Forderungen zur Aufnahme von Regelungen geistigen Eigentums wurden, desto lauter wurden auch die Forderungen nach einem Schutz traditioneller kultureller Ausdrucks-

1514 Siehe Teil I, B, III, 5 dieser Arbeit.
1515 Siehe Teil II dieser Arbeit.
1516 Siehe Teil II, C dieser Arbeit.
1517 Siehe Teil II, C, II, 3 dieser Arbeit.

formen bzw. traditionellen Wissens. Für den Schutz traditioneller kultureller Ausdrucksformen setzte sich vor allem eine Reihe von Entwicklungsländern ein, die von einem entsprechenden Schutz profitieren würden. Wie auch im Bereich des geistigen Eigentums, werden die Reglungen zum Schutz traditionellen Wissens und traditioneller kultureller Ausdrucksformen nicht vorrangig im Rahmen der UNESCO, sondern in anderen internationalen Foren, insbesondere der WIPO, verhandelt. Während die Regelungen zum geistigen Eigentum auf internationaler Ebene bereits seit langer Zeit etabliert sind, befinden sich die internationalen Regelungen zum Schutz traditionellen Wissens und traditioneller kultureller Ausdrucksformen noch im Verhandlungsstadium. Ein Kompromiss, wonach die Befürworter von Regelungen zum Schutz geistigen Eigentums akzeptieren, dass im Gegenzug auch der Schutz traditioneller kultureller Ausdrucksformen in den Übereinkommensentwurf aufgenommen wird, zeichnete sich nicht ab. Im Gegenteil die Befürworter des Schutzes geistigen Eigentums lehnte eine gleichzeitige Anerkennung der Schutzbedürftigkeit von traditionellen kulturellen Ausdrucksformen strikt ab. Entsprechend lag eine Lösung des Konflikts nur in der Streichung jeglicher Passagen zum Schutz von geistigem Eigentum sowie zum Schutz von traditionellen kulturellen Ausdrucksformen aus dem materiellen Teil des Expertenentwurfs. Lediglich im Rahmen der Präambel wurden die einzelnen Schutzbereiche anerkannt.[1518]

Folglich wurden im Rahmen der drei Verhandlungsrunden der Regierungsexperten die Passagen mit direktem urheberrechtlichen Bezug im materiellen Teil des Übereinkommensentwurfs entfernt.[1519] Der Kapstadt-Entwurf des Vorsitzenden *Kader Asmal* spielte bei dieser Entwicklung eine entscheidende Rolle. In Anerkennung der konträren Positionen der Verhandlungspartner nach der zweiten Verhandlungsrunde hat er in seinem konsolidierten Übereinkommensentwurf auf jegliche Erwähnung geistigen Eigentums im materiellen Teil des Übereinkommens verzichtet. Die einzige Anerkennung geistigen Eigentums wie auch traditioneller kultureller Ausdrucksformen fand sich nur noch im Rahmen der Präambel. Mit dieser Formulierung hatte er im April 2005 bereits den kleinsten gemeinsamen Nenner der Verhandlungspartner im Bereich des geistigen Eigentums gefunden. Während der dritten Verhandlungsrunde im Mai/Juni 2005 wurden zwar noch einmal von verschiedenen Seiten Versuche unternommen, geistiges Eigentum in das Übereinkommen aufzunehmen. Diese Versuche scheiterten jedoch an der Mehrheit der Verhandlungspartner. Letztlich

1518 Schutz geistigen Eigentums Präambelabs. 17 ÜVKA, Schutz traditioneller Ausdrucksformen Präambelabs. 15 ÜVKA; Schutz traditionellen Wissens Präambelabs. 8 ÜVKA.

1519 Siehe Teil II, C, III, 1 dieser Arbeit.

enthält nach Abschluss der Verhandlungen nur noch die Präambel eine direkte Passage zum geistigen Eigentum.

Der Verzicht auf eine direkte Benennung der geistigen Eigentumsrechte, insbesondere des Urheberrechts, im materiellen Teil des Übereinkommens, bestimmt wesentlich die Umsetzungsbemühungen der Vertragsparteien und der Zivilgesellschaft in diesem Bereich.[1520] Dies führt dazu, dass das Thema Urheberrechte im Rahmen der Umsetzung nur ein Nischenthema darstellt. Im Rahmen der Sitzungen der Übereinkommensorgane wird das Urheberrecht kaum angesprochen. Lediglich einige wenige Entwicklungsländer haben sich dazu geäußert. Die das Übereinkommen maßgeblich bestimmenden Vertragsparteien, wie die EU oder Kanada, schweigen zu diesem Thema.[1521] In anderen internationalen Foren mit Relevanz zum Urheberrecht, wie der WIPO oder der WTO, haben die Vertragsparteien das UNESCO-Übereinkommen, wenn auch zum Teil mit verhaltenem Echo, in die Diskussion eingebracht.[1522] Allerdings sind diese Initiativen weitgehend auf wenige aktive Länder beschränkt. Brasilien und einige südamerikanischen Staaten stehen fast immer hinter den das UNESCO-Übereinkommen stützenden Vorschlägen. Erste Anzeichen eines Einflusses des UNESCO-Übereinkommens auf die Urheberrechtsgestaltung zeichnen sich jedoch auch im Rahmen der EU ab. Insgesamt beschränken sich die Aktivitäten der Vertragsparteien – mit Ausnahme des WIPO-Rundfunkvertrags – jedoch zunächst auf Anerkennung der Bedeutung der kulturellen Vielfalt im Rahmen der Präambel von internationalen Instrumenten zum Urheberrecht.[1523]

Auch auf Seiten der Zivilgesellschaft sind die Umsetzungsaktivitäten im Bereich des Urheberrechts beschränkt.[1524] Dies liegt zum Teil an der inhomogenen Mitgliedschaft vieler im Kulturbereich aktiven NGOs und sicherlich auch an einem Mangel an entsprechend spezialisierten Experten. Doch auch NGOs, die sich dem Urheberrecht widmen, gelingt es nicht eine Brücke zur Förderung kultureller Vielfalt zu schlagen, selbst dann wenn diese Organisationen sich auch mit kultureller Vielfalt befassen. Die Vertragsparteien, wie auch die Vertreter der Zivilgesellschaft üben Zurückhaltung, das Urheberrecht als Instrument zur Förderung der kulturellen Vielfalt zu thematisieren.

Es stellte sich im dritten Teil die Frage, ob und inwieweit die aktuellen Urheberrechtsnormen der RBÜ, des WCTs sowie des TRIPS-Abkommens tat-

---

1520 Siehe Teil II, DA.D dieser Arbeit.

1521 Siehe Teil II, D, I, 6 dieser Arbeit.

1522 Siehe Teil II, D, I, 5 a, b dieser Arbeit.

1523 Siehe Teil II, D, I, 6 dieser Arbeit.

1524 Siehe Teil II, D, II, 5 dieser Arbeit.

sächlich eine kulturfördernde Wirkung entfalten. Zu diesem Zweck wurden wesentliche Kriterien des Übereinkommens herausgearbeitet, die Bezüge zu urheberrechtlichen Aspekten aufweisen.

Das UNESCO-Übereinkommen fordert die Anerkennung der Bedeutung des Künstlers (Präambel Abs. 17, Art. 7 Abs. 2 ÜVKA), beispielsweise durch geeignete Unterstützungsmaßnahmen.[1525] Das Urheberpersönlichkeitsrecht umfasst den Schutz der ideellen Interessen des Urhebers, indem es das persönliche Band zwischen dem Urheber und seinem Werk schützt. Mit dem Schutz der ideellen Interessen kann eine Gesellschaft auch den Respekt ausdrücken, den es den Urhebern entgegenbringt. Im Rahmen der völkerrechtlichen Verträge zum Urheberrecht hat dieses Recht durch die Regelungen der RBÜ, zumindest in seinem Kernbestand des Rechts auf Namensnennung und der Werkintegrität, Anerkennung gefunden. Auch bisher dem Urheberpersönlichkeitsrecht kritisch gegenüberstehende Staaten, wie die USA, haben im Zuge der internationalen Harmonisierung des Urheberrechts begonnen, urheberpersönlichkeitsrechtliche Regelungen in ihren nationalen Rechtsordnungen einzuführen. Die völkerrechtlichen Regelungen zum Urheberpersönlichkeitsrecht wirken sich grundsätzlich positiv auf die Förderung kultureller Vielfalt aus, da sie die Interessen des kreativen Geistes und damit der Quelle aller kulturellen Werke schützt.

Neben dem Urheber spielt auch die Allgemeinheit eine wesentliche Rolle im Rahmen der Förderung kultureller Vielfalt (Art. 2 Abs. 7, Art. 7 Abs. 1 lit. a und b ÜVKA).[1526] Nur wenn ein ausreichender Zugang zu kulturellen Werken gewährleistet ist, kann ein kontinuierlicher Kommunikationsprozess zwischen dem Künstler, seinem Publikum und potentiellen Künstlern in Gang gesetzt werden, in dessen Verlauf wiederum neue kulturelle Werke hervorgebracht werden. Die völkerrechtlichen Regelungen zum Urheberrecht erfuhren in letzter Zeit eine erhebliche Ausweitung – sowohl hinsichtlich der Dauer als auch hinsichtlich des Umfangs. Der Zugang zu Werken wurde auf diese Weise kontinuierlich eingeschränkt und damit der Pool an zur freien Inspiration zur Verfügung stehenden Werken verringert. Mit der Ausweitung der Schutzdauer müssen die Urheber nun länger warten, bevor sie kulturelle Werke anderer als Grundlage eigener Schöpfungen nutzen können.[1527] Für einige post-moderne Kunstrichtungen, wie die Appropriation Art oder das Sampling, stellt eine Ausweitung des Urheberrechtsschutzes große Hürden auf. Diese könnten durch die Anwendung von urheberrechtlichen Schranken möglicherweise umgangen werden. Doch

1525 Siehe Teil III, A dieser Arbeit.

1526 Siehe Teil III, B dieser Arbeit.

1527 Siehe Teil III, B, I dieser Arbeit.

zeichnen sich auch hier Schwierigkeiten ab.[1528] Der eigentliche Zweck der urheberrechtlichen Schranken liegt im Ausgleich der Schutzinteressen des Urhebers bzw. des Rechteinhabers mit dem Interesse der Nutzer bzw. der Allgemeinheit am Zugang zum Werk. Doch die tatsächliche Anwendung der völkerrechtlichen Schrankenregelungen zeigt, dass die Interessen der Allgemeinheit im Rahmen des Dreistufentests derzeit nur nachrangig hinter den Interessen des Urhebers bzw. Rechteinhabers berücksichtigt werden. Der Förderung kultureller Vielfalt ist aber nur gedient, wenn ein Umfeld geschaffen wird, das die berechtigten Interessen aller Beteiligten zu einem Ausgleich bringt. Aus Sicht des UNESCO-Übereinkommens besteht sowohl im Rahmen der Schutzdauer als auch hinsichtlich der Schrankenbestimmungen Handlungsbedarf.

Ferner fordert das UNESCO-Übereinkommen die Vertragsparteien dazu auf, nicht nur eigene kulturelle Werke zu schützen, sondern auch offen für die kulturellen Werke anderer Kulturkreise zu sein (Art. 2 Abs. 8, Art. 7 Abs. 1 lit. b ÜVKA).[1529] Im Bereich des Urheberrechts stellt die Inländergleichbehandlung ein wesentliches Instrument dar, um den Austausch mit kulturellen Werken anderer Nationen zu fördern. Im Rahmen der Inländergleichbehandlung kommt ein Ausländer in den Genuss der gleichen Urheberrechte, wie ein Inländer. Eine solche, den Kernbestand der völkerrechtlichen Instrumente zum Urheberrecht ausmachende Regelung ist von immenser Bedeutung, da Urheberrechte zunächst nur im Ursprungsland eines Werkes gelten. Dadurch dass ein Ausländer sich der Inländergleichbehandlung sicher sein kann, wird er angeregt, sein kulturelles Werk auch im Ausland zu verbreiten und auf diese Weise zu einer Vielfalt kultureller Ausdrucksformen beizutragen. Hinzu kommt, dass die völkerrechtlichen Verträge urheberrechtliche Mindestrechte vorsehen, die in allen Vertragsländern gelten. So kann sich der Urheber nicht nur sicher sein, dass sein Werk im Ausland geschützt wird, sondern hat aufgrund des international harmonisierten Urheberrechts auch eine ungefähre Vorstellung von dem zu erwartenden Schutzumfang. Das Prinzip der Inländergleichbehandlung gepaart mit den urheberrechtlichen Mindestrechten stellt damit ein urheber- und verbreitungsfreundliches Instrument zur Förderung der Vielfalt kultureller Ausdrucksformen dar.

Schließlich anerkennt das UNESCO-Übereinkommen die besonderen Schwierigkeiten der Entwicklungsländer im Rahmen der Förderung der Vielfalt kultureller Ausdrucksformen und sieht aus diesem Grund spezielle Regeln der kulturellen Zusammenarbeit zwischen entwickelten und Entwicklungsländern vor. So soll die Zusammenarbeit zu Gunsten der Entwicklung auf die besonde-

1528 Siehe Teil III, B, II dieser Arbeit.

1529 Siehe Teil III, C dieser Arbeit.

ren Bedürfnisse der Entwicklungsländer abgestimmt werden und sie durch Vorzugsbehandlung in die Lage versetzen, aktiv am grenzüberschreitenden Kulturaustausch teilzunehmen (Art. 14 und 16 ÜVKA). Doch sind die völkerrechtlichen Regelungen zum Urheberrecht nicht auf die konkreten Bedürfnisse der Entwicklungsländer abgestimmt.[1530] Der derzeitige Urheberrechtsschutz wurde auf einem sehr hohen, den Bedürfnissen entwickelter Länder angemessenen Niveau harmonisiert, ohne ausreichende Flexibilität für Entwicklungsländer zuzulassen. Auch sind die konkreten Regeln der Sonderbehandlung für Entwicklungsländer in Form von Zwangslizenzen für das Übersetzungs- und Vervielfältigungsrecht im analogen Bereich nicht mehr zeitgemäß. Das Internet und andere digitale Medien sind heute von entscheidender Bedeutung für die Verbreitung und den Zugang zu Wissen. Auch wenn die technische Infrastruktur in vielen Entwicklungsländern noch rückständig ist, weitet die Verweigerung einer Sonderbehandlung im Bereich des Internets für Entwicklungsländer die digitale Kluft zwischen diesen und entwickelten Ländern. Eine solche Entwicklung steht dem Ansinnen des UNESCO-Übereinkommens nach Ermächtigung der Entwicklungsländer entgegen.

Die Analyse der einzelnen kulturellen Kriterien durch jeweilige urheberrechtliche Indikatoren zeigt, dass die derzeitigen Regelungen zum Urheberrecht sowohl positive als auch negative Auswirkungen auf die Förderung der Vielfalt kultureller Ausdrucksformen zeitigen.[1531] Positiv zu bewerten sind dabei die Regelungen zum Urheberpersönlichkeitsrecht, wie auch zur Inländergleichbehandlung. Dagegen wirken sich die zu lange urheberrechtliche Schutzdauer, der aktuelle Umfang und die Auslegung der Schrankenbestimmungen sowie die Auswirkungen des Urheberrechts auf Entwicklungsländer eher negativ aus.

Dieses Ergebnis führt zu der Frage, in welchem Verhältnis das UNESCO-Übereinkommen und die völkerrechtlichen Verträge zum Urheberrecht stehen und welchen Einfluss das UNESCO-Übereinkommen auf diese Verträge nimmt, um die hier konstatierten Hindernisse einer Förderung kultureller Vielfalt zu beheben. Ein möglicher Handlungsspielraum allein ist jedoch nicht ausreichend. Es bedarf auch des politischen Willens der Vertragsparteien, diesen Handlungsspielraum entsprechend zu nutzen. Es gilt also ferner zu prüfen, inwieweit die Vertragsparteien von ihrem Handlungsspielraum Gebrauch gemacht haben.

Im vierten Teil wurde gezeigt, dass es sich bei den Spannungen zwischen den völkerrechtlichen Verträgen zum Urheberrecht und dem UNESCO-Über-

1530 Siehe Teil III, D dieser Arbeit.

1531 Siehe Teil III, E dieser Arbeit.

einkommen nicht um eine traditionelle Normkollision handelt.[1532] Durch die weiche Wortwahl des Übereinkommens und den Verzicht auf konkrete Pflichten im Bereich des Urheberrechts können keine Normkollision einzelner Rechte und Pflichten entstehen. Das UNESCO-Übereinkommen entzieht sich jedem Konflikt, der durch die völkerrechtlichen Konfliktlösungsmechanismen gelöst werden könnte. Gleichwohl gibt es Spannungen zwischen der Zielrichtung des UNESCO-Übereinkommens zum Schutz und zur Förderung der Vielfalt kultureller Ausdrucksformen und den völkerrechtlichen Verträgen zum Urheberrecht. Da sich diese Spannungen nicht an einzelnen Normen festmachen lassen, sondern die Zielrichtung der Verträge im Gesamten betrifft, ist hier von einem sogenannten Programmkonflikt die Rede.[1533] Für eine Lösung dieses Programmkonflikts ist der den Vertragsparteien zur Verfügung stehende Handlungsspielraum ausschlaggebend. Dieser wird maßgeblich von der Vereinbarkeitsnorm des Art. 20 ÜVKA bestimmt.[1534] Demnach soll das Verhältnis zwischen dem Übereinkommen und anderen völkerrechtlichen Verträgen durch wechselseitige Unterstützung, Komplementarität und Nicht-Unterordnung gekennzeichnet sein. Dementsprechend verbleibt den Vertragsparteien einzig und allein das Mittel der harmonisierenden Vertragsauslegung (Art. 31 Abs. 3 lit. c WVK), um vor dem Hintergrund des UNESCO-Übereinkommens auf die völkerrechtlichen Verträge zum Urheberrecht Einfluss zu nehmen.[1535]

Allerdings sind auch der harmonisierenden Vertragsauslegung Grenzen gesetzt.[1536] So ist eine harmonisierende Auslegung nur dann zulässig, wenn die ihr zugrunde liegende Wortwahl genug Spielraum für eine Auslegung belässt. Ein klarer Wortlaut bedarf keiner Auslegung. Eine noch größere Hürde stellt die pacta tertiis-Regel dar, wonach ein Vertrag nur die Vertragsparteien, nicht aber Dritte, binden kann. Gegen diese Regel wird verstoßen, wenn eine harmonisierende Auslegung die oft verschwommene Grenze zur Vertragsänderung überschreitet. Da die Vertragsparteien des UNESCO-Übereinkommens, der WIPO-Verträge zum Urheberrecht wie auch des TRIPS-Abkommens nicht deckungsgleich sind, birgt eine harmonisierende Auslegung immer die Gefahr, die Rechte und Pflichten von Nicht-Vertragsparteien eines der Verträge unrechtmäßig zu berühren. Eine nachhaltige Einflussnahme der ÜVKA-Vertragsparteien auf das völkerrechtliche Urheberrechtsregime ist damit nicht möglich. Unter der Anwendung der völkervertragsrechtlichen Instrumente zur Koordinierung des

1532 Siehe Teil IV, A, I dieser Arbeit.
1533 Siehe Teil IV, A, II dieser Arbeit.
1534 Siehe Teil IV, A, IV dieser Arbeit.
1535 Siehe Teil IV, B, I dieser Arbeit.
1536 Siehe Teil IV, B, II dieser Arbeit.

UNESCO-Übereinkommens mit den völkerrechtlichen Verträgen zum Urheberrecht muss festgestellt werden, dass die Vertragsparteien mit Verweis auf das UNESCO-Übereinkommen keinen Einfluss auf die bestehenden Regelungen zum Urheberecht ausüben können.

Für die Lösung der Spannungen zwischen den völkerrechtlichen Verträgen zum Urheberrecht und dem UNESCO-Übereinkommen müssen demnach institutionelle Wege beschritten werden.[1537] Ausgangspunkt dieser institutionellen Einflussnahme bildet Art. 21 ÜVKA.[1538] Darin sehen die Vertragsparteien gegenseitige Konsultationen zur Förderung der Ziele des UNESCO-Übereinkommens in anderen internationalen Foren vor. Damit ebnen sie einen Weg zur politischen Beilegung von Programmkonflikten durch Verhandlungen und gegenseitige Abstimmung.

Bisher zeigten die Vertragsparteien kaum Interesse, die ÜVKA mit den völkerrechtlichen Verträgen zum Urheberrecht zu koordinieren. Das Problem mangelnder Kohärenz zwischen den urheberrechtlichen Regelungen und der Förderung kultureller Vielfalt scheint noch nicht auf politischer Ebene angekommen zu sein. Es besteht offensichtlich ein eklatanter Mangel an Grundlagenwissen über die Legitimation und Funktionsweise des Urheberrechts. Urheberrechtsexperten kommt vor diesem Hintergrund eine bedeutende Funktion als Katalysator zu. Zudem sind sie durch Art. 11 ÜVKA[1539] dazu angehalten, als Akteure der Zivilgesellschaft die Vertragsparteien in ihren Umsetzungsbemühungen zu unterstützen.

Das von *Haas* entwickelte Konzept zum Einfluss epistemischer Gemeinschaften auf politische Entscheidungsträger bietet einen vielversprechenden Ansatz, um den Einfluss von Wissenschaftlern in der Politikformulierung zu systematisieren.[1540] *Haas* geht davon aus, dass die Wahrnehmung von Problemen, die Interessen und Handlungen politischer Entscheidungsträger bestimmen. Infolgedessen werden Probleme erst dann bearbeitet, wenn sie als solche wahrgenommen wurden. Das Wissen über Ursache-Wirkungs-Zusammenhänge und daraus abgeleitete Lösungsansätze stellen einen Machtfaktor dar. Wissenschaftler, die über ein solches, Glaubwürdigkeit vermittelndes Wissen verfügen, können auf Politiker einwirken und soziales Lernen seitens der Politik auslösen. Sie nehmen damit Einfluss auf Politikentscheidungen.

1537 Siehe Teil IV, D dieser Arbeit.

1538 Siehe Teil IV, D, I dieser Arbeit.

1539 Siehe Teil IV, A.D.II dieser Arbeit.

1540 Siehe Teil IV, D, III dieser Arbeit.

Das hier untersuchte Beispiel der *Erklärung der Münchner Gruppe zu einer ausgewogenen Auslegung des Dreistufentests im Urheberrecht* hat gezeigt, dass es Wissenschaftlern möglich ist, Lernprozesse bei Politikern anzustoßen und damit bisher vernachlässigte Themen auf die Tagesordnung zu setzen. Wissenschaftler können dementsprechend dort korrigierend eingreifen, wo Staaten aufgrund unzureichender oder manipulierter Informationen mangelnden politischen Willen zur Änderung des Status quo erkennen lassen.

Allerdings darf der Beitrag epistemischer Gemeinschaften nicht überbewertet werden.[1541] In zahlreichen Studien wurde gezeigt, dass der Politiktransfer zwischen den Wissenschaftlern und den Politikern nie vollständig und unbeeinflusst abläuft. Gerade in hochpolitischen, komplexen Feldern, wie dem Urheberrecht, werden Politiker nicht allein von Wissenschaftlern geleitet, auch Interessenvertreter der Urheber, der Verwerter und der Nutzer versuchen, Einfluss zu nehmen. Die tatsächliche Politikentscheidung stellt letztendlich einen mehr oder weniger alle Interessen berücksichtigenden Kompromiss dar. Es darf dementsprechend nicht erwartet werden, dass sich die Ansichten der Wissenschaftler eins zu eins in der letztendlich getroffenen Politikentscheidung widerspiegeln.

Es kann aber bereits als Erfolg gewertet werden, dass die kulturelle Funktion des Urheberrechts durch die Aktivitäten der *Münchner Gruppe* als Thema überhaupt erkannt und diskutiert wird. So gesehen leisten die Wissenschaftler im Rahmen des Art. 11 ÜVKA einen bedeutenden, wenn auch nicht allein ausreichenden Beitrag, um die Vertragsparteien anzuregen, auf urheberrechtliche Regelungen im Sinne der Förderung der kulturellen Vielfalt Einfluss zu nehmen. Auf diese Weise könnte mittelfristig eine Koordinierung der völkerrechtlichen Verträge zum Urheberrecht und des UNESCO-Übereinkommens in Angriff genommen werden. Vorerst gilt es jedoch für die Wissenschaft und Zivilgesellschaft, das politische Potential des UNESCO-Übereinkommens im Bereich des Urheberrechts sichtbar zu machen, damit darauf hinzuwirken, dass urheberechtliche Regelungen als Instrument im Rahmen des UNESCO-Übereinkommens in Zukunft stärker beachtet und zum Einsatz gebracht werden.

1541 Siehe Teil IV, D, III, 5, d dieser Arbeit.

Literatur- und Quellenverzeichnis

A. Literaturverzeichnis

I. Literatur

ACHESON, Keith/ MAULE, Christopher, Convention on Cultural Diversity, in: *J. Cult. Econ.* 28 (2004), S. 243-256.

ADLER, Emanuel, Communitarian International Relations. The Epistemic Foundations of International Relations. London (2005).

ADLER, Emanuel/ HAAS, Peter M., Conclusion. Epistemic Communities, World Order, and the Creation of a Reflective Research Program, in: *IO* 46 (1992), S. 367-390.

AHRENS, Hans-Jürgen (Hrsg.), Festschrift für Willi Erdmann. Zum 65. Geburtstag. Köln et al. (2002).

ALEMDJRODO, Richard, Das Urheberpersönlichkeitsrecht auf dem Prüfstand der Informationsgesellschaft. Münster (2005).

ALIKHAN, Shahid, Socio-economic Benefits of Intellectual Property Protection in Developing Countries. Geneva (2000).

ALVAREZ, José E., International Organizations as Law-Makers. Oxford et al. (2005).

ALVAREZ, José E./ LEEBRON, David W., Linkages. Symposium: The Boundaries of WTO, in: *AJIL* 96 (2002), S. 5-27.

ALVAREZ, José E./ TRACHTMAN, Joel P., Institutional Linkage. Transcending 'Trade and...', in: *AJIL* 96 (2002), S. 77-93.

ANDERSEN, Brigitte/ KOZUL-WRIGHT, Zeljka/ KOZUL-WRIGHT, Richard, Copyright, Competition and Development. The Case of the Music Industrie (2000), <http://www.unctad.org/en/docs/dp_145.en.pdf> (zuletzt geprüft am: 10.03.2013).

ANDRESEN, Steinar/ SKJAERSETH, Jon B., Science and Technology. From Agenda-Setting to Implementation, in: Daniel Bodansky/ Jutta Brunneé/ and Ellen Hey (Hrsg.), *Oxford Handbook of International Environmental Law,* Oxford et al. (2007), S. 182-203.

ANHEIER, Helmut K., Civil Society and the Convention on the Protection and Promotion of the Diversity of Cultural Expressions (2005). Information Document, CE/07/1.IGC/INF.6 v. 20.09.2007.

AREWA, Olufunmilayo B., From J.C. Bach to Hip Hop. Musical Borrowing, Copyright and Cultural Context, in: *N.C. L. Rev.* 84 (2006), S. 547-645.

ASMAL, Kader, What the Convention Means to Me, in: Deutsche UNESCO-Kommission (Hrsg.), *Übereinkommen über Schutz und Förderung der Vielfalt kultureller Ausdrucksformen,* Bonn (2006), S. 9-14.

AUST, Anthony, Modern Treaty Law and Practice, 2.Aufl. Cambridge et al. (2009).

BACON-SMITH, Camille (Hrsg.), Enterprising Women. Television Fandom and the Creation of Popular Myth. Philadelphia (1992).

BAIL, Christoph, Das Biosicherheitsprotokoll. Ein unerwarteter Erfolg für die internationale Umweltpolitik, in: *EuZW* 11 (2000), S. 353-353.

BAPPERT, Wolfgang, Wege zum Urheberrecht. Die geschichtliche Entwicklung des Urheberrechtsgedankens. Frankfurt a. M. (1962).

BARCZEWSKI, Maciej, From Hard to Soft Law. A Requisite Shift in the International Copyright Regime?, in: *IIC* 42 (2011), S. 40-54.

BARTHELS, Alexander, Die Abzüge der Verwertungsgesellschaften für soziale und kulturelle Zwecke, in: *UFITA (*2006), S. 325-477.

BEATTIE, Peter, The (Intellectual Property Law and) Economics of Innocent Fraud. The IP and Development Debate, in: *IIC (*2007), S. 6-30.

BECKER, Jürgen/ HILTY, Reto M./ STÖCKLI, Jean-Fritz; Würtenberger, Thomas (Hrsg.), Recht im Wandel seines sozialen und technologischen Umfeldes. Festschrift für Manfred Rehbinder. München (2002).

BENKLER, Yochai, Siren Songs and Amish Children: Autonomy, Information, and Law, in: *N.Y.U. L. Rev.* 76 (2001), S. 23-113.

BENNETT, Colin J./ HOWLETT, Michael, The Lessons of Learning: Reconciling Theories of Policy Learning and Policy Change, in: *Pol'y Sci* 25 (1992), S. 275-294.

BENTHAM, Jeremy, Der klassische Utilitarismus. Eine Einführung in die Prinzipien der Moral und der Gesetzgebung, in: Otfried Höffe (Hrsg.), *Einführung in die utilitaristische Ethik,* 2. Aufl., Bern (1992), S. 55-83.

BENTLY, Lionel/ SHERMAN, Brad, Intellectual Property Law, 3.Aufl. Oxford et al. (2009).

BENZ, Arthur (Hrsg.), Governance – Regieren in komplexen Regelsystemen. Eine Einführung, 2.Aufl. Wiesbaden (2010).

BERNECKER, Roland, The Genesis of a Convention under International Law, in: *UNESCO today (*2005), S. 12-17.

–, Zur Genese eines Völkerrechtsvertrags, in: *UNESCO heute* 52 (2005), S. 5-11.

BERNHARDT, Rudolf (Hrsg.), Die Auslegung völkerrechtlicher Verträge. Köln, Berlin (1963).

–, Encyclopedia of Public International Law. Amsterdam (1984).

BERNHARDT, Rudolf, Interpretation and Implied (Tacit) Modification of Treaties. Comments on Arts. 27, 28, 29 and 38 of the ILC's 1966 Draft Articles on the Law of Treaties, in: *ZaöRV* 27 (1967), S. 491-506.

BERNIER, Ivan, The Relationship Between the UNESCO Convention on the Protection and Promotion of the Diversity of Cultural Expressions and Other International Instruments. The Emergence of a New Balance in the Interface Between Commerce and Culture (ohne Datum), <http://www.cdc-ccd.org/Les-relations-entre-la-Convention?lang=en> (zuletzt geprüft am: 10.03.2013).

BESEN, Stanley M./ MANNING, William G., JR./ MITCHELL, Bridger M., Copyright Liability for Cable Television. Compulsory Licensing and the Coase Theorem, in: *J.L. & Econ.* 21 (1978), S. 67-95.

BLAKENEY, Michael, Criminal Enforcement of IPRs, in: Horst-Peter Götting/ Claudia Schlüter (Hrsg.), *Nurriture de l'Esprit,* Baden-Baden (2011), S. 15-28.

BLUME HUTTENLAUCH, Anna, Appropriation Art - Kunst an den Grenzen des Urheberrechts. Baden-Baden et al. (2010).

BODANSKY, Daniel/ BRUNNEÉ, Jutta/ AND ELLEN HEY (HRSG.), Oxford Handbook of International Environmental Law. Oxford et al. (2007).

BOLL, Dirk, Der Kampf um die Kunst. Handel und Auktionen positionieren sich am Kunstmarkt. Halle (2005).

BORGEN, Christopher J., Resolving Treaty Conflicts, in: *Geo. Wash. Int'l L. Rev.* 37 (2005), S. 573-648.

BORNKAMM, Joachim, Der Dreistufentest als urheberrechtliche Schrankenbestimmung. Karriere eines Begriffs, in: Hans-Jürgen Ahrens (Hrsg.), *Festschrift für Willi Erdmann,* Köln et al. (2002), S. 29-48.

BOTTOMLEY, Stephen/ KINLEY, David (Hrsg.), Commercial Law and Human Rights. Aldershot et al. (2002).

BOUCKAERT, Boudewijn (Hrsg.), Encyclopedia of Law and Economics. Cheltenham et al. (2000).

BOYTHA, György, Der schillernde Schutz von Urheberpersönlichkeitsrechten in der Berner Übereinkunft, in: Jürgen Becker, et al. (Hrsg.), *Recht im Wandel seines sozialen und technologischen Umfeldes,* München (2002), S. 199-214.

BREYER, Stephen, The Uneasy Case for Copyright. A Study of Copyright in Books, Photocopies, and Computer Programs, in: *Harv. L. Rev.* 84 (1970), S. 281-351.

BRODER, Henryk M., "Weber-Skandal" in Dresden. Geisterbahn Ost (2004), <http://www.spiegel.de/kultur/gesellschaft/0,1518,329820,00.html> (zuletzt geprüft am: 10.03.2013).

BROOKS, Eireann, Cultural Imperialism vs. Cultural Protectionism. Hollywood's Response to UNESCO Efforts to Promote Cultural Diversity, in: *J. Int'l Bus. & L.* 5 (2006), S. 112-136.

BRUNER, Christopher M., Culture, Sovereignity, and Hollywood. UNESCO and the Future of Trade in Cultural Products, in: *NYUJILP* 40 (2008), S. 351-436.

BUCK, Matthias, Das Cartagena Protokoll über Biologische Sicherheit in seiner Bedeutung über das Verhältnis zwischen Umweltvölkerrecht und Welthandelsrecht, in: *ZUR* 11 (2000), S. 319-330.

BURGER, Peter F., The New Photocopy Remuneration Provisions in the Federal Republic of Germany and their Application to Foreign Authors under International Copyright Law, in: *IIC* 19 (1988), S. 488-514.

BURRI, Mira, Cultural Diversity as a Concept of Global Law: Origins, Evolution and Prospects, in: *Diversity* 2 (2010), S. 1059-1084.

–, Implementing the UNESCO Convention in EU's Internal Policies. Note, IP/B/CULT/IC/2010_066 v. 2010.

BURRI-NENOVA, Mira, The Protection and Promotion of Cultural Diversity at the International Level, SWISS NATIONAL CENTER OF COMPETENCE IN RESEARCH (2009), <http://ssrn.com/abstract=1370440> (zuletzt geprüft am: 10.03.2013).

BURRI-NENOVA, Mira/ GRABER, Christoph B./ STEINER, Thomas, The Protection and Promotion of Cultural Diversity in a Digital Networked Environment. Mapping Possible Advances to Coherence, in: Thomas Cottier/ Panagiotis Delimatsis (Hrsg.), *The Prospects of International Trade Regulation,* Cambridge et al. (2011), S. 359-393.

CABRERA MEDAGLIA, Jorge, The Relationship Between the Access and Benefit Sharing International Regimen and Other International Instruments. The World Trade Organization and the International Union for the Protection of New Varieties of Plants, in: *Sustainable Dev. L. & Pol.* 21 (2010), S. 24-33.

CAEMMERER, Ernst von (Hrsg.), Festschrift für Fritz Hauß zum 70. Geburtstag. Karlsruhe (1978).

CARDOSO, Fernando H./ FALETTO, Enzo, Dependency and Development in Latin America. Berkeley, CA (1979).

CARVALHO, Nuno P. de, The TRIPS Regime of Patent Rights, 2.Aufl. The Hague et al. (2005).

CHAKRABORTY, Martin, Das Rechtsinstitut der freien Benutzung im Urheberrecht. Baden-Baden (1997).

CHAPMAN, Audrey R., Approaching Intellectual Property as a Human Right, in: *Copyright Bulletin* XXXV (2001), S. 4-36.

CHRISTIE, Andrew F., Maximising Permissible Exceptions to Intellectual Property Rights, in: Vytautas Mizaras/ Annette Kur (Hrsg.), *The Structure of Intellectual Property Law,* Cheltenham et al. (2011), S. 121-135.

CINQUECRANI, Riccardo, Futurist Networks. Cases of Epistemic Community?, in: *Futures* 34 (2002), S. 779-783.

COHEN JEHORAM, Herman, Einige Grundsätze zu den Ausnahmen im Urheberrecht, in: *GRUR Int.* (2001), S. 807-810.

–, The Evolution of Copyright Restrictions, in: Ansgar Ohly/ Gerhard Schricker (Hrsg.), *Perspektiven des geistigen Eigentums und Wettbewerbsrechts,* München (2005), S. 249-259.

COMMISSION ON INTELLECTUAL PROPERTY RIGHTS, Integrating Intellectual Property Rights and Development Policy. Report of the Commission on Intellectual Propery Rights v. 09.2002.

CONRAD, Niklas, Öffentliche Kulturförderung und Welthandelsrecht. WTO, UNESCO und das Recht des Staates zur Förderung der Künste. Köln et al. (2008).

CORTEN, Olivier/ KLEIN, Pierre (Hrsg.), The Vienna Conventions on the Law of Treaties. A Commentary. Oxford et al. (2011).

COTTIER, Thomas/ DELIMATSIS, Panagiotis (Hrsg.), The Prospects of International Trade Regulation. From Fragmentation to Coherence. Cambridge et al. (2011).

DAHRENDORF, Anke, Free Trade Meets Cultural Diversity. The Legal Relationship Between WTO Rules and the UNESCO Convention on the Protection of the Diversity of Cultural Expressions, in: Hildegard Schneider/ Peter van den Bossche (Hrsg.), *Protection of Cultural Diversity from a European and International Perspective,* Antwerpen (2008), S. 31-83.

DAVIES, Gillian, Copyright and the Public Interest. Weinheim (1994).

–, The Convergence of Copyright and Authors' Rights. Reality or Chimera?, in: *IIC* 26 (1995), S. 964-989.

DECKER, Günter, Urheberrecht und Naturrecht – Grundfragen zum UrhG 1965, in: Ernst H. Reichardt/ Andreas Scheuermann/ Angelika Strittmatter (Hrsg.), *Urheberrechtliche Probleme der Gegenwart,* Baden-Baden (1990), S. 13-28.

DERCLAYE, Estelle (Hrsg.), Research Handbook on the Future of EU Copyright. Cheltenham et al. (2009).

DESURMONT, Thierry, Considerations on the Relationship between the Convention on the Protection and Promotion of the Diversity of Cultural Expressions and the Protection of Authors' Rights, in: *e-Copyright Bulletin* (2006), S. 1-4.

–, Réflecions sur les Rapports entre la Convention sur la Protection et la Promotion de la Diversité des Expressions Culturelles et la Protection du Droit d'Auteur., in: *RIDA* 208 (2006), S. 3-19.

DEUTSCHE UNESCO-KOMMISSION (HRSG.), Übereinkommen über Schutz und Förderung der Vielfalt kultureller Ausdrucksformen. Magna Charta der Internationalen Kulturpolitik. Bonn (2006).

–, Kulturelle Vielfalt – Unser gemeinsamer Reichtum. Das Essener/RUHR.2010 Bellini Handbuch zu Perspektiven Kultureller Vielfalt; Internationale Fachkonferenz vom 26. bis 28. April 2007 in Essen. Bonn (2007).

–, Kulturelle Vielfalt gestalten. Handlungsempfehlungen aus der Zivilgesellschaft zur Umsetzung des UNESCO-Übereinkommens zur Vielfalt kultureller Ausdrucksformen (2005) in und durch Deutschland - Weißbuch. Großbeeren (2009).

DIESELHORST, Jochen, Was bringt das Urheberpersönlichkeitsrecht? Urheberpersönlichkeitsschutz im Vergleich: Deutschland - USA. Frankfurt am Main et al. (1995).

DIETZ, Adolf, Das droit morale des Urhebers im neuen französischen und deutschen Urheberrecht. Eine rechtsvergleichende Untersuchung. München (1968).

–, Urheberrecht und Entwicklungsländer. Urheberrechtliche Probleme bei der Errichtung einer neuen internationalen Wirtschaftsordnung. München (1981).

–, Urheberrecht im Wandel. Paradigmenwechsel im Urheberrecht?, in: Robert Dittrich (Hrsg.), *Woher kommt das Urheberrecht und wohin geht es?,* Wien (1988), S. 200-213.

–, Cultural Diversity and Copyright, in: G. Roussel/ Martin. S. (Hrsg.), *Mélanges Victor Nabhan,* Cowansville et al. (2004), S. 109-120.

–, Kulturelle Vielfalt und internationales Urheberrecht. Zur Definition von kulturellen Gütern und Dienstleistungen, in: *puk (*2005), S. 22.

–, Verfassungsklauseln und Quasi-Verfassungsklauseln zur Rechtfertigung des Urheberrechts – gestern, heute und morgen, in: *GRUR Int.* 55 (2006), S. 1-9.

–, Cultural Functions of Collecting Societies, MAX PLANCK INSTITUTE FOR INTELLECTUAL PROPERTY AND COMPETITION LAW (19.10.2007), <http://www.ip.mpg.de/shared/data/pdf/2_dietz_-_cultural_functions.pdf> (zuletzt geprüft am: 10.03.2013).

DIETZ, Adolf/ FRANCON, André, Copyright as a Human Right, in: *Copyright Bulletin* XXXII (1998), S. 7-8.

DIETZ, Adolf/ PEUKERT, Alexander, § 15 Grundlagen des Urheberpersönlichkeitsrechts, in: Ulrich Loewenheim (Hrsg.), *Handbuch des Urheberrechts,* München (2010), S. 206-216.

DINWOODIE, Graeme B., The International Intellectual Property Law System. New Actors, New Institutions, New Sources, in: *Marq. Intell. Prop. L. Rev.* 10 (2006), S. 205-214.

DITTRICH, Robert (Hrsg.), Woher kommt das Urheberrecht und wohin geht es? Wurzeln, geschichtlicher Ursprung, geistesgeschichtlicher Hintergrund und Zukunft des Urheberrechts. Wien (1988).

DOBUSCH, Leonhard/ QUACK, Sigrid, Epistemic Communities and Social Movements. Transnational Dynamics in the Case of Creative Commons, MAX-PLANCK-INSTITUT FÜR GESELLSCHAFTFORSCHUNG (15.09.2008), <http://www.mpifg.de/pu/mpifg_dp/dp08-8.pdf> (zuletzt geprüft am: 10.03.2013).

DOLOWITZ, David/ MARSH, David, Who Learns What from Whom. A Review of the Policy Transfer Literature, in: *Pol'y Stud.* 44 (1996), S. 343-357.

DONATI, Alberto, Natural Law and Intellectual Property, in: *UFITA* 137 (1998), S. 65-75.

DONDERS, Yvonne, The History of the UNESCO Convention on the Protection and Promotion of the Diversity of Cultural Expressions, in: Hildegard Schneider/ Peter van den Bossche (Hrsg.), *Protection of Cultural Diversity from a European and International Perspective,* Antwerpen (2008), S. 1-29.

DORNBRACHT, Andreas, Die Zukunft des Kunstmarktes, in: Jörn-Axel Meyer/ Ralf Even (Hrsg.), *Die Zukunft des Kunstmarktes,* Köln (2002), S. 95-100.

DÖRR, Oliver/ SCHMALENBACH, Kirsten (Hrsg.), Vienna Convention on the Law of Treaties. A Commentary. Berlin (2012).

DOUGHERTY, F. J., Rip, Mix and Burn. Bemerkungen zu aktuellen Entwicklungen im Bereich des digitalen Sampling nach US-amerikanischem und internationalem Recht, in: *GRUR Int. (*2007), S. 481-484.

DOUTRELEPONT, Carine, Das Droit Moral in der Europäischen Union, in: *GRUR Int. (*1997), S. 293-304.

DRAHOS, Peter, A Philosophy of Intellectual Property. Applied Legal Philosphy. Aldershot (1996).

DREIER, Thomas, Urheberrecht an der Schwelle des 3. Jahrtausends. Einige Gedanken zur Zukunft des Urheberechts, in: *CR (*2000), S. 45-50.

–, Copy & Paste, in: *GRUR (*2011), S. 1059-1060.

DREIER, Thomas/ KRASSER, Rudolf, Das französische Gesetzbuch des geistigen Eigentums. Code de la Propriété Intellectuelle. Weinheim (1994).

DREXL, Josef, Entwicklungsmöglichkeiten des Urheberrechts im Rahmen des GATT. Inländerbehandlung, Meistbegünstigung, Maximalschutz: Eine prinzipienorientierte Betrachtung im Lichte bestehender Konventionen. München (1990).

DREYFUSS, Rochelle Cooper/ ZIMMERMAN, Diane Leenheer/ FIRST, Harry (Hrsg.), Expanding the Boundaries of Intellectual Property. Innovation Policy for the Knowledge Society. Oxford et al. (2001).

DRUMBL, Mark, International Criminal Law. Taking Stock of a Busy Decade, in: *Melb. J. Int'l L.* 10 (2009), S. 38-45.

DUGGAL, Raoul, TRIPs-Übereinkommen und internationales Urheberrecht. Neue Entwicklungen im internationalen Urheberrecht unter dem Einfluss multilateraler Übereinkünfte. Köln et al. (2001).

DUNLOP, Claire A., Epistemic Communities. A Reply to Toke, in: *Politics* 20 (2000), S. 137-144.

–, Policy Transfer as Learning. Capturing Variation in What Decision-makers Learn from Epistemic Communities, in: *Pol'y Stud.* 30 (2009), S. 289-311.

–, Epistemic Communities and Two Goals of Delegation. Hormone Growth Promoters in the European Union, in: *SPP* 37 (2010), S. 205-217.

DUNLOP, Claire A./ JAMES, Oliver, Principal-Agent Modelling and Learning. The European Commission, Experts and Agricultural Hormon Growth Promoters, in: *PPA* 22 (2007), S. 403-422.

DUPUY, Pierre-Marie/ VIERUCCI, Luisa (Hrsg.), NGOs in International Law. Efficiency in Flexibility? Cheltenham et al. (2008).

DUSOLLIER, Séverine, Exceptions and Technological Measures in the European Copyright Directive of 2001 – An Empty Promise, in: *IIC (*2003), S. 62-75.

–, Scoping Study on Copyright and Related Rights and the Public Domain, CDIP/4/Rev./Study/INF/1 v. 07.05.2010.

ELVEREN, Dilek, Le Retour des Etats-Unis à l'UNESCO. Négocier Entre Unilatéralisme et Multilatéralisme. Paris (2004).

EPSTEIN, Richard, Liberty Versus Property? Cracks in the Foundations of Copyright Law (2004), <http://culturalpolicy.uchicago.edu/papers/workingpapers/liberty_vs_property.pdf > (zuletzt geprüft am: 10.03.2013).

ERDMANN, Willi, Sacheigentum und Urheberrecht, in: Willi Erdmann, et al. (Hrsg.), *Festschrift für Henning Piper,* München (1996), S. 655-677.

ERDMANN, Willi/ GLOY, Wolfgang/ HERBER, Rolf; Piper, Henning (Hrsg.), Festschrift für Henning Piper. München (1996).

EVANS, Peter, Declining Hegemony and Assertive Industrialization, in: *IO* 43 (1989), S. 207-238.

FAUPEL, Rainer, GATT und Geistiges Eigentum. Ein Zwischenbericht zu der entscheidenden Verhandlungsrunde, in: *GRUR Int. (*1990), S. 255-266.

FERNÀNDEZ-MOLINA, Carlos J./ PEIS, Eduardo, The Moral Rights of Authors in the Age of Digital Information, in: *JASIST* 52 (2001), S. 109-117.

FERRI, Delia, EU Participation in the UNESCO Convention on the Protection and Promotion of the Diversity of Cultural Expressions. Some Constitutional Remarks (2005), <http://aei.pitt.edu/6167/1/2005_edap03.pdf> (zuletzt geprüft am: 10.03.2013).

FICSOR, Mihaly, The 'Three-Step Test' de Lege Lata – de Lege Ferenda (Outline). Fordham Intellectual Property Conference, 15 and 16 April 2009, Cambridge University, UNIVERSITY OF CAMBRIDGE (03.04.2009), <http://fordhamipconference.com/wp-content/uploads/2010/08/MihalyFicsor_Three-step_Test.pdf> (zuletzt geprüft am: 10.03.2013).

FISCHBACH, Rainer/ WOLLENBERG, Klaus, Volkswirtschaftslehre. Einführung und Grundlagen, 13. Aufl. München (2007).

FISCHER-LESCANO, Andreas/ TEUBNER, Gunther, Regime-Kollisionen. Zur Fragmentierung des globalen Rechts. Frankfurt a. M. (2006).

FISHER, William W., Reconstructing the Fair Use Doctrine, in: *Harv. L. Rev.* 101 (1988), S. 1659-1795.

FITZGERALD, Brian/ O'BRIEN, Damien, Digital Sampling and Culture Jamming in a Remix World. What Does the Law Allow?, in: *Media & Arts L. Rev.* 10 (2005), S. 279-298.

FITZMAURICE, Malgosia, Canons of Treaty Interpretation. Selected Case Studies from the World Trade Organization and the North American Free Trade Agreement, in: *ARIEL* 10 (2005), S. 41-94.

FLECHSIG, Norbert P., Quo vadis, Copyright? Das Vierte EBU Copyright Symposium am 31. März 2006 in Barcelona, in: *ZUM (*2006), S. 386-387.

FRANCIONI, Francesco, Equity in International Law, MAX-PLANCK-INSTITUT FÜR AUSLÄNDISCHES ÖFFENTLICHES RECHT UND VÖLKERRECHT (2007), <http://www.mpepil.com/> (zuletzt geprüft am: 10.03.2013).

FRAU-MEIGS, Divina, Le Retour des Etats-Unis au Sein de l'UNESCO, in: *AFRI* 5 (2004), S. 860-877.

–, La Convention sur la Diversité Culturelle. Un Instrument Obsolète pour une Réalité en Expansion?, in: *AFRI* VIII (2007), S. 895-909.

FRENCH, Duncan, Treaty Interpretation and the Incorporation of Extraneous Legal Rules, in: *ICLQ* 55 (2006), S. 281-314.

GALT, Frederick S., The Life, Death and Rebirth of the "Cultural Exception" in the Multilateral Trading System. An Evolutionary Analysis of Cultural Protection and Intervention in the Face of American Pop Culture's Hegemony, in: *Wash. U. Global Stud. L. Rev.* 3 (2004), S. 909-935.

GARDINER, Richard K., Treaty Interpretation. Oxford et al. (2008).

GEIGER, Christophe, Der urheberrechtliche Interessenausgleich in der Informationsgesellschaft. Zur Rechtsnatur der Beschränkungen des Urheberrechts, in: *GRUR Int. (*2004), S. 815-821.

–, Copyright and Free Access to Information. For a Fair Balance of Interests in a Globalised World, in: *E.I.P.R. (*2006), S. 366-373.

–, The Three-Step Test. A Threat to a Balanced Copyright Law?, in: *IIC* 37 (2006), S. 683-699.

–, Author's Rights, Copyright and the Public's Right to Information. Complex Relationship (Rethinking Copyright in the Light of Fundamental Rights), in: Fiona Macmillan (Hrsg.), *New Directions in Copyright Law 5,* Cheltenham et al. (2007), S. 24-44.

–, Copyright and the Freedom to Create – A Fragile Balance, in: *IIC* 6 (2007), S. 707-722.

–, The Role of the Three-Step Test in the Adaptation of Copyright Law to the Information Society, in: *e-Copyright Bulletin (*2007).

–, Die Schranken des Urheberrechts als Instrumente der Innovationsförderung. Freie Gedanken zur Ausschließlichkeit im Urheberrecht, in: *GRUR Int. (*2008), S. 459-468.

–, Flexibilising Copyright. Remedies to the Privatisation of Information by Copyright Law, in: *IIC* 39 (2008), S. 178-197.

–, Rethinking Copyright Limitations in the Information Society. The Swiss Supreme Court Leads the Way, in: *IIC* 39 (2008), S. 943-950.

–, Die 'Elektronische Pressespiegel'-Entscheidung des schweizerischen Bundesgerichts. Eine willkommene Anpassung des Urheberrechts an die Bedürfnisse der Informationsgesellschaft, in: *ZUM (*2009), S. 49-53.

–, Implementing an International Instrument for Interpreting Copyright Limitations and Exceptions, in: *IIC* 40 (2009), S. 627-642.

–, Promoting Creativity through Copyright Limitations. Reflections on the Concept of Exclusivity in Copyright Law, in: *Vand. J. Ent. & Tech. L.* 12 (2010), S. 515-548.

–, Exploring the Flexibilities of the TRIPS Agreement's Provision on Limitations and Exceptions, in: Vytautas Mizaras/ Annette Kur (Hrsg.), *The Structure of Intellectual Property Law,* Cheltenham et al. (2011), S. 187-307.

GEIGER, Christophe, et al., Quelles Limites au Droit d'Auteur dans la Société de l'Information? Réponse du CEIPI au Livre Vert sur «le Droit d'Auteur dans l'Economie de la Connaissance», CENTRE D'ETUDES INTERNATIONALES DE LA PROPRIÉTÉ INDUSTRIELLE (CEIPI) (2008), <http://www.ceipi.edu/uploads/media/Reponse_livre_vert_07_janvier.pdf> (zuletzt geprüft am: 10.03.2013).

–, What Limitations to Copyright in the Information Society? A Comment on the European Commission's Green Paper 'Copyright in the Knowledge Economy', in: *IIC* 40 (2009), S. 412-433.

GEIGER, Christophe/ GRIFFITHS, Jonathan/ HILTY, Reto M., Erklärung für eine ausgewogene Auslegung des Drei-Stufen-Tests im Urheberrecht, in: *GRUR Int.* (2008), S. 822-825.

–, Towards a Balanced Interpretation of the "Three-step Test" in Copyright Law, in: *E.I.P.R.* (2008), S. 489-496.

GELLER, Paul E., Must Copyright Be for Ever Caught Between Marketplace and Authorship Norms?, in: Brad Sherman (Hrsg.), *Of Authors and Origins,* Oxford (1994), S. 159-201.

–, Die Auflösung des geistigen Eigentums, in: *GRUR Int.* 55 (2006), S. 273-360.

–, Rethinking the Berne-Plus Framework. From Conflicts of Laws to Copyright Reform, in: *E.I.P.R.* 31 (2009), S. 391-395.

–, A German Approach to Fair Use. Test Cases for TRIPS Criteria for Copyright Limitations?, in: *J. Copyright Soc'y U.S.A.* 57 (2010), S. 553-571.

GERMANN, Christophe, Die Umsetzung der UNESCO-Konvention von 2005 über die Vielfalt kultureller Ausdrucksformen in der Europäischen Union. Studie, IP/B/CULT/IC/2009_057 v. 05.2010.

–, Promoting Trade-Related Cultural Diversity in Exchange of National Treatment for Copyright. 2006 - Annual Conference on New Directions in Copyright, AHRC Copyright Research Network, BIRBECK UNIVERSITY OF LONDON (2006), <http://www.copyright.bbk.ac.uk/contents/conferences/2006/germannc.pdf> (zuletzt geprüft am: 10.03.2013).

GERVAIS, Daniel J., The Compatibility of the „Skill and Labour" Originality Standard with the Berne Convention and the TRIPS Agreement, in: *E.I.P.R.* 26 (2004), S. 75-80.

–, The TRIPS Agreement. Drafting History and Analysis. London (1998).

GETTKANT, Andreas/ ELLERBROCK, Jobst, Nachbarn in einer Welt. Der Bericht der Kommission für Weltordnungspolitik. Bonn (1995).

GHEORGHIU-VIERIU, Const, Le Droit Moral de l'Auteur. Étude Critique sur le „Droit Moral de l'Auteur", en Matière de Propriété Littéraire et Artistique en Droit Français en Droit Comparé et sur le Plan International. Paris (1939).

GIERKE, Otto von, Urheberrechte. Nachdruck, Deutsches Privatrecht, Bd. I, Allgemeiner Teil und Personenrecht, Leipzig 1895, (748-848), in: *UFITA* 125 (1994), S. 103-200.

GIESEKE, Ludwig, Vom Privileg zum Urheberrecht. Die Entwicklung des Urheberrechts in Deutschland bis 1845. Baden-Baden et al. (1995).

GIFFORD, Daniel J., Innovation and Creativity in the Fine Arts. The Relevance and Irrelevance of Copyright, in: *Cardozo Arts & Ent. L.J.* 18 (2000), S. 569-614.

GINSBURG, Jane C., A Tale of Two Copyrights. Literary Property in Revolutionary France and America, in: *Tulane L. Rev.* 64 (1990), S. 991-1031.

–, Moral Rights in a Common Law System, in: *Ent. L. Rev.* 1 (1990), S. 121-130.

GINSBURG, Jane C./ KERNOCHAN, John M., One Hundred and Two Years Later. The U.S. Joins the Berne Convention, in: *Colum.- VLA J. of Law & Arts* 13 (1988-1989), S. 1-38.

GOLDSTEIN, Paul/ HUGENHOLTZ, P. B., International Copyright. Principles, Law, and Practice, 2.Aufl. Oxford et al. (2010).

GÓMEZ BUSTOS, Laura/ SAUVÉ, Paul, A Tale of Two Solitudes? Assessing the Effects of the UNESCO Convention on Cultural Diversity on WTO Law (2007), <obreal.org/file.php?idfile=908> (zuletzt geprüft am: 10.03.2013).

GORDON, Wendy J./ BONE, Robert G., Copyright, in: Boudewijn Bouckaert (Hrsg.), *Encyclopedia of Law and Economics,* Cheltenham et al. (2000), S. 189-215.

GÖTTING, Horst-Peter, Internationaler Schutz des geistigen Eigentums, in: Christian Tietje (Hrsg.), *Internationales Wirtschaftsrecht,* Berlin (2007), S. 515-562.

–, Kulturgüterschutz durch das Urheberrecht?, in: Reto M. Hilty/ Josef Drexl/ Wilhelm Nordemann (Hrsg.), *Schutz von Kreativität und Wettbewerb,* München (2009), S. 103-111.

–, Übersicht über die Schranken des Urheberrechts, in: Ulrich Loewenheim (Hrsg.), *Handbuch des Urheberrechts,* München (2010), S. 474-479.

–, Urheberrecht und Verfassungsrecht, in: Ulrich Loewenheim (Hrsg.), *Handbuch des Urheberrechts,* München (2010), S. 20-23.

GÖTTING, Horst-Peter/ LOEWENHEIM, Ulrich, Einzelfälle der Urheberrechtsschranken, in: Ulrich Loewenheim (Hrsg.), *Handbuch des Urheberrechts,* München (2010), S. 479-560.

GÖTTING, Horst-Peter/ SCHLÜTER, Claudia (Hrsg.), Nurriture de l'Esprit. Festschrift für Dieter Stauder zum 70. Geburtstag. Baden-Baden (2011).

GÖTZ OLENHUSEN, Irmtraud von/ GÖTZ OLENHUSEN, Albrecht von (Hrsg.), Von Goethe zu Google. Geistiges Eigentum in drei Jahrhunderten. Ausstellung in der ULB Düsseldorf, 16. November 2011 - 8. November 2012. Düsseldorf (2011).

–, Geistiges Eigentum. Von der Piratenflagge zum Spinnennetz, in: Irmtraud von Götz Olenhusen/ Albrecht von Götz Olenhusen (Hrsg.), *Von Goethe zu Google,* Düsseldorf (2011), S. 17-30.

GRABER, Christoph B., Copyright and Access – A Human Rights Perspective, in: Christoph B. Graber (Hrsg.), *Digital Rights Management,* Bern (2005), S. 71-110.

–, The New UNESCO Convention on Cultural Diversity. A Counterbalance to the WTO?, in: *JIEL* 9 (2006), S. 553-574.

–, Substantive Rights and Obligations under the UNESCO Convention on Cultural Diversity, in: Hildegard Schneider/ Peter van den Bossche (Hrsg.), *Protection of Cultural Diversity from a European and International Perspective,* Antwerpen (2008), S. 141-161.

GRABER, Christoph Beat (Hrsg.), Digital Rights Management. The End of Collecting Societies? Bern (2005).

GRAF VITZTHUM, Wolfgang, Begriff, Geschichte und Rechtsquellen des Völkerrechts, in: Wolfgang Vitzthum/ Michael Bothe (Hrsg.), *Völkerrecht,* 5., neu bearb. Aufl., Berlin (2010), S. 1-72.

GRIFFITHS, Jonathan, The 'Three-Step Test' in European Copyright Law. Problems and Solutions, in: *Intell. Prop. Q.* 4 (2009), S. 428-457.

GROSHEIDE, Willem, Moral Rights, in: Estelle Derclaye (Hrsg.), *Research Handbook on the Future of EU Copyright,* Cheltenham et al. (2009), S. 242-266.

GROßE RUSE-KHAN, Hennig, A Comparative Analysis of Policy Space in WTO Law, MAX-PLANCK-INSTITUT FÜR GEISTIGES EIGENTUM, WETTBEWERBS- UND STEUERRECHT (2008), <http://papers.ssrn.com/sol3/papers.cfm?abstract_id=1309526> (zuletzt geprüft am: 10.03.2013).

GUÈVREMONT, Véronique, The Convention on the Diversity of Cultural Expressions: Implementation and Follow-up. The Challenge of Concerted Action by Civil Society (2007), <http://www.diversite-culturelle.qc.ca/fileadmin/documents/pdf/article-societe-civile-eng.pdf> (zuletzt geprüft am: 10.03.2013).

GYERTYÁNFY, Péter, Expansion des Urheberrechts – und kein Ende?, in: *GRUR Int. (*2002), S. 557-567.

HAAS, Ernst B., Beyond the Nation-state. Functionalism and International Organizations. Stanford, CA (1964).

–, When Knowledge is Power. Three Models of Change in International Organizations. Berkeley, CA (1990).

HAAS, Peter M., Epistemic Communities, in: Daniel Bodansky/ Jutta Brunneé/ and Ellen Hey (Hrsg.), *Oxford Handbook of International Environmental Law,* Oxford et al. (2007), S. 792-806.

–, Introduction. Epistemic Communities and International Policy Coordination, in: *IO* 46 (1992), S. 1-35.

HAGEN, Paul E./ WEINER, John B., The Cartagena Protocol on Biosafety, in: *GIELR* XII (2000), S. 697-713.

HAHN, Michael, A Clash of Cultures? The UNESCO Diversity Convention and International Trade Law, in: *JIEL* 9 (2006), S. 515-552.

–, The Convention on Cultural Diversity and International Economic Law, in: *Asian J. WTO & Int'l Health L. & Pol'y* 2 (2007), S. 229-265.

HANSEN, Gerd, Warum Urheberrecht? Die Rechtfertigung des Urheberrechts unter besonderer Berücksichtigung des Nutzerschutzes. Baden-Baden et al. (2009).

HANSMANN, Henry/ SATILLI, Marina, Authors' and Artists' Moral Rights. A Comparative Legal and Economic Analysis, in: *J. Legal Stud.* 26 (1997), S. 95-143.

HARMS, L. T., Offering Cake for the South, in: *E.I.P.R. (*2000), S. 451-453.

HARRIS, Donald P., The Honeymoon is Over. Evaluating the United States' WTO Intellectual Property Complaint Against China, in: *Fordham Int'l L.J.* 32 (2008), S. 96-186.

HAYES, Christina J., Changing the Rules of the Game. How Video Game Publishers are Embracing User-generated Derivative Works, in: *Harv. J. L. & Tech* 21 (2008), S. 567-587.

HAZUCHA, Branislav, Intellectual Property and Cultural Diversity. Two Views on the Relationship between Market and Culture, in: *Intell. Prop. L. & Pol'y J. (*2010), S. 39-90.

HE, Huaiwen, Seeking a Balanced Interpretation of the Three-Step Test. An Adjusted Structure in View of Divergent Approaches, in: *IIC* 40 (2007), S. 274-308.

HEATH, Christopher, Bedeutet TRIPS wirklich eine Schlechterstellung von Entwicklungsländern?, in: *GRUR Int. (*1996), S. 1169-1185.

HEATH, Christopher/ LIU, Kongzhong (Hrsg.), Copyright Law and the Information Society in Asia. Oxford et al. (2007).

HEESCHEN, Verena B., Urheberpersönlichkeitsrecht und Multimedia. Berlin (2003).

HEINTSCHEL HEINEGG, Wolff von, Die völkerrechtlichen Verträge als Hauptrechtsquelle des Völkerrechts, in: Knut Ipsen/ Eberhard Menzel/ Volker Epping (Hrsg.), *Völkerrecht,* 5. Aufl., München (2004), S. 112-210.

HELFER, Laurence R., Human Rights and Intellectual Property. Conflict or Coexistence?, in: *Minn. Intell. Prop. Rev.* 5 (2003), S. 47-61.

–, Toward a Human Rights Framework for Intellectual Property, in: *University of California, Davis* 40 (2007), S. 971-1020.

HERRMANN, Christoph, Schutz geistigen Eigentums, in: Wolfgang Weiß/ Christoph Ohler/ Christoph Herrmann (Hrsg.), *Welthandelsrecht,* 2. Aufl., München (2007), S. 425-456.

HETTINGER, Edwin C., Justifying Intellectual Property, in: *Phil. & Pub. Aff.* 18 (1989), S. 31-52.

HILLIG, Hans-Peter, Auf dem Weg zu einem WIPO-Abkommen zum Schutz der Sendeunternehmen, in: *GRUR Int. (*2007), S. 122-129.

HILPERT, Hanns G., TRIPS und das Interesse der Entwicklungsländer am Schutz von Immaterialgüterrechten in ökonomischer Sicht, in: *GRUR Int. (*1998), S. 91-99.

HILTY, Reto M., Eldred vs. Ashcroft. Die Schutzfrist im Urheberrecht – eine Diskussion die auch Europäer interessieren sollte, in: *GRUR Int. (*2003), S. 201-204.

–, Urheberrecht im digitalen Dilemma, in: *Max-Planck-Forschung (*2003), S. 48-53.

–, Urheberrecht in der Informationsgesellschaft – Schweizer Modell vs. Europäische Vorgaben, in: *sic! (*2004), S. 966-982.

–, Verbotsrecht vs. Vergütungsanspruch. Suche nach den Konsequenzen der tripolaren Interessenlage im Urheberrecht, in: Ansgar Ohly/ Gerhard Schricker (Hrsg.), *Perspektiven des geistigen Eigentums und Wettbewerbsrechts,* München (2005), S. 325-352.

–, The Expansion of Copyright Law and Its Social Justification, in: Christopher Heath/ Kongzhong Liu (Hrsg.), *Copyright Law and the Information Society in Asia,* Oxford et al. (2007), S. 1-60.

–, Declaration on the 'Three-Step Test'. Where Do We Go from Here?, in: *jipitec (*2010), S. 83-86.

HILTY, Reto M., et al., European Commission – Green Paper: Copyright in the Knowledge Economy – Comments by the Max Planck Institute for Intellectual Property, Competition and Tax Law, in: *IIC* 40 (2009), S. 309-327.

HILTY, Reto M./ DREXL, Josef/ NORDEMANN, Wilhelm (Hrsg.), Schutz von Kreativität und Wettbewerb. Festschrift für Ulrich Loewenheim zum 75. Geburtstag. München (2009).

HILTY, Reto M./ PEUKERT, Alexander (Hrsg.), Interessenausgleich im Urheberrecht. Baden-Baden et al. (2004).

HOBE, Stephan, Einführung in das Völkerrecht, 9.Aufl. Tübingen (2008).

HÖFFE, Otfried (Hrsg.), Einführung in die utilitaristische Ethik. Klassische und zeitgenössische Texte, 2.Aufl. Bern (1992).

HOFMANN, Rainer/ GEISSLER, Nils (Hrsg.), Non-state Actors as New Subjects of International Law. International Law - From the Traditional State Order Towards the Law of the Global Community. Berlin (1999).

HÖHNE, Focke, Die Ziele des TRIPS Übereinkommens, in: Arthur Steinmann/ Focke Höhne/ Peter-Tobias Stoll (Hrsg.), *Die WTO vor neuen Herausforderungen,* Stuttgart (2005), S. 125-138.

HUBMANN, Heinrich, Das Recht des schöpferischen Geistes. Berlin (1954).

–, Urheber- und Verlagsrecht. Ein Studienbuch. München et al. (1959).

–, Die Idee vom geistigen Eigentum. Die Rechtsprechung des Bundesverfassungsgerichtes und die Urheberrechtsnovelle vom 1985, in: *ZUM (*1988), S. 4-13.

HUGENHOLTZ, P. B., Copyright and Freedom of Expression in Europe, in: Rochelle C. Dreyfuss/ Diane L. Zimmerman/ Harry First (Hrsg.), *Expanding the Boundaries of Intellectual Property,* Oxford et al. (2001), S. 343-364.

HUGENHOLTZ, P. B./ OKEDIJI, Ruth L., Conceiving an International Instrument on Limitations and Exceptions to Copyright. Final Report, OPEN SOCIETY INSTITUTE (OSI) (2008), <http://papers.ssrn.com/sol3/papers.cfm?abstract_id=2017629> (zuletzt geprüft am: 10.03.2013).

HUGENHOLTZ, P. B./ SENFTLEBEN, Martin R., Fair Use in Europe. In Search of Flexibilities (2011), <http://papers.ssrn.com/sol3/papers.cfm?abstract_id=1959554> (zuletzt geprüft am: 10.03.2013).

HUGHES, Jerald, The Philosophy of Intellectual Property, in: *Geo. L. J.* 77 (1988), S. 287-330.

IKENBERRY, John G., A World Economy Restored. Expert Consensus and the Anglo-American Postwar Settlement, in: *IO* 46 (1992), S. 289-321.

INTERGU (HRSG.), Schutz von Kulturgut und geistigem Eigentum in der Informationsgesellschaft. XIII. INTERGU-Kongreß, Wien 1997. Baden-Baden (1998).

INTERNATIONAL LAW COMMISSION, Yearbook of the ILC. Vol. II. New York (1966).

IPSEN, Knut/ MENZEL, Eberhard/ EPPING, Volker (Hrsg.), Völkerrecht, 5. Aufl. München (2004).

JAWARA, Fatoumata/ KWA, Aileen, Behind the Scenes at the WTO. The Real World of International Trade Negotiations. London et al. (2003).

JENKS, Wilfred, Conflict of Law-Making Treaties, in: *BYIL* 30 (1953), S. 401-453.

JOHNSON, William R., The Economics of Copying, in: *JEP* 93 (1985), S. 158-174.

JOSEPH, Sarah/ KINLEY, David/ WAINCYMER, Jeffrey; Joseph-Kinley-Waincymer (Hrsg.), The World Trade Organization and Human Rights. Interdisciplinary Research. Cheltenham et al. (2009).

KADELBACH, Stefan, Zwingendes Völkerrecht. Berlin (1992).

–, Allgemeines Verwaltungsrecht unter europäischem Einfluß. Tübingen (1999).

KANT, Immanuel, Kritik der reinen Vernunft. Prolegomena - Grundlegung zur Metaphysik der Sitten, Metaphysische Anfangsgründe der Naturwissenschaft, 2. Aufl. (1783).

–, Zur Unrechtmäßigkeit des Büchernachdrucks, in: *UFITA* 106 (1987), S. 137-154.

KARJALA, Dennis S., Harry Potter, Tanya Grotter, and the Copyright Derivative Work, in: *Ariz. St. L. J.* 38 (2006), S. 17-40.

KARL, W., Conflicts, Treaties, in: Rudolf Bernhardt (Hrsg.), *Encyclopedia of Public International Law,* Amsterdam (1984), S. 935-941.

KATZENBERGER, Paul, TRIPS und das Urheberrecht, in: *GRUR Int. (*1995), S. 447-468.

KECK, Margaret E./ SIKKINK, Kathryn, Activists Beyond Borders. Advocacy Networks in International Politics. Ithaca, NY (1998).

KELLERHALS, Miriam, Die europäischen Wurzeln des Droit Moral, in: *GRUR Int. (*2001), S. 438-446.

KÉVÉRER, André, Authors' Rights are Human Rights, in: *Copyright Bulletin* XXXII (1998), S. 18-24.

KHADJAVI-GONTARD, Bardia, Der Grundsatz der Inländerbehandlung im internationalen Urheberrecht. Berlin (1977).

KILBEY, Ian, Copyright Duration? Too Long!, in: *E.I.P.R.* (2003), S. 105-110.

KLABBERS, Jan, Treaties, Object and Purpose, MAX-PLANCK-INSTITUT FÜR AUSLÄNDISCHES ÖFFENTLICHES RECHT UND VÖLKERRECHT (2006), <http://www.mpepil.com/> (zuletzt geprüft am: 10.03.2013).

KLAMER, Arjo, Cultural Goods Are Good for More Than Their Economic Value, in: Vijayendra Rao/ Michael Walton (Hrsg.), *Culture and Public Action,* Stanford, CA (2004), S. 138-162.

KNORR-CETINA, Karin, Die Fabrikation von Erkenntnis. Zur Anthropologie der Naturwissenschaft. Frankfurt a. M. (1984).

KOELMAN, Kamiel, Fixing the "Three-step Test", in: *E.I.P.R.* (2006), S. 407-412.

KOHLER, Josef, Das Autorenrecht. Eine zivilistische Abhandlung; zugleich ein Beitrag zur Lehre vom Eigenthum, vom Miteigenthum, vom Rechtsgeschäft und vom Individualrecht. Jena (1880).

KOHLER-GEHRIG, Eleonora, Einführung in das Recht. Technik und Methoden der Rechtsfindung. Stuttgart (2010).

KOJIMA, Takahiro, Copyright Limitations and the Three-Step Test in the Digital Era. How to Preserve National Autonomy?, JOINT HOKKAIDO-KYUSHU UNIVERSITIES SEMINAR (2010), <http://www.law.kyushu-u.ac.jp/programsinenglish/seminar2010/kojima.pdf> (zuletzt geprüft am: 10.03.2013).

KORULA, Anna R., The Regimes Against Torture, in: Bertram I. Spector/ Ira W. Zartman (Hrsg.), *Getting It Done,* Washington, D.C. (2003), S. 229-268.

KOSKENNIEMI, Martti, Fragmentation of International Law: Difficulties Arising from the Diversification and Expansion of International Law. Report of the Study Group of the International Law Commission, A/CN.4/L.682 v. 04.04.2006.

KOTZUR, Markus, Good Faith (Bona Fide), MAX-PLANCK-INSTITUT FÜR AUSLÄNDISCHES ÖFFENTLICHES RECHT UND VÖLKERRECHT (2009), <http://www.mpepil.com/> (zuletzt geprüft am: 10.03.2013).

KOUANANG, Nana E., Réflexions sur le droit d'auteur et la Protection du Patrimoine Culturel en Afrique, in: *Copyright Bulletin* (1976), S. 239-242.

KRASNER, Stephen D., Structural Conflict. The Third World Against Global Liberalism. Berkeley, CA (1985).

–, Power, the State, and Sovereignty. Essays on International Relations. London (2009).

KREILE, Reinhold/ BECKER, Jürgen, Neuordnung des Urheberrechts in der Europäischen Union, in: *GRUR Int.* (1994), S. 901-911.

KRIELE, Martin, Theorie der Rechtsgewinnung. Entwickelt am Problem der Verfassungsinterpretation, 2.Aufl. Berlin (1976).

KRÜGER-NIELAND, Gerda, Die Rechtsstellung des Bühnenregisseurs aus urheberrechtlicher Sicht, in: *UFITA* 64 (1972), S. 129-144.

–, Das Urheberpersönlichkeitsrecht, eine besondere Erscheinungsform des allgemeinen Persönlichkeitsrechts?, in: Ernst von Caemmerer (Hrsg.), *Festschrift für Fritz Hauß zum 70. Geburtstag,* Karlsruhe (1978), S. 215-224.

KRUGLANSKI, Arie W./ AJZEN, Icek, Bias and Error in Human Judgment, in: *Eur. J. Soc. Psychol* 13 (1983), S. 1-44.

KU, Raymond S., Promoting Diverse Cultural Expression. Lessons from the U.S. Copyright Wars, in: *Asian J. WTO & Int'l Health L. & Pol'y* 2 (2007), S. 369-398.

KUHLEN, Rainer, Erfolgreiches Scheitern – eine Götterdämmerung des Urheberrechts? Boizenburg (2008).

LANDES, William M./ POSNER, Richard A., The Economic Structure of Intellectual Property Law. Cambridge, Mass (2003).

LAUBER-RÖNSBERG, Anne, Urheberrecht und Privatgebrauch. Eine rechtsvergleichende Untersuchung des deutschen und des britischen Rechts. Baden-Baden (2011).

LEA, David, The Expansion and Restructuring of Intellectual Property and Its Implications for the Developing World, in: *ETMP* 11 (2008), S. 37-60.

LEINVEBER, Gerhard, Urheberrechtlicher Denkmalschutz – ja oder nein?, in: *GRUR (*1964), S. 364-369.

LEISTNER, Matthias, Das Murphy-Urteil des EuGH. Viel Lärm um nichts oder Anfang vom Ende des Territorialitätsgrundsatzes im Urheberrecht?, in: *JZ* 23 (2011), S. 1140-1148.

LEISTNER, Matthias/ HANSEN, Gerd, Die Begründung des Urheberrechts im digitalen Zeitalter. Versuch einer Zusammenführung von individualistischen und utilitaristischen Rechtfertigungsbemühungen, in: *GRUR (*2008), S. 479-490.

LESSIG, Lawrence, Free Culture. How Big Media uses Technology and the Law to Lock Down Culture and Control Creativity. New York (2004).

LEWINSKI, Silke von, The Role and Future of the Universal Copyright Convention, in: *e-Copyright Bulletin (*2006).

–, § 57 Mehrseitige internationale Abkommen, in: Ulrich Loewenheim (Hrsg.), *Handbuch des Urheberrechts,* München (2010), S. 1058-1092.

LEWINSKI, Silke von/ HAHN, Anja von (Hrsg.), Indigenous Heritage and Intellectual Property. Genetic Resources, Traditional Knowledge and Folklore. The Hague et al. (2004).

LIEBOWITZ, S. J., Copyright Law, Photocopying and Price Discrimination, in: *Res. L. & Econ.* 8 (1986), S. 181-200.

LINDBLOM, Anna-Karin, Non-governmental Organisations in International Law. Cambridge et al. (2005).

LINDERFALK, Ulf, On the Interpretation of Treaties. The Modern International Law as Expressed in the 1969 Vienna Convention on the Law of Treaties. Dordrecht (2007).

LITMAN, Jessica, The Public Domain, in: *Emory L.J.* 39 (1990), S. 965-1023.

–, War and Peace. The 34th Annual Donald C. Brace Lecture, in: *J. Copyright Soc'y U.S.A.* 53 (2006), S. 1-20.

LJUNGMAN, Seve, The Function of Copyright in Present Day Society. Some Reflections with Reference to the Nordic Situation, in: *RIDA* 88 (1976), S. 51-91.

LOCKE, John, Second Treaties of Government, DAS GUTENBERG PROJEKT (1690), <http://www.gutenberg.org/files/7370/7370-h/7370-h.htm> (zuletzt geprüft am: 10.03.2013).

LOEWENHEIM, Ulrich (Hrsg.), Handbuch des Urheberrechts. München (2010).

–, § 1 Gegenstand, Zweck und Bedeutung des Urheberrechts, in: Ulrich Loewenheim (Hrsg.), *Handbuch des Urheberrechts,* München (2010), S. 1-5.

–, § 8 Schutzumfang, in: Ulrich Loewenheim (Hrsg.), *Handbuch des Urheberrechts,* München (2010), S. 71-84.

LOEWENHEIM, Ulrich/ DIETZ, Adolf/ SCHRICKER, Gerhard (Hrsg.), Urheberrecht. Kommentar, 4.Aufl. München (2010).

LOEWENHEIM, Ulrich/ VOGEL, Martin, § 1 Geschichte und Quellen des Urheberrechts, in: Ulrich Loewenheim (Hrsg.), *Handbuch des Urheberrechts,* München (2010), S. 5-20.

LÖHR, Isabella, Zum Schutze der Geistesschöpfungen auf der ganzen Welt. Die Geschichte der internationalen Verrechtlichung des Autorenschutzes 1850-1952, in: *ZGE / IPJ* 1 (2009), S. 292-323.

LUCA, Andre, For a Reasonable Interpretation of the Three-Step Test, in: *E.I.P.R.* 32 (2010), S. 277-282.

LUCAS-SCHLOETTER, Angès, Droit Moral et Droit de la Personnalité. Paris (2000).

–, Folklore, in: Silke von Lewinski/ Anja von Hahn (Hrsg.), *Indigenous Heritage and Intellectual Property,* The Hague et al. (2004), S. 259-377.

LUF, Gerhard, Philosophische Strömungen in der Aufklärung und ihr Einfluß auf das Urheberrecht, in: Robert Dittrich (Hrsg.), *Woher kommt das Urheberrecht und wohin geht es?,* Wien (1988), S. 9-19.

LUNNEY, Glynn S., Reexaming Copyright's Incentive-Access Paradigm, in: *Vand. L. Rev.* 49 (1996), S. 483-656.

MACMILLAN, Fiona (Hrsg.), New Directions in Copyright Law 5. Cheltenham et al. (2007).

–, New Directions in Copyright Law 6. Cheltenham et al. (2007).

–, Copyright and Culture. A Perspective on Corporate Power, in: *Media & Arts L. Rev. (*1998), S. 71-81.

–, The Cruel ©. Copyright and Film, in: *E.I.P.R. (*2002), S. 483-492.

–, The Dysfunctional Relationship Between Copyright and Cultural Diversity, in: *Quadern del CAC* 27 (2007), S. 101-110.

–, Cultural Diversity in an Era of Corporate Dominance. A Clash of Rights? (05.2007), <http://www.dime-eu.org/files/active/0/IPR-WORKING-PAPER-29_Macmillan.pdf> (zuletzt geprüft am: 10.03.2013).

–, The UNESCO Convention as a New Incentive to Protect Cultural Diversity, in: Hildegard Schneider/ Peter van den Bossche (Hrsg.), *Protection of Cultural Diversity from a European and International Perspective,* Antwerpen (2008), S. 163-192.

MARCEAU, Gabrielle, Conflicts of Norms and Conflicts of Jurisdictions: The Relationship between the WTO Agreement and MEAs and other Treaties, in: *JWT* 35 (2001), S. 1081-1131.

MARIER, Patrik, Empowering Epistemic Communities. Specialised Politicians, Policy Experts and Policy Reform, in: *WEP* 31 (2008), S. 513-533.

MASOUYÉ, Claude (Hrsg.), Kommentar zur Berner Übereinkunft zum Schutz von Werken der Literatur und Kunst. (Pariser Fassung vom 24. Juli 1971). Genf (1981).

MATSUSHITA, Mitsuo/ SCHOENBAUM, Thomas J./ MAVROIDIS, Petros C., The World Trade Organization. Law, Practice, and Policy, 2.Aufl. Oxford et al. (2006).

MATZ, Nele, Wege zur Koordinierung völkerrechticher Verträge. Völkervertragsrechtliche und institutionelle Ansätze. Berlin et al. (2005).

MATZ-LÜCK, Nele, Treaties, Conflicts between, MAX-PLANCK-INSTITUT FÜR AUSLÄNDISCHES ÖFFENTLICHES RECHT UND VÖLKERRECHT (2006), <http://www.mpepil.com/> (zuletzt geprüft am: 10.03.2013).

MAY, Christopher, Capacity Building and the (Re)production of Intellectual Property Rights, in: *TWQ* 25 (2004), S. 821-837.

MAYNTZ, Renate, Governance im modernen Staat, in: Arthur Benz (Hrsg.), *Governance – Regieren in komplexen Regelsystemen,* 2. Aufl., Wiesbaden (2010), S. 37-48.

MCLACHLAN, Campbell, The Principle of Systemic Integration and Article 31(3)(c) of the Vienna Convention, in: *Int'l & Comp. L. Q.* 54 (2005), S. 279-320.

MCMILLAN, John, The Free-Rider-Problem. A Survey, in: *ER* 55 (1979), S. 95-107.

MELICHAR, Ferdinand, § 45 Verwertungsgesellschaften Allgemeines, in: Ulrich Loewenheim (Hrsg.), *Handbuch des Urheberrechts,* München (2010), S. 787-802.

MERKEL, Christine M., Bundesweite Koalition Kulturelle Vielfalt. Eine Zwischenbilanz 2003-2005, in: *UNESCO heute* 52 (2005), S. 44-48.

MERRYMAN, John, The Refrigerator of Bernard Buffet, in: *Hastings L.J.* 27 (1976), S. 1023-1050.

MESSNER, Dirk/ NUSCHELER, Franz (Hrsg.), Weltkonferenzen und Weltberichte. Ein Wegweiser durch die internationale Diskussion. Bonn (1996).

–, Global Governance. Organisationselemente und Säulen einer Weltordnungspolitik, in: Dirk Messner/ Franz Nuscheler (Hrsg.), *Weltkonferenzen und Weltberichte,* Bonn (1996), S. 12-36.

METZE-MANGOLD, Verena/ MERKEL, Christine M., Magna Charta der internationalen Kulturpolitik. Die UNESCO-Kulturkonvention vor der Ratifizierung, in: *MEDIA PERSPKTIVEN (*2006), S. 362-373.

MEYER, Jörn-Axel/ EVEN, Ralf (Hrsg.), Die Zukunft des Kunstmarktes. Zu Sinn und Wegen des Managements für Kunst. Köln (2002).

MEYERS, Reinhard, Theorien internationaler Kooperation und Verflechtung, in: Wichard Woyke (Hrsg.), *Handwörterbuch internationale Politik,* 11., überarb. u. aktual. Aufl., Lizenzausg., Bonn (2004), S. 482-515.

MICHAÉLIDES-NOUAROS, Georges, Le Droit Moral de l'Auteur. Étude de Droit Francais, de Droit Comparé et de Droit International. Paris (1935).

MIZARAS, Vytautas/ KUR, Annette (Hrsg.), The Structure of Intellectual Property Law. Can One Size Fit All? Cheltenham et al. (2011).

MOCKER, Donald W./ SPEAR GEORGE E., Lifelong Learning: Formal, Nonformal, Informal, and Self-Directed. Information Series No. 241, NATIONAL CENTER FOR RESEARCH IN VOCATIONAL EDUCATION (1982), <http://www.eric.ed.gov/PDFS/ED220723.pdf> (zuletzt geprüft am: 10.03.2013).

MOGHADAM, Valentine M./ ELVEREN, Dilek, The Making of an International Convention: Culture and Free Trade in a Global Era, in: *Rev. Int'l Stud.* 34 (2008), S. 735-753.

MÖHRING, Philipp/ AHLBERG, Hartwig/ MÖHRING-NICOLINI; Nicolini, Käte (Hrsg.), Urheberrechtsgesetz. Kommentar, 2.Aufl. München (2000).

MÖNKEMÖLLER, Lutz, Moderne Freibeuter unter uns? Internet, MP3 und CD-R als GAU für die Musikbranche!, in: *GRUR Int. (*2000), S. 663-669.

MOON, Suerie, Does TRIPS Art. 66.2 Encourage Technology Transfer to LDCs? An Analysis of Country Submissions to the TRIPS Council (1999-2007) (2008), <http://ictsd.org/i/publications/37159/> (zuletzt geprüft am: 10.03.2013).

MORISSE-SCHILBACH, Melanie, Science, Knowledge and Global Commons. Beyond Epistemic Communities, in: Melanie Morisse-Schilbach/ Jost Halfmann (Hrsg.), *Wissen, Wissenschaft und Global Commons,* Baden-Baden (2011), S. 63-102.

MORISSE-SCHILBACH, Melanie/ HALFMANN, Jost (Hrsg.), Wissen, Wissenschaft und Global Commons. Forschung zu Wissenschaft und Politik jenseits des Staates am Beispiel von Regulierung und Konstruktion globaler Gemeinschaftsgüter. Baden-Baden (2011).

MOVESSIAN, Vera, Darf man Kunstwerke vernichten?, in: *UFITA* 95 (1983), S. 77-90.

MÜLLER, Hans-Peter, Max Weber. Eine Einführung in sein Werk. Köln (2007).

NARLIKAR, Amrita, Deadlocks in Multilateral Negotiations. Causes and Solutions. Cambridge et al. (2010).

NÉRISSON, Sylvie/ FISCHER, Oliver, Geistiges Eigentum als Mittel der Entwicklungspolitik. Afrikanisch-europäische Konferenz zum geistigen Eigentum, Jaunde, 15. bis 17. Juli 2008, in: *GRUR Int.* (2008), S. 1018-1020.

NETANEL, Neil W., Copyright and a Democratic Civil Society, in: *Yale L. J.* 106 (1996), S. 283-387.

–, Copyright's Paradox. Oxford et al. (2008).

–, The WIPO Development Agenda and its Development Policy Context, in: Neil W. Netanel (Hrsg.), *The Development Agenda,* Oxford et al. (2009), S. 3-29.

–, Making Sense of Fair Use, in: *LCLR* 15 (2011), S. 715-771.

–, (Hrsg.), The Development Agenda. Global Intellectual Property and Developing Countries. Oxford et al. (2009).

NEUHOLD, Hanspeter, The Inadequacy of Law-Making by International Treaties. "Soft Law" as an Alternative?, in: Rüdiger Wolfrum/ Volker Röben (Hrsg.), *Developments of International Law in Treaty Making,* Berlin et al. (2005), S. 39-52.

NEUMANN, Jan, Die Koordination des WTO-Rechts mit anderen völkerrechtlichen Ordnungen. Konflikte des materiellen Rechts und Konkurrenzen der Streitbeilegung. Berlin (2002).

NEUWIRTH, Rostam J., "United in Divergency": A Commentary on the UNESCO Convention on the Protection and Promotion of the Diversity of Cultural Expressions, in: *ZaöRV* 66 (2006), S. 819-862.

–, The 'Culture and Trade Debate' Continues: The UNESCO Convention in Light of the WTO Reports in China - Publications and Audiovisual Products: Between Amnesia or Déjà Vu?, in: *JWT* 44 (2010), S. 1333-1356.

NISKANEN, William A., The Peculiar Economics of Bureaucracy, in: *AER* 58 (1968), S. 293-305.

NORDEMANN, Wilhelm/ LOEWENHEIM, Ulrich (Hrsg.), Urheberrecht im Informationszeitalter. Festschrift für Wilhelm Nordemann zum 70. Geburtstag am 8. Januar 2004. München (2004).

NORDEMANN, Wilhelm/ NORDEMANN, Axel/ NORDEMANN, Jan Bernd (Hrsg.), Urheberrecht. Kommentar zum Urheberrechtsgesetz, Verlagsgesetz, Urheberrechtswahrnehmungsgesetz, 10.Aufl. Stuttgart (2008).

NORDEMANN, Wilhelm/ VINCK, Kai/ HERTIN, Paul W. (Hrsg.), Internationales Urheberrecht und Leistungsschutzrecht der deutschsprachigen Länder unter Berücksichtigung auch der Staaten der Europäischen Gemeinschaft. Kommentar. Düsseldorf (1977).

NOVOS, Ian E./ WALDMAN, Michael, The Effects of Increased Copyright Protection. An Analytic Approach, in: *JEP* 82 (1984), S. 236-246.

NUSS, Sabine, Copyright & Copyriot. Aneignungskonflikte um geistiges Eigentum im informationellen Kapitalismus. Münster (2006).

OBERNDÖRFER, Pascal, Die philosophische Grundlage des Urheberrechts. Baden-Baden et al. (2005).

OBERNHOLZER-GEE, Felix/ STRUMPF, Koleman, File-Sharing and Copyright (2009), <http://www.hbs.edu/research/pdf/09-132.pdf> (zuletzt geprüft am: 10.03.2013).

OBULJEN, Nina (Hrsg.), UNESCO's Convention on the Protection and Promotion of the Diversity of Cultural Expressions: Making it Work. Zagreb (2006).

–, From Our Creative Diversity to the Convention on Cultural Diversity: Introduction to the Debate, in: Nina Obuljen (Hrsg.), *UNESCO's Convention on the Protection and Promotion of the Diversity of Cultural Expressions: Making it Work,* Zagreb (2006), S. 19-35.

ODDI, Samuel A., The International Patent System and Third World Development. Reality or Myth?, in: *Duke L. J.* 1987 (1987), S. 831-877.

OGUAMANAM, Chidi, IP in Global Governance. A Venture in Critical Reflection, in: *WIPO J.* 2 (2011), S. 196-216.

OHLHOFF, Stefan, Die Streitbeilegung in der WTO, in: Hans-Joachim Prieß/ Christian Pitschas/ Prieß-Berrisch (Hrsg.), *WTO-Handbuch,* München (2003), S. 677-750.

OHLY, Ansgar, Geistiges Eigentum?, in: *JZ* 58 (2003), S. 545-554.

–, Geistiges Eigentum und Gemeinfreiheit. Forschungsperspektiven, in: Ansgar Ohly/ Diethelm Klippel (Hrsg.), *Geistiges Eigentum und Gemeinfreiheit,* Tübingen (2007), S. 1-18.

OHLY, Ansgar/ KLIPPEL, Diethelm (Hrsg.), Geistiges Eigentum und Gemeinfreiheit. Tübingen (2007).

OHLY, Ansgar/ SCHRICKER, Gerhard (Hrsg.), Perspektiven des geistigen Eigentums und Wettbewerbsrechts. Festschrift für Gerhard Schricker zum 70. Geburtstag. München (2005).

OKEDIJI, Ruth L., The International Relations of Intellectual Property. Narratives of Developing Country Participation in the Global Intellectual Property System, in: *Sing. J. Int'l & Comp. L.* 7 (2003), S. 315-385.

–, An Enduring Legacy of the Knowledge Economy. UNESCO and the International Copyright System, in: Abdulqawi A. Yusuf (Hrsg.), *Normative Action in Education, Science and Culture,* Paris (2007), S. 113-134.

ONG, Burton, Why Moral Rights Matter: Recognizing the Intrinsic Value of Integrity Rights, in: *Colum. J.L. & Arts* 26 (2003), S. 297-312.

OSTERRIEHT, Albert, Die Geschichte des Urheberrechts in England mit einer Darstellung des geltenden englischen Urheberrechts. Nachdruck, Monographie, Leipzig 1895, in: *UFITA* 132 (1996), S. 101-231.

OTT, Claus, Allokationseffizienz in der Rechtsordnung. Beitrag zum Travemünder Symposium zur ökonomischen Analyse des Zivilrechts, 23. - 26. März 1988. Berlin et al. (1989).

OTTEN, Adrian, Implementation of the TRIPS Agreement and Prospects of its Future Development, in: *JIEL* 1 (1998), S. 523-536.

PACÓN, Ana M., Was bringt TRIPS den Entwicklungsländern?, in: *GRUR Int.* (1995), S. 875-886.

PALMETER, N. D./ MAVROIDIS, Petros C., Dispute Settlement in the World Trade Organization. Practice and Procedure. The Hague et al. (1999).

PANETHIERE, Darrell, The Persistence of Piracy. The Consequences for Creativity, for Culture, and for Sustainable Development, in: *e-Copyright Bulletin (*2005), S. 1-19.

PAUWELYN, Joost, Conflict of Norms in Public International Law. How WTO Law Relates to Other Rules of International Law, 5. nachgedr. Cambridge et al. (2005).

PAVONI, Riccardo, Mutual Supportiveness as a Principle of Interpretation and Law-Making. A Watershed for the 'WTO-And-Competing-Regimes' Debate?, in: *EJIL* 21 (2010), S. 649-679.

PAWLOWSKI, Hans-Martin, Einführung in die juristische Methodenlehre. Ein Studienbuch zu den Grundlagenfächern Rechtsphilosophie und Rechtssoziologie, 2., neubearb. Heidelberg (2000).

PEGUERA, Miquel, Internet Service Providers' Liability in Spain. Recent Case Law and Future Perspectives, in: *jipitec* 1 (2010), S. 151-171.

PESSACH, Guy, Copyright Law as a Silencing Restriction on Noninfringing Materials. Unveiling the Scope of Copyright's Diversity Externalities, in: *S. Cal. L. Rev.* 76 (2002-2003), S. 1067-1104.

–, The Author's Moral Right of Integrity in Cyberspace. A Preliminary Normative Framework, in: *IIC (*2003), S. 250-270.

PETERSMANN, Ernst-Ulrich, Administration of Justice in the World Trade Organization. Did the WTO Appellate Body Commit 'Grave Injustice'?, in: *L. & Prac. Int'l Ct(s) & Trib.* 8 (2009), S. 329-374.

PETERSON, M. J., Whalers, Cetologists, Environmentalists, and the International Management of Whaling., in: *IO* 46 (1992), S. 147-186.

PEUKERT, Alexander, Der Schutzbereich des Urheberrechts und das Werk als öffentliches Gut. Insbesondere die urheberrechtliche Relevanz des privaten Werkgenusses, in: Reto M. Hilty/ Alexander Peukert (Hrsg.), *Interessenausgleich im Urheberrecht,* Baden-Baden et al. (2004), S. 11-46.

PFLÜGER, Thomas, Position der Kultusministerkonferenz zum Dritten Gesetz zur Regelung des Urheberrechts in der Informationsgesellschaft - 'Dritter Korb', in: *ZUM (*2010), S. 938-945.

PHILIPPS, Peter W./ KERR, William A., Alternative Paradigms. The WTO Versus the Biosafety Protocol for Trade in Genetically modified Organisms, in: *JWT* 34 (2000), S. 63-75.

PICARD, Robert G./ BERGER, Guy/ ALBERTO, Fernand P., Study on the Socioeconomic Dimension of the Unautorized Use of Signals - Part III: Study on the Social and Economic Effects of the Proposed Treaty on the Protection of Broadcasting Organizations. 21. SCCR Meeting 8-12 November 2010, SCCR/21/2 v. 04.08.2010.

PIRATENPARTEI, Urheberrecht (06.2011), <http://wiki.piratenpartei.de/Urheberrecht> (zuletzt geprüft am: 10.03.2013).

PIRIOU, Florence-Marie, "Orphan Works" in Search of Legal Solutions, in: *RIDA* 218 (2008), S. 3-111.

PONTECORVO, Concetta M., Independence Between Global Environmental Regimes, in: *ZaöRV* 59 (1999), S. 709-748.

PRIEß, Hans-Joachim/ PITSCHAS, Christian/ PRIEß-BERRISCH (HRSG.), WTO-Handbuch. München (2003).

PULKOWSKI, Dirk, Book Review, in: *EJIL* 16 (2005), S. 153-169.

PUTNAM, Robert, Diplomacy and Domestic Politics. The Logic of Two-Level Games, in: *IO* 42 (1988), S. 427-460.

QUAEDVLIEG, Antoon, Copyright's Orbit Round Private, Commercial and Economic Law. The Copyright System and the Place of the User, in: *IIC (*1998), S. 420-438.

RAHMATIAN, Andreas, Universalist Norms for a Globalised Diversity. On the Protection of Traditional Cultural Expressions, in: Fiona Macmillan (Hrsg.), *New Directions in Copyright Law 6,* Cheltenham et al. (2007), S. 199-231.

RAMSAUER, Thomas, Geistiges Eigentum und kulturelle Identität. Eine Untersuchung zum immaterialgüterrechtlichen Schutz autochthoner Schöpfungen. München (2005).

RAO, Vijayendra/ WALTON, Michael (Hrsg.), Culture and Public Action. Stanford, CA (2004).

REGOURD, Serge, L' Exception Culturelle, 2.Aufl. Paris (2004).

REHBINDER, Manfred (Hrsg.), Urheberrecht und kulturelle Entwicklung. Festschrift zum 60. Geburtstag von Ulrich Uchtenhagen. Baden-Baden et al. (1987).

–, Die psychologische Dimension des Urheberrechts. Baden-Baden et al. (2003).

–, Umverteilung geistigen Eigentums durch internationale Verträge über den Schutz geistigen Eigentums? Entwicklungshilfe auf Abwegen, in: *UFITA* 99 (1985), S. 7-12.

–, Ulrich Uchtenhagen zum 60. Geburtstag, in: Manfred Rehbinder (Hrsg.), *Urheberrecht und kulturelle Entwicklung,* Baden-Baden et al. (1987), S. 9-15.

–, Johann Caspar Bluntschlis Beitrag zur Theorie des Urheberrechts, in: *UFITA* 123 (1993), S. 29-51.

–, Felix Dahn und Karl Gareis zur Theorie des Urheberrechts, in: *UFITA* 129 (1995), S. 69-81.

–, Geistiges Schaffen als Voraussetzung des Urheberrechts, in: Manfred Rehbinder (Hrsg.), *Die psychologische Dimension des Urheberrechts,* Baden-Baden et al. (2003), S. 9-24.

–, Urheberrecht. Ein Studienbuch, 16.Aufl. München (2010).

REICHARDT, Ernst Hartmut/ SCHEUERMANN, Andreas/ STRITTMATTER, Angelika (Hrsg.), Urheberrechtliche Probleme der Gegenwart. Festschrift für Ernst Reichardt zum 70. Geburtstag. Baden-Baden (1990).

REICHMAN, Jerome H., Intellectual Property in the Twenty-First Century. Will the Developing Countries Lead or Follow?, in: *Hous. L. Rev.* 46 (2009), S. 1115-1185.

REINBOTHE, Jörg, Geistiges Eigentum und die Europäische Gemeinschaft, in: *ZEuP,* S. 5-28.

REINBOTHE, Jörg/ LEWINSKI, Silke von (Hrsg.), The WIPO Treaties 1996. The WIPO Copyright Treaty and the WIPO Performances and Phonograms Treaty; Commentary and Legal Analysis. London (2002).

REINISCH, August/ KRIEBAUM, Ursula (Hrsg.), The Law of International Relations. Liber Amicorum Hanspeter Neuhold. Utrecht (2007).

RICHARD, Dagmar/ JUNKER, Abbo, Kunstfälschung und Persönlichkeitsrecht – Zugleich eine Anmerkung zum OLG Schleswig, in: *GRUR (*1988), S. 18-25.

RICHIERI HANANIA, Lilian, Diversité Culturelle et Droit International du Commerce. Aix-en-Provence et al. (2009).

RICKETSON, Sam, The Boundaries of Copyright. Its Proper Limitations and Exceptions: International Conventions and Treaties, in: *Intell. Prop. Q.* (1999), S. 56-94.

–, Intellectual Property and Human Rights, in: Stephen Bottomley/ David Kinley (Hrsg.), *Commercial Law and Human Rights,* Aldershot et al. (2002), S. 187-213.

–, WIPO Study on Limitations and Exceptions of Copyright and Related Rights in the Digital Environment. 9th Session of the Standing Committee on Copyright and Related Rights, 23 - 27 June 2003, Geneva, SCCR/9/7 v. 05.04.2003.

RICKETSON, Sam/ GINSBURG, Jane C., International Copyright and Neighbouring Rights. The Berne Convention and Beyond. Oxford et al. (2006a).

–, International Copyright and Neighbouring Rights. The Berne Convention and Beyond. Oxford et al. (2006b).

RIIS, Thomas/ SCHOVSBO, Jens, Users' Rights. Reconstructing Copyrights Policy on Utilitarian Grounds, in: *E.I.P.R.* (2007), S. 1-5.

ROEDER, Martin, The Doctrine of Moral Right: A Study in the Law of Artists, Authors and Creators, in: *Harv. L. Rev.* 53 (1940), S. 554-578.

ROUCOUNAS, Emmanuel, Engagements Parallèles et Contradictoires, in: *RdC* 206 (1987), S. 9-288.

ROUSSEL, G./ MARTIN. S. (HRSG.), Mélanges Victor Nabhan. Cowansville et al. (2004).

RUFFERT, Matthias, Die Globalisierung als Herausforderung an das Öffentliche Recht. Stuttgart (2004).

RUGGIE, John G., International Responses to Technology. Concepts and Trends., in: *IO* 29 (1975), S. 557-583.

RUIZ FABRI, Hélène (Hrsg.), La Convention de l'Unesco sur la Protection et la Promotion de la Diversité des Expressions Culturelles. Premier Bilan et Défis Juridiques. Paris (2010).

RUIZ FABRI, Hélène, Reflections on Possible Future Legal Implications of the Convention, in: Nina Obuljen (Hrsg.), *UNESCO's Convention on the Protection and Promotion of the Diversity of Cultural Expressions: Making it Work,* Zagreb (2006), S. 73-87.

–, Culture Seized by Globalization. Can International Law Be of Any Help?, in: August Reinisch/ Ursula Kriebaum (Hrsg.), *The Law of International Relations,* Utrecht (2007), S. 325-344.

–, Jeux dans la Fragmentation: la Convention sur la Protection et la Promotion de la Diversité des Expressions Culturelles, in: *RGDIP* 7 (2007), S. 43-87.

–, Games with Fragmentation. The Convention on the Protection and Promotion of the Diversity of Cultural Expressions, in: Sarah Joseph, et al. (Hrsg.), *The World Trade Organization and Human Rights,* Cheltenham et al. (2009), S. 191-220.

SACHS, Jeffrey D., Investing in Development. A Practical Plan to Achieve the Millennium Development Goals. London et al. (2005).

SADAT-AKHAVI, Seyed A., Methods of Resolving Conflicts Between Treaties. Leiden (2003).

SAFRIN, Sabrina, Treaties in Collision? The Biosafety Protocol and the World Trade Organization Agreements, in: *AJIL* 96 (2002), S. 606-628.

SAMUELSON, Pamela, Implications of the Agreement on Trade Related Aspects of Intellectual Property Rights for Cultural Dimensions of National Copyright Laws, in: *J. Cult. Econ.* 23 (1999), S. 95-107.

SANDS, Philippe J., Treaty, Custom and the Cross-Fertilization of International Law, in: *Yale Hum. Rts. & Dev. L.J.* 1 (1998), S. 85-106.

SAOUMA-FORERO, Galia, Convention de l'UNESCO sur la Protection et la Promotion de la Diversité des Expressions Culturelles, in: Hélène Ruiz Fabri (Hrsg.), *La Convention de l'Unesco sur la Protection et la Promotion de la Diversité des Expressions Culturelles,* Paris (2010), S. 17-20.

SCHACK, Haimo, Das Persönlichkeitsrecht der Urheber und ausübenden Künstler nach dem Tode, in: *GRUR (*1985), S. 352-361.

–, Hundert Jahre Berner Übereinkunft. Wege zur internationalen Urheberrechtsvereinheitlichung, in: *JZ* 18 (1986), S. 824-832.

–, Appropriation Art und Urheberrecht, in: Wilhelm Nordemann/ Ulrich Loewenheim (Hrsg.), *Urheberrecht im Informationszeitalter,* München (2004), S. 107-113.

–, Kunst und Recht. Bildende Kunst, Architektur, Design und Fotografie im deutschen und internationalen Recht, 2.Aufl. Tübingen (2009).

–, Urheber- und Urhebervertragsrecht, 5.Aufl. Tübingen (2010).

SCHÄFER, Hans-Bernd/ OTT, Claus, Lehrbuch der ökonomischen Analyse des Zivilrechts, 4.Aufl. Berlin (2005).

SCHARDT, Andreas, Das Urheberpersönlichkeitsrecht vor dem Hintergrund der Harmonisierungspläne der EG-Kommission, in: *ZUM (*1993), S. 318-324.

SCHIMMEL, Wolfgang, Doppelter Garant. Urheberrecht: freies Wissen, freie Kultur, in: *Forum Wissenschaft (*2007), S. 24-27.

SCHNEIDER, Hildegard/ VAN DEN BOSSCHE, Peter (Hrsg.), Protection of Cultural Diversity from a European and International Perspective. Antwerpen (2008).

SCHNEIDER, Jakob, Menschenrechtlicher Schutz geistigen Eigentums. Reichweite und Grenzen des Schutzes geistigen Eigentums gemäß Artikel 15 Absatz 1 lit. c) des Internationalen Paktes über wirtschaftliche, soziale und kulturelle Rechte. Stuttgart et al. (2006).

SCHOENEBECK, Astrid v., Moderne Kunst und Urheberrecht. Zur urheberrechtlichen Schutzfähigkeit von Werken der modernen Kunst. Berlin (2003).

SCHÖNFELD, Gerda-Marie, Die Weber. Subversiv oder Volksverhetzend? (2004), <http://www.stern.de/kultur/buecher/die-weber-subversiv-oder-volksverhetzend-532909.html> (zuletzt geprüft am: 10.03.2013).

SCHORLEMER, Sabine von, Die Harmonisierung von GATS und dem UNESCO-Übereinkommen zur kulturellen Vielfalt als völkerrechtliche Herausforderung, in: *UNESCO heute* 52 (2005a), S. 49-55.

–, Kulturpolitik im Völkerrecht verankert, in: *VN* 53 (2005b), S. 217-223.

–, Kulturpolitik im Völkerrecht verankert. Das neue UNESCO-Übereinkommen zum Schutz der kulturellen Vielfalt, in: Deutsche UNESCO-Kommission (Hrsg.), *Übereinkommen über Schutz und Förderung der Vielfalt kultureller Ausdrucksformen,* Bonn (2006), S. 40-61.

–, Promoting International North-South Cooperation in the Framework of the UNESCO Convention on the Protection and Promotion of the Diversity of Cultural Expressions. First Steps 2007-2010, in: Deutsche UNESCO-Kommission (Hrsg.), *Kulturelle Vielfalt – Unser gemeinsamer Reichtum,* Bonn (2007), S. 163-172.

–, UNESCO Dispute Settlement, in: Abdulqawi A. Yusuf (Hrsg.), *Normative Action in Education, Science and Culture,* Paris (2007), S. 73-103.

–, Cultural Diversity, MAX-PLANCK-INSTITUT FÜR AUSLÄNDISCHES ÖFFENTLICHES RECHT UND VÖLKERRECHT (2009), <http://www.mpepil.com/> (zuletzt geprüft am: 10.03.2013).

–, Telecommunications, International Regulation, MAX-PLANCK-INSTITUT FÜR AUSLÄNDISCHES ÖFFENTLICHES RECHT UND VÖLKERRECHT (2009), <http://www.mpepil.com/> (zuletzt geprüft am: 10.03.2013).

SCHORLEMER, Sabine von/ STOLL, Peter-Tobias (Hrsg.), The UNESCO Convention on the Protection and Promotion of the Diversity of Cultural Expressions. Explanatory Notes. Berlin et al. (2012).

SCHRICKER, Gerhard, Urheberrecht zwischen Industrie- und Kulturpolitik, in: *GRUR (*1992), S. 242-247.

SCHRICKER, Gerhard/ DREIER, Thomas/ KUR, Annette (Hrsg.), Geistiges Eigentum im Dienst der Innovation. Baden-Baden (2001).

SCHRÖDER, Christina, Kultur versus Handel? Streitbeilegung in der Vielfalt kultureller Ausdrucksformen im Spannungsfeld zwischen UNESCO und WTO unter besonderer Berücksichtigung des UNESCO-Übereinkommens über den Schutz und die Förderung der Vielfalt kultureller Ausdrucksformen, in: *BERICHTE* 22 (2012), S. 74-94.

SCHULTE-KULKMANN, Nicole, Rechtszusammenarbeit mit der Volksrepublik China. Deutsche und Amerikanische Initiativen im Vergleich. Göttingen et al. (2005).

SCHWABACH, Aaron, The Harry Potter Lexicon and the World of Fandom. Fan Fiction, Outsider Works, and Copyright, in: *U. Pitt. L. Rev.* 70 (2009), S. 387-434.

SCHWEIZERISCHE VEREINIGUNG FÜR URHEBERRECHT (HRSG.), Die Berner Übereinkunft und die Schweiz. Schweizerische Festschrift zum einhundertjährigen Bestehen der Berner Übereinkunft zum Schutze von Werken der Literatur und Kunst. Bern (1986).

SEIDL-HOHENVELDERN, Ignaz, Zum Urteil des Schiedsgerichtshofes für das Abkommen über deutsche Auslandsschulden zur Young-Anleihe, in: *GYIL* 23 (1980), S. 414-487.

SELL, Susan K., The Global IP Upward Ratchet, Anti-Counterfeiting and Piracy Enforcement Efforts. The State of Play (2008), <http://www.twnside.org.sg/title2/intellectual_property/development.research/SusanSellfinalversion.pdf> (zuletzt geprüft am: 10.03.2013).

SENFTLEBEN, Martin R., Copyright, Limitations and the Three-Step Test. The Hague et al. (2004).

–, Grundprobleme des Dreistufentests, in: *GRUR Int. (*2004), S. 200-211.

–, Towards a Horizontal Standard for Limiting Intellectual Property Rights? WTO Panel Reports Shed Light on the Three-Step Test in Copyright Law and Related Tests in Patent and Trademark Law, in: *IIC (*2006), S. 407-438.

–, Bridging the Differences Between Copyright's Legal Traditions. The Emerging EC Fair Use Doctrine, in: *J. Copyright Soc'y U.S.A.* 57 (2010), S. 521-552.

SETTLEMYER, Carl H., Between Thought and Possession: Artists' „Moral Rights" and Public Access to Creative Works, in: *Geo. L. J.* 81 (1993), S. 2291-2344.

SHAFFER, Gregory C., Recognizing Public Goods in WTO Dispute Settlement: Who Participates? Who Decides? The Case of TRIPS and Pharmaceutical Patent Protection, in: *JIEL* 7 (2004), S. 459-482.

SHAPIRO, Michael J., International / Intertextual Relations. Postmodern Readings of World Politics. Lexington, Mass (1989).

SHERMAN, Brad (Hrsg.), Of Authors and Origins. Essays on Copyright Law. Oxford (1994).

SHY, Oz, Netzpiraten vs. Medienmogule. Der Nutzen von illegalen Kopien für den Künstler, in: *WBZ Mitteilungen (*2005), S. 26-28.

SINCLAIR, Ian, The Vienna Convention on the Law of Treaties, 2.Aufl. Manchester (1984).

SIRINELLI, Pierre, Exceptions and Limits to Copyright and Neighboring Rights. Workshop on Implementation Issues of the WIPO Copyright Treaty (WCT) and the WIPO Performances and Phonograms Treaty (WPPT), Geneva, 6-7 December 1999, WCT-WPPT/IMP/1 v. 03.12.1999.

SISSOKO, Cheik O., Enjeux et Défis de la Diversité Culturelle. L'Exemple Africain, in: Deutsche UNESCO-Kommission (Hrsg.), *Kulturelle Vielfalt – Unser gemeinsamer Reichtum,* Bonn (2007), S. 149-153.

SITARAMAN, Srini, State Participation in International Treaty Regimes. Farnham (2009).

SJÖSTEDT, Gunnar, Issue Clarification and the Role of Consensual Knowledge in the UNCED Process, in: Bertram I. Spector/ Gunnar Sjöstedt/ Ira W. Zartman (Hrsg.), *Negotiating International Regimes,* London (1994), S. 63-86.

SMIERS, Joost, Arts under Pressure. Promoting Cultural Diversity in the Age of Globalization. London et al. (2003).

–, Copyrights: A Choice of no Choice for Artists and Third World Countries. The Public Domain is Loosing Anyway (1999), <http://copycult.constantvzw.org/copyrights.pdf> (zuletzt geprüft am: 10.03.2013).

SMITH, Paula, A Trekkie's Tale (1974), in: Camille Bacon-Smith (Hrsg.), *Enterprising Women,* Philadelphia (1992), S. 94-95.

SPECTOR, Bertram I./ ZARTMAN, Ira William (Hrsg.), Getting It Done. Postagreement Negotiation and International Regimes. Washington, D.C. (2003).

SPECTOR, Bertram I./ SJÖSTEDT, Gunnar/ ZARTMAN, Ira William (Hrsg.), Negotiating International Regimes. Lessons Learned from the United Nations Conference on Environment and Development (UNCED). London (1994).

SPECTOR, H. M., An Outline of a Theory Justifying Intellectual and Industrial Property Rights, in: *E.I.P.R.* 8 (1989), S. 270-273.

STALLBERG, Christian G., Urheberrecht und moralische Rechtfertigung. Berlin (2006).

STEIN, Torsten/ BUTTLAR, Christian von, Völkerrecht, 12.Aufl. Köln et al. (2009).

STEINMANN, Arthur/ HÖHNE, Focke/ STOLL, Peter-Tobias (Hrsg.), Die WTO vor neuen Herausforderungen. Tagungsband des 5. Graduiertentreffens im Internationalen Wirtschaftsrecht in Göttingen 2004. Stuttgart (2005).

STERLING, J. A., World Copyright Law. Protection of Author's Works, Performances, Phonograms, Films, Video, Broadcasts and Published Editions in National, International and Regional Law, 3.Aufl. London (2008).

STOLL, Peter-Tobias, Controlling the Risks of Genetically Modified Organisms. The Cartagena Protocol on Biosafety and the SPS Agreement, in: *YIEL* 10 (1999), S. 82-119.

STOLL, Peter-Tobias/ BUSCHE, Jan/ AREND, Katrin (Hrsg.), WTO – Trade-related Aspects of Intellectual Property Rights. Leiden (2009).

STOLL, Tobias/ RAIBLE, Karen, Schutz des geistigen Eigentums und das TRIPS-Abkommen, in: Hans-Joachim Prieß/ Christian Pitschas/ Prieß-Berrisch (Hrsg.), *WTO-Handbuch,* München (2003), S. 565-620.

STROWEL, Alain, Droit d'Auteur and Copyright. Between History and Nature, in: Brad Sherman (Hrsg.), *Of Authors and Origins,* Oxford (1994), S. 235-253.

–, Convergence entre Droit d'Auteur et Copyright dans la Société de l'Information, in: INTERGU (Hrsg.), *Schutz von Kulturgut und geistigem Eigentum in der Informationsgesellschaft,* Baden-Baden (1998), S. 59-76.

–, Droit d'Auteur et Copyright. Divergences et Convergences. Bruxelles (1993).

SUKOPP, Thomas, Menschenrechte: Anspruch und Wirklichkeit. Menschenwürde, Naturrecht und die Natur des Menschen. Marburg (2003).

SUN, Haochen, Copyright Law under Siege. An Inquiry into the Legitimacy of Copyright Protection in the Context of the Global Digital Divide, in: *IIC* (2005), S. 192-213.

SUNDARA RAJAN, Mira T., Moral Rights and Copyright Harmonization. Prospects for an "International Moral Right"?, FREE UNIVERSITY, AMSTERDAM (2002), <http://papers.ssrn.com/sol3/papers.cfm?abstract_id=1809619> (zuletzt geprüft am: 10.03.2013).

SUNDER, Madhavi, IP 3, in: *Stanford L. Rev.* 59 (2006), S. 257-332.

SUTHERSANEN, Uma, Copyright and Educational Policies. A Stakeholder Analysis, in: *OJLS* 23 (2003), S. 585-609.

SWACK, Cheryl, Safeguarding Artistic Creation and the Cultural Heritage. A Comparison of Droit Moral Between France and the United States, in: *Colum.- VLA J. of Law & Arts* 22 (1998), S. 361-406.

SYNODINOU, Tatiana-Eleni, The Lawful User and a Balancing of Interests in European Copyright Law, in: *IIC* 41 (2010), S. 819-843.

TIETJE, Christian (Hrsg.), Internationales Wirtschaftsrecht. Berlin (2007).

TIETZEL, Manfred, Die Ökonomie der Property Rights. Ein Überblick, in: *ZWP* 30 (1981), S. 207-243.

TORREMANS, Paul L., Copyright as a Human Right, in: Paul L. Torremans (Hrsg.), *Copyright and Human Rights,* The Hague et al. (2004), S. 1-20.

- (Hrsg.), Copyright and Human Rights. Freedom of Expression, Intellectual Property, Privacy. The Hague et al. (2004).

TOWSE, Ruth, Creativity, Incentive, and Reward. An Economic Analysis of Copyright and Culture in the Information Age. Cheltenham et al. (2001).

TOWSE, Ruth/ HANDKE, Christian/ STEPAN, Paul, The Economics of Copyright Law. A Stocktake of the Literature, in: *Rev. Econ. Res. Copyright Issues* 5 (2008), S. 1-22.

TUPIKEVICS, Sebastian, Die Konstruktion des Autors in der Goethezeit, in: Irmtraud von Götz Olenhusen/ Albrecht von Götz Olenhusen (Hrsg.), *Von Goethe zu Google,* Düsseldorf (2011), S. 53-57.

UCHTENHAGEN, Ulrich, Die Berner Übereinkunft und die Entwicklungsländer, in: Schweizerische Vereinigung für Urheberrecht (Hrsg.), *Die Berner Übereinkunft und die Schweiz,* Bern (1986), S. 115-131.

–, Urheberrecht und kulturelle Entwicklung, in: Manfred Rehbinder (Hrsg.), *Urheberrecht und kulturelle Entwicklung,* Baden-Baden et al. (1987), S. 17-21.

ULMER, Eugen, Das Folgerecht und seine Qualifikation im internationalen Urheberrecht, in: *RabelsZ* 37 (1973), S. 499-514.

–, Urheber- und Verlagsrecht; 3., neubearb. Aufl. (Enzyklopädie der Rechts- und Staatswissenschaft). Berlin (1980).

ULMER, Eugen/ LEINVEBER, Gerhard, Urheberrechtlicher Denkmalschutz – ja oder nein?, in: *GRUR (*1964), S. 364-369.

UNCTAD-ICTSD PROJECT ON IPRS AND SUSTAINABLE DEVELOPMENT, Intellectual Property Rights. Implications for Development v. 2003.

UNGERN-STERNBERG, Joachim von, Die Wahrnehmungspflicht der Verwertungsgesellschaften und die Urheberrechtskonventionen, in: *GRUR Int. (*1973), S. 61-65.

VAIDHYANATHAN, Siva, Copyrights and Copywrongs. The Rise of Intellectual Property and How it Threatens Creativity. New York (2003).

VAN ASSELT, Harro, Dealing with the Fragmentation of Global Climate Governance. Legal and Political Approaches in Interplay Management (2007), <http://www.glogov.org/images/doc/WP30.pdf> (zuletzt geprüft am: 10.03.2013).

VAN DEN BOSSCHE, Peter, Free Trade and Culture. A Study of Relevant WTO Rules and Constraints on National Cultural Policy Measures, MAASTRICHT UNIVERSITY (2007), <http://papers.ssrn.com/sol3/papers.cfm?abstract_id=979530> (zuletzt geprüft am: 10.03.2013).

–, The Law and Policy of the World Trade Organization. Text, Cases and Materials, 2. Aufl. Cambridge et al. (2008).

VAN SHAFFER HOUWELING, Molly, Distributive Values in Copyright, in: *Tex. L. Rev.* 83 (2005), S. 1535-1579.

VAN WAARDEN, Frans/ DRAHOS, Michaela, Courts and (Epistemic) Communities in the Convergence of Competition Policies, in: *JEPP* 9 (2002), S. 913-934.

VARIAN, Hal R., Copyright Term Extension and Orphan Works, in: *Industrial and Corporate Change* 15 (2006), S. 965-980.

VATTEL, Emer de/ MACKINTOSH, James/ ROYER-COLLARD, Paul, Le Droit des Gens ou Principes de la Loi Naturelle Appliqué à la Conduite & aux Affaires des Nations & des Souverains. II. Livre (1758). Paris (1830).

VAVER, David, Die Inländerbehandlung nach der Berner Übereinkunft und dem Welturheberrechtsabkommen, in: *GRUR Int. (*1988), S. 191-214.

VERDROSS, Alfred/ SIMMA, Bruno, Universelles Völkerrecht. Theorie und Praxis, Unveränd. Nachdr. der 3., völlig neu überarb. Aufl. von 1984. Berlin (2010).

VIERDAG, E. W., The Time of the Conclusion of a Multilateral Treaty: Article 30, in: *BYIL (*1988), S. 75-111.

VILLIGER, Mark E., Commentary on the 1969 Vienna Convention on the Law of Treaties. Leiden (2009).

VITÁNYI, Béla, Treaty Interpretation in the Legal Theory of Grotius and Its Influence on Modern Doctrin, in: *NYIL* 14 (1983), S. 41-67.

VITZTHUM, Wolfgang/ BOTHE, Michael (Hrsg.), Völkerrecht, 5., neu bearb. Aufl. Berlin (2010).

VOON, Tania, UNESCO and the WTO. A Clash of Cultures?, in: *Int'l & Comp. L. Q.* 55 (2006), S. 635-651.

–, China and Cultural Products at the WTO. WTO Appellate Body Report, China - Measures Affecting Trading Rights and Distribution Services for Certain Publications and Audiovisual Entertainment Products (China - Publications and Audiovisual Products), WT/DS363/AB/R (circultated 21 December 2009, adopted 19 January 2010), in: *LIEI* 37 (2010), S. 253-259.

VRANES, Erich, The Definition of 'Norm Conflict' in International Law and Legal Theory, in: *EJIL* 17 (2006), S. 395-418.

WAGER, Hannu, Copyright and the Promotion of Cultural Diversity, in: Hildegard Schneider/ Peter van den Bossche (Hrsg.), *Protection of Cultural Diversity from a European and International Perspective,* Antwerpen (2008), S. 193-218.

WALDRON, Jeremy, From Authors to Copiers. Individual Rights and Social Values in Intellectual Property, in: *Chi.-Kent L. Rev.* 68 (1993), S. 841-887.

WALTZ, Kenneth N., Theory of International Politics. Reading, Mass (1979).

WANDTKE, Artur-Axel, Copyright oder Droit d'auteur im technologischen Zeitalter, in: Jürgen Becker, et al. (Hrsg.), *Recht im Wandel seines sozialen und technologischen Umfeldes,* München (2002), S. 389-404.

WANDTKE, Artur-Axel/ BULLINGER, Winfried (Hrsg.), Praxiskommentar zum Urheberrecht, 2.Aufl. München (2006).

WATAL, Jayashree, Intellectual Property Rights in the WTO and Developing Contries. The Hague et al. (2001).

WEDGWOOD, Ruth, Legal Personality and the Role of Non-Governmental Organizations and Non-State Political Entities in the United Nations System, in: Rainer Hofmann/ Nils Geissler (Hrsg.), *Non-state Actors as New Subjects of International Law,* Berlin (1999), S. 21-36.

WEINGART, Peter, Wissenschaftssoziologie. Bielefeld (2003).

WEIß, Wolfgang/ OHLER, Christoph/ HERRMANN, Christoph (Hrsg.), Welthandelsrecht, 2. Aufl. München (2007).

WETZEL, Ralf G./ RAUSCHNING, Dietrich, The Vienna Convention on the Law of Treaties. Travaux Preparatoires = Die Wiener Vertragsrechtskonvention. Frankfurt a. M. (1978).

WIESAND, Andreas J., Längst Geschwister. "Kultur" und Wirtschaft - (k)eine Mesalliance?, in: *Forum Wissenschaft (*2007), S. 15-18.

WIESE, Henning, The Justification of the Copyright System in the Digital Age, in: *E.I.P.R.* 24 (2002), S. 387-396.

WILSON, Stephen R., Rewarding Creativity. Transformative Use in the Jazz Idiom, in: *U. Pitt. J. Tech. L. & Pol'y* 4 (2003), S. 2-31.

WIPO, Intellectual Property and Human Rights. A Panel Discussion to Commemorate the 50th Anniversary of the Universal Declaration of Human Rights, Geneva, 9 November 1998, Repr. Geneva (2000).

WOLFRUM, Rüdiger/ MATZ, Nele, Conflicts in International Environmental Law. Berlin et al. (2003).

WOLFRUM, Rüdiger/ RÖBEN, Volker (Hrsg.), Developments of International Law in Treaty Making. Berlin et al. (2005).

WOLFRUM, Rüdiger/ STOLL, Peter-Tobias/ KAISER, Karen (Hrsg.), WTO - Institutions and Dispute Settlement. Leiden (2006).

WOLLASTON, William, A Religion of Nature Delineated, 7. Aufl. London (1722).

WORLD INTELLECTUAL PROPERTY ORGANIZATION, WIPO Intellectual Property Handbook. Policy, Law and Use, 2. ed., repr. Geneva (2008).

WOYKE, Wichard (Hrsg.), Handwörterbuch internationale Politik, 11., überarb. u. aktual. Aufl., Lizenzausg. Bonn (2004).

YASSEEN, Mustafa K., L'Interprétation des Traités d'après la Convention de Vienne sur le Droit des Traités, in: *RdC* (1976), S. 1-114.

YUSUF, Abdulqawi A. (Hrsg.), Normative Action in Education, Science and Culture. Essays in Commemoration of the Sixtieth Anniversary of UNESCO. Paris (2007).

–, UNESCO Practices and Procedures for the Elaboration of Standard-setting Instruments, in: Abdulqawi A. Yusuf (Hrsg.), *Normative Action in Education, Science and Culture,* Paris (2007), S. 31-49.

ZOGRAFOS, Daphne, New Perspectives for the Protection of Traditional Cultural Expressions in New Zealand, in: *IIC* (2005), S. 928-952.

ZULEEG, Manfred, Vertragskonkurrenz im Völkerrecht. Teil I, in: *GYIL* 20 (1977), S. 246-276.

ZWOLSKI, Kamil/ KAUNERT, Christian, The EU and Climate Security. A Case of Successful Norm-Entrepreneurship?, in: *ES* 20 (2011), S. 21-43.

II. Internetquellen

AGENCE INTERGOUVERNEMENTAL DE LA FRANCOPHONIE, Document de Réflextion sur le Traitement des Produits et Services Culturels dans les Accords Commerciaux. Paris, v. 12.12.2000 (2000), <http://www.francophonie.org/IMG/pdf/Traitement_des_produits_et_services_cult_-_accords_commerciaux.pdf> (zuletzt geprüft am: 10.03.2013).

ATRIP, ATRIP Statement at the Hearing on Copyright in Europe, PARLIAMENTARY ASSEMBLY – COUNCIL OF EUROPE, COMMITTEE ON CULTURE, SCIENCE AND FICTION (2008), <http://www.atrip.org/Activity/7aa0a044-6918-40a4-99ce-e5714bfcc5c2/hearing-on-copyright-in-europe> (zuletzt geprüft am: 10.03.2013).

BELLAGIO CONFERENCE ON INTELLECTUAL PROPERTY, Bellagio Declaration (1993), <http://www.case.edu/affil/sce/BellagioDec.html> (zuletzt geprüft am: 10.03.2013).

BÖRSENVEREIN DES DEUTSCHEN BUCHHANDELS, Wirtschaftsunternehmen Verlag (2012), <http://www.boersenverein.de/de/293387> (zuletzt geprüft am: 10.03.2013).

BOTSCHAFT GABUN, Grundlinien der Wirtschaftspolitik (2008), <http://www.botschaft-gabun.de/wirtschaft/wirtschaft_de.html> (zuletzt geprüft am: 30.04.2012).

BRAZILIAN MINISTRY OF CULTURE, A Study on Copyrights, Access to Culture and New Technologies: Evolving Challenges to Cultural Diversity. Presented at the Ninth Annual Ministerial Meeting, Rio de Janeiro, Brazil, 22-25 November 2006 (2006), <http://www.incp-ripc.org/images/stories/documents/meetings/2006/session1_e.pdf> (zuletzt geprüft am: 10.03.2013).

BUAINAIN, Antônio M., et al., Study on the Economic Importance of Industries and Activities Protected by Copyright and Related Rights in the MERCOSUR Countries and Chile, WIPO (2002), <http://www.wipo.int/sme/en/documents/pdf/copyright_mercosur.pdf> (zuletzt geprüft am: 10.03.2013).

Bundesweite Koalition Kulturelle Vielfalt, Neunte Konsultationen der Bundesweiten Koalition Kulturelle Vielfalt, 5.-6. Mai 2011. Ergebnisvermerk (2011), <http://www.unesco.de/fileadmin/medien/Dokumente/Kultur/kkv/110530_9.KonsKKV_Ergebnisvermerk_FINAL.pdf> (zuletzt geprüft am: 12.06.2013).

Callan, Benedicte, The Potential for Transatlantic Cooperation on Intellectual Property in Asia, Berkley Roundtable on the International Economy (BRIE) (1998), <http://brie.berkeley.edu/publications/WP116.pdf> (zuletzt geprüft am: 10.03.2013).

Canadian Coalition for Cultural Diversity, The Importance of Affirming the Principles and Objectives of the UNESCO Convention on the Diversity of Cultural Expressions in Other International Forums (2009), <http://www.cdc-ccd.org/coalition_currents/09-sept/CC_Vol7No3_Sept09_en.pdf> (zuletzt geprüft am: 10.03.2013).

Carnaghan, Matthew, In Brief – UNESCO Convention on the Protection and Promotion of the Diversity of Cultural Expressions, Parliamentary Information and Research Service (17.02.2006), <http://www.parl.gc.ca/Content/LOP/researchpublications/prb0564-e.html> (zuletzt geprüft am: 25.06.2013).

Conference on the Engelberg Center on Innovation Law & Policy/ Max-Planck-Institut für Geistiges Eigentum, Wettbewerbs- und Steuerrecht, Enough is Enough!: Ceilings on Intellectual Property Rights Workshop. 1-2 May 2009, New York University (2009), <http://www.law.nyu.edu/centers/engelbergcenter/conferences/ceilingsworkshop/index.htm> (zuletzt geprüft am: 10.03.2013).

Consumers International et. al., Geneva Declaration on the Future of the World Intellectual Property Organization. 04.03.2005 (2005), <http://www.cptech.org/ip/wipo/futureofwipodeclaration.pdf> (zuletzt geprüft am: 10.03.2013).

Deutsche UNESCO-Kommission, Vielfalt. Kooperation. Aktion. Aktionspunkteplan 2013-2016. Handlungsempfehlungen aus der Zivilgesellschaft zur Umsetzung des UNESCO-Konvention zum Schutz und zur Förderung der Vielfalt kultureller Ausdrucksformen in und durch Deutschland. (2013), <http://www.unesco.de/fileadmin/medien/Dokumente/Kultur/kkv/Aktionspunkteplan_2013-2016_FINAL.pdf> (zuletzt geprüft am: 12.06.2013).

Europäische Kommission, Cultural Diversity at the International Level (2006), <http://ec.europa.eu/culture/portal/action/diversity/internat_level_en.htm> (zuletzt geprüft am: 10.03.2013).

Geiger, Christophe/ Griffiths, Jonathan/ Hilty, Reto M., Declaration on a Balanced Interpretation of the 'Three-Step Test' in Copyright Law, School of Law, Queen Mary University, London (08.07.2008), <http://www.law.qmul.ac.uk/events/archive/declaration_three_steps%5B1%5D.pdf> (zuletzt geprüft am: 10.03.2013).

Grassmuck, Volker, Forum für Urheberrechtsreform in Brasilien gestartet (2007), <http://www.heise.de/tp/druck/mb/artikel/26/26888/1.html> (zuletzt geprüft am: 10.03.2013).

Heilemann, Sebastian, TransLECS. Transnational Legal Development and Epistemic Communities, Universität Trier (2002), <http://www.chinapolitik.de/trans/index.htm> (zuletzt geprüft am: 10.03.2013).

Hilty, Reto M., Begrüßung und Zusammenfassung der letzten Tagung, Max-Planck-Institut für Immaterialgüter und Wettbewerbsrecht (2004), <http://www.ip.mpg.de/files/pdf1/TagungInteressenausgleich-Begruessung.pdf> (zuletzt geprüft am: 10.03.2013).

–, Zusammenfassung und Ausblick. Tagung des Max-Planck-Instituts für Immaterialgüter- und Wettbewerbsrecht, 4.-6. November 2004, MAX-PLANCK-INSTITUT FÜR GEISTIGES EIGENTUM, WETTBEWERBS- UND STEUERRECHT (2004), <http://www.ip.mpg.de/files/pdf1/TagungInteressenausgleich-Zusammenfassung.pdf> (zuletzt geprüft am: 10.03.2013).

HOLOWATY, Christoph, Hardware, Software, Leidenschaft – Games: Grundlagen. Welche Faktoren die Entwicklung von Computerspielen bestimmen (2005), <http://www.bpb.de/themen/V3IJ1P,2,0,Hardware_Software_Leidenschaft.html> (zuletzt geprüft am: 10.03.2013).

IFCCD, Founding Declaration. Founding Congress of the International Federation of the Coalitions for Cultural Diversity, 19 September 2007, Sevilla, Spain (2007), <http://www.cdc-ccd.org/Congres-de-Fondation-de-la?lang=en> (zuletzt geprüft am: 10.03.2013).

–, International Federation of Coalitions for Cultural Diversity Welcomes New Member (2011), <http://www.cdc-ccd.org/La-Federation-internationale-des?lang=en> (zuletzt geprüft am: 10.03.2013).

IFLA Statutes (2008), <http://www.ifla.org/files/hq/ifla-statutes-en.pdf> (zuletzt geprüft am: 10.03.2013).

–, The IFLA Position on The World Trade Organization (2001), <http://www.ifla.org/node/7377> (zuletzt geprüft am: 10.03.2013).

–, Die IFLA Erklärung zur multikulturellen Bibliothek. Die multikulturelle Bibliothek - eine Schnittstelle zu einer kulturell vielfältigen Gesellschaft im Dialog (2005), <http://archive.ifla.org/VII/s32/pub/MulticulturalLibraryManifesto-de.pdf> (zuletzt geprüft am: 10.03.2013).

INCD, Report to the Annual Ministerial Meeting of the International Network on Cultural Policy. Rio de Janeiro, Brazil, 23 November 2006 (2006), <http://www.incd.net/docs/Document%203%20-%20eng%20-%20Rio%20Delaration.pdf> (zuletzt geprüft am: 10.03.2013).

–, About INCD (2007), <http://www.incd.net/about.html> (zuletzt geprüft am: 10.03.2013).

INCP-RIPC (2011), <www.incp-ripc.org> (zuletzt geprüft am: 10.03.2013).

–, List of INCP Member Countries, INCP-RIPC (2011), <http://www.incp-ripc.org/en/member-countries.html> (zuletzt geprüft am: 10.03.2013).

–, Member States (2011), <http://incp-ripc.org/members/index_e.shtml> (zuletzt geprüft am: 10.03.2013).

–, Lucerne Statement. Fourth Annual Ministerial Meeting, Luzern, 24-26 September 2001, <http://www.incp-ripc.org/en/ministerial-meetings/215-lucerne-statement.html> (zuletzt geprüft am: 10.03.2013).

–, Santorini Statement. Third Annual Ministerial Meeting, Santorini v. 27-29 September 2000.

–, Rio de Janeiro Statement. Ninth Annual Ministerial Meeting, Rio de Janeiro, Brazil, 22-25 November 2006 (2006), <http://www.incp-ripc.org/en/ministerial-meetings/127-rio-de-janerio-statement.html> (zuletzt geprüft am: 10.03.2013).

INTERNATIONAL FEDERATION OF PHONOGRAPHY INDUSTRY (2012), <www.ifpi.org/> (zuletzt geprüft am: 10.03.2013).

INTERNATIONAL MUSIC COUNCIL, Second World Forum on Music. 11-14 October 2007, Beijing, China, (2007), <http://www.imc-cim.org/world-forum-music/2nd-wfm-2007/141-

world-forum-on-music/13-2nd-wfm-sessions-and-papers.html> (zuletzt geprüft am: 10.03.2013).

– (2012), <http://www.imc-cim.org/> (zuletzt geprüft am: 10.03.2013).

INTERNATIONAL PUBLISHERS ASSOCIATION (2012), <http://www.internationalpublishers.org/> (zuletzt geprüft am: 10.03.2013).

INTERNATIONAL THEATER INSTITUTE (2012), <www.iti-worldwide.org/> (zuletzt geprüft am: 10.03.2013).

KÜNSTLERSOZIALKASSE, Durchschnittseinkommen Versicherte 2012 (2012), <http://www.kuenstlersozialkasse.de/wDeutsch/ksk_in_zahlen/statistik/durchschnittseinkommenversicherte.php> (zuletzt geprüft am: 10.03.2013).

–, Entwicklung der Versichertenzahlen – unterteilt nach den Kunstbereichen – ab dem Jahr 1991 (2012), <http://www.kuenstlersozialkasse.de/wDeutsch/ksk_in_zahlen/statistik/versichertenbestandsentwicklung.php> (zuletzt geprüft am: 10.03.2013).

LESSIG, Lawrence, Retiring Stand-alone DevNations and one Sampling License (2007), <http://creativecommons.org/weblog/entry/7520> (zuletzt geprüft am: 10.03.2013).

–, About Creative Commons (2011), <http://creativecommons.org/about> (zuletzt geprüft am: 10.03.2013).

MACHINIMA.COM, About Us, <http://www.machinima.com/overview> (zuletzt geprüft am: 10.03.2013).

MAX-PLANCK-INSTITUT FÜR IMMATERIALGÜTER UND WETTBEWERBSRECHT, Interessenausgleich im Urheberrecht. Forschungsprojekt, MAX-PLANCK-INSTITUT FÜR IMMATERIALGÜTER UND WETTBEWERBSRECHT (2008), <http://www.ip.mpg.de/de/pub/publikationen/onlinepublikationen/interessenausgleich.cfm> (zuletzt geprüft am: 10.03.2013).

–, Erklärung zum Drei-Stufen-Test. Liste der Unterstützer, Stand September 2011, MAX-PLANCK-INSTITUT FÜR GEISTIGES EIGENTUM, WETTBEWERBS- UND STEUERRECHT (2011), <http://www.ip.mpg.de/de/pub/aktuelles/declaration-threesteptest/list_of_supporters.cfm#i34948> (zuletzt geprüft am: 10.03.2013).

–, Proposals for Amendment of TRIPS. Kooperation mit dem Institute for Intellectual Property and Market Law at the University of Stockholm, MAX-PLANCK-INSTITUT FÜR IMMATERIALGÜTER UND WETTBEWERBSRECHT (2011), <http://www.ip.mpg.de/de/pub/aktuelles/trips.cfm> (zuletzt geprüft am: 10.03.2013).

–, Stellungnahmen des Instituts, MAX-PLANCK-INSTITUT FÜR IMMATERIALGÜTER UND WETTBEWERBSRECHT (2011), <http://www.ip.mpg.de/de/pub/publikationen/stellungnahmen_des_instituts.cfm> (zuletzt geprüft am: 10.03.2013).

MERKEL, Christine M., Kulturelle Vielfalt und Kulturerbe. Die 33. Generalkonferenz der UNESCO. Das UNESCO-Kulturprogramm 2006-2007 (2005), <http://deposit.ddb.de/ep/netpub/28/34/66/972663428/_data_dync/_stand_Dezember_2006/1105/gk33clt.htm> (zuletzt geprüft am: 10.03.2013).

METZE-MANGOLD, Verena, Die Umsetzung des UNESCO Übereinkommens über den Schutz und die Förderung der Vielfalt kultureller Ausdrucksformen durch die Europäische Gemeinschaft. Public Hearing (2007), <http://www.unesco.de/fileadmin/medien/Dokumente/Kultur/kkv/EUROPEAN_PARLIAMENT_Anhoerung_CC_VortragVI_270208_01.pdf> (zuletzt geprüft am: 10.03.2013).

MICROSOFT-XBOX, Game Content Usage Rules – Xbox.com (2012), <http://www.xbox.com/en-US/community/developer/rules> (zuletzt geprüft am: 10.03.2013).

NAPIER, Mark, The Distorted $arbie (1997), <http://users.rcn.com/napier.interport/barbie/barbie.html> (zuletzt geprüft am: 10.03.2013).

NEIL, Garry, WTO's New Round of Trade Negotiations: Doha Development Agenda Threatens Cultural Diversity, INCD (2001), <http://www.incd.net/paper02.html> (zuletzt geprüft am: 10.03.2013).

O'LEARY, Michael P., Statement of Executive Vice President, Government Affairs, Michael P. O'Leary on Behalf of the Motion Picture Association of America, Inc., Submitted to the House Judiciary Committee's Intellectual Property, Competition, and the Internet Subcommittee Hearing. 'Promoting Investment and Protecting Commerce Online: The Art Act, the Net Act and Illegal Streaming', 1 June 2011, Washington D.C. (2011), <http://www.mpaa.org/Resources/ddf0d118-6431-4ea8-acaf-37e094c9da35.pdf> (zuletzt geprüft am: 10.03.2013).

PARANAGUÁ, Pedro, Brazil's Copyright Reform. Are We All Josef K.?, INTELLECTUAL PROPERTY WATCH (2011), <http://www.ip-watch.org/weblog/2011/05/12/brazil%E2%80%99s-copyright-reform-are-we-all-josef-k/> (zuletzt geprüft am: 10.03.2013).

RANTASA, Peter M., International Music Council – Approaches to Intellectual Property Rights. A Snapshot of the Second Session of the 2nd World Forum on Music (2007), <http://www.imc-cim.org/141-world-forum-on-music/217-approaches-to-intellectual-property-rights.html> (zuletzt geprüft am: 10.03.2013).

REITOV, Ole, Conference on Cultural Diversity. 29 November 2002, Kopenhagen (2002), <http://www.info.images.dk/dccd/cku.nsf/images/udgivelser/$file/div.layout.pdf> (zuletzt geprüft am: 10.03.2013).

SCHULTE-KULKMANN, Nicole, Rechtszusammenarbeit im Kontext der europäisch-chinesischen Beziehungen. DFG Forschungsprojekt, UNIVERSITÄT TRIER (2003), <http://www.chinapolitik.de/studien/china_analysis/no_24.pdf> (zuletzt geprüft am: 10.03.2013).

TONSPION.DE, GEMA bremst Newcomer aus. Jammin Inc über ihr Album unter Creative Commons-Lizenz, TONSPION.DE (2005), <http://www.tonspion.de/neues/neueste/244133> (zuletzt geprüft am: 10.03.2013).

UNESCO SECRETARIAT, Parties required to submit periodic reports in 2012 or 2013 (2013), <http://www.unesco.org/new/en/culture/themes/cultural-diversity/diversity-of-cultural-expressions/periodic-reports/submission-dates/detailed-schedule/> (zuletzt geprüft am: 12.06.2013).

–, Quadrennial Periodic Reports 2012 (2013), <http://www.unesco.org/culture/cultural-diversity/2005convention/en/programme/periodicreport/> (zuletzt geprüft am: 12.06.2013).

UNESCO/ GLOBAL ALLIANCE FOR CULTURAL DIVERSITY, Understanding Creative Industries. Cultural Statistics for Public-Policy Making (2006), <http://portal.unesco.org/culture/en/files/30297/11942616973cultural_stat_EN.pdf/cultural_stat_EN.pdf> (zuletzt geprüft am: 10.03.2013).

UNESCOPRESS, General Conference adopts Convention on the Protection and Promotion of the Diversity of Cultural Expressions (31.10.2005), <http://portal.unesco.org/en/ev.php-URL_ID=30298&URL_DO=DO_TOPIC&URL_SECTION=201.html> (zuletzt geprüft am: 25.06.2013).

WEHN, Karin, Machinima. Was Ego-Shooter und Puppentheater gemeinsam haben (2004), <http://www.heise.de/tp/artikel/17/17818/1.html> (zuletzt geprüft am: 10.03.2013).

WIPO Intergovernmental Committee on Intellectual Property and Genetic Resources, Traditional Knowledge and Folklore (IGC) (2011), <http://www.wipo.int/tk/en/igc/index.html> (zuletzt geprüft am: 10.03.2013).

WORLD ASSOCIATION OF COMMUNITY RADIO BROADCASTERS (2012), <www.amarc.org/> (zuletzt geprüft am: 10.03.2013).

WTO, Intellectual Property (TRIPS) and Public Health. Members Accepting Amendment (2012), <http://www.wto.org/english/tratop_e/trips_e/amendment_e.htm> (zuletzt geprüft am: 10.03.2013).

YOUNGS, Ian, Micro-budget Film Wows Cannes, BBC NEWS (2004), <http://news.bbc.co.uk/2/hi/entertainment/3720455.stm> (zuletzt geprüft am: 10.03.2013).

B. Dokumentenverzeichnis

I. Umsetzungsberichte der ÜVKA-Vertragsparteien

AUSTRIA, Quadrennial Periodic Report on Measures to Protect and Promote the Diversity of Cultural Expressions v. 13.11.2012.

CANADA, Quadrennial Periodic Report on Measures to Protect and Promote the Diversity of Cultural Expressions v. 13.11.2012.

GERMANY, Quadrennial Periodic Report on Measures to Protect and Promote the Diversity of Cultural Expressions v. 13.11.2012.

GREECE, Quadrennial Periodic Report on Measures to Protect and Promote the Diversity of Cultural Expressions v. 02.05.2012.

ITALIE, Rapport Periodique de l'Italie 2007-2011. Convention sur la Protection et la Promotion de la Divérsité des Expressions Culturelles v. 13.11.2012.

OMAN, Quadrennial Periodic Report on Measures to Protect and Promote the Diversity of Cultural Expressions v. 13.11.2012.

POLAND, Quadrennial Periodic Report on Measures to Protect and Promote the Diversity of Cultural Expressions in the Framework of the 2005 UNESCO Convention v. 13.11.2012.

SUISSE, Rapport Periodique de la Suisse 2008-2012 sur la Mise en Œeuvre de la Convention sur la Protection et la Promotion de la Divérsité des Expressions Culturelles v. 13.11.2012.

SYRIAN ARAB REPUBLIC, Quadrennial Periodic Report on Measures to Protect and Promote the Diversity of Cultural Expressions v. 13.11.2012.

UNITED KINGDOM, Quadrennial Periodic Report on Measures to Protect and Promote the Diversity of Cultural Expressions v. 09/2012.

II. ÜVKA-Organe

CCD COP, Conference of Parties to the Convention on the Protection and Promotion of the Diversity of Cultural Expressions. First Ordinary Session. Summary Record, CE/07/1.CP/CONF/209/10 v. 20.06.2007.

–, Operational Guidelines. Articles 7, 8 and 17 of the Convention on the Protection and Promotion of the Diversity of Cultural Expressions. Measures to Promote and Protect Cultural

Expressions. Approved by the Conference of Parties at its Second Session (June 2009). v. 2009.

CCD CoP, Operational Guidelines. Article 11 of the Convention on the Protection and Promotion of the Diversity of Cultural Expressions (12.2010), <http://www.unesco.org/new/en/unesco/themes/2005-convention/highlights/civil-society/> (zuletzt geprüft am: 10.03.2013).

–, Operational Guidelines. Convention on the Protection and Promotion of the Diversity of Cultural Expressions (20.12.2010), <http://www.unesco.org/new/en/culture/themes/cultural-diversity/diversity-of-cultural-expressions/the-convention/operational-guidelines/> (zuletzt geprüft am: 10.03.2013).

–, Future Activities of the Committee. Third Ordinary Session, Paris, UNESCO Headquarters, Room III, 14 - 17 June 2011, CE/11/3.CP/209/Res. v. 15.03.2011.

–, Fourth Ordinary Session, 11 - 14 June 2011. International consultation and coordination: current status of Article 21 of the Convention (2011-2013), CE/13/4.CP/11 v. 18.03.2013.

–, Adoption of the Agenda. Fourth Ordinary Session, Paris, 11-14 June 2013, CE/13/4.CP/2 v. 12.11.2013.

CCD IGC, Decisions. First Session Ottawa, Canada, 10 - 13 December 2007, CE/07/1.IGC/Dec. Rev. v. 13.12.2007.

–, First Session. Draft Summary Records, CE/07/1.IGC/10 v. 13.03.2008.

–, Preparation of Operational Guidelines for the Implementation and Application of the Provisions of the Convention: Measures to Promote and to Protect Cultural Expressions (Articles 7, 8 and 17), CE/08/1.EXT.IGC/3 v. 03.04.2008.

–, First Extraordinary Session. Decisions, CE/08/1.EXT.IGC/Dec. Rev. 2 v. 20.08.2008.

–, First Extraordinary Session. Draft Summary Records, CE/08/1.EXT.IGC/9 v. 26.09.2008.

–, Second Ordinary Session. Draft Summary Records, CE/09/2.EXT.IGC/208/3 v. 30.01.2009.

–, Second Extraoordinary Session. Replies of the Parties and Civil Society to the Questionnaire Concerning Article 16 of the Convention, CE/09/2. EXT.IGC/208/INF.4 v. 03.02.2009.

–, Second Extraordinary Session, CE/09/2.EXT.IGC/208/INF.5 Rev v. 13.02.2009.

–, Second Extraordinary Session. Oral report of the Rapporteur, CE/09/2.EXT.IGC/208/9 v. 25.03.2009.

–, Draft Operational Guidelines. Role and Participation of Civil Society, CE/09/2.CP/210/7 v. 30.03.2009.

–, Second Extraordinary Session. Draft Summary Records., without Document Number v. 25.06.2009.

–, Fifth Ordinary Session. Paris, UNESCO Headquarters, 5 - 9 September 2011, CE/11/5.IGC/213/8REV2 v. 18.11.2011.

–, Fifth Ordinary Session. Decisions. Paris, UNESCO Headquarters 5-7 December 2011, CE/11/5.IGC/213/Dec. v. 07.12.2011.

–, Sixth Ordinary Session, CE/12/6.IGC/4 v. 09.11.2012.

–, Sixth Ordinary Session, 10 - 14 December 2012. Draft Summary Records, ohne Nummer v. 14.03.2013.

III. UNESCO

INTERGOVERNMENTAL CONFERENCE ON CULTURAL POLICIES FOR DEVELOPMENT, Action Plan on Cultural Policies for Development. Adopted by the Intergovernmental Conference on Cultural Policies for Development; Stockholm, Sweden, 2 April 1998 (1998), <http://www.unesco.org/cpp/uk/declarations/cultural.pdf> (zuletzt geprüft am: 10.03.2013).

PÉREZ CUÉLLAR, Javier de, Our Creative Diversity. Report of the World Commission on Culture and Development. Summary Version, CLT-96/WS-6 v. July 1996.

UNESCO EXECUTIVE BOARD, Decisions Adopted by the Executive Board at its 169th Session. Paris, 14 - 28 April 2004, 169 EX/Decisions v. 25.05.2004.

–, Composite Draft. Appendices 1 and 2 to the Preliminary Report by the Director-General on the Draft Convention on the Protection of the Diversity of Cultural Contents and Artistic Expressions; 2005, 171 EX/INF.18 App. I v. 21.04.2005.

–, Consolidated Draft. Appendices 1 and 2 to the Preliminary Report by the Director-General on the Draft Convention on the Protection of the Diversity of Cultural Contents and Artistic Expressions; 2005, 171 EX/INF.18 App. II v. 21.04.2005.

UNESCO GENERAL CONFERENCE, Records of the General Conference, 31st Session, Paris, 2001. Proceedings, Vol. II v. 2003.

–, Report of Commission IV, 32 C/74 v. 16.10.2003.

–, Desirability of Drawing up an International Standard-setting Instrument on Cultural Diversity, 32 C/ Res. 34 v. 17.10.2003.

–, Records of the 33rd Session of the General Conference, Vol. 2: Proceedings. Paris, 2005, C/33 v. 2007.

–, Records of the 33rd Session of the General Conference, Paris, 2005. Proceedings, Vol. II v. 20.07.2007.

-, Allgemeine Erklärung zur kulturellen Vielfalt. Verabschiedet während der 31. UNESCO-Generalkonferenz in Paris (November 2001), <http://www.unesco.de/443.html> (zuletzt geprüft am: 10.03.2013).

–, Leitlinien für einen Aktionsplan zur Umsetzung der Erklärung der UNESCO über kulturelle Vielfalt. Verabschiedet während der 31. UNESCO-Generalkonferenz in Paris (November 2001), <http://www.unesco.de/443.html> (zuletzt geprüft am: 10.03.2013).

–, Universal Declaration on Cultural Diversity. A Vision. A Conceptual Platform. A Pool of Ideas for Implementation. A New Paradigm v. 2002.

–, Preliminary Study on the Technical and Legal Aspects Relating to the Desirability of a Standard-Setting Instrument on Cultural Diversity, 166 EX/28 v. 12.03.2003.

UNESCO DIRECTOR-GENERAL, Preliminary Report and Preliminary Draft Convention on the Protection of the Diversity of Cultural Contents and Artistic Expressions, CL/3726 v. 15.07.2004.

–, Preliminary Report of the Director-General Containing Two Preliminary Drafts of a Convention on the Protection of the Diversity of Cultural Contents and Artistic Expressions. Composite Text - Appendix 1; Consolidated Text - Appendix 2, CLT/CPD/2005/CONF. 203/6 v. 03.03.2005.

–, Preliminary Report of the Director-General Containing Two Preliminary Drafts of a Convention on the Protection of the Diversity of Cultural Contents and Artistic Expressions, CLT/CPD/2005/CONF.203/6 v. 23.03.2005.

–, Second Meeting of Experts (Category VI) on the Preliminary Draft of the Convention on the Protection of the Diversity of Cultural Contents and Artistic Expressions. Comments and Formulations Proposed by the Experts. Working Document – A, CLT/CPD/ 2004/602/1 rev v. 26.03.2004.

–, Preliminary Draft of a Convention on the Protection of the Diversity of Cultural Contents and Artistic Expressions. Expert Draft, CLT/CPD/2004/CONF-201/2 v. 07.2004.

–, First Session of the Intergovernmental Meeting of Experts on the Preliminary Draft Convention on the Protection of the Diversity of Cultural Contents and Artistic Expressions., CLT-2004/CONF.201/9 v. 11.2004.

–, Avant-Projet de Convention sur la Protection de la Diversité des Contenus Culturels et des Expressions Artistiques. Presentation des Commentaires et Amendements. Partie V: Commentaires et Amendements des ONG, CLT/CPD/2004/CONF.607/1, Partie V v. 12.2004.

–, Preliminary Draft Convention on the Protection of the Diversity of Cultural Contents and Artistic Expressions. Presentation of Comments and Amendments, CLT/CPD/2004/ CONF.607/1, Part IV v. 12.2004.

–, Preliminary Draft Convention on the Protection of the Diversity of Cultural Contents and Artistic Expressions. Drafting Committee. Presentation of Comments and Amendments. Part IV Comments Proposed by the IGOs, CLT/CPD/CONF.607/1 Part IV v. 12.2004.

–, Preliminary Draft Convention on the Protection of the Diversity of Cultural Contents and Artistic Expressions. Drafting Committee. Summary of the Comments and Amendments Submitted by the States and NGOs, CLT/CPD/2004/CONF.607/2 v. 12.2004

–, Preliminary Draft Convention on the Protection of the Diversity of Cultural Contents and Artistic Expressions Text Revised by the Drafting Committee, CLT/CPD/2004/CONF. 607/6 v. 23.12.2004.

–, Second Intergovernmental Meeting of Experts on the Draft Convention on the Protection of the Diversity of Cultural Contents and Artistic Expressions. Oral Report of the Rapporteur, Mr. Artur Wilczynski at the Closing of the Second Session, ohne Dokumentennummer v. 11.02.2005.

–, Third Intergovernmental Meeting of Experts on the Draft Convention on the Protection of the Diversity of Cultural Contents and Artistic Expressions. Oral Report of the Rapporteur, Mr. Artur Wilczynski at the Closing of the Third Session, 25 May – 3rd June 2005, ohne Dokumentennummer v. 03.06.2005.

–, Intangible Heritage List (2012), <http://www.unesco.org/culture/ich/index.php?lg=EN&pg=00107> (zuletzt geprüft am: 10.03.2013).

UNITED STATES OF AMERICA, Draft Resolution submitted by the United States of America, 32 C/Com.IV/DR.5 v. 2003.

IV. WIPO

WIPO, Records of the Intellectual Property Conference of Stockholm, Vol. II. Geneva (1971).

–, Records of the Diplomatic Conference on Certain Copyright and Neighboring Rights Questions. Geneva, 1996. Geneva (1999a).

–, Records of the Diplomatic Conference on Certain Copyright and Neighboring Rights Questions. Geneva, 1996. Geneva (1999b).

–, Proposal by Argentina and Brazil for the Establishment of a Development Agenda for WIPO, WO/GA/31/11 v. 27.08.2004.

–, The 45 Adopted Recommendations under the WIPO Development Agenda v. 2007.

WIPO GENERAL ASSEMBLY, Thirty-Second (17th Ordinary) Session Geneva, September 26 to October 5, 2005. Report, WO/GA/32/13 v. 27.02.2006.

WIPO IGC, The Protection of Traditional Cultural Expressions. Draft Articles, WIPO/GRTKF/IC/19/4 v. 17.05.2011.

WIPO SCCR, Proposal by Brazil on the Protection of Broadcasting Organizations. Thirteenth Session, Geneva, 21 - 23 November 2005, WIPO SCCR 13/3 Corr. v. 17.11.2005.

–, Non-Paper on the WIPO Treaty on the Protection of Broadcasting Organizations. SCCR/S2, SCCR/S2/PAPER1 v. 20.04.2007.

–, Conclusion of the Twenty-Third Session of the Standing Committee on Copyright and Related Rights (SCCR). Geneva, November 21 to 25, 28, 29 and December 2, 2011, SCCR/23/REF/CONCLUSIONS v. 05.12.2011.

–, Working Document for a Treaty on the Protecion of Broadcasting Organzisations. Twenty-fourth Session, Geneva, July 16 to 25, 2012, SCCR/24/10 Corr. v. 06.03.2013.

V. WTO

NATIONAL DELEGATION TO THE TRIPS COUNCIL, The Relationship between the TRIPS Agreement and the Convention on Biological Diversity and the Protection of Traditional Knowledge. Communication from Brazil, China, Cuba, Dominican Republic, Ecuador, India, Pakistan, Thailand, Venezuela, Zambia, and Zimbabwe to the TRIPS Council, IP/C/W/356 v. 24.06.2002.

WTO COMMITTEE ON TRADE AND DEVELOPMENT, Guidelines for WTO Technical Cooperation, WT/COMTD/8 v. 16.10.1996.

WTO DIRECTOR-GENERAL, Information Note of the Director-General. WTO Public Symposium – WTO After 10 Years: Global Problems and Multilateral Solutions, WT/INF/87 v. 13.04.2005.

WTO GATS COUNCIL, Report of the Meeting held in 24 September 2004, S/C/M/74 v. 10.11.2004.

WTO GENERAL COUNCIL, Amendment of the TRIPS Agreement. Decision of 6 December 2005, WT/L/641 v. 08.12.2005.

WTO MINISTERIAL CONFERENCE, Doha Ministerial Declaration. Adopted 14 November 2001, WT/MIN(01)/DEC/1 v. 20.11.2001.

WTO TRADE COUNCIL, Decision on Trade and Environment, MTN/TNC/45(MIN) v. 14.04.1994.

WTO TRIPS COUNCIL, Extension of the Transition Period Under Article 66.1 for Least-Developed Country Members, IP/C/40 v. 30.11.2005.

–, Technical Cooperation Activities. Information from Members – European Communities, IP/C/W/517/Add. 7 v. 26.01.2009.

WTO TRIPS COUNCIL, Draft Decision on the Extension of the Transition Period for Least Developed Countries under the TRIPS Agreement, WTO JOB/GC/53 v. 07.06.2013.

WTO TRIPS COUNCIL, Minutes of Meeting. Held in the Centre William Rappard on 14-15 June 2005, IP/C/M/48 v. 15.09.2005.

–, Minutes of the Meeting of the Council for Trade-Related Aspects of Intellectual Property Rights. Held in the Centre William Rappard on 7 June 2011, IP/C/M/66 v. 02.09.2011.

VI. Vereinte Nationen

COMMITTEE ON ECONOMIC SOCIAL AND CULTURAL RIGHTS, General Comment No. 17 (2005). The Right of Everyone to Benefit from the Protection of the Moral and Material Interests Resulting from any Scientific, Literary or Artistic Production of which He or She is the Author (Article 15 Paragraph 1 (c), of the Convenant), E/C.12/GC/17 v. 12.01.2006.

–, General Comment No. 21 (2009). Right of Everyone to Take Part in Cultural Life (Art. 15, Para. 1 (a) of the International Covenant on Economic, Social and Cultural Rights), E/C.12/GC/21 v. 21.12.2009.

ECOSOC, Resolution 2001/21 Intellectual Property and Human Rights, E/CN.4/ Sub.2/2001/L.11/Add.2 v. 16.08.2001.

GENERALVERSAMMLUNG DER VEREINTEN NATIONEN, Allgemeine Erklärung der Menschenrechte, A/RES/217 v. 10.12.1948.

HUMAN RIGHTS COMMITTEE, General Comment No. 34 (2011). Article 19: Freedoms of Opinion and Expression, CCPR/C/GC/34 v. 12.09.2011.

INTERNATIONAL LAW COMMISSION, Report on the Work of its Fifty-eighth Session. (1 May to 9 June and 3 July to 11 August 2006), Supplement No. 10, A/61/10 v. 2006.

–, Draft Vienna Convention on the Law of Treaties between States and International Organisations or Between International Organizations. 870th Meeting, 15.06.1966, in: *ILCY (*1966), S. 185-192.

–, Commentary on Article 26 (later Article 30) of the Vienna Convention on the Law of Treaties, in: *ILCY (*1966), S. 214-217.

UN CONFERENCE ON ENVIRONMENT AND DEVELOPMENT, Agenda 21 (1992), <http://www.unep.org/Documents.Multilingual/Default.asp?documentid=52> (zuletzt geprüft am: 10.03.2013).

UN GENERAL ASSEMBLY, Resolution on Human Rights and Cultural Diversity, A/RES/54/160 v. 22.02.2000.

UNCTAD, Sao Paulo Consensus. Eleventh Session, Sao Paulo, 13-18 June 2004, TD/410 v. 25.06.2004.

–, Creative Economy Report 2008. The Challenge of Assessing the Creative Economy: Towards Informed Policy-making v. 2008.

UNITED NATIONS, Nagoya Protocol on Access to Genetic Resources and the Fair and Equitable Sharing of Benefits Arising from their Utilization to the Convention on Biological Diversity v. 29.10.2010.

VII. Europäische Union

COUNCIL OF THE EUROPEAN UNION, Code of Conduct between the Council, the Member States and the Commission on the UNESCO Negotiations on the Draft Convention on the

Protection of the Diversity of Cultural Contents and Artistic Expressions, 5518/05 CULT 3 v. 31.01.2005.

EUROPÄISCHE KOMMISSION, Initiativen zum Grünbuch. Arbeitsprogramm der Kommission auf dem Gebiet des Urheberrechts und der verwandten Schutzrechte, in: GRUR Int. 5 (1991), S. 359-370.

–, Grünbuch. Urheberrecht und verwandte Schutzrechte in der Informationsgesellschaft, KOM [95] 382 endg. v. 27.07.1995.

–, Follow-up to the Green Paper on Copyright and Related Rights in the Information Society, COM(96) 586 final v. 20.11.1996.

–, Commission Staff Working Paper on the Review of the EC Legal Framework in the Field of Copyright and Related Rights, SEC (2004) 995 v. 19.07.2004.

–, Mitteilung der Kommission an das Europäische Parlament, den Rat, den Europäischen Wirtschafts- und Sozialausschuss und den Ausschuss der Regionen über eine europäische Kulturagenda im Zeichen der Globalisierung, KOM(2007) 242 endg. v. 10.05.2007.

–, Grünbuch. Urheberrechte in der wissensbestimmten Wirtschaft, KOM(2008) 466/3 v. 2008.

–, Green Paper. Copyright in the Knowledge Economy, COM(2008) 466/3 v. 16.07.2008.

–, A Single Market for Intellectual Property Rights. Boosting Creativity and Innovation to Provide Economic Growth, High Quality Jobs and First Class Products and Services in Europe. Communication from the Commission to the European Parlament, the Council, the European Economic and Social Committee and the Committee of the Regions, COM(2011) 287 final v. 24.05.2011.

–, Vorschlag für Richtlinie des Europäischen Parlaments und des Rates über bestimmte zulässige Formen der Nutzung verwaister Werke, KOM(2011) 289 endgültig v. 24.05.2011.

RÉUNION DE COORDINATION UE DES 12 ET 13 MAI 2005, Convention sur la Protection et la Promotion de la Diversité des Expressions Culturelles. Conclusion Générales v. 13.05.2005.

VIII. Sonstige Dokumente

American Declaration of the Rights and Duties of Man. O.A.S. Res. XXX, Adopted by the Ninth International Conference of American States, Bogotá, Colombia v. 1948, OAS/Ser.L/V/I.4 Rev. 9 (2003).

COUNCIL OF EUROPE, Declaration on Cultural Diversity. Adopted by the Committee of Ministers on 7 December 2000 at the 733rd Meeting of the Ministers' Deputies (2000), <https://wcd.coe.int/wcd/ViewDoc.jsp?id=389843> (zuletzt geprüft am: 10.03.2013).

CRIS, Comments on the Preliminary Draft Convention on the Protection of the Diversity of Cultural Content and Artistic Expressions.

ENQUETE-KOMMISSION INTERNET UND DIGITALE GESELLSCHAFT, Entwurf des Berichts der Enquete-Kommission des Deutschen Bundestages zu Internet und digitale Gesellschaft. Stand 14. Juni 2011 v. 22.06.2011.

G8, Deauville Declaration. Renewed Commitment for Freedom and Democracy (2011), <http://www.g8.utoronto.ca/summit/2011deauville/2011-declaration-en.html> (zuletzt geprüft am: 10.03.2013).

U.S. CONGRESS, Kongressdebatte zur Einführung des Visual Artists' Rights Act Bill, 136 Con. Rec. H3111 v. 05.06.1990.

WSIS, Declaration of Principles. Building the Information Society: a Global Challenge in the New Millennium, WSIS-03/GENEVA/DOC/4-E v. 12.12.2003.

–, Tunis Commitment, WSIS-05/TUNIS/DOC/7 -E v. 18.11.2005.

C. Rechtsprechungsverzeichnis

I. Internationaler Gerichtshof

IGH, Urteil v. 09.04.1949, *Corfu Channel Case (Merits) ("Corfu Channel II"), United Kingdom v. Albania,* in: *ICJ Reports (*1949), 4.

IGH, Gutachten v. 03.03.1950, *Competence of the General Assembly for the Admission of a State to the United Nations,* in: *ICJ Reports (*1950), 4.

IGH, Gutachten v. 30.03.1950, *Interpretation of Peace Treaties with Bulgaria, Hungary, and Romania,* in: *ICJ Reports (*1950), 65.

IGH, Urteil v. 27.08.1952, *Case Concerning Rights of Nationals of the USA in Morocco (France v. USA),* in: *ICJ Reports (*1952), 176.

IGH, Urteil v. 12.04.1960, *Case Concerning Rights of Passage over Indian Territory (Portugal v. India),* in: *ICJ Reports (*1960), 6.

IGH, Urteil v. 15.06.1962, *Case Concerning the Temple of Preah Vihear,* in: *ICJ Reports (*1962), 6.

IGH, Gutachten v. 21.06.1971, *Legal Consequences for States of the Continued Presence of South Africa in Namibia (South West Africa) Notwithstanding Security Council Resolution 276 (1970),* in: *ICJ Reports (*1971), 16.

IGH, Urteil v. 11.09.1992 (General List No. 75), *Case Concerning the Land, Island and Maritime Frontier Dispute (El Salvador/Honduras v. Nicaragua intervening),* in: *ICJ Reports (*1992), 351.

II. WTO-Streitbeilegung

WTO DSB, Mutually Agreed Solution v. 24.01.1997 (WT/DS28/41), *Japan – Measures Concerning Sound Recording.*

WTO DSB, Mutually Agreed Solution v. 17.11.1997 (WT/DS42/4), *Japan – Measures Concerning Sound Recording.*

WTO DSB, Appellate Body Report v. 05.06.1998 (WT/DS63/AB/R), *European Communities – Computer Equipment.*

WTO DSB, Appellate Body Report v. 12.10.1998 (WT/DS58/AB/R), *United States – Shrimp (*1998).

WTO DSB, Panel Report v. 15.06.2000 (WT/DS160/R), *United States – Section 110(5) of US Copyright Act.*

WTO DSB, Mutually Agreed Solution v. 06.11.2000 (WT/DS82), *European Communities – Measures Affecting the Grant of Copyright and Neighbouring Rights.*

WTO DSB, Mutually Agreed Solution v. 06.11.2000 (WT/DS115/3), *Ireland – Measures Affecting the Grant of Copyright and Neighbouring Rights.*

WTO DSB, Mutually Agreed Solution v. 06.11.2000 (WT/DS82/3), *Ireland – Measures Affecting the Grant of Copyright and Neighbouring Rights.*

WTO DSB, Mutually Agreed Solution v. 13.09.2002 (WT/DS115), *European Communities – Measures Affecting the Grant of Copyright and Neighbouring Rights.*

WTO DSB, Panel Report v. 15.03.2005 (WT/DS290/R), *European Communities – Protection of Trademarks and Geographical Indications for Agricultural Products and Foodstuffs.*

WTO DSB, Panel Report v. 29.09. 2006 (WT/DS291-3/R), *European Communities – Measures Affecting the Approval and Marketing of Biotech Products.*

WTO DSB, Request for Consultations by the U.S.A. v. 16.04.2007 (WT/DS362/1), *China – Measures Affecting the Protection and Enforcement of Intellectual Property Rights.*

WTO DSB, Request for Consultations v. 16.04.2007 (WT/DS363/1), *China – Measures Affecting Trading Rights and Distribution Services for Certain Publications and Audiovisual Entertainment Products.*

WTO DSB, Panel Report v. 26.01.2009 (WT/DS362/R), *China – Measures Affecting the Protection and Enforcement of Intellectual Property Rights.*

WTO DSB, Appellate Body Report v. 21.12.2009 (WT/DS363/AB/R), *China – Measures Affecting Trading Rights and Distribution Services for Certain Publications and Audiovisual Entertainment Products.*

WTO DSB, Panel Report v. 02.07.1998 (WT/DS54/R, WT/DS55/R, WT/DS59/R, WT/DS64/R), *Indonesia – Certain Measures Affecting the Automobile Industry.*

WTO DSB, Appellate Body Report v. 02.01.2002 (WT/DS176/AB/R), *United States – Section 211 Omnibus Appropriations Act of 1998 (*2002).

WTO DSB, Appellate Body Report - Art. 21.5 v. 14.01.2002 (WT/DS108/AB/RW), *US – FSC.*

III. Europäischer Gerichtshof für Menschenrechte

EGMR, Urteil vom v. 21.02.1975 (4451/70), *Case of Golder v. Großbritannien,* in: *Series A, No. 18 (*1975).

EGMR, Urteil v. 18.12.1996 (15318/89), *Case of Loizidou v. Turkey,* in: *Reports 1996-VI (*1996).

EGMR, Urteil v. 21.11. 2001 (35763/97), *Case of Al-Adsani v. The United Kingdom* ECHR 2001-XI (2001).

IV. Europäischer Gerichtshof

EuG, Beschluss des Präsidenten des Gerichts Erster Instanz v. 26.10.2001 (T-184/01 R), *IMS Health Inc. v. Kommission der Europäischen Gemeinschaften,* in: *Slg.* II (2001), 3193.

EuGH, Urteil v. 04.10.2011 (C-403/08, C-429/08), *Territoriale Exklusivitätsvereinbarungen bei der Übertragung von Fußballspielen (Murphy),* in: *MMR (*2011), 817.

V. Nationale Entscheidungen

Audiencia Provincial Barcelona (Court of Appeals), Section 15th., Entscheidung v. 17.09.2008, *Caching – Megakinki v. Google.*

BGH, Urteil v. 02.10.2008 (I ZR 18/06), *PC,* in: *GRUR (*2009), 53.

BGH, Urteil v. 10.10.1991 (I ZR 147/89), *Bedienungsanleitung,* in: *ZUM (*1992), 427.

BGH, Urteil v. 16.01.1997 (I ZR 9/95), *CB – infobank I,* in: *GRUR (*1997), 459.

BGH, Urteil v. 17.07.2008 (I ZR 206/05), *Kopierstationen,* in: *GRUR (*2008), 993.

BGH, Urteil v. 18.05.1955 (I ZR 8/54), *Grundig-Reporter,* in: *BGHZ* 17, 266.

BGH, Urteil v. 20.03.2003 (I ZR 117/00), *Gies-Adler,* in: *GRUR (*2003), 956.

BGH, Urteil v. 24.05.2007 (I ZR 42/04), *Staatsgeschenk,* in: *GRUR (*2007), 691.

BGH, Urteil v. 25.02.1999 (I ZR 118/96), *Kopierversanddienst,* in: *BGHZ* 141, 13.

BGH, Urteil v. 29.04.1999 (I ZR 65/96), *Laras Tochter,* in: *GRUR (*1999), 984.

BVerfG, Beschluss v. 24.02.1971 (1 BvR 435/68), *Mephisto,* in: *BVerfGE* 30, 173.

BVerfG, Beschluss v. 29.06.2000 (1 BvR 825/98), *Germania 3 Gespenster am toten Mann,* in: *ZUM (*2000), 867.

BVerfG, Urteil v. 07.07.1971 (1 BvR 765/66), *Schulbuch-Entscheidung,* in: *BVerfGE* 31, 229.

Canada Ontario High Court, Judgement, *Snow v. Eaton Centre Ltd.,* in: *C.P.R.* 70 (1982), 105.

Canada Quebec Superior Court, Judgement, *Tango Argentin Inc. v. Festival d'Espagne et d'Amérique Latine Inc.,* in: *C.P.R.* 84 (1997), 56.

Court de Cassation, Urteil v. 28.02.2006, *Mulholland Drive,* in: *IIC (*2006), 760.

Court of First Instance of Brussls, Decision v. 13.02.2007, *Google Inc v. Copiepresse SCRL,* in: *E.C.D.R. (*2007), 5.

District Court of The Hague, Urteil v. 02.03.2005 (192880), *Elektronischer Pressespiegel,* in: *LJN* AS, 8778.

House of Lords, Judgement v. 21.01.1964, *Ladbroke Football Ltd v William Hill Football Ltd,* in: *WLR* 1 (1964), 273.

Kammergericht Berlin, Zivilsenat, Urteil v. 08.06.1912 (Rep. I. 382/11), *Felseneiland mit Sirenen,* in: *RGZ* 79 (1912), 397.

LG München I, Urteil v. 03.08.1982, *Hajek – ADAC II,* in: *Film und Recht (*1982), 513.

OLG Schleswig, Urteil v. 13.05.1987 (4 U 227/85), *"Emil Nolde",* in: *GRUR (*1987), 516.

OLG Stuttgart, Beschluss v. 22.07.2003 (4 W 32/03), *Unterlassungsanspruch gegen Landtagsfraktion wegen Vorführung eines Sex-Films,* in: *ZUM RD (*2003), 586.

Rechtbank Amsterdam, Urteil, *J.K. Rowling et al. v. Uitgeverij Byblos BV – Tanja Grotter, aff'd by Gerechtshof Amsterdam, [2004] E.C.D.R. 7 ff.,* in: *E.C.D.R. (*2003), 23.

Rechtbank Den Haag, Judgement v. 02.03.2005 (192880), *Ministry Press Reviews,* in: *LJN* AS (2005), 8778.

Schweizerisches Bundesgericht, Urteil v. 26.06.2007 (4C.73/2007), *Elektronischer Pressespiegel,* in: *BGE* 133 III (2009), 473.

Supreme Court of Canada, Urteil v. 04.03.2004 (2004 SCC 13), *CCH Canadian Ltd. v. Law Society of Upper Canada,* in: *SCR (*2004), 339.

U.S. District Court for the Northern District of California, Urteil v. 05.05.2000 (No. 154), *A&M Records Inc. v. Napster Inc. - Napster,* in: *GRUR Int.* (2000), 1066.

U.S. Supreme Court, Urteil v. 08.03.1954 (No. 228), *Mazer v. Stein,* in: *U.S.* 347 (1954), 201.

U.S. Supreme Court, Urteil v. 20.05.1985, *Harper & Row v. Nation Enterprises,* in: *471 U.S. 539 (1985)* 1985, 539.

U.S. Supreme Court, Urteil v. 27.03.1991 (Case no. 89-1909), *Feist Publications, Inc. v. Rural Telephone Service Company, Inc.,* in: *U.S.* 499 (1991), 340.

D. Interviews

GROß, Heidrun, Interview mit: Garry Neil, INCDs Position zum Urheberrecht als Instrument der Förderung kultureller Vielfalt v. 14.08.2011. Dresden.

–, Interview mit: Vallerand, Charles, Implementation of the UNESCO Convention in the Realm of Copyright Law v. 23.08.2011. Dresden.

KREISLER. HARRY, Interview mit: Haas, Ernst B., Ernst B. Haas – Conversations with History - 2000 v. 30.10.2000. UC Berkeley.

Dresdner Schriften zu Recht und Politik der Vereinten Nationen
Papers on Law and Policy of the United Nations

Herausgegeben von Sabine von Schorlemer

Band 1 Sabine von Schorlemer (Hrsg.): „Wir, die Völker (...)" – Strukturwandel in der Weltorganisation – Konferenzband. Konferenz aus Anlass des 60-jährigen Bestehens der Vereinten Nationen vom 27.–29. Oktober 2005 in Dresden in Kooperation mit dem Zentrum für Internationale Studien (ZIS) und der Deutschen Gesellschaft für die Vereinten Nationen (DGVN). 2006.

Band 2 Philipp von Hülsen: Die Vereinten Nationen als Gesetzgeber im Kosovo. Rechtmäßigkeitsanforderungen an Rechtssetzungsakte der UNMIK am Beispiel der Unternehmensprivatisierung durch die Kosovo Trust Agency. 2007.

Band 3 Sabine von Schorlemer (Hrsg.): Die Vereinten Nationen und neuere Entwicklungen der Frauenrechte. 2007.

Band 4 Tina Miller: Die Frage der Rückkehr palästinensischer Flüchtlinge, unter Berücksichtigung der Lösungsansätze der Vereinten Nationen. 2007.

Band 5 Isabel Hörtreiter: Die Vereinten Nationen und Wirtschaftsunternehmen – zwischen Kooperation und Kontrolle. Steuerungsformen zur Stärkung menschenrechtlicher Unternehmensverantwortung unter dem Dach der Vereinten Nationen. 2007.

Band 6 Ariane Wewers: Die Pflicht der EU-Partner zur Koordinierung in internationalen Organisationen und auf internationalen Konferenzen (Art. 19 EUV). Die Praxis der GASP dargestellt am Beispiel der Vereinten Nationen. 2009.

Band 7 Niklas Keller: Die „Principles on Housing and Property Restitution for Refugees and Displaced Persons" der Vereinten Nationen. Die Lösung der Wohnraum- und Eigentumsproblematik bei der Rückkehr von Flüchtlingen und Displaced Persons. 2009.

Band 8 Martin Ramsperger: Die Terrorismusbekämpfung im Rahmen der Europäischen Sicherheits- und Verteidigungspolitik (ESVP). 2009.

Band 9 Sabine von Schorlemer: Kindersoldaten und bewaffneter Konflikt. Nukleus eines umfassenden Schutzregimes der Vereinten Nationen. 2009.

Band 10 Lauri Philipp Rothfritz: Die Konvention der Vereinten Nationen zum Schutz der Rechte von Menschen mit Behinderungen. Eine Analyse unter Bezugnahme auf die deutsche und europäische Rechtsebene. 2010.

Band 11 Arlett Rassel: Strafgerichtsbarkeit über Angehörige der Friedenstruppen in UN-geführten Missionen. Unter besonderer Berücksichtigung von Sexualstraftaten. 2010.

Band 12 Dirk Monsau: Vereinte Nationen und Korruptionsbekämpfung. 2010.

Band 13 Jana Hertwig: Die Europäische Union und die Bekämpfung der Verbreitung von Massenvernichtungswaffen. Theorie und Praxis der europäischen Nichtverbreitungsstrategie. 2010.

Band 14 Jana Hertwig / Sylvia Maus / Almut Meyer zu Schwabedissen / Matthias Schuler (eds.): Global Risks. Constructing World Order through Law, Politics and Economics. 2010.

Band 15 Sabine von Schorlemer / Elena Schulte-Herbrüggen (Hrsg.): 1989–2009: 20 Jahre UN-Kinderrechtskonvention. Erfahrungen und Perspektiven. 2010.

Band 16 Philip Michael Winkler: Technologietransfer im Recht der UNESCO. 2012.

Band 17 Martin Gerner: Lead Agency. UNESCO´s Global Leadership and Co-ordination Role for the United Nations Decade of Education for Sustainable Development (2005–2014). 2013.

Band 18 Heidrun Groß: Kulturelle Vielfalt und Urheberrecht. Urheberrecht als Instrument im Rahmen des UNESCO-Übereinkommens zum Schutz und zur Förderung der Vielfalt kultureller Ausdrucksformen. 2013.

www.peterlang.de